Amazon für Entscheider

Christian Stummeyer · Benno Köber

(Hrsg.)

Amazon für Entscheider

Strategieentwicklung, Implementierung
und Fallstudien für Hersteller und Händler

Springer Gabler

Hrsg.
Christian Stummeyer
Technische Hochschule Ingolstadt
Ingolstadt, Deutschland

Benno Köber
MM Commerce GmbH
Augsburg, Deutschland

ISBN 978-3-658-27426-9   ISBN 978-3-658-27427-6   (eBook)
https://doi.org/10.1007/978-3-658-27427-6

Die Deutsche Nationalbibliothek verzeichnet diese Publikation in der Deutschen Nationalbibliografie; detaillierte bibliografische Daten sind im Internet über http://dnb.d-nb.de abrufbar.

Grafik Covermotiv: bloomicon – stock.adobe.com

Planung/Lektorat: Rolf-Günther Hobbeling
Springer Gabler ist ein Imprint der eingetragenen Gesellschaft Springer Fachmedien Wiesbaden GmbH und ist ein Teil von Springer Nature.
Die Anschrift der Gesellschaft ist: Abraham-Lincoln-Str. 46, 65189 Wiesbaden, Germany

Geleitwort

Nicht ohne Grund gilt Amazon als das Maß der Dinge im Online-Handel. Über die Jahre hat Amazon gezeigt, was online möglich ist – als Händler, der es den Kunden so einfach und bequem wie möglich machen will, als Marktplatz und Plattform-Betreiber, der den Kunden ein möglichst umfassendes Sortiment bieten will und als Service-Provider, der seine Systeme und Lösungen auch anderen anbietet und sich so zusätzliche Erlösströme erschließt. So hat Amazon auf vielerlei Weise neue Standards gesetzt und unser heutiges Online-Verständnis maßgeblich geprägt.

Zusehends stößt Amazon allerdings an seine (Wachstums-)Grenzen, vor allem im eigenen Handelsgeschäft. Wie Amazons jüngste Zahlen belegen, laufen bereits seit fünf Jahren mehr Umsätze über den Amazon-Marktplatz als über das eigene Handelsgeschäft. Das Verhältnis geht in Richtung 60:40. Amazon wird sich also über kurz oder lang entscheiden müssen, worauf es den Fokus legt. Und da die eigene Handelskompetenz für Amazon zwar wichtig, das Marktplatzgeschäft aber um einiges lukrativer ist, dürfte die Entscheidung nicht allzu schwerfallen.

Der Amazon-Marktplatz bietet im Prinzip jedem die Möglichkeit, am Amazon-Erfolg zu partizipieren. Doch so verlockend Amazons Angebote sind, so gefährlich sind sie auch. Denn wer sich zu sehr darauf einlässt, begibt sich zugleich in extreme Abhängigkeiten. Schließlich macht es Amazon mit seinen Rundum-Services – von der Kundenakquise über die Lagerhaltung bis zum Versand – nicht nur etablierten Anbietern leicht, sondern auch vielen Newcomern, die Amazon schon heute geschickt als Sprungbrett nutzen, um schnell im Markt Fuß zu fassen.

So hat Amazon in den letzten Jahren vor allem den Direktanbietern aus China Tür und Tor geöffnet. Diese dürften (nicht nur) den Online-Markt in den kommenden Jahren auch hierzulande noch viel stärker prägen als bisher. Wer also als Hersteller oder Händler auf billige China-Importe setzt, muss dringend umdenken. Denn No-Name-Ware aus China dürften die vormaligen Produzenten und Lieferanten zunehmend selbst vertreiben – über Amazon und Ebay mit ihren Hunderten von Millionen von Kunden, aber mehr und mehr auch über ihre eigenen Kanäle sowie über aufstrebende (Mobile-)Plattformen wie Wish oder AliExpress.

Für hiesige Anbieter wird es deshalb zunehmend darauf ankommen, mit wertigen Marken und kundennahen Services dagegenzuhalten. An Amazon wird im Online-Geschäft auch weiter kaum ein Weg vorbeiführen. Es ist allerdings wichtig, sich nicht nur der Gefahren bewusst zu sein, sondern auch die Chancen zu sehen, die die Platt-form-Ökonomie allen bietet, die sich darauf einlassen wollen.

Wie halte ich es mit Amazon? Das ist und bleibt eines der wichtigsten Strategie-themen für Handel und Industrie. Deshalb kommt „Amazon für Entscheider" zur rich-tigen Zeit. Es beleuchtet die Amazon-Welt aus unterschiedlichsten Perspektiven und liefert so wertvolle Einsichten, indem es die Möglichkeiten gleichermaßen in Theo-rie und Praxis untersucht. Amazoninsider und Branchenbeobachter mit langjähriger Erfahrung schärfen den Blick auf Amazon.

Dabei ist die Online-Zukunft auch nach 25 Jahren weitaus weniger absehbar als man meinen möchte. Denn mit dem Siegeszug des Smartphones steht nicht nur die Bran-che, sondern auch Amazon an einem Scheidepunkt. Mobile Player wie Wish oder Pic-nic setzen mit ihren Modellen neue Standards für den Handel von morgen. Doch kaum ein anderes Unternehmen hat in den letzten Jahren so viele Erfahrungen gesammelt und so gut gelernt, smarte Geschäftsmodelle zu entwickeln. So ist Amazon inzwischen ein Meister darin, dabei sämtliche anfallenden Kostenblöcke als Services auf seine Partner abzuwälzen.

Zugleich bleibt Amazon jedoch ein wichtiger Innovationstreiber für die Branche – ob bei der Sprachsteuerung, bei der Lagerautomatisierung oder auf der letzten Meile, um nur drei Felder zu nennen, die Amazon mit Hochdruck vorantreibt. Im Selbstverständnis ist Amazon auf dem Weg, weg vom Distanzhändler hin zum Nahversorger, der von sei-nem Kundenzugang lebt und über sein Prime-Modell von seinem tiefgehenden Kunden-verständnis profitiert.

Es ist nicht so, dass Amazon dabei alles gelingt. Mehrere Marktplatzanläufe und legendäre Flops wie das Fire Phone holen auch Amazon immer wieder zurück auf den Boden der Tatsachen. Doch Amazon wird nicht müde, immer wieder neue Anläufe zu nehmen, bis es einen Weg findet. Und genau das ist die Einstellung, mit der sich die Zukunft gestalten lässt. Dazu braucht es Wissen und Erfahrung. Eben das bietet „Amazon für Entscheider" in gebündelter Form. Und so wünsche ich allen, die dieses Buch lesen, eine erkenntnisreiche Lektüre und viel Erfolg bei der Entwicklung neuer Strategien.

Jochen Krisch

Vorwort

Die E-Commerce-Umsätze in Deutschland wachsen weiter und haben in 2020 ein Volumen von deutlich über 60 Mrd. EUR im B2C-Geschäft erreicht. Einen substantiellen Marktanteil daran hat das US-amerikanische Unternehmen Amazon. Daher stellen sich heute immer mehr Hersteller und Händler die Frage, ob sie Amazon als strategischen Vertriebskanal nutzen sollen und, wenn ja, wie dies optimal umgesetzt werden kann.

Vor diesem Hintergrund haben wir uns entschieden, ein Fachbuch herauszugeben, in dem der Vertrieb an und über Amazon ganzheitlich beleuchtet wird. Da wir glauben, dass ein oder zwei Autoren dieses enorm große, vielschichtige und sehr komplexe Thema alleine nicht umfassend darstellen können, haben wir aus unserem Netzwerk führende Amazon-Experten für dieses Projekt gewonnen. Alle bringen jeweils eigene Perspektiven und langjährige Erfahrungen mit ein. In Summe zeichnet sich dadurch ein ganzheitliches und sehr konsistentes Bild.

Unser Fachbuch richtet sich an Entscheider bei Herstellern und Händlern, die relevante Fragen des Amazon-Vertriebes strategisch angehen möchten und gleichzeitig auch praxisnahe Einblicke nehmen möchten, wie der Markplatzvertrieb für das eigene Unternehmen erfolgreich implementiert werden kann. Dabei schließt „Entscheider" selbstverständlich Entscheiderinnen und Entscheider gleichermaßen ein.

An dieser Stelle möchten wir unseren herzlichen Dank an alle Mitautorinnen und Mitautoren ausrichten, die durch ihre umfassenden Erfahrungen und ihre kenntnisreichen Beiträge das Buch in dieser Form erst möglich gemacht haben. Zudem danken wir Jochen Krisch für das freundliche Geleitwort und Rolf-Günther Hobbeling vom Springer Gabler-Verlag für die Begleitung und zeitnahe Umsetzung dieses Projektes.

Christian Stummeyer
Benno Köber

Einführung

Um Entscheidern für die Entwicklung Ihrer Amazon-Marktplatz-Strategie eine möglichst umfassende Sicht auf Amazon zu bieten, ist dieses Buch in drei Teile untergliedert. In Teil I wird Amazon zunächst aus einer strategischen Perspektive betrachtet. Dies geschieht aus zwei Blickwinkeln: Zum einen mit Blick auf den US-Konzern selbst, um ihn und sein Agieren zu verstehen. Zum anderen mit dem Fokus auf die Frage, warum Hersteller und Händler ihre eigene Marktplatz-Strategie entwickeln müssen und wie sie dies passgenau tun können. In Teil II geht es an die Implementierung, also darum, die definierte Strategie erfolgreich umzusetzen und die entscheidenden Erfolgsbausteine zu konzipieren und zu implementieren. Schließlich werden in Teil III drei Fallstudien vorgestellt, um an praktischen Beispielen aus der Unternehmenspraxis zu lernen.

Zur *strategischen Perspektive* mit dem Blickwinkel, Amazon zu verstehen und passgenaue Strategien zu entwickeln
Christian Stummeyer blickt zum Einstieg auf **Amazons Masterplan,** der im letzten Vierteljahrhundert von Jeff Bezos systematisch vorangetrieben wurde, um das Unternehmen vom US-amerikanischen Online-Buchhändler systematisch zu einem globalen Technologiekonzern zu entwickeln. Dabei sind klare Kundenorientierung, die Agilität eines Start-ups, eine stringente Führung und skalierbare Strukturen wichtige Erfolgsbausteine. Amazon hat seine heutige Größe durch eigenes Wachstum, konsequente Skalierung, den Mut in neue Geschäftsfelder einzutreten, aber auch zahlreiche zielführende Zukäufe erreicht.

Benno Köber beschreibt das **Prinzip Amazon** und zeigt auf, wie die Verkaufsplattform Amazon.de aufgebaut ist und welche Entwicklung diese im letzten Vierteljahrhundert genommen hat. Einer der wichtigsten Bausteine auf dem Weg zum heutigen Erfolg war die Öffnung der Verkaufsplattform für Dritte und dem dadurch stark wachsenden Sortiment, das Amazon nicht nur zu einem der größten Marktplätze, sondern auch zur Produktsuchmaschine Nummer eins macht, die nach Google und Facebook mittlerweile sogar an dritter Stelle der größten Werbeplattformen folgt.

Christian Stummeyer verdeutlicht, dass auch eine systematische **ökonomische Analyse des Amazon Marketplace-Geschäfts** erfolgen muss, um die wirtschaftlichen

Implikationen des Handelns für das eigene Unternehmen bewerten zu können. Hierzu kann die Struktur eines E-Commerce-Treiberbaums genutzt werden, um die wichtigsten Kenngrößen im Blick zu behalten und deren Interdependenzen abzuschätzen und Optimierungshebel abzuleiten.

Ralph Hübner zeigt auf, wie die **Entwicklung einer Amazon-Strategie** für Hersteller und Händler gelingen kann. Diese Herausforderung ist komplex, da eine Vielzahl von Entscheidungsfaktoren und Interdependenzen berücksichtigt werden müssen. In einem in der Praxis seit Jahren erprobten Vorgehensmodell zur „Amazon-Strategieentwicklung" wird der strategische Optionenraum systematisch aufgespannt, so dass die verschiedenen Handlungsoptionen für Markenhersteller und Händler transparent werden und fundierte Strategieentscheidungen getroffen werden können.

Ralph Hübner stellt die im Plattformzeitalter wichtigsten **Alternativen zu Amazon** – auch international – dar und geht auf die Unterschiede in der Positionierung ein. Diese Marktplätze bieten Eintrittsportale in Länder, die auf herkömmlichen Vertriebswegen schwer zu erschließen sind, z. B. in Skandinavien und einigen Ländern Osteuropas oder Asiens. Zudem sind manche Zielgruppen verstärkt auf anderen Marktplätzen neben Amazon aktiv, insbesondere im B2B-Geschäft, aber auch in B2C-Segmenten wie Fashion, Uhren, Möbel, DIY oder Beauty- und Drogeriebedarf. Schließlich kann die eigene Entwicklung auf dem Amazon Marktplatz nur dann fundiert bewertet werden, wenn man auch andere Marktplätze bespielt und entsprechende Vergleichswerte zu Rate ziehen kann.

Zur *Implementierung,* um entscheidende Erfolgsbausteine zu konzipieren und zu implementieren

Adrian Jaroszyński beschreibt, wie durch **Market Place Optimization (MPO)** die Produktdarstellung auf dem Amazon Marketplace optimiert werden kann. Wer auf Amazon verkaufen will, muss erstmal gefunden werden, um anschließend mit einer kundenorientierten Darstellung seiner Produkte den Konsumenten die Informationen zu liefern, die sie benötigen, um eine positive Kaufentscheidung zu treffen.

Adrian Jaroszyński zeigt auf, welche Möglichkeiten **Market Place Advertising (MPA)** bietet, um absatzfördernde Maßnahmen durch Amazon Advertising zu realisieren und damit neue Kunden zu gewinnen. Die Möglichkeit, Werbung auf der Verkaufsplattform zu schalten, bietet vor allem bei neuen Produkten ohne erfolgreiche Historie und dementsprechendem Ranking in den Suchergebnissen die Möglichkeit, von Besuchern gefunden zu werden und Verkäufe zu erzielen.

Christian Driehaus verdeutlicht die hohe Relevanz von **Produktbewertungen** für Kaufentscheidungen auf Amazon und leitet die wichtigsten Handlungsfelder für Unternehmen ab. Verkäufer auf Amazon dürfen diese Möglichkeit der Kundeninteraktion nicht vernachlässigen, denn nicht selten fließen Bewertungen in die Kaufentscheidung von Neukunden mit ein, auch wenn die Produkte anschließend nicht immer direkt auf Amazon gekauft werden, sondern nur Kundenmeinungen zum Produkt eingeholt werden.

Sabine Heukrodt-Bauer beschreibt die **gesetzlichen Anforderungen und Rahmenbedingungen** für Hersteller und Händler beim Verkauf über den Amazon Marketplace. Insbesondere für Seller ist es eine echte Herausforderung, alle rechtlichen Vorgaben zu berücksichtigen, da die Plattform nicht immer die eigentlich erforderlichen Freiheitsgrade zum Gestalten des digitalen Angebots bietet. Daher müssen Seller sich ständig mit den relevanten Rechtsthemen auseinandersetzen und zudem ihre eigenen Angebote bei Amazon regelmäßig kontrollieren.

Oliver Lucas widmet sich der **Logistik,** deren Effizienz und Effektivität einen ganz wesentlichen Erfolgsfaktor beim Geschäft auf und mit Amazon darstellt. Dass Amazon seinen Kunden gegenüber ein Logistikversprechen erfüllen muss, ist spätestens seit der Einführung des Prime Service klar. Somit wird auch von Dritten, die von der Reichweite der Verkaufsplattform profitieren wollen, erwartet, dem Kunden einen Logistikservice zu bieten, welcher von diesen mittlerweile als Selbstverständlichkeit wahrgenommen wird.

Martin Himmel zeigt auf, wie **Prozesse, Systeme und Organisation** gestaltet sein müssen, um den Amazon Marketplace profitabel und skalierbar zu bespielen. Dabei muss Wirtschaftlichkeit stets im Blick behalten werden, wenn Hersteller und Händler ihre Amazon Readiness erreichen wollen. Es gilt Optimierungspotenziale im Unternehmen durch systematische Analysen zu finden und zu realisieren. Außerdem muss eine Systemlandschaft implementiert werden, die E-Commerce skalierbar und profitabel abwickeln kann.

Benno Köber stellt dar, wie die Online Plattform mit dem Programm **Fulfillment by Amazon** Verkäufer dabei unterstützt die logistischen Herausforderungen des E-Commerce erfolgreich zu meistern. Inzwischen bietet Amazon neben dem Lagern und Versenden der Ware eine Reihe weiterer Services an, die das FBA-Programm optimal ergänzen und den Verkäufern die Möglichkeit bietet, weitere Prozesse an Amazon outzusourcen.

Lennart A. Paul analysiert **Amazon Business für den B2B-Markt,** ein Feld, das Amazon als strategisches Wachstumsfeld ansieht, in dem der Konzern in der Zukunft eine größere Bedeutung erlangen möchte. Die Verkaufsplattform möchte, ähnlich wie auch im B2C-Markt, die Verbindung zwischen Lieferanten und Kunden sein und die Abwicklung für beide Parteien so einfach und komfortabel wie nur möglich gestalten, was bisweilen im B2B Umfeld nur sehr wenigen Plattformen gelingt.

Jochen Schäfer widmet sich dem Themenfeld **Produkt- und Markenschutz auf Amazon,** das für viele Hersteller angesichts eines in den letzten Jahren deutlich gestiegenen Plagiatsvolumens auf Online-Marktplätzen eine zunehmende Bedeutung gewonnen hat. Eine Antwort hierauf ist das in 2019 von Amazon gestartete Projekt Zero, mit dem die Zahl illegaler Angebote auf der Plattform auf null reduziert werden soll. Zudem dient dem Markenschutz im weiteren Sinn auch das europäische Instrumentarium des selektiven Vertriebs, das eine strategische Option für Hersteller darstellt.

Benno Köber beleuchtet schließlich das **Ökosystem rund um Amazon,** in dem zahlreiche Dienstleistungs- und Systemangebote entstanden sind. Um Verkäufer auf dem

Amazon Marketplace zu unterstützen und vor allem Neulingen einen reibungslosen Start zu bescheren, hat sich in den letzten Jahren ein Ökosystem um die Verkaufsplattform gebildet, dessen Wachstum ein beachtliches Ausmaß angenommen hat und Seller sowie auch Vendoren bei nahezu allen Prozessen verbunden mit dem erfolgreichen Verkaufen auf Amazon unterstützt.

Zu *Fallstudien*, um aus der Unternehmenspraxis zu lernen
Hans Mina beschreibt am Beispiel der Marke „AARON" sehr authentisch, wie sich ein Handelsunternehmen in der Nische Fahrradzubehör **vom Amazon Pure Player zum Multi-Channel-Retailer** entwickelt hat. Angefangen im Jahr 2017 mit einem Fahrrad-pedal, welches ohne Branding als MVP (Produkt mit den minimalsten Anforderungen und Eigenschaften) auf dem Amazon Marketplace angeboten wurde, entwickelte sich eine Marke, die es im Jahr 2019 auf einen siebenstelligen Umsatz auf Amazon schaffte. Neben dem eigenen Online-Shop konnte sich „AARON" auch auf anderen Plattformen etablieren und ist aktuell auf dem Weg, weitere Marktplätze in Europa zu erobern.

Andreas Greipl zeigt in seiner **Seller-Fallstudie** auf, wie der Bavaria Shop den Amazon-Marketplace als Vertriebskanal effektiv nutzt und beschreibt dabei ausführlich, welche Voraussetzungen erfüllt werden müssen, um den leicht gemachten Start auf dem Amazon Marketplace auch zu einem nachhaltigen Erfolg zu führen und eine Marke zu formen, die sich gegen die Konkurrenz durchsetzen kann.

Holger Holzapfel gibt in der **Vendor-Fallstudie** spannende Einblicke, wie der Haus-gerätehersteller BSH strategisch auf Amazon agiert und welche Voraussetzungen dafür im Unternehmen geschaffen werden mussten. Das Ziel von BSH ist eine stetige Stei-gerung der Sichtbarkeit von Fokusprodukten und der Wirksamkeit von Content im Kaufentscheidungsprozess der Kunden. Dabei positioniert sich BSH mit allen Marken ausschließlich als Vendor, um Marktobjektivität und einen fairen Wettbewerb über alle Vermarktungskanäle sicherzustellen.

Inhaltsverzeichnis

Teil II   Entscheidende Erfolgsbausteine konzipieren und implementieren

6   Entscheidungsleitfaden zur Optimierung der Produktdetailseiten
    Adrian Jaroszyński

7   Strategische Grundlagen für den Einsatz von Amazon Sponsored Ads . . .   203
    Adrian Jaroszyński

Teil III   Fallstudien: Aus der Unternehmenspraxis lernen

**16   Fallstudie AARON Fahrradzubehör: Der Start eines
Millionen-Euro-Geschäftes**   439
Hans Mina

Herausgeber- und Autorenverzeichnis

Über die Herausgeber

Prof. Dr. Christian Stummeyer ist Inhaber der Professur Wirtschaftsinformatik und Digital Commerce an der Technischen Hochschule Ingolstadt. Er ist erfahrener Unternehmensberater und selbst erfolgreicher Gründer und E-Commerce-Unternehmer.

Nach dem Studium der Betriebswirtschaft an der Georg-August-Universität Göttingen und Promotion in Wirtschaftsinformatik startete er seine unternehmerische Karriere bei The Boston Consulting Group in Düsseldorf, wechselte danach in den Führungskreis der Siemens AG in München und sammelte dort internationale Konzernerfahrung. Seit 2009 ist er selbst E-Commerce-Unternehmer und gestaltete als Geschäftsführender Gesellschafter über fünf Jahre maßgeblich die Wachstumsstrategie eines führenden Online-Händlers für Premium-Designermöbel. Nach dem Wechsel in den Beirat des E-Commerce-Unternehmens war er als Geschäftsführer bei der UDG United Digital Group, einer führenden deutschen Digitalagentur, für das gesamte Management-Beratungsgeschäft der Gruppe verantwortlich.

Neben seiner Tätigkeit als Professor berät er zahlreiche Großunternehmen und Mittelständler zu den Themen Digitalstrategie, E-Commerce, Künstliche Intelligenz sowie Digitale Transformation und ist ein gefragter Keynote-Speaker.

 **Benno Köber** ist Geschäftsleiter bei einem Start-up, das sich auf den Online-Vertrieb von Fahrradzubehör spezialisiert hat und unter anderem eine starke Präsenz auf dem Amazon Marketplace besitzt. Nach seiner Ausbildung zum IT-Systemkaufmann absolvierte er ein Bachelorstudium im Fachbereich Druck und Medientechnik und beendete dieses als Bachelor of Engineering. Anschließend war er 5 Jahre Sales and Project Manager bei einem Automobilzulieferer in München und belegte parallel dazu den Masterstudiengang Marketing/Vertrieb/Medien, den er als Master of Arts abschloss. Seine Masterarbeit hierzu schrieb er über das Thema „Aufbau eines nachhaltigen Geschäftsmodells auf dem Amazon Marketplace", für die er eine eigene Handelsmarke als Beispiel einführte und so Praxiserfahrung als Seller auf dem Amazon Marketplace sammelte.

Autorenverzeichnis

Christian Driehaus gominga eServices GmbH, München, Deutschland

Andreas Greipl Bavariashop GmbH, Otterfing, Deutschland

Sabine Heukrodt-Bauer Resmedia, Mainz, Deutschland

Martin Himmel ecom consulting GmbH, München, Deutschland

Holger Holzapfel BSH Hausgeräte GmbH, München, Deutschland

Ralph Hübner ecom consulting GmbH, München, Deutschland

Adrian Jaroszyński Jaroszyński Digital Strategy Consulting eK, München, Deutschland

Benno Köber MM Commerce GmbH, Augsburg, Deutschland

Oliver Lucas ecom consulting GmbH, München, Deutschland

Hans Mina MM Commerce GmbH, Augsburg, Deutschland

Lennart A. Paul Black Truck GmbH, Stuttgart, Deutschland

Dr. Jochen Schäfer Kanzlei Dr. Schäfer, Zorneding, Deutschland

Prof. Dr. Christian Stummeyer Technische Hochschule Ingolstadt, Ingolstadt, Deutschland

Abbildungsverzeichnis

Tabellenverzeichnis

Teil I

Amazon verstehen und passgenaue Strategien entwickeln

Amazons Masterplan

1

Christian Stummeyer

Inhaltsverzeichnis

Zusammenfassung

Jeff Bezos hat mit Amazon im letzten Vierteljahrhundert seinen Masterplan ver-
wirklicht. Nach dem Start als US-amerikanischer Online-Buchhändler hat sich das
Unternehmen systematisch zum globalen Technologiekonzern entwickelt. Führungsprinzipien, die eine klare Kundenorientierung, agiles Handeln, Innovation und skalierbare Strukturen fordern, sind hierbei ein wichtiger Erfolgsbaustein. Nach dem Start
mit einem Eigenhandels-Modell ist inzwischen der Amazon Marketplace der Haupt-
wachstumstreiber im Kerngeschäft. In Deutschland hat sich Amazon klar als führen-
der E-Commerce-Spieler mit einem Marktanteil von über 40 % etabliert. Amazon
setzt dabei auf ein echtes Gegenmodell zum Shareholder Value und formuliert den
Anspruch, das kundenfreundlichste Unternehmen der Welt zu werden. Getrieben, den

C. Stummeyer (✉)
Technische Hochschule Ingolstadt, Ingolstadt, Deutschland
E-Mail: christian.stummeyer@thi.de

© Springer Fachmedien Wiesbaden GmbH, ein Teil von Springer Nature 2020
C. Stummeyer und B. Köber (Hrsg.), *Amazon für Entscheider*,
https://doi.org/10.1007/978-3-658-27427-6_1

Customer Lifetime Value (CLV) zu steigern, sind stetige Innovationen im Geschäftsmodell Pflicht, von Mehrwertprogrammen wie Amazon Prime über innovative Konzepte im stationären Handel bis hin zu neuen Vermarktungs- und Vertriebsformen.
Zudem beschreitet Amazon auch systematisch den Weg in neue Geschäftsmodelle,
z. B. in den Bereichen Medien und Unterhaltung, Logistik und dem Gesundheitssektor. Auch in der Zukunft wird Amazon groß denken und handeln und immer wieder überraschen, Amazon bleibt die „still Day One Company".

1.1 Die Entwicklung vom Buchhändler zum Everything Store

Jeff Bezos wollte etwas Großes schaffen. Dafür hatte er einen Masterplan. Er hatte die
Vision eines digitalen „Everything Stores", eines Internetshops, der den Einzelhandel
revolutionieren sollte und als Schnittstelle zwischen Kunden und Einzelhändler nahezu
jedes Produkt führt (Stone 2019, S. 32–33). Doch als analytischer Mensch wusste er,
dass diese Geschäftsidee für den Anfang recht unpraktisch war. Daher erstellte er eine
Liste mit 20 möglichen Produktkategorien und entschied sich letztendlich für Bücher.
Diese waren einfach zu lagern und zu versenden. Außerdem verfügte diese Kategorie
über eine genügend große Sortimentsbreite, so dass der Vorteil des Internets, ein größeres Sortiment als im traditionellen (stationären) Einzelhandel anzubieten, hervorragend
genutzt werden konnte.

1.1.1 Der Anfang

Bezos war überzeugt von seiner Vision. Er verzichtet auf ein siebenstelliges Jahres-
gehalt als Mitarbeiter einer namhaften New Yorker Vermögensverwaltung (Spector 2000,
S. 110), kündigte dort und startete 1994 alleine in einer Garage in Seattle im US-Bundes-
staat Washington. Mit an Bord war schon zu Beginn der Investor David E. Shaw, der
Bezos und seine Idee unterstützte.

Cadabra Inc. nannte Jeff Bezos im Jahr 1994 sein erstes selbstfinanziertes Start-up.
Da dieser Name nicht wirklich gut funktionierte – mitunter wurde Cadaver am Telefon
verstanden – musste zeitnah ein neuer Name gefunden werden. Bezos und seiner Frau
gefiel „Relentless" gut, steht dieses englische Wort doch für unerbittlich. Und noch heute
führt die URL relentless.com zur Amazon-Webseite (Stone 2019, S. 39). Doch letztendlich waren die ersten Investoren gegen diesen Namen und man entschied sich schließlich
für Amazon, steht dieses Wort doch für den längsten Fluss der Erde – ein passendes Bild
für einen Everything Store mit nahezu unendlichem Warenangebot.

Im Juli 1995 startete dann der Testlauf zunächst nur für Freunde und Bekannte. Das
Unternehmen erzielte bereits im zweiten Monat einen Wochenumsatz von 20.000 US$.
Und dies, obwohl die Webseite sich erst im Oktober 1995 der Öffentlichkeit öffnete.
Bereits 1996 realisierte Amazon.com einen Jahresumsatz von 15,7 Mio. US$, der im

Folgejahr auf 147,8 Mio. US$ ausgebaut werden konnte. Dieses dynamische Wachstum stellte enormen Herausforderungen an die internen Prozesse und die Logistik. Beide mussten schnell und konsequent nachgezogen werden.

1.1.2 Internationalisierung und Angebotserweiterung

Um weiter zu wachsen, beschritt der Online-Buchhändler ab 1998 zunächst den Weg der internationalen Expansion nach Europa und Asien. So kaufte Amazon im April 1998 das deutsche Unternehmen ABC-Bücherdienst GmbH, dem auch „Telebuch.de" gehörte. Damit übernahmen die Amerikaner den damaligen deutschen Marktführer im Online-Buchhandel. Am 15. Oktober 2018 wurde „Telebuch.de" schließlich in „Amazon.de" umbenannt. Zum Start konnten Kunden aus rund 700.000 deutschsprachigen und US-Titeln wählen (Stuttgarter Nachrichten 2018).

Doch Bezos war sich bewusst, dass Amazon mit der Beschränkung nur auf Bücher keine Gewinnmargen erzielen würde, die alle auf lange Sicht zufrieden stellen würden (Spector 2000, S. 226). Daher wollte er seine bestehende Kundenbasis und seine Marke nutzen, um in weiteren Produktkategorien zu wachsen. Naheliegend war im ersten Schritt die Kategorie Musik, Tonträger wie CDs, gefolgt von DVDs. Entsprechend wurde das Motto des Unternehmens geändert: Statt „Earth's Largest Bookstore" zu „Books, Music and More" (Stone 2019, S. 81).

Auch ein klarer Fokus auf konsequente Kundenorientierung und hervorragende Usability war schon in den Anfangsjahren elementarer Teil der Amazon-DNA. So führte Bezos schon im September 1997 die sogenannte **„1-Click"-Bestellung** ein. Dadurch konnten registrierte Kunden mit nur einem „Klick" den Bestellvorgang auslösen. Diese Technik hat damals auch den Apple-Mitbegründer und damaligen CEO Steve Jobs fasziniert. Deshalb nutzt z. B. auch Apple die „1-Click"-Technik mit einer Lizenz von Amazon, z. B. für Käufe im iTunes Store (Knob 2013, S. 29).

Bereits im Jahr 2004 begann Amazon damit, **Eigenmarken** zu etablieren, die exklusiv über Amazon verkauft, aber zunächst nicht als Eigenmarken kenntlich gemacht wurden (Kolbrück 2019). Beispielsweise werden unter der Marke „Strathwood" mittel- bis hochpreisige Gartenmöbel vertrieben und unter „Denali" Werkzeug. Inzwischen ist das breit aufgestellte Angebot unter der offen gespielten Eigenmarke „AmazonBasics" in einigen Produktsegmenten bereits führend. So hat die Eigenmarke im Bereich Batterien einen Anteil von rund einem Drittel aller online gekauften Batterien (Kolbrück 2019). In den letzten Jahren wurde das Eigenmarkenportfolio kategorieübergreifend ausgedehnt, zuletzt auch auf Mode, inzwischen eine der am stärksten wachsenden Kategorien beim Onlinehändler. Neben der **„Amazon Essentials"**-Linie sollen Labels wie **„James & Erin", „Franklin & Freeman"** oder **„Lark & Ro"** das Profil schärfen. Vor allem im Modesegment peilt Amazon dabei mit unterschiedlichen Labels unterschiedliche Zielgruppen an (Kolbrück 2019).

1.1.3 Das Amazon Flywheel

Getreu dem Glaubenssatz „Get big fast" weitete Amazon in den Jahren nach der Gründung das angebotene Produktportfolio massiv und systematisch aus und entwickelte
sich zum „Allesverkäufer", dem „Everything Store". Dabei lag der Expansion eine
Geschäftslogik zugrunde, die Amazon mit einem Schwungrad, dem **„Amazon Flywheel"** visualisiert hat (Abb. 1.1). „Customer obsession", also wahre Kundenbesessenheit
ist Amazons Führungsprinzip Nummer eins. Um dieses Ziel zu erreichen, den Kunden
die größtmögliche Auswahl an Produkten zu niedrigsten Preisen zu bieten, betrachtet
Amazon die Effekte eines Schwungrades. Wenn ein Schwungrad sich erst einmal in
Bewegung gesetzt hat, entwickelt es einen eigenen Impuls, dadurch wird es leichter, es
weiter zu beschleunigen.

Bei Amazon sieht das Schwungrad-Modell so aus: Durch niedrige Preise werden
mehr Kunden angezogen. Durch die größere Kundenbasis, wird Amazon attraktiver für
Drittanbieter. Diese bringen wiederum eine größere Auswahl auf die Plattform und führen zu einer niedrigeren Kostenstruktur und letztlich günstigeren Preisen. Und das verbesserte Wertversprechen aus mehr Auswahl und niedrigeren Preisen zieht mehr Kunden,
und so weiter. Amazons Schwungrad beschleunigt sich weiter.

1.1.4 Führungsprinzipien und -strukturen

Customer Obsession steht zwar an Position 1 die Führungsprinzipien, über die Jahre hat
Amazon allerdings insgesamt **14 Leadership-Prinzipien** formuliert, die für die Mitarbeiter eine extrem hohe Verbindlichkeit besitzen. Die Prinzipien werden nicht nur einfach im Unternehmen kommuniziert, sondern sehr intensiv gelebt. Wird Amazon-intern
über neue Projekte diskutiert, muss eine Entscheidung über ein Geschäftsproblem

Abb. 1.1 Das Amazon-
Schwungrad („Amazon
Flywheel", Quelle: Amazon)

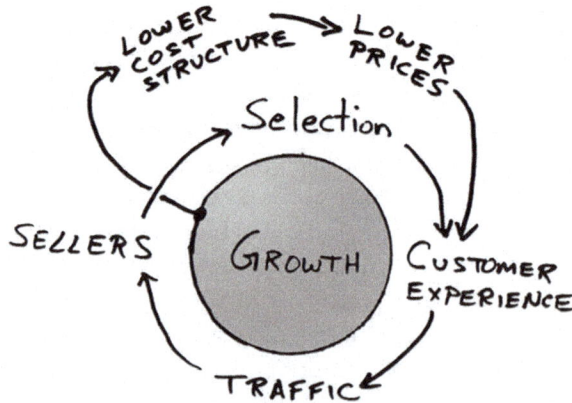

getroffen werden, gilt es, die richtigen Bewerber im Vorstellungsgespräch zu identifizieren oder einen Mitarbeiter auf das nächste Level zu befördern, stets spielen die Leadership-Prinzipien eine zentrale Rolle. Dabei zielen die Leadership-Prinzipen u. a. darauf, dass die Mitarbeiter selbst Verantwortung übernehmen, stetig erfinden und vereinfachen, neugierig bleiben und immer Neues lernen, die besten Mitarbeiter einstellen und diese weiterentwickeln, Dingen wirklich auf den Grund gehen, Ergebnisse liefern und Ressourcen dabei gezielt einsetzen. Alle 14 Leadership-Prinzipen werden mit Beispielen von Amazon klar und offen kommuniziert (Amazon 2019) und tagtäglich gelebt.

Neben den Leadership-Prinzipen gibt es noch ein ganz typisches Credo, dass Jeff Bezos geprägt hat. Es lautet „It's always **„Day One"** at Amazon". Für ihn bedeutet „Day One", dass Amazon immer wie ein Start-up agieren muss. Bezos' Philosophie fordert dabei von Amazon-Mitarbeitern, dass sie die folgenden vier Dinge tun, um sich wie ein Start-up zu verhalten (Madden 2019):

- Sei besessen vom Kunden
- Ergebnisse sind wichtiger als der Prozess
- Triff schnell qualitativ hochwertige Entscheidungen
- Nimm' externe Trends schnell auf

Darüber hinaus glaubt Bezos, dass „Day Two" Stillstand bedeutet. Ein Vierteljahrhundert nach der Gründung in einem Unternehmen mit 700.000 Mitarbeitern ist es ein durchaus hehrer Anspruch, jeden Tag wie in einem Start-up zu agieren. Aber sicher hilft diese Denkrichtung, Kundenorientierung und Geschwindigkeit eines Start-ups im Tagesgeschäft fest zu verankern. Dazu passt auch die Regel, die Bezos in den frühen Tagen von Amazon eingeführt hat: Jedes interne Team sollte klein genug sein, um von zwei Pizzen satt zu werden. Das Ziel war nicht, die Verpflegungskosten zu senken. Es war, wie fast alles, was Amazon tut, auf zwei Ziele ausgerichtet: Effizienz und Skalierbarkeit (Hern 2018).

Dabei liegt ein besonderer Erfolgsfaktor für Amazon neben der klaren Führung, der konsequenten Kunden- und Innovationsorientierung auch in einer hohen Perfektion der Prozesse sowie einer möglichst fehlerfreien und effizient organisierten Logistik (siehe hierzu auch Kap. 12 von Benno Köber). Beides muss hochskalierbar sein und auch unter Lastspitzen wie im Weihnachtsgeschäft perfekt funktionieren. Denn nur dadurch kann die angepeilte extreme Kundenzufriedenheit auch erreicht werden.

1.2   Die Handels-Geschäftsmodelle

Das Handels-Geschäftsmodell von Amazon besteht im Wesentlichen aus zwei verschiedenen Modellen, dem Eigenhandel (Retail) und dem Marktplatz (Marketplace).

1.2.1   Eigenhandel (Retail)

Gestartet ist Amazon in den Anfangsjahren mit dem Modell eines klassischen Händlers.
Dies ist der sog. **Eigenhandel,** der auch **Retail** genannt wird. Hierbei kauft Amazon
Waren selbst ein und verkauft diese mit einer Handelsmarge direkt an Kunden, Amazon
ist also selbst der Verkäufer der Produkte. Wenn Hersteller Produkte an Amazon liefern,
die Amazon dann im Eigenhandel verkauft, so wird der liefernde Hersteller von Amazon
als **Vendor** bezeichnet.

Die Darstellung der Produkte auf der Plattform und die Preissetzung übernimmt in
diesem Fall Amazon alleinverantwortlich, denn der Hersteller tritt nicht als Verkäufer
auf. Er hat keinen Kundenkontakt und gibt die Preishoheit und häufig auch die komplette
Logistik an Amazon ab. Dafür profitiert der Vendor von der Reichweite, der Bekanntheit
und dem Vertrauen, das Amazon bei Online-Shoppern genießt. Zudem kann er das komplette Marketing-Angebot von Amazon nutzen und seine Produkte sind automatisch bei
Amazon Prime verfügbar (Fröhlich 2017).

1.2.2   Markplatz (Marketplace)

Seit Herbst 1999 hat Amazon seine Plattform geöffnet und ermöglicht es Dritten, Amazon als **Marktplatz** zu nutzen und dort Waren anzubieten. In den Anfangsjahren wurde
dieses Angebot zShops genannt. Aus diesem Dienst hat sich dann der heute bekannte
und etablierte **Amazon Marketplace** entwickelt. Die Verkäufer, die dort selbst Waren
an Endkunden verkaufen, werden von Amazon als **Seller** bezeichnet. Seller haben die
Hoheit über die Preissetzung und entscheiden auch selbst, wie sie die Waren versenden
wollen.

Wird ein vom Seller angebotenes Produkt verkauft, so erhält Amazon eine Vertriebs-
provision vom Verkäufer, deren Höhe von der Art der Produktkategorie abhängt. In den
meisten Kategorien beträgt sie aktuell 15 % des Brutto-Verkaufspreises und damit –
bei einer Umsatzsteuer von 19 % – bis zu 17,85 % des eigentlich relevanten Netto-Ver-
kaufspreises. In zahlreichen Kategorien gilt eine Mindestverkaufsgebühr von 0,30 EUR.
Unternehmen die 40 oder mehr Artikel pro Monat verkaufen, sollten die „Professionell"-Variante des Verkäuferkontos mit einer monatlichen Grundgebühr von 39,00 EUR
(netto) wählen, sonst fallen noch weitere Verkaufsgebühren pro Artikel an.

Beispiele für Vertriebsprovisionen auf dem Amazon Marketplace
Provision bezogen auf den Brutto-Verkaufspreis, Stand September 2019

7 %	Elektro-Großgeräte
12 %	Elektronik-Zubehör, Baumarktprodukte
15 %	Bücher, DVD, Musik, Lebensmittel, Auto- und Motorrad, Spielwaren, Sport- und Freizeitartikel
20 %	Schmuck bis zu 250 EUR Gesamtverkaufspreis, danach nur 5 % für jeden Anteil des Gesamtverkaufspreises über 250 EUR
45 %	Zubehör für Amazon-Geräte

Hinweis: In zahlreichen Kategorien gilt eine Mindestverkaufsgebühr von 0,30 EUR

Zusätzlich: Monatliche Grundgebühr von pauschal 39,00 EUR (netto)

Quelle: https://sellercentral.amazon.de/gp/help/external/G200336920?language=de_DE

Der Amazon Marketplace gewährt Herstellern oder Händlern, die ihre Produkte als Seller über Amazon Marketplace anbieten, teilweise nur wenig eigenen Gestaltungsspielraum. Dies führt mitunter dazu, dass es Anbieter auf Amazon schwer haben, sich bei der Vermarktung ihrer Produkte an alle jeweils geltenden Rechtsvorschriften zu halten, so dass der Handel über Amazon für sie mit Abmahnrisiken verbunden sein kann (siehe hierzu auch Kap. 9 von Sabine Heukrodt-Bauer).

1.2.3   Strategische Bedeutung der beiden Geschäftsmodelle

Um die Größe und strategische Bedeutung der beiden Geschäftsmodelle Retail und Marketplace abzuschätzen, ist das Bruttowarenvolumen – englisch Gross Merchandise Value (GMV) –, also der Außenumsatz, der über Amazon in den Geschäftsmodellen Retail und Marketplace insgesamt realisiert wird, ein guter Maßstab. War in den Anfangsjahren das Geschäft durch den Retail-Bereich dominiert, so konnte der Marketplace stetig an Anteil gewinnen. Im Jahr 2006 lag er bereits bei rund 30 % und seit 2015 dominiert er das Geschäft mit über 50 % Anteil. In 2018 erreichte der Marketplace einen Anteil von 58 %, Tendenz weiter wachsend, siehe Abb. 1.2 (Krisch 2019a).

Auch wenn Jeff Bezos dieses Phänomen in seinem Aktionärsbrief vom April 2019 recht deftig mit den Worten „Third-party sellers are kicking our first party butt. Badly." kommentiert, so ist es aus der Sicht von Amazon durchaus sehr rational, das Marketplace Geschäft weiter zu forcieren. Bietet es doch eine effiziente und effektive Möglichkeit, schnelleres Wachstum zu realisieren. Alternativ müssten für zusätzliches Wachstum im Retail-Bereich durch Amazon immer mehr Waren selbst eingekauft, mehr Lagerflächen geschaffen und mehr Ressourcen für die Kommissionierung und den Versand vorgehalten werden. Dies ist kapitalintensiv und der Aufbau kostet auch Zeit. Wachstum im Marketplace-Geschäft hingegen erfordert keine wesentlichen Investitionen und lässt sich schneller realisieren.

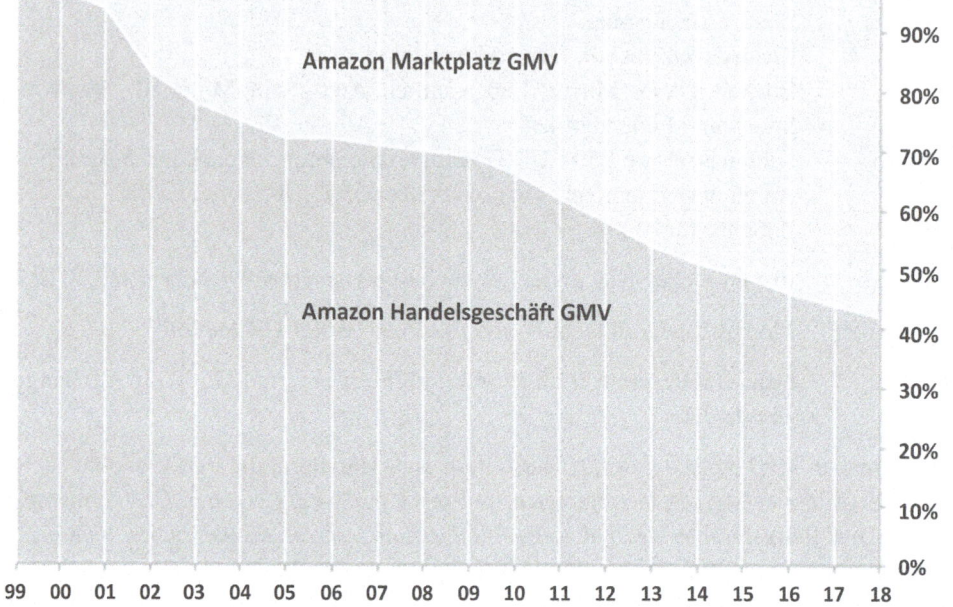

Abb. 1.2 Amazon-Außenumsatzanteile in Eigenhandel und Marktplatz von 1999 bis 2018. (Quelle: Amazon, Krisch 2019a)

Zusätzlich ist zu beobachten, dass neben der starken Förderung des Marketplaces und der Seller auch das Vendor-Modell von Amazon immer weiter aufgeweicht wird. Viele Vendoren werden heute schon zu Dropshipping- und Konsignationsmodellen gedrängt, bei denen der Vendor dann quasi auch noch das Warenrisiko trägt.

▶ Amazon kann mit dem Marketplace die über viele Jahre für den Vendor-Bereich entwickelte Infrastruktur monetarisieren und durch die Seller-Einnahmen viel schneller und effizienter als den Eigenhandel im Retail skalieren. Daher wird der Marketplace, der bereits für einen Anteil von etwa 60 % des weltweiten Außenumsatzes von Amazon steht, auch zukünftig ein wesentlicher strategischer Wachstumtreiber bei Amazon sein.

1.3 Amazons ökonomische Bedeutung im internationalen E-Commerce

Im Folgenden wird die ökonomische Bedeutung von Amazon in Deutschland, Europa und weltweit analysiert. Die Position des Konzerns stellt sich in den einzelnen Regionen recht differenziert dar.

1.3.1 Amazon in Deutschland

Bleiben wir in Deutschland und blicken zunächst auf die Marktzahlen des gesamten deutschen B2C-E-Commerce. Hierfür ist der Handelsverband Deutschland (HDE) seit vielen Jahren eine gute und konsistente Quelle, um den E-Commerce-Markt in Deutschland zahlenmäßig zu fassen. Nach HDE-Zahlen hat der B2C-E-Commerce Markt in Deutschland im Jahr 2019 ein Volumen von rund 60 Mrd. EUR (netto, nach Retouren) (Statista 2019).

Der größte Player in Deutschland ist Amazon und hat im Jahr 2018 im Eigenhandel (Retail) einen Umsatz von über 10 Mrd. EUR erzielt, Tendenz steigend. Der Umsatz der Seller auf dem Amazon Marketplace liegt sicher deutlich darüber, wie dies auch weltweit der Fall ist (siehe auch Abb. 1.2), und das Wachstum dieses Umsatzstroms ist deutlich steigend.

Das Bundeskartellamt gab im Juli 2019 bekannt, dass das (netto) Handelsvolumen des deutschen Marktplatzes amazon.de im Jahr 2018 weit mehr als 20 Mrd. EUR betrug (Bundeskartellamt 2019). In Summe kann daher der deutsche Amazon-Umsatz für das Jahr 2019 auf insgesamt ca. 25 Mrd. EUR im Retail und auf dem Marketplace geschätzt werden. Damit erreicht Amazon recht sicher einen Anteil von über 40 % am gesamten deutschen E-Commerce-Geschäft im B2C, das vom HDE mit ca. 60 Mrd. EUR angegeben wird.

▶   Amazon hat bereits einen Anteil von über 40 % am gesamten deutschen B2C-
     E-Commerce-Markt.

1.3.2 Amazon in Europa

Auch in Europa hat Amazon eine relevante Position erreicht. Deutschland und Großbritannien waren im Oktober 1998 die ersten Länder, mit denen Amazon in Europa startete. Im August 2000 kam Frankreich dazu, danach im November 2010 Italien, Spanien im September 2011. Damit waren die bevölkerungsreichsten europäischen Länder erschlossen. Im Herbst 2019 ist Amazon damit in fünf europäischen Ländern direkt präsent.

Zudem lässt Amazon zu, dass Kunden aus anderen Ländern bestehende Plattformen mitnutzen. So nutzen beispielsweise Kunden aus Irland amazon.uk.co und Kunden in Portugal amazon.es. Und Kunden in Österreich und der Schweiz können das deutsche Angebot unter amazon.de nutzen, in den Niederlanden bietet amazon.nl seit 2014 eine übersetzte Version seiner Website an.

Dabei steht Amazon in den europäischen Ländern mit unterschiedlichen Playern im Wettbewerb. In Frankreich sind dies CDiscount und FNAC, in Italien und Spanien Privalia, in den Niederlanden Bol.com. Eine detaillierte Sicht auf internationale Wettbewerber beschreibt Ralph Hübner in Kap. 5.

1.3.3 Amazon in der Welt

Weltweit ist Amazon in den größten Staaten präsent. In Nordamerika werden neben den USA auch Kanada und Mexiko bespielt, in Südamerika allerdings bisher nur Brasilien seit Dezember 2012. In den dynamisch wachsenden Regionen Asiens ist Amazon im Herbst 2019 in sechs Ländern präsent. Als erstes asiatisches Land wurde Japan im November 2000 erschlossen. Im September 2004 folgte China durch die Übernahme von Joyo. Neun Jahre später startete die Plattform dann in Indien, 2017 in Singapur, 2018 in der Türkei und im Mai 2019 in den Vereinigten Arabischen Emiraten durch die Übernahme der E-Commerce-Plattform Souq.com. In Australien ist Amazon seit September 2017 vertreten (Neigenfind 2019).

Am 18. April 2019 meldete Reuters unter der Schlagzeile „Amazon beugt sich in China der Übermacht von Alibaba & Co", dass Amazon plane, sich zum 18. Juli 2019 aus dem chinesischen Markt zurückzuziehen. Davon betroffen ist jedoch lediglich das Handels- und Marktplatzgeschäft, das sich aufgrund einer schwächeren Konjunktur und der starken regionalen Wettbewerber Alibaba und JD.com in der Volksrepublik nicht zufriedenstellend entwickelt habe und nach Analysteneinschätzungen nicht rentabel sei. Einer Unternehmenssprecherin zufolge werde sich Amazon in China auf den Ausbau von Amazon Global Store, Global Selling und Kindle E-Books konzentrieren. Auch das Cloud-Computing von Amazon Web Services werde es weiterhin geben (Reuters 2019).

Alibaba ist und bleibt der dominierende Player im chinesischen E-Commerce, der in 2019 seine Handelsplattform auch für Händler aus den USA geöffnet hat. Zudem wurde im August 2019 gemeldet, dass Alibaba den chinesischen Online-Händler Kaola übernehmen wird. Angeblich war auch der chinesische Arm von Amazon an einer Übernahme von Kaola interessiert (Kroll 2019).

In Summe realisierte Amazon im Jahr 2018 weltweit einen Außenumsatz (GMV) von 277 Mrd. US\$. Und damit liegt Amazon im internationalen Vergleich nicht an der Spitze der Online-Plattformen. Hier ist Alibaba die unangefochtene Nummer 1 mit einem Außenumsatz von 768 Mrd. US\$ und damit für fast das dreifache Handelsvolumen verantwortlich, siehe Abb. 1.3. Auch der weltweit größte „klassische" Händler Walmart ist mit 514 Mrd. US\$ (noch) deutlich größer als Amazon (Krisch 2019b).

Auch wenn diese Zahlen die Bedeutung von Amazon etwas relativieren, so hat die Online-Plattform eine unbestreitbar starke Stellung in der internationalen Internet-Ökonomie. Und das Unternehmen wächst stetig weiter. Im Jahr 2018 sind weltweit mehr als 1 Mio. neue Seller auf die Plattform gekommen, eine Studie berichtet von 3400 neuen Händlern pro Tag, wobei 40 % der neuen Verkäufer auf den europäischen Amazon-Marktplätzen Chinesen sind (Kaziukėnas 2018).

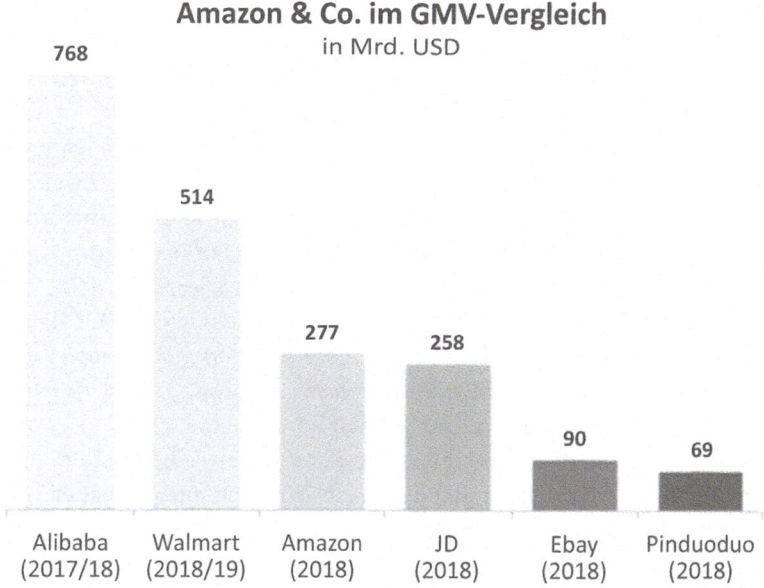

Abb. 1.3 Internationaler Vergleich der Außenumsätze (GMV). (Quelle: Unternehmensangaben, Krisch 2019b)

1.4 Innovationen im Kern-Geschäftsmodell durch Kundenservices

Amazon hat den Anspruch, das kundenfreundlichste Unternehmen der Welt zu werden. Daher sind stetige Innovationen, die echte Mehrwerte für Kunden bringen, Pflicht. Im Folgenden werden daher wichtige innovative Services an der Kundenschnittstelle vorgestellt. Neben Amazon Prime werden der Zahlungsservice Amazon Pay, die Konsumgüter-Lieferservices AmazonFresh, Amazon Pantry und Prime Now sowie der Bestellservice Dash betrachtet. Neben diesen stark digital getriebenen Diensten hat Amazon in den letzten Jahren auch den Schritt in die stationäre Handelswelt gewagt. Hier werden exemplarisch die beiden wichtigen Modelle Amazon Books im stationären Buchhandel sowie Amazon Go, innovative stationäre Supermärkte ohne Kassen, vorgestellt.

Durch den hohen Innovationsgrad und die Vielzahl der Projekte von Amazon kann in diesem Kapitel kein Anspruch auf Vollständigkeit erhoben werden. Beispielsweise wird das Spendenprogramm Amazon Smile hier nicht näher betrachtet, da es für Entscheider bei Herstellern und Händlern nur eine geringe Relevanz hat.

1.4.1 Mehrwertservices: Amazon Prime

Amazon war als Online-Buchhändler gestartet und entwickelte sich rasch zum digitalen Everything-Store. Auch innerhalb dieses Geschäftsmodells als Händler ist Amazon stetig getrieben, innovative Konzepte umzusetzen, um den Service für Kunden spürbar weiter zu verbessern und damit den Umsatz und die Loyalität zu steigern. Zwei aus Kundensicht extrem wichtige Punkte sind dabei die Lieferkosten und die Lieferzeit. Insofern kündigte Amazon im Jahr 2005 mit Amazon Prime einen Service an, der eine kostenlose Lieferung innerhalb von zwei Tagen in den USA anbot. Dieser Service musste separat gebucht werden und kostete 79 US$ pro Jahr. Aufgrund des großen Erfolges wurde das Programm auch international ausgerollt und 2007 in Deutschland, Japan und Großbritannien gestartet, 2008 in Frankreich (als „Amazon Premium"), 2011 in Italien, 2013 in Kanada, in Indien im Juli 2016 und im März 2017 in Mexiko.

Die Services wurden dabei sukzessive erweitert. Inzwischen gehört nicht nur die kostenlose Lieferung am nächsten Tag dazu, sondern auch eine zweistündige Lieferung für ausgewählte Produkte gegen Gebühr über Prime Now, das Streaming von Musik und Videos, das Angebot exklusiver Artikel und zahlreiche andere Vorteile. Im April 2018 hatte Prime nach Angaben von Amazon weltweit mehr als 100 Mio. Abonnenten.

Das Kalkül von Amazon ging auf. Kunden, die bei Prime registriert sind, sind loyaler zu Amazon und geben dort mehr Geld aus. In den USA geben Prime-Kunden auf Amazon durchschnittlich 1400 US$ im Jahr aus, Kunden ohne Prime-Mitgliedschaft hingegen mit nur 600 US$ weniger als die Hälfte. Auch wenn sich die Ergebnisse auf den US-Markt beziehen, dürfte in Deutschland gerade eine ähnliche Entwicklung stattfinden. Eine IFH-Studie zum Kaufverhalten auf Amazon zeigt: Während im Jahr 2013 Prime-Kunden hierzulande noch knapp 27 Bestellungen pro Jahr aufgaben, waren es 2017 bereits etwa 61 Bestellungen (Gulz 2018).

1.4.2 Zahlungsservices: Amazon Pay

Der Online-Zahlungsservice Amazon Pay wurde 2007 gegründet und konzentriert sich darauf, den Benutzern die Möglichkeit zu geben, mit ihren Amazon-Konten auf externen Händler-Websites zu bezahlen. Aktuell ist der Service in Österreich, Belgien, Zypern, Deutschland, Dänemark, Spanien, Frankreich, Ungarn, Luxemburg, der Republik Irland, Indien, Italien, Japan, den Niederlanden, Portugal, Schweden, Großbritannien und den USA verfügbar.

1.4.3 Konsumgüter-Lieferservices: AmazonFresh, Amazon Pantry und Prime Now

Im stationären Einzelhandel stellen Lebensmittel eine extrem große und attraktive Produktgruppe dar. Bisher hat noch kein Online-Player hier eine wirklich führende

Position einnehmen können. Auch für Amazon erscheint der Lebensmittelbereich attraktiv und initiierte daher verschiedenen Programme.

AmazonFresh

Mit AmazonFresh wurde ein Lieferdienst gestartet, der Prime-Mitgliedern die kostenlose Lieferung von Lebensmitteln und Artikeln des täglichen Bedarfs bietet. In Deutschland startete dieser Service im Frühjahr 2017 und ist im Herbst 2019 nur in Berlin, Potsdam, Hamburg und München verfügbar und dort auch nur in ausgewählten Postleitzahlengebieten. Kunden können aus über 85.000 Produkten wählen, wirbt Amazon. Zum Vergleich: Ein großer Selbstbedienungssupermarkt wie Real hat bis zu 60.000 Produkte im Angebot (Jansen 2017). Außerdem sind zahlreiche Produkte lokaler Anbieter erhältlich, in München z. B. aus dem Hause Dallmayr.

Für die Auslieferung in Deutschland nutzte Amazon bis Sommer 2019 den Paket- und Express-Dienst DHL, danach wurde auf Amazon Logistics umgestellt. Geliefert wird jeweils in einem vom Kunden gewählten Zwei-Stunden-Fenster am gleichen oder nächsten Tag. Bei Bestellungen ab 40 EUR Warenwert fallen keine Liefergebühren an. Allerdings gibt es eine Grundgebühr. Amazon bietet für das Programm eine kostenfreie Probemitgliedschaft von 30 Tagen an. Anschließend wird das Abonnement für monatlich 9,99 EUR verlängert. Die Mitgliedschaft kann monatlich gekündigt werden.

Weltweit wird AmazonFresh auch in einigen Städten der Vereinigten Staaten, Japan und dem Vereinigten Königreich angeboten.

Amazon Pantry

Der Dienst Amazon Pantry ist ebenfalls ein Lieferservice und bietet Prime-Mitgliedern preiswerte Artikel des täglichen Bedarfs aus den Bereichen Lebensmittel und Getränke, Kosmetik- und Drogerieartikeln sowie Haushalts- und Haustierbedarf. In den Vereinigten Staaten ist Pantry seit 2014 verfügbar, in Deutschland seit 2015. Zudem wird der Service auch in Großbritannien, Österreich, Italien, Spanien, Frankreich, Indien und Japan angeboten.

Prime Kunden können ausgewählte Artikel, die mit dem Kennzeichen „Amazon Pantry" versehen sind, in den Warenkorb legen und die Bestellung abschließen, sobald der Mindestbestellwert von 15,00 EUR erreicht ist. Allerdings fallen pro Bestellung Lieferkosten von 3,99 EUR an.

Prime Now

Der Service ermöglicht es Prime-Mitgliedern, sich Produkte des täglichen Bedarfs innerhalb eines Zeitfensters von einer Stunde gegen eine Gebühr von 7,99 EUR oder innerhalb von zwei Stunden gegen eine Gebühr von 3,99 EUR liefern zu lassen, ab 40,00 EUR Mindestbestellwert ist die Lieferung im Zwei-Stunden-Fenster kostenfrei. Das Sortiment umfasst 25.000 Produkte u. a. aus den Kategorien Lebensmittel, Drogerieartikel, Elektronikartikel und Tierbedarf.

Amazon startetet Prime Now im Dezember 2014 erstmals in den USA in Teilen von New York City, seit 2016 ist der Service auch in Deutschland in Berlin und im Raum

München verfügbar. Aktuell steht der Dienst auch in Teilen Großbritanniens, Frankreichs, Italiens, Spaniens, Indiens und Japans zur Verfügung.

Mit den drei Diensten AmazonFresh, Amazon Pantry und Prime Now startete Amazon unterschiedliche Programme für die Lieferung von Konsumartikeln des täglichen Bedarfs, die in potentialstarken Regionen parallel laufen. Alle wurden gestartet, um die unterschiedlichen Modelle auszuprobieren und daraus zu lernen. Hier zeigt sich die DNA des Unternehmens, das versucht, mit Serviceinnovationen systematisch einen attraktiven Markt zu erobern.

1.4.4 Konsumgüter-Bestellservices: Amazon Dash

Mit Amazon Echo werden seit 2015 sprachgesteuerte Touchpoints in die Wohnungen und Büros der Kunden gebracht (siehe Abschn. 1.6.3). Dem Gedanken, Touchpoints in der Umgebung der Kunden zu platzieren folgend, entwickelte Amazon die Systemwelt Amazon Dash, die aus mehreren Komponenten bestand. Unter anderem gab es mit dem Amazon Dash Button ein kleines elektrisches Gerät mit einem einzigen Knopf, dass es ermöglichte durch Drücken des Knopfes die Verbrauchsgüter zu bestellen, die neben diesem Knopf dargestellt waren, z. B. das Waschmittel einer spezifischen Marke oder dedizierte Kaffeekapseln.

Zudem wurde mit dem Amazon Dash Wand ein Kombigerät mit wifi-verbundenem Barcodescanner und Sprachbefehlsgerät ausgeliefert, das zur Inventarisierung von Konsumgütern im ganzen Haus eingesetzt werden konnte.

Außerdem wurde der Amazon Dash Replenishment Service (DSR) implementiert, der es Herstellern ermöglicht, ihren Geräten eine physische Taste oder automatische Erkennungslösung hinzuzufügen, um bei Bedarf Lieferungen von Amazon neu zu bestellen.

Der Rollout der Dash-Lösungen startete 2015 in den USA. In Deutschland konnte Dash aufgrund rechtlicher Bedenken nicht eingeführt werden. So wird beispielsweise beim Drücken des Dash Buttons zum Zeitpunkt des Kaufes keine ausreichenden Informationen über den Preis des Produkts angegeben.

Insgesamt arbeitete Amazon im Dash-Programm mit mehr als 100 Marken zusammen. Jedoch wurde die komplette Dash-Serie im März 2019 von Amazon eingestellt, da sie angeblich durch automatische Nachbestellungen und Produktabonnements obsolet geworden sei. Zudem würde das sprachgesteuerte Einkaufen auf Echo-Produkten die Tasten ersetzen.

Hier zeigt sich, dass Amazon bereit ist, neue und innovative Ideen am Markt auszuprobieren. Wenn sich der erwünschte ökonomische Erfolg nicht einstellt oder die Lösung nicht überlegen ist, wird der Service konsequent wieder vom Markt genommen. Dies ist dann kein Drama, sondern ein normaler Prozess in einem Innovationsunternehmen und es gibt auch immer wieder andere Einsatzbereiche für das Erlernte. So wird die Dash-Technologie nun z. B. in der Automobilproduktion verwendet, um Nachbestellsysteme zu triggern.

1.4.5 Stationäre Buchgeschäfte: Amazon Books

Rund zwanzig Jahre nach der Gründung beschritt Amazon im November 2015 erstmals den Weg, in der Brick-and-Mortar-Welt ein permanentes Geschäft zu betreiben. Der erste Amazon Books Store wurde im University Shopping Center in Seattle, Washington eröffnet. Er verfügt über etwa 5000 Titel, die in Bücherregalen gelagert sind. Die Regale werden genutzt, um die Titel der Bücher mit dem Cover nach vorne zu zeigen – ähnlich wie auf einer Webseite – und nicht, wie bisher im Buchhandel üblich, nur die Buchrücken. Die Regale zeigen zudem positive Bewertungen zu den Büchern und Sternbewertungen von der Amazon.com-Website, die Preise sind auf Online-Angebote abgestimmt.

In den Jahren 2016 bis 2018 wurden weitere Books Stores eröffnet, Ende 2018 verfügt Amazon Books über insgesamt 17 Filialen. Die Stores verkaufen auch Amazon-Elektronik, einschließlich des Amazon Kindle E-Book-Lesers, der Kindle Fire Tablet-Serie, des Amazon Echo und des Amazon Fire TV. Nach Angaben des Unternehmens ist eine Erweiterung auf weitere Standorte geplant.

1.4.6 Stationäre Supermärkte ohne Kassen: Amazon Go

Nachdem Amazon mit den Books Stores erste stationäre Erfahrungen gesammelt hatte, wagte sich das Unternehmen im Dezember 2016 erstmals in den Supermarkt-Bereich hinein und eröffnete das erste Geschäft in der 7th Avenue von Seattle. Innovativ am Konzept ist, dass Amazon Go der weltweit erste Supermarkt ohne Registrierkassen oder SB-Kassen ist. Zahlreiche Kameras und Sensoren registrieren, welche Produkte die Kunden entnehmen oder auch wieder zurückstellen. Nur die letztlich eingekauften Artikel werden dem Konto in einer App belastet. Dadurch können Kunden am Ende des Einkaufs den Laden einfach verlassen.

Zunächst durften den ersten Amazon Go-Supermarkt nur Amazon-Mitarbeiter nutzen, ab Januar 2018 wurde dann die Öffentlichkeit zugelassen. Das Produktangebot umfasst verschiedene Lebensmittel, Speisen („Meal Kits"), Getränke und Spirituosen. Die Produkte sind hochwertig, häufig Bio-Lebensmittel, die Preise liegen marginal über denen normaler Supermarkt-Ketten in den USA (Elfer 2018). Aktuell werden 14 Filialen betrieben.

1.5 Innovationen im Kern-Geschäftsmodell durch Partnerservices

Nicht nur in Richtung Kunden arbeitet Amazon konsequent an Innovationen. Auch in der Zusammenarbeit mit Geschäftspartnern treibt der Konzern Neuerungen voran.

In diesem Kapitel werden der Produktbewertungs-Service Amazon Vine, die Accelerator-Programme für Start-ups und etablierte Hersteller sowie das neue Sold by Amazon

(SBA) näher betrachtet, da diese Innovationen eine hohe Relevanz für Hersteller und Händler haben. Auch hier kann aus bekannten Gründen kein Anspruch auf Vollständigkeit erhoben werden. Weitere wichtige Services werden in anderen Teilen dieses Buches ausführlich beschrieben, beispielsweise Fulfillment by Amazon (FBA) in Kap. 12 von Benno Köber.

1.5.1 Produktbewertungs-Service: Amazon Vine

Amazon hat schon früh erkannt, dass Produktbewertungen und Rezensionen ein wichtiges Kaufkriterium darstellen (siehe hierzu auch Kap. 8 von Christian Driehaus). Daher hat der Konzern im Jahr 2007 den Service Amazon Vine gestartet. Dieser Dienst ermöglicht es Vendoren und seit 2019 auch Sellern, systematisch Bewertungen für Produkte und Bücher bei Amazon zu erhalten. Unternehmen, die den Dienst nutzen, zahlen eine Gebühr an Amazon und stellen Produkte zur Überprüfung bereit. Die Produkte werden an die Rezensenten, die sog. Vine Voices, weitergeleitet, die dann eine Rezension veröffentlichen müssen. Das Programm ist für eine Vielzahl von Produktkategorien verfügbar, z. B. Bücher, Möbel, Bürobedarf, Spielzeug, Kleidung, Elektronik, Sportgeräte und Körperpflegeprodukte. Interessant an Vine ist für Hersteller, dass Produkte auch schon vor dem offiziellen Produktlaunch an Tester gegeben werden können. Tausende namhafte Unternehmen nutzten oder nutzen dieses Programm, beispielsweise Black & Decker, Bosch, Bose, Braun, Dyson, LG, Logitech, Microsoft, Olympus, Philips, Remington, Samsung, Sennheiser, Sony und Tefal.

1.5.2 Amazon Accelerator-Programme

Amazon nutzt zwei Accelerator-Programme, um das eigene Geschäft zu beschleunigen. Diese Programme sind dazu gedacht, mit Start-ups ins Geschäft zu kommen und auch Partnerschaften mit etablierten Unternehmen einzugehen, um sie dazu zu bewegen, bei Amazon zu verkaufen.

Der **Brand Accelerator** ist speziell für Start-ups gedacht. Amazon greift den jeweiligen Start-ups beim Marketing und der Logistik unter die Arme, im Gegenzug verpflichten sich die jungen Firmen dazu, im Rahmen von Amazon Paid Ads Werbung zu buchen – und zwar im Wert von mindestens fünf Prozent des Umsatzes. Die Start-ups müssen allerdings bestimmte Bedingungen erfüllen. Dazu gehört das Potenzial, schon im ersten Monat eine Million US$ Umsatz zu schaffen, ein ausreichender Lagerbestand und Expertise in digitalem Marketing und Markenaufbau. In 2019 will Amazon so mindestens zehn neue Marken auf den Markt bringen (Gärtner 2019).

Der **Manufacturer Accelerator** soll hingegen das überaus lukrative Geschäft mit Amazons Eigenmarken pushen. Amazon sucht dabei Hersteller für seine Eigenmarken, die dann exklusiv über den Marktplatz verkauft werden – auch hier kümmert sich Amazon um Marketing und Werbung. Als Beispiel wird der US-amerikanische Matratzenhersteller Tuft & Needle genannt. Das Unternehmen hat speziell für Amazon eine im Vergleich zu seinem eigenen Sortiment preiswertere Matratze hergestellt und auf dem Marktplatz verkauft. Dadurch konnte die Firma sowohl als Produzent für Amazon als auch über den Verkauf der teureren Produkte über den eigenen Webshop profitieren (Gärtner 2019).

Im Accelerator Programm erhalten Marken u. a. kostenlose Premium-Inhalte für ihre Produktseiten, kostenloses Marketing bei Amazon, Sichtbarkeit auf der Homepage auch während Aktionstagen, AWS-Credits, die für ihre Marken-Websites verwendet werden sollen, Zugang zu einem Thinkspace-Coworking-Büro in Seattle sowie kostenlose Rezensionen durch Amazon Vine.

1.5.3 Sold by Amazon (SBA)

Amazon hat im August 2019 in den USA ein neues Programm namens Sold by Amazon (SBA) gestartet, das dem Konzern die volle Preiskontrolle über ausgewählte Produkte von Drittanbietern gibt, die auf seinem Marktplatz verkauft werden (Melchior 2019). Verkäufer, die sich für SBA anmelden, geben Amazon damit die Erlaubnis, den Preis ihrer Produkte nach Belieben zu senken. Im Gegenzug wird ihnen eine Mindest-Auszahlung, die als Minimum Gross Proceed (MGP) bezeichnet wird, garantiert. Diese Grenze soll die Marktplatz-Händler vor möglichen Verlusten schützen. Wird das Produkt doch unter diesem Wert verkauft, will Amazon die Differenz an den Händler auszahlen. Wird das Produkt zu einem höheren Preis verkauft, erhält der Händler entsprechend eine höhere Auszahlung. Zudem kümmert sich Amazon auch komplett um Retouren und notwendigen Service. Die Verkäufer wählen selbst, welche Produkte sie in SBA aufnehmen möchten (Melchior 2019). In 2019 steht das Programm nur Sellern offen, die FBA nutzen, da nur dann die Ware bei Amazon im Lager vorgehalten wird und die Produkte mit dem Prime Status gekennzeichnet sind.

1.6 Expansion in neue Geschäftsfelder

Neben dem Kerngeschäft, dem Handel auf der Plattform im Retail oder auf dem Marketplace, beschreitet Amazon auch systematisch Wege in neue Geschäftsmodelle. Diese zielen einerseits darauf ab, bekannte Ressourcen und Leistungen, die sonst Partner erbringen würden, selbst zu entwickeln. Denn schon in den Anfangsjahren gab Bezos das Credo aus, dass Services, die eine hohe Relevanz für das eigene Kerngeschäft haben, nicht zugekauft, sondern weitgehen selbst erbracht werden sollen. Und zwar so exzellent und effizient, dass diese Services auch von Dritten gerne gekauft werden. Beispiele hierfür sind Amazon Web Services (AWS), Amazon Advertising oder die innovativen Logistikservices. Hier geht es darum, eine eigene Marge für Amazon aus den Leistungen zu ziehen, unabhängig von Partnern zu werden und die Servicequalität und damit auch die Kundenzufriedenheit zu erhöhen.

Andererseits gibt es auch neue Geschäftsmodelle, die stärker einen neuen Markt schaffen sollen. Hierzu zählen die Aktivitäten im Bereich Medien und Unterhaltung, neu geschaffene Touchpoints direkt beim Kunden wie Amazon Echo sowie das Project Amazon 1492 im Gesundheitssektor.

Aufgrund der hohen Innovationsintensität können auch hier nur ausgewählte Beispiele ohne Vollständigkeitsanspruch vorgestellt werden.

1.6.1 Infrastructure on Demand: Amazon Web Services (AWS)

Jeff Bezos war schon Ende der 1990er Jahre fest davon überzeugt, dass Amazon sich als Technologieunternehmen definieren müsse und nicht als Einzelhändler. Daher drängte er recht hartnäckig darauf, Risiken auch außerhalb von Amazons Kerngeschäft einzugehen (Stone 2019, S. 223–225). Zwischen 2003 und 2005 experimentierte Amazon beispielsweise mit einer eigenen Suchmaschine. Auch eine Crowd-Sourcing-Plattform mit dem Namen Mechanical Turk wurde entwickelt. Diese Plattform legte das Fundament für Infrastrukturleistungen, die später unter dem Namen Amazon Web Services auf den Markt kommen sollten (Stone 2019, S. 224).

Denn auch Amazon selbst benötigte für den Betrieb seiner E-Commerce-Plattform global verteilte Rechenzentren und hochverfügbare Dienste.

Amazon Web Services (AWS)
Im Jahr 2006 wurde AWS als Tochterunternehmen von Amazon gegründet. Das Geschäftsmodell ist im Kern das Anbieten von Cloud-Computing-Leistungen. Zahlreiche bekannte Dienste wie Netflix, Foursquare oder Reddit greifen auf die Leistungen von Amazon Web Services zurück.

Amazon Web Services werden teilweise kostenlos angeboten. Im November 2010 wurde ein Programm namens Free Usage Tier gestartet, das Rechenleistung von bis zu 750 Stunden und andere beliebte AWS-Dienste in begrenztem Ausmaß umfasst. Nach Ablauf des ersten Jahres müssen Kunden auf einen kommerziellen Tarif wechseln und die üblichen Gebühren entrichten. Die Einführung eines kostenlosen Kontingents wurde allgemein als Reaktion auf OpenStack gesehen, das insbesondere vom konkurrierenden Unternehmen Rackspace forciert wird.

Im Mai 2013 kündigte Amazon an, Amazon Web Services in Zukunft auch in Deutschland entwickeln zu wollen. Nachdem zuvor auch in anderen Regionen entsprechende Zentren gegründet worden waren, werden neue Dienste für AWS seit Mitte 2013 auch an den Standorten in Berlin und Dresden konzipiert. In Frankfurt am Main betreibt der Konzern drei Rechenzentren.

Ausgewählte Dienste von Amazon Web Services

- **Computing,** z. B. Rechenleistung, virtuelle Server
- **Storage & Content Delivery,** z. B. Netzlaufwerke, Archivierung, Content Delivery Network (CDN)
- **Datenbanken,** z. B. MySQL-, Oracle- und NoSQL-Datenbanken, Zusammenfassung und Analyse großer Datenmengen in Data-Warehouses
- **Networking,** z. B. Einrichtung virtueller Netzwerke
- **Developer Tools,** z. B. zur Versionierung von Software-Entwicklungsständen
- **Management Tools,** z. B. Überwachung von AWS-Diensten, Ressourcenverbrauch, automatische Verteilung von Software
- **Security & Identity,** z. B. Identity & Access Management (IAM), Verwaltung von Benutzern und Gruppen
- **Analytics,** z. B. verteilte Auswertung großer Datenmengen, Systeme für Künstliche Intelligenz und Maschinelles Lernen
- **Mobile Services**
- **Application Services,** z. B. massenhafter Versand von E-Mails, Newsletter
- **Enterprise Applications**

Auch innovative Produkte in den Bereichen Künstliche Intelligenz und Maschinelles Lernen sind inzwischen bei AWS verfügbar. Beispielhaft sei hier **Amazon Lex** genannt, ein Service, der es ermöglicht, Konversationsschnittstellen mit den gleichen Deep-Learning-Technologien zu nutzen, wie sie Alexa verwendet. So können z. B. Chatbots einfacher entwickelt werden, denn die grundlegenden Technologien für Spracherkennung und Sprachverarbeitung sind in der Cloud durch AWS vorhanden.

Das Marktforschungsunternehmen Gartner stufte AWS im Jahr 2017 als führenden internationalen Anbieter im Cloud-Computing ein. Insofern überrascht es nicht, dass z. B. auch das Technologieunternehmen Apple die Services intensiv nutzt und im Jahr 2019 monatlich einen Betrag von rund 30 Mio. US\$ für AWS ausgibt. Jedoch kündigte Apple auch an, dass sich das Unternehmen durch den Aufbau eigener Rechenzentren strategisch unabhängiger von Amazon machen möchte (Nickel 2019).

1.6.2   Medien und Unterhaltung: Videos, Musik und mehr

Die Expansion in den Bereich Medien und Unterhaltung lag nahe. Amazon war als Online-Buchhändler gestartet und hatte das Sortiment im ersten Schritt um den Verkauf von physischen Produktkategorien wie CDs und DVDs erweitert. Logisch naheliegend war, diese Angebote auch rein digital anzubieten.

Prime Video, Amazon Studios und Prime Originals

Im Jahr 2005 startete Amazon.de mit Lovefilm ein Joint Venture zum DVD-Verleih und übernahm das Unternehmen 2011 komplett. Im März 2013 wurde berichtet, dass Amazon eigene Fernsehserien produzieren will, die exklusiv auf eigenen Streaming-Angeboten vermarktet werden sollen. Anfang 2014 wurde das komplette Lovefilm-Angebot in die Amazon-Plattform als Streaming-Angebot zunächst unter dem Namen Amazon Instant Video integriert. Das Angebot war als Video-on-Demand-Angebot zunächst auf Deutschland beschränkt.

Ab September 2015 wurde das Angebot weltweit auf den kurzen Namen Amazon Video umbenannt. Seit Februar 2018 werden sämtliche Video-Inhalte, unabhängig ob kostenlos oder kostenpflichtig, von Amazon unter der Marke Prime Video angeboten.

Doch Amazon beschränkt sich nicht mehr darauf, Bewegtbild-Inhalt auf seiner Platt-form einfach nur zu distribuieren, sondern produziert unter dem Label Amazon Studios eigene Filme und Serien. Bereits im Jahr 2013 liefen die ersten Serien in den USA, der erste eigenproduzierte Film erschien im Dezember 2015. Die Eigenproduktionen wer-den von Amazon als Prime Originals (bis 2016 Amazon Originals) bezeichnet. Amazon Studios arbeitet mit zahlreichen namhaften Regisseuren und bekannten Schauspielern zusammen. Im Februar 2017 erhielten Produktionen aus den Amazon Studios gleich drei Oscars, u. a. wurde Casey Afflek als bester Schauspieler in der Produktion „Manchester by the Sea" ausgezeichnet.

Amazon Music, Prime Music und Music Unlimited

Im September 2007 startete Amazon in den USA mit der öffentlichen Beta-Phase des Musik-Downloadshops Amazon Music und trat damit in den Wettbewerb der Online-Musikdienste ein. Es wurden mehr als zwei Millionen Titel von über 180.000 Interpreten der Partner EMI, Universal und zahlreichen Independent-Labels angeboten. Einzelne Titel oder komplette Alben können als MP3-File heruntergeladen werden. Seit April 2009 ist der MP3-Download-Dienst auch in Deutschland verfügbar. Der Dienst bietet einige der über Amazon zum Verkauf stehenden CDs als digitale MP3-Downloads zu einem teilweise niedrigeren Preis an.

Seit Mitte 2014 bietet Amazon Music neben dem digitalen Kauf auch Musik-Strea-ming an. Amazon Prime-Abonnenten können in mehreren Ländern ein unbegrenztes Streaming eines begrenzten Musikkatalogs mit etwa zwei Millionen Songs nutzen. Mit Prime Radio und Prime Playlists gibt es auch die Möglichkeit, sich von Amazon Songs vorschlagen zu lassen, die anhand der gehörten Lieder ermittelt worden sind.

Daneben bietet der Dienst Amazon Music Unlimited seit Ende 2016 einen Full-Cata-log-Streaming-Service als zusätzliches oder eigenständiges Abonnement. Hier sind etwa 50 Mio. Songs verfügbar, Prime-Mitglieder erhalten einen Rabatt.

Kindle

Im November 2007 brachte Amazon mit dem Kindle seinen eigenen E-Book-Reader auf den Markt. Mit den Geräten der Amazon Kindle-Produktserie können elektronische

Bücher, Zeitschriften und Zeitungen von Amazon heruntergeladen und gelesen werden. Nach eigenen Angaben bietet Amazon 1,2 Mio. elektronische Bücher und eine Reihe von elektronischen Zeitungen überwiegend in englischer Sprache an. Mit der vierten Version der E-Book-Reader stellte Amazon im Oktober 2011 auch den Tablet-Computer Kindle Fire vor. Die aktuelle, neunte Generation der E-Reader ist seit Oktober 2017 unter dem Namen Kindle Oasis verfügbar.

Amazon Fire TV
Seit 2015 wird der Streaming-Media-Adapter (Set-Top-Box) Amazon Fire TV angeboten. Die Adapter streamen digitale Multimedia-Inhalte, insbesondere Fernsehserien und Filme, aber auch Audio- (Musik, Hörbücher) und Bilddateien. Die Geräte beziehen die Daten über das Internet, die dann auf einem TV-Gerät wiedergegeben werden. Das System ist als Fire TV Stick (HDMI-Stick) oder als Fire TV (Gehäuse mit einem HDMI-Kabel) verfügbar.

Im September 2015, wenige Monate nach Markteinführung in Deutschland, gab Amazon Deutschland bekannt, dass der Fire TV Stick über alle Kategorien hinweg das meistverkaufte Produkt auf amazon.de sei. Ende 2017 wurde gemeldet, der Fire TV Stick sei das populärste Streaminggerät in den USA, Großbritannien, Deutschland und Japan. Anfang 2019 wurden die Geräte nach Angaben von Amazon von knapp 30 Mio. aktiven Nutzern verwendet.

1.6.3 Touchpoints direkt beim Kunden: Amazon Echo mit Sprachassistent Alexa

Um das eigene Ecosystem innovativ weiter auszubauen, entwickelte Amazon Lautsprecher, die zugleich auch die Funktionen sprachgesteuerter, internetbasierter intelligenter persönlicher Assistenten bieten. Diese Smart Speaker werden unter dem Namen **Amazon Echo** seit Juni 2015 in den USA verkauft, seit Oktober 2016 sind sie auch in Deutschland erhältlich. Die Geräte werden durch frei gesprochene, natürliche Sprache gesteuert und können z. B. Musik abspielen, Smart Home-Geräte steuern oder Nachrichten und Wettermeldungen ausgeben. Dazu greift Echo auf diverse herstellereigene Dienste sowie Dienste von Drittanbietern zu.

Die eigentliche Sprachsteuerung erfolgt durch den Sprachassistenten namens **Alexa** und wird durch das Sprechen eines definierten Schlüsselwortes wie Alexa, Echo, Amazon oder Computer aktiviert. Erst danach überträgt Echo die gesprochenen Worte über das Internet an Amazon, wo versucht wird, die gegebenen Befehle umzusetzen. Im Auslieferungszustand kann Alexa bereits zahlreiche Aktionen ausführen, beispielsweise Musik abspielen, einen Wecker stellen, Begriffe erklären oder Kalender verwalten. Darüber hinaus bietet Amazon einen Store für sogenannte Skills, welche von Drittanbietern erstellt werden können. Skills müssen vom Benutzer aktiviert werden und bieten zusätzliche Funktionen wie das Steuern von Smart Home-Geräten, Spiele, oder die

Kommunikation mit der Hausbank. In den USA stehen mittlerweile über 50.000 Skills zur Kommunikation mit Webdiensten zur Verfügung.

Gab es im Startjahr 2015 nur Geräte in zwei Größen – ein großer Echo mit Lautsprecher und ein kleiner Echo Dot mit Klinkenstecker –, so ist die Modellfamilie des Echos inzwischen auf ein Dutzend Varianten angewachsen. Unter anderem gibt es auch Modelle mit Bildschirm (Show, Spot), Echo Buttons für Spiele, den Subwoofer Sub oder die Erweiterung Wall Clock, eine Wanduhr.

Mit dem Echo gelingt es Amazon, physische Touchpoints der eigenen Marke in den Wohnungen und Büros der Kunden zu platzieren. Damit rückt Amazon nochmals näher an die Kunden heran und besetzt die Kundenschnittstelle auf eine ganz neue und innovative Art. Die Echos mit Alexa bieten daher strategisch enormes Umsatzpotenzial. Schon heute ist der Spracheinkauf von Produkten, z. B. die erneute Bestellung Prime-fähiger Produkte über die Amazon-Plattform möglich. Perspektivisch ist zu erwarten, dass Amazon den Kanal Echo in der Zukunft noch deutlich ausbauen wird. Zudem gewinnt Amazon schon heute umfangreiche Profildaten über die Nutzer des Systems. Beispielsweise hat sich Amazon in einem Patent die Erkennung von Schnupfen, Husten und Heiserkeit des Benutzers gesichert. Wenn dieser kränkelt, könnte Alexa gleich passende Medizin anbieten.

1.6.4 Werbegeschäft: Amazon Advertising und Retail Media Business

Über 50 % aller Produktsuchen im Web beginnen bei Amazon und nicht mehr in den klassischen Suchmaschinen (Jumpshot 2018). Und dadurch wird ein enormer Traffic auf den Seiten von Amazon generiert. Diese Besuche auf der Website nutzt Amazon systematisch auch durch kontextbezogene Werbeeinblendungen aus. Daher entwickelte sich Amazon Advertising, das Geschäft mit Werbung, in den letzten Jahren zu einem der wachstumsstärksten Geschäftsbereiche für Amazon. Werbekunden wird eine Vielzahl von Lösungen und Werbeformaten (Pay per Click, Display, Video) geboten, um Nutzer auf, aber auch außerhalb der Amazon-Plattform zu erreichen.

Hierbei kommen die beiden Produkte **Amazon Ad Console** und **Amazon Demand Side Platform (DSP)** zum Einsatz. Die Amazon Ad Console ermöglicht es Werbetreibenden, Werbeanzeigen im Pay-per-Click-Modell zu schalten, d. h. der Werbende zahlt für einen Klick auf seine Anzeige. Bei Amazon DSP wird die Werbeleistung nach Anzahl der Ausspielungen eines Werbemittels abgerechnet, d. h. der Werbende zahlt nach einem Pay-per-View-Modell, z. B. einen Tausend-Kontakt-Preis, abgekürzt TKP (Johnson 2019).

Die Umsätze, die Amazon aus dem Advertising generiert, lagen im Jahr 2018 bereits bei ca. 10 Mrd. US\$. In den USA gilt Amazon nach Google und Facebook als drittgrößter Digitalvermarkter. Experten schätzen, dass Amazon in der DACH-Region im Jahr 2018 bereits ca. 500 Mio. EUR umsetzt. (Eisenbrand 2018). Zudem wird erwartet, dass sich der weltweite Amazon-Werbeumsatz bis 2020 auf rund 20 Mrd. US$ verdoppeln werde. Dabei geht das Wachstum mit Werbung bei Amazon zu Lasten anderer digitaler Werbevermarkter, besonders Google und Facebook.

1.6.5 Innovative Logistikservices: Zu Lande, zu Wasser und in der Luft

Für eine Online-Handelsplattform ist eine effektive und effiziente Logistik ein entscheidender Erfolgsfaktor. Insofern hat Amazon in diesem Bereich hervorragende Fähigkeiten und enorme Kapazitäten aufgebaut. Der Service Fulfillment by Amazon (FBA) ist hier das beste Beispiel (siehe auch Kap. 12 von Benno Köber) für eine perfekt funktionierende Logistik.

Zu Lande
Um beim Transport von Bestellungen zum Endkunden unabhängig von Paketdienstleistern zu werden, stieg Amazon beginnend in den USA mit **Amazon Logistics** in das Liefergeschäft ein. Im Jahr 2015 wurde dieser Dienst auf Deutschland ausgeweitet, wo Amazon Lieferungen in München und Berlin mittels lokaler Kurierdienste organisiert. Zudem begann Amazon Logistics zunächst in München und Berlin auch mit dem Aufstellen von eigenen Paketautomaten, also Abholstationen mit Selbstbedienungs-Schließfächern, bei denen Kunden ihre Bestellung selbst abholen können. Mitte 2018 standen schon über 400 sog. **Amazon Locker** in Deutschland.

Zu Wasser
Anfang 2017 hat Amazon damit begonnen, Produkte von chinesischen Händlern auch selbst mit Frachtschiffen in die USA zu transportieren, um sie dort in seinen Logistikzentren einzulagern. Zuvor hatte Amazon diesen Bereich der Logistikkette immer von Drittunternehmen abwickeln lassen.

Amazon hat bisher zwar keine Schiffe selbst gekauft. Auch die Crews, die die Frachter durch den Pazifik steuern, sind nicht bei Amazon direkt angeheuert. Amazon tritt vielmehr als Logistikanbieter und Organisator für Unternehmen auf, die die Schiffe besitzen. Amazon bucht also die Frachträume in den Ozeanriesen und kümmert sich um den Transport der Güter zwischen Schiffen und Logistikzentren (Etherington 2017).

Sogar unter Wasser sieht der Konzern Logistik-Potenzial. Ein Amazon-Patent beschreibt die Möglichkeiten der Lagerung von Waren im Wasser. Die Gegenstände werden in einen Behälter gegeben, der die Dichte reguliert und so eine Positionierung an der Oberfläche oder einer bestimmten Tiefe des Gewässers ermöglicht. Wird das versenkte Produkt gebraucht, bläst sich auf ein Signal hin ein Ballon auf, der den Behälter an die Oberfläche treiben lässt (Knupfer 2017).

In der Luft

Im August 2016 präsentierte Amazon sein erstes eigenes Frachtflugzeug Amazon One der neuen Frachtfluggesellschaft Prime Air (heute **Amazon Air**) mit dem Kennzeichen N1997A in Erinnerung an das Gründungsjahr von Amazon. Ende 2017 waren bereits 32 gemietete Frachtflugzeuge im Einsatz. Insbesondere im Weihnachtsgeschäft kommen Amazons Logistikpartner häufig an ihre Grenzen, daher nimmt Jeff Bezos den Ausbau der Luftfrachtkapazitäten selbst in die Hand. Amazon könnte mit eigenen Frachtflugzeugen zur Konkurrenz von UPS, FedEx und DHL werden. Schon seit 2015 betreibt Amazon einen eigenen Lastwagen-Fuhrpark unter dem Label Prime, andererseits kann Amazon in Zukunft überschüssigen Platz in seinen Frachtflugzeugen an Dritte günstig verkaufen analog wie heute seine Serverkapazitäten (Fuest 2016).

Eine weitere wichtige Air-Logistik-Innovation sind nach Einschätzung von Amazon Drohnen. Hier hat das Unternehmen zahlreiche Patente eingereicht, u. a.

- **Mobile Drohnenstationen** in Containern, die inklusive der auszuliefernden Waren per Eisenbahn, Schiff oder Sattelschlepper in die Nähe des Zielortes gebracht werden. Nur die letzten Kilometer der Auslieferung erfolgen mit Drohnen. In den Containern können sich nicht nur Waren, sondern beispielsweise auch Roboter zum Verladen und Material zur Wartung der Drohnen befinden. Wartung, Reparatur und Verladen können während der Fahrt erledigt werden. Bei diesem Konzept können die großen Amazon-Logistikzentren weiterhin weit außerhalb der Städte sein, wo die Grundstückpreise niedrig sind (Knupfer 2017).
- **Schwebende Logistikzentren,** dabei wird ein Warenlager, in einem Luftschiff auf einer Höhe von über 13.000 Metern gehalten. Nachschub und wenn nötig Personal werden mit kleineren Luftschiffen vor Ort transportiert. Die Endauslieferung der Pakete übernehmen wieder Drohnen. Dieses sog. Airborne Fulfillment Center (AFC) soll eine schnelle Lieferung ermöglichen. Amazon könnte das Luftschiff im Voraus über einer Stelle platzieren, wo eine erhöhte Nachfrage erwartet wird – beispielsweise einem Fussballstadion während eines Matches (Knupfer 2017).
- **Drohnentürme für Großstädte,** damit Lieferzentren in den Innenstädten entstehen können, aus denen die Waren künftig schneller ausgeliefert werden können. Die Lieferzentren müssen aufgrund der zentralen Lage mit kleineren Grundstückflächen auskommen, und werden deshalb in die Höhe wachsen. Die Drohnen werden im Innern des Turmes beladen – von Robotern oder Menschen – und starten von zahlreichen Plattformen auf verschiedenen Ebenen zum Flug zum Kunden (Knupfer 2017).

Alle diese futuristischen Visionen machen jedoch nur einen kleinen Teil aller Amazon-Logistikpatente aus. Ein Großteil sind kleine Innovationen in den Anwendungsbereichen Drohnen, Roboter und Fahrzeuge, die sicherheitshalber geschützt werden. Dazu gehören Ideen für Roboterarme, die Fahrspurzuordnung von autonomen Fahrzeugen, Landevorrichtungen und Stationen für Drohnen oder neue Drohnendesigns.

Amazon will das Zeitalter der autonomen Lieferkette einläuten. Wenn dies gelingt, wird die Firma für die Weltwirtschaft eine noch viel disruptivere Rolle einnehmen, als sie es im Buchhandel getan hat (Knupfer 2017).

1.6.6 Gesundheitsmarkt: Project „Amazon 1492"

Auch das Wachstumsfeld Gesundheit hat Amazon im Fokus. Bereits im Juli 2017 begann der Konzern das Projekt **„Amazon 1492"**, ein geheimes Labor für Innovationen im Gesundheitswesen. Die Zahl im Namen ist dabei eine Anspielung auf Jahr 1492, das Jahr in dem Kolumbus die „neue Welt" entdeckte. Amazon hat eine Reihe von Gesundheits-experten für das Projekt eingestellt, darunter den Seattler Arzt Martin Levine und Taha Kass-Hout, den ehemaligen Chief Health Informatics Officer der U.S. Food and Drug Administration (FDA) (Seebach 2019).

Neben weiterem Wachstum im Handel mit rezeptfreien Medikamenten, der heute schon auf dem Marketplace abgewickelt wird, werden auch neue Konzepte ausprobiert. Dazu kooperiert Amazon bereits mit führenden Pharma-Herstellern. Beispielsweise wurde ein Entwickler-Contest initiiert, der das Ziel hatte, Alexa-Skills für Diabetes-Patienten entwickeln zu lassen. Nach der Aufhebung des Versandverbots im Jahr 2021 soll ein innovativer Ansatz zum Monitoring und zur Einstellung von Insulin powered by Amazon auf dem deutschen Markt eingeführt werden. Mit anderen Partnerunternehmen testet Amazon ähnliche Systeme für Antikoagulationstherapien und – besonders kompli-ziert – für Dialysen (Seebach 2019).

Ganz sicher wird Amazon im Gesundheitsbereich in den nächsten Jahren mit inno-vativen Lösungen überraschen. Diesen Wachstumsmarkt wird Jeff Bezos sich nicht ent-gehen lassen.

1.7 Fazit und Ausblick

Amazon hat sich vom US-amerikanischen Online-Buchhändler systematisch zu einem globalen Technologiekonzern entwickelt. Dabei waren die klare Kundenorientierung, die Agilität eines Start-ups, eine stringente Führung und skalierbare Strukturen wich-tige Erfolgsbausteine. Amazon hat seine heutige Größe durch eigenes Wachstum, kon-sequente Skalierung, den Mut in neue Geschäftsfelder einzutreten, aber auch zahlreiche zielführende Zukäufe erreicht. Rund 100 Akquisitionen tätigte Amazon in den Jahren 1998 bis 2019 (Crunchbase 2019; Wikipedia 2019), darunter einige Milliarden-Über-nahmen wie die des Online-Schuhhändlers Zappos im Jahr 2009 für 1,2 Mrd. US$ oder der Lebensmittelkette Whole Foods im Jahr 2017 für 13,7 Mrd. EUR.

Auch die Entwicklung des Amazon-Aktienkurses verdeutlicht den Erfolg des Kon-zerns. Der erste Eröffnungskurs lag im Jahr 1997 bei 18 US$. Berechnet man die drei

Aktiensplits von Amazon mit ein, reduziert sich der Ausgabepreis für eine Amazon-Aktie am ersten Handelstag sogar auf etwa 1,96 US\$, wie das US-Finanzportal „The Street" vorrechnet (Blume 2017). Im Sommer 2019 bewegte sich der Kurs um die 1800 US\$. Damit ist der Kurs seit Erstausgabe um den Faktor 918 gestiegen. Wer damals nur 1100 EUR investiert hätte, dessen Anteile wären heute über 1 Mio. EUR wert.

Die Größe von Amazon ist Segen für das Unternehmen mit Blick auf die realisierbaren Skaleneffekte. Sie kann aber auch zum Fluch werden, sollten Kartellbehörden in der Zukunft marktbeherrschende Konstellationen ausmachen. Sicher würde der Konzern in diesem Fall auch innovative Lösungen und Aufstellungen finden.

Auf jeden Fall bleibt es spannend, in welche neuen Geschäftsmodelle und -felder Amazon in der Zukunft noch einsteigen wird, denn der Konzern hat schon heute innovative Themen in der Pipeline und auch der Eintritt in weitere Branchen neben Handel, Medien und Unterhaltung sowie Logistik wird folgen. Sicher bietet der Gesundheitssektor große, attraktive Marktsegmente, die sich Amazon nicht entgehen lassen wird. Auch der 3D-Druck bietet noch disruptives Potential, im Bereich 3D-Druckservices hat sich der Konzern schon erste Patente gesichert.

Sogar der Griff nach den Sternen ist für Amazon in greifbarer Nähe. Bereits im September 2000 gründete Jeff Bezos das Raumfahrtunternehmen Blue Origin. Zunächst konzentrierte sich das Unternehmen auf die Durchführung von suborbitalen Flügen mittels wiederverwendbarer Flugsysteme, um nun mit diesen Erkenntnissen aus den Flügen die Schwerlast-Trägerrakete New Glenn zu entwickeln, deren erster Start für 2021 geplant ist. Außerdem entwickelt Blue Origin die Mondlandefähre Blue Moon, dessen Modell im Mai 2019 vorgestellt wurde. Blue Moon soll bis zu vier Fahrzeuge, wissenschaftliche Geräte, aber auch Menschen transportieren können. Amazon sei bereit, die NASA bei ihrer Mond-Mission zu unterstützen (Schwarz 2019).

Ein gutes Vierteljahrhundert nach der Gründung von Amazon hat Jeff Bezos etwas Großes geschaffen. Sein Masterplan scheint aufzugehen.

Literatur

Amazon. (2019). Unsere Leadership-Prinzipien. https://www.aboutamazon.de/arbeiten-bei-amazon/unsere-leadership-prinzipien. Zugegriffen: 1. Sept. 2019.

Blume, J. (2017). Mit 2000 Dollar Einsatz zum Millionär. https://www.handelsblatt.com/finanzen/maerkte/aktien/20-jahre-amazon-aktie-mit-2000-dollar-einsatz-zum-millionaer/19809076.html. Zugegriffen: 1. Sept. 2019.

Bundeskartellamt. (2019). Bundeskartellamt erwirkt für Händler auf den Amazon Online-Marktplätzen weitreichende Verbesserungen der Geschäftsbedingungen. https://www.bundeskartellamt.de/SharedDocs/Meldung/DE/Pressemitteilungen/2019/17_07_2019_Amazon.html. Zugegriffen: 1. Sept. 2019.

Crunchbase. (2019). Amazon – Acquisitions. https://www.crunchbase.com/organization/amazon/acquisitions/acquisitions_list. Zugegriffen: 1. Sept. 2019.

Eisenbrand, R. (2018). 500 Millionen Euro Werbeumsatz in Deutschland? – „Amazon nimmt Google gerade Geld weg". https://omr.com/de/amazon-advertising-spendings-deutschland-2018/. Zugegriffen: 1. Sept. 2019.

Elfer, M. (2018). Amazon Go: Rein, Rucksack füllen, raus. https://www.zeit.de/wirtschaft/2018-09/amazon-go-supermarkt-seattle-smartphone-shopping-kassenlos. Zugegriffen: 1. Sept. 2019.

Etherington, D. (2017). Amazon adds ocean freight to the pieces of the shipping puzzle it controls. https://techcrunch.com/2017/01/25/amazon-adds-ocean-freight-to-the-pieces-of-the-shipping-puzzle-it-controls/. Zugegriffen: 1. Sept. 2019.

Fröhlich, C. (2017). Amazons Seller- und Vendor-Programm: Die Vor- und Nachteile. https://www.internetworld.de/technik/amazon/amazons-seller-vendor-programm-nachteile-1429889.html. Zugegriffen: 1. Sept. 2019.

Fuest, B. (2016). Amazon ist auf dem Weg zum allmächtigen Konzern. https://www.welt.de/wirtschaft/article157519272/Amazon-ist-auf-dem-Weg-zum-allmaechtigen-Konzern.html. Zugegriffen: 1. Sept. 2019.

Gärtner, M. (2019). StartUps und Eigenmarken: Amazon lockt mit Accelerator-Programmen. https://www.amazon-watchblog.de/unternehmen/1633-startups-eigenmarken-amazon-accelerator-programmen.html. Zugegriffen: 1. Sept. 2019.

Gulz, C. (2018). Amazon-Prime-Kunden geben immer mehr Geld aus. https://www.idealo.de/magazin/2018/10/17/amazon-prime-kunden-geben-immer-mehr-geld-aus/. Zugegriffen: 1. Sept. 2019.

Hern, A. (2018). The two-pizza rule and the secret of Amazon's success. https://www.theguardian.com/technology/2018/apr/24/the-two-pizza-rule-and-the-secret-of-amazons-success. Zugegriffen: 1. Sept. 2019.

Jansen, J. (2017). Amazon Fresh startet in Deutschland. https://www.faz.net/aktuell/wirtschaft/netzwirtschaft/amazon-fresh-lebensmittelversand-startet-in-deutschland-14998939.html. Zugegriffen: 1. Sept. 2019.

Johnson, T. (2019). What is Amazon demand side platform? https://cpcstrategy.com/blog/2019/04/amazon-demand-side-platform/. Zugegriffen: 1. Sept. 2019.

Jumpshot. (2018). The race is on: Jumpshot releases the competitive state of e-commerce marketplaces data report. https://www.prnewswire.com/news-releases/the-race-is-on-jumpshot-releases-the-competitive-state-of-ecommerce-marketplaces-data-report-300707754.html. Zugegriffen: 1. Sept. 2019.

Kaziukėnas, J. (2018). One million new sellers on Amazon. https://www.marketplacepulse.com/articles/one-million-new-sellers-on-amazon, Zugegriffen: 1. Sept. 2019.

Knob, C. (2013). *Amazon kennt dich schon – Vom Einkaufsparadies zum Datenverwerter*. Frankfurt a. M.: Frankfurter Societäts-Medien.

Knupfer, D. (2017). Diese fünf Amazon-Patente können die Welt verändern. https://www.handelszeitung.ch/unternehmen/technologie/diese-fuenf-amazon-patente-koennen-die-welt-aendern-1475301. Zugegriffen: 1. Sept. 2019.

Kolbrück, O. (2019). Diese Amazon-Eigenmarken müssen Sie jetzt auf dem Radar haben. https://etailment.de/news/stories/Amazon-Eigenmarken-22009. Zugegriffen: 1. Sept. 2019.

Krisch, J. (2019a). Amazon Handelsumsätze lagen 2018 bei $277 Mrd. (GMV). https://excitingcommerce.de/2019/04/11/amazon-kam-2018-auf-handelsumsatze-von-277-mrd-gmv/, Zugegriffen: 1. Sept. 2019.

Krisch, J. (2019b). Die 20 spannendsten Erkenntnisse aus den neuen Amazon-Zahlen. https://excitingcommerce.de/2019/04/14/die-20-spannendsten-erkenntnisse-aus-den-amazon-zahlen/. Zugegriffen: 1. Sept. 2019.

Kroll, S (2019). Alibaba kauft E-Commerce-Unternehmen Kaola, https://www.internetworld.de/e-commerce/alibaba/alibaba-kauft-e-commerce-unternehmen-kaola-1746483.html. Zugegriffen: 1. Sept. 2019.

Madden, D. (2019). Jeff Bezos says It's always day 1 at Amazon. Here's the big problem with that philosophy. https://www.inc.com/debbie-madden/jeff-bezos-says-you-should-treat-every-day-at-your-company-like-day-1-heres-why-hes-wrong.html. Zugegriffen: 1. Sept. 2019.

Melchior, C. (2019). Amazon launcht neues Programm Sold by „Amazon". https://www.internetworld.de/e-commerce/amazon/amazon-launcht-neues-programm-sold-by-amazon-1744646.html. Zugegriffen: 1. Sept. 2019.

Neigenfind, C. (2019). Amazon Marketplace – Weltweit verkaufen mit Amazon. https://fischerhabel.com/amazon-marketplace-weltweit-verkaufen-mit-amazon/. Zugegriffen: 1. Sept. 2019.

Nickel, O. (2019). Apple zahlt monatlich 30 Millionen Dollar für Amazons Cloud. https://www.golem.de/news/aws-apple-zahlt-monatlich-30-millionen-dollar-fuer-amazons-cloud-1904-140839.html. Zugegriffen: 1. Sept. 2019.

Reuters. (2019). Amazon beugt sich in China der Übermacht von Alibaba & Co. https://de.reuters.com/article/usa-china-amazon-idDEKCN1RU0NF. Zugegriffen: 1. Sept. 2019.

Schwarz, D. (2019). Amazon-Chef Bezos präsentiert erstmals seine Mondlandefähre „Blue Moon". https://www.handelsblatt.com/technik/forschung-innovation/raumfahrt-amazon-chef-bezos-praesentiert-erstmals-seine-mondlandefaehre-blue-moon/24325968.html?ticket=ST-4321170-dDNCyT5oTWJpPVBxfDAn-ap3. zuletzt Zugegriffen: 1. Sept. 2019.

Seebach, N. (2019). Amazon und das Gesundheitswesen #2: Wie Amazon 2020–2025 den Gesundheitsmarkt umkrempeln wird. https://digitalkaufmann.de/amazon-toolbox/amazon-und-das-gesundheitswesen-2-wie-amazon-2020-2025-den-gesundheitsmarkt-umkrempeln-wird/. Zugegriffen: 1. Sept. 2019.

Spector, R. (2000). *Amazon.com – Get Big Fast. Jeff Bezos und die Revolution im Handel. Aus dem Amerikanischen von U. Held.* München: Deutsche Verlagsanstalt.

Statista. (2019). Umsatz durch E-Commerce (B2C) in Deutschland in den Jahren 1999 bis 2018 sowie eine Prognose für 2019 (in Milliarden Euro). https://de.statista.com/statistik/daten/studie/3979/umfrage/e-commerce-umsatz-in-deutschland-seit-1999/. Zugegriffen: 1. Sept. 2019.

Stone, B. (2019). *Der Allesverkäufer – Jeff Bezos und das Imperium von Amazon.* Frankfurt: Campus.

Stuttgarter Nachrichten. (2018). Amazon.de wird 20 – Erinnert sich noch jemand an „Telebuch.de"? https://www.stuttgarter-nachrichten.de/inhalt.amazonde-wird-20-erinnert-sich-noch-jemand-an-telebuchde.65e173b2-ceb1-4648-a6b6-96dfcc41885c.html. Zugegriffen: 1. Sept. 2019.

Wikipedia. (2019). List of mergers and acquisitions by Amazon. https://en.wikipedia.org/wiki/List_of_mergers_and_acquisitions_by_Amazon/. Zugegriffen: 1. Sept. 2019.

Prof. Dr. Christian Stummeyer ist Inhaber der Professur „Wirtschaftsinformatik und Digital Commerce" an der Technischen Hochschule Ingolstadt. Er ist erfahrener Unternehmensberater und selbst erfolgreicher Gründer und E-Commerce-Unternehmer. Nach dem Studium der Betriebswirtschaft an der Georg-August-Universität Göttingen und Promotion in Wirtschaftsinformatik startete er seine unternehmerische Karriere bei The Boston Consulting Group in Düsseldorf, wechselte danach in den Führungskreis der Siemens AG in München und sammelte dort internationale Konzernerfahrung. Seit 2009 ist er selbst E-Commerce-Unternehmer und gestaltete als Geschäftsführender Gesellschafter über fünf Jahre maßgeblich die Wachstumsstrategie eines führenden Online-Händlers für Premium-Designermöbel. Nach dem Wechsel in den Beirat des E-Commerce-Unternehmens war er als Geschäftsführer bei der UDG United Digital Group, einer führenden deutschen Digitalagentur, für das gesamte Management-Beratungsgeschäft der Gruppe verantwortlich.

Neben seiner Tätigkeit als Professor berät er zahlreiche Großunternehmen und Mittelständler zu den Themen Digitalstrategie, E-Commerce, Künstliche Intelligenz sowie Digitale Transformation und ist ein gefragter Keynote-Speaker.

Das Prinzip Amazon

2

Benno Köber

Inhaltsverzeichnis

Zusammenfassung

Die Verkaufsplattform Amazon ist seit 2000 auch für Dritte geöffnet und erlaubt es Herstellern und Händlern, ihre Waren auf dem Marktplatz zu verkaufen. Amazon ist auf seiner eigenen Verkaufsplattform selbst der größte Händler, der zum einen Fremdmarken verkauft aber auch Hersteller von verschiedenen Eigenmarken ist. Dass jedoch die Hälfte der Produkte, die auf der Plattform erhältlich sind, von Dritten verkauft wird, ist vielen Kunden nicht bekannt oder bewusst. Mit dem Wettbewerb zwischen Drittanbietern und Amazon selbst wuchs im Laufe der Zeit auch im gleichen Maße die Relevanz als Plattform für die Bewerbung von Produkten. Heute gehört Amazon mit Google und Facebook zu den größten Werbeplattform weltweit. Dementsprechend ist die Plattform über den Status einer reinen Verkaufsplatt-

B. Köber (✉)
MM Commerce GmbH, Augsburg, Deutschland
E-Mail: bk@mmcommerce.de

© Springer Fachmedien Wiesbaden GmbH, ein Teil von Springer Nature 2020
C. Stummeyer und B. Köber (Hrsg.), *Amazon für Entscheider*,
https://doi.org/10.1007/978-3-658-27427-6_2

form bereits lange hinaus. So gilt Amazon auch als umfangreiche Produktdatenbank, was sich dadurch äußert, dass Kunden immer seltener den Umweg über eine Such-maschine wählen, sondern Produkte unabhängig von einer Kaufabsicht direkt über die E-Commerce Plattform ausfindig machen. Damit die Besucherzahlen wachsen, lockt Amazon seine Kunden mit verschiedenen Verkaufsaktionen und arbeitet ganz neben-bei auch am Aufbau einer physischen Ladenkette, um eine Omni-Channel-Infra-struktur zu etablieren.

2.1 Die Entwicklung der Verkaufsplattform Amazon

Amazon ist für viele Konsumenten bereits mit dem Online-Handel an sich gleichzu-setzen und bietet ihnen die Möglichkeit, nahezu alle Produkte zu kaufen oder aber auch die Verkaufsplattform als Produktdatenbank zu nutzen und sich inspirieren zu lassen. Konsumenten können Produkte von Amazon direkt kaufen oder aus einer Viel-zahl von Händlern und Herstellern wählen, die auf der Plattform als Drittanbieter aktiv sind und Eigenmarken oder Fremdware veräußern. Die Vorstufe zum Amazon Market-place, auf dem sich verschiedene Anbieter bewegen, bildete Amazon Auctions – hier konnte, ähnlich wie bei dem Konkurrenten Ebay, im Auktionsverfahren auf Produkte geboten werden, um diese am Ende als Meistbietender zu ersteigern. Daraus entstanden die sogenannten zShops, die es Händlern ermöglichten, zusätzlich zu dem Angebot von Amazon einen eigenen Online-Shop auf der Verkaufsplattform zu errichten.

Die Problematik, welche sich hieraus ergab, war, dass Produkte bei Amazon mehrfach gelistet wurden, nämlich zum einen von Amazon selbst und zusätzlich in verschiedenen zShops der Händler. Mit dem Projekt „Single Detail Page" wurden alle Produkte zusammengeführt. Für jedes Produkt entstand dabei nur noch eine Produktdetailseite, wie es bis heute im Amazon Shop der Fall ist. Käufer können nun auf der Produktdetail-seite auswählen, von welchem Händler – falls es mehrere Anbieter gibt – sie einen Arti-kel beziehen möchten.

Amazon ist nicht nur der Betreiber der Plattform, sondern auch Händler, der Fremd-waren zum Kauf anbietet, und Hersteller, der mit verschiedenen Eigenmarken auf der Verkaufsplattform auftritt. Seit 2006 ist Amazon zudem noch als Logistikdienstleister für Händler auf der Plattform aktiv und bietet neben der Lagerung und dem Versand der Waren weitere Dienstleistungen unter dem Namen *Fulfillment by Amazon* (FBA) an (siehe hierzu auch Kap. 12. Fulfillment by Amazon). Verkäufer haben auf dem Amazon Marketplace die Wahl zwischen zwei Verkaufsmodellen: Sie können als Seller oder als Vendor aktiv sein (siehe hierzu auch Abschn. 2.3 Die Verkaufsmodelle im Überblick) (Fries 2017).

2.2   Aufbau der Verkaufsplattform

Damit ein Kunde einen Kauf auf Amazon tätigen kann, hat er verschiedene Möglichkeiten. Die gängigste Methode ist der Weg über die Produktsuche auf der Startseite, über die man sodann zu den Suchergebnissen gelangt. Die Suchergebnisseite liefert verschiedene Produktvorschläge, die unter Aufruf der jeweiligen Produktdetailseiten verglichen werden können, bevor sich der Käufer für ein Produkt entscheidet. In den folgenden Kapiteln werden die einzelnen Bausteine des Amazon Shops erläutert.

2.2.1   Die Startseite

Die Startseite „Amazon.de" wird laufend optimiert und ändert ihr Erscheinungsbild dadurch permanent. Sie ist inhaltlich individuell für jeden Benutzer angepasst und besteht neben den Informationen zum eigenen Benutzerkonto, in dem Bestellungen verwaltet, Lieferanschriften hinterlegt oder Wunschlisten gestaltet werden können, im Wesentlichen aus den folgenden Bestandteilen:

- Produktsuche über die Suchbegriffeingabe in das **Suchfeld**
- Produktsuche über **Kategorien**
- **Werbebanner,** in dem Produkte und Services (meist von Amazon) beworben werden
- Aktuelle **Tages- und Blitzangebote**
- **Individualisierte Produktempfehlungen** basierend auf dem Such- und Kaufverhalten
- **Zuletzt angesehene Artikel**

Der ohne Zweifel wichtigste Bestandteil der Amazon Startseite ist das Suchfeld, in dem Konsumenten, die bereits eine bestimmte Kaufintention verfolgen, Suchbegriffe eingeben können, um auf direktem Weg zu einer entsprechenden Produktauswahl geführt zu werden. Dies ist auch die Variante der Produktsuche, die von Besuchern am häufigsten gewählt wird.

2.2.2   Die Suchergebnisseiten (SERPs)

Auf den Suchergebnisseiten, englisch Search Engine Results Pages (SERPs), erscheinen die Produkte, welche mit dem vom Kunden eingegebenen Suchbegriff am ehesten übereinstimmen in absteigender Reihenfolge gemäß ihrer durch den Amazon A9-Algorithmus ermittelten Relevanz. Dies hat zur Folge, dass Produkte, die sich unter einem bestimmten Suchbegriff gut verkaufen, auch weit oben in der Hierarchie der Suchergebnisse zu diesem Begriff stehen. Die Darstellung der Suchergebnisse auf der Amazon Plattform kann in einer Listen- oder einer Kachelansicht erfolgen. Wird in das Suchfeld auf der Amazon Startseite ein Suchbegriff eingegeben, ohne die vorherige Auswahl einer Produktkategorie zu treffen, werden die Suchergebnisse in einer Kachelansicht präsentiert. Bei vorheriger Auswahl einer Produktkategorie erfolgt die Anzeige in der Listenansicht. In beiden Ansichten befinden sich sowohl organische, also unbezahlte Suchergebnisse, als auch Werbeplatzierungen. In den Suchergebnissen werden folgende Merkmale zu einem Produkt angezeigt:

- Hauptbild
- Produkttitel
- Produktpreis
- Prime Hinweis (nur, wenn es sich um ein Prime Produkt handelt)
- Bewertungsstatus und Anzahl der Bewertungen
- Information über eventuelle Rabattaktionen
- Anzahl der Anbieter für ein Produkt

2.2.3   Die Produktdetailseiten

Auf die Produktdetailseiten gelangt ein Kunde, wenn er auf eines der Suchergebnisse auf den SERPs oder direkt auf eine Empfehlung auf der Startseite klickt. In der Darstellung der Produkte auf den Produktdetailseiten gibt es Unterschiede, die abhängig von einzelnen Verkaufskategorien sind. Obwohl diese Unterschiede nur sehr gering sind, müssen sie dennoch beachtet werden. Der Inhalt und Aufbau der Produktdetailseite besteht zumeist aus den folgenden Punkten, welche jedoch unterschiedlich dargestellt werden können:

- Produkttitel
- Hauptbild plus acht weitere Produktbilder
- Verkaufspreis
- Versandbedingung, ggf. Prime Kennzeichnung
- Bulletpoints
- Produktbeschreibung

Die Anordnung der einzelnen Punkte der Produktdetailseite unterscheidet sich von der Desktopversion zur mobilen Version, vgl. Abb. 2.1. In der mobilen Version wird die Produktbeschreibung über den Bullet-Points angezeigt und erhält dadurch mehr Aufmerksamkeit. Seller mit einer bei dem Deutschen Patent- und Markenamt (DPMA)

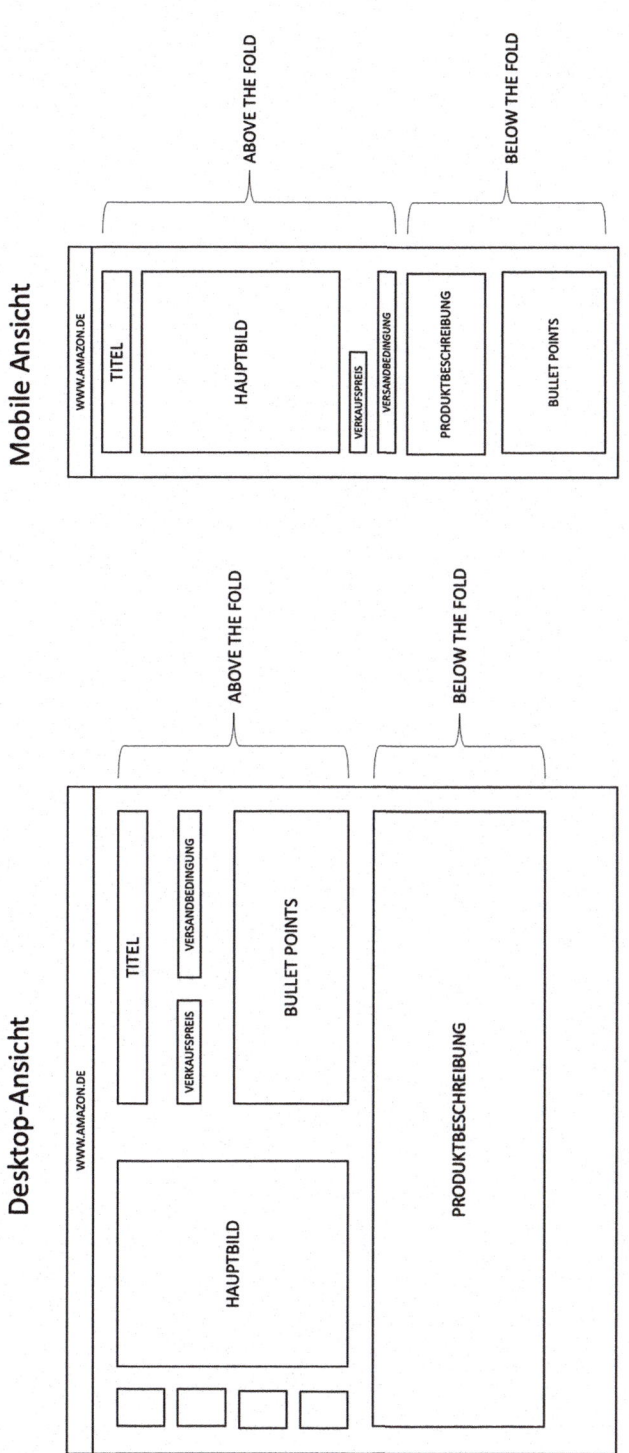

Abb. 2.1 Vergleich Produktdetailseite: Desktop vs. Mobil. (Eigene Darstellung)

registrierten Marke, haben ebenfalls die Möglichkeit diese Marke in der „Amazon Brand Registry" zu registrieren und erhalten dadurch die Möglichkeit „A+ Content" zu schalten. Somit können neben den Vendoren nun auch Seller eine Produktbeschreibung nicht mehr nur mit Textzeichen versehen, sondern zusätzlich noch mit Vergleichstabellen oder hochauflösenden Bildern gestalten.

2.2.4   Die Bestsellerlisten

Die Amazon Bestsellerlisten zeigen die Produkte innerhalb einer Kategorie geordnet nach ihren Verkaufszahlen an. Der Bestsellerrang eines Produkts auf Amazon gibt an, wie häufig sich ein Produkt im Vergleich zu anderen Produkten derselben Produktkategorie verkauft. Eine Hauptkategorie besteht aus mehreren Unterkategorien, in denen jeweils weitere Bestsellerränge vergeben werden. Dies kann zum Beispiel bedeuten, dass ein Produkt, welches in der Produkthauptkategorie „Sport & Freizeit" den vierten Platz belegt und schlechtere Verkaufszahlen als die drei Produkte vor ihm aufweist, der Bestseller in einer der darunterliegenden Produktunterkategorien ist (vgl. Abb. 2.2).

Wie Amazon den Bestsellerrang berechnet, ist nicht genau bekannt, jedoch gilt es als relativ wahrscheinlich, dass hier lediglich die Verkaufszahlen eines Produkts berücksichtigt werden und keine weiteren Kennzahlen miteinfließen. Ebenfalls unbekannt ist der berücksichtigte Zeitraum der Verkaufszahlen für die Ermittlung der Platzierung. Es wird jedoch davon ausgegangen, dass Verkäufe der jüngeren Vergangenheit stärker gewichtet werden als bereits länger zurückliegende Verkäufe.

Die Aktualisierung der Bestsellerränge erfolgt nicht in Echtzeit. Vielmehr wird davon ausgegangen, dass dies bis zu einem Bestsellerrang von 10.000 der jeweiligen Kategorie stündlich geschieht und für die Bestsellerränge bis 100.000 täglich, die Ränge dahinter werden nur monatlich aktualisiert. Dies ist auch der Grund dafür, dass sich aktuelle Verkaufszahlen leicht verzögert auf die Platzierung in den Bestsellerlisten der jeweiligen Kategorien auswirken (Jordan 2018).

2.3   Die verschiedenen Verkäufermodelle

Amazon ist lange schon nicht mehr als einziger Verkäufer auf seiner eigenen Plattform unterwegs. Was mit dem Verkaufen von Büchern startete ist nun eine Online Plattform, auf der Händler, Hersteller und Amazon um die Gunst der Kunden konkurrieren. Die Verkaufsplattform Amazon ist für viele Online-Händler ein wichtiger Vertriebskanal geworden, wenn nicht sogar das Kerngeschäft. Dabei gibt es für diese Verkäufer zwei Möglichkeiten der Partizipation auf der Amazon Verkaufsplattform.

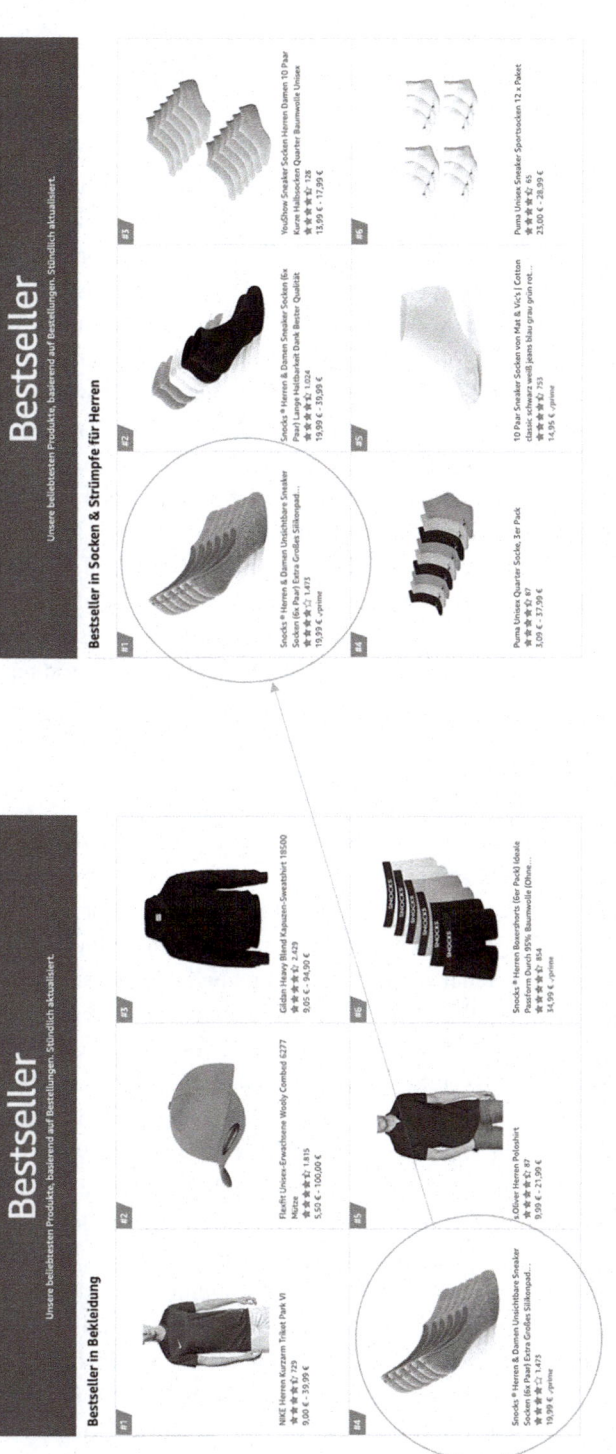

Abb. 2.2 Ansicht Bestsellerlisten (Amazon 2019)

2.3.1 Das Seller Modell

Mit dem Seller Modell wird es „Third Party Sellern" (3P) ermöglicht, Waren, deren Hersteller oder Händler sie sind, über den Amazon Marketplace an Endkunden zu vertreiben. Die Hoheit für die Preis- und Listinggestaltung bleibt dabei beim Verkäufer, er kann zudem auch selbst entscheiden, ob er seine Ware selbst via FBM (Fulfillment by Merchant) oder durch Amazon via FBA (Fulfillment by Amazon) versenden will. Beim Seller Modell bleibt der Verkäufer Eigentümer der Ware, bis es zu einem Endkundenkauf kommt. Der Marketplace wird dabei als Vertriebskanal genutzt. Seller können über das Seller Central genau verfolgen, wann sie Bestellungen erhalten haben und wer bei ihnen bestellt hat. Dies dient unter anderem dazu, den Kunden eine Rechnung auszustellen, da dies nicht automatisiert von Amazon übernommen wird. Seller haben ebenfalls die Pflicht, Kundenfragen innerhalb von 24 Stunden zu beantworten. Zudem sind Qualitätsstandards stets hochzuhalten, um kontinuierlich ein positives Gesamtbild in Bezug auf die Händlerrezensionen zu erreichen. Um den Absatz anzukurbeln, haben Seller die Möglichkeit, Produkte oder auch gesamte Marken auf der Verkaufsplattform zu bewerben, damit diese dem Kunden auf den Suchergebnisseiten prominenter angezeigt werden. Eine Internationalisierung durch Ausdehnung des Geschäftsfelds auf weitere Marktplätze kann eigenständig erfolgen und muss nicht von Amazon genehmigt werden.

2.3.2 Das Vendor Modell

Vendoren werden auch als „First Party Seller" (1P) bezeichnet und verkaufen ihre Waren nicht direkt an Endkunden, sondern an Amazon. Sie fungieren als Lieferant für Amazon und sind nach Ablieferung der Ware an Amazon nicht mehr Eigentümer dieser. Der Weg in das Vendoren Programm von Amazon führt ausschließlich über eine Einladung, die man als erfolgreicher Seller erhält, oder über Vendor Express. Diese Möglichkeit ist jedoch nur kleineren Herstellern oder Startups neuer innovativer Produkte vorbehalten. Ist die Entscheidung, Vendor zu werden, gefallen, erfolgt eine Verhandlung mit Amazon über das Produktangebot, das aufgenommen werden soll, und den jeweiligen Abnahmepreis. Der Verkaufspreis eines Produkts an den Endkunden wird hingegen von Amazon automatisiert festgelegt. Je nach Kundennachfrage werden die Waren bestellt und müssen dann vom Vendor an ein Logistikzentrum geliefert werden. Vendoren haben die Möglichkeit, ihre Produktbeschreibung in den Produktdetailseiten um den A+ Content zu erweitern und dadurch für attraktivere und umfangreichere Präsentation zu sorgen. Die normalerweise aus einem HTML-Code zusammengesetzte Produktbeschreibung kann mit Bildern und Videos aufgewertet werden und eine Verlinkung zu anderen Produkten aus dem Portfolio beinhalten. Vendoren erhalten Verkaufsstatistiken und können sehen, wie häufig einzelne Produkte verkauft wurden – sie haben allerdings keinen Überblick darüber, wer die Produkte gekauft hat. Auch der Kundensupport wird vollumfänglich von Amazon übernommen. Dies kann zu Herausforderungen bei technischen

Kundenfragen führen und aufgrund des fehlenden technischen Know-hows in der Folge zu einem Anstieg der Retourenquote. Im Folgenden wird auf die Vor- und Nachteile der beiden Verkaufsformen eingegangen (Sanz Grossón 2017).

2.4 Besonderheiten der Amazon Plattform

Durch die Marktmacht von Amazon führt sowohl für Kunden als auch für Online Händler und Markenhersteller kaum ein Weg an Amazon vorbei. Amazon hat es geschafft, nahezu unverzichtbar zu werden, wie die folgenden Punkte aufzeigen.

2.4.1 Der Fast-Alles-Verkäufer

Im Grunde genommen kann auf Amazon alles verkauft werden – angefangen von Dingen für den täglichen Bedarf, über Lebensmittel bis hin zu Möbeln oder Fernsehgeräten. In den USA können bereits Dienstleistungen und Autos über Amazon bestellt werden, sogar kleine Häuser – sogenannte „Tiny Houses" – können über die Verkaufsplattform erworben werden. Gerade für den Anfang gibt es jedoch Produkte, für die der Marktplatz besonders gut geeignet ist und mit denen ambitionierten Händlern ein leichter und erfolgreicher Einstieg gelingen kann. Hierzu gehören Produkte, welche die folgenden Kriterien erfüllen:

- Produkte eignen sich gut für den Versand
- Produkte sind wenig erklärungsbedürftig
- Produkte haben eine ausreichend große Zielgruppe
- Kunden suchen online nach diesem Produkt

Abgesehen von wenigen Ausnahmen darf auf Amazon alles verkauft werden, was auch in einem herkömmlichen Online-Shop vertrieben wird, allerdings bieten sich bei Amazon nur beschränkte Möglichkeiten, ein Produkt entsprechend in Szene zu setzen. Es besteht beispielsweise nicht für jeden Verkäufer die Möglichkeit, Videos oder Animationen in ein Produktlisting mitaufzunehmen. Auch die Bilder und Textzeichen, die verwendet werden dürfen, sind begrenzt. Verkäufer haben beispielsweise keine Möglichkeit, Testimonials in eine Produktdetailseite mit einzubinden. Vielmehr verbleiben als einzige Möglichkeit, Kundenerfahrungen mit Interessenten zu teilen, die Produktbewertungen. Aufgrund dieser weiteren Einschränkungen können auf Amazon erklärungsbedürftige Produkte schwerer als in einem eigenen Online-Shop oder im stationären Handel verkauft werden.

Da der Gestaltungsspielraum bei der Präsentation des Produkts begrenzt ist, fällt auch das Absetzen von der Konkurrenz oftmals schwer. Deshalb muss vor dem Launch eines Produkts genauestens analysiert werden, wo die Schwachstellen der

Wettbewerber liegen und wie diese mit dem eigenen Produkt behoben werden. Sind die Differenzierungsmerkmale sorgfältig herausgearbeitet worden, müssen diese derart in die Produktpräsentation mit eingebunden werden, dass der Kunde die Unterschiede zur Konkurrenz bereits bei der Auswahl der Produkte wahrnehmen kann.

2.4.2 Kundenbindung durch Amazon Prime

Was zu Beginn nur die lose Idee einer „Shipping Flatrate" eines Amazon Mitarbeiters war, wurde zu einem der erfolgreichsten Kundenbindungsprogramme der Welt. Mit seinem Prime Angebot hat Amazon 2005 ein Programm gestartet, mit dem Kunden gegen eine jährliche Gebühr von einer kostenlosen Expresslieferung profitieren. Inzwischen enthält das in Deutschland für derzeit 69 EUR erhältliche Prime Angebot darüber hinaus einzigartige Rabatte, ein kostenloses Musik- und Videostreaming on Demand Angebot sowie kostenlose Bücher für den Kindle eReader. In einigen Städten wurde 2014 das „Prime Now" Angebot eingeführt, welches bei ausgewählten Produkten eine Zustellung von ein bis zwei Stunden ermöglicht (Wohlsen 2015). 2017 veröffentlichte Amazon das erste Mal Zahlen zu ihrem Kundenbindungsprogramm und verriet, dass mehr als 100 Mio. Menschen ein kostenpflichtiges Abonnement für Amazon Prime besitzen. Amazon Prime bietet seinen Mitgliedern vielfältige Vorteile und erhält hierfür auch einiges zurück, so liegt die Conversion Rate von Amazon Prime Mitgliedern durchschnittlich um ein Fünffaches höher als die von herkömmlichen Amazon Kunden. Auch der Jahresumsatz eines Prime Kunden ist fast doppelt so hoch wie der eines Kunden ohne Prime Status.

2.4.3 Die Plattform als Produktsuchmaschine

Amazon generiert in manchen Regionen nicht nur über 50 % der Umsätze im E-Commerce, es starten auch über die Hälfte der Produktsuchen direkt auf Amazon, wodurch Google als größte Produktsuchmaschine der Welt abgelöst wurde. Dies führt dazu, dass Amazon besonders von großen Herstellern nicht mehr nur als Vertriebskanal gesehen wird, sondern auch als Informationskanal, über den mit einem optimierten Auftritt, Werbung für die eigene Marke gemacht werden kann, auch wenn der Kauf des Kunden letztendlich woanders stattfindet. Grund für diese Entwicklung ist eine Veränderung in der Customer Journey der Konsumenten. Kunden informieren sich vor dem Kauf eines Produkts immer häufiger online über Produkteigenschaften und Kundenmeinungen zum Produkt. Diese Informationen finden sich gebündelt und leicht auffindbar zu nahezu jedem Produkt auf Amazon. Hinzu kommt der Fakt, dass, sollte es letztendlich zu einem Kauf kommen, häufig der Preis auf Amazon sehr konkurrenzfähig, wenn nicht sogar der günstigste ist. Um die Vorteile von Amazon als Produktsuchmaschine voll auszunutzen und bei relevanten Suchanfragen der Kunden gefunden zu werden, sollten Verkäufer deshalb viel Zeit in die „Market Place Optimization" (MPO) investieren und ähnlich wie bei der Suchmaschinenoptimierung ihre Produkte für die relevanten Suchbegriffe präsenter zu machen.

2.4.4 Amazon Empfehlungssysteme

Um den Wert eines Warenkorbs in die Höhe zu treiben, gibt Amazon zu jeder Produktansicht Vorschläge, wie zum Beispiel:

* Kunden, die diesen Artikel angesehen haben, haben auch angesehen
* Gesponserte Produkte zu diesem Artikel
* Kunden haben auch Folgendes gekauft
* Empfohlene Artikel, die andere Kunden oft erneut kaufen
* Inspiriert von Ihren Shopping-Trends

Diese Empfehlungen, welche mittels personalisierter und maßgeschneiderter Produktvorschläge die Kundenbindung fördern und die Verkaufszahlen steigern sollen, werden mit Hilfe von *Machine Learning* Funktionen erstellt. Die Empfehlungssysteme entwickeln sich weiter und werden mit der Zeit immer präziser. Amazon bezieht neben dem Onlineverhalten auf der Plattform sowohl demografische Eigenschaften als auch den geografischen Standort seiner Kunden in individuelle Empfehlungen mit ein. Doch nicht nur Amazon profitiert von dem personalisierten Empfehlungssystem, sondern auch Kunden bekommen dadurch deutlich relevantere Suchergebnisse angezeigt und schaffen es in der Folge leichter, genau die Produkte zu finden, die sie eigentlich suchen. Die Customer Journey eines jeden Kunden gestaltet sich insgesamt noch ein Stück weit individueller und zielgerichteter, sie orientiert sich nicht mehr nur am Suchbegriff (Amazon 2019).

2.4.5 1-Click Bestellungen

Amazon bietet angemeldeten Kunden, die ihre Zahlungsinformationen und eine Lieferadresse in ihrem Benutzerkonto hinterlegt haben, die Möglichkeit, Bestellungen mittels 1-Click auszulösen. Dadurch ersparen sich Kunden den Weg über den Einkaufswagen und können auf der Produktdetailseite eines Artikels diesen direkt mit einem Klick auf den Button „Jetzt per 1-Click kaufen" bestellen. Bestellungen, die gemeinsam innerhalb von 15 min ausgelöst werden, werden soweit es möglich ist zusammen versendet und können innerhalb dieser Zeitspanne noch geändert oder storniert werden. Die Bestellungen werden dabei an die im Benutzerkonto hinterlegte Lieferadresse versendet. Verfügbar ist die Funktion nur dann, wenn die Bezahlung per Bankeinzug oder Kreditkarte erfolgt. Eine weitere Anwendung findet die Möglichkeit der 1-Click Bestellung in der Kategorie Kindle Shop. Hier besteht für den Konsumenten die Möglichkeit seine

Bestellung direkt aus den Suchergebnissen auszulösen. Für Verkäufer bedeutet eine Bestellung direkt aus den Suchergebnissen, dass die Bullet-Points und die Produktbeschreibung oft gar nicht mehr gesehen werden. Auch eine Ablenkung durch Konkurrenzangebote, die auf der Produktdetailseite oft sogar unter der Buy Box angezeigt werden, scheidet aus, wodurch der Käufer weniger Möglichkeiten hat, abzuwandern. Um den Kunden bereits in den Suchergebnissen zu gewinnen, können Händler mit folgenden Punkten überzeugen:

- Produktbild
- Produkttitel
- Preis
- Bewertungen

Die Bewertungen können dabei nur indirekt beeinflusst werden, dennoch spiegelt sich hier wider, wie wichtig ein positives Bewertungsbild ist. Auch der Preis kann nur dann beeinflusst werden, wenn man als Seller auf dem Amazon Marketplace aktiv ist, da Vendoren diesen gar nicht selbst bestimmen. Somit muss auf eine Optimierung des Hauptbilds und des Produkttitels viel Wert gelegt werden, da diese Kriterien auch in Zukunft immer wichtiger werden (Marx 2018).

2.4.6   Amazon Buy Box Problematik

Das Einkaufswagenfeld bei Amazon wird als Buy Box bezeichnet und befindet sich auf der Produktdetailseite rechts oben (vgl. Abb. 2.3). Neben dem Preis und den Versandbedingungen für einen Artikel befinden sich dort die Versandadresse, eventuelles Zubehör zu dem Produkt, welches mit einem Klick direkt mitbestellt werden kann, sowie das „in den Einkaufswagen"-Feld. Die Buy Box ist für die Verkäufer bei Amazon deswegen so wichtig, weil es bei vielen Produkten auf Amazon nicht nur einen Verkäufer gibt. Wird ein Produkt von mehreren Verkäufern auf Amazon angeboten, gebührt es nur einem Verkäufer, in der Buy Box präsent zu sein, und mit dem Klick des Kunden auf das „in den Einkaufswagen" Feld sein Produkt auch in diesem zu platzieren. Für alle anderen Anbieter dieses Produkts ist es ungleich schwerer, in den Einkaufswagen zu gelangen. Dies ist nur möglich, wenn der Kunde auf die Auswahl „neu ab" klickt und sich explizit für einen anderen Händler entscheidet. Der Auswahl Butten „neu ab" ist nicht besonders prominent platziert wodurch letztendlich nur sehr wenige Kunden einen Händler wählen, der nicht der originäre Buy Box Händler ist.

Um in der Buy Box präsent zu sein, muss ein Händler verschiedene Anforderungen erfüllen, die jedoch von Amazon nicht offiziell preisgegeben werden. Generell sollte die komplette Händler Performance positiv sein, um im Einkaufswagen Feld zu landen, jedoch sind mit Abstand die wichtigsten Faktoren der Verkaufspreis inklusive Versandkosten. Folgende Punkte wirken sich darüber hinaus positiv aus:

Verkäuferauswahl

Buy Box

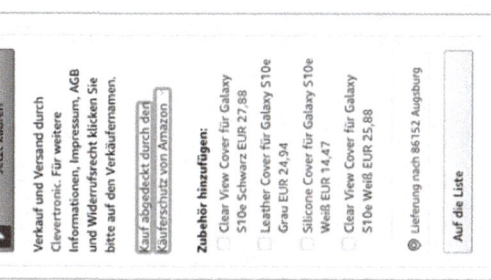

Samsung Galaxy S10e Smartphone (14.7cm (5.8 Zoll) 128 GB interner Speicher, 6 GB RAM, Dual SIM, prism black) [Standard] Deutsche Version

von Samsung

★★★★☆ ·   172 Kundenrezensionen
| 209 beantwortete Fragen

Unverb. Preisempf. 749,00 €
Preis: 512,99 €
Sie sparen: 236,01 € (32%)
Alle Preisangaben inkl. deutscher USt. Weitere Informationen.

49 neu ab 514,00 €   7 gebraucht ab 475,00 €

Stil: Standard

Standard   inkl. 36 Monate Herstellergarantie

Größe: 6 GB + 128 GB

6 GB + 128 GB

Farbe: Prism Black

Konfiguration: Deutsche Version

Andere Europäische Version   Deutsche Version

Französische Version   Italienische Version

Spanische Version   Britische Version

- Infinity-O Display mit Dynamic AMOLED-Technologie und HDR10+ für ein imposantes Multimediaerlebnis
- Intelligente Kamera mit smartem Fotoassistenten und Action Cam-Videostabilisierung für professionelle Aufnahmen
- Wireless PowerShare zum kabellosen Teilen von Akkuladung mit kompatiblen Smartphones und Samsung Wearables
- Hohe Sicherheit durch integrierten Fingerabdruckscanner in der Power-Taste

Mit ähnlichen Artikeln vergleichen

Für größere Ansicht Maus über das Bild ziehen

512,99 €

Lieferung 28. - 30. Aug., wenn Sie **Standardversand** an der Kasse wählen. Siehe Details.

Nur noch 7 auf Lager

Menge: 1

512,99 € + EUR 5,90 Versandkosten

In den Einkaufswagen

Jetzt kaufen

Verkauf und Versand durch Clevertronic. Für weitere Informationen, Impressum, AGB und Widerrufsrecht klicken Sie bitte auf den Verkäufernamen.

Kauf abgedeckt durch den Käuferschutz von Amazon

Zubehör hinzufügen:

☐ Clear View Cover für Galaxy S10e Schwarz EUR 27,88

☐ Leather Cover für Galaxy S10e Grau EUR 24,94

☐ Silicone Cover für Galaxy S10e Weiß EUR 14,47

☐ Clear View Cover für Galaxy S10e Weiß EUR 25,88

⊙ Lieferung nach 86152 Augsburg

Auf die Liste

Abb. 2.3   Ausschnitt der Produktdetailseite Samsung Galaxy S10e inkl. Buy Box (Amazon 2019)

- Produktverfügbarkeit
- Versanddauer
- Qualität des Kundensupports
- Händlerbewertungen
- Rücksendequote

Diese Faktoren kommen besonders dann zum Zug, wenn mehrere Anbieter den gleichen oder ähnlichen Verkaufspreis anbieten.

2.5   Amazon Verkaufsaktionen

Um immer mehr Kunden auf die Online Plattform zu locken, bietet Amazon mit unterschiedlichen Verkaufsaktionen unabhängig von Feiertagen große Rabattaktionen an und bleibt dadurch in aller Munde und stets attraktiv für seine Kunden.

2.5.1   Prime Day

Der Amazon Prime Day wurde das erste Mal im Jahr 2015 zum 20-jährigen Bestehen von Amazon ins Leben gerufen. Es handelt sich hierbei um eine Rabattschlacht, die zumeist im Juli stattfindet und nur Prime Mitgliedern vorbehalten ist. Verkäufer profitieren an diesem Tag zum einem von dem enormen Traffic auf der Amazon Plattform und zum anderen von der Teilnahme an besonderen Werbeaktionen, wie zum Beispiel den Blitzangeboten. Produkte können mit den Blitzangeboten für einen begrenzten Zeitraum – meist mehrere Stunden – prominent auf den Amazon Dealseiten platziert werden und erfahren dadurch eine hohe Absatzsteigerung. Um an den Blitzangeboten teilzunehmen, müssen Verkäufer sich fristgerecht mit einem Produkt dafür bewerben und zusätzlich bestimmte Anforderungen an die Händler Performance erfüllen. Doch selbst dann ist eine Teilnahme nicht sicher, da Amazon mittels eines Algorithmus die besten Deals aus allen Bewerbungen ermittelt und nur diejenigen mit dem meisten Umsatzpotential auch für die Blitzangebote zulässt (Hanna 2019).

Der Amazon Prime Day hat mittlerweile auch Auswirkungen auf andere Online-Händler, da Kunden bereits Wochen vor dem Prime Day ihr Einkaufsverhalten anpassen und ihre Einkäufe zurückschrauben, um auf den großen Schnäppchentag zu warten. Dementsprechend sollten Produktvorstellungen oder kostspielige Werbekampagnen bestenfalls nicht in dieser Zeit stattfinden. Des Weiteren nutzen viele Online Händler den Prime Day für eigene Verkaufsveranstaltungen und gehen mittels automatischer Preisanpassungen oft den Preis von Amazon mit, was den Prime Day nicht mehr nur zu einer Amazon Veranstaltung macht, sondern bereits zu einem zweiten kleinen Black Friday im Netz (Fuchs 2018).

2.5.2 Cyber Monday Week

Der in den USA als Auftakt für den Kauf von Weihnachtsgeschenken im stationären Handel gedachte Black Friday wurde von Online Händlern um den Cyber Monday
ergänzt. Die Rabattschlachten zu Beginn der Weihnachtszeit haben das Einkaufsverhalten der Konsumenten stark geprägt und viele warten nicht mehr bis kurz vor Heilig-
abend, um die passenden Geschenke einzukaufen. Amazon hat dies zum Anlass
genommen und aus den beiden Shopping Events gleich eine komplette Woche gemacht,
die *Cyber Monday Week*. Kunden können ähnlich wie am Prime Day von großzügig
rabattierten Angeboten, den sogenannten Blitzangeboten, profitieren. In der gesamten
Woche gehen jeden Tag zwischen 6:00 Uhr und 19:45 Uhr Blitzangebote in zeitlichen
Abständen von fünf Minuten online. Diese Angebote sind anschließend für maximal
sechs Stunden verfügbar und stehen Prime Kunden exklusiv 30 min vorab zur Verfügung. Zusätzlich zu den Blitzangeboten gibt es jeden Tag ausgewählte Produkte im
Rahmen der „Angebote des Tages", die jeweils schon ab 00:00 Uhr für 24 h online sind.
Seller und Vendoren können dahingehend nicht nur mit einem starken Umsatzzuwachs in dieser Woche rechnen, sondern auch einen Anstieg im organischen Ranking ihrer Produkte in den Suchergebnissen verzeichnen. Die Bewerbung für Verkäufer
ist dabei ähnlich wie beim Prime Day, neben den Anforderungen an die Händler Performance müssen sich Verkäufer mit ihren Produkten bewerben und hoffen, dass sie den
Zuschlag erhalten.

2.6 Verbindung von Online und Offline Shopping

Amazon ist das weltweit größte E-Commerce Unternehmen. In den letzten Jahren hat
der Online-Shop begonnen, branchenuntypisch die ersten Schritte in die Welt des stationären Einzelhandels zu wagen. Die erste physische Buchhandlung, Amazon Books,
wurde 2015 in Seattle eröffnet und hat sich seitdem in den USA etabliert. Anschließend
erwarb Amazon für 13,4 Mrd. US\$ Whole Foods und damit über Nacht 460 Lebens-
mittelgeschäfte in den USA, Kanada und Großbritannien. In 2018 eröffnete Amazon
mit „Amazon Go" das erste kassenlose Lebensmittelgeschäft und will damit den Einzelhandel weiter revolutionieren. Dabei stellt sich jedoch die Frage, inwieweit Amazon
eine Brücke zum Kerngeschäft, nämlich der E-Commerce Plattform, schlagen kann. Als
einer der Giganten des E-Commerce kennt Amazon die Kosten für Logistik nur zu gut
und weiß, unter welchem enormen Druck die gesamte Lieferkette steht. Die Versandkosten von Amazon haben sich innerhalb von zwei Jahren (2015–2017) fast verdoppelt.
Einer der Hauptgründe für die Erschließung des Einzelhandels dürfte dementsprechend
die Senkung der Versandkosten sowie die Vereinfachung des Retourenprozesses für den
Kunden sein. Die Ladenflächen können in Zukunft für die Abholung von Produkten

genutzt werden, während im Falle von Rücksendung Kunden ihre Bestellung dort auch wieder abgeben können. Auf diese Weise erweitert Amazon seine Zielgruppe und generiert ein Zusatzgeschäft (Schaverien 2018).

2.7 Fazit

Durch die stetige Weiterentwicklung der Verkaufsplattform und dem Wissen, wie sich die Kunden verhalten und vor allem, was sie wollen, wird Amazon auch in den nächsten Jahren nur sehr schwer zu ignorieren sein. Die totale Kundenausrichtung wird es Käufern noch komfortabler machen, Produkte auf Amazon zu erwerben und den Anteil am E-Commerce Markt noch weiter steigern. Dies hat zur Folge, dass der Traffic auf Amazon noch weiterwächst und Unternehmen, die auf der Plattform nicht präsent sind, auf viele potenzielle Kunden verzichten. Selbst starke Marken, die bis jetzt noch nicht auf Amazon vertreten sind, müssen sich in Zukunft noch viel mehr die Frage stellen, ob es nicht sinnvoll ist, einen gepflegten optimierten Markenauftritt auf Amazon zu haben, um dieses Feld nicht komplett der Konkurrenz zu überlassen. Auch wenn nicht jeder Online-Kauf über Amazon getätigt wird, spielt Amazon beim Treffen der richtigen Kaufentscheidung online sowie offline eine durchaus wichtige Rolle, selbst wenn nur die Bewertungen auf der Plattform zurate gezogen werden.

Literatur

Amazon.com. (2019). Inc. oder Tochtergesellschaften. Amazon Personalize. https://aws.amazon.com/de/personalize/. Zugegriffen: 30. Juni 2019.

Fries, T. (2017). *Amazon Marketplace – Das Handbuch für Hersteller und Händler* (1. Aufl.). Bonn: Rheinwerk.

Fuchs, J. G. (2019). T3N – Amazon geht es beim Prime Day nicht um Umsatz oder Schnäppchen. https://t3n.de/news/amazon-prime-day-2018-1097117/. Zugegriffen: 30. Juni 2019.

Hanna, R. (2019). Sellics – Amazon Prime Day 2019. https://sellics.com/de/blog-amazon-prime-day-der-lukrative-leitfaden-fuer-doppelten-umsatz#Was_ist_Prime_Day. Zugegriffen: 30. Juni 2019.

Jordan, F. (2018). Sellics – Amazon Verkaufsrang: Was ist das? https://sellics.com/de/blog-amazon-verkaufsrang-bestseller-rang. Zugegriffen: 30. Juni 2019.

Marx, R. (2018). Intomarkets – Amazon 1-Click Shopping direkt aus den Suchergebnissen.

Sanz Grossón, U. (2017). Seller oder Vendor – Welches Amazon-Konzept lohnt sich? https://etailment.de/news/stories/vendor-seller-amazon-20685. Zugegriffen: 30. Juni 2019.

Schaverien, A. (2018). Forbes – Five Reasons Why Amazon Is Moving Into Bricks-And-Mortar Retail. https://www.forbes.com/sites/annaschaverien/2018/12/29/amazon-online-offline-store-retail/#7cae025d5128. Zugegriffen: 30. Juni 2019.

Wohlsen, M. (2015). Amazon prime is one of the most bizarre good business ideas ever. https://www.wired.com/2015/02/amazon-prime-one-bizarre-good-business-ideas-ever/. Zugegriffen: 30. Juni 2019.

Benno Köber ist Geschäftsleiter bei einem Start-up, das sich auf den Online-Vertrieb von Fahrradzubehör spezialisiert hat und unter anderem eine starke Präsenz auf dem Amazon Marketplace besitzt. Nach seiner Ausbildung zum IT-Systemkaufmann absolvierte er ein Bachelorstudium im Fachbereich Druck und Medientechnik und beendete dieses als Bachelor of Engineering. Anschließend war er 5 Jahre Sales and Project Manager bei einem Automobilzulieferer in München und belegte parallel dazu den Masterstudiengang Marketing/Vertrieb/Medien, den er als Master of Arts abschloss. Seine Masterarbeit hierzu schrieb er über das Thema „Aufbau eines nachhaltigen Geschäftsmodells auf dem Amazon Marketplace", für die er eine eigene Handelsmarke als Beispiel einführte und so Praxiserfahrung als Seller auf dem Amazon Marketplace sammelte.

Ökonomische Analyse des Amazon Marketplace-Geschäfts

3

Christian Stummeyer

Inhaltsverzeichnis

Zusammenfassung

Bei digitalen Vertriebsaktivitäten stellt sich Verantwortlichen immer die Frage, ob diese ökonomisch erfolgreich sind. Daher muss ein geeignetes Kennzahlensystem entwickelt werden, um Transparenz zu schaffen. Der bewährte E-Commerce-Treiberbaum bietet eine übersichtliche Struktur, um grundsätzlich die wichtigsten Kennzahlen des digitalen Vertriebes für eine ökonomische Analyse bis zum Deckungsbeitrag I darzustellen. Eine Weiterentwicklung ist der Amazon Marketplace-spezifische Treiberbaum, dieser umfasst die wichtigsten beim Vertrieb über eine Plattform relevanten Größen und stellt die Ist-Zahlen übersichtlich dar. Mit Hilfe dieser Kennzahlenstruktur können zudem auch Ansatzmöglichkeiten zum Optimieren des Online-Geschäfts identifiziert und systematische Sensitivitätsanalysen für die zukünftige Entwicklung durchgespielt werden. Im Vergleich zum eigenen Online-Shop ist es bei Amazon signifikant komplexer, Traffic auf die eigenen

C. Stummeyer (✉)
Technische Hochschule Ingolstadt, Ingolstadt, Deutschland
E-Mail: christian.stummeyer@thi.de

© Springer Fachmedien Wiesbaden GmbH, ein Teil von Springer Nature 2020
C. Stummeyer und B. Köber (Hrsg.), *Amazon für Entscheider*,
https://doi.org/10.1007/978-3-658-27427-6_3

Produktangebote zu bringen. Daher muss laufend eine systematische, dynamische Optimierung des eigenen Leistungsangebots erfolgen. Hierzu braucht es eine klare Strategie und eine kontinuierliche Messung des ökonomischen Erfolgs.

3.1 Einführung: Der E-Commerce-Treiberbaum

Um den ökonomischen Erfolg der eigenen E-Commerce-Aktivitäten abzuschätzen, werden zahlreiche spezifische Kennzahlen verwendet. Um zunächst die wichtigsten Kenngrößen zu erfassen, wurde – in der Art der Visualisierung inspiriert durch das DuPont-Kennzahlensystem (Bausch und Kaufmann 2000, S. 122) – vom Verfasser ein E-Commerce-Treiberbaum entwickelt, der das Zusammenspiel der Geschäftstreiber übersichtlich darstellt, siehe Abb. 3.1. Die Darstellung folgt dabei der Logik eines generellen E-Commerce-Vertriebs und ist zunächst nicht Amazon-spezifisch ausgeprägt. Ziel ist es, ein grundsätzliches Verständnis zu erreichen, welche Größen im E-Commerce eine wichtige Rolle spielen und wie diese zusammenhängen.

Übersicht der wichtigsten Kennzahlen im E-Commerce

Visits:	Die Visits beschreiben die **Anzahl der Besuche** im Online-Shop. Die Besuche sind dabei von der Anzahl der Besucher zu unterscheiden. Ein Besucher kann in einem definierten Zeitraum auch mehrere Besuche tätigen. Die Besuche werden auch als **Traffic** bezeichnet.
Conversion Rate:	Die Conversion Rate, auch **Konversionsrate,** ist eine der wichtigsten Kennzahlen im E-Commerce. Sie beschreibt die **Wahrscheinlichkeit, mit der ein Besuch zu einer Bestellung führt.** In der Praxis können auch weitere Conversion Rates für das Erreichen anderer Ziele definiert werden, z. B. für erfolgte Newsletter-Registrierungen oder Downloads einer Informationsbroschüre.
Bestellungen:	Die Anzahl der Bestellungen in einem definierten Zeitraum resultiert aus der **Multiplikation der Besuche mit der Conversion Rate.**
Warenkorb:	Der Warenkorb gibt an, wie hoch **der durchschnittliche Wert (netto, ohne Umsatzsteuer) einer Bestellung** ist. Die Höhe hängt naturgemäß stark von der Produktkategorie und der Positionierung ab.
Auftragseingang:	Der Auftragseingang resultiert aus der **Multiplikation der Anzahl der Bestellungen mit dem durchschnittlichen Warenkorb.** Der Wert wird vor Stornos und Retouren angegeben, jedoch immer als Nettowert ohne Umsatzsteuer.

E-Commerce-Treiberbaum (Standard)

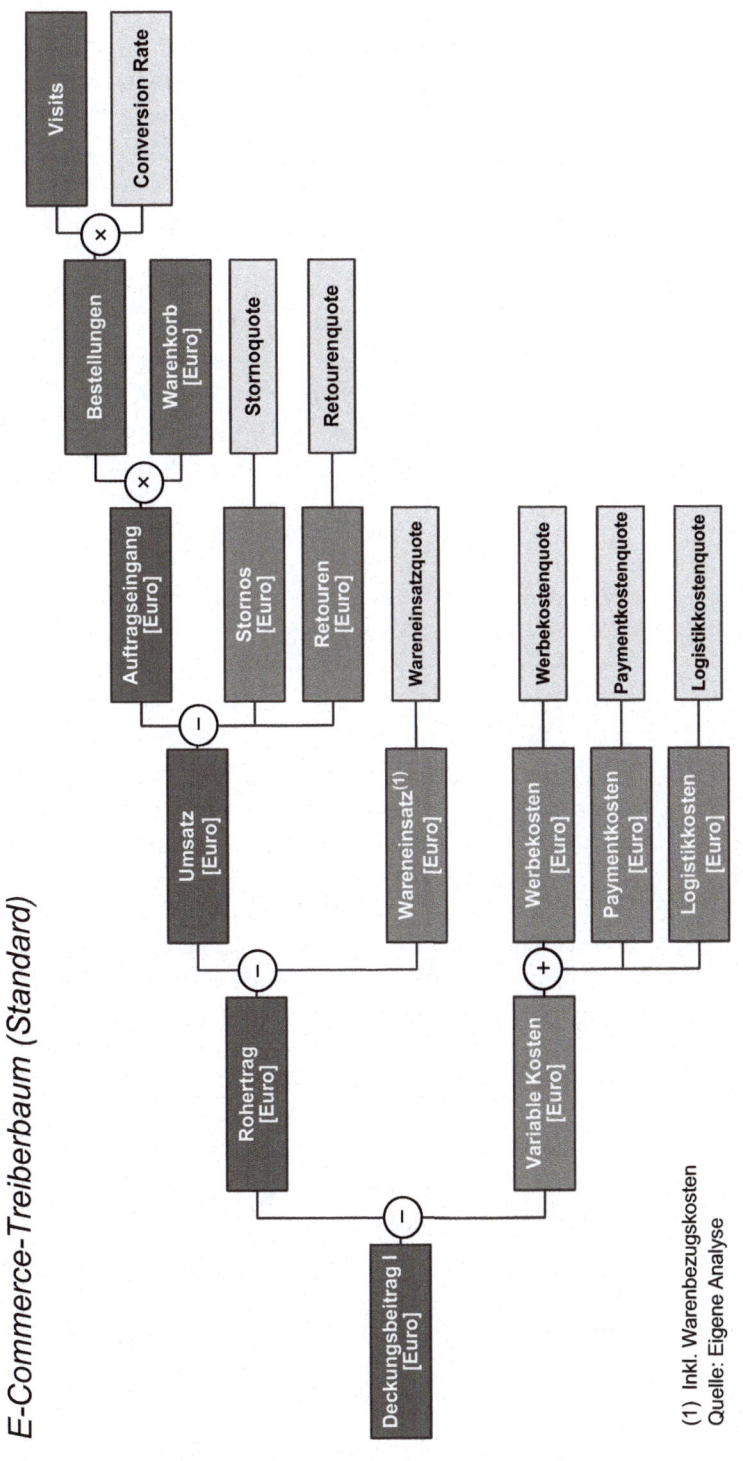

(1) Inkl. Warenbezugskosten
Quelle: Eigene Analyse

Abb. 3.1 E-Commerce-Treiberbaum

Stornos:	Wert der Aufträge, die durch Kunden zwar erteilt wurden, jedoch **vom Händler nicht ausgeliefert wurden.** Die Stornogründe können auf der Kundenseite (z. B. Stornierung wegen Falschbestellung) oder der Händlerseite (z. B. kein Bestand oder kein Zahlungseingang des Kunden bei Vorkasse) liegen. Bei einer Stornierung verlässt die Ware nicht das Lager des Verkäufers.
Retouren:	Wert der Aufträge, die versendet wurden und **vom Kunden zurückgeschickt wurden.** Die Retourengründe sind dabei vielfältig, z. B. nicht passende Konfektionsgröße, andere Qualitätserwartung oder Auswahlbestellung des Kunden. Die Höhe der Retourenquote hängt stark von der Produktkategorie ab und kann bei Kleidung und Schuhen regelmäßig auch 50 % betragen (Brien 2018). Bei technischen Produkten oder Büchern beispielsweise ist sie zumeist deutlich niedriger (Asdecker 2019).
Umsatz:	Der Umsatz im E-Commerce wird berechnet, indem **vom Auftragseingang der Wert der Stornos und Retouren subtrahiert** wird. Auch diese Größe wird immer als Nettoumsatz ohne Umsatzsteuer angegeben.
Wareneinsatz:	Der Wareneinsatz repräsentiert die Summe aller im Analysezeitraum **verkauften Produkte, bewertet mit dem Einstandspreis** inklusive der Warenbezugskosten.
Rohertrag:	**Umsatz** im definierten Zeitraum **subtrahiert um den entsprechenden Wareneinsatz.**
Variable Kosten:	Die variablen Kosten im E-Commerce sind Kosten, die den Bestellungen und dem Umsatz direkt zugerechnet werden können. Sie umfassen **insbesondere die Werbekosten, die Paymentkosten und die Logistikkosten,** die anfallen, um die Bestellungen zu generieren und auszuliefern.
Werbekosten:	Kosten für Werbung, im E-Commerce insbesondere die Kosten, um Besuche, also **Traffic, auf den Online-Shop zu bringen.**
Paymentkosten:	Kosten des **Zahlungsverkehrs,** z. B. Gebühren für Kreditkartenzahlungen oder Paypal.
Logistikkosten:	Alle Kosten, um die verkauften Produkte **einzulagern,** für den Versand zu **kommissionieren und an den Kunden zu versenden** (z. B. auch Kosten für Verpackungsmaterial und

	Kosten für Versanddienstleister) sowie die Kosten für **Retouren** (z. B. Rückversandkosten, Handling).
Deckungsbeitrag I:	Der Deckungsbeitrag (DB) I entspricht dem **Rohertrag** im definierten Analysezeitraum **subtrahiert um die variablen Kosten**

Der DB I ist allerdings nur die erste Kenngröße, um den ökonomischen Erfolg der eigenen E-Commerce-Aktivitäten abzuschätzen. Im Rahmen einer ganzheitlichen Betrachtung müssen dann stets weitere, dem E-Commerce zurechenbare Kosten (z. B. Kosten für Entwicklung und Betrieb des Online-Shops, Kundenservice für E-Commerce-Kunden) sowie entsprechende Anteile der Gemeinkosten des Unternehmens berücksichtigt werden.

3.2 Der E-Commerce-Treiberbaum beim Vertrieb über den Amazon Marketplace

Im nächsten Schritt wird der generelle E-Commerce-Treiberbaum nun spezifisch an die Logik des Vertriebs über den Amazon Marketplace adaptiert, siehe Abb. 3.2. Hierbei wird insbesondere die Generierung der Besuche, also des Traffics, granularer analysiert. Dies hat auch Auswirkungen auf die Herleitung der Werbekosten. Beim Vertrieb über den Amazon Marketplace fallen zudem Verkaufsgebühren in Form von Provisionen für Amazon an, diese wurden ebenfalls berücksichtigt. Außerdem werden die Logistikkosten granularer aus der Summe von Versand- und Retourenkosten ermittelt.

Übersicht zu den erweiterten Kennzahlen beim Vertrieb über den Amazon Marketplace	
Impressions:	Bevor ein Besucher auf eine Produktseite des Amazon Marketplace gelangt, sucht er zuvor über die Amazon-Suche oder selektiert die ihn interessierenden Kategorien. Im Rahmen dieser Vorgänge kann ein Produkt in der Suchergebnisliste (SERP) erscheinen. Die **Anzeige eines Produktes auf der SERP** ist eine „Impression" (auch „Display" genannt), d. h. potentielle Kunden haben die Möglichkeit, das Angebot in der Übersichtsdarstellung zu sehen. Dabei können diese Impressions auf zwei Arten entstehen: Entweder die Produktbeschreibung wurde für die organische Marktplatzsuche optimiert und erscheint

E-Commerce-Treiberbaum beim Verkauf über den Amazon Marketplace

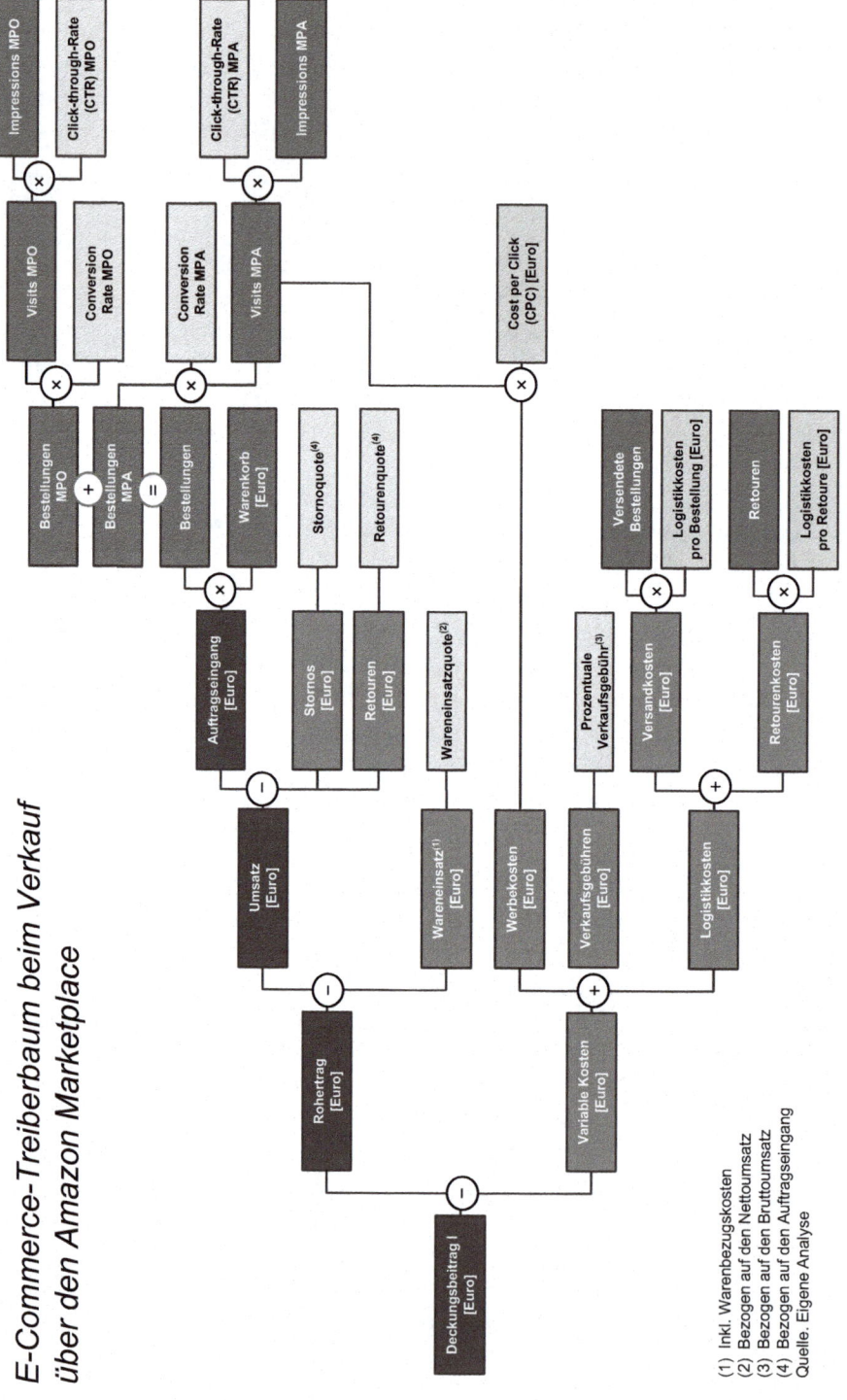

(1) Inkl. Warenbezugskosten
(2) Bezogen auf den Nettoumsatz
(3) Bezogen auf den Bruttoumsatz
(4) Bezogen auf den Auftragseingang
Quelle: Eigene Analyse

Abb. 3.2 E-Commerce-Treiberbaum beim Vertrieb über den Amazon Marketplace

aufgrund der Relevanz sowie der Performance des Händlers. In diesem Fall wird das Produkt aufgrund der erfolgreichen Marketplace Optimization (MPO) angezeigt. Oder der Anbieter des Produktes nutzt die Werbemöglichkeiten auf Amazon, die unter gewissen Voraussetzungen angeboten werden. In diesem Fall wird das Produkt aufgrund des geschalteten Marketplace Advertisings (MPA) in den bezahlten Ergebnissen gezeigt.

Click-Through-Rate:	Bei der Click-Through-Rate (CTR) handelt es sich um die **Wahrscheinlichkeit, mit der eine Impression durch einen Nutzer angeklickt wird.** Dabei können die CTRs für MPO- und MPA-Impressions getrennt ermittelt werden. Aus der Multiplikation der Impressions mit der entsprechenden CTR resultiert dann die Anzahl der Visits nach den Kanälen MPO und MPA.
Bestellungen:	Entsprechend resultiert die Anzahl der Bestellungen je Kanal aus der **Multiplikation der Visits je Kanal mit der Conversion Rate je Kanal.** Daher wird die Gesamtzahl aller Bestellungen dann aus der Summe der Bestellungen MPO und Bestellungen MPA gebildet.
Cost per Click:	Bei den Cost per Click (CPC) handelt es sich um den **Betrag,** den der werbetreibende Seller an Amazon zahlt, wenn ein beworbenes **Produkt durch einen Nutzer angeklickt** wird.
Werbekosten:	Aus der **Multiplikation der Visits MPA mit den durchschnittlichen CPC** ergibt sich die Höhe der Werbekosten.
Verkaufsgebühren:	Wenn ein Produkt auf dem Amazon Marketplace verkauft wird, stellt Amazon dem Verkäufer eine **Plattformprovision** in Rechnung, deren Höhe von der Art der Produktkategorie abhängt (siehe hierzu auch Abschn. 1.2.2). In den Verkaufsgebühren sind bereits auch die Kosten für die Zahlungsabwicklung enthalten, daher müssen Paymentkosten hier nicht separat ausgewiesen werden.
Versandkosten:	Hierin sind alle Kosten enthalten, um die verkauften Produkte **einzulagern,** für den Versand zu **kommissionieren** und an den Kunden zu **versenden** (z. B. auch Kosten für Verpackungsmaterial und Kosten für Versanddienstleister).
Retourenkosten:	Hierin sind alle Kosten für die **Abwicklung der Retouren** (z. B. Rückversandkosten, Handling, Aufbereitung der Retouren) zu berücksichtigen

Für das Generieren von Traffic beim Vertrieb über den Amazon Marketplace ist ein grundsätzlicher Unterschied zum klassischen E-Commerce mit einem eigenen Online-Shop zu berücksichtigen: Die Sichtbarkeit von Produktangeboten auf dem Marketplace hängt im Wesentlichen von den beiden Faktoren Relevanz und Performance ab. Dabei entsteht die Relevanz noch recht vergleichbar zur Relevanz für Suchmaschinen wie Google durch gute Produktbezeichnungen, Beschreibungen und originäres Bildmaterial. Die Performance hingehen ist deutlich Amazon-spezifischer. Hier geht es darum, von Amazon messbare Leistungen in den Bereichen Verkaufszahlen, Logistik (Verfügbarkeit, Lieferzeit), Kundenbewertungen, wettbewerbsfähige Preisstellung und ggf. Amazon Prime-Verfügbarkeit (und/oder FBA) zu erbringen. Nur dann, wenn hier von Amazon definierte Mindeststandards erreicht und eingehalten werden, bekommen Produkte organische MPO-Sichtbarkeit auf dem Marketplace und entsprechende Impressions durch MPA.

Im Vergleich zum eigenen Online-Shop, ist es bei Amazon noch komplexer, Traffic auf die eigenen Produktangebote zu bekommen. Nur einfach Produkte online bringen bringt weder im E-Commerce-Shop etwas noch auf dem Amazon Marketplace. Es muss kontinuierlich eine systematische, dynamische Optimierung des eigenen Leistungsangebots erfolgen, die einer klaren Strategie folgt, sonst wird sich der ökonomische Erfolg nicht einstellen.

3.3   Praktisches Anwendungsbeispiel des E-Commerce-Treiberbaums

Im Folgenden wird der E-Commerce-Treiberbaum beim Verkauf über den Amazon Marketplace für ein praktisches Anwendungsbeispiel dargestellt. Bei dem Unternehmen handelt es sich um einen Händler für Sportschuhe aus Deutschland, dessen durchschnittlicher Warenkorb im Marktplatzvertrieb 125 EUR (netto) beträgt (Abb. 3.3).

Der betrachtete Sportschuh-Versender erzielt im gezeigten Beispiel einen Wochenumsatz von 78.500 EUR (netto) auf dem Amazon Marketplace. Nach Wareneinsatz und variablen Kosten verbleibt ein Deckungsbeitrag I von 20.240 EUR in der analysierten Kalenderwoche für diesen Vertriebskanal.

Treiber-, Benchmarking- und Sensitivitätsanalysen
Ein wichtiger Vorteil bei der Nutzung des E-Commerce-Treiberbaumes liegt darin, dass alle wesentlichen Geschäftstreiber im Baum berücksichtigt werden. Wenn sich Entscheider die Frage stellen, wie Umsatz und Profitabilität des E-Commerce-Vertriebes verbessert werden können, liefert der Treiberbaum entsprechende Ansatzmöglichkeiten als Antwort.

Um den Umsatz zu erhöhen, bieten sich u. a. die folgenden Hebel an, deren Wirkung im Treiberbaum nachvollzogen werden kann (Tab. 3.1):

Praktisches Anwendungsbeispiel des E-Commerce-Treiberbaums für einen Sportschuh-Versender
Analysezeitraum: 6. bis 12. Mai 2019 (1 Woche)

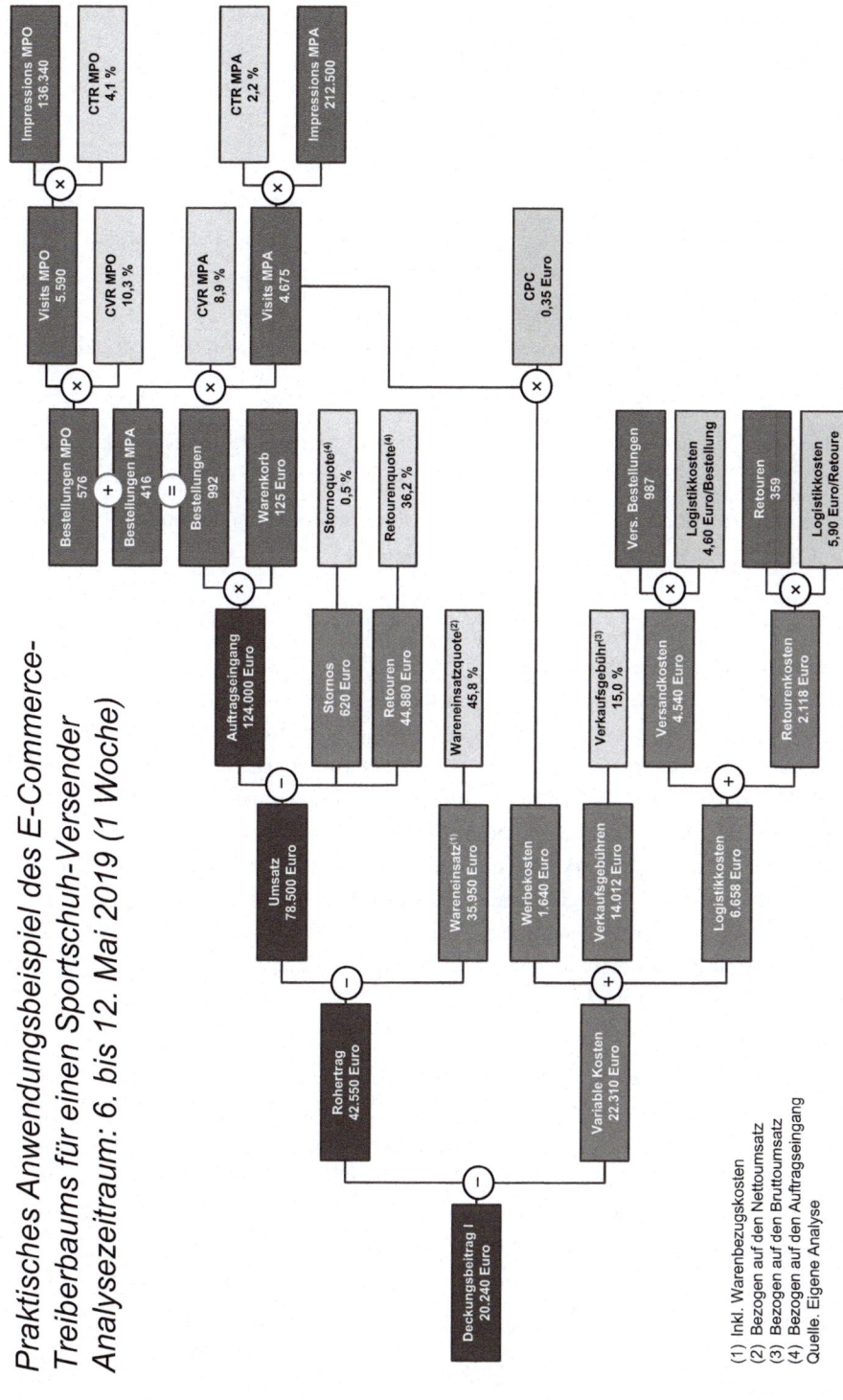

(1) Inkl. Warenbezugskosten
(2) Bezogen auf den Nettoumsatz
(3) Bezogen auf den Bruttoumsatz
(4) Bezogen auf den Auftragseingang
Quelle: Eigene Analyse

Abb. 3.3   E-Commerce-Treiberbaum für einen Sportschuh-Versender

Tab. 3.1 Der E-Commerce-Treiberbaum – Zielwirkung: Steigerung Umsatz (Auswahl)

Hebel	Mögliche Maßnahmen
MPO Impressions erhöhen	Produktdarstellungen und MPO optimieren
CTR MPO erhöhen	Produktdarstellungen optimieren
MPA Impressions erhöhen	MPA-Werbebudget erhöhen und Account optimieren
CTR MPA erhöhen	Produktdarstellungen und Account optimieren
CVR MPO/MPA erhöhen	Echte eigene Value Proposition bieten, Preise prüfen
Warenkorb erhöhen	Cross- und Upselling prüfen, Portfolio überprüfen
Stornoquote senken	Stornogründe eruieren und beseitigen
Retourenqoute senken	Retourengründe eruieren und beseitigen, Produktdarstellungen optimieren

Tab. 3.2 Der E-Commerce-Treiberbaum – Zielwirkung: Steigerung Deckungsbeitrag I (Auswahl)

Hebel	Mögliche Maßnahmen
Wareneinsatzquote senken	Einkaufskonditionen optimieren, Verkaufspreise prüfen
CPC senken	Account optimieren

Um den Deckungsbeitrag I zu steigern, können z. B. auch noch weitere Hebel angegangen werden, siehe Tab. 3.2.

In Unternehmen, die neben Amazon auch weitere alternative Marktplätze (siehe hierzu Kap. 5 von Ralph Hübner) oder einen eigenen Online-Shop für den digitalen Vertrieb nutzen, bildet der Treiberbaum die Basis, um ein systematisches Benchmarking der Kenngrößen über verschiedene Plattformen durchzuführen. Hieraus können wichtige Erkenntnisse zur Performance der verschiedenen digitalen Vertriebskanäle abgeleitet werden.

Neben der Ist-Analyse der aktuellen Kennzahlen im Treiberbaum bietet diese Kennzahlenstruktur auch die Möglichkeit, systematische Sensitivitätsanalysen für die zukünftige Entwicklung durchzuspielen. Beispielsweise können in verschiedenen Szenarien die Parameter variiert und danach die Auswirkungen auf den Deckungsbeitrag I abgeleitet werden, siehe Tab. 3.3.

Tab. 3.3 Sensitivitätsanalyse verschiedener Szenarien

Parameter	Ist-Wert	Szenario 1: „Warenkorb steigt"	Szenario 2: „Wareneinsatz sinkt"	Szenario 3: „Retouren sinken"	Szenario 4: „Szenarien 1 + 2 + 3"
Warenkorb	125 EUR	**140 EUR**	125 EUR	125 EUR	**140 EUR**
Wareneinsatzquote	45,8 %	45,8 %	**44,3 %**	45,8 %	**44,3 %**
Retourenquote	36,2 %	36,2 %	36,2 %	**33,3 %**	**33,3 %**
Deckungsbeitrag I	**20.240 EUR**	**23.660 EUR**	**21.410 EUR**	**21.540 EUR**	**26.500 EUR**
Delta zum Ist		**+3.420 EUR (+16,9 %)**	**+1.170 EUR (+5,8 %)**	**+1.300 EUR (+6,4 %)**	**+6.260 EUR (+30,9 %)**

In diesem Beispiel führt in Szenario 1 eine Steigerung des durchschnittlichen Warenkorbes von 125 EUR um 12 % auf 140 EUR zu einer Deckungsbeitragserhöhung von 16,9 %. Gelingt es gleichzeitig noch, den Wareneinsatz um 1,5 Prozentpunkte zu senken und die Retouren um 2,9 Prozentpunkte zu verringern, verbessert sich der Deckungsbeitrag I insgesamt um rund 31 %.

3.4   Fazit

Der E-Commerce-Treiberbaum bietet eine übersichtliche Struktur, um die wichtigsten Kennzahlen des digitalen Vertriebes für eine fundierte ökonomische Analyse darzustellen. Der Amazon Marketplace-spezifische Treiberbaum berücksichtig dabei die beim Vertrieb über eine Plattform relevanten Größen und unterscheidet beispielsweise bei Traffic und Conversion nach den Quellen MPO und MPA.

Die vorgestellte Struktur ist auch gut geeignet, um Ansatzmöglichkeiten für eine Optimierung des eignen Online-Geschäfts zu identifizieren und deren Wirkung quantitativ abzuschätzen. Zudem können neben der Ist-Analyse der aktuellen Kennzahlen auch systematische Sensitivitätsanalysen für die zukünftige Entwicklung als Szenarien durchgespielt werden. Somit liefert der Treiberbaum auch wichtige Inputs für die Geschäftsplanung.

Literatur

Asdecker, B. (2019). Statistiken Retouren Deutschland – Definition, http://www.retourenforschung.de/definition_statistiken-retouren-deutschland.html. Zugegriffen: 1. Sept. 2019.

Bausch, A., & Kaufmann, L. (2000). Innovationen im Controlling am Beispiel der Entwicklung monetärer Kennzahlensysteme. *Zeitschrift Controlling, 2000*(3), 121–128.

Brien, J. (2018). Retouren: Rund 50 Prozent der Zalando-Pakete werden wieder zurückgeschickt. https://t3n.de/news/retouren-zalando-paket-zurueck-1134820/. Zugegriffen: 1. Sept. 2019.

Prof. Dr. Christian Stummeyer ist Inhaber der Professur „Wirtschaftsinformatik und Digital Commerce" an der Technischen Hochschule Ingolstadt. Er ist erfahrener Unternehmensberater und selbst erfolgreicher Gründer und E-Commerce-Unternehmer.

Nach dem Studium der Betriebswirtschaft an der Georg-August-Universität Göttingen und Promotion in Wirtschaftsinformatik startete er seine unternehmerische Karriere bei The Boston Consulting Group in Düsseldorf, wechselte danach in den Führungskreis der Siemens AG in München und sammelte dort internationale Konzernerfahrung. Seit 2009 ist er selbst E-Commerce-Unternehmer und gestaltete als Geschäftsführender Gesellschafter über fünf Jahre maßgeblich die Wachstumsstrategie eines führenden Online-Händlers für Premium-Designermöbel. Nach dem Wechsel in den Beirat des E-Commerce-Unternehmens war er als Geschäftsführer bei der UDG United Digital Group, einer führenden

deutschen Digitalagentur, für das gesamte Management-Beratungsgeschäft der Gruppe verantwortlich.

Neben seiner Tätigkeit als Professor berät er zahlreiche Großunternehmen und Mittelständler zu den Themen Digitalstrategie,
E-Commerce, Künstliche Intelligenz sowie Digitale Transformation
und ist ein gefragter Keynote-Speaker.

Entwicklung einer Amazon-Strategie

4

Ralph Hübner

Inhaltsverzeichnis

Zusammenfassung

Im Jahr 2020 kann es sich nahezu kein Unternehmen mehr leisten, keine Amazon-Strategie zu haben. Unbestritten – und dies sei mit aller Demut gesagt – ist die Entwicklung einer Amazon-Strategie das mitunter Schwierigste, was die heutige Zeit für Unternehmensinhaber und -manager bereithält. Dies ist der Tatsache geschuldet, dass eine Vielzahl von Entscheidungsfaktoren berücksichtigt werden müssen. Es gibt wenige Strategieaufgaben, die eine ähnliche Komplexität aufweisen wie es der Amazon-Kontext tut. Amazon bietet mit seinen grundverschiedenen Vertriebsoptionen (Vendor, Seller, B2C, B2B), Ländervarianten oder Logistik- und Marketingangeboten

R. Hübner (✉)
ecom consulting GmbH, München, Deutschland
E-Mail: huebner@ecom-consulting.de

© Springer Fachmedien Wiesbaden GmbH, ein Teil von Springer Nature 2020
C. Stummeyer und B. Köber (Hrsg.), *Amazon für Entscheider*,
https://doi.org/10.1007/978-3-658-27427-6_4

so viele Einflussfaktoren, die zudem in Zirkelbezügen zueinanderstehen. Will man eine fundierte – oder besser gesagt – aktuell passende Amazon-Strategie entwickeln, so muss man sich eingehend mit dem Universum von Amazon und seiner Funktionsweise auseinandersetzen, dagegen seine eigene Unternehmensrealität spiegeln und darüber hinaus auch noch (kartell-)rechtliche Aspekte und vieles mehr berücksichtigen. Dennoch ist diese Fragestellung erfolgreich lösbar. Das haben viele Unternehmen bewiesen, die einen erfolgreichen Umgang mit Amazon realisieren konnten. „Erfolg" kann in diesem Zusammenhang auch bedeuten, dass man sich bewusst dagegen entscheidet und dies konsequent praktiziert, mit Konzepten diesseits und jenseits eines „selektiven Vertriebsmodells". Im nachfolgenden Beitrag wird ein in der Praxis seit Jahren erprobtes Vorgehensmodell zur „Amazon-Strategieentwicklung" vorgestellt und die verschiedenen Handlungsoptionen von Markenherstellern und Händlern diskutiert.

4.1 Begriffsklärungen – Strategischer Amazon-Jargon

Amazon hat in den letzten Jahren dafür gesorgt, dass einige englische Begriffe neu in den deutschen Wirtschaftswortschatz aufgenommen wurden. Andere Begrifflichkeiten haben eine Art Amazon-spezifische Umdeutung erfahren. Es passiert nicht selten, dass Personen bei einer Unterhaltung über Amazon aneinander vorbeireden. Auch wenn die Begriffe für viele Leser bekannt sind, so soll aus Gründen der Eindeutigkeit eine Definition für diesen Beitrag hinsichtlich der fünf mitunter wichtigsten Begriffe erfolgen:

Amazon Marketplace
Hiermit ist Amazons virtueller Marktplatz für den privaten oder kommerziellen Verkauf von gebrauchten oder neuen Waren gemeint. Diese Angebote werden auf der Amazon-Website www.amazon.de mit all seinen Sprach- und Ländervarianten auf individuellen Produktdetailseiten aufgelistet. Der Amazon Marketplace existiert auch auf der Amazon-App für Android- und Apple-Geräte. Pro verkauftem Artikel behält Amazon eine Provision von bis zu 20 % des Brutto-Verkaufspreises und zusätzlich 0,99 EUR für private Verkäufer ein (Wiegand 2019). Der Amazon Marketplace ist der Ort, auf dem Seller ihre Produkte anbieten und auch Amazon als Verkäufer auftritt. Auf dem Amazon Marketplace (Website oder App) werden auch alle Werbeformate ausgespielt, die Seller und Vendoren buchen können (Retail Media-Konzept).

Seller
Ein Amazon Seller ist ein im Seller Central von Amazon registrierter Verkäufer für den Amazon Marketplace. Es wird unterschieden zwischen privaten und kommerziellen Teilnehmern. Der Seller kann originär ein Händler oder Hersteller sein, entscheidend ist die Tatsache, dass er auf dem Amazon Marketplace selbst Ware anbietet und diese direkt an den (End-) Kunden verkauft. Amazon übernimmt „lediglich" das Order- und Payment-Processing. Lagerung und Versand der Ware kann durch den Seller selbst erfolgen oder über Amazon als Logistikdienstleister (FBA – Fulfillment by Amazon).

Vendor

Ein Vendor ist ein vertraglich gebundener Lieferant von Amazon und steuert sein Geschäft über die Vendor Central Plattform. Vendoren können originär sowohl Händler als auch Hersteller sein. Vendoren verkaufen ihre Ware an Amazon zu verhandelten Konditionen und Bedingungen (Preise, WKZ, Logistik, Retouren, etc.). Vendoren sind nicht selbst auf dem Marketplace aktiv. Sie haben jedoch mittels des Vendor Centrals Einblick in bspw. die Verkaufsentwicklung und Lagerbestände ihrer Produkte und können auch Werbung für ihre Produkte schalten.

Amazon Retail

Amazon Retail ist der Unternehmensbereich von Amazon, der für den eigenen Handel zuständig ist und sich in Divisionen (Media, Hardlines, Softlines, Fashion und weitere) unterteilt, die die jeweiligen Produktkategorien verantworten. Es ist der Amazon-interne Bereich, der für den Einkauf, sprich die Betreuung der Lieferanten (=Vendoren), zuständig ist. Der Kategorie-Manager und seine Vendoren-Manager führen so gesehen das jeweilige Amazon-Handelsgeschäft, welches auf die Erzielung einer möglichst hohen Marge ausgerichtet ist. Der Bereich Amazon Retail ist der Ansprechpartner für Vendoren sowohl bei den Konditionsverhandlungen als auch im operativen Tagesgeschäft. Es sei angemerkt, dass nicht jeder Vendor einen Vendor-Manager als Ansprechpartner hat, vielmehr fungiert ein online-Ticketsystem für die Mehrzahl der Vendoren als erstinstanzlicher und zuweilen alleiniger Kontaktkanal.

Amazon Business Amazon Business ist eine im Wesentlichen gespiegelte Version der Amazon-Consumer-Plattform, die sich ausschließlich an Geschäftskunden richtet und nur genutzt werden kann, wenn eine Umsatzsteuer-ID hinterlegt wurde. Im Gegensatz zur Endkundenplattform sind die Angebote erst nach erfolgreicher Registrierung einsehbar. Geschäftskunden haben dort die Möglichkeit auf Rechnung zu kaufen und Mengenrabatte zu erzielen. Der Kauf auf Rechnung erfordert seitens des Händlers die Teilnahme an Amazons Umsatzsteuerservice. Die Produktauswahl für den geneigten Käufer speist sich dabei sowohl aus spezifischen B2B-Angeboten als auch aus den Sortimenten des regulären B2C-Marktplatzes. Auf Amazon Business sind vor allem Seller aktiv, aber auch Vendoren mittels Amazon Retail, die ihre Produkte zusätzlich zum B2C-Marktplatz oder explizit für Amazon Business freigeschaltet haben.

Im weiteren Verlauf und Zentrum dieses Beitrags steht die Entwicklung einer Amazon-Strategie im engeren Sinne. Diese fokussiert auf Fragen, wie man den Amazon Marketplace optimal nutzen bzw. wie man mit Amazon (als Vendor) erfolgreich zusammenarbeiten kann. Es wird aber auch die Fragestellung behandelt, ob Amazon in der eigenen Customer Journey weitest gehend ausgeschlossen, sprich durchgesetzt werden kann, dass die eigenen Produkte nicht auf Amazon vertrieben werden (bspw. selektives Vertriebsmodell mit Ausschluss von Drittplattformen).

Die zahlreichen strategischen Sonderfragen, die auch im Zusammenhang mit den Spezialangeboten von Amazon stehen, können nicht gesamthaft erfasst werden und werden nur situativ berücksichtigt, sollten sie eine relevante Vor- oder Nachteilssituation erzeugen. Als „Amazon-Spezifika" sind – Stand 2019 und ohne Anspruch auf Vollzählig-keit – vor allem zu nennen:

- **Amazon Fresh:** Lebensmittellieferservice in ausgewählten Regionen
- **Amazon Business (Prime):** Amazons B2B-Marketplatz, nur für Geschäftskunden und nach Registrierung
- **Amazon Web Services (AWS):** Cloud-Lösungen, Software as a Service (SaaS)
- **Amazon Prime:** Amazons Kundenclub
- **Amazon Prime Now:** schnelle, stundengenaue Lieferung für Prime-Kunden
- **Amazon Prime Air:** Amazons virtuelle Frachtfluggesellschaft mit eigenem Flug-hafen und Drohnen-Belieferungskonzepten
- **Amazon Kindle Fire:** Hardware, Tablets, Mobiltelefone
- **Amazon Video:** Video-Streamingdienst
- **Amazon Music:** Musik-Streamingdienst
- **Amazon Dash:** Hardware zur schnellen Nachbestellung (aktuell eingestellt). Die Software wird weiter verwendet in B2B-Fällen, bspw. in Fahrzeugen
- **Amazon Pay:** Amazons mobile Bezahlmethode und Kreditkarten-Service (Bank-lizenz vorhanden)
- **Amazon Lending:** Service zur Kreditgewährung an ausgewählte Händler
- **Amazon Vine:** Amazons Produkttester zur Erzeugung von Bewertungen
- **Amazon Go:** Stationäre Shoppingformate
- **Amazon Pantry:** Sonderposten-Programm für Prime-Kunden
- **Amazon Warehouse Deals:** gebrauchte, retournierte Artikel im Wiederverkauf
- **Amazon Outlet:** Spezieller Verkaufsbereich für rabattierte Ware
- **Amazon Smile:** Gemeinnützige Sammelaktion von Amazon
- **Amazon Audible:** Hörbuch-Dienste
- **Amazon Appstore:** Apps zum Download, insb. für Kindle-Fire
- **Amazon Alexa:** Voice-Hardware und Software (interaktive Lautsprecher)

Die Liste ließe sich weiter fortführen und sie wird von Amazon stets erweitert. Für inte-ressierte Leser sei auf www.buzzfeednews.com verwiesen, wo eine umfassende Liste an Amazon Trademarks, Amazon-Eigenmarken und Amazon-Geschäftsbereichen zu finden ist (Miranda 2019).

4.2 Einleitung und Einordnung

Amazon hat sich seit seiner Gründung vor rund 25 Jahren zu einem Konzern mit Milliarden-Umsätzen und mehreren Hunderttausenden Mitarbeitern entwickelt. Es ist kein online-Buchhändler mehr und auch nicht nur ein online-Händler. Es ist viel mehr. Es ist ein Technologiekonzern mit vielen verschiedenen Geschäftsfeldern und einer ein-zigartigen Veränderungsdynamik. Dieses Kapitel hat nicht den Anspruch, Amazon als

Ganzes zu erfassen und zu erklären. Andere Buchbeiträge des 2. Kapitels widmen sich dediziert dem „Prinzip Amazon". Dieses Kapitel reduziert den Blick auf Amazon ganz bewusst auf den E-Commerce-Bereich und fokussiert allein auf die Fragestellung, wie Markenhersteller und Händler eine Strategie zum Umgang mit Amazon bzw. zur Nutzung des Amazon Marketplace entwickeln können. Die Amazon-Strategiefindung ist auch mit dieser fokussierten Perspektive noch komplex und facettenreich genug. Erfahrungsgemäß besteht für die meisten Unternehmen die mitunter größte Amazon-Herausforderung darin, den Überblick zu behalten, sich nicht in all den unzähligen Details und möglichen Gestaltungsvariationen zu verlieren, ganz zu schweigen von den permanenten Änderungen im Großen wie im Kleinen, die immer wieder alles über den Haufen zu werfen scheinen. Diese Details sind für den Erfolg des eigenen Amazon-Business oft von hoher Relevanz und müssen in der alltäglichen Lösungsarbeit zweifelsohne berücksichtigt werden. Der richtige Umgang mit diesen Details kann aber nur erfolgen, wenn vorher der für das jeweilige Unternehmen passende strategische Rahmen entwickelt wurde, wenn wichtige grundsätzliche Weichen gestellt wurden und man zudem leistungsfähige Strukturen und Prozesse etabliert hat, die mit der „Amazon-Hydra und ihrer Innovationswut" umzugehen verstehen. Ein Beispiel: Alleine während der Erstellung dieses Buchbeitrags änderte Amazon zwei strategische Variablen in der Erfolgsrechnung vieler Seller und Vendoren. Zwei Variablen, die über mehrere Jahre als gesetzt galten und auf die einige Unternehmen auch gesetzt hatten. Der bislang nur Vendoren vorbehaltene A+Content wurde nun auch Sellern zugänglich gemacht (Internet World Business 2019). Wenige Tage später erfolgte die Ankündigung, das bislang nur Vendoren offenstehende Vine-Programm, mit dem gezielt (gute) Produktbewertungen erzeugt werden können, nun auch für Seller (mit Marken) nutzbar zu machen (Amazon 2019). Zwei durchaus relevante Details, die unmittelbar Veränderungsreaktionen, in diesem Fall vor allem bei Sellern, auslösen können. Verfügt man als Unternehmen jedoch über eine umfassende Amazonstrategie und leistungsfähige „Amazon-Organisation", die solche Veränderungen zu adaptieren weiß und kann, so verlieren Detailwust und Veränderungsdynamik an Schrecken.

Strategie ist bekanntlich in erster Linie auch die bewusste Entscheidung, was man nicht tut und warum man es unterlässt. Dies gilt für und bei Amazon sicherlich ganz besonders. Dafür ist es erforderlich, ein grundsätzliches Verständnis der Amazon-Zusammenhänge zu erhalten und in diesem Kontext dann auch zu identifizieren, welche Chancen und Limitationen das eigene Unternehmen hat, um sich nicht zu überschätzen bzw. Kosten, Aufwand und Risiken nicht zu unterschätzen. Schließlich gibt es auf Amazon per heute mindestens so viele erfolgreiche Unternehmen, wie solche, die unzufrieden sind oder gar deutlich Schiffbruch erlitten haben.

Der erste wichtige Schritt ist demzufolge eine Fokussierung auf die wesentlichen Fragebereiche, um die Amazon-Strategie beherrschbar und entscheidungsfähig zu halten. Diese Strukturierung und Klarheit wird dadurch erzeugt, dass man einen methodischen Orientierungsrahmen wie das Amazon-Tableau (siehe Abb. 4.1) als strategisches Spielfeld verwendet.

Morphologischer Kasten: 8 Kernentscheidungen mit Zirkelbezügen!

Strategische Motivation	Umsatz-Performance		Präsenz & Lernen		Markenpräsentation (Schaufenster-Pflege)		
Geographie	Deutschland	Einzelauswahl (ITA, FRA, UK, SPA…)			Pan-EU	international	
Marke	Kernmarke		Zweit- / online-Marke		Amazon-Marke		
Sortiment EAN / ASIN	Vollsortiment	Teilsortiment	Spezialsortiment		Bundlings	Services	
Geschäftsbereich	B2C				Amazon Business		
Auftritt / Firmierung	Passiv Nur durch Händler	Verdeckt Nur durch DL	Seller	Vendor	Vendor-Seller-Mix	Private Label Vendor (Amazon our brands)	
Logistik	Selbst (FBM)	Selbst Prime (Prime by Merchant)	Fulfillment-Dienstleister (Prime)	Selbst-FBA-Mix	Amazon Logistics	FBA	MCF
Pricing	UVP (-nah)		Follower-Preis (dynamic pricing)		Preisführerschaft		

Anm.: Aspekte wie Marketing, Reviews, IP-Schutz nachgelagert zu bearbeiten

Abb. 4.1 Das Amazon-Tableau zur Strategieentwicklung. (Quelle: eigene Darstellung)

Dieser morphologische Kasten enthält alle 8 Kernebenen sowie dazugehörigen Handlungsoptionen. Um den, oder besser Plural, die für sich aktuell passenden strategischen Pfade zu bestimmen, ist es zwingend erforderlich, alle Einzelfelder zu verstehen sowie, mindestens ebenso wichtig, die Interdependenzen der Felder untereinander korrekt zu berücksichtigen. Analog der Strategiearbeit in der Praxis spannt dieser Beitrag einen dreistufigen Themenraum auf:

1. Bestimmung von Ausgangssituation und Handlungsspielraum des Unternehmens: Um welche Art von Unternehmen handelt es sich – Hersteller, Händler, Eigenmarkenhändler, usw.?
2. Schrittweise Erläuterung des Tableaus: Was bedeuten die 8 Kernebenen, ihre jeweiligen Felder und wie kann man diese strategisch kombinieren?
3. Bildung strategische Szenarien: Wie sehen unterschiedliche strategische Pfade aus und was ist in der Umsetzungspraxis besonders zu beachten?

Zudem sollen zwei zuletzt besonders relevante Aspekte separat diskutiert werden: Dies ist einerseits die „Vendor-Seller-Frage" und mögliche Betrachtungsperspektiven darauf. Das zweite Schlaglicht widmet sich der Frage, „wie man Amazon aktiv oder passiv vermeiden kann". Damit wird der Tatsache Rechnung getragen, dass insbesondere viele Markenhersteller sich intensiv damit beschäftigen, wie sie ihre Produkte und Händler von Drittplattformen allgemein und Amazon im Speziellen fernhalten oder zumindest geeignete Markenschutzmechanismen ergreifen können.

Der in diesem Beitrag dargelegte Strategieleitfaden fußt insbesondere auf der Praxiserfahrung der letzten Jahre, bei der viele namhafte Markenhersteller und Händler aus verschiedenen Branchen ihren passenden Umgang mit Amazon erarbeitet haben. Zu vielen strategischen Aspekten und Lösungsansätzen kann nicht auf Quellen oder sonstige

„Beweise" verwiesen werden. Dies liegt insbesondere daran, dass es bislang kaum Unternehmen gibt, die offen über Ihre Erfahrungen und Erfolge mit Amazon berichten. In seltenen Fällen wie Birkenstock berichten Unternehmen von Misserfolgen und Problemen (Zimmer 2018). Hersteller bewahren gerne Stillschweigen bezüglich ihres Direktgeschäfts mit Amazon (Vendor) oder auch ihrer Seller-Aktivitäten. Händlern wie Herstellern im Seller-Modus war zudem mittels der sehr restriktiven Geschäftsvereinbarung mit Amazon (Business Solutions Agreement „BSA") ein Transparenzriegel vorgeschoben. Zu guter Letzt sind zwar viele Amazon-Funktionsweisen und -Regularien in den jeweiligen Erläuterungen der Vendor- und Seller Central festgehalten und offen einsehbar. Eine beträchtliche Anzahl an Zusammenhängen und Wirkweisen sind jedoch „ungeschriebene Gesetze". Damit sind vor allem Aspekte gemeint, die man nur im bilateralen Austausch mit Amazon erfährt oder als „Workaround" bzw. als „von Amazon geduldete Praxis" erlebt. Das mag für den Strategiesuchenden dubios und auch unbefriedigend klingen, stellt jedoch die gelebte Praxis im Amazon-Geschäft dar und verdeutlicht auch, weshalb der Umgang mit Amazon und die diesbezügliche Strategiefindung kein leichtes Unterfangen darstellt.

Es soll an dieser Stelle jedoch nicht der Eindruck entstehen, man würde Amazon in ein zwielichtiges Licht stellen wollen. Amazon gebührt ob des globalen Erfolgs und seiner mannigfaltigen Innovationsleistungen höchster Respekt und nicht die dämonisierende Darstellung, die Amazon im DACH-Raum zumeist widerfährt. Die durchaus berechtigte moralische Diskussion ist hierzulande dennoch dominierend und überlagert vielfach eine konstruktive, strategische Auseinandersetzung mit Amazon. Zweifelsohne ist Amazon für den deutschen E-Commerce Fluch und Segen zugleich. Ebenso wie Amazon ein seit zwei Jahrzehnten stark wachsendes und sich schnell wandelndes Unternehmen ist, sind viele rechtlichen Fragen noch nicht letztinstanzlich oder gar nicht geklärt. Es empfiehlt sich, eine professionelle Distanz zu Amazon zu bewahren und nüchtern abzuwägen, welche Potenziale und Risiken für das eigene Geschäft bestehen. Es empfiehlt sich jedenfalls nicht, so die Erfahrung der letzten 5 Jahre, darauf zu hoffen, dass eine veränderte Rechtslage oder Rechtsprechung Amazon bald „pflegeleichter" machen oder gar „in die Schranken weisen" wird.

4.3 Notwendigkeit einer (echten) Amazonstrategie

Über viele Jahre gab es eine relativ klare Trennlinie zwischen Unternehmen, die eine Amazonstrategie erarbeiten wollten und denjenigen, die mussten. Die einen sahen große Potenziale und die anderen wurden dazu gedrängt oder eingeladen. Viele Markenhersteller wandten sich gezwungenermaßen Amazon zu, weil ihre Produkte auf einmal bei Amazon erhältlich waren, mit Content-Darstellungen und Preispunkten, die mitunter besorgniserregend waren und für Irritationen im Gesamtmarkt sorgten. Nicht wenige Markenhersteller wurden von ihren eigenen Händlern gedrängt, etwas „gegen Amazon" zu unternehmen. Wiederum andere wurden von Amazon nachdrücklich eingeladen, als Vendoren zu kooperieren. Eine solche Trennlinie existierte auch in der Händlerwelt.

Viele Händler entdeckten Amazon als zusätzlichen Vertriebskanal, um Warenüberhänge abzuverkaufen oder um Volumenrabatte bei ihren Lieferanten zu erreichen. Die andere Händlergruppe betrachtete Amazon schlicht als Feind und versuchte bestenfalls, diverse Erfolgsmuster zu kopieren. Einige wenige große Händler erkannten in den letzten Jahren die Opportunität, selbst ein Marktplatzgeschäft nach dem Vorbild Amazons aufzubauen, wie beispielsweise OTTO oder Zalando.

Heute verschwimmt diese „müssen-wollen-Trennlinie" zunehmend. Und es verschwimmt auch die Trennlinie innerhalb der Unternehmen selbst. Auch die Befürworter und Gegner einer Amazonstrategie in den Unternehmensbereichen sind heute andere und mit anderen Motivationen als noch vor einigen Jahren. Mal forciert der Vertrieb eine Präsenz auf Amazon, und Geschäftsführung sowie Marketing müssen eine Strategie erarbeiten, mal ist es umgekehrt. Den meisten Unternehmen gemein ist heute die Erkenntnis, dass ein strategischer Umgang mit Amazon nottut. Und dass es einer bewussten Abwägung von Chancen und Risiken, von Kosten und Nutzen bedarf, um zu entscheiden, welchen Amazon-Weg man gehen will.

Man muss nicht so weit gehen wie einige, die heutzutage fordern, dass jedes Unternehmen einen „Chief Amazon Officer" benötigt (Brindköpke 2019). Aber über eine hausinterne Amazon-Kompetenz sollten alle vom E-Commerce betroffenen Unternehmen sicherlich verfügen. Die Betonung liegt auf „hausintern", da es kurzsichtig wäre, sich in Anbetracht der gegebenen Veränderungsgeschwindigkeiten immer nur auf externe Beratung und Unterstützung zu verlassen. Beratung ist im Amazon-Kontext ein absolut probates Mittel, insbesondere im Zuge der Strategieentwicklung oder dann auch bei Spezialthemen. Mittel- und langfristig hat es sich jedoch stets bewährt – und auch als kosteneffizienter dargestellt – eigene Amazon-Kompetenzen und -Kapazitäten aufzubauen. Dieses Plädoyer einer notwendigen Amazonstrategie gilt inzwischen für fast alle Unternehmen, egal ob Hersteller oder Händler, egal ob B2B- oder B2C-Ausrichtung. Das Kölner Handelsforschungsinstitut IFH betitelte seine Studie bereits 2018 mit „Amazonisierung des Konsums" (IFH 2018). Amazon Business und diverse andere Initiativen Amazons schicken sich an, diesen Trend noch über den Privatkonsum hinaus auf weitere Wirtschaftssektoren zu tragen.

Diesem Plädoyer für eine robuste Amazon-Strategie sei an dieser frühen Stelle bereits hinzugefügt, dass man aus mehreren Gründen in Betracht ziehen sollte, nicht nur isoliert auf Amazon zu blicken. Eine strategische Einbettung von Amazon in eine gesamthafte Marktplatzstrategie hat drei essentielle Argumente auf seiner Seite:

a) **Breitere Vergleichsbasis:** Plant und agiert man neben Amazon auch mit anderen Marktplätzen, so hat man alternative Datenpunkte und kann den jeweiligen Amazon-Erfolg oder -Misserfolg besser einschätzen. Zudem kann man auf anderen Marktplätzen evtl. Initiativen mit geringerem Aufwand oder Risiko testen und erst im zweiten Schritt und mit besser abgesicherter Erkenntnis auf Amazon umsetzen.

b) **Risikostreuung:** Frühzeitig Vermeidung einer Amazon-Abhängigkeit, sei es umsatzseitig oder durch andere „Gefängnissituationen" wie FBA, einen ungünstigen Vendorenvertrag, etc.

c) **Infrastruktur-Skaleneffekte:** Investitionen in IT, Logistik oder Personal werden idealerweise auf mehrere Kanäle und Marktplätze ausgerichtet, damit das Amazon-Geschäft nicht alle Kosten tragen muss, oder gravierender, man später nicht parallel existierende Infrastrukturwelten vorhält und bewirtschaftet (1. Amazon, 2. sonstige Marktplätze).

Zur Vertiefung der Frage nach „Marktplatzalternativen zu Amazon" sei der Leser an Kap. 5 dieses Buches verwiesen, wo dies sowohl im deutschen als auch internationalen Kontext ausführlich dargelegt wird.

Auch wenn es in der Fachpresse, in einschlägigen Blogs oder auf Kongressen immer wieder in leicht abgewandelter Form zu vernehmen ist, so ist unverändert wichtig und hilfreich, sich zu vergegenwärtigen, welche Gründe heute dafürsprechen, sich strategisch mit Amazon auseinanderzusetzen. Die meistgenannten Gründe sind auf die schiere Marktmacht Amazons zurückzuführen und lauten:

- **Amazon als E-Commerce-Primus:** Mit über 20 Mrd. Euro Handelsumsatz in Deutschland vereint Amazon rd. 40 % des hiesigen Marktes auf sich (HDE 2019; Bundeskartellamt 2019). Global sind es ca. 250 Mrd. EUR (siehe Abb. 4.2 und 4.3). Rd. 90 % der online-Shopper in Deutschland sind Amazonkunden (IFH 2019).
- **Amazon als Suchmaschine im Kaufprozess:** Über 50 % der online-Kunden starten ihre Produktsuche bei Amazon (Rogator AG 2018).

Amazon Deutschland (Szenario) Umsätze Retail, Marketplace und GMV in Mio. EUR

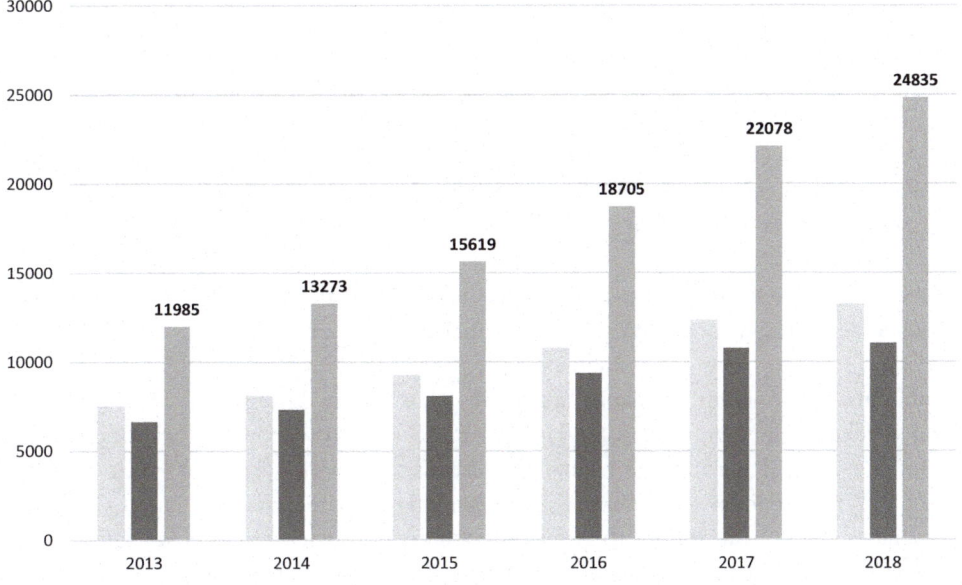

Quellen: Carpathia AG/Amazon

Abb. 4.2 Umsatzentwicklung Amazon Deutschland. (Quellen: eigene Darstellung in Anlehnung an Amazon/Carpathia AG, 2019)

Amazon & Co. im GMV Vergleich in Mrd. EUR

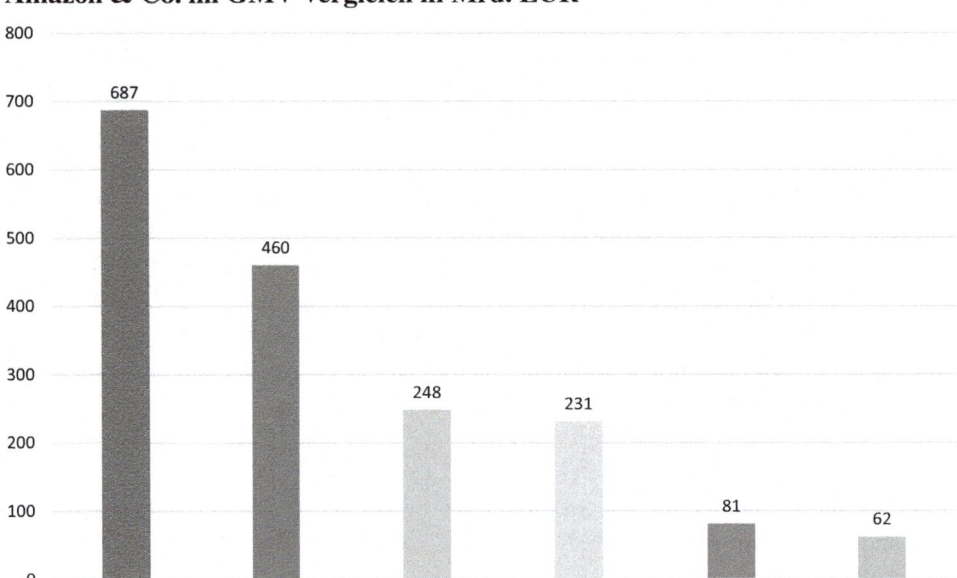

Quelle: Unternehmensangaben; excitingcommerce.de, April 2019

Abb. 4.3 Amazon im globalen Marktplatzvergleich. (Quelle: eigene Darstellung in Anlehnung an excitingcommerce.de 2019)

- **Amazon als Vergleichsportal:** Eine Übersicht zu Preisen und insbesondere den Bewertungen von derart vielen Artikeln erwarten die Kunden nur bei Amazon. Amazon.de listet über 300 Mio. Artikel (Bundeskartellamt 2019).
- **Amazon als Gefahr:** Viele Markenprodukte werden aus Sicht der Hersteller nicht korrekt dargestellt (Bild- und Textmaterial), Grauware und Fälschungen kommen als zusätzliches Problem hinzu.

Neben diesen seit Jahren bekannten und gewichtigen Gründen tauchen aber auch stets neue, andere Motivationsfelder auf. Zuletzt sind es vor allem diese drei:

Amazons Expansion: Amazon erschließt stets neue Kategorien und Sortimente und weckt damit erst das gesteigerte Interesse der dort beheimateten Branchenteilnehmer. Beispiele hierfür sind zuletzt der Lebensmittelmarkt (Amazon Fresh und Übernahme Whole Foods) oder der Gesundheitsmarkt (Übernahme Pill Pack) (Moynihan und Payo 2019). Amazon eröffnet zudem stets neue Länder und erzeugt damit jeweils ein neues geographisches Chancen-Risiko-Profil für Händler wie Hersteller, die diese Märkte bereits bearbeiten oder erschließen wollen. Zuletzt startete Amazon eigene Landesaktivitäten in der Türkei (2018) und in den Vereinigten Arabischen Emiraten, wo Amazon nach der 2017 erfolgten Übernahme von Souq.com nun unter seiner Marke firmiert und den mittleren Osten adressiert (Kim 2019). Als nächste Expansionsziele für Amazon werden derzeit Polen, die Niederlande und auch Israel gehandelt (Halon 2019).

Amazon Business: In 2016 gestartet, listet Amazon Business in 2019 bereits über 250 Mio. Artikel und forciert auch das Eigengeschäft (Böhme 2019). So startete Amazon zuletzt eine Eigenmarke namens AmazonCommercial für den Papier- und Hygienebereich (Garret 2019). Amazon Business adressiert in Deutschland nicht nur den KMU-Sektor, sondern auch größere Unternehmen, die dann auch in den Genuss einer individuellen Betreuung, insbesondere bzgl. der Schnittstellenintegration kommen. Viele Branchensegmente werden sukzessive von Amazon (und den Sellern auf Amazon Business) erfasst und rücken deshalb Amazon Business zunehmend in ihren strategischen Fokus.

Amazon Marketing: Der große Trend des sogenannten „Retail Media", sprich die Vermarktung von Media-Inventar auf E-Commerce-Seiten wurde insbesondere auch von Amazon mitentwickelt. Amazon realisierte bereits im Jahr 2018 Marketingumsätze von über 10 Mrd. US$ (Horizont 2019). Viele Hersteller und Händler gehen dazu über, ihre Marketingbudgets weg von anderen – weniger transaktionsnahen – Werbekanälen und hin zu Amazon zu verlagern, wie die steigenden Marketingumsätze belegen. Das ständig umfassender werdende Marketinginstrumentarium von Amazon, in Kombination mit dessen immenser Zielgruppenreichweite und auch Targeting-Genauigkeit, wird immer wichtiger für Hersteller wie Händler. Als Nebeneffekt sorgt dies dafür, dass sich nicht nur die Vertriebsleitungen von Unternehmen mit Amazon befassen, sondern auch deren Marketingabteilungen, die einen deutlich höheren Return on Invest ihrer Werbeausgaben auf Amazon erwarten als beispielsweise bei Google. Zu beachten ist hier insbesondere auch, dass Amazon mittels seiner Buchungsplattform (DSP) anbietet, dass Werbetreibende Amazon-Konsumenten sowohl innerhalb als auch außerhalb von Amazon in online-Kanälen adressieren können. Die Werbetreibenden müssen dabei nicht selbst auf Amazon aktiv sein (sem-boutique 2019). Nochmals sei erinnert: „Amazon-Konsumenten" bedeutet in Deutschland, dass sich ca. 90 % aller deutschen online-Shopper in Amazons Datenbank befinden (siehe oben).

Exkurs: Die Auseinandersetzung Amazons mit dem Bundeskartellamt 2018/2019
Viele und sehr unterschiedliche Gründe bilden die Motivationsgrundlage für Unternehmen, sich strategisch mit Amazon auseinanderzusetzen. Aufgrund der Marktmacht Amazons und des damit einhergehenden Einflusses auf die Entwicklung ganzer Branchen beschäftigen sich diverse weitere „Beteiligte und Interessierte" mit Amazon. Neben den zahlreichen und teilweise allein auf Amazon spezialisierten Agenturen, Unternehmensberatern, Software- und Logistik-Dienstleistern tun dies auch diverse Anwälte (siehe hierzu auch Kap. 15). Eine Vielzahl von gerichtlichen Auseinandersetzungen zu unterschiedlichen „Amazon Casi" und auch sonstigen Beschwerden bei Behörden führte zu einer Untersuchung des Bundeskartellamtes im Jahr 2018 (Bundeskartellamt 2019). Die Begründung lautete:

„Amazon ist in vielen Produktgruppen der größte Online-Händler und betreibt den mit Abstand größten Online-Marktplatz in Deutschland. Für viele Händler hat der Amazon-Marktplatz beim Online-Vertrieb, insbesondere für den Zugang zum Kunden, eine große Bedeutung. Im November 2018 hatte das Bundeskartellamt aufgrund von zahlreichen Beschwerden von Händlern ein Verfahren gegen das Unternehmen wegen des Verdachts auf missbräuchliche Geschäftsbedingungen und Verhaltensweisen gegenüber den Händlern auf dem deutschen Marktplatz amazon.de eröffnet." (Bundeskartellamt 2019).

Nachdem es jahrelang nur Schätzungen und Gerüchte zu den Geschäftszahlen Amazons in Deutschland gab (Amazon veröffentlicht keine länderspezifischen Details), wurden im Juli 2019 erstmals detaillierte Amazon-Zahlen durch das deutsche Bundeskartellamt publik.

Die Bekanntmachung des Untersuchungsergebnisses verdient aus zwei Gründen besondere Beachtung. Einerseits wurden erstmals konkrete Zahlen veröffentlicht, die aussagegemäß von Amazon selbst stammen und damit dokumentieren, welche Marktstellung Amazon im deutschen E-Commerce hat (Abb. 4.4). Zudem könnte das erzielte Verhandlungsergebnis einen Wendepunkt in der staatlichen Beobachtung und hiesigen

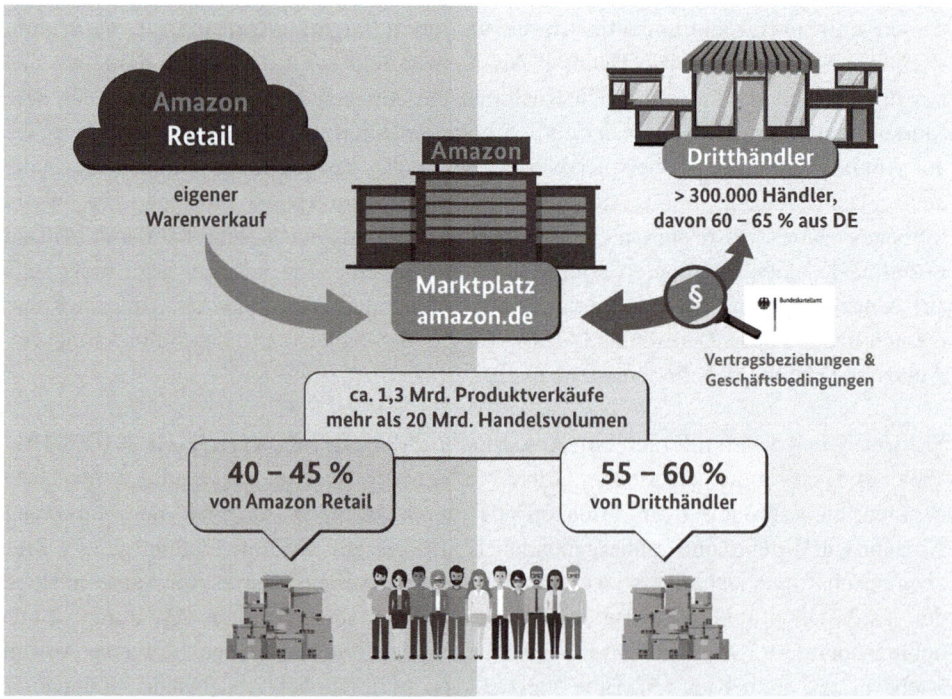

Abb. 4.4 Amazon-Skizze des Bundeskartellamtes inkl. aktueller Zahlen. (Quelle: Bundeskartellamt – Amazon-Untersuchung, 2019)

Handhabe des Amazon-Geschäftsgebarens darstellen. Amazon musste diverse Zugeständnisse in seinem Umgang mit Dritthändlern (Seller) machen und auch seine Vertragswerke anpassen. Weitere Untersuchungen erfolgen derzeit auf EU-Ebene und sollen Klarheit dahingehend schaffen, inwieweit Amazon seine Marktmacht bei der Algorithmik der „Buy Box" unzulässig ausnutzt (Bundeskartellamt 2019). Die mögliche Benachteiligung oder gar Ausgrenzung von Sellern durch Amazon untersucht auch die amerikanische Behörde FTC. Im expliziten Fall geht es darum, dass durch den Marktplatzauftritt Apples (als überaus starker Vendor-Partner) viele Seller ihrer Geschäftsbasis beraubt worden sein sollen (FTC/Twittermash 2019).

Im deutschen Fall stellte das Kartellamt Amazon und seine wichtigsten Kennzahlen für 2018 wie folgt dar:

> „Auf dem Markplatz amazon.de waren 2018 mehr als 300.000 Dritthändler tätig. Bezogen auf das Handelsvolumen von Dritthändlern auf dem Marktplatz amazon.de stammen 60-65 Prozent von deutschen Händlern, 20-25 Prozent von außereuropäischen Händlern und 10-15 Prozent von Händlern aus sonstigen europäischen Ländern, darunter weniger als 2 Prozent von Händlern aus Österreich und in noch weit geringerem Umfang aus Luxemburg. Mehr als 95 Prozent des Gesamthandelsvolumens auf amazon.de entfällt auf deutsche oder österreichische Kunden. 2018 wurden auf amazon.de mehr als 300 Mio. verschiedene Artikel (ASIN) angeboten und ca. 1,3 Mrd. Produkte verkauft. Das (netto) Handelsvolumen des deutschen Marktplatzes betrug im Jahr 2018 weit mehr als 20 Mrd. Euro. Amazon.de ist damit der mit Abstand größte der fünf europäischen Marktplätze von Amazon. Bezogen auf die fünf europäischen Marktplätze macht der deutsche Marktplatz 40-50 Prozent aus, danach folgen der britische und dann die drei übrigen Marktplätze (amazon.fr, amazon.es, amazon.it). Von den 37 Mio. Kunden in 2018, die mindestens ein Produkt auf dem deutschen Marktplatz gekauft haben, stammen über 80 Prozent aus Deutschland und 5-10 Prozent aus Österreich. Das Handelsvolumen auf amazon.de stammt zu 40-45 Prozent von der eigenen Retail-Sparte von Amazon und zu 55-60 Prozent von Dritthändlern. Im Jahr 2018 wurden von Amazon auf dem deutschen Marktplatz mehr als 250.000 Verkäufer-Konten dauerhaft und mehr als 30.000 Verkäufer-Konten vorübergehend gesperrt. Grund waren vor allem Betrugsvorwürfe (daneben Verletzung gewerblicher Schutzrechte und Produktfälschungen). […] Das Bundeskartellamt hat sein Missbrauchsverfahren gegen Amazon bzgl. der Überprüfung der allgemeinen Geschäftsbedingungen und bestimmter Verhaltensweisen gegenüber Händlern auf dem deutschen Marktplatz amazon.de eingestellt. Amazon hat seine allgemeinen Geschäftsbedingungen für die Marktplatzhändler in den vom Bundeskartellamt beanstandeten Punkten geändert und weitere Änderungen des Marktplatzbetriebs zugesichert, mit denen die wettbewerblichen Bedenken in Bezug auf die gerügten Verhaltensweisen ausgeräumt werden. Die Änderungen stellen erhebliche Verbesserungen für die Marktplatzhändler dar, ohne dass die Interessen der Kunden auf dem Marktplatz, insbesondere die Servicequalität, dadurch beeinträchtigt werden. Amazon nimmt die Änderungen in seinen allgemeinen Geschäftsbedingungen (Business Solutions Agreement - BSA) nicht nur für den deutschen Marktplatz amazon.de vor, sondern auch für alle europäischen Marktplätze (amazon.co.uk, amazon.fr, amazon.es, amazon.it) sowie weltweit auf allen seinen Online-Marktplätzen einschließlich des US-amerikanischen und der asiatischen Marktplätze. Während des Verfahrens hat sich das Bundeskartellamt intensiv mit der Europäischen Kommission ausgetauscht, die auf Basis des europäischen Kartellrechts weiterhin vor allem die Erhebung und die Nutzung von Transaktionsdaten durch Amazon untersucht.

Die Kommission befasst sich dabei insbesondere mit dem Datengebrauch durch Amazon sowie dessen Auswirkungen auf die Marktplatzhändler."

Wettbewerbs- und kartellrechtliche Aspekte im Amazon-Kontext sind, wie die Frage nach einem generell abgesicherten Rechtsrahmen für das Marktplatzgeschäft, zweifelsohne von großer Bedeutung für Hersteller und Händler und haben auch „strategische Relevanz", weshalb sie hier zumindest eine Exkurs-Betrachtung erfahren. Zur weiteren Vertiefung der rechtlichen Aspekte sei an Kap. 14 verwiesen.

Zur nicht-juristischen Perspektive der Strategieentwicklung zurückkehrend, rücken Fragekomplexe in den Vordergrund, die thematisieren, welche Handlungsoptionen ein Unternehmen im Amazon-Kosmos grundsätzlich hat. Um abschätzen, bewerten und quantifizieren zu können, über welche strategischen und operativen Gestaltungsvarianten ein Unternehmen verfügt, muss zuerst die Bestimmung der eigenen Ausgangssituation erfolgen. Dies ist im ersten Schritt eine Qualifizierung der unterschiedlichen Unternehmensformen dahingehend, welche Eignung für ein Amazon-Geschäft die Geschäftsmodelle grundsätzlich haben.

4.4   Amazon-Basisstrategien nach Betriebsart

Nachdem im vorangegangenen Abschnitt diskutiert wurde, warum eine Amazonstrategie sinnhaft oder notwendig ist, soll nun die Frage beantwortet werden, für welche Betriebsart sich Amazon heute (noch) als strategisch relevant bzw. attraktiv darstellt. Dies beinhaltet die Frage, für welche Unternehmen sich Amazon – als Absatzpartner oder -kanal – eignet und für welche Unternehmen dies nicht oder absehbar nicht mehr der Fall ist.

Vor einigen Jahren (ca. 2008–2015) sah die Welt der Marktplatzhändler und auch der Vendoren noch deutlich anders aus als es im Jahr 2020 der Fall ist. Damals war die Amazonwelt noch relativ klar aufgeteilt. Viele Hersteller bzw. Markenunternehmen mieden Amazon und waren selbst gar nicht präsent oder haben mittels selektiven Vertriebsmodellen auch ihren Händlern untersagt, ihre Produkte auf Amazon zu vertreiben. Andere große Hersteller waren Vertriebspartner von Amazon und wuchsen als Vendoren teilweise sehr schnell und stark mit Amazon. Auf dem Amazon Marketplace waren hingegen vor allem kleinere und mittelgroße Online-Händler als Seller aktiv.

Heute stellt sich die Lage durchaus anders dar. Viele Hersteller haben ihre Zurückhaltung aufgegeben und sind Vendoren geworden, als Seller aktiv oder mischen die beiden Varianten (Vendor-Seller-Mix). Auf dem Marketplace sind in den letzten Jahren neben Herstellern auch viele größere Händler als Seller hinzugekommen. Die größte Gruppe der „neuen Seller" sind jedoch Anbieter aus China und anderen Fertigungsländern. Dies gilt insbesondere für den internationalen Marktplatz (amazon.com), auf dem jeder dritte neue Händler und die Hälfte der umsatzstarken Seller aus China stammt (Marketplace Pulse 2019). Die Vendorenlandschaft beginnt sich aktuell ebenfalls stark zu verändern. Amazon lädt in der letzten Zeit verstärkt nur noch sehr gezielt und bevorzugterweise große Hersteller und Marken in sein Lieferanten-Netzwerk ein und beginnt zudem kleinere Vendoren-Partner sukzessive auszuladen bzw. in den Seller-Bereich zu drängen (Soper 2019). Wichtig erscheint hier der Hinweis auf die unterschiedliche Bewertungsmöglichkeit des Begriffs „kleinere Vendoren". Für Amazon mag der Umsatz mit einem Vendor von bspw. 5 Mio. EUR in einer bestimmten Kategorie „zu klein" bedeuten. Für das betroffene Unternehmen – im deutschen Mittelstand – kann dies aber sehr wohl heißen, dass Amazon als der größte Kunde droht verloren zu gehen, was gravierende bis hin zu existenzbedrohende Folgen nach sich ziehen kann. Auf diesen Sachverhalt und die grundsätzliche „Vendor-Seller-Frage" wird später in Abschn. 4.5 nochmals dediziert eingegangen.

4.4.1 Positionsbestimmung im Amazon-Kontext

Beabsichtigt man nun, die eigene Amazon-Ausgangssituation zu bestimmen, so kann dies auf Basis einer Wertschöpfungskettenbetrachtung erfolgen. Abb. 4.5 zeigt die schematische Aufteilung der drei Betrachtungsebenen. Dabei wird insbesondere unterschieden, ob das Unternehmen mehrheitlich oder grundsätzlich auf Hersteller- oder Händlerebene zu verorten ist und demnach über echte Kompetenzen zur Gestaltung von eigenen Marken und Produkten verfügt.

Auf **Herstellerebene** müssen zwei Kategorien unterschieden werden. Ob ein **Markenhersteller** dabei in eigenen Werken produziert oder seine Ware von Lohnfertigern bezieht ist zwar im Produktfälschungskontext relevant, aber hinsichtlich seiner Amazon-Ausgangssituation von geringerer Bedeutung. Entscheidend ist die Tatsache, dass über eigene Produkt-Marke-Kombinationen verfügt wird und hierfür sowohl

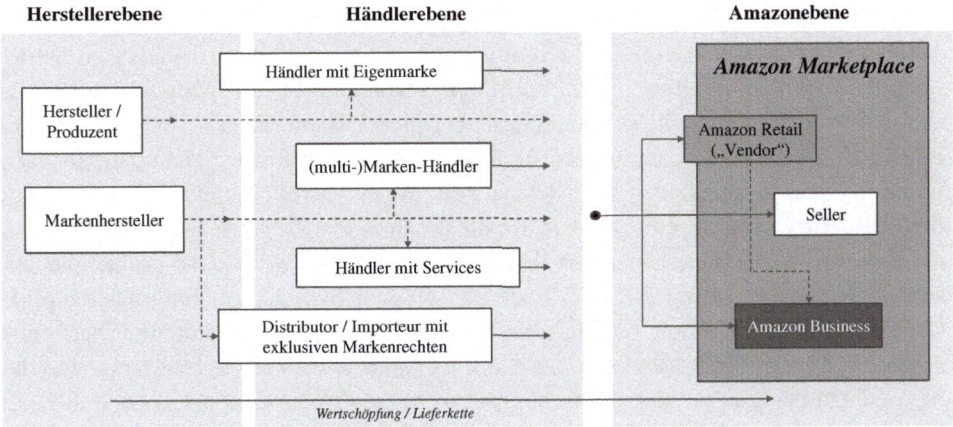

Abb. 4.5 Betriebsarten im Amazon-Kontext. (Quelle: eigene Darstellung 2019)

Kompetenzen und Kapazitäten vorhanden sind als auch eine „Marken-Autonomie". Das heißt, das Unternehmen kann über die Nutzung der Marken selbst entscheiden. Davon zu unterscheiden sind Hersteller im Sinne von reinen **Produzenten,** die überwiegend für andere Marken produzieren (Private Label) oder Produkte erstellen, die keine oder kaum Markenrelevanz haben, wie beispielsweise Rohmaterial (Holz) und Schüttgut (Schrauben).

Auf **Händlerebene** ist die Variantenvielfalt deutlich ausgeprägter. Gemein ist allen jedoch, dass sie mehrheitlich mit Produkten einer vorgelagerten Produktionsstufe agieren und ihr zentrales Geschäftsmodell die Erzielung einer Handelsmarge ist. Händler, egal welcher Variante, geraten zunehmend in die „Sandwich-Position" zwischen Hersteller und Amazon. Wollen diese Händler weiterhin oder zukünftig auf Amazon erfolgreich sein, so ist es für sie perspektivisch erfolgsentscheidend, nachhaltige Ausweich- und Differenzierungsstrategien zu entwickeln.

Die dritte Ebene ist der Gestaltungsspielraum innerhalb des **Amazonuniversums** und damit verbunden die Frage, welche Amazon-Vertriebsvarianten dem Unternehmen grundsätzlich offenstehen und ertragreich erscheinen. Hier sei angemerkt, dass Herstellern und Händlern neben den dargestellten Varianten (Vendor, Seller, Amazon Business) zusätzlich die geografischen Optionen, sprich weitere Amazon-Länder zur Verfügung stehen, auf die später noch gezielter eingegangen wird.

An dieser Stelle steht die grundsätzliche strategische Positionsbestimmung der Betriebsarten im Vordergrund. Dementsprechend wird im Folgenden kategorisiert, in welchem Chancen-Risiken-Verhältnis die unterschiedlichen Unternehmensformen heute zu verorten sind. Die dafür zugrundeliegenden basisstrategischen Fragen lauten: Für wen ist Amazon nach heutigem Wissenstand wie relevant und realistischerweise erfolgreich bearbeitbar? Und welcher Amazon-Bereich kommt jeweils am ehesten in Betracht?

Markenhersteller

Herstellern von – auch außerhalb der Amazonwelt – bekannten und gesuchten Marken steht grundsätzlich das größte Handlungsspektrum auf Amazon bereit. Sie haben dabei jedoch Kannibalisierungseffekte mit ihren sonstigen Vertriebskanälen zu berücksichtigen. Markenhersteller haben mit ihrer Verfügungsmacht bezüglich ihrer Marken und Produkte gewichtige Steuerungshebel in der Hand, die sie sowohl gegenüber Händlern als auch Amazon nutzen können. Hersteller können zudem bei „Amazon Brand Services" Maßnahmen zum Schutz ihrer Marke ergreifen, indem sie diese in der Brand Registry hinterlegen (Amazon Brand Services 2019). Auch wenn, insbesondere in Deutschland, für viele Hersteller Verkaufspreise unterhalb des UVP problembehaftet sind, so haben Hersteller als Seller doch den größten Margengestaltungsspielraum. Im Gegensatz zu den meisten Händlern sind Hersteller für Amazon der präferierte erste Ansprechpartner für das Vendoren-Geschäft, da Amazon dadurch unter Margengesichtspunkten „an der Quelle" der Wertschöpfungskette kauft und tendenziell auch etwaigen Markenrechtsfragen direkter begegnen kann. Einige Hersteller gehen inzwischen auch dazu über, gezielt das Seller- und Vendoren-Business zu verbinden, indem sie einen Teil der Sortimente an Amazon verkaufen (Vendor) und andere Sortimente als Seller selbst vermarkten. Neben einem möglichen „Amazon-Eigengeschäft", sprich ein Verkauf an oder auf Amazon, ist für viele Markenhersteller auch wichtig, ein strategisches Konzept zu entwickeln, wie sie Händler, die mit ihren Markenprodukten auf Amazon handeln, besser steuern und unterstützen können.

Produzent/Hersteller

Hersteller von Produkten ohne relevante Marken haben den Nachteil, dass ihre Produkte auf Amazon nicht explizit von den Konsumenten gesucht werden. Diesen Produzenten stehen jedoch mindestens drei Optionen offen. Die Hersteller können für einen eigenen Seller-Auftritt Amazon-spezifische Marken und auch Produkte kreieren, die zudem den Vorteil haben, dass kein anderer Marktplatzteilnehmer über diese verfügt und demnach auch die volle Preishoheit erhalten bleibt. Eine zweite Variante wäre, die Produkte interessierten Händlern „exklusiv zum Markenaufbau" anzubieten. Sollte die Kategorie von Interesse für Amazon sein, so könnte diese zweite Variante auch als Private Label-Modell mit Amazon im Vendoren-Konstrukt betrieben werden. In diesem Fall wird eine Marke erst auf oder für Amazon aufgebaut. Da die Marke bei den Konsumenten noch keine Bekanntheit und keinen Vertrauensvorschuss genießt, kommt den Bewertungen eine höhere Bedeutung zu. Zum schnelleren Aufbau von relevanten Bewertungen bietet sich hier unter Umständen das Vine-Programm von Amazon an. Zur Vertiefung siehe hierzu auch Kap. 16 „Fallstudie AARON Fahrradzubehör: Der Start eines Millionen-Euro-Geschäftes".

Multi-Marken-Händler

Händler, die ausschließlich mit Markenprodukten handeln, die sie bei Herstellern oder Distributoren beziehen, befinden sich heute in der oben beschriebenen „Sandwich-Position". Vor einigen Jahren war es noch relativ einfach, mit einem gut kuratierten Sortiment von Marken und Produkten auf Amazon ein wachstumsstarkes Geschäft zu gestalten. Heute ist jedoch in den meisten Kategorien und auf den meisten Markenprodukten ein derart intensiver Wettbewerb im Gange, dass die erzielbaren Margen immer weniger einträglich ausfallen. Im Markenproduktsegment konkurrieren die Händler mit Amazon Retail und zunehmend auch den Markenherstellern selbst. In den Einstiegssegmenten und im Commodity-Bereich sind es vor allem chinesische Anbieter, die die Wettbewerbsintensität weiter verschärfen. Zudem sind die „Basiskosten und -Aufwände" für das Amazon-Geschäft über die Jahre beträchtlich gestiegen. Ein Händler muss heute viel mehr Leistungen in den Bereichen Contentmanagement, Logistik, Verpackungen oder Kundenservice erbringen, um die Anforderungen von Amazon und auch der Konsumenten zu erfüllen. Will sich ein Multi-Marken-Händler heutzutage die Buy Box auf Amazon sichern, so bleiben ihm neben der Preispunktsetzung nur noch eine überlegene Marketingkonzeption und das bedarfsoptimierte „Bundling" von verschiedenen Produkten miteinander.

Händler mit Serviceleistungen

Gemeint sind an dieser Stelle Händler, die neben den Produkten auch zusätzliche Leistungen anbieten. Dies können additiv zum Produktkauf Service- oder Wartungsleistungen oder auch Personalisierungen (Gravur, Beflockung, etc.) sein. Ein weiterer Bereich sind bspw. Dauerschuldverhältnisse wie Mobilfunkverträge bei Smartphone-Käufen, die nur von wenigen Anbietern abgewickelt werden können. Die Herausforderung bei all diesen durchaus attraktiven und differenzierenden Service-Modellen ist es, die Anforderungen der Amazon-Prozesse zu erfüllen. Es kann davon ausgegangen werden, dass die Bereiche „Services" und „Individualisierung" zukünftig stärker von Amazon ausgebaut werden. Dafür ist dann jedoch erforderlich, dass bspw. Produktkonfiguratoren auf die Amazon-Website integriert werden können. In den USA existiert bereits das Plattformangebot „Amazon Services", bei dem sich Konsumenten Handwerks-, Reinigungs- und sonstige Dienstleistungen zu ihren Produktbedarfen hinzubuchen können. Dies ist in Deutschland bislang nicht möglich (Dominguez 2019).

Distributor mit exklusiven Markenrechten

Der Distributor mit exklusiven Markenrechten ist hier gesondert aufgeführt, da diese Distributoren eine – zumeist vertraglich auf Zeit und Region begrenzte – Verfügungsmacht über Marken haben und dementsprechend auch viele der Handlungsoptionen wie die oben genannten Markenhersteller. Hat ein Distributor bspw. die exklusiven und umfassenden Vertriebsrechte einer japanischen Sportmarke, so kann er den Vertrieb auf und mit Amazon Deutschland „autonom" gestalten. Dies könnte dann sowohl ein Seller- als auch Vendor-Geschäft oder ein Mix aus beidem sein. Zu beachten ist in diesem Kontext, dass der Markenrechtsinhaber, in diesem Beispiel in Japan, ebenfalls Amazon-Aktivitäten starten kann und dann gegebenenfalls mit dem eigenen Distributor in Konkurrenz tritt. Hier sind insbesondere die Handlungsoptionen und -restriktionen im internationalen Amazonkontext zu beachten, auf die später noch in Abschn. 4.7.2 eingegangen wird.

Händler mit Eigenmarke(n)

In dieser Kategorie sind sowohl Händler gemeint, die außerhalb von Amazon in ihrem Filial- oder online-Geschäft bereits Eigenmarken aufgebaut haben und diese nun auf Amazon vermarkten, als auch Händler, die überwiegend oder nur auf Amazon agieren und hierfür eigene Marken aufbauen. Entscheidend ist die Tatsache, dass der Händler für seine Marken die ihm zu Verfügung stehenden Schutzinstrumente (Brand Registry) nutzen, die Produktdetailseiten (ASIN) selbst gestalten und vor allem bei der Preisgestaltung autark agieren kann. Verfügt ein Händler über eine eigene Marke oder auch mehrere Produktmarken, so kann er sich nicht nur von seinen Kategorie-Wettbewerbern differenzieren, sondern unter Umständen – bei einer gewissen Umsatzgröße – auch als Vendor-Partner für Amazon Retail fungieren. Wie im Falle der reinen Produzenten ist auch hier für den Markenaufbau der vertrauensbildende und informative Charakter der Bewertungen ein wichtiger Faktor und das Vine-Programm eine erwägenswerte Option.

Es gilt jedoch anzumerken, dass es eher dann nachhaltig erfolgversprechend ist, wenn der Händler deutlich mehr in seine Eigenmarken investiert als nur eine gewisse Zahl von Produkten mit einem eigenen Label zu versehen, ansonsten aber Marketingaktivitäten unterlässt. Diesbezüglich bietet es sich an, die eigene Marke zum Beispiel mit eigenen Accounts auf sozialen Netzwerken wie Instagram, Pinterest und Facebook zu versehen. Gegebenenfalls bietet sich auch der Aufbau einer eigenen Website mit oder ohne Webshop-Funktion an. Zielgruppenabhängig kann auch ein spezifischer Wikipedia-Eintrag unterstützend wirken. Durch diese zusätzlichen „Touchpoints" gewinnt die Marke an Vertrauen und bietet wichtige Validierungspunkte in der Customer Journey der Konsumenten, die sich schließlich auch außerhalb von Amazon bewegen oder ganz gezielt nach der „Echtheit der Marke" suchen. Der Markenpflegeaufwand in derartige Arrondierungsmaßnahmen ist nicht zu unterschätzen und verdeutlicht einmal mehr das gestiegene Anforderungsprofil eines ambitionierten Amazon-Händlers mit Markenanspruch.

Damit lässt sich zusammenfassen, dass das Marktplatz-Geschäft allgemein und Amazon im Speziellen für Händler mittlerweile deutlich höhere Erfolgshürden aufweist. Demgegenüber ist das **Plattformzeitalter in gewisser Weise auch das Zeitalter der Hersteller** bzw. aller Händler, die über Herstellerkompetenzen bezüglich Markenaufbau und Mehrwertleistungen verfügen. Auch wenn Amazon viele Hersteller vor beträchtliche Aufgaben hinsichtlich ihrer Distributions- und Markenschutzpolitik stellt, so entsteht zugleich ein großes Chancenfeld für den (erstmaligen) Direktkundenkontakt sowie gänzlich neue und margenträchtige Umsatzpotenziale. Dies stellt somit ein Marktplatz-Geschäftspotenzial dar, für das die Hersteller über die besten oder zumindest sehr wirksame Erfolgshebel verfügen.

4.4.2 Strategischer Spielraum und Erfolgstypisierung für „reine" Händler

Bereits mehrfach wurde in diesem Beitrag nun angedeutet, dass die Position der Händler zunehmend unter Druck gerät. Insbesondere in der Rolle als Seller gelten die folgenden wettbewerbsverschärfenden Tendenzen und Risiken:

- **Verdrängung durch Hersteller:** Entweder liefern Hersteller (als Vendoren) an Amazon und Amazon verdrängt dann die Händler (Seller) oder die Hersteller steigen selbst als Seller ein und haben dann deutlich mehr Margenspielraum und auch Handhabe bei der Nutzung von Sortimentsumfängen, Warenverfügbarkeiten und vor allem den Markenrechten.
- **Händler mit überlegener Kostenstruktur:** Der Marketplace-Wettbewerb ist aufgrund der über 300.000 Händlern bereits systembedingt äußerst ausgeprägter Natur. Anbieter, insbesondere aus Fernost, mit direkterem Zugriff auf Produktionsorte haben deutliche Kostenvorteile und spielen diese im Pricing aus. Und diese können mittels FBA trotz ihrer räumlichen Distanz schnelle Lieferversprechen machen und Prime-Status erreichen.

- **Steigende Volumina & Komplexität:** über 300 Mio. Artikel sind inzwischen auf dem Amazon Marketplace gelistet. Der Aufwand, organisch generierte Sichtbarkeit in der Buy Box zu erreichen, steigt immens.
- **Retail Media Trend:** Das Amazon Marketing-Instrumentarium wird in der Beherrschung schwieriger und die Kosten (PPC) steigen.
- **Amazon-Abhängigkeit:** Amazon ändert permanent Regeln oder führt neue ein. Anpassungen bei FBA- oder Marketingkosten, Logistik-Anforderungen, oder auch den Verkaufsprovisionshöhen zählen dazu. Händler, die überwiegend oder nur auf Amazon verkaufen müssen sich stets anpassen und vor allem Kontosperrungen zu vermeiden wissen.

Zugleich wächst der Amazon Marketplace unverändert zweistellig und dies ist nur in geringerem Umfang auf den vermehrten Eintritt der Hersteller zurückzuführen. Das Wachstum wird inzwischen vor allem von großen und professionellen Sellern getragen sowie hier von einer Vielzahl spezialisierter und „agiler" Händler. Beiden ist gemein, dass sie in ihrem Strategie- und Kompetenzprofil auf die neuen Herausforderungen reagiert haben. Das klassische Erzielen von Handelsmarge durch „simplen Wareneinkauf und -verkauf" stellt in den wenigsten Amazon-Kategorien ein ertragreiches Geschäft dar und ist sicherlich noch weniger ein Geschäftsmodell, das auch in den kommenden Jahren tragfähig erscheint. **Als Händler** wird es für ein erfolgreiches und zukunftsfähiges Amazongeschäft erforderlich sein, **über zumindest einige der nachfolgenden Leistungs- und Differenzierungsmerkmale** zu verfügen.

- **Volumen- oder Spezialpartner für Amazon als Vendor werden:** Große Sortimente (auch für Amazon Business) an schwierig zu lagernden oder transportierenden Produkten bereitstellen. Oder als Service-Partner in für Amazon nicht (leicht) beherrschbaren Bereichen, beispielsweise bei Mobilfunkverträgen, Geräteleasing, Versicherungs- oder Wartungsverträgen auftreten.
- **Exzellenz in Aufbau und Führung von Eigenmarken.** Aufbau und Platzierung von Marken exakt ausgerichtet auf die Kundenbedürfnisse und Amazon-Wettbewerbssituation. In selteneren Fällen auch als Lieferant für eine Amazon-Marke (Vendor für Private Label)
- **Marketing-Exzellenz:** Echte Amazon-Kompetenz in der Contentgestaltung (MPO) und Bedienung des Marketinginstrumentariums (MPA), und damit eine effektive und effiziente Aussteuerung der Werbekosten auf Amazon (ACoS) zu erreichen. Zur Vertiefung siehe hierzu auch Kap. 6 „Market Place Optimization" und Kap. 7 „Market Place Advertising"
- **Controlling- & Pricing-Expertise:** Detaildatenanalyse und KPI-Steuerung sind auf Amazon möglich und notwendig. Amazon stellt sehr viele Daten bereit und externe Tools helfen bei der Margensteuerung (regelbasierte Pricinginstrumente – „Repricer")

- **Sortiments-Exzellenz:** Eine Spezialisierung auf Sourcing, Sortimentsgestaltung, Innovationen, Bundlings aber auch bei der Abbildung von Individualisierungs- oder Personalisierungsleistungen kann differenzieren.
- **Operations-Exzellenz:** Prozessperfektion in Warenhandling, Logistik und Service („Nullfehler-Mentalität")

Ein erfolgreicher Amazon-Händler ist demnach heutzutage entweder (schon) sehr groß oder ein Nischenspezialist und ist in jedem Fall ein „Amazon-Profi" in Bezug auf Datenmanagement und Prozesse. Damit könnte man behaupten, Amazon zwingt die bisherige Betriebsart „Marktplatz-Händler" zu einer Weiterentwicklung hin zu einer der vier Erfolgstypen, nämlich:

- **Performance-Seller** im Sinne von „Exzellenz in Daten, Marketing, Logistik sowie Pricing"
- **Nischen-Seller** im Sinne von „Spezialist in Sourcing und Sortimentsgestaltung"
- **Mehrwert-Seller** im Sinne von „Service und Dienstleistungsexperte"
- **Private-Brand-Seller** im Sinne von „Markenhersteller auf/für Amazon"

Bevor sich dieser Beitrag nun eingehender der Methodik der Strategieentwicklung widmet, soll der zuletzt – und aus unterschiedlichen Gründen – vielbeachteten Frage „Vendor oder Seller?" Aufmerksamkeit geschenkt werden.

4.5 Die drei Perspektiven auf die „Vendor oder Seller"-Frage

Die Diskussion und Bewertung der „Vendor-Seller-Frage" wird in letzter Zeit aus zumindest drei Blickwinkeln geführt.

1. **Amazons Eigensicht** – Fokussierung auf oder Entscheidung für welchen Bereich?
2. **Kartellrechtlich-behördliche Bewertung** – „Amazon-Zerschlagung" bzw. rechtliche Zulässigkeit des Parallelbetriebs?
3. **Geschäftsmodellfrage des Produktanbieters** – Will man als Amazon-Seller oder -Vendor fungieren?

Der erste und zweite Fragenkomplex lassen sich kaum getrennt voneinander behandeln, da Amazon in vielen juristischen Wirtschaftsräumen bereits Gegenstand diesbezüglicher Untersuchungen und auch im direkten Austausch mit den jeweiligen Behörden ist. Damit kann Amazon sowohl „Einfluss" auf die Entscheidung der Behörden nehmen oder zumindest direkt und frühzeitig darauf reagieren, wie im deutschen Fall zu beobachten war (Bundeskartellamt 2019). Insofern bietet es sich an, mit der Perspektive Amazons zu beginnen.

Bislang sind keine offiziellen Aussagen seitens Amazons bekannt, die auf ein den Behörden zuvorkommendes Aufspalten des Geschäfts hindeuten. Im Gegenteil.

Gemäß Aussage des CFO von Amazon, Brian Olsavsky, bleiben beide Geschäftsbereiche gleichberechtigte Teile der Strategie (Dawson 2019). Auf der anderen Seite sprechen die Geschäftszahlen bzw. die Entwicklung der Geschäftsbereiche in den letzten Jahren eine klare Sprache. Wie in Abb. 4.6 deutlich zu erkennen ist, wächst der Marktplatzbereich deutlich schneller als das eigene Handelsgeschäft von Amazon und überholte dieses bereits im Jahr 2015. Es ist davon auszugehen, dass diese Entwicklung Amazon-intern zu strategischen Fragen und Entscheidungen geführt hat, welchen Bereich Amazon wie fokussiert weiterentwickeln will (Kaczmarek 2019).

Das stärkere Wachstum des Marktplatzgeschäfts hat sicherlich verschiedene Ursachen. Einen beträchtlichen Anteil haben auch diverse Fördermaßnahmen und Angebote, die Amazon den Sellern in letzter Zeit zugutekommen ließ und lässt. Insofern herrscht inzwischen nahezu „Waffengleichheit" zwischen dem Vendor- und dem Seller-Geschäft. Da jahrelang diverse Leistungspakete ausschließlich den Vendoren vorbehalten waren, galt das Seller-Geschäft als deutlich mühseliger. Neben diversen Contentgestaltungs- und Marketingoptionen war dies vor allem auch das Prime-Programm, zu dem Seller erst nachträglich Zugang mittels FBA und später FBM (Fulfillment by Merchant) fanden.

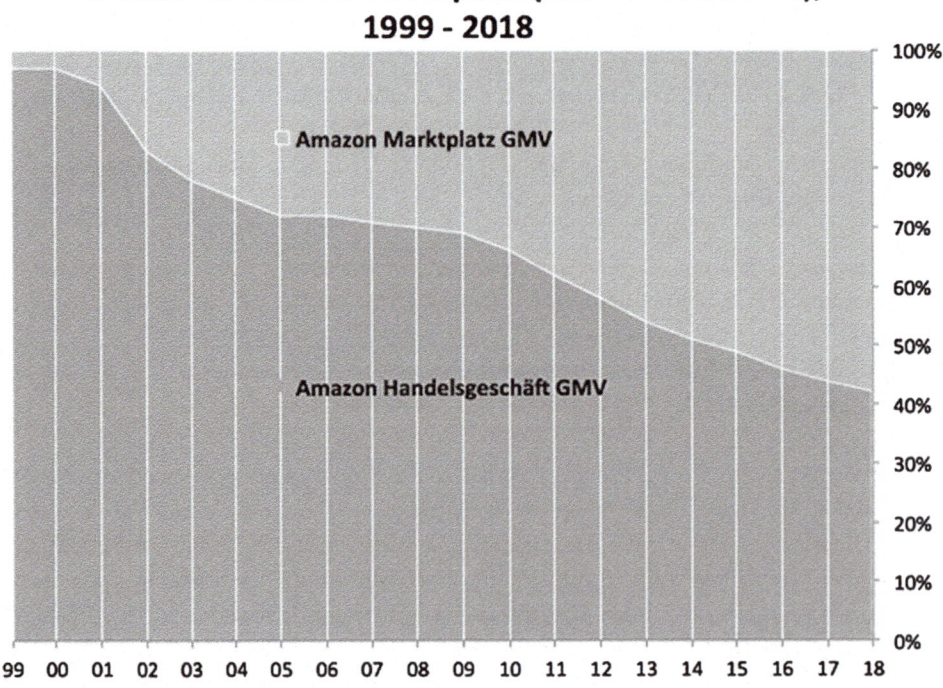

Abb. 4.6 Entwicklung des Amazongeschäfts seit 1999. (Quelle: excitingcommerce.de 2019)

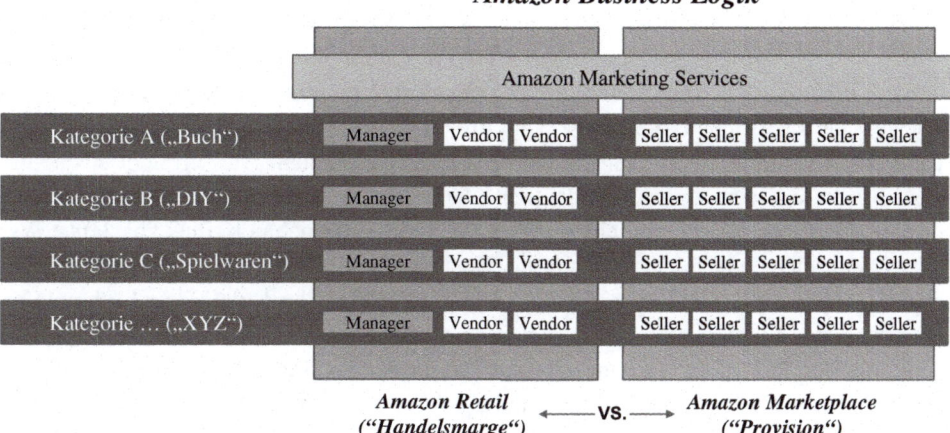

Abb. 4.7 Vereinfachte und schematische Darstellung der Amazon-internen Struktur. (Quelle: eigene Darstellung, 2019)

In diesem Zusammenhang ist es wichtig zu verstehen, wie Amazon intern funktioniert bzw. lange galt zu funktionieren. Die beiden Bereiche Amazon Marketplace und Retail sind mehr oder weniger strikt getrennte Bereiche, auch wenn es für den Konsumenten (inzwischen) den Eindruck erweckt, es gäbe nur einen Marktplatz und dort verkauft eben ein Seller oder manchmal Amazon selbst. Tatsächlich ist der heutige Marktplatz ursprünglich die Heimstätte von Amazon Retail und erst später kamen Dritthändler dazu. Viel wichtiger für die hier diskutierte Thematik ist jedoch der Mechanismus, wie Waren von einem in den anderen Bereich gelangen. In Abb. 4.7 wird die Amazon-interne Logik schematisch dargestellt. Oftmals werden neue Kategorien von Sellern „entwickelt" im Sinne von „aufgebaut", indem sie immer mehr Sortimente auf dem Marktplatz platzieren und dann auch zunehmend Umsätze generieren. Die Seller erfahren hier nahezu keine Betreuung oder Unterstützung, sondern agieren im „Self-Service-Modus": Erkennt Amazon Retail, dass sich eine Kategorie erfolgreich entwickelt, so baut Amazon intern entsprechende Strukturen auf, um diese Kategorie selbst zu bedienen. Die Kategorie wird als solche auf der Website etabliert und mit Subkategorien ausdifferenziert sowie Personalrollen wie Category- und Vendormanager installiert. Diese Vendormanager suchen dann passende Lieferanten für das Retail-Geschäft und verhandeln die Vendorenverträge. Oft sind die im ersten Vertrag enthaltenen Konditionenforderungen seitens Amazons „überraschend" niedrig (10 %) und nicht wenige Lieferanten haben Amazon anfangs als „besten Kunden" bejubelt.

Sobald eine Kategorie in einer Art „eingeschwungenem Zustand" ist und erfolgsversprechende Entwicklungen zeigt, verstärkt der Vendormanager seinen Fokus darauf, eine möglichst hohe Handelsmarge zu erzielen. Er tritt damit auch in immer intensiveren Wettbewerb zu den Sellern derselben Kategorie. Um die ihm vorgegebenen

Umsatz- und Renditeziele zu erreichen, hat der Vendormanager zwei Hebel. Hierzu zählt explizit nicht die Verkaufspreisgestaltung, denn diese übernimmt der Amazon-Algorithmus. Der Vendormanager, der immer mehrere Lieferanten „betreut", kann einerseits bessere Einkaufskonditionen verhandeln oder durch nachträgliche Forderungen (WKZ, Pönalen, etc.) versuchen, die Marge zu optimieren. Das für Amazon zuweilen wichtigere Umsatzwachstum kann er dadurch jedoch weniger erreichen. Dies erreicht er dadurch, dass er sich auf wenige, umsatzträchtigere Vendoren konzentriert und diese fordert und fördert. Dies ist ein beträchtliches Risiko für viele Unternehmen, die „zu kleine" Vendoren sind oder nicht relevant genug im Verständnis von Amazon werden können. Hier droht dem Vendor dann alles zwischen Auslistung, maximaler Konditionenforderung und oder schlicht „Nichtbeachtung". Besonders herausfordernd wird eine solche Negativentwicklung der Beziehung zu Amazon dann, wenn der Vendor noch beträchtliche Warenbestände im Amazon-Lager aufweist und das Vertragswerk Amazon gestattet, die Ware zu einem deutlich späteren Zeitpunkt zurückzusenden, wenn der Vendor die Ware selbst kaum mehr vermarkten kann. Die bereits angesprochene Preispunktsetzung durch den Amazon-Algorithmus hat im Vendor-Modell noch eine weitere Relevanz. Da Amazon in der Regel dem Marktpreis folgt, ergibt sich nicht selten der Fall, dass Amazon von sich aus Abstand von einer Vendorenbeziehung nimmt, wenn der Lieferant in seiner sonstigen Distribution keine Preisstabilität sichern bzw. erreichen kann und das Geschäft für Amazon unrentabel wird.

Im Gegensatz zum Margengeschäft des Amazon Retail erzielt der Bereich Amazon Marketplace seine Einkünfte und Erträge insbesondere aus den Verkaufsprovisionen, die an die Seller-Umsätze gekoppelt sind und 7 % bis 20 % vom Bruttoverkaufspreis betragen. Bruttoverkaufspreis definiert sich in diesem Fall als Verkaufspreis inklusive des entsprechenden Mehrwertsteuersatzes (Amazon 2019).

Es wird leicht übersehen, dass die vorhandene Amazon-Infrastruktur hinsichtlich des Marktplatzes und der Services beiden Bereichen, dem Vendor- und Seller-Geschäft, gleichzeitig zugutekommt, weshalb sich für Amazon ein Investment in die Entwicklung der Marketing-, Analytics- oder Logistikservices in jedem Fall lohnt. Die in Abb. 4.8 dargestellte Infrastruktur bildet heute das Herzstück des Wettbewerbsvorteils von Amazon.

Diese, für den Außenstehenden oder Konsumenten kaum wahrnehmbare, aber für den Seller immens leistungsfähige Infrastruktur basiert vor allem auf den Bereichen Software und Cloud (AWS), Logistik sowie Datenmanagement und Marketinginstrumentarium. Oft wird hierbei übersehen, dass Amazon bzgl. seiner Seller mit anderen Marktplätzen wie eBay, Alibaba, OTTO, Zalando oder Wish in einem fortwährenden Wettbewerb steht und seine Position mit attraktiven Angeboten verteidigen muss. Dies tut Amazon dadurch, dass es in den letzten Jahren vor allem die Leistungsfähigkeit der Seller gestärkt hat: Hierunter fallen neben dem bereits erwähnten Instrumentenmix aus FBA, FBM und Prime beispielsweise auch die nun mögliche Nutzung von A+-Content, des Vine-Programms oder jüngst die Varianten des Sold by Amazon (SBA) und Accelerator-Programms (Amazon 2019; SBA Amazon 2019). SBA sieht für Seller, die eigene Markenprodukte vertreiben und FBA nutzen, vor, dass sie Amazon die Ware in einem

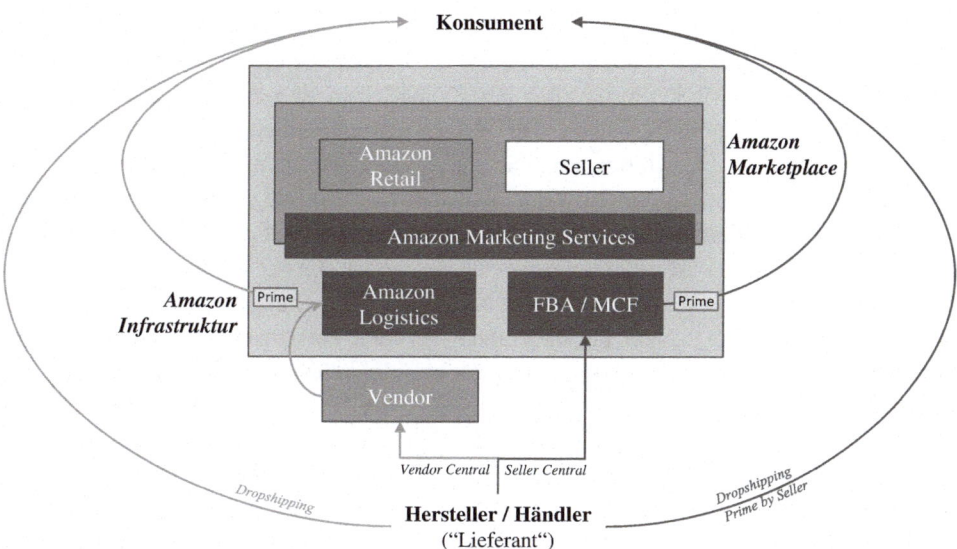

Abb. 4.8 Das Amazonmodell in der Vendor-Seller-Frage. (Quelle: eigene Darstellung, 2019)

Konsignationsmodell übergeben und Amazon die Verkaufspreisgestaltung übernimmt, wobei dem Seller eine definierte Mindestmarge je Produkt und Verkauf zugesichert wird (Melchior 2019). Für das Accelerator-Programm werden Seller nach Bewerbung von Amazon ausgewählt und erhalten dann diverse Unterstützungsleistungen und Vergünstigungen, die vertraglich festgehalten sind. Unter anderem steht den Sellern dann eine Vine-Flatrate, erweiterte Dateneinsicht und inkludierte Marketingbudgets zu. Der Seller-Status wird in beiden Fällen (SBA, Accelerator) zu einem Vendor-ähnlichen Konstrukt beziehungsweise einer „Seller deluxe"-Variante aufgewertet. In Anbetracht der Konsequenz wie Amazon seine Seller zuletzt fördert, könnte man davon ausgehen, dass die Relevanz des Marketplace in der zukünftigen Priorisierung Amazons zumindest nicht untergewichtet ausfällt.

Die juristische Frage der grundsätzlichen Zulässigkeit einer Doppelrolle als Marktplatzbetreiber und zugleich Handel Treibender ist nicht neu, diesem Sachverhalt wird allerdings erst in den letzten 2 Jahren von der Öffentlichkeit größere Beachtung geschenkt (Krisch 2019). Eine Erörterung dieses Themas ist zum heutigen Zeitpunkt und an dieser Stelle rein hypothetischer Natur und entbehrt deshalb auch nicht einer gewissen Subjektivität, die sich aus Zeitpunkt und aktuellem Wissensstand ableitet. Im Sinne einer Szenarioskizze ergibt sich jedoch derzeit folgendes Bild: Sollte eine behördliche oder gerichtliche Entscheidung derart getroffen werden, dass das parallele Betreiben von Marktplatz- und Handelsgeschäft untersagt wird, so könnte Amazon gezwungen werden, das Handels- und Marktplatzgeschäft zu trennen oder sich von einem der beiden Geschäfte zu verabschieden. Dann wäre es naheliegend, davon auszugehen, dass Amazon sich auf das Marktplatzgeschäft fokussieren würde. Zum einen, weil es bereits das deutlich größere der beiden ist und zudem die größeren Wachstumsraten aufweist (siehe Abb. 4.6). Zudem könnten alle Service-Geschäftsbereiche wie Logistik (FBA) oder Retail Media (Marketing) weiter bestehen bleiben und zu noch ertragsstärkeren Feldern ausgebaut („gemolken") werden. Folgenschwerer scheint in diesem Fall jedoch der mögliche Gesamtmarkteffekt zu wiegen. Sollten damit auch die anderen Marktplatzanbieter mit Handelsgeschäft (Gleichbehandlungsgrundsatz?) betroffen sein, sprich OTTO, Zalando, Walmart, bol.com, Cdiscount, etc., so würde Amazon womöglich schlagartig ein großer Marktanteilszuwachs entstehen. Es wäre dann nämlich davon auszugehen, dass viele andere Marktplatzbetreiber, deren Eigenhandelanteil heute noch 70 % oder mehr beträgt, sich für ihr Handelsgeschäft entscheiden (müssten). Amazon und eBay wären dann schlagartig eine der wenigen relevanten Marktplätze und Verkaufsoptionen für „Seller". Somit würde eine derartige Entscheidung der Rechtsträger in den USA, der EU oder auch einzelnen Ländern genau das Gegenteil von dem bewirken, was beabsichtigt wäre, nämlich die Marktmacht Amazons einzuschränken. Wie bereits erwähnt ist dies zum heutigen Zeitpunkt eine sehr spannende und wichtige Frage, aber zugleich eine rein hypothetische Diskussion. Realität für Amazon ist ein solches Szenario jedoch bereits in Indien, wo seit 2019 rechtlich eine Trennung von Plattform- und Handelsgeschäft eingeführt wird (Schilling 2019). Einstweilen gilt es hierzulande jedoch, sich mit den aktuellen Gegebenheiten auseinanderzusetzen und für sich als Unternehmen die Frage zu beantworten, ob das Seller- oder das Vendor-Geschäft das für den jeweiligen Verkäufer erstrebenswertere Modell darstellt.

Wie bereits im vorangegangenen Abschnitt dargestellt, stellt sich diese Frage nicht jedem potenziellen Anbieter, da man von Amazon als Vendor individuell eingeladen werden muss. Dies trifft überwiegend nur auf Hersteller zu und die wenigsten Händler kommen im B2C-Bereich in die „Verlegenheit", eine Entscheidung abwägen zu müssen. Die Abwägung, ob man als Seller oder Vendor fungieren will, birgt vor allem für Hersteller eine beträchtliche Komplexität, da eine Vielzahl von Entscheidungsparametern berücksichtigt werden müssen. Die Bewertung „Vendor oder Seller" muss von jedem Unternehmen unter anderem für die folgenden Dimensionen erfolgen

- Anzubietende Marken und Produkte
- Ziel-Länder
- Preis- und Konditionsmodell
- Interne Organisation und Infrastruktur der Bewirtschaftung
- Logistische Infrastruktur und Leistungsfähigkeit

Um den bereits genannten Zirkelbezug zu bedienen, stellen sich diese Fragen zusätzlich noch für den Fall „Vendor und Seller", sprich ob es Sinn macht, die beiden Varianten miteinander zu kombinieren.

In den beiden nachfolgenden Kapiteln werden diese Aspekte implizit und schrittweise diskutiert.

Für die Vendor-Option sind unabhängig von strategisch-taktischen Fragen zwei wichtige Entwicklungen der letzten Zeit zu berücksichtigen: Zum einen die Tatsache,

dass viele Vendoren, die seit vielen Jahren erfolgreich mit Amazon zusammenarbeiten, sich zuletzt zunehmend gestiegenen Konditionenforderungen seitens Amazons gegenübersehen. Zudem, und den ersten Sachverhalt noch verschärfend, mussten
viele Vendoren lernen, damit umzugehen, dass Amazon unterjährig und mehrfach
Konditionenanpassungen fordert. Diese Konditionenanpassungen erfolgen oftmals nicht
durch persönliche Ankündigungen eines Vendormanagers, sondern lediglich per systemi-
scher Aufforderung zur Annahme. Insbesondere für deutsche Mittelstandsunternehmen
ist dies mitunter sehr herausfordernd, da deren gewohnte Praxis im Ausverhandeln von
Jahresverträgen sowie einer dann buchstaben- und kalendergetreuen Einhaltung besteht.
Des Weiteren hat, insbesondere in den USA, in 2019 für Aufsehen gesorgt, dass Amazon begann, aktiv Vendoren aufzufordern, umgehend in das Seller-Geschäft zu wechseln
und dann auch Bestellungen bei tausenden Vendoren stoppte (Milnes 2019). Inwieweit
dies nun einer spezifischen oder gar generellen Bereinigung der Lieferantenstruktur
Amazons diente, kann an dieser Stelle nicht beurteilt werden. Ebenso bleibt abzuwarten,
ob und wann dies auch für europäische Amazon-Märkte wie Deutschland zutrifft. Es
erscheint als grundsätzlicher Trend jedoch ablesbar, dass Amazon seine Vendoren-Partner zunehmend stärker selektiert, sich auf besonders große Lieferanten oder lukrative
Nischenbereiche konzentriert und auch seine Konditionenpolitik deutlich verschärft.

Exkurs: Kalkulatorische Beispielrechnung
Zum Abschluss der „Vendor-Seller-Frage" soll eine simplifizierte Rentabilitätsrechnung
ohne Gemeinkosten (Overhead) der Veranschaulichung dienen:

Beispiel vereinfachte Rentabilitätsrechnung ohne Gemeinkosten
Annahmen:
Ein nachgefragtes Konsumgut X hat einen Herstellerabgabepreis von 40 EUR ohne
MwSt. Der UVP beträgt 100 EUR inkl. MwSt. Der durchschnittliche online-Verkaufspreis beträgt 80 EUR (20 % Rabatt). Annahme: Amazon Retail erwirbt das Produkt X zum gleichen Einstandspreis vom Lieferanten (Vendor) wie ein Händler A ein
nahezu identisches Produkt Y. Prime soll in diesem Beispiel keine Rolle spielen.

Variante 1:
Amazon Retail veräußert das Produkt X für 80 EUR und erzielt nach Abzug der
MwSt. eine Rohmarge von ca. 27 EUR. Amazon muss daraus seine Logistik- und
Kulanzkosten bestreiten, die es in Teilen über Konditionen an den Vendor zurück-
berechnet. Amazon erhält zusätzlich vom Vendor rd. 10 % WKZ bzw. Werbeeinah-
men. Amazon verbleiben rd. 25 EUR Deckungsbeitrag.

Variante 2:
Händler A veräußert das Produkt Y als Seller auf dem Amazon Marketplace für
80 EUR und erzielt eine Rohmarge von ca. 15 EUR (80 EUR abzüglich 15 %
Amazon-Verkaufsgebühr, abzüglich 19 % MwSt.). Mit diesen 15 EUR Deckungsbeitrag muss der Händler sämtliche produktspezifischen Kosten wie Marketing,

Handling, Logistik, Retouren etc. decken. Angenommen der Händler verfügt über sehr effiziente Logistikprozesse, die in etwa dem FBA-Äquivalent von 10 % (Kosten ca. 8 EUR) entsprechen, so verbleiben dem Händler rund 7 EUR zur Deckung seiner Gemeinkosten.

Amazon erhält in dieser „Marketplace-Variante" 12 EUR und erzielt zusätzlich Werbeeinnahmen in Höhe von 10 %, sprich 8 EUR. Amazon verbleiben rd. 20 EUR.

Das Vendor-Geschäft, sprich die Amazon-Handelsmarge erzeugt einen (in diesem Fall um 20 %) höheren Deckungsbeitrag als das Marketplace-Provisionsgeschäft von Amazon. Das Handelsgeschäft muss jedoch die höheren Kosten (fix/variabel) für Einkauf, Disposition, Lagerbestand etc. decken und trägt zusätzlich das Warenrisiko. Sinkt der durchschnittliche online-Verkaufspreis auf dem Amazon-Marketplace bzw. im online-Markt allgemein um weitere 10 % ab, so arbeitet der Händler an der Nulllinie der Ertragsgrenze. In diesem Beispiel wurden zudem die Kosten für Retouren außer Acht gelassen. In manchen Kategorien betragen die Retourenquoten bekanntlich 50 % oder mehr. Auch wenn eine Zweitverwertung der Retouren beispielsweise über Amazon Warehouse Deals möglich ist, so ist es dennoch essentiell, auch beim Retourenmanagement exzellente Prozesse zu entwickeln. Zur Vertiefung dieser Thematik sei auf Kap. 11. „Amazon Readiness" verwiesen.

Ausnahmen bestätigen bekanntlich die Regel und es sind unbestritten auch heute viele Händler erfolgreich auf Amazon. Insbesondere weil diese stets an attraktiven Sortimenten arbeiten, herausragende Amazon-Kenntnisse bzgl. der Buy Box-Gewinnung haben und zudem über exzellente Service- und Logistik-Prozesse verfügen. Sind diese Faktoren nicht gegeben, so wird es in den meisten Fällen zunehmend schwer werden, auf dem Amazon Marketplace nachhaltig erfolgreich zu sein. Für viele Händler gibt es jedoch nicht ausreichend Alternativen, da andere Marktplätze nicht die Reichweiten bieten, um annähernd die Geschäftsvolumina zu erzielen, die bislang auf Amazon für die Deckung ihrer Kostenstrukturen sorgten. Eine Ausnahme bietet in Deutschland lediglich eBay, welches in einigen Kategorien annährend auf Augenhöhe mit Amazon ist und auch überwiegend günstigere Provisionsstrukturen und Marketingkosten bietet (eBay 2019). Im Übrigen tragen Amazon und eBay diesen Kampf um die „besten Händler" mit harten Bandagen und seit Jahren auch vor diversen Gerichten aus (Wittenhorst 2019).

4.6   Der Amazon-Entscheidungsbaum für Markenhersteller

In der nun folgenden Diskussion zur Strategieentwicklung wird davon ausgegangen, dass alle berechtigterweise an Amazon interessierten Unternehmen über ein Leistungs- oder Kompetenzspektrum verfügen wie es Markenhersteller tun und ihnen somit grundsätzlich so gut wie alle Amazon-Handlungsoptionen offenstehen.

Bevor man beginnt die Einzelthemen und ihre Details zu analysieren und damit oft leicht den Überblick verliert, kann es sich anbieten, zu Beginn bewusst Komplexität zu reduzieren. Eine solche Komplexitätsreduktion bietet eine strategische Prioritäten-Diskussion anhand des folgenden Amazon-Entscheidungsbaums. Ziel der Übung ist explizit nicht, alle operativen und für die Umsetzung wichtigen Detaillösungen zu definieren, sondern lediglich zu eruieren, welche Vor- und Nachteile die groben Stoßrichtungen grundsätzlich bieten und welche Varianten man bereits von vornherein für sich ausschließen kann oder muss.

4.6.1 Strategische Basisoptionen für Hersteller

Der Amazon-Entscheidungsbaum für Hersteller kennt fünf basisstrategische Stoßrichtungen:

1. Amazon als Seller nutzen – „Seller"
2. Amazon als Vendor bedienen – „Vendor"
3. Seller und Vendor-Geschäft kombinieren
4. Nutzung eines Dienstleisters als Mittelsmann – „Partner/DL"
5. Amazon in der Distribution vermeiden bzw. ausschließen – „Nein"

In Abb. 4.9 sind vier der fünf Basis-Strategien als Entscheidungsprozesspfade ersichtlich. Die dritte Option besteht aus Mischformen der Varianten Seller und Vendor.

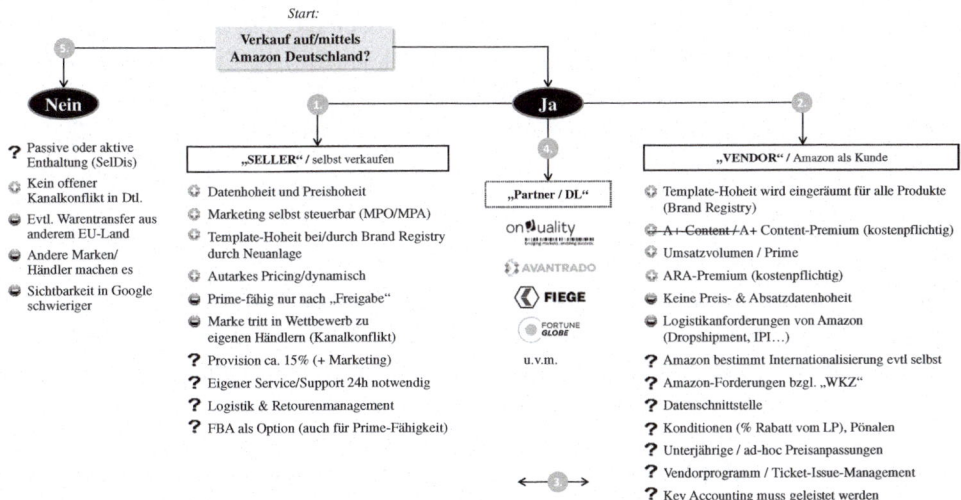

Abb. 4.9 Amazon-Entscheidungsbaum für Herstellerunternehmen. (Quelle: eigene Darstellung, 2019)

Will man die eigene Passgenauigkeit zu den fünf optionalen Basisstrategien bewerten, gilt es zuerst zu definieren, welche Ziele man auf oder mit Amazon verfolgen will und auch in welcher Rangordnung diese zueinanderstehen (mit dem Ziel einer Früherkennung von Zielkonflikten). Diese Zielstellungen, die teilweise auch miteinander kombiniert werden können, lauten bei Herstellern häufig:

- **Umsatzwachstum:** Amazons Reichweite und Umsatzpotenziale nutzen ggf. auch nur für Teilsortimente, wie für Warenüberhänge/Altware, Randsortimente oder Ersatzteile.
- **Neue Länder erschließen:** Nutzung Amazon nur in Ländern, die für die eigene Distribution risikoarm oder unbesetzt sind.
- **Neue Sortimente und Marken einführen:** Amazon testen mit neuen Marken und Produkten, die kannibalisierungsfrei zum sonstigen Handel sind.
- **Deutungshoheit gewinnen:** Qualitative Darstellung von Marke und Produktcontent auf Amazon gewährleisten. Eventuell auch nur Amazon und den Marketplace beobachten (eigene und Wettbewerbsprodukte).
- **Eigene Lernkurvenziele:** Durch eigene Verkäufe lernen und verstehen, was Konsumenten suchen. Auch um Erfahrungswerte zu generieren, die dann für die Verhandlungs- und Gesprächsführung mit den eigenen Händlern genutzt werden können.

Diese frühzeitige Zielbestimmung und -gewichtung ist enorm wichtig, da es auf allen strategischen Pfaden diverse Vor- und Nachteile sowie „Fragezeichen" gibt und deshalb stets eine Abwägung anhand des eigenen Zielsystems erfolgen muss. Die Fragezeichen des Entscheidungsbaum in Abb. 4.9 symbolisieren Entscheidungskriterien, die je nach Zielstellung sowohl negative als auch positive Wirkungen haben können oder es sind generelle Aspekte, die einen besonderen Aufwand oder ein besonderes Risiko bergen und deshalb wichtige Entscheidungskriterien sein können. Der Entscheidungsprozesslogik folgend soll zuerst der Pfad betrachtet werden, der die grundsätzliche Frage „Verkauf auf/mittels Amazon Deutschland" mit „JA" beantwortet.

4.6.2 Amazon erschließen

Entschließt sich ein Markenhersteller, ein Amazon-Geschäft zu starten oder sein bisheriges Modell strategisch zu überprüfen, so bieten sich die zwei Hauptvarianten Vendor und Seller an. Diese Dualität besteht selbstverständlich nur dann, wenn das Unternehmen von Amazon als Vendor angefragt wurde oder sonstige Gewissheit besteht, dass Amazon an einer direkten Zusammenarbeit interessiert ist.

Die Option **„Seller"** 1) rückt in den letzten Jahren verstärkt in den Fokus der Markenhersteller. Die **Positiv-Argument**e drehen sich dabei vor allem oft um die ausgeprägtere **Autonomie hinsichtlich der Preisfestsetzung**. Der Seller bestimmt selbst, welchen Preis er für sein Produkt verlangt und er entscheidet auch über seine

Aktivitätengestaltung. Man kann Dinge testen und es auch wieder ruhen lassen. Als Seller einer eingetragenen und bei Amazons Brand Registry hinterlegten Marke hat der Hersteller zudem diverse **Hoheitsoptionen bezüglich des Contents** (Amazon Brand Services 2019). Insbesondere **bei der Neuproduktanlage** kann die Detailseite (ASIN) als Seller besetzt werden und kann dann nicht mehr von anderen Marktplatzteilnehmern mit anderem Content überschrieben werden. Dem Hersteller stehen auch als Seller inzwischen viele Marketinginstrumente offen (Vine, A + Content, usw.). Als Markenhersteller kann man zudem über eine Schnittstelle auf die Kundenbewertungen seiner Produkte zugreifen und auch direkt reagieren bzw. interagieren (siehe Kap. 8. „Produktbewertungen auf Amazon"). Für viele Hersteller ist zumeist das bedeutendste Argument, dass man als **Seller Preis- und Datenhoheit genießt.** Unter Datenhoheit sei gemeint, dass der Seller viele wichtige **Informationen zu jedem seiner Käufer erhält.** Man kann hieraus beispielsweise analysieren, welche Kundengruppen aus welchen Regionen welche Produkte kaufen. Informationen, die Hersteller sonst oft nicht von ihren Handelspartnern erhalten, zumindest in den allerwenigsten Fällen in Echtzeit, wie es bei Amazon der Fall ist. Häufig diskutierte **Negativ- oder Risikokriterien** sind der **Kanalkonflikt mit den eigenen Händlern,** da man in direkten (Preis-)Wettbewerb zu seinen Händlern tritt. Eine wichtige Fragestellung stellt für viele Hersteller der interne Aufwand dar, der für die tägliche Bewirtschaftung des Seller-Accounts erforderlich ist. Hierunter sind vor allem **Contentgestaltung, Auftragsdatenverarbeitung, Logistik, Retouren- und Service-Management** zu nennen. Will der Markenhersteller in seinem **Seller-Account das Prime-Logo** verwenden, so stehen ihm **drei Wege** offen: Entweder er nutzt das FBA-Angebot von Amazon oder bedient sich eines Prime-zertifizierten Dienstleisters. Die dritte Variante ist die Nutzung der eigenen Logistik und eine Durchführung der Prime-Zertifizierung (Amazon Seller Service 2019).

Im Gegensatz dazu sind **die großen Plus-Argumente der Vendor-Variante** 2) das oftmals **schnellere Umsatzwachstum,** die Gewinnung der **absoluten Templatehoheit** bzgl. des Produktcontents sowie die Übernahme des Handelsgeschäfts durch Amazon als Aufwandsentlastung. Die Erwartung an ein schnelleres Umsatzwachstum lässt sich damit begründen, dass Amazon bereits vor Beginn des Geschäftsverhältnisses eine Absatzplanung durchführen kann, die sie aus den Suchtraffic- und Kaufdaten für das spezielle Sortiment auf dem Marketplace ableiten kann - oder Amazon verfügt schon über Erfahrungswerte von branchengleichen Vendoren. Zudem verfügt Amazon über ein breiteres Maßnahmenspektrum, um dem Sortiment eines Vendors vom Start weg zu höheren Umsätzen zu verhelfen als es die meisten Seller aufweisen können. Das Argument der Templatehoheit ist eines der Anreizangebote, welches Amazon Vendoren macht. Vendoren wird zugesagt, mit Beginn der Zusammenarbeit alle ASINs mit dem markeneigenen Content versehen zu können. Die Registrierung der Marke in der Amazon Brand Registry bleibt obligatorisch. Der Entscheidungsbaum wertet die Content-Vorteile unverändert als wichtigen Pluspunkt der Vendor-Variante, auch wenn der A+-Content nicht mehr nur den Vendoren vorbehalten ist. Im kostenpflichtigen **A+Content Premium** stehen dem Markenhersteller zusätzliche Optionen zur Verfügung, um Bild- und Videomaterial für seine Marke und Produkte zu platzieren. Dem Vendoren stehen insgesamt auch noch weitere Vermarktungsinstrumente und Service-Angebote zu, die man als Seller nicht erhält bzw. nicht beziehen kann wie beispielsweise der Strategic Vendor Service (SVS oder auch Amazon Vendor Service AVS) (Revoic 2019). Letzterer besteht aus einem Amazon-Mitarbeiter, den der Vendor für einen jährlich fünf- bis sechsstelligen Eurobetrag „buchen" kann und der dann dabei behilflich ist, strategische oder operative Themen zu klären. Der SVS-Mitarbeiter betreut dabei nicht exklusiv nur einen, sondern eine Vielzahl von Vendoren gleichzeitig. Das tatsächliche Nutzenniveau der SVS-Leistung ist heute bei Vendoren durchaus umstritten, nicht zuletzt aufgrund der Tatsache, dass bei den meisten Problemfällen doch das unpersönliche **„Ticket-Management"** benutzt werden muss. Bei zeitkritischen Problemen für viele Markenhersteller ein unbekanntes und zuweilen unerfreuliches Prozedere im Rahmen einer Vertriebspartnerschaft.

Das anfängliche Argument der Aufwandsentlastung für den Vendor trifft zwar für einige Leistungsbereiche des Marktplatzalltags zu. Oftmals wird dabei aber übersehen, dass auf den erstmaligen Vendor viele und auch viele neue Aufwände zukommen. Amazon als Kunde unterscheidet sich hier deutlich von anderen tradierten Händlern. Auch im Vendoren-Modell ist Amazon für viele Markenhersteller oft und viel „daily business". Damit sind vor allem Aufgaben in der **Logistik (Replenishment), beim Issue-Management** und auch im Marketing gemeint. Der Entscheidungsbaum qualifiziert diese Aspekte als Fragezeichen, da diese Leistungen durchaus problemlos erbracht werden können, sofern man die dafür erforderlichen Ressourcen und Prozesse vorhält oder bereit ist, diese zu implementieren. Dies betrifft vor allem das **Key-Account-Management,** welches mit Amazon nicht nur einmal pro Jahr die Konditionen verhandelt, sondern heutzutage auch unterjährig diverse Themen, oftmals im ad-hoc-Stil, bearbeiten muss. Als negativ aus Sicht eines Markenherstellers werden gemeinhin insbesondere zwei Aspekte beschrieben. Dies ist zum einen der Verlust der **Preis- und Absatzdatenhoheit.** Amazon hat als Käufer und dann Händler der Ware absolute Preisautonomie. Dem Verbot der „Bindung der zweiten Hand" im deutschen Rechtswesen folgend, entscheidet Amazon frei über die Preispunktsetzung auf seiner Plattform und muss auch keine Daten zu seinen Endkunden preisgeben. Bei letzterem bestehen zwei kleine und interessante „Hintertüren". Sollte der Vendor die Waren nicht an das Amazonlager, sondern im „Dropshipping-Modell" direkt an die Endkunden versenden, so erhält er zwar keine verwendbaren Endkundendaten, aber doch einen Einblick, wo die Waren regional und numerisch ausgeliefert werden. Die zweite Option ist die kostenpflichte **ARA-Premium**-Option (Amazon Retail Analytics – ARA). Im Standard hat der Vendor lediglich Zugang zum ARA-Basic-Modul. Erwirbt der Vendor das ARA-Premium-Paket, so erhält er in seinem Vendor Central Zugang zu einer Vielzahl weiterer wertvoller Daten, die eigenen Produkte und Umsätze betreffend, aber auch zu Datenpunkten seiner Wettbewerber und Kategorien allgemein. Dies ist ein Service, der Sellern nicht zugänglich ist und als Vendor mit Amazon bzgl. des Kaufpreises verhandelt werden muss. In der Regel beginnen die Jahreskosten für ARA-Premium bei ca. 20.000 EUR und steigen unter anderem mit der Anzahl der Sortimente und Länder, die von den Reportings erfasst werden sollen. Daten werden in letzter Zeit gemeinhin als „das neue Öl" bezeichnet. Im Amazon-Kontext gilt in jedem Fall „Daten bedeuten Macht". Da alle Produkt- und Transaktionsdaten von Amazon erfasst und auch verfügbar gemacht werden, sind Analyse und Bewertung der Daten eine Conditio sine qua non für den eigenen Amazonerfolg. Vor allem, wenn man sich vergegenwärtigt, dass andere Marktplatzteilnehmer zum gleichen Zeitpunkt auf Basis dieser Daten ihre Strategien und Maßnahmen ableiten. ARA-Premium stellt deshalb für Vendoren ein sehr wirkmächtiges Instrument und auch Vorteilsargument gegenüber der Sellervariante dar.

Der zweite Negativpunkt sind die **Logistikanforderungen Amazons.** Der Punkt ist deshalb als besonders risikorelevant zu deklarieren, da viele Markenhersteller unterschätzen, was Amazon logistisch von Ihnen erwartet und auch, welche Folgen in Form von **Pönalen** es nach sich zieht, wenn man den (im Vertrag oder Vendor Central formulierten) Anforderungen nicht genügt. Amazon ist stets bestrebt, die für Amazon so wichtige Logistik effizienter und fehlerfreier weiterzuentwickeln und fordert deshalb von seinen Lieferanten diese sehr hohen Standards - und reagiert entsprechend konsequent bei Nichteinhaltung. Das in Abb. 4.9 genannte Kürzel „IPI" wurde bereits 2018 in den USA eingeführt und steht für **Inventory Performance Inde**x (Dunne 2019). Der IPI umfasst einen Katalog von geforderten Leistungswerten und sieht bei Unterschreitung gewisser Schwellenwerte definierte Konsequenzen und Pönalen vor.

Von den verbleibenden vier Fragezeichen-Aspekten im Vendorenfall sind drei fast ausschließlich vom individuellen Verhandlungserfolg des Vendors abhängig. Im Zuge der Vertrags- oder Jahresverhandlungen mit Amazon erfordert es Geschick und auch Amazon-Erfahrung, um die für sich besten **Konditionen bzgl. Rabatten, WKZ, etwaigen Pönalen-Passi,** aber auch zugesagte Amazon-Leistungen (bspw. ARA-Premium) zu erzielen. Ein wichtiger Punkt ist die oft zu Beginn übersehene **Territorialfrage, nämlich für welche Länder man Amazon autorisiert,** die Produkte zu vertreiben. Es gibt sowohl lokale Landesverträge als auch paneuropäische und globale Varianten. In solchen Szenarien haben viele Markenhersteller erst verspätet festgestellt, dass ein – zum Beispiel in England – abgeschlossener Vendor-Vertrag dafür sorgte, dass diese Markenprodukte dann auch auf dem deutschen oder italienischen Marktplatz erschienen – auf Basis der britischen Einkaufskonditionen. Der Vertrag war dann ein paneuropäischer Vertrag, der Amazon dementsprechend autorisiert, die Produkte auf all seinen europäischen Marktplätzen zu verkaufen. Der verbliebene vierte Aspekt bezieht sich auf die Frage der **Datenhaltung und -Übermittlung,** sprich wie die von Amazon geforderten Datenformate bereitgehalten und ausgespielt werden. Viele potenzielle Vendoren verfügen intern noch nicht über **entsprechende Systeme und Schnittstellen** und zahlen einen deutlichen „Aufwandspreis" in Form von unzähligen Exceltabellen und manueller Arbeit, um Amazons Ansprüchen hier gerecht zu werden.

Um abzuwägen, ob nun die Seller- oder die Vendor-Variante für das eigene Unternehmen besser geeignet ist, genügt es selbstverständlich nicht, die Plus- und Minus-Aspekte des Entscheidungsbaums zu zählen und gegeneinander aufzurechnen. Die Anzahl der Fragezeichen verbunden mit der jeweils unternehmensindividuellen Pro-Contra-Bewertung lassen das Pendel schnell in die eine wie die andere Richtung ausschlagen. Es ist jedoch auch offensichtlich, dass die Vendorvariante eine höhere Anzahl bedeutender Fallstricke und Risikoaspekte bereithält. Dies gilt insbesondere für kleinere und mittelgroße Markenhersteller, für die der erforderliche Aufwand in Personal, Systeme und Prozesse deutlich schwerer wiegt als für große Marken mit weniger ausgeprägten Budgetrestriktionen und einer höheren Sortimentsattraktivität für Amazon.

Grundsätzlich und in letzter Zeit auch immer öfter praktiziert, gibt es die Option, die beiden Varianten Seller und Vendor zu kombinieren 3) Es muss nicht weiter begründet werden, dass es selbstredend nicht möglich ist, dabei die Vor- und Nachteile der beiden Optionen nach eigenem Gusto zusammenzustellen. Vielmehr besteht die „Vendor-Seller-Mix"-Variante darin, dass man Teile seines Sortiments in das Vendor-Geschäft einbringt und andere Teile in Eigenregie als Seller vermarktet. Manche Hersteller mit einem breiteren Markenportfolio ziehen eine Trennlinie nicht nur bei den Sortimenten, sondern auch bei den Marken. Der in der Praxis mitunter häufigste Fall bei der Sortimentstrennung ist, dass die Produkte mit dem höchsten Umsatz und Warenumschlag im Vendorgeschäft platziert und die Randsortimente („long tail") mit einem eigenen Seller-Account vertrieben werden. Ein Grund ist unter anderem, dass damit vermieden wird, dass man das komplette Sortiment doppelt lagern muss, weil die Randsortimente dann alleinig beim Hersteller verbleiben können. Aus taktischen Gründen versuchen auch immer mehr Vendoren, ihre Neuprodukte und Innovationen im Seller-Account zu platzieren, um so schnell ein direkteres Marktfeedback zu erhalten und dann im weiteren Verlauf entscheiden zu können, wie man diese Produkte vertrieben sehen will. Es soll an dieser Stelle nicht verschwiegen werden, dass das Markenunternehmen nicht alleine über das Vendor-Seller-Mixverhältnis oder die Praktizierung desselben entscheiden kann, da Amazon als Vertriebs- und Vertragspartner auch eigene Interessen zu vertreten weiß.

Die Variante **„Partner/Dienstleister"** 4) zwischen den beiden Hauptachsen (Seller/Vendor) deutet an, dass man sich aus **unterschiedlichen Gründen** auch eines Dienstleisters bedienen kann, der das Amazon-Geschäft teilweise oder ganz für einen übernimmt. Die in Abb. 4.9 genannten Dienstleister stellen dabei nur willkürliche Beispiele von vielen derartigen Marktteilnehmern dar. Die Beweggründe von Markenherstellern sind hierbei durchaus vielfältig. Die häufigsten lauten:

- Keine hauseigenen Kompetenzen und Kapazitäten zur Geschäftsabwicklung
- Keine passende hausinterne IT-Systemlandschaft und Logistik zur Geschäftsabwicklung
- Keine Zeit oder kein Budget zum Aufbau eigener Amazon-Strukturen
- Erst „testen und lernen" und dann selbst übernehmen

- Spezifisches Vendor-Ziel: Man will zwischen sich und Amazon eine „regulierende oder puffernde" Instanz haben
- Spezifisches Seller-Ziel: Man will auf keinen Fall als Anbieter auf dem Marktplatz erscheinen

Diese letzte Motivation des „verdeckt Agierens" könnte somit auch schon zu einer der im nächsten Kapitel behandelten anti-Amazon-Strategien gezählt werden.

4.6.3 Aktive und passive anti-Amazon-Strategien

Die in Abb. 4.9 dargestellte linksseitige Variante 5) des „NEIN" ist im Kontext von Amazon ein bei Markenherstellern vielfach und für viele Jahre hauptsächlich diskutiertes Strategieziel, das auch viele Gerichte in Deutschland und Europa beschäftigt hat und dies immer noch tut. Letzteres ist der Tatsache geschuldet, dass es bislang keine eindeutige rechtsverbindliche Grundlage gab, um zu entscheiden, ob Markenhersteller ihren Vertriebspartnern grundsätzlich untersagen können, ihre Produkte auf Drittplattformen und damit Amazon zu verkaufen. Bezüglich der detaillierten Darstellung der juristischen Diskussion und aktuellen Rechtslage sei an dieser Stelle auf Kap. 9 verwiesen.

Für Markenunternehmen, die Amazon nicht als eigenes Vertriebsfeld sehen oder Amazon sogar komplett aus der eigenen Distribution heraushalten wollen, gibt es grundsätzlich zwei strategische Optionen, wovon eine eher passiver und eine eher aktiver Natur ist. Eine dritte Variante, nämlich sich als Markenunternehmen schlicht selbst von Amazon fernhalten, ist zwar eine strategische und womöglich auch bewusste Entscheidung. Damit nimmt der Markenhersteller jedoch keinen Einfluss auf die Darstellung seiner Produkte und Marke auf Amazon, geschweige denn auf die grundsätzliche Amazonpräsenz selbiger. Diese passive anti-Amazonstrategie hat aber in jedem Fall ein Argument auf ihrer Seite: Das Unternehmen spart sich all den Aufwand und die Kosten, um Amazon zu erschließen oder mühevoll zu unterbinden.

Das schärfste Instrument: Selektiver Vertrieb
Will ein Markenhersteller in Deutschland oder EU-Europa verhindern, dass seine Marken und Produkte auf Amazon erscheinen und vertrieben werden, so bleibt ihm im derzeitigen Rechtsstatut nur die Einführung eines sogenannten „selektiven Vertriebssystems" (Meckel 2019). Und zwar in der Ausgestaltung, dass allen Vertriebspartnern (Händlern) der Vertrieb der Markenprodukte auf „Drittplattformen" (Marktplätze) untersagt wird. Somit wird bereits ersichtlich, dass ein solches Verbot nicht nur Amazon betrifft, sondern auch andere Marktplätze. Ein wirksamer Ausschluss von Amazon kann zudem nur dann erfolgen, wenn ein solches Selektivsystem EU-weit eingeführt und praktiziert wird. Andernfalls gelangt die Ware rechtskonform von einem EU-Staat in den anderen. Das Themengebiet des „selektiven Vertriebs" ist äußerst komplex und kann an dieser Stelle nicht annähernd umfassend dargestellt werden. Die besondere Komplexität

ergibt sich auch daraus, dass drei verschiedene Ebenen gleichzeitig berücksichtigt werden müssen: Die individuelle Unternehmenssituation (Eignung) sowie das europäische und das nationale Recht (Wikipedia 2019). Die Unternehmenssituation ist deshalb von Bedeutung, da nur Markenhersteller berechtigt sind, ein Selektivsystem einzuführen, deren Produkte entsprechende Kriterien erfüllen. Diese Kriterien erfüllen insbesondere Unternehmen mit Markenprodukten, die beratungsintensiv oder gefahrgeneigt sind oder dem Luxussegment entstammen. Einige Markenunternehmen praktizieren auch einen teilselektiven Vertrieb, bei dem dann nur bestimmte Sortimentsbereiche vom Marktplatzvertrieb ausgeschlossen sind. Vollselektive Modelle praktizieren hierzulande sehr viele Marken der Kosmetik-, Sportartikel-, Luxusuhren- und Luxusmodeindustrie. Auch aufgrund diverser Gerichtsverfahren sind die Marken Ortlieb und Deuter bekannte Beispiele. Zugleich wird kritisiert, dass die Selektivmodelle vieler Markenhersteller insbesondere mangels EU-weiter Umsetzung keinen spürbaren Erfolg auf Amazon zeigen (Kelm 2019). Zur Vertiefung des Themenkomplexes selektiver Vertrieb sei auf Kap. 14 von Jochen Schäfer verwiesen.

Moderate Version: Markenschutzkonzept und Händlerprogramm
Entscheidet sich ein Markenunternehmen gegen die Einführung eines selektiven Vertriebssystems, so bleiben dem Unternehmen immer noch diverse Maßnahmen, um zumindest Markenschutz und Produktdarstellung zu gewährleisten sowie in gewisser Weise das Verhalten seiner Händler auf Amazon zu steuern. Hierfür sind mehrere Initiativen erforderlich. Das Unternehmen muss seine Marke bei Amazon selbst mittels Registrierung (Brand Registry) schützen. Zudem steht dem Markenunternehmen – unabhängig davon ob es seine Produkte selbst auf oder an Amazon verkauft – auch das umfassendere Angebot **„Transparency"** zur Verfügung. Das im Jahr 2019 von Amazon gestartete Programm ermöglicht es Markeninhabern, seine Produkte mittels eindeutigen und scanbaren Codes zu versehen, so dass auch später von Amazon oder dem Endkonsumenten nachvollzogen werden kann, ob das Produkt echt ist (Kolf 2019). Neben dem Markenschutz auf Amazon empfiehlt es sich für Markenhersteller ein allgemeingültiges Instrument einzuführen, dass die richtlinienbasierte Verwendung seiner IP (Intellectual Property) regelt. Dies beinhaltet zumeist Logo-, Bild- und Textmaterial, das der Markenhersteller erstellt und seinen Händlern zur Verfügung stellt. Zudem müssen die Vertriebspartner im Rahmen eines gesonderten oder allgemeinen Vertragswerks zur Einhaltung der Nutzungsvorgaben verpflichtet werden. Ein solches Händlerprogramm definiert dann auch eindeutig, wie Marke und Produkte des Herstellerunternehmens auf Amazon dargestellt werden müssen. Neben der Markendarstellung regeln viele Herstellerunternehmen in derartigen Händlerprogrammen auch weitere Leistungspflichten und Verhaltensweisen ihrer Händler, wie beispielsweise qualitative Anforderungen an Beratung, Kundenservice oder Lieferverfügbarkeiten, inklusive der Ausgestaltung des Sanktionskatalogs bei Zuwiderhandlung.

Exkurs: Amazon Eigenmarken als Risiko für Hersteller?

Neben dem Markenschutz ist eine weitere Sorge vieler Markenhersteller, dass Amazon – insbesondere im Rahmen einer Vendorenbeziehung – irgendwann dazu übergeht, die Markenprodukte „zu kopieren" und unter einer eigenen Marke zu vertreiben. Amazon würde dann bereits über ausreichend Sortiments- und Zielgruppenerfahrung verfügen und zudem bestehende Kundenbeziehungen nutzen können. Diese Sorge ist nicht gänzlich unberechtigt, aber nur für wenige Branchen und Sortimentsbereiche wirklich zutreffend.

Die Tatsache, dass Amazon mehrere hunderte Eigenmarken hat und auch in einigen Bereichen erfolgreich ist, ist nicht von der Hand zu weisen (Miranda 2019). Das Beispiel Amazon Basics mit Batterien und einfachen Elektronikartikeln wird hier ebenso gerne genannt wie diverse andere Haushaltswaren und Verbrauchsmaterialen. Und für einige weitere Kategorien und Produkte besteht dieses Eigenmarkenrisiko durchaus, für die absolute Mehrheit der Produkte jedoch nicht. Drei Gründe sind hierfür ausschlaggebend: Erstens ist Amazon bei vielen Produkten, die eine Nachsorge, Beratung oder Reparatur benötigen, nicht willens und nicht in der Lage dies auf einem Qualitätsniveau zu erbringen, wie es insbesondere in Deutschland konsumentenseitig gefordert wird. Zweitens ist Amazon nicht dafür ausgerüstet, Produkte im Sinne eines echten Produktmanagements zu entwickeln und dann auch vor Ort in fernen Produktionsländern zu sourcen. Dies trifft insbesondere auf komplexere und Modeartikel zu, die schnelle Zyklustaktungen aufweisen. Drittens scheut Amazon als amerikanisches Unternehmen traditionell das Produkthaftungsrisiko bei allen Produkten, die in irgendeiner Form gefahrgeneigt sind. Amazon verhält sich diesbezüglich deutlich risikoavers und sucht sich lieber Partner, die Marken für Amazon entwickeln und produzieren.

Eine Studie aus dem Jahr 2019, in der über 400 Amazon Eigenmarken untersucht wurden, zeigt deutlich, dass der Großteil der lancierten Marken nicht von Erfolg gekrönt ist. (Marketplace Pulse 2019). Insbesondere im Bereich Fashion hat Amazon nun bereits mehrfach erfolglose Versuche unternommen (Bain 2018; Russel 2018).

Wie bereits eingangs dieses Artikels erwähnt, ist Amazon als Unternehmen ganz auf Innovation geeicht und versucht auch bei ersten Rückschlägen unentwegt, seinen richtigen Weg zu finden. Im Bereich Eigenmarken sieht es so aus, als würde Amazon jetzt einen neuen Weg einschlagen. Neben dem Ausbau der bestehenden und erfolgreichen Eigenmarken wie Basics, fokussiert Amazon bei der weiteren Eigenmarkenstrategie verstärkt auf Partnerschaften und weniger auf Sourcing in Eigenregie. Amazon sucht nun gezielt Partner, vor allem im Vendoren-Umfeld, die über entsprechende Kompetenzen und Kapazitäten verfügen, um speziell für neue Amazon-Marken Sortimente zu entwickeln und zu produzieren. Über die diesen Konstellationen zugrundeliegenden Vertragsmodalitäten, und ob hier von einer „gerechten Verteilung" von Pflichten und Rechten auszugehen ist, kann zum aktuellen Zeitpunkt noch nichts berichtet werden (Stand August 2019). Es eröffnet jedoch für einige Unternehmen eine neue strategische Option, die auch Teil der nun folgenden strategischen Gesamtbetrachtung sein wird.

4.7 Kernfelder der Amazon-Strategieentwicklung

Für den nun folgenden Strategieentwicklungsprozess wird implizit angenommen, dass es sich um an Amazon interessierte Unternehmen handelt, die entweder Markenhersteller oder leistungsfähige Händler der Typisierung im Sinne von Abschn. 4.4.2 sind. Zudem wird davon ausgegangen, dass keine „Amazon-Vermeidungsstrategie", sondern eine wie auch immer zu detaillierende „Amazon-Erschließungsstrategie" verfolgt werden soll (vgl. Abschn. 4.6.2). Dies schließt auch den Fall ein, dass beispielsweise ein Markenhersteller lediglich daran interessiert ist, die Produktdetailseiten (ASINs) seiner Waren zu besetzen, um damit dem Konsumenten den aus seiner Sicht korrekten Content präsentiert zu wissen.

Wenn man den absoluten Großteil der Unternehmen betrachtet, die sich mit Amazon beschäftigen, dann existieren 8 übergeordnete Strategiebereiche, die wichtige Entscheidungen erfordern. Es gibt Spezialfälle von Unternehmen, bei denen andere, zusätzliche Bereiche von Belang sind, so kommen beispielsweise bei Amazon Fresh und im Food-Kontext weitere Wirkmechanismen des Lebensmittelhandels zur Geltung. Derartige Sonderfälle werden aus Gründen der Übersichtlichkeit und Komplexitätsreduktion an dieser Stelle ausgeblendet.

Nimmt man also die Mehrheit der Hersteller und Händler, dann gilt es, die 8 Ebenen (blau eingefärbt) des morphologischen Kastens individuell zu betrachten und darin jede Handlungsoption (weiß eingefärbt) zu verstehen und abzuwägen sowie dann im Zusammenspiel aller Ebenen nochmals zu bewerten.

Jedes weiße Feld hat zudem in der individuellen Unternehmenspraxis eine Vielzahl von möglichen Umsetzungsvarianten, wobei nicht jede Option für jedes Unternehmen zutrifft. Und es sind auch nicht alle Kombinationen der weißen Felder möglich. Dies klingt kompliziert und nach sehr vielen möglichen Varianten. Das ist es zweifelsfrei und genau das wird immer wieder unterschätzt. Da für viele Unternehmen die Amazon-Entscheidung eine große Tragweite aufweist, sollten die Entscheidungen auf Basis von Wissen erfolgen. Das bedeutet, man müsste zu allen Bereichen und Feldern Expertise haben und die Handlungsoptionen kennen. Das trifft auf sehr viele Unternehmen nicht zu. Wenn es das Unternehmen sich „leisten" kann und will, bleibt die Möglichkeit, sich seinen Weg mittels „Trial & Error" durch das Tableau zu bahnen. Die Erfahrung zeigt jedoch, dass viele Unternehmen Amazon-Fehlentscheidungen erst relativ spät erkennen, viel Zeit für die Umkehr oder Korrektur benötigen und dadurch beträchtlich Schaden erleiden. Damit ist weniger der Schaden in Form von „entgangenem Gewinn" auf Amazon gemeint, sondern vor allem (wirtschaftliche) Schäden außerhalb von Amazon sowie vergeudete Ressourcen, demotivierte Mitarbeiter, fehlkonstruierte IT-Systeme und andere „sunk costs".

Will man eine bestmögliche Amazon-Strategie entwickeln, so gibt es keine Abkürzung. Man muss sich die Wochen und vielleicht Monate Zeit nehmen und sein individuelles strategisches Amazon-Tableau erarbeiten. Als Faustformel der Praxis lässt sich sagen, dass man rund 4 Wochen benötigt, um die für sich passenden Strategie-Pfade

Morphologischer Kasten: 8 Kernentscheidungen mit Zirkelbezügen!

Strategische Motivation	Umsatz-Performance		Präsenz & Lernen		Markenpräsentation (Schaufenster-Pflege)		
Geographie	Deutschland	Einzelauswahl (ITA, FRA, UK, SPA…)			Pan-EU	international	
Marke	Kernmarke		Zweit- / online-Marke		Amazon-Marke		
Sortiment EAN / ASIN	Vollsortiment	Teilsortiment		Spezialsortiment	Bundlings		Services
Geschäfts-bereich	B2C				Amazon Business		
Auftritt / Firmierung	Passiv Nur durch Händler	Verdeckt Nur durch DL	Seller	Vendor	Vendor-Seller-Mix	Private Label Vendor (Amazon our brands)	
Logistik	Selbst (FBM)	Selbst Prime (Prime by Merchant)	Fulfillment-Dienstleister (Prime)	Selbst-FBA-Mix	Amazon Logistics	FBA	MCF
Pricing	UVP (-nah)		Follower-Preis (dynamic pricing)		Preisführerschaft		

Anm.: Aspekte wie Marketing, Reviews, IP-Schutz nachgelagert zu bearbeiten

Abb. 4.10 Das Amazon-Tableau zur Strategieentwicklung. (Quelle: eigene Darstellung, 2019)

zu bestimmen. Es sind dann meist weitere 4–8 Wochen nötig, um operative Fragen zur Umsetzung dieser Pfade zu klären. Damit ist gemeint, dass man prozessual und kostenseitig eruiert, wie Content-Management, Auftragsdatenverarbeitung, Logistik und andere Prozesse im eigenen Hause umgesetzt werden können. Darin enthalten ist auch die Klärung, ob Teilgewerke besser mit Outsourcing abgebildet werden und welche Dienstleister geeignet wären. Wie lange etwaige Vendorverhandlungen mit Amazon dauern, kann nicht pauschal beantwortet werden.

Da viele Themenbereiche und Einzelaspekte bereits erläutert wurden, wird im weiteren Verlauf auf Wiederholungen verzichtet und nur auf bislang noch unerwähnte Aspekte gezielter eingegangen. Wie in der Fußnote der Abb. 4.10 angedeutet, werden einige, in der operativen Umsetzung wichtige Erfolgsparameter für die Strategiefrage vorerst ausgeblendet. Die richtige Marketingkonzeption, das Bewertungsmanagement oder der IP-Schutz sind für und auf Amazon von großer Bedeutung, jedoch weniger strategische Grundsatzentscheidungen als vielmehr eine Frage der Umsetzungsqualität.

4.7.1 Strategische Motivation und Priorisierung

Auch wenn es immer individuelle Strategieausprägungen gibt und die wenigsten „die eine Strategie in Reinform" praktizieren, so ist doch eine Grundsatzentscheidung erforderlich. Nämlich, ob es eher um eine Wachstumsstrategie auf Amazon geht oder das strategische Ziel eine verbesserte Markenpräsenz und Produktdarstellung ist. Die Maßnahmen und Erfolgskriterien einer „bedingungslosen Wachstumsstrategie" unterscheiden sich gravierend von der einer fokussierten „Markenpflege" (Abb. 4.11).

| Strategische Motivation | Umsatz-Performance | Präsenz & Lernen | Markenpräsentation (Schaufenster-Pflege) |

Abb. 4.11 Strategisches Tableau: Ebene „Motivation & Ziele". (Quelle: eigene Darstellung 2019)

Das Motivationsmuster muss die strategische Grundausrichtung beschreiben; es legt fest, welche Leitmotive für die eigene Herangehensweise an Amazon gelten und zieht damit auch einige Konsequenzen für die weiteren Entscheidungsebenen nach sich. Drei Leitmotiv-Varianten werden unterschieden.

Umsatz-Performance
Das Ziel des Unternehmens ist es, möglichst hohe und ertragsstarke Umsätze auf Amazon zu erzielen und ist bereit, erforderliche Investitionen und Risiken in Kauf zu nehmen. Will man auf Amazon nennenswert Umsätze erzielen, so müssen die eigenen Angebote in der Buy Box, sprich im Sichtfeld des Konsumenten erscheinen. Dies geschieht entweder durch organische Sichtbarkeit, das heißt der Amazon-Suchalgorithmus bewertet ein Angebot als zur Suchanfrage passend. Die zweite Option sind Werbeanzeigen, die man bei Amazon kauft. Der Amazon-eigene Suchmaschinen-Algorithmus (A9) unterliegt, vergleichbar dem von Google, einer permanenten Weiterentwicklung, sodass heute andere Einflussfaktoren gewichtet werden als möglicherweise in naher Zukunft. Grundsätzlich berücksichtigt der A9-Algorithmus die beiden Einflussfaktoren Relevanz und Performance. Amazon ist auf dem Marketplace ausschließlich „transaktionsorientiert" ausgerichtet, das heißt Amazon will seinen Konsumenten immer das Angebot anzeigen, welches mit der höchsten Wahrscheinlichkeit auch zu einem Kaufvorgang führt. Deswegen stehen im Suchergebnisranking immer die Produktangebote oben, die bei entsprechender Suchanfrage bislang am besten konvertiert haben und den inhaltlich passenden Content beinhalten. Der Performance-Teil des Algorithmus berücksichtigt bei jedem Angebot insbesondere die historischen Leistungswerte bzgl. Bewertungen, Conversion-Rate, Warenumschlag, Lieferzeiten und auch, ob der Angebotspreis im Rahmen eines gewissen Toleranzbereichs liegt. Der Relevanz-Teil wiederum stellt allein in den Vordergrund, ob der Angebots-Content passend zur jeweiligen Suchanfrage ist. Dies bewertet der Algorithmus anhand der Ausgestaltung der Parameter Titel, Keywords, Bullet Points und Beschreibungen (Pannicke 2019). Immer wichtiger wird zudem Bild- und Video-Material, da Konsumenten Optik, Passformen oder Funktionsweise eines Produkts leichter visuell als textlich erfassen können. Man könnte somit behaupten, dass das Zünglein an der Waage dann das Bildmaterial ist, wenn man es bereits in die Buy Box geschafft hat. Um den verschiedenen und für jede Kategorie unterschiedlichen Faktorgewichtungen des A9-Algorithmus zu entsprechen, sind sogenannte „kombinatorische Optimierungen" notwendig. Vertiefungen hierzu und auch zur Werbestrategie finden sich in Kap. 7. Für Markenhersteller bedeutet dies aber auch, dass all der Aufwand der kombinatorischen Optimierung nahezu wertlos ist, wenn die Leistungsfaktoren „marktgerechte Preisgestaltung" und „logistische Lieferfähigkeit" nicht gegeben sind. Eine konsequent „UVP-nahe" Preispunktsetzung führt dann in den allermeisten Fällen

zu einer überwiegenden Unsichtbarkeit auf Amazon. Um an dieser Stelle exemplarisch das Zusammenspiel innerhalb der acht Ebenen zu illustrieren, sei erwähnt, dass eine „bedingungslose" Wachstumsstrategie („**Umsatz-Performance**") auf Amazon unter anderem nahelegt, entweder für das Vendor-Modell zu optimieren oder als Seller auf der Ebene „**Pricing**" zumindest die Variante „**UVP(-nah)**" auszuschließen.

Präsenz & Lernen

Das Zielsystem des Unternehmens fokussiert derzeit vor allem darauf, seine Produkte auf Amazon zu präsentieren und zudem eigene Erfahrungen dahingehend zu machen, wie der Marktplatz funktioniert, welche Auswirkungen es auf die Welt außerhalb Amazons hat und vor allem auch, welche Anforderungen das Amazongeschäft für die hauseigenen Strukturen und Prozesse mit sich bringt. Es ist kein primäres Ziel, schnell beträchtliche Umsätze zu erzielen, sondern man will mit Bedacht den Amazonkosmos umfassend erkunden und ist deshalb auch bereit, verschiedene Handlungsoptionen und Instrumente zu testen. Investitionen und Risiko werden bewusst dosiert gehalten.

Markenpräsentation/„Schaufenster-Pflege"

Das Unternehmen präferiert die defensivste Motivationsvariante. Es geht dem Unternehmen, zumeist wohl Markenhersteller, ausschließlich darum, dass seine Marke und Produkte auf Amazon qualitativ hochwertig dargestellt werden und ist nicht primär auf Umsatzerfolge fokussiert. Dies kann grundsätzlich durch drei Optionen erzielt werden. Der Markenhersteller liefert als Vendor nicht nur seine Produkte an Amazon, sondern auch den dazugehörigen Content, so dass Amazon alle Produktdetailseiten im Sinne des Markenherstellers ausstattet. Zweitens kann das Unternehmen als Seller und unter Zuhilfenahme der Optionen der Amazon Brand Registry versuchen, zumindest nach und nach alle ASINs mit dem eigenen Content zu bestücken. Die dritte Option besteht in einer passiven Variante, bei der das Unternehmen selbst Amazon fernbleibt, aber die in Abschn. 4.6.3 unter „moderate Version" beschriebenen Maßnahmen zur Anwendung bringt. Direkte, eigene Amazon-Umsätze werden dadurch nicht erzielt.

Optiert ein Markenhersteller für eine der beiden letzteren Motivationsmuster, so sei angemerkt, dass neben der Content-Gestaltung (Bilder, Videos, Texte) ein zweiter Bereich von enormer Bedeutung ist, will man das „Schaufenster" optimal im Sinne des Konsumenten gestalten. Die Produktbewertungen und Fragen, die von den Amazonkonsumenten formuliert werden, haben mitunter eine mindestens ebenso große Strahlkraft wie der Herstellercontent. Insofern ist es zwingend erforderlich, hier Maßnahmen zu ergreifen, um die Bewertungen umfänglich und in Echtzeit zu beobachten sowie in direkte Konsumenten-Interaktion zu treten.

4.7.2 Geographische Berücksichtigung und Ausrichtung

Amazon ist bislang in 15 Ländern mit eigenen Marktplätzen präsent und bietet dadurch vielfältige Internationalisierungschancen. Zugleich beinhaltet das internationale

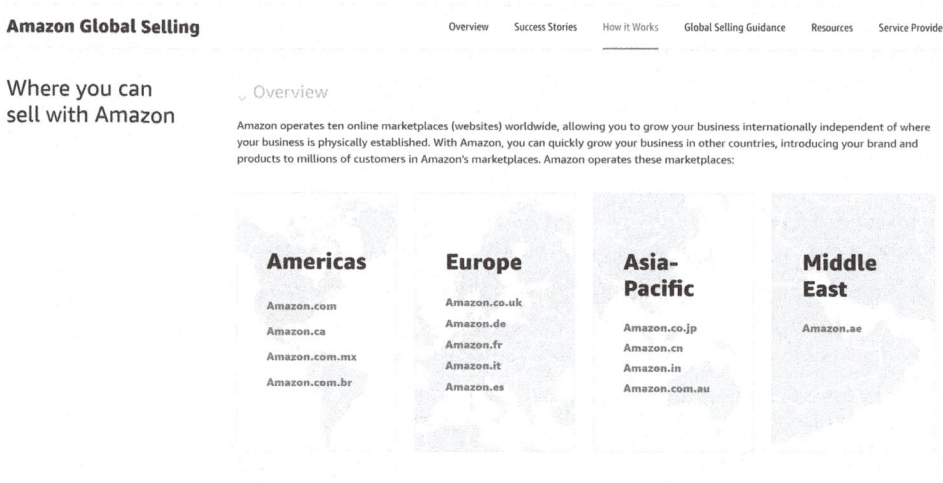

Abb. 4.12 Regionen und Länder mit Amazon Marketplaces. (Quelle: Amazon Global Selling 2019)

Netzwerk Amazons aber auch Risiken, wenn Unternehmen in ihrer bisherigen Vertriebsstruktur Restriktionen dahingehend haben, das gewisse Produkte oder Produktvarianten nicht in bestimmten Ländern erscheinen sollen oder dürfen.

Derzeit ist Amazon in den folgenden Ländern aktiv: Deutschland, Frankreich, Italien, UK & Irland, Spanien, Türkei, Indien, Japan, USA, Brasilien, Kanada, VAE, Australien, Mexiko, China.

In Abb. 4.12 ist die von Amazon selbst dargestellte Länderabdeckung zu sehen, wobei die Türkei als jüngst erschlossenes Land noch nicht aufgeführt ist.

Neben den genannten länderspezifischen Marktplätzen bedient Amazon auch daran angrenzende Regionen. Länder wie Polen (.pl), die Niederlande (.nl) oder Schweiz (.ch) haben zwar lokalisierte Amazon-Webseiten, aber kein spezifisches Landesangebot, sondern nur adaptierte und teilweise maschinell übersetzte Versionen der deutschen (.de) oder amerikanisch-internationalen Webseite (.com). Darüber hinaus ergeben sich nahezu jedes Jahr Veränderungen auf der Amazon-Landkarte. Zur Jahresmitte 2019 kündigte Amazon seinen Rückzug aus China an (t3n 2019). Zugleich kursieren die bereits beschriebenen Gerüchte, dass Amazon in Kürze explizite Marktplätze in den Ländern Polen, Niederlande und Belgien sowie Israel eröffnen werde.

Aus Sicht eines deutschen Unternehmens, genauer gesagt, eines Unternehmens, dass Amazon aus Deutschland heraus betrachtet und bearbeiten will, sind grundsätzlich vier Handlungsoptionen zur territorialen Amazon-Nutzung gegeben (siehe Abb. 4.13). Es

Geographie	Deutschland	Einzelauswahl (ITA, FRA, UK, SPA…)	Pan-EU	international

Abb. 4.13 Strategisches Tableau: Ebene „Geographie". (Quelle: eigene Darstellung 2019)

muss an dieser Stelle jedoch zusätzlich unterschieden werden, ob man als Seller oder Vendor agiert, da sich hierbei die Varianten unterscheiden. Die nachfolgenden Ausführungen betrachten nur den Consumer-Kontext und lassen Amazon Business als Marktplatz vorübergehend außer Acht.

Als Vendor entscheidet allein die direkte Verhandlung mit Amazon, welche Länder erschlossen und beliefert werden sollen. Dies wird als vertraglich festgehaltene Bestimmungen verankert. Grundsätzlich können gleichzeitig mehrere Vendorenverträge mit verschiedenen Amazon-Ländern geschlossen werden. So wäre es ebenso denkbar, dass man nur mit **Amazon Deutschland** einen Vertrag aushandelt oder eben zugleich einen zweiten in einem anderen europäischen Land oder auch Mexiko gestaltet. Diese **Einzelauswahl von Ländern** bietet sich dann an, wenn man sicherstellen will, dass die jeweiligen Produkte nur in den dafür vorgesehenen und vertraglich bestimmten Regionen vertrieben werden. Will oder muss man in Europa nicht alle Länder einzeln verhandeln, so gibt es die Option, dass man mit Amazon einen **paneuropäischen Vertrag** schließt (zumeist mit Amazon Luxemburg als Vertragspartner) und damit Amazon autorisiert, die Waren in alle EU-Länder zu verbringen. In jedem Fall sollte aber eine enge Abstimmung innerhalb der eigenen Landesgesellschaften gesichert sein, da Amazon mögliche Arbitrage-Effekte bei unterschiedlichen Einkaufspreisen über Länder hinweg ausnützen würde. Unter den mehrheitlich vorkommenden Handlungsoptionen ist die vierte, **internationale Variante,** tendenziell eher großen Vendoren vorbehalten. Man verhandelt dabei für alle oder die meisten Amazon-Länder. Da viele Unternehmen jedoch in Asien, Süd- und Nordamerika deutlich abweichende Preis- und Sortimentsangebote haben, kommt man ohne einen integrativen Einbezug der Landesverantwortlichen – sowohl auf hauseigener Seite als auch bei Amazon – nicht aus. Oftmals ist es dann auch zwingend erforderlich, dass man die Amazon-Konzeption und Verhandlung aus und mit der amerikanischen Amazon-Zentrale führt.

Als Seller stellen sich die Varianten der Amazon-Internationalisierung leicht anders dar, insbesondere da man ja keinen Liefervertrag mit Amazon schließt, sondern sich sozusagen selbst die Amazon-Marktplätze erschießt. Ein Seller kann mit seinem deutschen Account die **Ware sowohl nur auf dem deutschen Marketplace** listen, aber auch **jedes einzelne europäische Land** miteröffnen. Dabei sind für die jeweiligen Länder individuelle Sprach-Listings erforderlich und auch der Content sollte unbedingt landesspezifische Adaptierungen erfahren. Eine Besonderheit im Seller-Fall besteht dahingehend, dass die Europa-Strategieoptionen hier sehr stark mit der Logistikkomponente und den FBA-Angeboten verknüpft sind. Amazon unterscheidet hier das „Europäische Versandnetzwerk" und den „Paneuropäischen Versand". Beim **Europäischen Versandnetzwerk** werden die Artikel in einem deutschen Amazonlager eingelagert und der

Seller listet seine Produkte individuell auf den europäischen Amazon-Marketplaces, die er bespielen will. Die Ware wird dann aus dem deutschen Lager ins Ausland versandt. Demgegenüber wird die Ware beim Modell **„paneuropäischer Versand"** von Amazon bedarfsorientiert auf die Länder verteilt und der Seller ist mit seinen Produkten automatisch auf allen fünf EU-Marktplätzen gelistet (Schöberl 2019).

Will man **Amazon international** als Verkaufsspektrum anvisieren, so muss man sich des Programms „Amazon global selling" bedienen, welches nur bei einer Account-Eröffnung unter amazon.com möglich ist. Will man die globale Amazon-Welt mittels eines amazon.com-Accounts nutzen, so sind zahlreiche regionale Spezifika („Registration Requirements") zu beachten, die Amazon explizit im Seller Central auflistet (siehe Abb. 4.14). Beispielsweise kann man nicht nach Indien verkaufen, wenn man dort keinen Firmensitz hat.

Es empfiehlt sich deshalb, stets bei Amazon zu verifizieren, welche individuellen und supranationalen Regeln aktuell für die Amazon-Regionen gelten. Hat ein Seller aus Deutschland globale Amazon-Ambitionen, so wird das primäre Szenario derzeit lauten, dass man aus Deutschland heraus paneuropäisch agiert und dann parallel unter einem Amazon.com-Account die restlichen Regionen nach Möglichkeit und Machbarkeit bearbeitet.

Für Amazon Business gelten zahlreiche abweichende Regeln, aber auch das Potenzialfeld stellt sich deutlich anders dar. Aktuell sind mittels Amazon Business nur acht Länder erreichbar, die entsprechend der folgenden Aufzählung von Amazon eröffnet wurden: USA, Deutschland, UK, Japan, Indien, Frankreich, Italien und Spanien. Zur Vertiefung sei an Kap. 13 verwiesen.

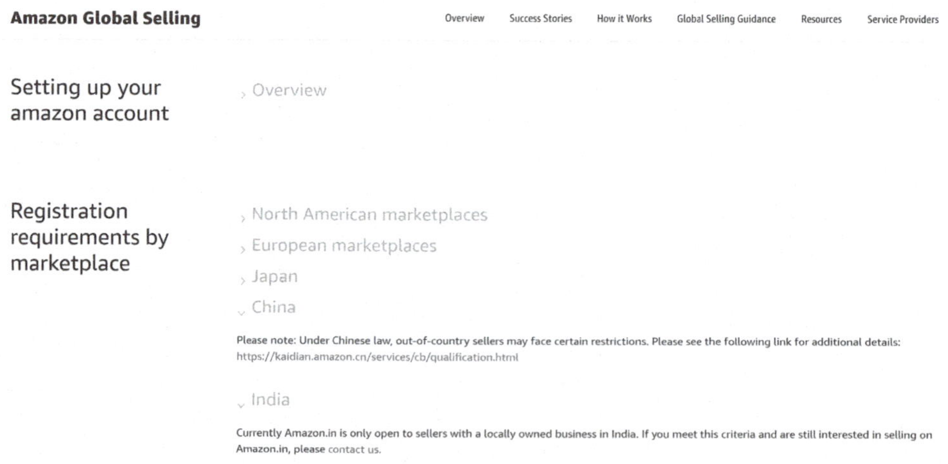

Amazon Global Selling   Overview   Success Stories   How it Works   Global Selling Guidance   Resources   Service Providers

Setting up your   › Overview
amazon account

Registration   › North American marketplaces
requirements by   › European marketplaces
marketplace   › Japan
                                 ⌄ China

Please note: Under Chinese law, out-of-country sellers may face certain restrictions. Please see the following link for additional details:
https://kaidian.amazon.cn/services/cb/qualification.html

                                 ⌄ India

Currently Amazon.in is only open to sellers with a locally owned business in India. If you meet this criteria and are still interested in selling on Amazon.in, please contact us.

Quelle: Amazon Global Selling - https://services.amazon.com/global-selling/global-selling-guide.html

Abb. 4.14 Spezielle lokale Bestimmung bei Amazon. (Quelle: Amazon Global Selling 2019)

Marke	Kernmarke	Zweit- / online-Marke	Amazon-Marke

Abb. 4.15 Strategisches Tableau: Ebene „Marke". (Quelle: eigene Darstellung 2019)

4.7.3 Marke

Für Hersteller wie Händler ist eine bedeutende Frage, mit welcher Marke oder welchen Marken man auf Amazon präsent sein will. Dabei wird angenommen, dass viele Unternehmen über mehrere Marken oder Produktmarken verfügen und zudem auch die Option besitzen, zusätzliche Marken zu kreieren beziehungsweise Amazon anzubieten.

Wie in Abb. 4.15 ersichtlich bieten sich drei Optionen. Die **Kernmarke** (in manchen Unternehmen ist auch der Plural anwendbar) verfügt oft über die größte Bekanntheit und hat damit auch das größte Nachfragepotenzial auf Amazon. Sollten vertriebspolitische Gründe gegen ein Amazon-Engagement der Kernmarke sprechen, so bietet sich die Nutzung von vorhandenen **Zweitmarken** ebenso an wie die explizite Positionierung einer neuen **online-Marke,** die speziell im Internetvertrieb und auf Marktplätze distribuiert wird. Demgegenüber wäre eine **Amazon-Marke** eine exklusive Kreation nur für Amazon; entweder in der Form, dass der Seller diese Marke nur auf Amazon nutzt oder als Vendor exklusiv für und mit Amazon entwickelt. Aus Sicht des Markenherstellers dominieren auf dieser Entscheidungsebene oftmals die Aspekte des Markenschutzes und der Sicherung von Preisstabilität, wohingegen bei Händlern im Fokus steht, die Marken optimal zu Umsatzsteigerungszwecken einzusetzen.

4.7.4 Sortiment

In bekannt enger Beziehung zur Markenfrage steht die Entscheidungsebene des Sortiments. Ein Markenschutzziel kann unter anderem auch dadurch verfolgt werden, dass man nur ausgewählte Sortimentsbereiche auf Amazon platziert oder an Amazon verkauft, und „kritische Sortimentsbereiche" außen vorlässt.

Wie in Abb. 4.16 zu sehen, ist dabei eine Variante, dass anstatt einer **Vollsortiments-Listung** gezielt nur **Teilsortimente für Amazon** freigegeben werden. Analog der spezifischen Gestaltung von Marken für Amazon kann auch erwogen werden, **Spezialsortimente** für Amazon zu entwickeln. Diese Spezialsortimente können entweder an spezifischen, auf Amazon sehr gut vertretenen und erreichbaren Zielgruppen ausgerichtet werden oder sie dienen verstärkt dem Zweck, sich der Preisvergleichbarkeit

Sortiment EAN / ASIN	Vollsortiment	Teilsortiment	Spezialsortiment	Bundlings	Services

Abb. 4.16 Strategisches Tableau: Ebene „Sortiment". (Quelle: eigene Darstellung 2019)

zu entziehen, da kein anderer Anbieter diese Produkte zeitgleich vertreibt und preislich unterbieten kann.

Dies wird dadurch erreicht, dass nicht nur neue EAN-Kodifizierungen für die Produkte generiert werden, sondern auch die auf Amazon entsprechenden ASIN (Amazon Standard Identification Number) und damit verbundene individuelle Produktdetailseiten. Das gleiche Ziel verfolgt auch die Option **Bundlings,** bei der zwei oder mehrere Produkte miteinander kombiniert werden und so auch eine neue ASIN entsteht. Selbstverständlich bedingt das taktische Manöver des Bundlings auch, dass diese Produktkombinationen bedarfsorientiert am Endkunden ausgerichtet werden und dann auch Mengen- und Margenvorteile entstehen. Die letzte Option ist die **Service**-Variante, die gleichwohl nicht jedem Hersteller oder Händler zur Verfügung stehen dürfte. Neben den bereits erwähnten Differenzierungsoptionen wie speziellen Wartungs- oder Garantieleistungen sind hier auch Personalisierungs- und Individualisierungsangebote zu subsummieren.

4.7.5 Geschäftsbereich

Die vermeintlich einfachste Entscheidungsebene ist diejenige bezüglich des auf Amazon relevanten Geschäftsbereichs. Damit ist gemeint, ob die Produkte nur auf dem bisherigen **B2C-Hauptmarktplatz** vertrieben werden sollen oder ob auch **Amazon Business** eine probate Option darstellt. Will ein Unternehmen seine Produkte auf beiden Marktplätzen vertreiben, so muss für beide eine Registrierung erfolgen (Abb. 4.17).

Zu beachten gilt in diesem Kontext, dass viele Amazon-Kunden (Konsument), die beide Accounts angelegt haben, oftmals permanent und primär mit dem Amazon Business Account eingeloggt sind. Suchen diese nach Produkten mit Überschneidungen in den Consumerbereich, so ist es vorteilhaft, wenn die Sortimente des Anbieters auch auf Amazon Business angeboten werden. Beispielsweise sind inzwischen viele Gesundheitseinrichtungen oder auch Kindergärten bei Amazon Business registriert, wodurch bei Anbietern von Kinderspielzeug spürbar Auftragsvolumina im Business-Bereich erzielt werden können. Damit soll angedeutet werden, dass viele Sortimente, die eigentlich sortenreine Konsumentenprodukte beinhalten, auch auf Amazon Business eine Relevanz entfalten können.

Die vermeintlich einfache Entscheidung gestaltet sich somit bei näherer Betrachtung schnell herausfordernder, wenn man berücksichtigt, dass weitere Entscheidungsebenen Rückkoppelungsbezüge aufweisen. Die bereits erwähnten Unterschiede bei der Internationalisierungsfrage (Amazon Business nur mit 8 Länderoptionen) sowie dem-

Geschäfts-bereich	B2C	Amazon Business

Abb. 4.17 Strategisches Tableau: Ebene „Geschäftsbereich". (Quelle: eigene Darstellung 2019)

entsprechend passende Logistiklösungen bilden einen Themenkomplex. Alternative Gestaltungsoptionen bei Eigenmarken speziell für Amazon Business wiederum eine andere. All dies hat einen Einfluss auf die unternehmensindividuelle Bewertung von Attraktivität und Machbarkeit bezüglich der eigenen Amazon Business-Konzeption.

Als Unterkategorien der Geschäftsfelder könnten zudem noch die beiden Bereiche Amazon Warehouse (Deals) und Amazon Outlet genannt werden. Während man wiederaufbereitete Retourenartikel und B-Ware über Amazon Warehouse vertreiben kann, steht Amazon Outlet nur Neuware offen, die im FBA-Lager liegt und dann zu besonders günstigen Preisen angeboten werden kann (Steiner 2019).

4.7.6 Auftritt/Firmierung

Für viele Unternehmen mit potenziellen Kanalkonflikten ist es eine bedeutende Frage, ob man erkennbar als Verkäufer auf Amazon auftritt oder ob man seine Waren in anonymisierter Form anbietet. Es gibt jedoch mehr als nur zwei Varianten und außerdem vermengen sich auf dieser Ebene zwei Entscheidungsebenen unweigerlich miteinander. Nämlich dann, wenn das Unternehmen aus beispielsweise Umsatzwachstumsgründen in ein Vendorenverhältnis mit Amazon geht, erübrigt sich die Transparenzfrage, da für Außenstehende dann eindeutig ersichtlich ist, dass Amazon der Verkäufer der Ware ist.

Wie in Abb. 4.18 zu sehen, sind sechs unterschiedliche Gestaltungsvarianten heute in der Praxis anzutreffen.

Die **passive** Option betrifft ausschließlich Markenhersteller, die – oftmals aufgrund der oben genannten Kanalkonfliktrisiken – selbst keinen eigenen Auftritt auf Amazon anstreben und keine Vendorenbeziehung in Betracht ziehen. Die Marke und die Produkte werden nur durch Händler auf der Plattform vermarktet. Das Herstellerunternehmen kann ungeachtet seiner Passivität Maßnahmen zur Händlersteuerung und zum Markenschutz ergreifen. Insbesondere sei hier wieder auf Amazon Brand Registry verwiesen.

Die zweite Variante ist augenscheinlich ebenfalls nur für Markenhersteller relevant. Das Unternehmen will im Gegensatz zur passiven Option gezielt seine Präsenz auf Amazon forcieren und auch Umsätze generieren. Es agiert in dieser ersten Phase jedoch **verdeckt,** da es einen Dienstleister zwischenschaltet. Derartige spezialisierte Dienstleister bieten nahezu die gesamte Wertschöpfungskette für Amazon und oftmals auch andere Marktplätze an. Der Dienstleister verkauft dann die Ware des Markenherstellers unter seiner eigenen Firmierung auf Amazon und übernimmt die Fulfillment-, Service- und Retourenprozesse soweit der Hersteller das wünscht beziehungsweise mit dem Dienstleister ausverhandelt.

Auftritt / Firmierung	Passiv Nur durch Händler	Verdeckt Nur durch DL	Seller	Vendor	Vendor-Seller-Mix	Private Label Vendor (Amazon our brands)

Abb. 4.18 Strategisches Tableau: Ebene „Auftritt & Firmierung". (Quelle: eigene Darstellung 2019)

Die **Seller-Variante** wurde bereits hinlänglich beschrieben. Sie ist sowohl für viele Hersteller als auch Händler meist das Mittel der Wahl. Es soll an dieser Stelle jedoch betont werden, dass die jüngsten Fördermaßnahmen Amazons andeuten, dass es demnächst eine „Mehrklassengesellschaft" innerhalb der Seller geben könnte. Das neue Konsignationsmodell Sold by Amazon (SBA) könnte zu einer deutlichen Ausdifferenzierung des Sellermodells führen. Insbesondere für Markenhersteller ergibt sich hier im Zusammenspiel mit den Optionen durch Brand Registry und das Vine-Programm ein durchaus neuer Gestaltungsrahmen. Das ebenfalls neue Accelerator-Programm für Markeninhaber bietet ein weiteres Differenzierungskriterium der vormals relativ homogenen Sellerwelt. Hier gilt jedoch, dass man erst nach Bewerbung durch Amazon ausgewählt wird und dann auch mit einem spezifischen Vertrag ausgestattet wird. Die Vorteile, die eine dann um rund 10 Prozentpunkte erhöhte Verkaufsprovision mit sich bringt, scheinen für die meisten Seller sehr attraktiv. Neben einem deutlich erweiterten Datenzugriff (vergleichbar „ARA Premium für Seller"), sind auch eine Vine-Flatrate oder inkludierte Marketingbudgets erhältlich. Optiert ein Unternehmen für die Sellervariante, so ist unmittelbar darauf zu entscheiden, wie die eigenen Umsetzungsszenarien hinsichtlich Content-, Marketing-, Logistik- und Servicegestaltung aussehen können.

Wenn das **Vendor-Modell** in Frage kommt oder bereits Gespräche mit Amazon in der Anbahnung sind, so sind zwei Kernaufgaben unmittelbar anzugehen. Zum einen muss vor der Gesprächsführung mit Amazon intern geklärt werden, wie der gewünschte Strategiepfad aussehen soll. Damit ist gemeint, dass definiert werden muss, über welche Marke, Sortimente und Länder man grundsätzlich verhandeln und welche Konditionen man anbieten will. Zudem muss man vorab Klarheit schaffen, wie die interne Leistungsfähigkeit bezüglich der laufenden Amazon-Betreuung oder auch der Logistik gegeben oder aufbaubar ist. Der zweite Aufgabenblock ist die Vorbereitung und Führung der Verhandlungsgespräche. Der interessierte Leser sei an dieser Stelle für vertiefende Einblicke in Gesprächstaktiken für Vendoren an Fachpublikationen wie die von Aufzug und Bors verwiesen (Aufzug und Bors 2019).

Der **Vendor-Seller-Mix** als strategische Variante wurde in Abschn. 4.6.2 bereits ausführlich beschreiben. Es sei an dieser Stelle noch einmal betont, dass diese Variante sowohl die bewusste strategische Präferenz eines Unternehmens sein kann, als auch die Lösung einer Problemsituation. Letzteres ist zumeist dann gegeben, wenn ein existierendes Vendorengeschäft nicht die gewünschten Ergebnisse erzielt, das heißt Amazon will Sortimentsteile nicht weiter direkt beziehen. Das kann mit der Preisstellung ebenso zusammenhängen wie mit Lager- und Transportherausforderungen oder ähnlichem. In jedem Fall ist die strategische Reaktion des Lieferanten, dass er dann selbst mittels eines Seller-Accounts all die Sortimente vermarktet, die nicht vom Vendorenvertrag mit Amazon erfasst sind. Die bewusste strategische Variante ist dann gegeben, wenn das Unternehmen von vornherein beschließt, gewissen Marken beziehungsweise Sortimente nicht in die Hoheit Amazons zu übergeben, sondern diese bewusst selbst zu vertreiben. Das Parallel-Management von Vendor- und Sellergeschäft bietet einige Vorteile, insbesondere die zugängliche Datenlage betreffend. Auf der anderen Seite steigt jedoch auch der

Abstimmungs- und Koordinationsaufwand. In der Praxis wird das zumeist bedeuten, dass mehrere Personen in Vollzeit mit Amazon ausgelastet sein werden.

Die letzte Option ist eine Unterkategorie des Vendormodells. Als **Private Label Vendor** liefert man speziell entwickelte und gefertigte, in jedem Falle jedoch für Amazon gelabelte Sortimente. Es kann durchaus sein, dass zudem noch Sortimente der Kernmarke oder anderen Marken geliefert werden. Die Besonderheit ist hier jedoch die enge Zusammenarbeit mit Amazon zum Aufbau der Eigenmarke(n). Zumeist bedeutet dies, dass es dafür nicht nur einen speziellen Lieferantenvertrag gibt, sondern dass man hier auch mit einer zusätzlichen, spezialisierten Unternehmenseinheit bei Amazon zusammenarbeitet. Erneut gilt, dass man für die Verhandlungsführung gut vorbereitet sein sollte, da insbesondere die Regelungen zur Nutzung der Markenrechte (im internationalen Kontext) zu einer diffizilen Angelegenheit werden können.

4.7.7 Logistik

Einer der Erfolgsfaktoren von Amazon ist unbestreitbar dessen Logistikexzellenz, siehe hierzu auch Kap. 12. Dies ist auch der Bereich, in dem Amazon mitunter die meisten Investitionen tätigt und Innovationen entwickelt. Insofern ist auch als Seller oder Vendor der Logistik große Beachtung zu schenken, schließlich muss man den Ansprüchen Amazons und denen der Konsumenten Rechnung tragen. Sechs Varianten zur Gestaltung der Logistik stehen hierbei zur Verfügung (siehe Abb. 4.19).

Wickelt man die Logistik als Seller **selbst** ab, so erfolgt dies im Modus **Fulfillment by Merchant** (auch by Seller genannt). Will man als Seller das Prime-Logo bei seinen Angeboten angezeigt bekommen, so muss man sich als Prime-Lieferant zertifizieren lassen und die Anforderungen Amazons insbesondere hinsichtlich der Liefertreue und -geschwindigkeit erfüllen. Dieses **Prime by Merchant-Zertifikat** wird nicht nur einmalig vergeben, sondern unterliegt einer ständigen Kontrolle der Fulfillment-Performance. Ist das Unternehmen logistisch nicht in der Lage, die Prime-Anforderungen Amazons zu erfüllen oder will die kleinteilige E-Commerce-Logistik nicht selbst leisten, so gibt es die Möglichkeit, sich hier Dienstleister zu bedienen, die auf E-Commerce allgemein oder auch Amazon im Besonderen spezialisiert sind. Erneut gilt zu unterscheiden, ob der **Dienstleister Prime-zertifiziert** ist und man dadurch das verkaufsfördernde Prime-Siegel erhält.

Die **Selbst-FBA-Mix-Variante** sieht vor, dass der Seller Teile des Sortiments bei Amazon einlagert und damit dem kostenpflichtigen Dienst Fulfillment by Amazon (FBA) übergibt. Andere Sortimentsbereiche werden demgegenüber in Eigenregie

Logistik	Selbst (FBM)	Selbst Prime (Prime by Merchant)	Fulfillment-Dienstleister (Prime)	Selbst-FBA-Mix	Amazon Logistics	FBA	MCF

Abb. 4.19 Strategisches Tableau: Ebene „Logistik". (Quelle: eigene Darstellung 2019)

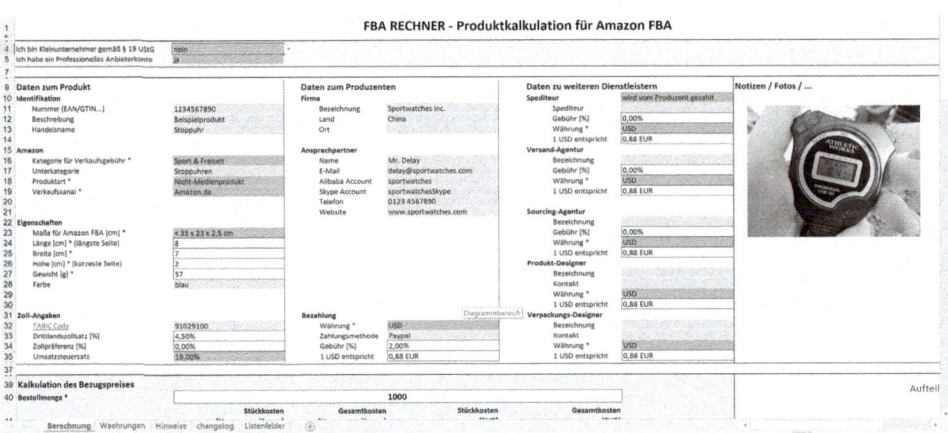

Quelle: Wiegand, Daniel - **https://www.fbarechner.de/**

Abb. 4.20 FBA-Rechner Version 1.92. (Quelle: Wiegand 2019)

organisiert. Die Hauptmotivation ist hier zumeist, dass durch das **FBA-Modell** der Prime-Status erreicht wird. Deshalb lagern Seller häufig die schnelldrehenden Sortimente bei Amazon. Die Regularien des FBA-Programms sind dabei recht umfangreich und müssen genaustens beachtet werden, auch um zusätzliche Kosten oder Pönalen zu vermeiden (Lamprecht 2019). Zur Margen- und FBA-Kostenkalkulation ist es hilfreich, sich professioneller Instrumente zu bedienen, wie beispielsweise des FBA-Rechners in Abb. 4.20. Erneut sei darauf verwiesen, dass Nutzern des FBA-Modells zudem grundsätzlich die Option des Amazon Outlet offensteht, um hohe Warenbestände rabattiert und mit Werbepromotion abzuverkaufen (Steiner 2019).

Die Variante **Amazon Logistics** gilt ausschließlich für das Vendor-Modell. Hier liefert der Vendor an von Amazon bestimmte Lagerorte in Deutschland, aber auch in Polen oder anderen europäischen Orten. Die Kosten für Lagerung und Transport trägt in diesem Fall Amazon als Kunde. Erneut gilt jedoch zu beachten, dass Amazon strenge Anforderungskataloge pflegt, die Verpackungen, Liefertaktungen und ähnliches beschreiben. Insbesondere die vertragsgetreue Anlieferung der Ware, und hier ist nicht die Ware selbst, sondern die logistische Präzision gemeint, ist ein häufiger Stolperstein für viele Vendoren und kann empfindliche Pönalen zur Folge haben. Auch in der Vendorvariante kann es Konstellation geben, bei denen der Vendor das Fulfillment in Teilen oder gänzlich selbst bewerkstelligt; insbesondere bei Produkten, die Amazon selbst nicht lagern kann oder will, werden Dropshipping-Lösungen mit Amazon vereinbart (Beispielsweise sehr sperrige oder leicht entzündliche Güter, Autoreifen, etc.).

Eine Sonderleistung Amazons stellt die letzte Variante dar. Mit dem Multichannel-Fulfillment (MCF) bietet Amazon Sellern an, dass sie ihre Waren bei Amazon einlagern und Amazon auch den Versand der Aufträge übernimmt, die nicht vom Amazon Marketplace selbst kommen, sondern beispielsweise im eigenen Online-Shop oder auf einem anderen

Marktplatz erzielt werden. Der Seller muss dabei die Aufträge schnittstellenbasiert an Amazon überspielen. Das Hauptargument für Seller ist in diesem Modell die optimierte und zentrale Lagerhaltung. Der Seller muss für seine verschiedenen Absatzkanäle nicht zwei oder mehr Lagerbestände vorhalten, sondern agiert aus seinem zu Amazon outgesourcten Zentrallager. Ein oft genannter Nachteil beziehungsweise Risikofaktor wird darin gesehen, dass Amazon dadurch – zumindest theoretisch – einen umfassenden Einblick in die Auftrags- und Warenströme des Sellers erhält.

4.7.8 Pricing

Das Thema Preisgestaltung ist aus mehrerlei Hinsicht ein anspruchsvolles Thema im Kontext von Amazon, insbesondere für Markenhersteller. Abb. 4.21 zeigt die drei grundsätzlich gangbaren Preisstrategien.

Wie bereits erläutert sind auf Amazon „wettbewerbsfähige" Preise essentiell, um in der Buy Box Sichtbarkeit zu erlangen. Insofern ist die erste, **UVP-nahe Preisstrategie** weniger eine echte Strategie als vielmehr Residualgröße eines ranghöheren Strategieziels, nämlich das der optimalen Markenpräsentation von Markenherstellern. Werden Produkte statisch immer nur mit dem UVP angeboten und sind zugleich andere Anbieter mit demselben Produkt günstiger präsent, so wird die Buy Box höchstwahrscheinlich nahezu nie erreicht werden. Das primäre Ziel des Markenherstellers ist jedoch häufig die Besetzung der Produktdetailseite mit seinem originären Content und wertet die Umsatzerzielungsabsicht nachrangig.

Die beiden anderen Strategien sind demgegenüber als preisaggressive Varianten zu verstehen. Die **Follower-Preis-Variante** wird zumeist auch von Amazon selbst angewandt. Amazon setzt in den wenigsten Fällen selbst den günstigsten Preis, sondern folgt lediglich dem „Marktpreis". Der relevante Marktpreis wird dabei vom Amazon-Algorithmus ermittelt und bezieht dabei nicht nur die Entwicklungen auf dem Amazon Marketplace ein, sondern auch die Preispunkte des Produkts auf anderen wichtigen Plattformen wie beispielsweise Google Shopping. Ist man in einer Vendoren-Beziehung mit Amazon, so kann man davon ausgehen, dass Amazon die bezogenen Produkte immer nahe am aktuellen Marktpreis vermarkten wird. Amazon kann dabei ein kleines Preispremium für sich verbuchen, da Amazon stets mittels Prime verkauft und zahlreiche Konsumenten auch das Schild „Verkauf durch Amazon" bevorzugen. Seller können und müssen abwägen, wann sie bei Produkten mit Konzepten der **Preisführerschaft** agieren und wann ihnen ein Follower-Preis auch zur Erreichung der gesetzten Abverkaufsziele

Pricing	UVP (-nah)	Follower-Preis (dynamic pricing)	Preisführerschaft

Abb. 4.21 Strategisches Tableau: Ebene „Pricing". (Quelle: eigene Darstellung 2019)

genügt. In jedem Fall ist das Austarieren der Preispunkte auf Amazon heutzutage nicht mehr sinnvoll händisch machbar. Die Preise ändern sich mehrmals täglich, oftmals sogar stündlich. Insofern setzen professionelle Seller sogenannte Repricer-Instrumente ein, die auf Basis von vorher definierten Regeln wie „Mindestpreis" oder „Höchstdifferenz zum Preisführer" eine optimale Aussteuerung von Absatz und Marge ermöglichen. Das Motiv der Preisführerschaft kommt oft dann zum Tragen, wenn Seller Warenbestände zeitnah monetarisieren müssen. Zum Beispiel dann, wenn Ware schon zu lange im Amazonlager liegt (FBA) und zusätzliche Lagerkosten anfallen oder eine Rücksendung ebenfalls zu erneuten Kosten führen würde. Für den Seller ist es dann weniger verlustreich, die Ware günstiger zu veräußern als weitere Logistikkosten zu tragen.

4.8 Exemplarische Amazon-Strategien

Zur Veranschaulichung des Zusammenspiels der Themenfelder sollen abschließend drei fiktive, aber in der Praxis häufig und erfolgreich praktizierte Strategiemuster dargestellt werden.

4.8.1 Beispiel-Fall „Seller defensiv"

Die erste Strategievariante repräsentiert ein Herstellerunternehmen, dass für seine Einstiegsstrategie eine vorsichtige Pfad-Ausprägung wählt, um insbesondere Konflikten in seinen tradierten Handelskanälen und mit seinen sonstigen Vertriebspartnern (vorerst) aus dem Weg zu gehen (siehe Abb. 4.22).

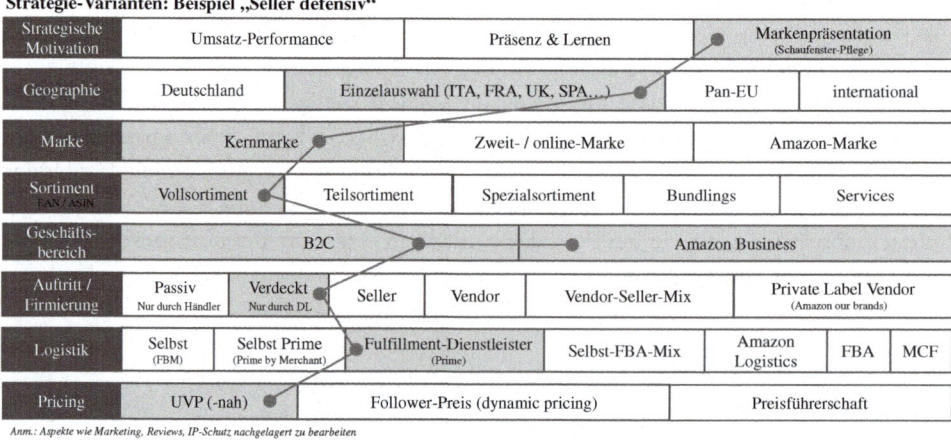

Abb. 4.22 Strategische Variante 1. (Quelle: eigene Darstellung 2019)

Das Unternehmen ordnet die Amazon-Konzeption der strategischen Zielsetzung der „**Markenpräsentation**" unter. Da es besonders in Deutschland mit Vertriebskanal-konflikten rechnet, startet das Unternehmen seine Amazon-Aktivitäten **verdeckt mittels eines Dienstleisters.** Da man nur eine **Mark**e im Portfolio hat und den Aufwand einer Markenneukreation scheut, startet man erst im europäischen Ausland, wählt hier aber zwei Länder gleichzeitig (**Einzelauswahl UK und Italien**), um Vergleichswerte nutzen zu können. Zudem meldet man die Marke und alle Produktmarken bei Amazon Brand Registry an. Der Dienstleister erhält das **Vollsortiment** zur Vermarktung. Da der Dienstleister über eine leistungsfähige Logistik verfügt, verfügt er auch über die Amazon **Prime-Zertifizierung.** Der Dienstleister managt die beiden Länderaccounts und sorgt auch für die Übersetzungen sowie A9-Optimierungen des Contents. Dem Dienstleister wird nur eine geringe Konditionenspanne (von 10 %) eingeräumt, um die **Preispunktsetzung nahe am UVP** zu halten. Um die bislang unbekannten B2B-Ziel-gruppen-Potenziale in den beiden Ländern zu eruieren, wird zudem in beiden Ländern **auch für Amazon Business** das Vollsortiment gelistet und Mengenrabatte eingeräumt. Der Vertrag mit dem Dienstleister sagt dem Unternehmen zu, dass sämtliche Trans-aktionsdaten an das Unternehmen kommuniziert werden und dass nach einem Jahr eine schrittweise Übernahme der Amazon-Accounts erfolgen kann. Das Unternehmen stellt eine zusätzliche Person ein, die sich um die Betreuung von Amazon kümmert und als zentraler Ansprechpartner für den Dienstleister fungiert. Diese Vollzeitkraft hat bereits Amazon-Erfahrung und verantwortet die Bereiche KPIs & Analytics, Sortiments-gestaltung und Fulfillment. Eine weitere Person mit längerer Betriebszugehörigkeit wird aus dem Innendienst ausgewählt und zu ca. 50 % ihrer Arbeitszeit dem Amazon-Bereich zugeordnet. Diese Person kümmert sich aufgrund ihrer vorhandenen tiefen Kenntnisse bezüglich der Produkte sowie System- und Datenlandschaft insbesondere um Content-Erstellung, Bewertungen und Fragen. Darüber hinaus wird ein zwei-wöchentlicher Jour Fixe eingerichtet, bei dem das Amazon-Team der Geschäftsleitung wichtige Erkenntnisse und Handlungsoptionen präsentiert sowie Entscheidungen ein-fordern kann.

4.8.2 Beispiel-Fall „Seller offensiv"

Das zweite Beispiel illustriert den strategischen Pfad eines Unternehmens, das nahezu **alle Umsatzpotenziale** des Amazon Marketplaces für sich nutzen will und daher die **Seller-Variante** gewählt hat (Abb. 4.23).

Das Unternehmen produziert Freizeitartikel und verfügt über mehrere Marken, die es taktisch unterschiedlich auf den Amazon Marktplätzen einsetzt. Für den Heimatmarkt Deutschland wurde zudem eine spezielle **online-Marke** ins Leben gerufen, die spe-zielle Sortimente zusammenfasst und vor allem jüngere Zielgruppen erreichen soll. Die **Kernmarke** ist deshalb nur mit einem **Teilsortiment** präsent, auch um die Preispunkte gewisser Produkte nicht zu gefährden. Aufgrund der hohen Bekanntheit der Kernmarke

Strategie-Varianten: Beispiel „Seller offensiv"

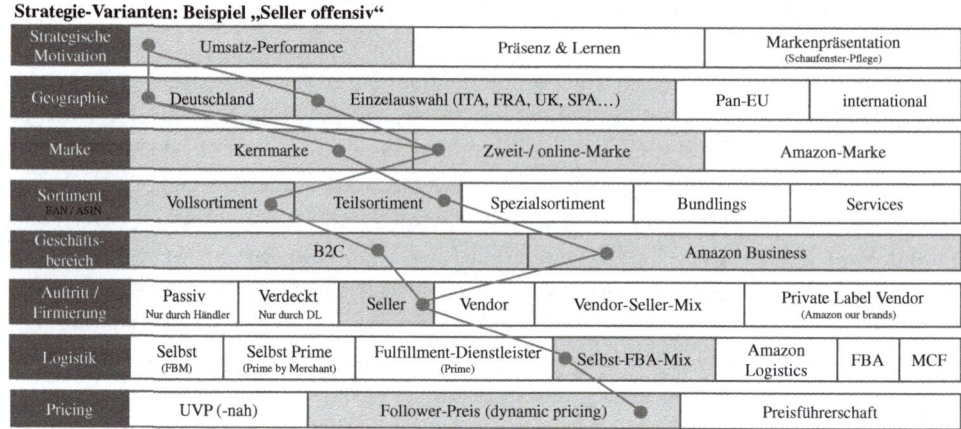

Strategische Motivation	Umsatz-Performance			Präsenz & Lernen		Markenpräsentation (Schaufenster-Pflege)	
Geographie	Deutschland		Einzelauswahl (ITA, FRA, UK, SPA…)		Pan-EU	international
Marke	Kernmarke		Zweit-/ online-Marke		Amazon-Marke	
Sortiment EAN / ASIN	Vollsortiment	Teilsortiment	Spezialsortiment	Bundlings	Services	
Geschäfts-bereich	B2C		Amazon Business			
Auftritt / Firmierung	Passiv Nur durch Händler	Verdeckt Nur durch DL	Seller	Vendor	Vendor-Seller-Mix	Private Label Vendor (Amazon our brands)
Logistik	Selbst (FBM)	Selbst Prime (Prime by Merchant)	Fulfillment-Dienstleister (Prime)	Selbst-FBA-Mix	Amazon Logistics	FBA	MCF
Pricing	UVP (-nah)	Follower-Preis (dynamic pricing)	Preisführerschaft	

Anm.: Aspekte wie Marketing, Reviews, IP-Schutz nachgelagert zu bearbeiten

Abb. 4.23 Strategische Variante 2. (Quelle: eigene Darstellung 2019)

werden deren Teilsortimente parallel auch auf **Amazon Business** mit Mengenrabatten angeboten. Dies sorgt dafür, dass neue Business-Zielgruppen erreicht werden. Diese kleineren Geschäftskunden können mit dem regulären Außendienstvertriebsmodell nicht wirtschaftlich bedient werden. Die hauseigene Logistik ist nicht Prime-zertifiziert und verfügt aufgrund des Standortes auch nicht über die Voraussetzungen dafür. Deshalb werden rund 30 % der auf Amazon gelisteten Produkte bei Amazon im **FBA-Programm** geführt. Das Unternehmen hat insgesamt ein Team von 4 Personen aufgebaut, welches zentral aus Deutschland 5 Amazon-Länder bespielt. Dafür wurden auch systemische Voraussetzungen geschaffen und spezialisierte Software angeschafft. Darunter ist eine **Middleware zur Content- und Listingsverwaltung, inklusive Repricer und mit Schnittstellen zu Amazon.** Des Weiteren wird eine Software zum Management der Bewertungen und Fragen von Konsumenten eingesetzt. Das Unternehmen betreibt auch einen eigenen Online-Shop. Die Amazon-Umsätze übersteigen in Jahr 3 diejenigen des Online-Shops um mehr als das Zweifache.

4.8.3 Beispiel-Fall „Vendor B2C-B2B"

Das dritte Beispiel stellt einen **Vendor-Fall** der Form dar, wie er überaus häufig in der Praxis anzutreffen ist. Das Unternehmen produziert Accessoires für den Wohn- und Bürobedarf und vertreibt alle Produkte unter einer **Marke.** Das Unternehmen ist seit rund 5 Jahren Vendor und hat ein durchschnittliches Wachstum von 22 % über diese Jahre mit Amazon erzielt. Es existieren zwei **separate Vendorenverträge mit Amazon Deutschland und Amazon UK.** In beiden Ländern wird nur ein **Teilsortiment** von Amazon bezogen, da Teile des Sortiments nur bei sehr niedrigen Preispunkten (unter 10 EUR) liegen. Auf die Preisgestaltung auf dem Amazon Marketplace hat das

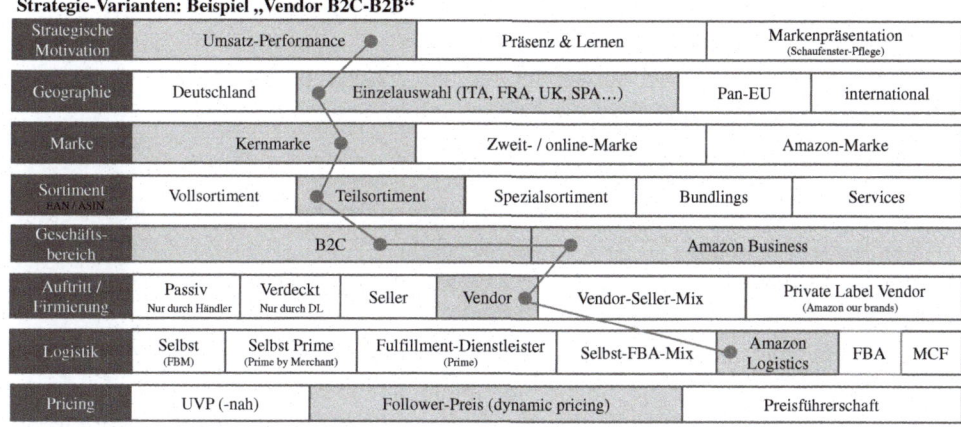

Strategie-Varianten: Beispiel „Vendor B2C-B2B"

Abb. 4.24 Strategische Variante 3. (Quelle: eigene Darstellung 2019)

Unternehmen als Vendor keinen Einfluss, da Amazon hier autark und **dynamisch Follo-wer-Preise** platziert (Abb. 4.24).

Jeweils ein Key-Account-Manager in Deutschland und UK leisten bislang die kom-plette Amazon-Arbeit. Das Unternehmen sieht sich seit letztem Jahr deutlich gestiegenen Konditionenforderungen Amazons gegenüber, verbunden mit der Aufforderung, für Amazon eine eigene Marke zu entwickeln und zu produzieren. Das Unternehmen erwägt deshalb, seine Amazonstrategie anzupassen. Es wird geprüft, ob Teilsortimente mittels eigenem Seller-Account vermarktet und ob weitere Amazon-Länder erschlossen werden sollen. Damit will man sich dafür wappnen, im Falle des Verlusts des Vendorgeschäfts in der Lage zu sein, so schnell wie möglich Umsatzanteile durch eigene Seller-Aktivitäten zu kompensieren.

4.9 Fazit und Kernempfehlungen

Amazon ist zweifellos eine der großen strategischen Herausforderungen unserer Zeit. Für Markenhersteller beginnt die Aufgabenstellung mit der grundsätzlichen Ent-scheidung für oder gegen Amazon und mündet im Falle der Bejahung zuerst in die Ven-dor-Seller-Frage, sowie dann in die Abwägung der jeweils dahinterstehenden Vielfalt an Handlungsoptionen. Wenngleich der Gestaltungsspielraum für Handelsunternehmen vergleichsweise eingeschränkter ist, so ist eine konsequente Amazon- und Marktplatz-strategie dennoch für viele Händler mitunter überlebenswichtig. Für Händler gilt umso mehr, dass ausgefeilte Differenzierungsstrategien, gepaart mit Umsetzungsexzellenz in den Gewerken Sortimentsgestaltung, Marketing und Fulfillment, eine Grundvoraus-setzung für den Erfolg auf und mit Amazon darstellen.

Egal ob Markenhersteller oder Händler: eine zwingende Voraussetzung, um eine tragfähige Amazonstrategie entwickeln zu können, ist, dass man „Amazon als Ganzes und seine Zusammenhänge" umfassend versteht. Dieses notwendige Verständnis und Erfahrungswissen muss fünf Fragedimensionen abdecken:

1. Wie agiert Amazon als Handelsunternehmen?
2. Wie funktioniert der Amazon Marketplace; welche Regeln, Gestaltungsoptionen und Services sind gegeben und für wen wie zugänglich?
3. Welche Wirkmechanismen und Verhaltensmuster charakterisieren den Sellerwettbewerb auf dem Marketplace?
4. Welche Interdependenzen bestehen zwischen Amazon und dem „Rest der Handelswelt"?
5. Wie passt das eigene Unternehmens-Set-up (Vertriebspolitik und personelle, technische, logistische Voraussetzungen) in das Amazon-Konstrukt und wo widersprechen sie sich?

Verwendet man ein Vorgehensmodell wie das des strategischen Amazon-Tableaus, so wird sichergestellt, dass alle fünf Fragedimensionen schrittweise behandelt und die unternehmensindividuell passenden Strategievarianten sowie größten Fallstricke identifiziert werden. Es kann hier weder auf Blaupausen zurückgegriffen werden, noch gibt es „die eine richtige Entscheidung". Es gibt oftmals nur ein bestes Abwägen nach aktuellem Kenntnisstand. Zu verschieden sind die Amazon-Gestaltungsoptionen, die mit den individuellen Zielen und Voraussetzungen eines Unternehmens in Einklang gebracht werden müssen. Aufgrund dieser notwendigen Strategiearbeit sollten Amazonentscheidungen nicht einfach „aus dem Bauch heraus" getroffen werden (zum Beispiel im Sinne von „ich persönlich mag Amazon nicht, also passt das auch nicht in unsere Geschäftsstrategie").

Ist die eigene Amazonstrategie im ersten Wurf entwickelt, so bleiben zwei wichtige Parameter zu beachten. Dies sind die Halbwertszeit der Amazonstrategie und die Personalfrage. Für die Umsetzung und Fortentwicklung der Amazonstrategie ist das richtige Personal elementar. Die Personen, die über die letzten Jahre Amazon als Phänomen übersehen oder Amazon gar bekämpft haben, sind in den seltensten Fällen die zukünftigen Erfolgsgaranten für das eigene Amazongeschäft. Wenn hausintern keine Kompetenzen und Kapazitäten vorhanden sind, dann führt kein Weg an einer Verstärkung von außen vorbei. Entweder in Form von Recruiting neuen Personals oder vorübergehend mithilfe beratender Unterstützung, insbesondere bei der initialen Strategieentwicklung.

Der Hinweis zur Halbwertszeit der Amazon-Strategie soll diesen Artikel beschließen und damit betonen, dass die Amazonstrategie einem fortwährenden Wandel unterliegt. Wahrscheinlich muss in den meisten Unternehmen eine grundlegende Überprüfung der Amazonstrategie mindestens jährlich erfolgen. Schlicht, weil Amazon und sein wachsendes Ökosystem sich immer schneller ändern und eventuell auch die Gesetzeslage beziehungsweise Rechtsprechung Handlungserfordernisse erzeugen.

Amazon-kompetente und motivierte Manager werden diese Schnelllebigkeit nicht nur als Herausforderung, sondern vor allem als Chance begreifen, dem eigenen Unternehmen wertvolle Wettbewerbsvorteile zu verschaffen.

Literatur

Amazon Brand Services. (2019). https://brandservices.amazon.de/. Zugegriffen: 8. Aug. 2019.

Amazon Global Selling. (2019). https://services.amazon.com/global-selling/global-selling-guide.html. Zugegriffen: 20. Aug. 2019.

Amazon Multi-Channel Fulfillment (MCF). (2019). https://sellercentral.amazon.de/gp/help/external/200332450?language=en_US&ref=efph_200332450_cont_201074400. Zugegriffen: 6. Juli. 2019.

Amazon Seller Services. (2019). http://go.amazonsellerservices.com/PrimeDurchVerkaeufer. Zugegriffen: 1. Aug. 2019.

Aufzug, M., & Bors, D. (2019). *E-Commerce mit Amazon* (1. Aufl.). Heidelberg: O'REILLY.

Bain, M. (2018). https://qz.com/1240861/amazon-sells-tons-of-clothes-but-it-still-cant-sell-fashion/. Zugegriffen: 7. Aug. 2019.

Böhme, F. (2019). https://beschaffung-aktuell.industrie.de/einkauf/nachgefragt/. Zugegriffen: 1. Aug. 2019.

Brindköpke, M. (2019). https://www.horizont.net/marketing/kommentare/plattformoekonomie-warum-unternehmen-einen-chief-amazon-officer-brauchen-176173?crefresh=1. Zugegriffen: 29. Juli. 2019.

Bundeskartellamt. (2019). https://www.bundeskartellamt.de/SharedDocs/Meldung/DE/Pressemitteilungen/2019/17_07_2019_Amazon.html. Zugegriffen: 17. Juli. 2019.

Dawson, C. (2019). https://tamebay.com/2019/07/amazon-really-dumping-vendors.html. Zugegriffen: 1. Aug. 2019.

Dominguez, A. (2019). https://www.amznavigator.de/2014/06/amazon-will-dienstleistungen-vermittlen/. Zugegriffen: 2. Aug. 2019.

Dunne, C. (2019). https://www.repricerexpress.com/amazon-inventory-performance-index/. Zugegriffen: 27. Juli. 2019.

eBay. (2019). https://www.ebay.de/help/selling/fees-credits-invoices/gebhren-fr-gewerbliche-verkufer?id=4122. Zugegriffen: 20. Aug. 2019.

excitingcommerce. (2019). https://excitingcommerce.de/2019/07/26/amazon-wachst-im-online-handel-im-ersten-halbjahr-um-12/. Zugegriffen: 7. Aug. 2019.

FTC. (2019). Twittermash. https://twittersmash.com/meldungen/die-ftc-untersucht-den-offiziellen-apple-store-auf-amazon-was-sich-negativ-auf-reseller-auswirkt/. Zugegriffen: 6. Aug. 2019.

Garret, S. (2019). https://adage.com/article/digital/amazon-quietly-launches-amazoncommercial-private-label-business-customers/2187666. Zugegriffen: 5. Aug. 2019.

Halon, E. (2019). https://www.jpost.com/Israel-News/Amazon-set-to-launch-local-retail-operations-in-Israel-588259. Zugegriffen: 22. Juli. 2019.

HDE. (2019). https://einzelhandel.de/presse/zahlenfaktengrafiken/861-online-handel/1889-e-commerce-umsaetze. Zugegriffen: 17. Juli. 2019.

Horizont. (2019). https://www.horizont.net/marketing/nachrichten/auf-der-ueberholspur-wie-retail-media-in-diesem-jahr-weit-nach-vorne-kommt-174668. Zugegriffen: 1. Aug. 2019.

Internet World Business. (2019). https://www.internetworld.de/e-commerce/amazon/amazon-verschafft-nun-sellern-zugang-zu-a-content-1723864.html. Zugegriffen: 19. Juli. 2019.

Kaczmarek, J. (2019). https://www.digitalkompakt.de/podcast/amazon-pattform-marktplatz-umsatzzzahlen-e-commerce/. Zugegriffen: 30. Juli. 2019.

Kelm, C. (2019). https://etailment.de/news/stories/amazon-versprechen-22467. Zugegriffen: 7. Aug. 2019.

Kim, E. (2019). https://www.cnbc.com/2019/01/29/amazon-new-middle-east-marketplace-rivals-souq.html. Zugegriffen: 20. Juli. 2019.

Kolf, F. (2019). https://www.handelsblatt.com/unternehmen/handel-konsumgueter/produktfael-schungen-project-zero-amazon-geht-jetzt-auch-in-europa-massiv-gegen-plagiate-vor/24865090.html?ticket=ST-6394946-6FIIyd2qurKUyd0b9NaX-ap6. Zugegriffen: 6. Aug. 2019.

Krisch, J. (2019). https://excitingcommerce.de/2019/04/20/wie-lost-amazon-das-marktplatz-dilemma/. Zugegriffen: 3. Aug. 2019.

Lamprecht, S. (2019). https://etailment.de/news/stories/FBA-erklaert-so-funktioniert-der-Versand-ueber-Amazon-4132. Zugegriffen: 10. Aug. 2019.

Marketplace pulse. (2019). https://www.marketplacepulse.com/amazon-private-label-brands. Zugegriffen: 1. Aug. 2019.

Meckel, M. (2019). https://wirtschaftslexikon.gabler.de/definition/selektives-vertriebssystem-42960. Zugegriffen: 30. Juli. 2019.

Melchior, L. (2019). https://www.internetworld.de/e-commerce/amazon/amazon-launcht-neues-programm-sold-by-amazon-1744646.html. Zugegriffen: 14. Aug. 2019.

Milnes, H. (2019). https://digiday.com/retail/amazon-vendor-purge-sellers-reduce-dependence-platform/. Zugegriffen: 6. Aug. 2019.

Miranda, L. (2019). https://www.buzzfeednews.com/article/leticiamiranda/these-are-all-the-busin-esses-you-never-knew-were-owned-by. Zugegriffen: 22. Juli. 2019.

Moynihan, R. & Payo, A. (2019). https://www.businessinsider.de/acquisitions-that-made-amazon-the-giant-it-is-today-2019-6?r=US&IR=T. Zugegriffen: 6. Juli. 2019.

Pannicke, K. (2019). https://sellics.com/de/blog-amazon-seo-ranking-algorithmus/. Zugegriffen: 31. Juli. 2019.

Revoic. (2019). https://www.revoic.com/welche-vorteile-bietet-amazon-vendoren/. Zugegriffen: 27. Juli. 2019.

Rogator A. G. (2018). https://www.rogator.de/app/uploads/2018/02/Rogator_exeo_Pricing_Lab_6_0_Kampf_der_Internet_Gigaten_um_Kundenbeziehung-1.pdf. Zugegriffen: 4. Aug. 2019.

Russel, M. (2018). https://www.just-style.com/news/investment-fails-to-lift-amazon-branded-womens-clothing-sales_id134836.aspx. Zugegriffen: 7. Aug. 2019.

SBA Amazon. (2019). https://sellercentral.amazon.com/. Zugegriffen: 5. Aug. 2019.

Schilling, M. (2019). https://www.kloepfel-consulting.com/supply-chain-news/unternehmen/des-halb-haben-es-amazon-co-auf-dem-indischen-markt-bald-schwer-35251/. Zugegriffen: 2. Aug. 2019.

Schöberl, M. (2019). Internet world business. Ausgabe 14/19 vom 15.07.2019

Soper, S. (2019). https://www.bloomberg.com/news/articles/2019-03-07/amazon-purges-suppliers-in-push-to-boost-e-commerce-profits. Zugegriffen: 21. Juli. 2019.

Steiner, I. (2019). https://www.ecommercebytes.com/2019/08/06/sellers-can-now-clear-fba-stock-by-selling-on-amazon-outlet/. Zugegriffen: 20. Aug. 2019.

Wiegand, D. (2019). https://www.fbarechner.de/. Zugegriffen: 5. Aug. 2019.

Wikipedia. (2019). https://de.wikipedia.org/wiki/Selektive_Vertriebssysteme, Aufruf vom 08.08.2019

Wittenhorst, T. (2019). https://www.heise.de/newsticker/meldung/eBay-verklagt-Amazon-in-den-USA-wegen-Abwerbens-von-Verkaeufern-4487761.html. Zugegriffen: 6. Aug. 2019.

Zimmer, D. (2018). https://www.internetworld.de/e-commerce/amazon/fall-birkenstock-gefangen-amazon-1570027.html?ganzseitig=1. Zugegriffen: 1. Juli. 2019.

Ralph Hübner ist Partner bei der ecom consulting GmbH sowie Sector Principal beim M&A-Beratungshaus Hampleton Partners. Er verfügt über rund 20 Jahre Führungs- und Beratungserfahrung von Hersteller- und Markenunternehmen in den Bereichen Strategie, Vertrieb und Marketing. Zu seinen langjährigen Beratungskunden zählen viele führende B2B- und B2C-Brands.

Ralph Hübners Spezialgebiete sind u. a. die Internationalisierung, Plattformstrategien, digitaler Markenschutz sowie die Digitalisierung von mehrstufigen Vertriebsmodellen. In den letzten Jahren hat Ralph Hübner viele namhafte Unternehmen bei ihrer Marktplatz- und im speziellen Amazon-Strategie beratend begleitet. Zudem ist er als Referent für diverse Industrieverbände, Redner auf Fachveranstaltungen, Fachautor sowie Gastdozent an der Hochschule München tätig.

Das Plattformzeitalter: Marktplatz-Alternativen zu Amazon

5

Ralph Hübner

Inhaltsverzeichnis

Zusammenfassung

Im deutschen E-Commerce und speziell im Marktplatzsektor nimmt Amazon zweifelsfrei eine dominante Position ein. Will man seine Produkte über Marktplätze vertreiben, so scheint – zumindest in Deutschland – kein Weg an Amazon vorbeizuführen. Oft wird dabei übersehen, dass Amazon in vielen Ländern (noch) nicht präsent und auch in diversen Warengruppen nicht marktführend ist. Es ist durchaus zu erwarten, das Amazon sowohl geographisch als auch kategoriebezogen weiter expandiert. Stand heute gibt es jedoch viele sinnvolle oder zwingende Alternativen, wenn man sich mit den Potenzialen und Risiken des Marktplatz-Business auseinandersetzen will. So bieten alternative Marktplätze Eintrittsportale in viele Länder, die auf herkömmlichen Vertriebswegen schwer zu erschließen sind und wo zugleich

R. Hübner (✉)
ecom consulting GmbH, München, Deutschland
E-Mail: huebner@ecom-consulting.de

© Springer Fachmedien Wiesbaden GmbH, ein Teil von Springer Nature 2020
C. Stummeyer und B. Köber (Hrsg.), *Amazon für Entscheider,*
https://doi.org/10.1007/978-3-658-27427-6_5

Amazon keine Option ist, wie beispielsweise in Skandinavien oder den meisten Ländern Osteuropas oder Asiens. Ein weiterer Aspekt ist die Tatsache, dass gewisse Zielgruppen verstärkt auf anderen Marktplätzen zuhause sind. Dies gilt insbesondere für den B2B-Bereich, aber auch für viele B2C-Segmente wie z. B. Fashion, Uhren, Möbel, DIY oder Beauty- und Drogeriebedarfe. Aus Managementsicht spricht ein weiteres, eher taktisches Argument für die Auseinandersetzung mit alternativen Marktplätzen: Die Entwicklungen des Amazon Marktplatzes sowie der eigene Erfolg auf demselben kann erst dann fundiert bewertet werden, wenn man auch andere Marktplätze bespielt und entsprechende Vergleichswerte zu Rate zieht. Der nachfolgende Beitrag zeigt auf, welche Marktplatzmodelle es zu unterscheiden gibt, welche Vor- und Nachteile jeweils zu beachten sind und wie man bei der Erschließung von Marktplätzen vorgehen sollte.

5.1   Einleitende Hinweise

Es existiert ein Marktplatzangebot außerhalb von Amazon. Für viele in Deutschland wurde diese Tatsache erst dadurch wahrnehmbar, dass sich Handelsformate wie Zalando und OTTO zum Marktplatz wandelten. Aus der Sicht von Zalando und OTTO hängt deren erfolgreiche Zukunft vielleicht sogar vom Marktplatzmodell ab (Weishaupt 2019). Es gibt aber inzwischen eine noch weitaus größere und stetig wachsende Anzahl von Marktplätzen im In- und Ausland, die als Alternativen zu Amazon in Betracht gezogen werden können. Dieser Beitrag beschreibt Funktionsweise, Relevanz und Entwicklungstrends von Marktplatzmodellen. Zudem werden Hinweise und Empfehlungen für den erfolgreichen Vertrieb über Marktplätze gegeben. Da die erwartete Leserschaft des Herausgeberbandes zuvorderst im deutschsprachigen Raum beheimatet ist, wird im Folgenden verstärkt aus und für die Perspektive eines hier beheimateten Unternehmens bzw. verantwortlichen Managers argumentiert. Dies beinhaltet eine Reihenfolge in der Betrachtung der Marktplatzentwicklungen dahingehend, dass primär auf Gegebenheiten und Trends in der DACH-Region eingegangen wird. Im zweiten Schritt folgt dann der Blick in das EU-Ausland und andere Regionen, die hohe Potenzialwerte im Marktplatzkontext versprechen. Selbstverständlich beinhaltet die eingenommene Marktperspektive auch und insbesondere alle international agierenden Unternehmen des hiesigen Mittelstandes sowie im DACH-Raum ansässige Tochterunternehmen globaler Konzerne. Eine zweite Perspektiveneinschränkung wurde bezüglich der im Fokus stehenden Unternehmensformen gewählt. Situationsanalyse und Chance-Risiko-Bewertungen wurden primär aus der Perspektive von (Marken-) Herstellerunternehmen in B2B- und B2C-Märkten formuliert. Auf Handelsunternehmen wird situativ eingegangen, wohingegen Dienstleistungsanbieter nur partiell berücksichtigt werden. Fragestellungen rund um die Thematik, wie man einen eigenen Marktplatz aufbaut – sei es aus Sicht eines Herstellers oder Händlers – werden nicht behandelt, da unmittelbar eine gänzlich andere Thematik und auch Detailtiefe erforderlich wäre, v. a. was die IT- und Infrastruktur-bezogenen Gestaltungen angeht.

Die Marktplatzwelt 2020 ist nahezu nicht vergleichbar mit dem Status Quo eines Jahres 2015, um eine willkürliche Zahl der jüngsten Vergangenheit zu nennen. Da für die kommenden Jahre eher von einer weiteren Beschleunigung als einer Stagnation im Marktplatzsegment auszugehen ist, sind baldige Überarbeitungserfordernisse dieses Beitrags absehbar. Bei der Nennung von „relevanten" Marktplätzen oder Plattformmodellen in den jeweiligen Branchen und Ländern erhebt dieser Beitrag keinen Anspruch auf Vollständigkeit. Im Gegenteil, uns ist sehr wohl bewusst, dass zahlreiche Anbieter – seien es „ausgewachsene Marktplätze" oder auch Start-ups – hier nicht erwähnt werden. Über Hinweise zu fehlenden, beachtenswerten Branchen- oder Marktplatzkonzepten freuen wir uns jederzeit und versprechen, dies bei der nächsten Auflage zu berücksichtigen.

5.2 Marktplätze im Plattformzeitalter

Die zweite Dekade des 21. Jahrhunderts wurde im E-Commerce (und nicht nur dort) als Plattformzeitalter bezeichnet (Parker 2016). Nach ersten Gehversuchen in den 1990er-Jahren erlebte der E-Commerce zum Ende der Nullerjahre seinen ersten Boom, getrieben von Pure Playern und wenigen Marktplätzen wie eBay und Amazon. Die Massentauglichkeit des E-Commerce als Vertriebskanal entstand jedoch erst auf dem infrastrukturellen Fundament, das Smartphone-Verbreitung, Cloud-Architekturen, Logistiklösungen und diverse Softwarestandards bilden. Seit etwa Mitte der 2010er-Jahre formte sich dann der globale Trend zum Aufbau von Plattformen und Marktplätzen. Der Plattform-Begriff stellt hierbei den Oberbegriff dar und schließt Marktplatzkonzepte ein. Unter Plattformen werden gemeinhin alle Arten von Angeboten verstanden, die eine technische, prozessuale oder logistische Infrastruktur bieten, so dass private oder gewerbliche Anbieter dort ihre Produkte und Dienstleistungen feilbieten können. Große und mitunter Branchen verändernde Plattformen sind beispielsweise Airbnb, Uber, Booking oder Netflix. Aber eben auch Marktplätze wie Amazon, Walmart, Tmall von Alibaba in China oder Flipkart in Indien. Im weiteren Verlauf dieses Beitrags werden die Begriffe Plattform und Marktplatz synonym verwendet, da es ausschließlich um den E-Commerce-Kontext gehen soll. Anbieter von solchen „Verkaufsplattformen" sind in erster Linie Technologieanbieter, die eine Infrastruktur und auch Services bereitstellen, die Händler und Herstellermarken nutzen können. Dass viele Marktplatzanbieter wie Amazon, OTTO oder Zalando zugleich ein eigenes Handelsgeschäft auf ihren Marktplätzen betreiben, ist ein – vielleicht auch wettbewerbsrechtlich – wichtiger Aspekt, aber kein Unterscheidungskriterium bei den Begriffen Plattform versus Marktplatz.

Seit etwa 2–3 Jahren wächst der E-Commerce über Marktplätze deutlich schneller als die klassische Webshop-Variante (siehe Abb. 5.1). Im globalen Kontext wird derzeit von einer doppelt so hohen Wachstumsgeschwindigkeit des Marktplatz-Commerce ausgegangen. Dies liegt zweifelsohne an den sehr steilen Wachstumskurven in den weniger entwickelten Märkten in Afrika, Asien, Südamerika oder auch Osteuropa, in denen

Wachstumsraten B2C-Plattform-Business global

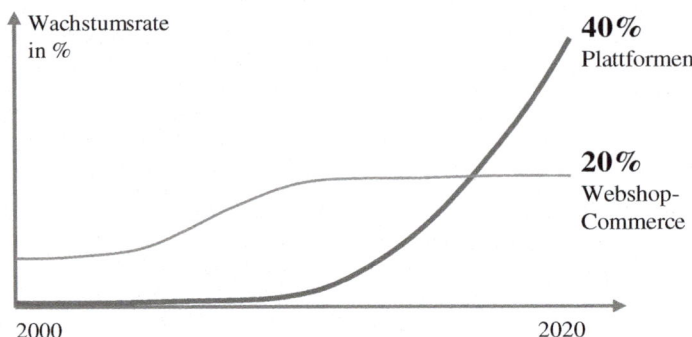

Abb. 5.1 Schematische Darstellung der Entwicklung im globalen E-Commerce. (Quellen: eigene Darstellung – IRCE, Shop.org, channeladvisor 2017)

auf vergleichsweise niedriger Basis derzeit auch Wachstumsraten von über 100 % erzielt werden. Doch auch bei uns in Deutschland und den meisten Ländern Westeuropas wird das E-Commerce-Wachstum derzeit vor allem von den Marktplätzen getragen.

Viele Gründe sprechen dafür, dass diese Entwicklung fortschreiten wird. Im Kern sind es **vier Treiberfaktoren,** die sich teilweise gegenseitig unterstützen.

1. **Netzwerkeffekte auf den Marktplätzen:** Erfolgreiche Marktplätze wie Amazon oder Zalando ziehen immer mehr Marken und Händler an, die dann immer mehr Sortimente auf dem Marktplatz platzieren, was wiederum mehr Konsumenten anlockt und bindet. Noch vor wenigen Jahren haben sich viele Markenunternehmen bewusst von den Marktplätzen ferngehalten. Ein bekanntes Beispiel ist Nike. Inzwischen sind aber sehr viele – vormals nur andernorts und exklusiv erhältliche – Marken auf den Marktplätzen präsent. Konsumenten lernen somit heute, dass sie nahezu alle ihre Konsumbedürfnisse an ein und demselben digitalen Ort befriedigen können. Zudem erweitern die Marktplatzbetreiber stetig ihr Leistungs- und Angebotsspektrum, sowohl für die bei ihnen angeschlossenen Anbieter (Hersteller, Handel) als auch die Konsumenten. Exemplarisch seien hier Lager- und Logistiklösungen sowie Bezahl- und Finanzierungsangebote genannt. Hinzu kommt, dass die massive Ansammlung von Content (Anzahl Produkte und Beschreibungen) auf den Marktplätzen eine enorme Relevanzwirkung für die Algorithmen der Suchmaschinen erzeugt. Das bedeutet, dass Google, Bing oder Baidu oftmals die Marktplätze als erste Suchergebnisse anzeigen. Ein „Marktplatz-Schwungrad" hat sich in Gang gesetzt und dieser Wachstumszug entfaltet eine Sogwirkung, die zunehmend Umsatz aus den stationären Geschäften zieht, aber eben auch aus den individuellen Webshops der Hersteller und Händler.

2. **Händler werden zu Marktplätzen:** Die erste Erfolgsphase der Marktplätze hat quasi ohne oder sogar gegen die online-Händler stattgefunden. Seit etwa 2016 kommt als verstärkender Effekt hinzu, dass eine Vielzahl an relevanten Händlern zu Marktplätzen mutiert. In Deutschland sind dies beispielsweise Zalando, OTTO, Galeria.de (Kaufhof/Karstadt) oder Breuninger, in Frankreich Fnac oder Galeries Lafayette, in den USA Walmart. Nahezu wöchentlich waren in den letzten zwei Jahren Ankündigungen zu lesen, welche Händler jetzt zu Marktplätzen bzw. Plattformen werden wollen. Die Händler haben das Marktplatzgeschäft als mitunter letzten Ausweg aus der Krise identifiziert, da die immer geringer werdenden Handelsmargen in Kombination mit immer umfangreicheren Sortimenten (Kapitalbindung) und zugleich erforderlichen Investments in Technologie, Logistik und Personal ein toxisches Gemisch erzeugen.

3. **Technische Entwicklungen und verfügbare Softwarestandards:** Möglich werden diese Händler-zu-Marktplatz-Metamorphosen, da die für das Betreiben von Marktplätzen erforderliche Infrastruktur inzwischen am Markt erhältlich ist. Sie muss nicht mehr in Gänze selbst entwickelt werden. Es gibt Softwarestandards für viele Gewerke, Logistik- und Paymentdienstleister stehen parat und auch die Hersteller – im Sinne von Lieferanten – sind vielfach in der Lage, sich systemisch „onzuboarden" sowie Dropshipping zu leisten.

4. **Finanzinvestoren, der Kapitalmarkt und das billige Geld:** Auch wenn Amazon ein beträchtlicher Pionieranteil an der Entwicklung des Plattformzeitalters gebührt, gefüttert wird der steile Trend der letzten Jahre vor allem von den Kapitalgebern des Silicon Valley und den Weltbörsen. Die Wagnisfinanzierer in den USA, London oder Berlin setzen schon seit einigen Jahren kaum mehr auf klassische E-Commerce-Konzepte – außer es sind Marktplatz- bzw. Plattform-Start-ups. Zwei bekannte Beispiele sind hier Jet.com und Wish, die, mit hohen Millionenbeträgen finanziert, sehr schnell Relevanz erreichen konnten. Inzwischen sind die Marktplätze aber kein Geheimtipp der Tech-Szene mehr, sondern im absoluten Mainstream angekommen. Die Kapitalmärkte der Welt setzen auf das Plattformgeschäft und treiben die Börsenwerte der Plattformgrößen auf immer neue Höchststände. Der Plattform-Index von Holger Schmidt (siehe Abb. 5.2, Schmidt, H. 2019) zeigt auf, wie die Aktien der großen Plattformen die Leitindizes seit rund 3 Jahren deutlich hinter sich lassen. Auch wenn es nur Momentaufnahmen in den Jahren 2018 und 2019 waren: Amazon war eines der ersten drei Unternehmen weltweit, das einen Börsenwert von über einer Billion Dollar erreichte (Streitfeld 2018).

Zu den oben genannten Trendfaktoren kommt inzwischen selbstverständlich noch ein psychologischer Effekt. Viele Händler und Pure Player glauben nicht mehr an ihr bisheriges Handelsgeschäft und sehen nur in Plattformmodellen eine Zukunftsfähigkeit. Diese „Marktplatzgläubigkeit" liegt einerseits wohl an der mittlerweile sehr ausgeprägten online-Wettbewerbsintensität („Kundengewinnungskosten") und der Sorge, mit dem eigenen Ressourcenansatz kein profitables Geschäft mehr erzielen zu

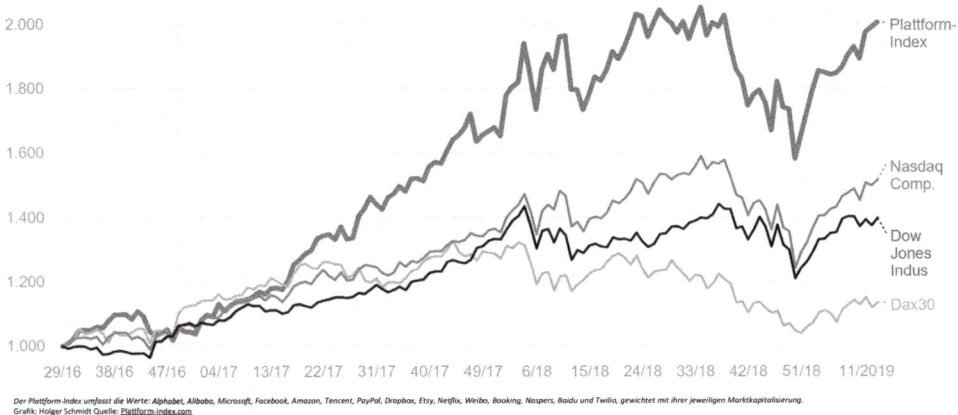

Der Plattform-Index umfasst die Werte: Alphabet, Alibaba, Microsoft, Facebook, Amazon, Tencent, PayPal, Dropbox, Etsy, Netflix, Weibo, Booking, Naspers, Baidu und Twilio, gewichtet mit ihrer jeweiligen Marktkapitalisierung.
Grafik: Holger Schmidt Quelle: Plattform-Index.com

Abb. 5.2 Steigende Relevanz der Marktplätze bzw. Plattformen am Kapitalmarkt. (Quelle: Holger Schmidt 2019, www.plattform-index.com)

können. Die jüngsten Marktplatz-Ankündigungen von Händlern wie Breuninger, Engelhorn, Metro oder Media-Saturn lösen bei ihren direkten oder indirekten Marktbegleitern zudem ein gewisses Herdentriebverhalten aus.

Damit lässt sich konstatieren, Hersteller, Händler, Marktplatzbetreiber, Konsumenten, Softwareanbieter, Logistikdienstleister und viele andere sorgen – teilweise unbewusst – für einen Schneeballeffekt. Marktplätze wachsen und rollen in immer neue Branchen und Geschäftsfelder hinein. Sie müssen wachsen, denn darauf haben die Mächtigen und Reichen der Welt viel Geld gewettet – in Europa, Amerika, Asien und auch Afrika.

5.3 Marktplatzmodelle im Überblick

Bereits heute gibt es eine Vielzahl verschiedener Marktplatz- bzw. Plattformmodelle und sie differenzieren sich stetig weiter aus. Zu unterscheiden sind die Modelle u. a. nach Art der anbietenden und adressierten Parteien (privat/gewerblich), der gehandelten Produkte (neu/gebraucht und physisch/virtuell) und Services oder auch der geographischen Ausrichtung (lokal/überregional/multinational). Selbstverständlich ist es für Aufbau und Erfolg des Marktplatzes auch von Belang, ob dieser ein Branchenspezialist ist oder einen generalistischen Ansatz und Anspruch hat, wie „The everything Store"-Amazon, eBay, Alibaba oder Allegro in Polen. In Tab. 5.1 sind die gängigsten Marktplatzmodelle mit ihren wichtigsten Charakteristika illustriert.

Für Hersteller und Händler ist ein weiteres wichtiges Unterscheidungsmerkmal die Frage, ob der Marktplatz „offen" oder „geschlossen" ist. Die Begriffe werden leider – je nach Marktplatzmodell – unterschiedlich verwendet. Da das Marktplatz-Business vielfach noch „Neuland" ist und auch in der Wissenschaft sowie Populärliteratur noch nicht

Tab. 5.1 Übersicht der gängigsten Marktplatz- und Plattformmodelle. (Quelle: eigene Darstellung)

Marktplatzmodell	Klassifizierung & Charakteristika	Beispiele
B2C	**Business-to-Consumer** Gewerbliche Anbieter verkaufen an Konsumenten	Amazon, Zalando, OTTO, schuhe.de, Galeria.de
B2C/C2C	**Business-to-Business/ Consumer-to-Consumer** Neue und gebrauchte Artikel werden von gewerblichen und privaten Anbietern an Konsumenten verkauft	Amazon, chrono24, eBay, mobile.de
B2B	**Business-to-Business** Industrie, Handel und Dienstleister verkaufen an Geschäftskunden	Amazon Business, mercateo, Wucato, Roobeo, simple system
B2B/E-Procurement-Plattformen	**Business-to-Business** Schnittstellen-basierte Einkaufsprozesse im B2B, freigegebene Produktkataloge und verhandelte Einkaufskonditionen bilden zumeist die Basis	SAP Ariba, mercateo, OpusCapita, integra
C2C	**Consumer-to-Consumer** Konsumenten verkaufen neue, gebrauchte oder selbst erstellte Produkte an Konsumenten	Etsy, Stubhub, Facebook, Letgo, Kleiderkreisel, eBay Kleinanzeigen
Lokale Marktplätze	**Business-to-Business-to-Consumer** Plattformen für lokale Anbieter, um Endkunden in ihrem Einzugsgebiet zu bedienen oder in das Ladengeschäft zu locken (web-to-store)	Locamo, Locafox, hierbeidir.com
Shopping Clubs	**Business-to-Consumer** Konsumenten kaufen nur nach vorheriger Registrierung; Sortimente bestehen häufig aus Restanten, B-Ware und Sonderartikel	Zalando Lounge, brands4friends (eBay), Veepee, limango (OTTO)
F2C & mobile first	**„Factory-to-Consumer"/Business-to Consumer** Hersteller (i. S. v. „ex-Factory"), zumeist aus Asien, verkaufen direkt an Konsumenten (mobile only)	Wish, factorymarket, Joom, Letgo,
Social Commerce-Plattformen	**Business-to-Business-to-Consumer** Direkte Kaufmöglichkeit für Konsumenten in den sozialen Netzwerken	Instagram (+Facebook), Pinterest, YouTube, Snapchat, WeChat
Service-Plattformen	**Business-to-Business-to-Consumer** Private und gewerbliche Anbieter offerieren Dienstleistungen und vermieten Produkte	Airbnb, Uber, OTTO NOW, myHammer, soundcloud, amazon services (USA)

mit einheitlichen Konventionen versehen ist, kann an dieser Stelle auf keine allgemein-gültige Form und Quelle verwiesen werden. In der Praxis, und dies sowohl im B2C- als auch B2B-Markt – werden die Begriffe wie folgt verstanden:

Ein **geschlossener Marktplatz** ist dann gegeben, wenn ein Anbieter auf diesem Marktplatz nur nach vorheriger Einladung oder Registrierung tätig werden kann wie beispielsweise Zalando oder ManoMano. Bei Shopping-Clubs und im B2B-Kontext gilt dies auch für die Käuferseite, sprich der private oder gewerbliche Käufer muss sich erst registrieren bevor er auf dem Marktplatz Käufe tätigen kann. Nicht zuletzt aufgrund umsatzsteuerlicher Vorschriften ist dies in Deutschland im B2B-Commerce zumeist gegeben. Ein **offener Marktplatz** hingegen erlaubt es Anbietern, dass sie sich selbst „onboarden", sprich ein Verkäuferkonto anlegen. Dies ist beispielsweise bei Amazon im Seller Central der Fall, ebenso bei OTTO (in Kürze) und eBay. Der Anbieter hat hier jedoch auch Mindestanforderungen zu erfüllen (Datenangaben, Umsatzsteuernummer, usw.) und verpflichtet sich die „Hausregeln" des Marktplatzbetreibers zu beachten. Im Falle von Amazon sind es die sogenannten Terms of Services (TOS) und Business Solu-tions Agreement (BSA), die umfangreich regeln, wie sich ein Anbieter gegenüber Ama-zon, aber auch dem Konsumenten gegenüber zu verhalten hat.

An dieser Stelle kann aus Gründen der Fokussierung nicht auf alle Varianten der tabellarisch gelisteten Marktplatzmodelle eingegangen werden. Die Fälle B2B und B2C werden in nachfolgenden Unterkapiteln eingehender behandelt. Aufgrund aktueller Relevanzaspekte werden drei Marktplatzformen in Kurzform näher beleuchtet:

1. **Regionale Marktplätze:** Anfangs von der Presse vielbejubelt und der Politik herzlich willkommen geheißen, ist es um diese Marktplätze zuletzt etwas stil-ler geworden. Viele Marktbeobachter und -akteure hatten gehofft, dass durch diese Marktplätze die Verödung der Innenstädte gestoppt werden könnte, war es doch das Versprechen an die lokalen Händler, dass sie nun auch online Zugang zu den Konsumenten ihrer Region erhalten. Inwieweit die angedachten Modelle tatsächlich für alle Beteiligten wirtschaftlich erfolgreich zu betreiben sind, muss die Zukunft noch zeigen (Kolbrück 2017). Die Intention des „Web-to-Store"-Modells ist aber unbestritten von Bedeutung, da auch die großen Tech-Player wie Google und Face-book hier einen zunehmenden Beitrag leisten. „Google my Business" hat binnen kurzer Zeit an Relevanz für stationäre Formate gewonnen und könnte im größe-ren Google Shopping-Kontext eine noch wichtigere Rolle spielen. Facebook ist hier indirekt ebenfalls ein Faktor, da viele lokale Geschäfte es geschafft haben, mittels des Facebook-Instrumentariums (Custom Audience/Audience Insights) einen wichtigen oder sogar dominierenden Anteil ihrer lokalen Kundenfrequenz zu erzeugen.

2. **F2C & „mobile first":** Das Markplatzmodell des „Factory-to-Consumer" besagt, dass der Produzent direkt an den Konsumenten liefert. Dabei ist es unerheb-lich ob die Ware vom Markenhersteller stammt oder lediglich von der „marken-losen" Produktionsstätte. Der Mehrwert für den Konsumenten soll durch

Quelle: Lengow

Abb. 5.3 TOP-10 Downloads von Shopping Apps je Land, per Februar 2019. (Quelle: Lengow 2019)

schlankere Prozesse und günstige Preise entstehen – sprich „ex Factory" oder der „Factory-Outlet-Marktplatz". Derzeit sind Wish aus den USA und Joom aus Russland populäre Beispiel dieser Gattung (siehe Abb. 5.3). In Deutschland ist zudem der Anbieter Factorymarket aktiv und ebenso mit Investorenkapital finanziert wie sein amerikanisches Vorbild. Eine Besonderheit dieser F2C-Marktplätze ist, dass diese häufig „mobile only" sind, sprich sie existieren nur als App und sind somit absolut fokussiert auf das Smartphone-Shopping ausgerichtet. Fakt ist jedoch auch, dass die Ware der „Factories" bei Wish und Factorymarket zum absolut überwiegenden Teil aus Asien stammt. Risiken bei der Produktsicherheit und Fälschungsproblematiken werden deshalb oft in einem Atemzug mit F2C-Marktplätzen genannt. Schließlich gibt es hier keine kontrollierende Instanz, die im Lieferprozess von der Fabrik zum Konsumenten noch sichernd wirken könnte.

Strategisch sind die F2C-Modelle absehbar für zwei Branchen bzw. Unternehmensformen von besonderer Relevanz. Zum einen für Marken in Branchen, in denen bereits heute ein Großteil der Ware bei ausländischen Lohnfertigern produziert wird. Hierzu gehören beispielsweise Mode, Sportartikel oder auch Möbel. Produzenten von Markenware in Fernost wird es durch die F2C-Angebote möglich, ein- und dieselbe Ware mit eigenem Label an die Konsumenten in Europa oder den USA zu vertreiben. Diesen Aspekt, nämlich dass ein beträchtlicher Teil hochwertiger und auch mittelpreisiger Möbel aus Werken in Italien oder Polen stammt, wollte das deutsche Möbel-F2C-Start-up „360Living" ausnutzen. Dass viele Branchen aber noch nicht reif für derartige Modelle sind, zeigt das Aus des Start-ups im Jahr 2018. Die zweite Branche, die die mitunter sehr preisaggressiven F2C-Marktplätze beunruhigen könnte sind die Budget-Formate wie H&M, KiK, Tedi und andere Discounter. In den USA hat sich bereits gezeigt, dass Wish und Amazon eher wenig Zielgruppenüberschneidungen haben. Konsumenten mit eher weniger Qualitätsanspruch und klarem Preisfokus entscheiden sich eher für Wish. Im deutschen Mutterland der Discounter und „Geiz ist geil"-Haltung gibt es beträchtliche Käufergruppen, die mit „Wish in der Hand" (auf ihren Smartphones installiert) zukünftig den Weg zum nächsten Ladengeschäft unterlassen könnten (Gmelch 2019).

3. **Social Commerce:** Das dritte und noch jüngste Marktplatzformat, auf das hier eingegangen werden soll, scheint dasjenige mit dem aktuell größten Zukunftsversprechen zu sein. Die sozialen Netzwerke wie Instagram und Facebook, Pinterest oder WeChat haben bereits heute Milliarden Nutzer, die täglich oder gar stündlich aktiv sind. Zugleich haben tausende Marken und Händler bereits Präsenzen in den Netzwerken – und da ist es nur naheliegend, dass die Netzwerke diesen Umstand verstärkt nutzen und transaktionale Lösungen anbieten. Instagram und Pinterest befinden sich hierzu aktuell in ersten Testphasen. E-Commerce-Player wie About You oder Veepee versuchen zudem auf den Trend aufzuspringen, indem sie zu täglichen Begleitern und „Storytellern" auf dem Smartphone werden (VeepeeZ 2019). Wie so oft im digitalen Kontext hat China hier bereits einen höheren Reifegrad erreicht. Konsumenten tätigen auf WeChat nahezu alle Besorgungen, die der Alltag erfordert. Das Potenzial des Social Commerce erscheint immens und könnte für Markenhersteller eine einmalige Chance sein, im E-Commerce den direkten Weg zu seinen Kunden, Fans und Followern zu finden. Im Gegensatz zum F2C-Risiko erscheint Social Commerce auch eine große Chance für die Discounter wie Aldi und Lidl zu sein. Statt der Wochenprospekte und sonstigen Beilagen der lokalen Presse, könnten Aldi und Lidl zukünftig ihren zahlreichen treuen Kunden mittels Instagram-Stories zeigen, was es diese Woche für Schnäppchen und Non-Food-Welten gibt und diese auch gleich bestellbar machen – oder den Konsumenten in einen der nächstgelegenen Outlets lotsen – mit einer Distributionsdichte, die kaum andere Händler haben und die die Discounter so ganz neu kapitalisieren können. Auch Amazon versucht bereits, eine eigene Antwort auf diesen Trend zu finden. Diverse Experimente mit Influencer-Kollektionen und neuen Videoformaten deuten an, dass Amazon die Bereiche „Inspiration und Entertainment" zukünftig auch stärker bespielen will (Eisenbrand 2019).

Amazon stellt in der Marktplatzmodell-Frage insofern ein Spezifikum dar, da Amazon parallel mehrere Rollen und Marktplatzmodelle praktiziert (siehe hierzu auch Kap. 2). Zum einen ist Amazon im Markt für physische Produkte in seiner hybriden Funktion als Händler und Marktplatzbetreiber (B2C/B2B) aktiv, aber darüber hinaus auch Service-Vermittler (Amazon Services in den USA), Plattform für digitale Produkte (Buch, Musik, Video) und Dienstleister mit seiner Cloud (AWS) und Logistik (FBA/MCF). Amazon war über einige Jahre auch Betreiber des Shoppingclubs buyvip.com, den es in 2011 für 70 Mio. EUR übernommen, jedoch im Mai 2017 wieder geschlossen hatte (Amazon 2019). Amazons neuer „Shoppingclub" ist das seit 2006 aktive

Prime-Konzept, bei dem es heutzutage Mitgliedern beispielsweise auch möglich ist, in den offline-Geschäften von Whole Foods spezielle Prime-Rabatte zu erhalten.

5.4 Motivationen für eine umfassende Marktplatzstrategie und mögliche Herangehensweisen

Wie in den vorangegangenen Kapiteln erläutert, ist das Marktplatzsegment von drei Faktoren gekennzeichnet. Es wächst überproportional stark, entwickelt sich stetig weiter und weist bereits heute hohe Komplexitätsgrade auf. In einfachen Worten: jeder Marktplatz funktioniert anders, hat andere Schnittstellen, andere Payment- und Content-Regeln oder Vermarktungsinstrumente.

Für Hersteller, Händler und auch Dienstleistungsunternehmen bedeutet dies, dass man sich mit den Potenzialen und Risiken der sich entwickelnden Plattformkultur unbedingt eingehender beschäftigen und deshalb eine umfassende (Amazon-übergreifende!) Marktplatzstrategie entwickeln sollte. Aus einer objektivierten **Strategieperspektive bieten Marktplätze** folgende – teilweise einzigartigen – **Potenzialfelder:**

- Partizipation am wachstums- und reichweitenstärksten E-Commerce-Kanal
- Erschließung neuer Zielgruppen sowohl im B2C als auch B2B
- Insbesondere die XYZ-Generationen wachsen überwiegend mit Marktplätzen, Plattformen und Apps auf. Diese dominieren im Such- und Kaufverhalten der jüngeren Zielgruppen
- Mitnahme-Effekte bei Randzielgruppen im B2C und B2B: ohne vertrieblichen Zusatzaufwand können Waren in der „long tail"-Logik an Kunden verkauft werden, die sonst nicht adressiert oder erreicht werden
- Huckepack-Internationalisierung: ohne (zwingend notwendige) Markenbekanntheit und ohne den Aufbau von Vertriebs- und Logistikstrukturen können neue Länder und Regionen erschlossen werden
- Marktplätze als „Launch- und Testfelder" für neue Sortimente, Produkte, Bundlings oder Services (quasi ohne Listungsgebühren verglichen mit dem regulären Handel). Beobachtung von Trends, Wettbewerb, Preisentwicklungen in Echtzeit
- Einzigartige „kostenlose" Marktforschung in aktuellen oder zukünftigen Zielgruppen: Analyse von „Kundenmeinungen" in Form von Bewertungen für eigene oder ähnliche Produkte (was ist den Kunden wirklich wichtig?) und daraus Ableitungen für Produktmanagement und Service-Lösungen
- „Direktvertrieb light" für Hersteller: Hersteller erhalten erstmals (relativ) direkten Zugang zu Endkunden (B2C) und Endverwendern (B2B) und
- zugleich die Chance zum Aufbau von System- und Prozesslandschaften, die für spätere Aktivitäten (Webshop, eigener Retail) auch verwendet werden können

Auf der anderen Seite existieren und entstehen **durch Marktplätze** auch spezifische **Risiken für Hersteller und Händler,** mit unterschiedlichen Ausprägungen in B2C und B2B. Zu nennen sind insbesondere:

- Wegfall lokaler Markteintrittsbarrieren: Bislang von heimischen Herstellern besetzt gehaltene Handelsregale und Katalogseiten werden nun von ausländischen Anbietern durch Marktplätze unterlaufen
- Rechtsschutz und Durchsetzbarkeit von Markenschutz auf Marktplätzen noch nicht ausgereift: Fälschungen und Graumarktware gelangen leichter in den Verkehr
- In mehrstufigen Vertriebsstrukturen „Verlust des Kundenzugangs". Handel verliert den direkten oder persönlichen Kontakt.
- Dienstleister und Handwerker verlieren das bislang margenträchtige Produktgeschäft
- Kannibalisierung mit herkömmlichen Vertriebsstrukturen: „hauseigene" Kanalkonflikte (eigener Webshop vs. eigene Marktplatzverkäufe) oder Konflikte des Herstellers mit seinen Handelspartnern
- Preis- und Konditionenstrukturen werden transparenter, grenzüberschreitender Warenfluss gefährdet vormalige Exklusivrechte (Verbot des Geoblockings im B2C, partiell auch im B2B)
- Überforderung und Überlastung der Organisation bis hin zu Reputationsschäden: Aufwand für wettbewerbsfähige Leistungen in den Feldern Content, Service und Logistik wird oft unterschätzt (und bei Mangelleistung prompt von Kunden in Form von Bewertungen bestraft)
- Sonderfall Amazon-Vendoren: Lieferantenabhängigkeit bei hohen Umsätzen mit Amazon und dann sich verschärfenden Preis- und Konditionenstrukturen

Selbstverständlich ist das Marktplatz-Chancen-Risiko-Profil je Branche und Land unterschiedlich ausgeprägt bzw. in einem unterschiedlichen Reifestadium und die oben genannten Aspekte treffen in den wenigsten Fällen in kumulativer Weise zu. Manche Branchen, wie z. B. Mode oder Konsumelektronik sind bereits relativ weit fortgeschrittenen, wohingegen im Baumarkt- oder Kosmetiksegment eher noch Start-up-Charakter herrscht. Die Gründe dafür sind vielschichtig. Zum einen haben einige Branchen gewohnheitsbedingte Hürden, sprich das Such- und Kaufverhalten der Konsumenten ist noch analoger geprägt und es stehen logistisch-prozessuale oder gar regulatorische Anforderungen im Weg, die erst durch disruptive Innovationen und hohen Finanzaufwand zu bewältigen sind. Es hat sich in den letzten Jahren jedoch gezeigt, dass eine Branche schneller „fällt", wenn ein potenter Spezialist – wie bspw. Zalando – den spezifischen Markt adressiert oder eben Marktplätze wie Amazon auftreten. Sobald Amazon eine neue Branche ins Visier nimmt, entstehen Unruhe und Aufbruchstimmung gleichermaßen – Unruhe bei den etablierten Herstellern und Händlern, Aufbruchstimmung bei Start-ups und Dienstleister, die hoffen, im Windschatten Amazons zu höheren Bewertungen zu kommen oder ein gutes Stück vom größer werdenden „Disruptionskuchen" zu erhalten.

Ungeachtet der Tatsache, dass Amazon beileibe nicht in allen anvisierten Branchen (und Ländern) reüssiert, führt es doch dazu, dass die bisherigen Händlergrößen in Bewegung geraten und dadurch auch für die weiteren Beteiligten wie Hersteller, Verarbeiter oder Konsumenten die Veränderungen schlagartig stärker wahrgenommen werden. Beispiele hierfür sind zuletzt der Lebensmittelmarkt (Amazon Fresh und Übernahme Whole Foods) oder der Gesundheitsmarkt (Übernahme Pill Pack) (Ruqayyah Moynihan und Alberto Payo 2019). Gerüchte, welche Branchen oder Länder Amazon als nächstes in Angriff nehmen könnte werden dazu sehr intensiv wahrgenommen und diskutiert (CB Insights 2019). Es wäre jedoch strategisch nicht ratsam, erst darauf zu warten, dass Amazon in einer Branche in Erscheinung tritt. Im Gegenteil, strategisch vorteilhaft ist es, proaktiv zu handeln, und in Branchen oder Regionen zu agieren und zu innovieren, in denen Amazon das Feld noch nicht betreten hat. Es soll in diesem Kapitel aber weniger um eine Amazon-Strategie gehen, sondern vielmehr um Alternativen zu Amazon und damit um Bedeutung, Potenzial und Gestaltung einer **übergreifenden Marktplatzstrategie.** Der Kern des Beitrags ist die Antwort auf die Fragestellung, weshalb es sich im Jahr 2020 empfiehlt, über eine fundierte Marktplatzstrategie zu verfügen oder eine solche zu erarbeiten.

Strategie ist bekanntlich stets unternehmensindividuell, generische Blaupausen sind in der heutigen von Komplexität und Ausdifferenzierung geprägten Wirtschaft weder vorhanden noch zielführend. Dies gilt umso mehr in der Marktplatzwelt. Zu unterschiedlich sind hier Ausgangssituation und Businesslogiken der einzelnen Spielfelder im B2C und B2B, zu sehr variieren die Handlungsoptionen für Hersteller und Händler. Spätestens seit den letzten 2–3 Jahren können sich die wenigsten Unternehmen – vor allem Markenhersteller – der Marktplatzdynamik entziehen, die Chancen und Risiken im Falle des Unterlassens erscheinen inzwischen zu groß. Insofern ist es nur folgerichtig, dass sich viele Unternehmen heute um eine Marktplatzstrategie bemühen. Eine Herausforderung für die meisten tradierten Unternehmen besteht darin, dass sie in ihren Reihen kein Personal haben, das auf entsprechend Know-how und Erfahrung im Marktplatzumfeld zurückgreifen kann. Dies ist aber zwingend erforderlich, da Voraussetzungen, Spielregeln und Erfolgsfaktoren im Marktplatzkontext nicht vergleichbar sind mit denen der bisherigen Vertriebs- und Wertschöpfungskonzepte. Auf diese Kompetenzlücke reagieren Unternehmen in der Regel auf zwei mögliche Arten:

Entweder sie rekrutieren neues Management und Personal, welches die entsprechenden Fertigkeiten mitbringt oder sie engagieren im ersten Schritt Unternehmensberater bzw. spezialisierte Agenturen. Für beide Optionen sprechen Vor- und Nachteile. Das neue „Marktplatzpersonal" muss auf einem sehr umkämpften Fachkräftemarkt rekrutiert werden und schließlich von jemandem als „marktplatzkompetent" beurteilt werden, der davon selbst wenig oder gar nichts versteht, nämlich dem bisherigen Management. Und vor allem muss das neue Personal in die bisherige „marktplatzfreie" Organisation integriert werden. Ein Faktor, der nicht unterschätzt werden darf. Dieses Vorgehen hat also den Nachteil, dass man sich vom tatsächlichen Recruitingerfolg abhängig macht und damit das Risiko eingeht, dass dieser

Prozess durchaus 6–12 Monate in Anspruch nehmen kann, bis ein gewisser Grad an Marktplatz-Leistungsfähigkeit im Unternehmen erreicht wird.

Die Variante der externen Beratungsunterstützung steht zweifelsfrei für eine höhere Geschwindigkeit, hat aber andererseits die Problematik, dass die entwickelte Strategie (in Folienform) nicht zeitnah in die Umsetzung gebracht werden kann, weil das dafür notwendige Personal noch fehlt und dann nur durch Outsourcing oder Freelancer kompensiert werden muss. Zudem besteht dieselbe Gefahr wie beim Recruiting dahingehend, dass man an einen inkompetenten Berater gerät oder „Lösungen aus der Schublade" erhält, die nur ungenügend zum eigenen Unternehmen passen.

Ein probates und zunehmend angewandtes Vorgehen ist eine Kombination aus beiden Varianten. Das Unternehmen bedient sich externer Unterstützung in Form von Beratung und startet relativ zeitnah den personellen Verstärkungsprozess, so dass Strategieentwicklung und Onboarding neuer Kompetenzen in einer gewissen „asymptotischen Parallelität" erfolgen. Ideal erscheint in dieser Mix-Variante eine Auftragsdefinition der Form, dass der Berater sowohl bei der Strategieentwicklung unterstützt als auch den Auftrag der Personalgewinnung bzw. des „Know-how-Transfers" auf die eigenen Mitarbeiter erhält. Damit kann sichergestellt werden, dass alle vier Faktoren – Strategie, Geschwindigkeit, Umsetzung und Personal – adressiert werden.

Auch wenn sich die vormalig trennscharfen Marktgrenzen zwischen B2B und B2C aus Kundensicht immer mehr aufweichen, so ist es für die systematische Beantwortung der Frage nach „passenden Marktplatzalternativen zu Amazon" doch hilfreich die Segmente getrennt zu betrachten und auch in getrennten strategischen Konzepten zu bearbeiten.

5.5   B2B-Marktplätze und deren strategische Einordnung

Der B2B-Markt an sich ist ein sehr weites und großes Feld. Alle Bedarfe der Geschäftswelt, seien es Verbrauchs-, Gebrauchs- oder Investitionsgüter, die über die Wertschöpfungsstufen hinweg gehandelt werden, sind eben auch potenziale Waren des digitalen Vertriebs. Der E-Commerce-Anteil im B2B beträgt derzeit schätzungsweise erst 2–3 %, wächst jedoch zuletzt mit ca. 15 % (Paul 2019b). Die Marktvolumina übersteigen dabei die des B2C um ein Vielfaches. Die Marktschätzungen der führenden Institute in Deutschland gehen für das Jahr 2018 von einem B2C-E-Commerce-Marktvolumen zwischen 50 und 60 Mrd. EUR aus (HDE 2019). Dem stehen geschätzte 1300 Mrd. EUR im B2B gegenüber (siehe Abb. 5.4, ECC/IFH 2019). Jedoch ist hiervon bislang weniger als ein Viertel dem online-Vertrieb über Webshops oder Marktplätze zuzuordnen. Und doch entspricht dies bereits dem 5–6-fachen des B2C-Marktes!

Abb. 5.4 Das Marktvolumen im B2B-E-Commerce. (Quelle: IFH Köln, B2B-E-Commerce 2019)

Quelle: IFH/ECC

Größe und Struktur des „digitalen" B2B-Marktes

Dabei ist zu beachten, dass der überwiegende Teil der digitalen Umsätze heute über EDI-Schnittstellen oder sonstige E-Procurement-Beschaffungswege erfolgt. Damit wird bereits ersichtlich, welch großes Wachstumspotenzial im B2B-E-Commerce existiert. Den Marktplätzen und Plattformkonzepten wird in diesem Zuge ein bedeutender Wachstumspfad zugeschrieben. Im Gegensatz zum B2C sind im B2B die Marktbedingungen je Branche wesentlich komplexer und ein universeller Ansatz im Sinne von „one modell fits all" ist oft nicht praktikabel, zu unterschiedlich sind die Anforderungen beispielsweise im Markt für Baustoffe verglichen mit Arbeitsschutzbekleidung oder Klimageräten. Insbesondere im DACH-Raum sind darüber hinaus viele rechtliche und ordnungspolitische Hürden zu berücksichtigen. Zertifizierungen, mehrstufige Freigabeprozesse, Haftungsfragen und komplexe Lieferketten charakterisieren den Alltag und stellen für viele Marktplatzmodelle eine Eintrittsbarriere dar. Im Gegensatz zum B2C-Markt, wo es „nur" gilt, den Konsumenten zu überzeugen, müssen im B2B-Kontext oft eine Vielzahl von Beteiligten nahezu zeitgleich „transformiert" werden. Was spricht dafür, dass es trotzdem passieren wird? Lokale und globale Investoren sehen die teilweise sehr hohen Margen und dies im Zusammenhang mit den Marktgrößen des B2B. Wenn neue Marktplatzkonzepte nun versprechen, dass Technologien und schlanke Prozesse einzelne Wertschöpfungsstufen eliminierbar machen und zugleich weitere Effizienz- und Nutzeneffekte für Anbieter und Käufer entstehen, dann stehen die Türen für Millionen-Investments in B2B-Marktplätze durchaus offen.

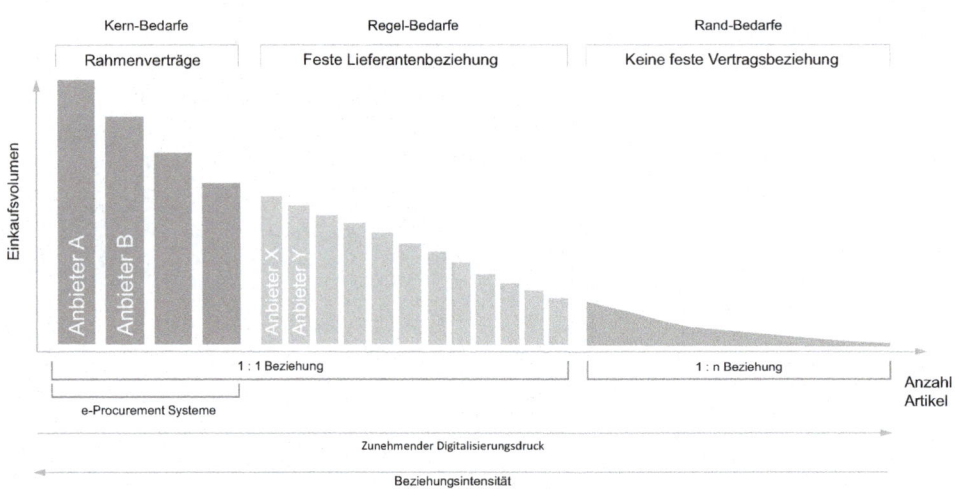

Abb. 5.5 Typisierung von B2B-Geschäftsbeziehungen. (Quelle: Mercateo AG 2019)

Will man die Wahrscheinlichkeit von erfolgreichen Marktplatzmodellen abschätzen, so hat dies sicherlich branchenindividuell zu erfolgen. Marktübergreifend lässt sich jedoch bereits erkennen, dass die gelebte Beziehungsintensität zwischen Lieferant und Kunde ein wichtiger Indikator für Marktplatz-Erfolgsaussichten ist. Das Marktplatz-Modell der Mercateo AG bildet diese Beziehungsmodelle in einem Multiebenen-Konzept ab (siehe Abb. 5.5).

5.5.1 Bedürfnis- und Beziehungskategorien im B2B-Markt

Kernbedarfe eines Unternehmens umfassen Produkte, Rohstoffe oder Dienstleistungen, die absolut erfolgskritisch sind und zumeist auf Basis von Rahmenverträgen und nachhaltigen 1:1-Beziehungen mit den Lieferanten getätigt werden. Produktspezifikationen und Bestellungen werden in Zukunft zwar vermehrt über digitale Kanäle erfolgen, aber eine „unpersönliche" Beschaffung mittels Marktplätze wird in den wenigsten Kernbedarfsfällen den Direktkontakt zum Lieferanten ersetzen. In den beiden anderen Kategorien, den **Regel- und Randbedarfen,** erscheint das Potenzial von Marktplätzen und integrativen Plattformmodellen derzeit wesentlich greifbarer. **Regelbedarf-Beziehungen** sind u. a. dadurch gekennzeichnet, dass Lieferanten ausgewählt oder zertifiziert, Preise und Konditionen individuell ausverhandelt und Lieferprozesse definiert sind. Diese Art von „ausverhandelter Beziehung" schafft Sicherheit für Lieferant und Kunde und muss auch im Marktplatzmodell funktional und datensicher abgebildet werden. **Randbedarfe –** als dritte Kategorie – werden von vielen Unternehmen nur situativ benötigt (bspw. Mäusefalle, Badspiegel, Weihnachtskarten). Beschaffenheit und Preise der Produkte oder Dienstleistungen sind nicht erfolgsentscheidend, sie werden nur „am Rande" benötigt.

Unternehmen wollen hier einen Bedarf vor allem schnell und unkompliziert decken ohne lange Anmelde- oder Verhandlungsprozesse zu durchlaufen. Die Prozesskosten für Auswahl, Bestellung und Bezahlung eines Randbedarfs übersteigen schnell den Produktpreis an sich, wobei der Faktor Zeit (für Beschaffung und Lieferung) noch kritischer sein kann als der Preis. Im Bereich der Regelbedarfe existieren bereits heute diverse auf Branchen angepasste Plattformangebote. Hier kann der Einkäufer eines Unternehmens auf einer Plattform in den Katalogen seiner Lieferanten auswählen und „one-stop-shopping" praktizieren. Im B2B-Fall mit dem großen Vorteil des „single-creditor-Modells", sprich er erhält für Bestellungen bei verschiedenen Lieferanten lediglich eine Rechnung und hat in der Buchhaltung auch nur einen Kreditor anzulegen und zu verwalten. Randbedarfe werden zudem bereits heute von Einkäufern auf Marktplätzen wie Amazon oder Amazon Business getätigt. Perspektivisch entsteht für den Einkäufer dann ein sehr großer Nutzenzuwachs, wenn er auf einem Marktplatz (oder einer „Bestellplattform") sowohl seine Regelbedarfe tätigen kann als auch die aufwandskritischen Randbedarfe. Als Orientierungswerte dienen oft Prozentangaben derart, dass Unternehmen zu rd. 50 % ihr Einkaufsvolumen im Bereich der Kernbedarfe haben und die Regel- und Randbedarfe jeweils die andere Hälfte mit je 25 % auf sich vereinen (The Hackett Group 2019). Amazon Business, eBay Business Supply und Alibaba zielen aktuell mit ihren Marktplätzen vor allem auf das Randbedarfsgeschäft, wohingegen Mercateo mit Unite und seinem integrativen Ansatz Regel- und Randbedarfe abdecken will – egal, ob nun 25% oder 50 % der Zielwert sind. Der Bezugswert des Multiplikators sind Märkte mit Billionenumsätzen und deshalb hochlukrativ für die Marktplatzansätze.

Zweifelsfrei befinden wir uns im B2B-Markt heute jedoch noch vielmehr am Anfang eines Marktplatzzeitalters als es im B2C der Fall ist. Aufgrund der oben beschriebenen Potentialgrößen ist unweigerlich sowohl von einer Vielzahl von Marktplatzneugründungen auszugehen, als auch – leicht verzögert – einem deutlichen Konsolidierungstrend. Dieser Trend kann sowohl in Form von Übernahmen und Fusionen (M&A) zum Ausdruck kommen, aber insbesondere auch durch Vernetzung der Plattformen untereinander, indem Schnittstellen von einer Plattform in die andere führen. Als Beispiel sei hier die Verbindung der Beschaffungslösung SAP Ariba genannt, die mittels Schnittstellen auch in Mercateo abgebildet und genutzt werden kann.

5.5.2 Strategische Übersicht B2B-Marktplätze

Abb. 5.6 deutet die heutige Heterogenität des digitalen B2B-Plattform-Marktes an. Viele Spezialisten wie die Astore-Plattform für Hotelbedarfe oder Zentrada für den Einzelhandel stehen nur einen Klick entfernt von Vermittlungsplattformen wie visable (vormals wer-liefert-was) oder Restanten-Marktplätzen wie Restposten.de. Global zählt man weit mehr als tausend B2B-Portale, manche als echte Marktplätze, manche als Beschaffungslösungen (E-Procurement), manche mit überwiegend eigenem Handelsgeschäft (Kyto 2019). In diesen äußerst fragmentierten Markt treten nun einige Player mit dem Ansatz

B2B-Marktplätze & Beschaffungs-Plattformen (internationale Auswahl)

Abb. 5.6 Vielzahl verschiedener B2B-Plattformmodelle. (Quelle: eigene Darstellung, ecom consulting 2019)

oder Versprechen, die verschiedenen Angebote zu vernetzen bzw. bei sich zu konsolidieren, sei es mit umfassenden Marktplatzmodellen (bspw. Amazon Business, Alibaba, Mercateo Unite) oder mit Informations- und Vermittlungsplattformen (Rönisch 2018). Für den gewerblichen Käufer deuten sich damit in vielen Kategorien konsumentenähnlich einfache Auswahl- und Wechseloptionen an, die noch vor nicht allzu langer Zeit wesentlich mehr Beschaffungsprozessaufwand erforderten.

Auch wenn es im B2B keinen „The everything store" gibt, wie es Amazon im B2C anstrebt oder zuweilen schon ist, so sind doch bereits einige Marktplätze präsent, die Sortimentskataloge mit Millionenstückzahl anbieten. Amazon und Amazon Business werden hier in einem Schaubild gezeigt, da viele gewerbliche Käufer seit einigen Jahren ihre Regel-, aber insbesondere Randbedarfe auf Amazon decken und erst in den letzten beiden Jahren sukzessive in Amazon Business überführt werden. So war es bspw. bislang für viele Handwerker einfacher (und teilweise auch günstiger), Randbedarfe auf Amazon zu ordern als dies im lokalen Baumarkt oder Fachhandel zu tätigen. Auch wenn keine offiziellen Zahlen verfügbar sind, so ist davon auszugehen, dass selbiges Einkaufsmuster auch für Alibaba und seinen internationalen Kanal Aliexpress gilt. Die Vermischung von Konsumenten- und Profi-Segmenten ist neben Amazon auch bei anderen Anbietern zu beobachten oder zu erwarten (Bsp. Conrad, eBay).

Wenngleich es eine Vielzahl möglicher Nutzenargumente gibt, aus Sicht eines Einkäufers sind zwei Aspekte von besonderer Bedeutung, nämlich die Produktspezifikation und der Bestellprozess. Dies unterscheidet sich vom Einkauf eines Konsumenten deutlich. Ein gewerblicher Einkäufer sucht weniger nach persönlichem Geschmack aus oder wartet gerne auf eine anstehende Rabattaktion. Für ihn oder sie ist ausschlaggebend, dass der Einkauf schnell erfolgreich abgearbeitet werden kann, sprich das benötigte Produkt alsbald in den Händen desjenigen ist, der das Produkt im Betriebsablauf benötigt. Deshalb ist für den Einkäufer entscheidend, ob das gesuchte Produkt mit all seinen

Informationen, Kompatibilitäten und Zertifikaten auffindbar und verfügbar ist. Zudem ist es für den Einkäufer bedeutend, ob er seine verhandelten Konditionen (bspw. Mengenrabatte) erhält. In der offline-B2B-Welt ist es nicht selten der Fall, dass ein Kunde ein spezifisches Produkt zum Bedarfszeitpunkt nicht bei seinem Primärhändler erhält und er somit erst eine neue Lieferquelle sondieren muss, bei der er dann keine Vorzugskonditionen erhält. Damit ergeben sich für den Marktplatz zwei Aufgabenfelder. Der Marktplatz wird bestrebt sein, so viele Hersteller-Sortimente wie möglich umfassend abzubilden. Umfassend meint hier sowohl die Sortimentsbreite und -tiefe als auch die Bereitstellung aller relevanten Informationen (Content). Der zweite Erfolgstreiber ist die effiziente Abbildung des Bestellprozesses. Dies erfordert im B2B-Fall, insbesondere wenn es über den reinen C-Teilebedarf hinausgeht, dass die bestehende 1:1-Beziehung zwischen Hersteller und Kunden oder Händler und Kunde datentechnisch hinterlegt sein muss. Die individuellen Preise und Konditionen der 1:1-Beziehung müssen demnach einmalig im System verankert sowie fortan aktuell gehalten werden. Um die Vielzahl an Teilnehmern und ihre Stamm- und Bewegungsdaten korrekt abzubilden, sind Schnittstellen bzw. systemoffene Architekturen für Marktplätze ein enorm wichtiger Erfolgsfaktor. Ein fortwährender Datenaustausch mittels Excel-Upload ist kein ausreichend skalierfähiges Szenario und erhöht das Fehlerrisiko falscher oder nicht aktueller Daten. Marktplätze bieten deshalb offene Datenaustauschformate (API) oder Schnittstellen für die gängigsten Warenwirtschaftssysteme (ERP) bzw. Middleware-Lösungen an.

Erschwerend kommt in einigen Branchen – insbesondere in Deutschland – hinzu, dass Einkaufskooperationen und Verbundgruppen eine zusätzliche Komplexitätsschicht darstellen, schließlich erhalten viele Einkäufer nur über diese Bündelungs- und Abrechnungslösungen Logistikleistungen und Sonderpreise bei ihren Lieferanten. Diese Einkaufskooperationen, Verbundgruppen und auch Fachgroßhändler wie beispielsweise E/D/E, igefa oder progros haben hier berechtigte Eigeninteressen, die den neuen Marktplatzbestrebungen entgegenstehen, gefährden diese doch ihr ureigenes Geschäftsmodell. Immer mehr Einkaufskooperationen und Großhändler suchen deshalb nach eigenen Plattformlösungen (bspw. TOOLINEO für E/D/E, WUCATO für Würth, vgl. Paul 2017).

Für B2B-Hersteller und Händler bedeuten diese tlw. disruptiven Entwicklungen, dass es sich – ähnlich dem B2C-Markt – empfiehlt, bei der eigenen E-Commerce-Strategie nicht nur den eigenen online-Shop in den Vordergrund zu stellen, sondern auch die Handlungsoptionen bei den verschiedenartigen Plattformmodellen eingehend zu sondieren. Ausgewählte B2B-Marktplatz-Player und Geschäftsmodelle werden deshalb nachfolgend skizziert:

Amazon Business

Amazon erwarb im Jahr 2005 smallParts.com und entwickelte daraus zuerst Amazon-Supply sowie dann Amazon Business (Kanellos 2012). In den USA 2015 gestartet, ist die B2B-Plattform in Deutschland seit 2016 aktiv. Details dazu siehe separate und explizite Betrachtung von Lennart A. Paul in Kap. 13.

Mercateo und Mercateo Unite

Mercateo ist ein Marktplatz und eine Beschaffungsplattform für Geschäftskunden mit Präsenz in mehr als 10 Ländern Europas. Auf der deutschen Plattform sind über 1,5 Mio. Geschäftskunden registriert, die aus über 23 Mio. Artikeln auswählen können. Die separate Vernetzungsplattform Unite sorgt für eine weitere Verbreiterung sowohl angebots- als auch käuferseitig, indem andere B2B-Portale und Beschaffungsplattformen wie OpusCapita, 2bits, Newtron oder auch SAP Ariba integrativ angeschlossen sind (Mercateo 2019).

Conrad Business Supplies (Marketplace)

Das europaweit tätige Handelshaus Conrad hat mit seinem Conrad Marketplace seit 2017 eine geschlossene B2B-Plattform positioniert, mit dem es auch anderen Anbietern (Händler und Hersteller) Zugang zu seinen mehr als 2 Mio. B2B-Kunden offeriert. Im Gegensatz zu anderen Marktplätzen gibt Conrad strikte Listungsbedingungen vor, die insbesondere qualitätssichernd wirken sollen (bspw. DIN ISO 9001) (Conrad 2019).

Crowdfox Professional

Hervorgegangen aus der 2014 gegründeten offenen Consumer-Einkaufsplattform Crowdfox ist Crowdfox Professional eine geschlossene Vergleichs-Plattform für Großunternehmen mit single-Kreditor-Modell. Zudem wird der offene B2B-Marktplatz Crowdfox Business betrieben (Gärtner 2019 und Crowdox 2019).

Wucato und Zoro

Die Marktplatz-Töchter der beiden großen Handelshäuser Würth (Wucato) und Grainger (Zoro) sind eine hauseigene Antwort (oder Verteidigungsstrategie) zu Amazon Business. Beide Marktplätze fokussieren stark auf den Werkzeug- bzw. Produktionsverbindungshandel. Offizielle Geschäftszahlen zu den beiden Marktplätzen sind nicht bekannt. Es ist jedoch stets zu vernehmen, dass sowohl Grainger als auch Würth weiter in ihre Marktplatzlösungen investieren.

eBay Business Supply und Alibaba (international)

Aus deutscher Sicht noch eher unter dem Radar der B2B-Welt, aber in anderen Ländern wie bspw. Australien schon deutlich prominenter vertreten ist eBays B2B-Initiative Business Supply. Die 2016 gestartete B2B-Variante von eBay hat hierzulande spürbar mehr unter dem Image der „B2C-Gebrauchtwaren-Plattform" zu kämpfen als in anderen Ländern. Auch Alibaba spielt heute im deutschen B2B-Commerce eine sehr untergeordnete Rolle und ist eher nur Anlaufstelle für kleinere und Kleinstbetriebe, in denen der „Chef mal selbst günstig einkauft". Es wäre jedoch denkbar, dass Alibaba mit einem akquisitorischen Schritt (Übernahme) eines anderen B2B-Marktplatzes einen gewichtigen Fuß in den europäischen oder deutschen Markt setzt und dann seine umfassende Sortiments- und Sourcing-Kraft aus den asiatischen Heimatmärkten in die Waagschale werfen kann. Viele Marktexperten mutmaßen, dass ein wirkungsvoller Markteintritt Alibabas im B2B-Segment wesentlich realistischer und wirkungsvoller wäre als im B2C. Als ein Schritt dieser weiteren Internationalisierung Alibabas könnte die Tatsache gedeutet werden, dass es seit 2019 auch US-amerikanischen Unternehmen ermöglicht wird, auf Alibaba.com als Verkäufer zu agieren (Gillner 2019a).

Exkurs: „Rohstoff- und Baustoff-Marktplätze"
Man könnte noch eine Vielzahl von diversen Spezialisten-Ansätzen beschreiben, die neuerdings mit Marktplätz-Modellen den B2B-Markt adressieren und digital erschließen wollen. Viele Start-ups oder Ausgründungen etablierter Unternehmen haben die Potenziale erkannt und sie gewinnen für ihr Unterfangen inzwischen zumeist auch Investoren. Aber nicht alle bzw. nur sehr wenige sind erfolgreich. Hersteller und Händler sollten diese Initiativen jedoch im Blick haben, denn eines der Unternehmen könnte der relevante „Regelbrecher" in der eigenen Branche werden. Im Fokus stehen oft größere Nischensegmente. In Deutschland sind zuletzt mit **Roobeo,** für die Baustoffe, und **XOM Materials,** für Stahl und Metalle, zwei Marktplätze investorengestützt neu am Markt aufgetreten (Maruhn 2019). Auf der anderen Seite verabschiedete sich das Vergleichsportal für Stahl-Einkauf, **Mapudo,** im Juni 2019 wieder aus dem Markt. Ein oftmals unübersichtliches Kommen und Gehen. Aber eben auch ein typisches Charakteristikum innovationsgetriebener Zeiten im Zuge der Digitalisierung. Nach Jahrzehnten nahezu zementierter Marktstrukturen, verteilter Marktanteile und auskömmlicher Margen schicken sich nun zunehmend Unternehmen an, dies zu ändern und das Marktplatzmodell erscheint vielen dabei als eine der vielversprechendsten Optionen.

Es erfordert wenig Auffassungsgabe und Weitsicht um zu behaupten, dass im B2B-Markt für Marktplätze eine zunehmende Dynamik entstehen wird. Große Player wie Amazon, eBay, Würth oder Grainger treiben die Entwicklungen ebenso voran wie diverse Start-ups und dahinterstehende Investoren. Für Hersteller und Händler bedeutet dies eine Vielzahl neuer Absatzkanäle und Chancen, aber auch strategische Herausforderungen und operative Anforderungen.

5.6   B2C-Marktplätze und strategische Handlungsoptionen

Ähnlich dem B2B-Markt sieht man auch im B2C-Markt unterschiedliche Geschäftsmodelle und Marktplatzkonzepte sowie ausgesprochen hohe Wachstumsraten. Die steigende Marktplatz-Anzahl speist sich dabei sowohl aus immer neuen Marktplätzen für Branchen und Nischen, aber auch durch das Internationalisierungsstreben etablierter Marktplätze wie Amazon, Zalando, About You oder ManoMano, die quasi jährlich neue Länder für sich erschließen (Lommer 2019a).

Zuweilen wird für Consumer-Marktplätze der Oberbegriff „X2C" verwendet, um anzudeuten, dass es für den Konsumenten (C) oft unerheblich ist, ob die Ware von einem Händler, Hersteller oder Produzenten (B2C bzw. F2C) stammt oder ob er das – gebrauchte oder selbstgemachte - Produkt direkt von einem Konsumenten (C2C) erwirbt. Entscheidend ist in diesem Kontext vielmehr, dass „2" (der Marktplatz) die präferierte Anlaufstelle der Konsumenten ist. Schlicht, weil der Marktplatz ihnen das entscheidende Sicherheitsgefühl gibt und in vielen Fällen auch erster Ansprechpartner bei Problemen oder Rückfragen ist. Zumindest haben viele Konsumenten dies bei Amazon seit über 10 Jahren so gelernt und hegen deshalb ähnliche Erwartungshaltungen auch an andere Marktplätze. Der Konsument kann heutzutage bei nahezu jedem Konsumbedürfnis, egal ob Urlaubsreise, Food-Lieferdiensten, Gebrauchtwagen, Telefontarifen, Fashion oder Baumaterial auf Plattformen zugreifen. Die Marktplätze bieten neben kulanter Retourenhandhabe, Kundenbewertungen und Preisvergleichsoptionen vor allem kuratierte Sortimente in nahezu branchenumfassender Größe. Hatten Sortimente großer Händler früher selten deutlich mehr als 500.000 Artikel, gehen die auf Marktplätzen angebotenen Produktkataloge in die Millionen Stück. Amazon hatte 2018 ca. 300.000 Mio. Artikel im Angebot. Die Wahrscheinlichkeit, dass ein gewünschtes Produkt nicht oder nicht in der benötigten Farbe oder Größe vorhanden ist, wird dadurch deutlich geringer. Diesem Trend und entstehenden Marktplatzsog können sich die meisten Hersteller- oder Händlerunternehmen nicht mehr entziehen. Zwei grundsätzlich verschiedene Reaktionsmuster bzw. Handlungsoptionen stehen (theoretisch!) zur Wahl:

1. **Aufbau eigener Marktplatz:** Viele Händler haben in den letzten Jahren Anstrengungen unternommen, das eigene Handelsgeschäft um einen Marktplatzansatz zu erweitern (Breuninger, Media-Saturn, Engelhorn, etc.). Für die meisten Händler ist der Aufbau eines eigenen Marktplatzes jedoch im Jahr 2020 nur mit beträchtlichem Aufwand und hohem Erfolgsrisiko denkbar. Für Hersteller ist ein Marktplatz-Aufbau im herkömmlichen Sinne kaum möglich, da er hierbei seine direkten oder indirekten Wettbewerber zu sich und seinen Endkunden „einladen" würde. Sehr wohl sind aber Plattform- bzw. Ecosystem-Ansätze denkbar, bei denen der Hersteller arrondierende Sortimente und vor allem Dienstleistungen um sich schart und somit dem Endkunden ein „one-stop-Shopping" in seiner Kategorie ermöglicht.
2. **Aktive oder passive Teilnahme auf anderen Marktplätzen:** Ist der eigene Marktplatz kein realistisches oder gewünschtes Szenario, so stellt sich die Frage, inwieweit man bestehende Marktplätze für eigene Zwecke nutzen kann oder – im Falle von Herstellern – zumindest Gestaltungsmöglichkeiten dahingehend hat, dass die eigenen Marken und Produkte auf den Marktplätzen „wunschgemäß" dargestellt und vertrieben werden.

Wenn man sich als Hersteller oder Händler sodann mit der Frage beschäftigt, welche Marktplätze aktuell oder perspektivisch als Vertriebskanal in Betracht gezogen und näher analysiert werden sollten, dann kann das in den meisten Branchen schnell unübersichtlich werden und es empfiehlt sich den Potentialmarkt separat nach regionalen Gebieten zu betrachten. Auch wenn es inzwischen viele überregional tätige Marktplätze wie Zalando, Amazon, eBay, Fruugo, Spartoo etc. gibt, so sprechen im Kern doch 3 Argumente für ein solches „country by country"-Vorgehen:

1. (Fast) jedes Land hat seine eigenen Marktplätze, seinen lokalen Gesetzes- und Zollrahmen sowie Logistikvoraussetzungen, die individuell bewertet werden müssen.
2. Die Marktplatzreife ist je Land unterschiedlich ausgeprägt. Ebenso sind die bisherigen Vertriebsstrukturen von Herstellern und Händlern je Land unterschiedlich

ausgeprägt und „marktplatztolerant". Die Beurteilung der lokalen Potenziale und Risiken erfolgt deshalb idealerweise durch die entsprechende lokale Unternehmenseinheit und nicht (alleinig) durch die Zentrale.
3. Auch auf den international tätigen Marktplätzen (Amazon, eBay) sind in den Ländervarianten (.de/.fr) lokale Charakteristika absolut erfolgsentscheidend und müssen deshalb auch aus der lokalen Perspektive betrachtet werden.

Im Folgenden wird deshalb zuerst der Blick auf den B2C-Marktplatzmarkt in der DACH-Region gerichtet und dann auf das europäische Ausland sowie Überseeregionen erweitert.

Exkurs: „Die Vendor-Seller-Option, die oft gar keine ist"
Im Folgenden werden diverse B2C-Marktplätze mehr oder weniger ausführlich beschrieben. Es wird dabei jedoch nicht in jedem Fall auf die Frage eingegangen, ob der Marktplatz sowohl ein Handels- als auch ein Plattformgeschäft betreibt. Damit ist – der Amazon-Logik folgend – gemeint, ob es dem interessierten Unternehmen offensteht, ob er ein Seller- oder ein Vendor-Geschäft auf bzw. mit dem Marktplatz betreiben will. Viele „neue" Marktplätze wie bspw. Galeria.de, Breuninger, OTTO, Zalando oder Intersport kommen aus dem klassischen Handelsgeschäft und haben deshalb auch eine Lieferanten-Kunde-Beziehung zu vielen Herstellern, Distributoren oder auch Großhändlern. Inwieweit das Marktplatzgeschäft hier einige Handelsbeziehungen verdrängt, kann noch nicht beurteilt werden. Aus strategischer Sicht ist dieser Aspekt jedoch – vor allem für Hersteller – bedeutend und steht im Gegensatz zu den meisten B2B-Marktplätzen, die kein eigenes Handelsgeschäft betreiben und die gesamte Logistik mittels Dropshipping abwickeln. Im B2B gilt zumeist noch mehr als im B2C die Frage, ob der Hersteller bzw. Lieferant „Seller-fähig" im Sinne von Auftragsdatenverarbeitung und Warenfulfillment ist. Im B2C-Business wird – zumindest vorübergehend – zudem die Frage im Raum stehen: Nehme ich als Seller am Marktplatz XYZ teil oder bleibe ich im Handelsgeschäft mit dem Marktplatzbetreiber oder wäre die beste Option, die beiden Geschäftsverhältnisse miteinander zu vermischen.
Anmerkung: Sehr viele Marktplätze (eBay, Wish, ManoMano, etc.) betreiben kein eigenes Handelsgeschäft und bieten – wenn überhaupt – nur Sellerservices wie Lager- und Fulfillment-Lösungen an.

5.6.1 Der Marktplatzmarkt in der DACH-Region

Schon im Jahr 2017 zählte das Fachmagazin iBusiness für Deutschland über 70 B2C-Marktplätze. (iBusiness 2017). Aktuell dürften es bereits weit über 100 sein. Auch in Österreich und insbesondere in der Schweiz mit den dort sehr relevanten Ricardo und Galaxus kommen weitere Anbieter hinzu, sodass sich für den DACH-Raum eine beträchtliche Summe von Marktplätzen und somit „Amazon-Alternativen" ergibt. Abb. 5.7 zeigt in der Übersicht verschiedene Marktplatzformate (B2C, F2C, C2C, Nischenplayer, Generalisten usw.) sowie prominente Vertreter der jeweiligen Gattung.

X2C-Marktplätze in der DACH-Region (Auswahl)

Abb. 5.7 Ausgewählte Marktplätze im DACH-Consumer-Markt. (Quelle: eigene Darstellung, ecom consulting 2019)

Eine Besonderheit des deutschen Marktes ist sicherlich die heutige Dominanz von Amazon (siehe Abb. 5.8). In keinem anderen europäischen Markt hat Amazon eine ähnlich starke Marktstellung. Aufgrund dieser Sonderstellung Amazons ist es folgerichtig, dass Händler und Hersteller oftmals fokussierte oder isolierte Amazon-Strategien entwickeln. In Kap. 4. wird hierauf explizit eingegangen. Im Sinne einer echten Strategie und auch um das Verständnis für das gesamte Marktplatzgeschehen zu schärfen, lohnt

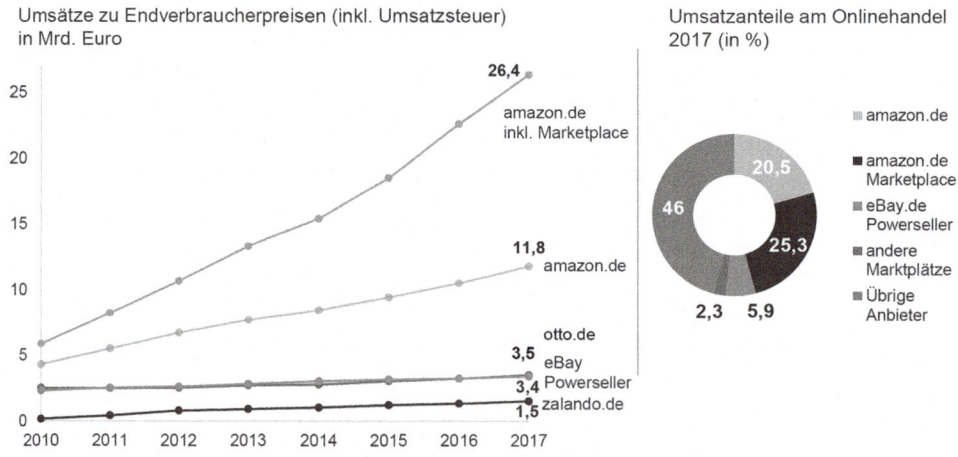

IFH Köln, 2017; IFH Köln, 2016: amazon.de, zalando.de: eigene Berechnungen auf Basis Unternehmensangaben, Umsätze Deutschland, inkl. Umsatzsteuer, amazon.de jeweils mit Marketplace-Umsätzen (Außenumsatz) und ohne Marketplace-Umsätze; otto.de nach Presse- und Unternehmensmeldungen, inkl. Umsatzsteuer (eigene Berechnung).

Abb. 5.8 Marktanteilsverteilung im B2C-E-Commerce-Markt 2017. (Quelle: ECC/IFH, Amazonisierung des Konsums 2018)

der Blick auf weitere Player. Die weiteren drei großen Marktplatzbetreiber neben Amazon, nämlich eBay, Zalando und OTTO-Group sind symbolisch größer dargestellt, da eine Marktplatzstrategie zumindest eine Berücksichtigung dieser Schwergewichte haben sollte. 2018 konnten nur diese vier Anbieter einen Außenumsatz (GMV) größer einer Milliarde erzielen.

In Punkto Dominanz ist ein weiterer Aspekt anzumerken, nämlich, dass viele der großen Marktplätze (Zalando, About You, OTTO etc.) im Fashion-Segment beheimatet sind oder dort einen Schwerpunkt haben. Das oft zitierte Marktplatz-Dogma des „the Winner takes it all" gilt aber gerade in dieser Branche nicht, in jedem Fall nicht für Marktplätze. Alle großen Player (Zalando, OTTO, About You, Amazon und eBay) vereinen zusammen bislang lediglich einen online-Marktanteil von 20–30 % auf sich (Müller, Tarek 2019). Zweifelsfrei wachsen diese Marktplätze überproportional und ziehen dadurch sukzessiv Umsätze aus anderen Webshops, Marktplätzen und vor allem dem stationären Handel an. Letzterer Effekt wird dadurch verstärkt, dass viele stationäre Händler immer mehr dazu übergehen, nicht nur ihre Restanten, sondern auch reguläre Sortimente über Marktplätze abzuverkaufen. Dazu tragen auch „Händler-Anbindungsprogramme" wie das von Zalando aktiv bei (Zalando und gaxsys 2019).

Bis ins Jahr 2018 gab es in Deutschland nur zwei „nahezu alles verkaufende" Marktplätze in der Milliarden-Größenordnung, nämlich eBay und Amazon. OTTO ist Herstellern und Händlern als Plattform erst seit 2018 zugänglich. Auch wenn OTTO in diese Phalanx der Großen einzubrechen scheint und ein zukünftiger Ankermarktplatz werden könnte, soll an dieser Stelle ein Vergleich und eine Besonderheit in der Marktwahrnehmung von Amazon und eBay aufgezeigt werden.

Nach aktueller Zahlenlage ist Amazon im Vergleich mit eBay unbestritten der weitaus größere Generalist (ca. 20 Mrd. vs. ca. 4 Mrd.). Dennoch gibt es im Jahr 2018 auch auf eBay fast 150.000 aktive gewerbliche Händler, die für einen Umsatz in Milliardenhöhe sorgen (Lommer 2019b). Wohlgemerkt: es handelt sich um gewerbliche Anbieter, nicht um private Gelegenheitsverkäufer von Eintrittskarten oder gebrauchten Hausschuhen. Fragt man nun Hersteller und Händler nach der strategischen Relevanz der Marktplätze bzw. inwieweit sie eBay und Amazon bei ihrer strategischen Marktplatzausrichtung berücksichtigen wollen, so entsteht eine eklatante Diskrepanz, die man auch Wahrnehmungslücke nennen könnte. Eine Untersuchung im Sport- und Outdoormarkt aus dem Jahr 2018 (Abb. 5.9) zeigt diese Perspektivenunterschiede von Herstellern und Händlern exemplarisch für viele B2C-Märkte. Fragt man Hersteller, welche Marktplätze für ihr Geschäft und ihre Strategie von Bedeutung sind, so wird eBay nahezu ausgeblendet (nur 6 % der Nennungen).

In krassem Gegensatz dazu bewerten die Händler von Sport- oder Outdoorartikeln eBay und Amazon als gleich wichtig (jeweils 50 % Nennungen). Zum Ende des Jahrzehnts scheint sich die Herstellerwelt im Sport- und Outdoormarkt – überspitzt ausgedrückt – vor allem mit der Amazon-Frage zu beschäftigen und auf Zalando zu hoffen. Ebay hingegen wird nahezu ausgeblendet, obwohl eben die (eigenen) Händler dieser Herstellermarken beide Marktplätze als ihre Topkanäle betrachten. Es ist müßig

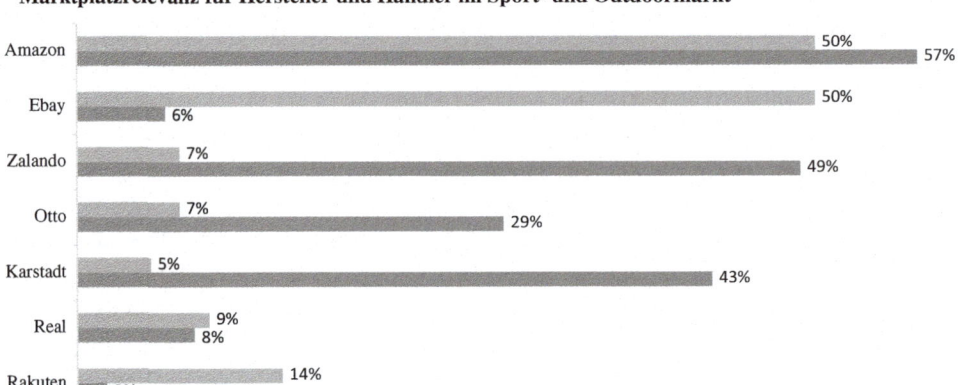

Angaben in Prozent. Mehrfachnennungen möglich. Basis n = 59 Händler und 56 Hersteller aus dem Sportbereich.
Quelle: ecom consulting und SAZ Sport; Oktober 2018

Abb. 5.9 Marktplatzrelevanzen im deutschen Sport- und Outdoormarkt. (Quelle: ecom consulting und SAZ Sport 2018)

darüber zu sinnieren, inwieweit dies an einer „persönlichen eBay-Antipathie" der Hersteller-Manager liegt oder ob diese eBay noch immer als online-Flohmarkt klassifizieren und schlicht unterschätzen, dass 80 % der eBay-Verkäufe mit Neuware stattfinden (Gillner 2019b). In jedem Fall wird hier offensichtlich häufig die Fakten- und Zahlenlage verkannt, in diesem Fall die Relevanz von eBay für die Konsumenten und Händler von Sport- und Outdoorprodukten. Das gilt für andere Branchen und Marktplätze übrigens in relativ ähnlicher Form.

Es soll hier selbstverständlich kein Plädoyer für eBay gehalten werden. Es sei mit diesem Beispiel lediglich darauf verwiesen, dass eine echte Marktplatzstrategie auch die Amazon-Alternativen berücksichtigen sollte. Und dies nicht auf Basis von persönlichem Gusto. Ähnlich scheint es sich im Übrigen mit den von – vor allem Herstellern – vielfach übersehenen „Phänomen" der Marktplätze von Preisvergleichsportalen und den F2C-Marktplätzen zu verhalten. Kundenzugang und Reichweite von Portalen wie Check24 und Idealo bieten Marktplatzpotenziale wie sie hierzulande sonst nur sehr wenige haben. Wish – als erster großer Vertreter der F2C-Zunft – wird von Managern fortgeschrittenen Alters (Anm.: auch der Autor des Artikels zählt sich zu dieser Altersgruppe) womöglich übersehen, da der Marktplatz nur auf mobilen Endgeräten, d. h. nur als Smartphone-App existiert und deshalb nicht beim „googeln" am Desktop entdeckt wird.

In jedem Fall ist in den meisten Branchen – heutzutage und hierzulande – im Rahmen einer „Alternativen-Analyse" mehr als ein Marktplatz neben Amazon zu identifizieren. Es gibt inzwischen nicht wenige Herstellermarken, die gleichzeitig auf 20 Marktplätzen oder mehr aktiv sind. Oftmals ist dies in „marktplatzreifen" Branchen wie Fashion oder Consumer Electronics der Fall, aber auch im Sport, im Baumarktbereich, bei Kfz-Teilen oder in der Kosmetik sind inzwischen zweistellig Marktplatzalternativen vorhanden,

Tendenz steigend. Im Sinne einer aktuellen Bestandsaufnahme und Impulssetzung, wird nachfolgend auf ausgewählte Trends und Marktplätze kurz eingegangen:

eBay
Ebay startete vor über 20 Jahren und war damit einer der ersten Marktplätze in Deutschland. Damals als Gebrauchtwarenbörse gestartet, ist eBay heute mehrheitlich ein Neuwaren-Marktplatz und hat im Jahr 2019 einige bedeutende Schritte unternommen, um noch attraktiver für Hersteller und Händler zu werden. Nach der Trennung von Paypal übernimmt eBay nun im Transaktionsprozess die gesamte Bezahlabwicklung (End-to-End Payment) und bietet zudem eine Logistiklösung „eBay Fulfillment" ähnlich wie Amazon mit FBA (t3n 2019a). Ein weiterer Schritt ist die Ausdifferenzierung des eBay-Marktplatzangebots, dass mit eBay Kleinanzeigen auf lokale und private Transaktionen fokussiert und Catch, dass als inspirierende Shopping-Plattform gezielt die jungen Zielgruppen anspricht. Bei beiden separaten Plattformen ist jedoch das „große" eBay-Angebot integrativ eingebunden. Zur Vertiefung des Vergleichs von eBay und Amazon sei der interessierte Leser an dieser Stelle an die stets gut unterrichteten und unterhaltsamen Fach-Blogs Warenausgang.de, Kassenzone.de, exciting-commerce.de und Wortfilter.de verwiesen.

Händler werden zu Marktplätzen
Neben Unternehmen, die mehr oder weniger als Marktplätze gestartet sind, erweitern in den letzten 3–4 Jahren viele Händler ihr Geschäftsmodell hin zu Plattformlösungen. Darunter sind stationäre Größen wie Breuninger, Engelhorn, Douglas, Karstadt-Galeria-Kaufhof, aber eben auch Zalando oder OTTO zu finden. Die Händler haben dabei zwei relevante Kraftakte zu vollziehen: Einerseits den technologischen Wandel (vom Händler zum Technologie-Unternehmen) und andererseits die Wandlung des eigenen Geschäftsmodells vom Margen- zum Provisionsgeschäft (vom Händler zum Service-Provider). Für viele Markenhersteller bieten diese Transformationen spannende neue Gestaltungsoptionen einer vormals oft ungleichen Lieferant-Händler-Beziehung. Zusätzlich ergeben sich auch Internationalisierungsoptionen, wenn die „Händler-Marktplätze" in neue Regionen vorstoßen wie beispielsweise Breuninger mit der Eröffnung der digitalen Dependancen in Österreich (2017) und der Schweiz (2019) (Breuninger 2019). Nach der Fusion von Karstadt und Kaufhof wurden die beiden auch digital zusammengefasst, nämlich zum neuen Marktplatz „Galeria.de". Hier wird es aus Herstellersicht interessant sein, zu beobachten, wie das „Omnichannel-Konzept" im Markt angenommen wird. Herstellern wird dabei angeboten, online und offline Flächen zu belegen bzw. bewirtschaften. Diese Verzahnung der Kanäle geht bei Galeria so weit, dass sowohl mit Amazon als auch seit 2019 mit Zalando kooperiert wird (Zha 2019). Auch der größte Sport-Händlerverbund Intersport bietet seinen Händlern inzwischen eine integrative Lösung zum Abverkauf auf Amazon und eBay an und bedient sich zudem der weiteren Plattform Sportmarken24. Ein für viele überraschender Schachzug, galten für Intersport doch alle Marktplätze sowie ganz speziell Amazon und eBay als die „Hauptfeinde des Sporthandels" (Hofer 2019).

Ein weiteres Beispiel ist Douglas, die ebenfalls in 2019 mit ihrem neuen Marktplatz-modell starteten. Vielversprechend ist hierbei das spezifische Douglas-Potenzial durch das bereits intensiv betriebene Kundenmanagement (> 40 Mio. Kundenkarten in Europa) sowie die Verbindung von Produkt, Beratung und Treatment in der Filiale (Müller, Tina 2019). Interessant wird sein, inwieweit die Kosmetik-Industrie die Marktplatzchance annimmt und auch, welche weiteren benachbarten Branchen oder Nischen Douglas sich mit dem Marktplatzansatz noch erschließen kann.

OTTO-Group
Die OTTO-Group ist der einzig überlebende Distanzhändler aus der Dynastie von Quelle, Neckermann & Co.. Im Jahr 2018 hat OTTO den Schritt zur Plattform voll-zogen und in 2019 auch nahezu alle seine Tochterunternehmen auf denselben Pfad gebracht. myToys, mirapodo, limango oder Sport-Scheck sind inzwischen alle in der einen oder anderen Form eine Plattform geworden. In einigen Kategorien wie Möbel oder Fashion ist OTTO zudem zumindest bezüglich des Umsatzvolumens auf Augen-höhe mit Amazon und eine echte Alternative. Für OTTO stehen in den kommenden Jah-ren spannende Weichenstellungen an, nämlich die weitere technische Entwicklung, die Internationalisierung des Marktplatz-Konzepts und natürlich zuvorderst die Gewinnung vieler „Seller/Partner" sowie das Optimieren der onboarding- und Fulfillment-Prozesse, um Amazon auch in dieser Domäne Paroli bieten zu können (t3n 2019b).

Weiterentwicklung der Shoppingclubs
Der Markt der Shoppingclubs verzeichnete in den letzten Jahren ein Wachstum über dem Branchenschnitt (Krisch 2019a). Zudem wandelten die meisten Anbieter Ihr Geschäfts-modell hin zum Marktplatz. Die eben schon erwähnte OTTO-Tochter limango ist hier ebenso zu nennen wie Veepee („Pink Connect"), Zalando Lounge oder brands4friends (veräußert von eBay im Jahr 2019). Aus mehreren Gründen werden die Shoppingclubs dadurch attraktiver für Hersteller (und teilweise auch Händler). Neben dem deutlichen Wachstumspotenzial und der Öffnung als Marktplätze, erweiterten einige Clubs ihr bis-her sehr aktionsgetriebenes Geschäftsmodell („Spot-Deals") um ganzjährig verfügbare Sortimente, so zum Beispiel bei limango und Veepee (Krisch 2019b). Bei beiden Markt-plätzen können Hersteller nun Sortimentsabverkäufe ganzjährig planen und gehen zudem einem Preiskampf weitest gehend aus dem Weg, da auf limango pro Markenprodukt immer nur ein Verkäufer auftreten kann (Keller 2019).

Social Commerce
Leider kann zum aktuellen Zeitpunkt für den deutschen Markt an dieser Stelle noch nicht mit robusten Fakten und Zahlen gedient werden, da die potentialträchtigsten Marktplatz-modelle Instagram und Pinterest bislang nur in den USA aktiv sind. Es ist jedoch keine wagemutige These zu behaupten, dass die sozialen Medien mit ihrer immensen Reich-weite auf Konsumentenseite einerseits und den bereits millionenfach vertretenen Unter-nehmen andererseits, ein enormes Entwicklungspotenzial für Kommerzzwecke allgemein

und Marktplatzangebote im Speziellen haben (Krisch 2019c). Zwei Hauptindikatoren sprechen für die absehbare Entwicklung der sozialen Kanäle als „die" kommenden Shopping-Plattformen. Zum einen der starke Trend hin zu „mobile commerce" – hier sind die Netzwerke wie Instagram-Facebook oder Pinterest bereits die dominierenden Anlaufstellen für Konsumenten. Der zweite Faktor sind die enormen Werbeausgaben der Unternehmen auf den sozialen Netzwerken. Statista konstatiert für Deutschland im Jahr 2019 fast 2 Billionen EUR Marketingausgaben und prognostiziert jährliche Wachstumsraten (CAGR) von über 20 % für den Zeitraum 2019–2023 (Statista 2019). Somit ist es mehr als naheliegend, dass die werbetreibende Wirtschaft, wenn möglich, auch umgehend amortisierende „Conversions" erzielen will. Ebendies verspricht „Social Commerce", wenn die Stories und Bilder auf beispielsweise Instagram stets mit einem „buy button" versehen sind. Die dafür notwendigen technischen Integrationslösungen, um die Kaufprozesse (one-klick-shopping, mobile payment) für die Konsumenten so einfach wie möglich zu halten, stehen bereits bei mehreren Anbietern wie Shopify oder BigCommerce im Fokus (Abbamonte 2018).

Branchen- und Nischen-Spezialisten

Im Schatten der großen Marktplätze entwickelten sich über die letzten Jahre mehr oder weniger erfolgreich diverse Spezialisten-Marktplätze, die nur eine Branche (bspw. Chrono24 für Uhren) oder nur eine Zielgruppe (bspw. avocadostore für Ökologiebewusste) adressieren. Für ein Anhalten oder gar Verstärken dieses Trends sprechen einige Gründe. Die großen Marktplätze wie Amazon, Ebay oder auch Alibaba decken zwar sehr viele Branchen sortimentstechnisch „gut" ab. Die Faktoren „Emotionalisierung", „Beratung", „Events" oder „Services" können jedoch nicht für jede Branche farbecht im Sinne der jeweiligen Zielgruppen erbracht werden. Dies ist die Chance der Spezialisten-Plattformen. Ist eine Branche oder Nische groß genug, bietet ausreichend Wachstumspotenzial und lässt auch auskömmliche Margen zu, so ist die Wahrscheinlichkeit hoch, dass sich ein etablierter Player der Branche oder auch ein Start-up mit Investorenunterstützung darum bemühen wird. Ein Beispiel ist der DIY-Markt – mit rd. 50 Mrd. Marktvolumen in Deutschland eine der größeren Branchen (Statista 2018). Da auch im Jahr 2019 kein einziger der etablierten Branchengrößen, wie Bauhaus, OBI oder Hornbach, eine Entwicklung zum Marktplatz suchte, ist es einem Unternehmen wie ManoMano möglich, beträchtlich Investorengelder für seine Ambition eines führenden DIY-Marktplatzes zu gewinnen. ManoMano, gegründet in Frankreich, konnte bis Mitte 2019 bereits 186 Mio. Euro Kapital einwerben (techcrunch 2019). Ein Betrag, mit dem der online-Baumarktsektor in Europa erobert werden soll und der sicherlich auch im Vergleich zu den Investitionsressourcen der großen Baumärkte nicht klein dimensioniert ist. Dabei stört es die Investoren scheinbar nicht, dass Amazon im DIY-Markt durchaus mit einer eigenen Kategorie aktiv ist und sicherlich nennenswerte Marktanteile im online-DIY-Segment besetzt hält. ManoMano visiert nun verstärkt den deutschen Markt an und experimentiert gleichzeitig mit einem zusätzlichen B2B-Portal, um auch gewerbliche Abnehmer wie Handwerker adäquat bedienen zu können (Partech Partners 2019).

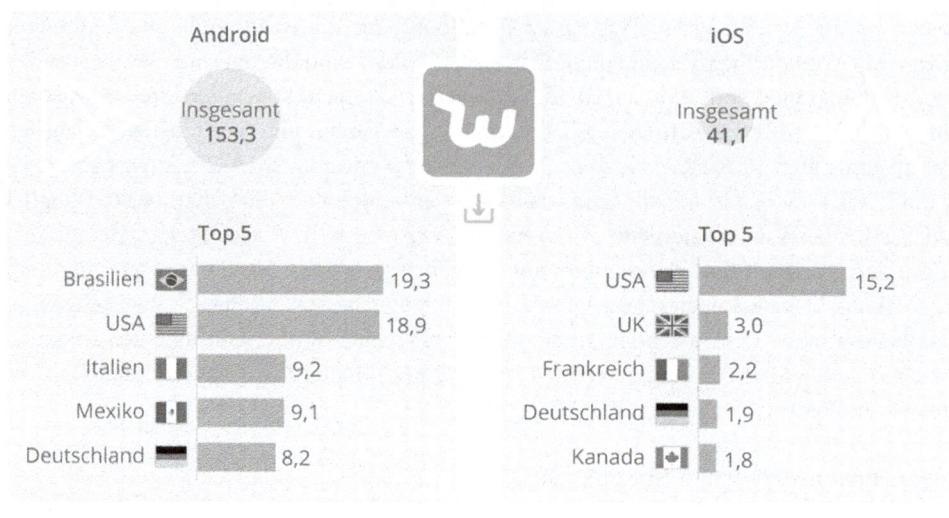

Fast 200 Millionen Wish-Downloads
Downloads der App "Wish – Shopping Made Fun" 2018 (in Mio.)*

Abb. 5.10 Relevanz der Wish-App für Deutschland. (Quelle: idealo/Priori Data 2019)

Unter dem Radar – „mobile first Marketplaces"
Wie bereits mehrfach in diesem Beitrag erwähnt, gehen die Marktplatz-Kategorien
„F2C" und „mobile only" in Deutschland aufgrund der lautstark geführten
„Amazon-OTTO-eBay-Zalando"-Debatte nahezu unter. Die Zahlen sprechen eine
andere Sprache. Die Shopping-App Wish verzeichnete in Europa allein im Jahr 2018 rd.
50 Mio. Downloads, in Deutschland wurde die App auf ca. 10 Mio. Smartphones installiert (idealo/Priori Data 2019) (Abb. 5.10).

Selbst wenn nur ein Zehntel der Download-Zahl schlussendlich zu einem aktiven
Shopping-Account wird, so sind dies doch Kundenreichweiten, für die andere Unter-
nehmen und Marktplätze beträchtlich Zeit und Kapital investieren mussten oder müssen.
Noch wichtiger ist in diesem Kontext vielmehr: Die App ist dann bereits auf dem Smart-
phone des Konsumenten installiert. Dass Wish hier kein Einzelfall ist, zeigt die Abb. 5.11
In Europa ist Wish in guter Gesellschaft von diversen weiteren Shopping-Apps wie
Joom, AliExpress oder Letgo, die so – fast unbemerkt für viele Hersteller und Händler –
direkt millionenfach Zugang zu ihren Endkunden finden.

Preisvergleichsportale forcieren Marktplatz-Ausbau
Eine Besonderheit des deutschen online-Marktes ist die hohe Relevanz und Erfolgsgeschichte der Vergleichsportale (WIK 2018). Anbieter wie geizhals.de, Verivox, guens-
tiger.de und viele weitere dienen seit vielen Jahren als wichtige Anlaufstelle für deutsche
Konsumenten, wenn sie sich eine Produkt- und Preisübersicht verschaffen wollen. Diese

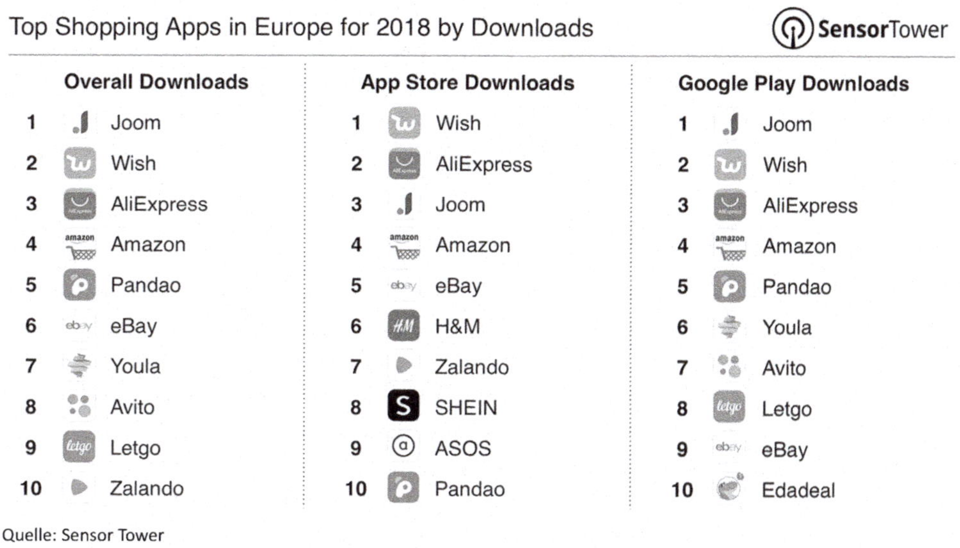

Top Shopping Apps in Europe for 2018 by Downloads ⓟ SensorTower

Overall Downloads		App Store Downloads		Google Play Downloads	
1	Joom	1	Wish	1	Joom
2	Wish	2	AliExpress	2	Wish
3	AliExpress	3	Joom	3	AliExpress
4	Amazon	4	Amazon	4	Amazon
5	Pandao	5	eBay	5	Pandao
6	eBay	6	H&M	6	Youla
7	Youla	7	Zalando	7	Avito
8	Avito	8	SHEIN	8	Letgo
9	Letgo	9	ASOS	9	eBay
10	Zalando	10	Pandao	10	Edadeal

Quelle: Sensor Tower

Abb. 5.11 Shopping-App Downloads im internationalen Vergleich 2018. (Quelle: SensorTower 2019)

Konsumentengewohnheit des Preisvergleichens findet zwar auch auf Amazon statt, aber ein beträchtlicher Kundenanteil tut dies eben auch auf den Portalen. Genau dies machen sich die beiden mutmaßlichen Platzhirsche Check24 und idealo nun verstärkt zu eigen und forcieren ihre eigenen Marktplatzaktivitäten. Im Jargon der Vergleichsportale lautet der Begriff „Direktkauf", sprich die Konsumenten können beim Vergleichen das Produkt auch unmittelbar erwerben, und zwar direkt bei der Plattform. Check24 mit seinen deutlich über 15 Mio. Stammkunden in Deutschland und idealo mit seinen monatlich deutlich über 18 Mio. Portalbesuchern weisen Reichweiten auf, die umfassende Marktplatzambitionen mehr als rechtfertigen. Spätestens im Jahr 2019 wurde diese Fokussierung auf den Marktplatzansatz auch von den Unternehmen öffentlich formuliert (Schmidt, T. 2019). Es ist davon auszugehen, dass die beiden Portale sich fortan noch stärker um zusätzliche Sortimente, leistungsfähige Händler und vor allem auch Hersteller zur direkten Anbindung bemühen werden.

Anmerkung: Unter anderem bei selektiven Vertriebsmodellen wurde von Herstellern vielfach versucht, den eigenen Händlern zu untersagen, Angebote in Preisvergleichsportalen zu platzieren. Dies ist inzwischen höchstrichterlich als unzulässig eingestuft worden. Dem Wachstum der Preisvergleichsportale und ihrer Marktplätze ist damit in jedem Fall keine juristische Hürde mehr in den Weg gestellt (Lupu 2018).

Google Shopping – quo Vadis?
Die letzte Einzelbetrachtung bei der Frage nach „Marktplatz-Alternativen und Trends" gebührt Google. Trotz verschiedenster Versuche ist es Google bislang nicht gelungen, eine wichtige Rolle als Shopping-Plattform einzunehmen. Nach der von der

EU-Kommission in 2017 verhängten Rekordstrafe in Höhe von 2,4 Mrd. EUR und der darauf erfolgten Abspaltung von Google Shopping, schickt sich Google nun erneut an, das richtige Konzept für sich zu finden. Google hat sowohl mit der erwartbaren Entwicklung von „Voice Commerce" (mittels seines marktführenden Lautsprechers „Google Home") als auch mit seiner Verbindung zu den lokalen Geschäften („Google my Business") mindestens „zwei heiße Eisen im Feuer" (Abner 2019). Es ist heute allerdings eine offene Frage und im Markt viel diskutiert, wie sich Google mit seinen Initiativen Google Express, Google Shopping und der eingegangenen Allianz mit JD.com weiter entwickeln wird. Aktuell fungiert Google in Deutschland lediglich als Suchmaschine ohne Kauffunktionalitäten. In den USA sind – über Google Accounts – auch Direktkäufe möglich (Johnson 2019).

Abschließend soll noch ein weiterer Aspekt diskutiert werden, der gerne zu vorgerückter Stunde bei Kongressen viele Gespräche motiviert. Nämlich die Frage, inwieweit im deutschen oder DACH-Markt Marktplatzübernahmen oder -fusionen zu erwarten sind? Amazon und eBay haben in den letzten Jahren diverse Akquisitionen getätigt. Ansonsten waren jedoch – von einigen wenigen Ausnahmen (bspw. Zalando & Tradebyte, Hitmeister & real) abgesehen – nahezu keine Aktivitäten zu verzeichnen. Dies dürfte sich aus zwei Gründen absehbar ändern: Zum einen wird für einige Marktplatzbetreiber das organische Wachstum irgendwann schwieriger und der „from scratch"-Vorstoß in neue Branchensegmente zu langwierig. Zum anderen sind immer mehr Marktplatzformate im Markt aktiv, die von Venture Capital oder Private Equity-Firmen finanziert sind und mittelfristig nur durch einen „Exit" kapitalisiert werden können. Dies wird sicherlich vermehrt im internationalen Marktplatzkontext zu sehen sein, wie beispielsweise bei den jüngsten Übernahmen des C2C-Marktplatzes Etsy, der zuletzt mit Dawanda sein deutsches Pendant und in den USA den Musikinstrumente-Marktplatz Reverb erworben hat (Dami 2019). Aufgrund Deutschlands zentraler Rolle in Europa sowie seiner Marktgröße und Attraktivität ist für die kommenden 2–3 Jahre davon auszugehen, dass man in Deutschland mehrere und auch größere M&A-Transaktionen im Marktplatzsektor sehen wird, mit dann auch deutlichen tektonischen Verschiebungen in der Marktstruktur.

5.6.2 Internationalisierung mittels Marktplätze

Die DACH-Region ist für viele Händler und Hersteller der erste naheliegende Zielradius, wenn es um eine Ausdehnung des E-Commerce-Geschäfts geht. Der gemeinsame Sprachraum, DACH-weit agierende Dienstleister und Logistiker sowie andere harmonisierende Faktoren helfen, Österreich und – trotz diverser Spezifika wie Sprachen und Zoll – auch die Schweiz mittels digitaler Kanäle zu erschließen. Die nächsten Internationalisierungsschritte erfordern jedoch oft etwas mehr konzeptionelle und organisatorische Vorbereitungen. Zuerst steht bei vielen jedoch die Frage, ob sich das Marktplatzbusiness international ähnlich dynamisch und attraktiv entwickelt, und für welche Regionen es sich überhaupt lohnt, eine Marktplatzstrategie zu entwickeln. Ein erster Attraktivitätsindikator könnte sein, die pro Land (zumeist) verfügbaren Umsatz-volumina des E-Commerce zu nehmen und in Vergleich mit Anzahl und Marktan-teilen der relevantesten Marktplätze zu setzen. So kann rudimentär abgeleitet werden, ob der E-Commerce-Markt im jeweiligen Land bereits groß genug ist und ob es pas-sende Marktplangebote gibt, auf denen man aufsetzen könnte. Beispielsweise werden für Schweden (für das Jahr 2018) ca. 10 Mrd. und für Polen ca. 7 Mrd. Marktvolumen gezählt. In Schweden sind > 5 relevante Marktplätze aktiv, wohingegen in Polen Allegro marktbeherrschend ist (Lommer 2019a). Neben einer ersten hilfreichen Orientierungs-übung dieser Art ist es jedoch zwingend erforderlich, sich pro Land in einem höheren Detailgrad mit den Potenzialen und Anforderungen auseinanderzusetzen, um für die jeweilige Branche oder gar Warengruppe zu einer entscheidungsfähigen Informations-grundlage zu gelangen.

5.6.2.1 Marktplätze als Internationalisierungsinstrument

Das Erschließen neuer Länder war zu offline-Zeiten für Hersteller wie Händler durch-aus mühsam und mit vielen Risiken verbunden. Im Kern standen zwei Optionen zur Ver-fügung. Entweder man baute eigene Vertriebsstrukturen auf oder man suchte sich einen (lokalen) Distributor und vergab mehr oder weniger exklusive Vertriebsrechte an diesen. Mit anderen Worten, „man legte sein Glück für mehrere Jahre in dessen Hände". Der Aufbau eigener Vertriebs-, Marketing- und Logistikressourcen sorgte zwar für tenden-ziell mehr eigene Marktnähe, erforderte aber beträchtliche Investitionen und oftmals 5–10 Jahre Aufbauarbeit. Nicht selten beschäftigte man sich dabei sehr viel mit sich selbst und nicht ausreichend mit den lokalen Kundenbedürfnissen, so dass erst relativ spät der Fokus auf die lokale Anpassung von Produkt und Services gelegt wurde. Der online-Handel eröffnete vor rd. 10 Jahren für viele Händler und Hersteller eine schnel-lere und schlankere Option, um in neuen Ländern auf Kundenfang zu gehen. Damals konnte mit zumeist überschaubarem Aufwand in SEO und SEM ein funktionierendes Webshop-Business initiiert werden. Das ist heute kaum mehr der Fall. Der Aufbau- und Betriebsaufwand für ein tragfähiges landesspezifisches Webshop-Business mit allen dazugehörigen Leistungsbereichen ist heute ein gänzlich anderer. Marktplätze bieten nun eine spannende „asset light" Option, um den Eintritt in neue Länder zu starten oder den lokalen Markt und seine Kundenbedürfnisse in der Praxis zu testen. Die Vorteilsargu-mente lauten insbesondere:

- Nutzung des vorhandenen Marktplatz-Traffics zur Kundengewinnung
- Nutzung des Marketinginstrumentariums des Marktplatzes zum Markenaufbau
- Nutzung vorhandener Technologieinfrastruktur und Services – kein Aufbau eigener Systeme, lediglich Schnittstellen-Anlage, teilweise einfache Lösung der Logistikfrage bzgl. Lieferzeiten und Verfügbarkeiten
- Schnelle Erkenntnis zu kundenseitiger Nachfrage, spezifischen Bedarfen und relevan-tem Wettbewerb – Kundenbewertungen als kostenlose Marktforschung

- Schnelle Erkenntnis zu Kundenstruktur (private vs. gewerbliche Käufer, Käufer aus ländlichen vs. städtischen Gebieten usw.)
- Diverse Operations oftmals über Marktplatz buchbar oder vermittelt (Payment, Logistik, etc.)
- Evtl. Erschließung weiterer angrenzender Länder bei Expansion des Marktplatzes

Im Sinne einer perfekten Customer Journey werden dem Marktplatzauftritt später schrittweise weitere Kanäle und Touchpoints hinzugefügt, wie bspw. eigene lokale Website und Social Media-Auftritte, offline-Showrooms oder Service-Center. Der Markplatz ist für viele Hersteller und Händler der erste, schnelle und günstige Markteintritt, um die passende Produkt-Markt-Kombination zu testen, um dann gezielt in die nächsten Ausbaustufen zu gehen. Für etablierte Unternehmen und auch Start-ups war es wahrscheinlich niemals so einfach und schnell möglich, in neue Länder zu expandieren und dort binnen kürzester Zeit Zugang zu Millionen von Konsumenten zu erhalten.

5.6.3 Geographische Ausgangssituationen im Marktplatzgeschäft

Wird eine Internationalisierung mittels Marktplätze in Erwägung gezogen, so sollte man dabei drei unterschiedliche Szenarien samt deren Entwicklungstrends berücksichtigen.

Das erste Szenario **sind entwickelte, wettbewerbsintensive Märkte mit Präsenz der großen oder international aktiven Marktplätze** wie Amazon, eBay, About you oder Zalando. Dies gilt für die meisten Länder in der EU sowie Nordamerika. Grundsätzlich können Hersteller und Händler in diesen Geographien „Huckepack" mit den großen Marktplätzen in neue Länder vorstoßen. Die Marktplätze haben zwar den Vorteil auf gut strukturierten Märkten und logistischen Prozessen aufsetzen zu können, aber sie treten auch in den harten Wettbewerb mit etablierten online- und offline-Händlern, was oft zu starken Preiskämpfen führt. Insbesondere für Hersteller, die bereits in den tradierten Kanälen gut distribuiert sind, entstehen in diesem Kontext schnell gefährliche Kannibalisierungseffekte, die nur schwer moderiert werden können.

Die zweite Variante ist (relativ) **entwickelte Länder ohne Präsenz der großen Marktplätze.** In diesen Regionen wie beispielsweise Polen, Skandinavien oder Russland spielen Amazon und eBay keine oder nur eine untergeordnete Rolle, dafür existieren lokale oder gar branchenspezifische Platzhirsche. Als Hersteller oder Händler muss man sich in diesen Fällen zwar auf neue Marktplätze einstellen, kann dafür aber in einem relativ isolierten und geschützten Umfeld agieren und experimentieren. Die eben angesprochenen Kannibalisierungsrisiken mit anderen, bereits bestehenden Vertriebspartnerschaften von Herstellern, treffen hier zwar auch zu. Sie bleiben aber lokal beschränkt und werden nicht zusätzlich von Amazon oder Ebay auf eine internationalere Bühne gehoben.

Die letzte Variante bilden **Geographien mit verhältnismäßig unterentwickelten Vertriebskanalstrukturen.** Länder in weiten Teilen Asiens und Afrikas, aber auch Indien und weite Teile Osteuropas haben keine ausgebildeten Vertriebskanäle wie wir es hierzulande gewohnt sind. Viele dieser Länder befinden sich derzeit in einem digitalen Aufbruchsstadium und im E-Commerce herrschen teilweise „wild west"-Zustände wie in Deutschland Mitte der Nullerjahre. Die großen Marktplatz-Player sind in diesen Ländern (noch) nicht zugegen, so dass es zumeist lokale Marktplätze sind, die den Markt bereiten und auch das Einkaufsverhalten der Konsumenten transformieren helfen. Nicht zuletzt sind es diese Marktplätze, die hier für den sogenannten „Leap Frogging-Effekt" sorgen, sprich die Handelslandschaft des Landes wie mit einem Katapult in eine neue Zeitrechnung befördern.

Für die beiden letztgenannten Varianten, insbesondere aber für die zweite Variante ist selbstverständlich anzumerken, dass die größeren und ambitionierteren Marktplätze sukzessive weitere Länder erschließen und es somit immer weniger „freie Länder" gibt. Das Expansionsstreben der Marktplätze wie About you, Zalando, Mercado Libre, Fruugo, Wish oder ManoMano ist nicht weniger ausgeprägt als das von Amazon, jedoch variieren die Ziele teilweise deutlich. Während Amazon zuletzt die Vereinigten Arabischen Emirate und Türkei erschloss, richteten andere wie Zalando und About You den Fokus auf Skandinavien oder Osteuropa (Pech 2018).

Abb. 5.12 zeigt exemplarisch wichtige Marktplätze in ausgewählten Regionen. Insgesamt sind heute sicherlich mehrere hunderte Marktplätze aktiv und davon weit über 100 für deutsche Hersteller oder Händler erreichbar. „Erreichbar" meint in diesem Zusammenhang, dass funktionierende onboarding-Prozesse, technische Schnittstellen und Fulfillment-Voraussetzungen existieren, die es landesfremden Teilnehmern ermöglichen, ihre Produkte zu listen und zu verkaufen. Eine sehr umfassende Liste aktiver Marktplätze im globalen Kontext und für das Jahr 2019 findet sich bei „webretailer.com" (Davey 2019 und Abb. 5.13). Diese Liste umfasst die derzeit ca. 150 reichweitenstärksten Marktplätze der Erde auf Basis von Besucherzahlen je Monat. Die

B2C-Marktplätze (internationale Auswahl)

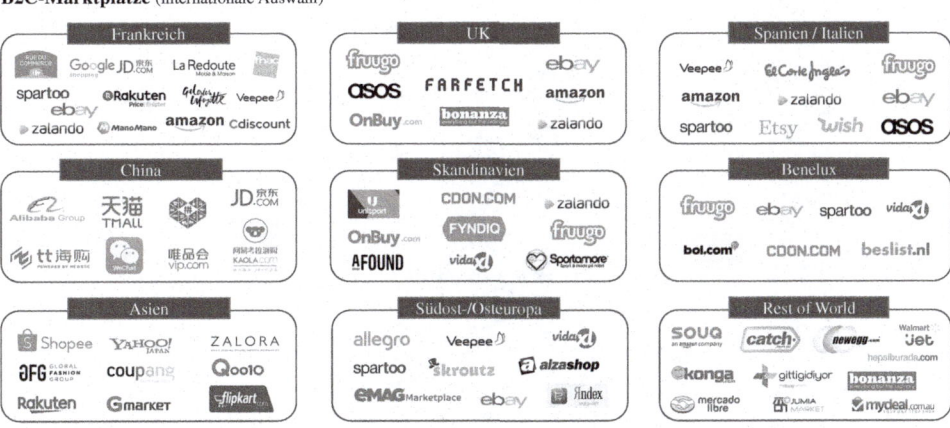

Abb. 5.12 Ausgewählte Marktplätze im globalen Consumer-Markt. (Quelle: eigene Darstellung, ecom consulting 2019)

WebRetailer
for online marketplace sellers

DIRECTORY   FORUM   WEBINARS   IN DEPTH

Register Now (It's Free!) or Login

How AI is combating the returns industry

Search In De...

> In Depth > The World's Top Online Marketplaces 2019

The World's Top Online Marketplaces 2019

April 5, 2019   Alternative Marketplaces   Lizzie Davey

Find out which online marketplaces rule their countries, regions and product categories in our definitive list of marketplaces worldwide.

The World's Top Online Marketplaces

The world's top online marketplaces

#	Type	Name	Region/Country	Product Category	Visits/month
1		Amazon	Global	General	4.6B
2		eBay	Global	General	1.8B
3		AliExpress	Global	General	695.2M
4		Mercado Libre	South America	General	634.7M
5		Rakuten	Global	General	384.0M
6		Walmart.com	North America	General	286.2M
7		JD Worldwide	Global	General	264.0M
8		Tmall	East Asia	General	202.5M
9		Shopee	Southeast Asia	General	195.4M
10		Allegro	Europe	General	193.9M
11		Flipkart	India	General	192.6M
12		Etsy	Global	Arts, Crafts & Gifts	183.1M
13		Lazada	Southeast Asia	General	152.3M
14		Tokopedia	Southeast Asia	General	128.8M
15		Yahoo.co.jp	East Asia	General	125.1M
16		Best Buy	North America	Electronics	118.8M
17		Yandex.Market	Russia	General	116.4M
18		Target.com	North America	General	104.7M
19		Americanas	South America	General	101.0M
20		Wayfair	North America	Home	79.2M
21		Wish	North America	General	79.0M
22		Snapdeal	India	General	77.4M
23		Zalando	Europe	Fashion	71.3M
24		Cdiscount.com	Europe	General	61.9M
25		Discogs	Global	Music	56.8M
26		GittiGidiyor	Europe	General	50.0M
27		Newegg	North America	Electronics	49.1M
28		Ozon	Russia	General	48.6M
29		Siva	Middle East	General	45.9M
30		Bandcamp	Global	Music	45.4M
31		eMAG	Europe	General	45.3M
32		Marketplats	Europe	General	40.8M
33		OTTO	Europe	General	40.3M
34		Fnac	Europe	General	39.7M
35		bol.com	Europe	General	39.5M
36		Submarino	South America	General	25.3M
37		Manomano	Europe	Home	24.4M
38		Taobao	East Asia	General	24.1M
39		Myntra	India	Fashion	23.9M
40		GMarket	East Asia	General	23.7M
41		Houzz	Global	Home	21.8M
42		Dafiti	South America	Fashion	21.2M
43		Jumia	Africa	General	20.8M
44		Barnes and Noble	North America	Books	20.4M
45		Trade Me	Australasia	General	20.1M
46		Overstock Shopping	North America	General	20.0M
47		Poshmark	North America	Fashion	19.6M
48		G2A.com	Global	Electronics	18.7M
49		Rue du Commerce	Europe	General	18.6M
50		Extra	South America	General	17.3M
51		Sears	North America	General	17.3M
52		Reverb	Global	Musical instruments	17.2M
53		La Redoute	Europe	General	15.7M
54		Darty	Europe	General	15.6M
55		AbeBooks	Global	Books	15.4M
56		Jeom	Europe	General	14.7M
57		Real.de	Europe	General	13.6M
58		Coupang	East Asia	General	12.9M
59		Conforama	Europe	Home	12.3M
60		Gumtreker	North America	Weapons	11.6M
61		Vipshop	East Asia	General	11.2M
62		Qoo10	Southeast Asia	General	9.4M
63		Tradera	Europe	General	9.4M
64		Linio	South America	General	9.1M
65		Ricardo	Europe	General	9.0M
66		dba	Europe	General	8.8M
67		Bestel.nl	Europe	General	8.0M
68		Spartoo	Europe	Fashion	8.0M
69		Zalora	Southeast Asia	Fashion	7.6M
70		digitec	Europe	Electronics	7.6M
71		Grailed	North America	Fashion	6.4M
72		Privalia	Europe	Fashion	6.4M
73		iOffer	Global	General	6.3M
74		shoppgoodwill.com	North America	General	5.9M
75		Bonanza	Global	General	5.9M
76		Aukro	Europe	General	5.8M
77		Wehkamp	Europe	Fashion	5.4M
78		ePRICE	Europe	Electronics	5.2M
79		Fruugo	Global	General	4.8M
80		Catch.com.au	Australasia	General	4.5M
81		BrickLink	Global	Toys	4.5M
82		Vestiaire Collective	Europe	Fashion	4.5M
83		Kaola	East Asia	General	4.3M

Abb. 5.13 Reichweitenstärkste Marktplätze global. (Quelle: Screenshots Website „webretailer.com", 2019)

Besucherzahlen geben jedoch keine Hinweise zur Umsatzrelevanz der Marktplätze. Hierfür wären die jeweiligen GMV-Werte erforderlich, die jedoch nur für die wenigsten Marktplätze öffentlich verfügbar sind.

Erneut muss an dieser Stelle darauf verwiesen werden, dass bei der Betrachtung der international relevanten Marktplätze und ihrer Expansion bislang leicht die „mobile Marketplaces" übersehen werden. Die Marktanalysen mittels Seitenaufrufen haben die App-Metriken nicht oder nicht gänzlich erfasst. Zudem erschließen insbesondere die F2C-Modelle der Shopping-Apps neue Länder wesentlich zügiger, da sie quasi keine lokalen Strukturen aufbauen, sondern lediglich „Sprachvarianten" ihrer Applikationen erzeugen und ihren Lieferanten den absoluten Großteil der cross-border-Komplexität überlassen.

Imposant – oder schon eher furchteinflößend – liest sich die Entwicklung dieser Marktplätze in der Betrachtung der zeitlichen Entwicklung und vor dem Hintergrund in welcher Gesellschaft sich diese befinden, sprich, dass sie hier mit den großen Namen wie Amazon, eBay oder JD auf Augenhöhe konkurrieren. Erst in den Jahren 2016 und 2017 aufkommend, sind im weltweiten Top10-Ranking 2018 bereits 3–4 derartige Marktplätze vertreten (Abb. 5.14). Zugleich „verschwinden" Formate auch wieder. Aus den TOP-10 des Jahres 2018 war die Shoppig App Letgo wieder verdrängt worden, jedoch ist die Entwicklung dieser in 2015 gestarteten second-Hand-Plattform deshalb nicht weniger imposant. Der südafrikanische Konzern Naspers investierte allein im Jahr 2018 in einer weiteren Finanzierungsrunde 500 Mio. US$ in Letgo (Wikipedia 2019). Dies verdeutlicht wiederum die Dynamik des Marktplatzsegments und der damit einhergehenden Notwendigkeit, stets am Puls der Zeit bleiben zu müssen.

Eine für Europa und insbesondere Deutschland wichtige Frage wird sein, inwieweit sich die Rechtslage bzgl. der Haftungsverteilung zwischen Plattform und Händler zukünftig ändert. Dies betrifft die Marktplätze ganz allgemein, aber im Speziellen die

Top Shopping Apps Worldwide from 2015 to 2018 by Downloads — SensorTower

	2015		2016			2017			2018	
1	Amazon — Amazon	1	Amazon — Amazon	-	1	Wish — ContextLogic	+3	1	Wish — ContextLogic	-
2	Taobao — Alibaba Group	2	AliExpress — Alibaba Group	+2	2	Amazon — Amazon	-1	2	Amazon — Amazon	-
3	Wish — ContextLogic	3	Taobao — Alibaba Group	-1	3	AliExpress — Alibaba Group	-1	3	AliExpress — Alibaba Group	-
4	AliExpress — Alibaba Group	4	Wish — ContextLogic	-1	4	Taobao — Alibaba Group	-1	4	Shopee — Shopee	+1
5	eBay — eBay	5	eBay — eBay	-	5	Shopee — Shopee	NEW	5	Joom — Joom	NEW
6	Flipkart — Flipkart	6	letgo — letgo	NEW	6	eBay — eBay	-1	6	Paytm — Paytm Mobile Solutions	+2
7	JD.com — Beijing Jingdong Century Trading	7	JD.com — Beijing Jingdong Century Trading	-	7	letgo — letgo	-1	7	Flipkart — Flipkart	+5
8	Paytm — Paytm Mobile Solutions	8	Paytm — Paytm Mobile Solutions	-	8	Paytm — Paytm Mobile Solutions	-	8	Club Factory — Club Factory	NEW
9	Vipshop — Guangzhou Vipshop E-Commerce	9	Flipkart — Flipkart	-3	9	Lazada — Lazada Group	NEW	9	SHEIN — Sheinside Group	NEW
10	Groupon — Groupon	10	Vipshop — Guangzhou Vipshop E-Commerce	-1	10	JD.com — Beijing Jingdong Century Trading	-3	10	Lazada — Lazada Group	-1

Abb. 5.14 Globale Entwicklung der Shopping-App-Welt. (Quelle: SensorTower 2019)

„F2C- und mobile Marktplätze". Die Auseinandersetzung zwischen Amazon und dem deutschen Kartellamt erbrachte zuletzt eine deutliche Verschiebung der Haftung in Richtung Amazon, also der Plattform (Bundeskartellamt 2019). Wohlgemerkt, es geht hier nicht um die „Marktmachtthematik" in der Konstellation zwischen Händler und der zugleich Handel treibenden Plattform (Vendor vs. Seller bei Amazon), sondern um die Haftungsregelung zwischen dem technischen Plattformanbieter und den darauf verkaufenden Händlern. Sollte dies zukünftig für alle Plattformen und Marktplätze gelten und sogar noch schärfer ausgelegt werden, so würde dies deutlich mehr Verantwortung für die Marktplatzbetreiber bedeuten. Sie könnten dann nicht mehr so einfach in Länder vordringen und die „Risiken- und Pflichtenlast" auf ihre Händler abwälzen.

5.6.3.1 Ausgewählte Regionen und Marktplätze

Die Marktplatzsegmente haben sich in den letzten Jahren auf globaler Basis deutlich entwickelt und verändert. Insofern kann man – vor allem im internationalen Kontext – immer nur Momentaufnahmen je Land und Marktplatz skizzieren. Aufgrund dieser Dynamik empfiehlt es sich, eine Situationsneubewertung zumindest alle 6 Monate durchzuführen. Eine allgemeingültige Aussage oder gar Empfehlung für alle Unternehmen (branchenübergreifend, Hersteller, Händler, etc.), dass bspw. dieses Land und jener Marktplatz besonders attraktiv oder potentialträchtig seien, kann daher nicht abgeleitet werden. Für jedes Unternehmen muss eine individuelle Regionen- und Marktplatzanalyse erfolgen, da sowohl Ausgangssituation als auch Potenziale je Branche, Unternehmen und Sortimentsspektrum zu unterschiedlich sind. Für manche Unternehmen kommen nur Länder in Europa infrage, wohingegen andere Unternehmen ausschließlich an (neuen) Marktplatzregionen in Asien oder Südamerika interessiert sind, da Europa bereits erfolgreich abgedeckt ist. Manche Warengruppen sind – besonders mit einem „Made in Germany"-Label – auf einigen Marktplätzen außerordentlich erfolgreich, auf anderen wiederum nicht. Als erste Orientierung in der internationalen Marktplatzwelt soll nachfolgende Kurzbetrachtung ausgewählter Regionen dienen.

Frankreich und UK

Frankreich hat mitunter die höchste Marktplatzdichte in der EU. Zudem ist weder Amazon noch ein anderer Player absolut dominant. Diverse europaweit agierende Spezialisten wie ManoMano, Veepee oder Spartoo haben dort ihren Heimatmarkt und das Qualitätssegment ist unter anderem mit der Marktplatzverbindung aus La Redoute und Galeries Lafayette schon seit längerem prominent vertreten. Mit Cdiscount und einem starken eBay hat Amazon in Frankreich auch wirklich ebenbürtige Generalisten-Wettbewerber. Der E-Commerce-Markt des vereinigten Königreichs ist seit Jahren der am weitesten entwickelte und größte in Europa. Dies liegt unter anderem an der sprachlichen Nähe zu den USA und der damit verbundenen Brückenkopffunktion, die UK für viele amerikanische Technologie- und Handelsunternehmen einnimmt. Es bleibt abzuwarten, wie sich die Brexit-Entwicklungen auf das internationale Marktplatzgeschäft hier auswirken werden.

Skandinavien und Benelux

Für viele überraschend und bis heute durchaus ein kleines digital-Mysterium, sind eBay und Amazon bislang weder in den Benelux- noch in den skandinavischen Ländern aktiv. Wenngleich Amazon in den Niederlanden unter eigener Domain erreichbar ist und von dort auch Lieferungen dorthin erfolgen, so sind die Niederlande bisher kein aktives Amazon-Land im herkömmlichen Sinne. Diese Präsenzlücke verwundert, da Benelux und Skandinavien zwei kaufkraftstarke und auch sehr digitalaffine Regionen sind. In der offline-Welt war und ist insbesondere Belgien stets eine große Herausforderung für internationale Hersteller und Händler, nicht zuletzt aufgrund der drei Sprachregionen und vieler weiterer Marktspezifika. In Norwegen und Schweden sind unter anderem die geringere Bevölkerungsdichte und großen Distanzen herausfordernde Variablen für logistische und betriebswirtschaftliche Fragestellungen. Die beiden Regionen stellen somit weiße Flecken auf der Landkarte der großen Marktplatzplayer (Ausnahme Zalando) dar. Diese „Lücken" wurden von einer Vielzahl lokaler Player ausgenutzt, die heute interessante Einfallstore für interessierte Hersteller und Händler aus der DACH-Region bilden. Dazu zählen beslist und bol.com in Benelux, sowie Fyndiq und zusätzlich wichtige und reichweitenstarke Preisvergleichsportale in Skandinavien (van der Wilt 2018).

China

Im Gegensatz zu vielen anderen Regionen sind China und seine Marktplätze bereits seit längerem in der Öffentlichkeit und auf den Agenden vieler Unternehmen präsent. Vor allem die großen Namen Alibaba, JD und Tencent werden oft genannt. Es wäre vermessen zu versuchen, hier in wenigen Zeilen den hochentwickelten chinesischen E-Commerce-Markt abschließend zu beschreiben. Im Falle Chinas ist es unbestritten erforderlich, sich eingehender mit den Spezifika des Marktes zu beschäftigen. Deshalb erfolgt hier eine Beschränkung auf wenige Fakten und jüngste Trends aus der Perspektive europäischer Unternehmen. Für deutsche oder europäische Händler gestaltet es sich zunehmend schwierig, ein profitables Business auf chinesischen Plattformen zu realisieren. Nach einer ersten Euphoriewelle – ausgelöst u. a. durch den Babynahrungsskandal – haben viele kleinere Händler, aber auch große wie Lidl wieder den Rückzug angetreten. Demgegenüber beginnen die Markenhersteller zunehmend, selbst in China zu verkaufen (Hell 2019). Dabei ist zu beobachten, dass nicht nur Tmall und JD.com, sondern bewusst auch andere – tlw. neue – Plattformen die erste Wahl sind. Kaola, VIP und Pinduoduo sind heute wichtige Marktplätze für deutsche oder europäische Markenprodukte, da sie gezielt hierfür relevante Zielgruppen in China ansprechen. Die Plattform Kaola hat (s)einen deutlichen Schwerpunkt und kommunizierten USP im cross-border-Commerce und fordert hier zuletzt Tmall und JD.com nachhaltig heraus (ECA 2019). Alibaba reagierte auf diese Herausforderung durch eine milliardenschwere Übernahme von Kaola im August 2019 (Kroll 2019). Beachtenswert sind auch jüngste Kooperationen wie die der britischen Highfashion-Plattform Farfetch, die nun ihr Luxusmarkenangebot direkt auf JD.com integriert (Howland 2019). Weit über 100, vor allem größere Fashion-Marken gehen inzwischen aber auch den direkten Weg und nutzen die Marktplätze für sich, wie Michael Kors auf Tmall Luxury Pavilion oder Prada auf JD.com (Preuss 2019 und JD.com 2019). Den Fashion-Marken werden schrittweise auch Markenhersteller anderer Branchen folgen. Zu lukrativ und zwischenzeitlich auch „aufnahmefähig" entwickelt sich der chinesische Marktplatzmarkt. Im Gegensatz zu Marktplätzen anderer Regionen ist es in China mehr als empfehlenswert, sich Unterstützung in Form von beratender und operativer Expertise für dieses cross-border-Geschäft zu leisten. Zwei Gründe unter vielen sind hier auch die besondere Relevanz von sozialen Netzwerken und mobile Payment (We Chat Pay, AliPay), sowie das notwendige Detailverständnis, wie man diese erschließen und für sich nutzen kann.

Anmerkung: Mitte 2019 erfolgten erste Meldungen, dass Amazon sich aus seinem aktiven China-Geschäft zurückziehen wird und internationale Seller den chinesischen Markt nur mehr mittels Amazon Global Selling erreichen können (Reuters 2019).

Asien

Neben China sind auch Japan und Südkorea zwei hochentwickelte E-Commerce-Märkte mit eigenen Marktplatzuniversen. Während in Südkorea Gmarket, Coupang und 11Street hervorstechen, sind in Japan Rakuten und Yahoo dominante Marktplätze. In Indien wiederum lieferten sich über die letzten Jahre Flipkart (zu Walmart gehörig) und Amazon einen intensiven Wettbewerb. Die hohen Wachstumsraten in nahezu allen asiatischen E-Commerce-Märkten fördern auch das kontinentalweite Ausbreiten diverse Plattformen wie Qoo10, Lazada, Shopee oder Zalora. Im Fokus stehen hierbei und für europäische Unternehmen die Regionen Singapur, Indonesien, Philippinen, Malaysia und Thailand.

Osteuropa und Polen

Auch in Osteuropa entwickelt sich in den letzten Jahren ein wachstumsstarker Marktplatzmarkt. In Russland – sprachlich (kyrillischer Zeichensatz) sowie durch andere Suchmaschinen wie Yandex etwas abgeschottet – sind die europäischen und amerikanischen Marktplätze so gut wie nicht präsent. Aber es gibt auch internationale Marktplatzinitiativen, die von Beginn an auf cross-border-Commerce angelegt sind wie bspw. der neue Marktplatz „Sputnik", der zum Start schon AliPay und We Chat Pay angeschlossen hat (Fedorenko 2019). Bereits stark verbreitet in Russland sind derzeit Yandex.Market, Ozon und die Shopping-App Joom. In andere, näher an Deutschland liegende östliche und südöstliche Regionen wie Tschechien, Slowakei, Ungarn oder Griechenland sind inzwischen viele der in der EU beheimateten Marktplätze vorgestoßen und gesellen sich zu lokal relevanten Playern wie eMAG. Zalando, About You, Spartoo oder vidaXL haben dort diverse länderspezifische Portale eröffnet. Ein besonders beachtenswerter Fall ist Allegro in Polen. Zum einen ist Allegro in Polen, welches mitunter die höchsten E-Commerce-Wachstumsraten in Europa bei fast 40 Mio. Einwohnern aufweist, deutlicher Marktführer. Allegro wird oftmals als „polnisches Amazon" bezeichnet, da Allegro eine sehr hohe Sortimentsbreite und zum anderen auch viele Services (Marketing, Premium-Kundenclub, etc.) anbietet. Dies mag auch darauf zurückzuführen sein, dass Allegro über einen längeren Zeitraum zu Naspers gehörte und hier von den Finanz- und Entwicklungsressourcen des Konzerns profitierte. Die Tatsache, dass die aktuellen Besitzer (Cinven, Permira and Mid Europa Partners erwarben Allegro 2016 für 3,25 Mrd. US$) Kapitalinvestoren sind und letztlich einen „Exit-Deal" anstreben werden, führt zu einigen Spekulationen, wer hier mittels einer Übernahme nicht nur den polnischen, sondern auch den weiteren osteuropäischen Markt an sich reißen könnte.

USA

Amazon ist in seinem Heimatmarkt USA ähnlich dominant im E-Commerce wie in Deutschland. Auch wenn Amazons Marktanteile von den Marktforschern zuletzt etwas nach unten korrigiert wurden (Krisch 2019d), so sind es wohl doch über 40 % und damit ein substantieller Betrag. Der US-amerikanische E-Commerce-Markt ist für viele deutschen Hersteller oder Händler oft ein weit entfernter, weil sehr wettbewerbsintensiver Markt. Auf der anderen Seite existiert eine steigende Anzahl von Markenherstellern, die im heimischen Markt sowohl den Direktvertrieb mittels Webshops scheuen als auch dem Amazon-Marktplatz fernbleiben. In den USA wagen sie jedoch diese beiden Schritte. Das hat auch damit zu tun, dass die Handelspartner in den USA hier weniger allergisch reagieren und es zuweilen normal anmutet, wenn Hersteller auf allen Kanälen ihre Produkte verfügbar machen. Dieses „Testfeld USA" ist aus hiesiger Sicht und in Bezug auf Amazon eine der interessantesten Aspekte. Amazon testet nahezu all seine Innovationen zuerst im Heimatmarkt. Insofern ist man nicht zuletzt deshalb gut beraten, den amerikanischen Markt und Amazon stets im Auge zu behalten, um hierzulande weniger oft überrascht zu werden. Der amerikanische Marktplatzmarkt ist einer der am besten beobachteten und beschriebenen Märkte. Nicht zuletzt deshalb, weil sowohl Amazon als auch die bisherigen Hauptwettbewerber wie eBay und Walmart als börsennotierte Unternehmen publizitätsverpflichtet sind und Institute wie Marketplace Pulse sich eingehend mit diesbezüglichen Zahlen, Fakten und Trendberichten hervortun (Marketplace Pulse 2019). Aus Innovationsgesichtspunkten erscheinen derzeit einige Aspekte besonders bemerkenswert.

Zum einen der Zweikampf der beiden Handelsgiganten Walmart und Amazon. Walmart, nach seinen massiven Akquisitionen (insb. Jet.com, Flipkart) und etwas spät erfolgter interner Priorisierung auf und Umstrukturierung des E-Commerce, ist sicherlich zu einem „alternativen Marktplatz" gereift, der zuletzt eine stark wachsende Händlerschaft anzieht. Außerhalb des „regulären Wettbewerbs" mit den zumeist bekannten Namen Walmart, eBay, newegg, Etsy, Rakuten oder Wayfair (Ong 2018) kommen seit etwa 2018 zwei weitere „Innovations-Rivalen" auf Amazon zu. Die bereits beschriebenen Marktplatzformate „mobile only" (Wish) und „Social Commerce" (Facebook, Instagram, Pinterest) haben in den USA ihren Ursprung und könnten auch für Amazon eine größere Herausforderung darstellen. Folgende Argumentationskette spricht dafür. Amazon will, dass die besten Markenhersteller und die besten Händler auf Amazon aktiv sind und verkaufen. Andere Marktplätze wünschen sich das gleiche Engagement. Die Hersteller und Händler haben aber limitierte Ressourcen und müssen entscheiden, auf welchen Kanälen sie sich besonders involvieren. Die sozialen Netzwerke sind hier bereits in einer exzellenten Position, da die meisten Firmen bereits nennenswert Budgets in ihren Accounts investieren. Und die Position wird durch die Commerce-Komponente noch deutlich gestärkt. Es gibt sicherlich nicht viele Unternehmen, die derart auf Augenhöhe mit Amazon sind, wie es die sozialen Netzwerke Facebook und Pinterest sind, wenn sie ihre Marktplätze den Herstellern und Händlern mit effizienten Anbindungsprozessen offerieren können.

Rest of World

Es mag unzulässig erscheinen die restliche Welt in eine Sammelkategorie zu werfen. Es wäre jedoch unmöglich, im Rahmen dieses Beitrags auf nur annähernd alle relevanten Regionen einzugehen. Die Welt der Marktplätze umfassend darzustellen, versuchen einige Autoren und Newsportale, und doch sind es stets nur hoffentlich aktuell gehaltene Momentaufnahmen (Dawson 2019 und Lengow 2019). Einige besser entwickelte E-Commerce-Märkte mit tendenziell höherer Exportrelevanz für deutsche Unternehmen sollen jedoch kurz skizziert werden.

Etwas überraschend haben die US-amerikanischen Marktplatzplayer und auch Amazon die südlich angrenzenden Regionen **Latein- und Südamerikas** nicht so für sich erschlossen, wie es aufgrund der räumlichen Nähe und historisch engen Wirtschaftsbeziehungen vielleicht erwartbar gewesen wäre. Dominant ist in diesen Gefilden der argentinische Marktplatz Mercado Libre. Bislang in 18 Ländern tätig, ist Mercado Libre auch in den großen E-Commerce-Märkten Brasilien oder Mexiko führend (Mercado Libre 2019). Die Börse honoriert dies mit steigenden Bewertungen und sogar die deutsche Presse bezeichnet es inzwischen als das „Amazon Südamerikas" (Börse-ARD 2019). Demgegenüber sind in **Australien und Neuseeland** neben ihren lokalen Marktplatzanbietern wie Catch, my deal und Trade me auch die marktstarken Player Amazon und eBay präsent. In **Afrika** wirkt, neben Konga und Jumia, vor allem Naspers als treibende Kraft und Investor des E-Commerce. Die **Türkei** spielt für viele deutsche Unternehmen seit Jahren eine wichtige Rolle als Produktions- und Export-Standort. Dies könnte auch im E-Commerce-Kontext noch weiter zunehmen. Den beiden führenden Marktplätze Hebsiburada und Gittigidiyor (zu eBay gehörig) werden beträchtlich Potenziale zugeschrieben, auch durch die vielen türkischstämmigen Bürger in der Bundesrepublik.

5.7 Entwicklung strategische Roadmap für erfolgreiches Marktplatz-Business

In den vorangegangenen Kapiteln wurde dargelegt, dass das Marktplatzbusiness sowohl im B2B- wie auch im B2C-Kontext immer mehr an Relevanz gewinnt. Ein zweiter wichtiger Aspekt ist die bereits beträchtliche Heterogenität der Markplatzmodelle sowie deren kontinuierliche Ausdifferenzierung und regionale Expansion. Will man diesem durchaus herausfordernden Aufgabenfeld adäquat begegnen, so sollte neben einer Amazon- auch eine robuste Marktplatzstrategie erarbeitet werden, die zumindest die folgenden Handlungsfelder erfasst und mit passenden Lösungsansäten versieht:

1. **Detaillierte Analyse der aktuellen Marktplatz-Landschaft** in der spezifischen Branche sowie angrenzenden Marktsegmenten (je Land/Region) – ggfs. getrennt nach B2B und B2C
2. **Beschreibung von Funktionsweise und Leistungsfähigkeit jedes relevanten Marktplatzes** sowie Abschätzung der weiteren Entwicklungen (Long List)
3. **Festlegung Fokus-Marktplätze** und solche zur Beobachtung (Short List)
4. Entwicklung des **eigenen Bearbeitungskonzepts** für jeden Marktplatz mit exakter Beschreibung von
   - Direkter vs. indirekter Marktplatzbespielung
   - Sortiments- und Preisgestaltung
   - Marketingplanung
   - Content-Konzept: Erstellung und -Pflege
   - Review-Management
   - Verpackungen und Logistik
   - Kundenservice, After Sales
   - IT- und Prozess-Landkarte
5. Darauffolgend: **Ableitung realistischer Invest- und Aufwandsbedarfe**, insb. für die Bereiche
   - Team und Personal (Kompetenzen und Kapazitäten)
   - Systeme, Schnittstellen, Tools
   - Contenterstellung und -pflege
   - Marketing (Marktplatz Optimierung und Werbung, MPO/MPA)
   - Kundenservice und Logistik
   - Prüfung von Outsourcing-Möglichkeiten sowie -Varianten
6. Gegebenenfalls Festlegung der **Internationalisierungskonzeption** mit identischer Berücksichtigung der Punkte 4. und 5., zuzüglich weiterer Aspekte wie **Sprachadaption, Besteuerung/Verzollung sowie Logistik-Szenarien**
7. Erstellung eines **Zeitplans zur Marktplatzerschließung** sowie eines **Erfolgsmessungs-konzepts (KPI-Modell)** für die jeweiligen Phasen
8. Gestaltung einer **Personal- und Organisationsskizze** für die Marktplatzverantwortung und -umsetzung

Unbestritten erfordert die Erarbeitung einer solchen Strategie-Roadmap einen nicht geringen zeitlichen Aufwand und insbesondere auch den der kostbarsten Ressource, nämlich die aktive Teilnahme des TOP-Managements. Zukunftsgerichtete Unternehmen werden jedoch keine Alternative dazu sehen. Schließlich ist das Marktplatzbusiness nicht nur enorm potentialträchtig, sondern auch mit diversen Stolperfallen und in den meisten

Fällen auch Risiken für das Bestandsgeschäft behaftet. Der vergleichsweise hohe Aufwand einer robusten und umsetzungsfähigen Marktplatzstrategie ergibt sich aus zwei Gründen, die wiederum miteinander verknüpft sind:

Das Marktplatzbusiness folgt seinen eigenen Regeln, es ist vergleichbar mit dem Markteintritt in ein neues Land. Man spricht eine andere „Sprache", es gibt andere Wettbewerber, andere Datenformate und Logistikprozesse, um nur einige Spezifika zu nennen. Es bedarf schlichtweg anderer Erfolgsfaktoren, und: „mehrere Marktplätze" bedeutet in dieser Logik auch wieder „mehrere Länder". Insbesondere für Hersteller, aber auch für tradierte Händler sind die technischen, prozessualen und logistischen Voraussetzungen des Marktplatzbusiness in gewisser Weise Neuland. Dies ist zugleich der zweite Aufwandstreiber. Es erfordert eine Analyse- und Konzeptionsphase, um zu bestimmen, welche vorhandenen Strukturen, Systeme und Prozesse geeignet sind, um das Marktplatzgeschäft skalierbar betreiben zu können und wo dies nicht der Fall ist und somit neue System- und Prozessarchitekturen aufgebaut bzw. integriert werden müssen. Das Modewort „Skalierbarkeit" ist zwar mitunter überstrapaziert, in diesem Kontext jedoch zwingend angebracht. Es gibt ausreichend Unternehmensbeispiele, die zeigen, wie Organisationen in große Stresssituationen geraten sind, weil sie nicht entsprechend auf die Anforderungen des Marktplatzbusiness ausgerichtet wurden. Die meisten Unternehmensbereiche und -funktionen müssen auf ihre Marktplatz-Tauglichkeit überprüft und passende Leistungskonzepte erarbeitet werden. Die Praxis der letzten Jahre lehrt, dass hier leider oft „zu kurz gesprungen wird", indem überwiegend die Prozessschritte und beteiligten Bereiche bis zum Kaufzeitpunkt (Sortiment, Content, Preis) beachtet werden, jedoch alles ab Auftragseingang nicht mit der gebotenen Sorgfalt behandelt wird. Im Marktplatzbusiness entscheidet jedoch sehr stark die „Post Purchase Journey" über langfristigen Erfolg oder Misserfolg. Lieferqualität, Erreichbarkeit des Kundendienstes oder Retourenhandling sind Leistungsbausteine, die oft auch dafür sorgen, dass der Verkäufer entsprechend gute Bewertungen erhält. Zu guter Letzt: Vor allem für Hersteller, die bislang noch nicht nennenswert in direktem Kundenkontakt standen, ist das Management von Kundenbewertungen oder die echtzeitnahe Auswertung von Traffic- und Verkaufsdaten ein neues Potential- aber eben auch Aufgabenfeld. Wie in vielen anderen Digitalisierungsfeldern gilt auch hier: Viele Lösungsbausteine für ein erfolgreiches Marktplatzbusiness fußen auf guter IT und effizienten Prozessen, im Zentrum stehen jedoch die Menschen, die das Marktplatzmodell tagtäglich bewirtschaften und auch fortentwickeln. Insofern ist auch im Marktplatzbusiness das wichtigste Investment demjenige in die Rekrutierung und Entwicklung passender Köpfe und Teams.

Literatur

Abbamonte, K. (2018). https://www.shopify.com/retail/social-commerce-for-retail-what-is-it-and-examples-of-retailers-doing-it-well. Zugegriffen: 24. Juli 2019.

Abner, L. (2019). https://9to5google.com/2019/07/20/google-shopping-homepage-live-us/. Zugegriffen: 24. Juli 2019.

Amazon. (2019). http://de.buyvip.com/. Zugegriffen: 9. Juni 2019.

Boerse.ARD. (2019). https://boerse.ard.de/aktien/das-suedamerikanische-amazon100.html. Zugegriffen: 26. Juli 2019.

Breuninger. (2019). https://www.e-breuninger.de/de/breuninger-startet-mit-schweizer-online-shop/. Zugegriffen: 25. Juli 2019.

Bundeskartellamt. (2019). https://www.bundeskartellamt.de/SharedDocs/Entscheidung/DE/ Fallberichte/Missbrauchsaufsicht/2019/B2-88-18.pdf?__blob=publicationFile&v=4. Zugegriffen: 30. Juli 2019.

CB Insights. (2019). https://www.cbinsights.com/research/report/amazon-disruption-industries/?utm_source=CB+Insights+Newsletter&utm_campaign=1146f1c4ad-TuesNL_ 07_03_2019&utm_medium=E-Mail&utm_term=0_9dc0513989-1146f1c4ad-92715905. Zugegriffen: 15. Juli 2019.

Conrad Electronic SE. (2019). https://www.conrad.de/de/service/orderservice/marketplace.html. Zugegriffen: 19. Juli 2019.

Crowdfox GmbH. (2019). https://www.crowdfox.org/. Zugegriffen: 19. Juli 2019.

Dami, L. (2019). https://www.theverge.com/2019/7/22/20703719/etsy-reverb-acquisition-music-gear-marketplace. Zugegriffen: 24. Juli 2019.

Davey, L. (2019). https://www.webretailer.com/lean-commerce/online-marketplaces/#/. Zugegriffen: 28. Juli 2019.

Dawson, C. (2019). https://tamebay.com/2019/07/top-5-marketplaces-country.html?utm_source= bm23&utm_medium=E-Mail&utm_term=Read+More+%3E&utm_content=Posts+from+Tamebay+for+08/07/2019&utm_campaign=TB+-+Newsletter+-+2018&_bta_tid=29998690435 476388982569550069995757253730730725340042013568738722542860590120992263163 36916172612229717. Zugegriffen: 14. Juli 2019.

ECA. Ecommerce china agency. (2019). https://ecommercechinaagency.com/kaola-cross-border-market-china/. Zugegriffen: 17. Juni 2019.

ECC/IFH. (2019). https://www.ifhkoeln.de/publikationen/. Zugegriffen: 19. Jan. 2020.

Eisenbrand, R. (2019). https://omr.com/de/shoppable-ads-content-social-commerce/. Zugegriffen: 1. Juli 2019.

Fedorenko, S. (2019). https://tamebay.com/2019/07/sputnik-marketplace-welcome-wechat-alipay-payments.html. Zugegriffen: 28. Juli 2019.

Gärtner, M. (2019). https://www.onlinehaendler-news.de/online-handel/marktplaetze/130547-lieferanten-chancen-b2b-geschaeft. Zugegriffen: 22. Juli 2019.

Gillner, S. (2019a). https://www.internetworld.de/e-commerce/alibaba/alibabacom-steht-mal-us-verkaeufern-offen-1732142.html. Zugegriffen: 25. Juli 2019.

Gillner, S. (2019b). https://www.internetworld.de/e-commerce/ebay/20-jahre-ebayde-wichtigsten-zahlen-fakten-1719070.html. Zugegriffen: 23. Juli 2019.

Gmelch, A. (2019). https://www.mobile-zeitgeist.com/mobile-marktplaetze-neue-konkurrenz-aus-fernost/?cookie-state-change=1564224900593. Zugegriffen: 27. Juli 2019.

HDE. (2019). https://einzelhandel.de/presse/zahlenfaktengrafiken/861-online-handel/1889-e-commerce-umsaetze. Zugegriffen: 17. Juli 2019.

Hell, M. (2019). https://www.internetworld.de/e-commerce/online-handel/expansion-im-online-handel-herausforderung-china-1727736.html?ganzseitig=1. Zugegriffen: 22. Juli 2019.

Hofer, J. (2019). https://app.handelsblatt.com/unternehmen/mittelstand/sporthandel-intersport-schwenkt-beim-onlinegeschaeft-radikal-um-und-oeffnet-sich-amazon-und-ebay/24864810. html?ticket=ST-3104400-POIi42KJIueIMoKL7vHa-ap6. Zugegriffen: 5. Aug. 2019.

Howland, D. (2019). https://www.retaildive.com/news/farfetch-launches-on-jdcom/556704/. Zugegriffen: 23. Juni 2019.

Idealo/Priori Data. (2019). https://www.idealo.de/magazin/2019/02/20/shopping-apps-wish-joom-billig/. Zugegriffen: 19. Jan. 2020.

JD.com. (2019). https://jdcorporateblog.com/prada-partners-with-jd-com-to-expand-digital-presence-in-china/. Zugegriffen: 19. Juni 2019.

Johnson, D. (2019). https://www.businessinsider.de/what-is-google-express?r=US&IR=T. Zugegriffen: 12. Juli 2019.

Kanellos, M. (2012). https://www.forbes.com/sites/michaelkanellos/2012/04/25/amazon-takes-another-step-toward-b2b-with-amazon-supply/#37287a9e26d4. Zugegriffen: 28. Juli 2019.

Keller, C. (2019). https://neuhandeln.de/preiskampf-vermeiden-die-marktplatz-strategie-von-limango/. Zugegriffen: 20. Juni 2019.

Kolbrück, O. (2017). https://etailment.de/news/stories/Local-Commerce-Was-taugen-lokale-Online-Marktplaetze-wirklich-20265. Zugegriffen: 22. Juli 2019.

Krisch, J. (2019a). https://excitingcommerce.de/2019/03/14/limango-bei-229-mio-e-20-showroom-prive-bei-672-mio-e/. Zugegriffen: 23. Juli 2019.

Krisch, J. (2019b). https://excitingcommerce.de/2019/06/06/vente-privee-kommt-in-deutschland-auf-120-mio-e-k5bln/. Zugegriffen: 23. Juli 2019.

Krisch, J. (2019c). https://excitingcommerce.de/2019/03/19/instagram-und-pinterest-im-mobile-shopping-fieber/. Zugegriffen: 23. Juli 2019.

Krisch, J. (2019d). https://excitingcommerce.de/2019/07/22/die-amazon-zahlen-und-das-versagen-der-marktforscher/. Zugegriffen: 5. Aug. 2019.

Kroll, S. (2019). https://www.internetworld.de/e-commerce/alibaba/alibaba-kauft-e-commerce-unternehmen-kaola-1746483.html. Zugegriffen: 20. Aug. 2019.

Kyto. (2019). https://www.kyto.de/b2b-handelsplattformen-vergleich/. Zugegriffen: 22. Juli 2019.

Lengow. (2019). https://www.lengow.com/de/marktplatz-suche/. Zugegriffen: 14. Juli 2019.

Lommer, I. (2019a). https://www.internetworld.de/e-commerce/online-marktplatz/europas-wichtigste-online-marktplaetze-1686361.html. Zugegriffen: 28. Juli 2019.

Lommer, I. (2019b). https://www.internetworld.de/e-commerce/ebay/146000-gewerbliche-haendler-verkaufen-ebayde-1671147.html?ganzseitig=1. Zugegriffen: 23. Juli 2019.

Lupu, R. (2018). https://www.iww.de/dr/rechtsverletzungen/grenzen-des-selektiven-vertriebssystems-pauschales-verbot-fuer-vertragshaendler-sich-preisvergleichsportalen-zu-bedienen-ist-unzulaessig-f116061. Zugegriffen: 27. Juli 2019.

Mapudo Gmbh. (2019). https://mapudo.com/. Zugegriffen: 22. Juli 2019.

Marketplace Pulse. (2019). https://www.marketplacepulse.com/marketplaces-year-in-review-2018#2019. Zugegriffen: 25. Juli 2019.

Maruhn, M-P. (2019). https://warenausgang.com/roobeo-digitalisiert-die-baubranche-mit-gruender-michel-philipp-maruhn/. Zugegriffen: 20. Juni 2019.

Mercado Libre. (2019). http://investor.mercadolibre.com/. Zugegriffen: 28. Juli 2019.

Mercateo AG. (2019). https://www.mercateo.com/corporate/. Zugegriffen: 20. Juli 2019.

Moynihan, R., Payo, A. (2019). https://www.businessinsider.de/acquisitions-that-made-amazon-the-giant-it-is-today-2019-6?r=US&IR=T%22. Zugegriffen: 29. Juni 2019.

Müller, Tarek. (2019). https://www.kassenzone.de/2019/05/26/tarek-mueller-ueber-tarek-mueller/. Zugegriffen: 23. Juli 2019.

Müller, Tina. (2019). https://www.kassenzone.de/2019/06/02/douglas-de-auf-dem-weg-zur-plattform-mit-tina-mueller-und-vanessa-stuetzle/. Zugegriffen: 23. Juli 2019.

Ong, A. (2018). https://learn.g2.com/online-marketplaces. Zugegriffen: 28. Juli 2019.

Parker, G., Van Alstyne, M., & Choudary, S. (2016). *Platform Revolution* (1. Aufl.,). New York: Norten.

Partech Partners. (2019). https://partechpartners.com/press-room/manomano-raises-110-million-euros-and-confirms-its-2020-ambition-achieving-1-billion-sales/. Zugegriffen: 23. Juli 2019.

Paul, L. (2017). https://t3n.de/news/b2b-procurement-779549/. Zugegriffen: 22. Juli 2019.

Paul, L. Warenausgang.de. (2019a). https://warenausgang.com/. Zugegriffen: 20. Juli 2019.

Paul, L. (2019b). https://warenausgang.com/teil-2-grosser-b2b-marketplace-und-e-procurement-rundumschlag-mit-dominik-hecker-xt-verpackungen/. Zugegriffen: 20. Juli 2019.

Pech, C. (2018). https://www.onlinehaendler-news.de/e-commerce-trends/internationales/31778-zalando-irland-tschechien. Zugegriffen: 15. Juli 2019.

Preuss, S. (2019). https://fashionunited.de/nachrichten/einzelhandel/michael-kors-startet-auf-tmall/2019072232539. Zuggeriffen: 24. Juli 2019.

Reuters. (2019). https://de.reuters.com/article/usa-china-amazon-idDEKCN1RU0NF. Zugegriffen: 10. Juli 2019.

Rönisch, S. (2017). iBusiness. https://www.ibusiness.de/aktuell/db/785475SUR.html?pay=1. Zugegriffen: 16. Juni 2019.

Rönisch, S. (2018). iBusiness. https://www.ibusiness.de/aktuell/db/337104SUR.html. Zugegriffen: 22. Juli 2019 / https://webdata-solutions.com/2018/06/14/online-marktplaetze-wie-sie-als-haendler-die-richtige-plattform-finden/.

Schmidt, H. (2019). http://www.plattform-index.com. Zugegriffen: 19. Jan. 2020.

Schmidt, T. (2019). https://www.onlinehaendler-news.de/online-handel/marktplaetze/131142-check24-marktplatz-geschaeft-staerker-fokus. Zugegriffen: 20. Juni 2019.

SensortTower. (2019). https://sensortower.com/blog/top-shopping-apps-europe-2018-downloads. Zugegriffen: 24. Juli 2019.

Statista. (2018). https://de.statista.com/statistik/daten/studie/205930/umfrage/umsatz-des-diy-marktes-im-engeren-sinn/. Zugegriffen: 24. Juli 2019.

Statista. (2019). https://de.statista.com/outlook/220/137/social-media-werbung/deutschland. Zugegriffen: 24. Juli 2019.

Streitfeld, D. (2018). https://www.nytimes.com/2018/09/04/technology/amazon-stock-price-1-trillion-value.html. Zugegriffen: 27. Juli 2019.

techchrunch. (2019). https://techcrunch.com/2019/04/01/manomano-raises-125-million-for-its-home-improvement-e-commerce-platform/?guccounter=1&guce_referrer=aHR0cHM6Ly93d3cuZ29vZ2xlLmNvbS8&guce_referrer_sig=AQAAALwvytrQpL5e2hfh7m-6LM2x2x33D2csXNmhW05ajGthccslQ1PpYC2MQvEZkwO47YLuzcIhkeIU8IdAp5OTw-JdtzKWyyY1Pa3PssiuUdWAtIc3r298xnn1nn-4fccN90ABP_rePCadw0h9D7PXCmS_fecxYhmth-Cps38UyCqgnq. Zugegriffen: 19. Jan. 2020.

T3n. (2019a). https://t3n.de/news/angriff-amazon-ebay-paketdienst-1182222/. Zugegriffen: 27. Juli 2019.

T3n. (2019b). https://t3n.de/news/otto-marktplatz-amazon-gefaehrlich-werden-1146624/. Zugegriffen: 19. Juli 2019.

The Hackett Group. (2019). https://www.amazonbusinessblog.com/leading-procurement/the-hackett-group-outlines-the-value-and-use-of-b2b-online-marketplaces. Zugegriffen: 28. Juli 2019.

Van der Wilt, J. (2018). https://www.webretailer.com/lean-commerce/ecommerce-scandinavia/. Zugegriffen: 26. Juli 2019.

VeepeeZ. (2019). https://www.veepeez.com/. Zugegriffen: 28. Juli 2019.

We are pentagon. (2017). https://wearepentagon.com/2017/08/15/korean-marketplaces-amazon-alternative/. Zugegriffen: 26. Juli 2019.

Weishaupt, G. (2019). https://app.handelsblatt.com/unternehmen/handel-dienstleister/modebranche-zalando-baut-sein-geschaeftsmodell-um/24492012.html. Zugegriffen: 26. Juni 2019.

WIK. (2018). https://www.wik.org/index.php?id=910. Zugegriffen: 24. Juli 2019.

Wikipedia. (2019). https://en.wikipedia.org/wiki/Letgo. Zugegriffen: 9. Juli 2019.

Zalando/gaxsys. (2019). https://www.zalando.de/gaxsys/. Zugegriffen: 23. Juni 2019.

Zha, W. (2019). https://fashionunited.de/nachrichten/einzelhandel/schoene-neue-retailwelt-warum-karstadt-und-zalando-kooperieren/2019052331973. Zugegriffen: 25. Juli 2019.

Ralph Hübner ist Partner bei der ecom consulting GmbH sowie Sector Principal beim M&A-Beratungshaus Hampleton Partners. Er verfügt über rund 20 Jahre Führungs- und Beratungserfahrung von Hersteller- und Markenunternehmen in den Bereichen Strategie, Vertrieb und Marketing. Zu seinen langjährigen Beratungskunden zählen viele führende B2B- und B2C-Brands. Ralph Hübners Spezialgebiete sind u. a. die Internationalisierung, Plattformstrategien, digitaler Markenschutz sowie die Digitalisierung von mehrstufigen Vertriebsmodellen. In den letzten Jahren hat Ralph Hübner viele namhafte Unternehmen bei ihrer Marktplatz- und im speziellen Amazon-Strategie beratend begleitet. Zudem ist er als Referent für diverse Industrieverbände, Redner auf Fachveranstaltungen, Fachautor sowie Gastdozent an der Hochschule München tätig.

Teil II

Entscheidende Erfolgsbausteine konzipieren und implementieren

Entscheidungsleitfaden zur Optimierung der Produktdetailseiten und deren Reichweite auf dem Amazon Marketplace

6

Adrian Jaroszyński

Inhaltsverzeichnis

Zusammenfassung

In diesem Kapitel wird beschrieben, welche Maßnahmen einer Produktlistung zu einer höheren Auffindbarkeit verhelfen und wie die Gestaltung der Produktdetailseiten die Kaufentscheidung der Kunden positiv beeinflusst. Darüber hinaus werden zur Vorbereitung einer Kampagne die essentielle Prüfung und eine mögliche Identifikation weiterer Potentiale schrittweise erklärt. Daraus können im Tagesgeschäft zielgerichtete Empfehlungen für den Aufbau des Mediaplans und der Kampagnenstruktur entwickelt werden. Abschließend werden Berichte, Kennzahlen und Reports vorgestellt, die unabdingbar für Analyse und Evaluierung der behandelten Bereiche sind. Fehlt diese kennzahlenbasierte Entscheidungshilfe, sinkt die Erfolgswahrscheinlichkeit anschließender Optimierungsmaßnahmen, die Vertrieb und Vermarktung harmonisch aufeinander abstimmen könnten. Gelingt diese Abstimmung, können daraus

A. Jaroszyński (✉)
Jaroszyński Digital Strategy Consulting eK, München, Deutschland
E-Mail: adrian@jaroszynski.com

© Springer Fachmedien Wiesbaden GmbH, ein Teil von Springer Nature 2020
C. Stummeyer und B. Köber (Hrsg.), *Amazon für Entscheider*,
https://doi.org/10.1007/978-3-658-27427-6_6

weitere Wachstumsimpulse erzeugt werden. Denn dem stetigen Abstimmen und Erzeugen dieser Impulse folgt ein Momentum, dessen Antriebskraft steigt, je länger es andauert. Auf diesen Effekt basiert die Strategie, die Jeff Bezos zusammen mit einigen Mitgliedern des Aufsichtsrats und dem Strategieberater Jeff Collins im Jahre 2001 für Amazon entwickelte und heute unter der Bezeichnung „Flywheel" als Wachstumsstrategie bekannt ist (Collins, How does your flywheel turn? A Good to Great Strategic Tool, 2017). Die geteilten Erkenntnisse resultieren in Summe aus jahrelanger Arbeitserfahrung, ausführlichen Tests und einem regen Erfahrungsaustausch mit zahlreichen Experten, Händlern und Werbetreibenden, die sich mit der Produktsuchmaschine, dem Empfehlungssystem und den Algorithmen dahinter aus wirtschaftlichen Beweggründen auseinandersetzen. Die Beschaffenheit dieser Algorithmen ist dynamisch und ändert sich entsprechend der Umgebung unregelmäßig. Alle Faktoren, die für das Ranking momentan relevant sind, und deren aktuelle Priorisierung sind ausschließlich Amazon bekannt. Dieser Text gibt die bestmögliche Einschätzung zum Zeitpunkt des Verfassens aus externer Perspektive wieder und erhebt keinen Anspruch die tatsächlichen Strategien und Eigenschaften der Algorithmen vollständig zu kennen.

6.1   Der Dreiklang der Produktdetailseite

Jeder Anbieter, der auf Amazon Produkte zum Verkauf stellt, wird früher oder später sein Augenmerk auf dieses entscheidende Element richten, das in vielerlei Hinsicht ausschlaggebend für den Erfolg auf Amazon ist: die Produktdetailseite.

Der erste Blick erfolgt nicht selten aus der Kundenperspektive heraus: Klar strukturiert und sauber gegliedert im Erscheinungsbild, suggeriert die Detailseite eine simple Zugänglichkeit. Sie scheint schnell erstellt und einsatzbereit, doch das neben Titel, Bilder, Texte und Preisgestaltung weitere tiefgreifende Details zur Entscheidung stehen, offenbart sich Händlern und Markeninhabern oft erst auf den zweiten Blick. Dass die Resultate dieser Entscheidungen einerseits von emotional geprägten Käufern und andererseits von rational handelnden Algorithmen erfolgt, lässt das Spektrum an Fähigkeiten erahnen, das auf diesem Spielfeld benötigt wird.

Die Komplexität ist vor allem durch die unterschiedlichen Anforderungen bedingt, denen eine Listung genügen muss, um wirtschaftlich erfolgreiche Resultate zu liefern. Diese Anforderungen lassen sich in drei Kriterien unterteilen. Die Beschaffenheit einer Produktlistung entscheidet über:

- Die **Relevanz** und folglich die Auffindbarkeit, die der A9-Algorithmus ihr zuteilt. Hier wollen alle Grundvoraussetzungen in der Qualität des Listings bestmöglich erfüllt werden.
- Die **Produktpräsentation** kommuniziert nach außen hin das Selbstbild einer Marke und ihrer Produkte. Gelingt es, dass sich die Präsentation konsistent in die kanalübergreifende Kommunikation einfügt, schafft man einen entscheidenden Baustein für den Aufbau und Erhalt der Markenidentität. In der Customer Journey auf Amazon trägt

eine konsistente Detailseite dazu bei, wie Kunden ihre Erfahrung mit der Marke und ihren Produkten wahrnehmen und steuert so maßgeblich die Kaufbereitschaft. Ein potentieller Käufer entscheidet in kürzester Zeit, ob der erste Eindruck ausreichend Vertrauen in das vorgefundene Produkt schaffen konnte und der Erwerb attraktiv erscheint.

- Die **Wirtschaftlichkeit** der Produktdetailseite zeigt sich im Verhältnis der erzielten Umsatzerlöse zu den angefallenen Kosten. Die Buy Box auf der Detailseite hat den größten Anteil an den Umsätzen, die auf Amazon generiert werden. Ausnahmen bilden beispielsweise Käufe, die aus der Bestellhistorie des Kunden heraus getätigt werden. Die Wirtschaftlichkeit zeigt an wie effizient der Beitrag der ASIN zur Profitabilität des Kanals ist und lässt sich einfach berechnen:

$$Wirtschaftlichkeit = Erlöse/Kosten$$

Der Beitrag zur Profitabilität ist positiv, wenn die Wirtschaftlichkeit > 1 beträgt. Die Kennzahl hat den Vorteil, ASINs aus dem Portfolio untereinander vergleichbar zu machen und kann im zeitlichen Kontext der eigenen Entwicklung gegenübergestellt wiedergeben, ob Optimierungen positive Impulse setzen konnten oder die Wirtschaftlichkeit gesteigert werden konnte. Zudem sind Werbekampagnen, die auf ineffiziente Detailseiten verlinken, nicht im Stande eine profitable Performance zu entwickeln und generieren ein Verlustgeschäft.

6.2 Einführung: Verknüpfung strategischer und operativer Planungsprozesse

PwC sieht in der strategischen Planung einen immer wiederkehrenden Prozess, dessen Wirkung erst in Kombination mit operativen Planungsprozessen zur Geltung kommt. Ressourcen und Optionen können so aufeinander abgestimmt und wichtige Weichenstellungen zur Nutzung von Wachstumschancen vorgenommen werden. Die darin getroffenen vorrausschauenden Entscheidungen samt abrufbereiter Alternativen bilden einen wichtigen Erfolgsfaktor. Besonders mittelständische Unternehmen, die komplexe Anforderungen zu bewältigen haben, profitieren von der Harmonisierung strategischer und operativer Planungsprozesse. (Winkeljohann und Bartels 2010) Insbesondere bei Amazon gilt, bedingt durch die Dynamik des Marktplatzes: wer nicht proaktiv und vorausschauend agiert, dem werden plötzlich auftretende Wandel unvorbereitete Reaktionen abverlangen.

Die kommenden Inhalte sollten verdeutlichen, wie das Einkaufserlebnis für den Kunden in Zusammenspiel mit der Reichweite des Sortiments auf Amazon erhöht werden kann. Ohne Reichweite lassen sich auf Amazon keine Umsätze erzielen, das ist die Mechanik. Die ersten auf dem Marktplatz erzielten, oft werbefinanzierten, Absätze steigern zwar unmittelbar den Profit, jedoch erfordern weitere Steigerungen stetig neuer Wachstumsimpulse. Naheliegend folgen weitere Kampagnen und dank der verfügbaren Daten aus Handel, Logistik und Werbung die Optimierungen der Detailseiten und Werbekampagnen. Das daraus resultierende Wachstum ist wichtig, um interne und externe Prozesse zu professionalisieren und Optimierungen hinsichtlich des Sortiments und der Plattformpräsenz anzutreiben. Harmonieren die neuen Prozesse mit den getätigten Optimierungen, gewinnt die erweiterte Kette vom Kundennutzen bis hin zur Reichweite an Momentum, das der Treiber für weiteres, stärkeres Wachstum ist.

Wie eben gezeigt, ist allein ein Kreislauf bestehend aus Marktplatzoptimierung und Werbeeinsatz nicht in der Lage, mittel- bis langfristigen Erfolg auf dem Amazon Marketplace zu gewährleisten. Beide Disziplinen besitzen klare Grenzen. Weder Suchmaschinenoptimierung noch Werbung sind im Stande diese aufzulösen: Der Kunde entscheidet, was gekauft wird.

Maßnahmen allein können mangelnde Qualität und Attraktivität eines Artikels nicht kompensieren. Schlechte Rezensionen mit einem Schwung neuer Bewertungen auszugleichen, auf Dauer auch nicht. Statt Profite zu generieren, die das Geschäft für seine Entwicklung benötigt, reduzieren sich diese bis sie letzten Endes ausbleiben. Erfolg im Handel basiert größtenteils seit je her auf folgendem Baustein: einem margenträchtigen Produkt, das nicht nur qualitativ, sondern auch im Nutzen das Potential besitzt, Kunden mit dem Erwerb, um eine weitere positive Erfahrung zu bereichern. Markplatzoptimierungen und Werbekampagnen entwickeln sich, richtig justiert, in so einem Umfeld zu starken Treiben und schaffen die nötige Basis für den weiteren erforderlichen Ausbau des Geschäfts. Werden keine neuen Wachstumstreiber in das bestehende Rad eingefügt, wird sich auch dieser Kreislauf zu einem Teufelskreis entwickeln, der mehr Profite schlucken als abwerfen wird. Amazon ist ein äußerst langfristig planendes Unternehmen, das diese Einstellung auch von seinen Partnern und Händlern erwartet. Mit Gründung der Plattform entstand ein Raum, in dem sich Unternehmen, die dieses Strategieverständnis teilen, voll entfalten können.

6.3   Retail Readyness als elementarer Erfolgsfaktor

Mit Retail Readyness bezeichnet Amazon die Mindestanforderung an ein Listing, um für den Verkauf auf dem Amazon Marketplace geeignet zu sein und für die Bewerbung durch Performance und Brand Awareness Kampagnen in Frage zu kommen. Ob eine Produktdetailseite für die Vermarktung diese Mindestanforderungen erfüllt und welche Maßnahmen zur kurzfristigen Optimierung Anwendung finden, ist für den Kampagnenerfolg entscheidend. Erfüllt ein Produktlisting nicht im erforderlichen Ausmaß die entscheidenden Faktoren zur Bewerbung, werden alternative Werbestrategien vorgestellt, die in solchen Fällen kurzfristig zum Einsatz kommen können.

Grundsätzlichen werden alle Produktdetailseiten, die alle wichtigen Informationen enthalten, die ein Kunde für seine Kaufentscheidung benötigt, und einem verfügbaren Lagerbestand aufweisen können, als „retail ready" eingestuft. Zu den besagten Informationen gehören Produkttitel, Bullet Points und Produktbeschreibung, Bilder, durchschnittliche Gesamtbewertung und Anzahl der Rezensionen. Für bei Amazon registrierte

Marken zählt auch der Enhanced Brand Content für Seller und der A+Content für Vendoren zur Retail *Readyness*. All diese Bereiche lassen sich direkt oder indirekt beeinflussen und haben eine Auswirkung, ob und wie gut sich ein Artikel auf Amazon verkaufen lässt. Ausschließlich ASINs, die diese Mindestanforderungen erfüllen, sollten auch strategisch beworben werden. Einige Anzeigenformate können so zum Beispiel erst gebucht werden, wenn eine bestimmte Anzahl an Kundenrezensionen verfügbar ist.

Im Grunde steigert diese Mindestanforderung die Wirksamkeit des eintreffenden Traffics auf den Produktdetailseiten und ist somit für jede Werbekampagne relevant. Sie bildet die Basis für ein positives Einkaufserlebnis und ermöglicht Kunden die Kaufentscheidung schnellstmöglich zu treffen. In erster Linie entscheidend ist immer die Verfügbarkeit eines Produkts. Die einzelnen von Amazon vordefinierten Faktoren der „Retail Readyness" bieten den Vorteil, das Listing vorab einer schnellen und einfachen Überprüfung zu unterziehen. So lässt sich sicherstellen, ob eine geplante Kampagne potentiell erfolgreich ausgespielt werden und ihre Ziele erfüllen kann. Dennoch darf nicht aus den Augen verloren werden, dass es sich hierbei nur um eine Mindestanforderung handelt. Wie hoch man den Grad der Professionalisierung anheben muss, um erfolgreiche Resultate zu erzielen, liegt einerseits am bestmöglichen Einsatz gegebener Ressourcen und andererseits am Markt selbst. So erfordern marketingintensive Produktkategorien wie Nahrungsergänzungsmittel oder hochpreisige Bekleidung einen höheren Standard als beispielsweise Badlüfter oder Pflanzenkübel. Je höher der vorliegende Standard, desto größerer Investitionen bedarf es, um den Standard zu erfüllen oder gar zu übertreffen. Ob die Investition in monetärer oder kreativer Hinsicht getätigt wird und in welcher Höhe, ist für das Ergebnis nicht entscheidend. Sowohl der Einsatz hoher Budgets als auch die Energie zahlreicher kreativer Arbeitskräfte bringen keine zwangsläufigen Vorteile, um signifikante Verbesserungen in den Kennzahlen herbeizuführen. Die Erfahrung zeigt, dass nicht die Wettbewerber mit den größten Ressourcen ihre Kennzahlen verbessern, sondern die, die in der Lage sind ihre verfügbaren Ressourcen bestmöglich miteinander abzustimmen und einzusetzen.

Alle Werbetreibenden, die ihre Produkte bei Amazon verkaufen und durch Werbekampagnen Traffic für ihre Produktdetailseiten einkaufen, sollten den Anspruch haben, deren Effektivität zu pflegen und zu optimieren. Der Content einer Detailseite ist nicht nur für den A9-Suchalgorithmus zur Bewertung der Relevanz wichtig, sondern auch für jeden potentiellen Käufer. Ein prägnanter und richtlinienkonformer Produkttitel bestehend aus Marke, Hauptkeyword, Modell und den Haupteigenschaften und ist wie das Hinterlegen relevanter Suchbegriffe für die Retail Readyness ein wichtiger Faktor. Im Geschäft teilt sich diese Klientel in zwei Gruppen: Vendoren und Seller. Obwohl Produkte beider Parteien zum Kauf auf Amazon verfügbar sind, arbeiten sie in unterschiedlicher Art und Weise mit Amazon zusammen. Dies hat wesentliche Auswirkungen auf die Vorbereitung der Werbekampagnen. Während Händler alle benötigten Informationen eines Listings und die Produktverfügbarkeit zu einem hohen Grad kurzfristig selbst beeinflussen können, sind im Gegensatz dazu Vendoren bei vielen Maßnahmen auf Amazon angewiesen. Da Amazon hier selbst als Händler in Erscheinung tritt, ist ein reibungsloses Zusammenspiel der eigenen Prozesse mit der Logistik und dem Merchandising von Amazon unerlässlich. Dies erfordert einen größeren zeitlichen Vorlauf, den es in der Media Planung zu berücksichtigten gilt.

6.4 Anatomie der Produktdetailseite und ihre Optimierungspotentiale

Auf den Produktdetailseiten von Amazon treffen Kunden, wie bereits beschrieben, ihre endgültige Kaufentscheidung. Eine effiziente Präsentation ist ausschlaggebend für das Einkaufserlebnis des Kunden und den wirtschaftlichen Erfolg eines angebotenen Produkts. Das Einkaufserlebnis des Kunden zählt nicht ohne Grund zu den höchsten Wertstandards von Amazon und beeinflusst die Wahrscheinlichkeit eines Kaufs maßgeblich.

6.4.1 ASIN

Die Amazon Standard Identifizierungsnummer, kurz ASIN, wird als Identifikationsnummer von Amazon verwendet, um alle Produkte des Einzelhandelskatalogs eindeutig zu identifizieren. Für jedes bei Amazon verkaufte Produkt wird anhand der jeweiligen EAN oder UPC bei der Neulistung eine individuelle ASIN vergeben. Produktvarianten wie Geschmack, Größe oder Farbe erhalten jeweils eigene ASINs, die als Child ASINs bezeichnet werden. Somit werden im Katalog durch eine Parent ASIN alle Child ASINs auf einer Produktdetailseite zusammengefasst und dem Kunden zur Auswahl präsentiert. Technisch gesehen hat jede ASIN in Folge dessen eine eigene Produktdetailseite.

6.4.2 Titel

Aussagekräftige Titel leisten nicht nur einen entscheidenden Beitrag für das positive Einkaufserlebnis des Kunden, sondern auch für die Reichweite und die Kaufwahrscheinlichkeit einer Produktdetailseite. Während eine gute Titeloptimierung somit Potentiale schaffen kann, ist es auch wichtig bestehende Risiken zu minimieren. Der Titel verweist auf Schlüsselelemente, die Kunden bei ihrer Kaufentscheidung verwenden können. Der Produkttitel soll dem Kunden genau beschreiben, was ein Produkt ist und keine falschen Erwartungen beim Kunden wecken. Folgende vier Schlüsselelemente reichen aus, um einen deutlichen Titel zu verfassen:

1. Von welcher Marke ist das Produkt? Die Produktmarke, ein Name mit höchstmöglichem Wiedererkennungswert, wird vom Markeninhaber eingesetzt, damit Verbraucher eine Linie von Handelsartikeln eindeutig identifizieren können. Die primäre Aufgabe der Produktmarke ist, die Kaufentscheidung des Konsumenten zu beeinflussen und zu erleichtern. Dies gelingt durch eine konsistente Positionierung an allen relevanten Kontaktpunkten, wo Kunden mit der Marke in Berührung kommen. Vertrauen entsteht in der Regel durch eindeutige Logos, Farben, Schriftarten und Bildsprache, die lange erhalten bleiben und sich nur langsam und schrittweise ändern. Je größer das Vertrauen beim Kunden, desto leichter kann die Zahlungsbereitschaft der Kunden signifikant ausgeschöpft werden. Auch können Untermarken, sogenannte Subbrands, zum Einsatz kommen, die klassischerweise unter der Produktmarke eingeordnet wird. Die Untermarke ermöglicht eine besonders spezifische Positionierung der Produkte. Sie dient primär als Unterscheidungsmerkmal für den Kunden und unterstützt ihn bei der Orientierung im Einkaufsprozess. So sind Microsoft Xbox und Microsoft Office die Untermarken der Marke Microsoft.

2. Um was für eine Produktart handelt es sich? Ist es ein Shampoo, eine Kamera, ein Pullover, ein Armband etc. In der Regel ist die Produktart auch das Hauptkeyword eines Artikels, anhand dessen der Kunde das Produkt klassifizieren kann. Bei vielen Produkten werden Informationen visuell über das Hauptbild übermittelt. Auf eine zusätzliche Bezeichnung im Titel kann verzichtet werden. Es bleibt in so einem Fall jedoch die Empfehlung, den Begriff dann in den Bullet Points oder Backend-Keywords zu platzieren. So ist es nicht immer notwendig, eine Flasche Wasser mit dem Wort „Mineralwasser" zu versehen, wie folgendes Beispiel aufzeigt :

3. Um welche Variante handelt es sich? Hier wird das Merkmal genannt, das Produkte der gleichen Marke und Produktart unterscheidet. Das beinhaltet Informationen wie Geschmack, Farbe, Umfang oder Ausführung. Still oder Medium kann dies beispielsweise bei Mineralwasser heißen.

4. Wieviel wird angeboten? Die Menge des in einer Verpackung enthaltenen Produkts, wie sie auf dem Etikett oder der Verpackung angegeben ist. Zum Beispiel 750 ml einer Flüssigkeit oder einer Creme; die Anzahl der Unterhemden in einer Packung, die Anzahl der Waschgänge, die eine Packung Waschmittel beinhaltet usw. Im Falle eines Multipacks ist es wichtig, anzugeben, wie viele Einzelartikel im Multipack enthalten sind sowie Größe/Gewicht/Menge der einzelnen Artikel.

In einigen Fällen müssen die Schlüsselelemente möglicherweise erweitert werden, damit Kunden genügend Informationen für die Kaufentscheidung vorfinden. Oft handelt es sich hierbei um Zielalter, Zielgruppe oder Abgabeform wie zum Beispiel „ab 3 Jahre". Unter diesen Umständen ist es notwendig, zusätzliche Informationen in den Titel aufzunehmen.

Abb. 6.1 zeigt:

- Von welcher Marke ist das Produkt? Adelholzener
- Um was für eine Produktart handelt es sich? Mineralwasser
- Um welche Variante handelt es sich? Naturell, Einwegflasche
- Wieviel davon? 18 Flaschen á 500 ml

Adelholzener Naturell, 18er Pack, EINWEG (18 x 500 ml)
von Adelholzener
★★★★☆ ⌄   30 Sternebewertungen

Amazon's Choice   für "adelholzner"

Preis: **10,62 €** (1,18 € / l) + EUR 4,50 Pfand **GRATIS Lieferung** für qualifizierte Erstbestellung nach Deutschland und Österreich. Details
Alle Preisangaben inkl. deutscher USt. Weitere Informationen.

2 neu ab 10,62 €

- Natürliches Adelholzener Mineralwasser ohne Kohlensäure
- Natriumarm
- mit wertvollen Mineralien
- Aus der Tiefe der bayerischem Alpen
- 18x 0,5l PET EW
> Weitere Produktdetails

Für größere Ansicht Maus über das Bild ziehen

Abb. 6.1 Adelholzener Naturell, 18er Pack, EINWEG (18 × 500 ml) (Amazon)

Der bei Amazon eingespielte Titel lautet:

Adelholzener Naturell, 18er Pack, EINWEG (18 × 500 ml).
In diesem Beispiel ist „Einwegflasche" das zusätzliche Schlüsselelement. Auf „Mineralwasser" wurde auf Grund der im Hauptbild klar ersichtlichen Produktart im Titel verzichtet.

Gleichzeitig muss beachtet werden, dass Amazon Produkte in der Suche ausblendet, deren Titel gegen mindestens eines dieser vier Kriterien verstößt (Amazon 2019a):

1. Titel dürfen höchstens 200 Zeichen enthalten (einschließlich Leerzeichen).
2. Titel dürfen keine Werbesätze enthalten, wie z. B. „kostenloser Versand", „100 %ige Qualitätsgarantie".
3. Titel dürfen keine Zierzeichen enthalten, z. B. ~ ! * $? _ ~ { } #<>| *; ^ ¬ ¦
4. Titel müssen Informationen enthalten, die der Identifizierung des Produkts dienen, z. B. „Wanderstiefel" oder „Schirm".

Das erste Kriterium nennt die festgesetzte Grenze für die Länge eines Titels. Die allgemeine Empfehlung liegt mit einer Länge von 80 Zeichen jedoch weit darunter. Bei der mobilen Darstellung sind es gar nur noch 60 Zeichen, die zur Verfügung stehen. Zu beachten ist, dass es hier kategoriespezifische Ausnahmen gibt. Diese können den Styleguides entnommen werden, die in Seller Central zum Download bereitstehen. (Amazon 2019a) Daneben können Titel der Wettbewerbsprodukte vorab geprüft werden, um zu sehen welche Titelvarianten sich in der Nische gebildet haben und darauf aufzubauen. Unterschiede in der Darstellung des Titels ergeben sich beim Kunden auch bei der Nutzung verschiedener Endgeräte und Softwareprogramme. Sind die Präferenzen der

Abb. 6.2 Produktdetailseite (Amazon)

Zielgruppe soweit bekannt, ist es von Vorteil, die Darstellung nicht nur bei der Auswahl des Titels, sondern auch bei der Erstellung des weiteren Contents und der Werbemittel zu beachten und regelmäßig zu prüfen. Dies ist nicht unwesentlich, denn der Anteil mobiler Online-Käufer in Deutschland liegt aktuell bei 64 %. Mit 28,5 % liegt der Anteil der Online-Käufer, die ein Tablet nutzen bei fast einem Drittel. (eMarketer 2017) Eine Fokussierung auf die eingangs genannten vier Schlüsselelemente hilft alle wichtigen Informationen in möglichst kurzer Titellänge unterzubringen (Abb. 6.2).

Neben den oben genannten Kriterien, die zu einer Ausblendung des Listings führen können, werden auch Standards aufgeführt, auf die Amazon großen Wert legt. Eine Missachtung dieser führt nicht gleich zur Ausblendung, jedoch fügen sich Titel, die diesen Standards folgen, konsistent in das Gesamtbild der Shoppingplattform ein. So heißt es:

- Titel sollten kurz sein. Wir empfehlen weniger als 80 Zeichen.
- Schreiben Sie nicht ALLES IN GROSSBUCHSTABEN.
- Schreiben Sie das erste Wort des Titels und alle Substantive in Großbuchstaben.
- Verwenden Sie Ziffern: „2" statt „zwei".
- Verwenden Sie keine Zeichen aus dem erweiterten ASCII-Zeichensatz wie Æ, ©, oder ®.
- Titel sollten gerade genug Informationen enthalten, um den Artikel zu identifizieren, nicht mehr.
- Verwenden Sie keine subjektiven Kommentare, wie z. B. „Begehrter Artikel" oder „Bestseller".
- Titel können erforderliche Satzzeichen wie Bindestriche (–), Schrägstriche (/), Kommas (,), kaufmännisches Und (&) sowie Punkte (.) enthalten.
- Maßeinheiten können in Titeln abgekürzt werden, z. B. „cm", „oz", „in", und „kg".
- Geben Sie Ihren Händlernamen nicht in Titeln an.
- Größen- und Farbvarianten gehören in Titel für untergeordnete ASINs, nicht in Haupttitel (Amazon 2019a).

Amazon greift für den Aufbau der Produkttitel auf ein modulares System zurück. In der Kategorie Elektronik und Foto zum Beispiel sieht dieses System wie folgt aus:

Markenname + Serienbezeichnung + Modelname + Formfaktor + Identifizierungsmerkmal (Farbe, Fassungsvermögen, Menge, etc.)

Dieses System sieht umgesetzt wie folgt aus, das Beispiel zeigt die ASIN B071Z1PZLT:

Samsung Galaxy Book W720 30,44 cm (12 Zoll) Convertible Tablet PC (Intel Core i5 7200U, 8 GB RAM, 256 GB SSD, Windows 10 Home) silber

Diese modularen Systeme gibt es für jede Kategorie. Öffentlich zugänglich sind nur die Titelmodule, die in den Styleguides empfohlen werden. Für den konsistenten Aufbau der eigenen Titel ist es wichtig, eines vorab zu definieren, wobei die Prüfung der eigenen Nische hilfreich ist. Eine allgemein gültige Empfehlung zu geben ist auf Grund der vielen unterschiedlichen Kategorien schwierig. Definiert man ein modulares System für die eigene Nutzung, eignet sich folgendes System als Basis:

Marke + Hauptkeyword + Produktname + Was bin ich? + Besonderheit + Artikelnummer. + Anzahl (Kelm 2019)

Wurde ein eigenes modulares Titelsystem definiert, sollte dieses über das gesamte Sortiment konsistent angewandt werden. Dies bedeutet zudem auch, den Markennamen immer gleich zu schreiben und durchweg eine Bezeichnung für die Produktarten im Portfolio zu verwenden; so können „Baseball Cap" und „Schirmkappe" für ein Produkt verwendet werden, sollten sich aber nicht abwechseln. Die Wahl sollte auf einen Begriff fallen, der von der Zielgruppe verwendet wird und die größte Reichweite verspricht; also von den Kunden häufig für die Produktsuche verwendet.

6.4.3 Bilder

Eine Gemeinsamkeit, die sich der stationäre Handel mit dem Onlinehandel teilt, ist das Bedürfnis des Kunden, sich den Artikel vor dem Kauf anzusehen. Anhand dessen beurteilt der Kunde, ob die Qualität und die Eigenschaften des Produkts seinen Ansprüchen entsprechen und den vorgesehenen Zweck erfüllen. Idealerweise findet der Kunde weitere überzeugende Merkmale vor, die seine Kaufentscheidung erleichtern. Während im stationären Handel alle Sinne angesprochen und in einer darauf ausgelegten Atmosphäre verstärkt werden können, reduziert sich die Einkaufserfahrung online um die Haptik auf rein audiovisuelle Elemente. Einen weiteren Unterschied machen geschulte Verkäufer aus, die den Kunden im Dialog beraten und letztendlich überzeugen können. War es bisher ausreichend, ein Produkt für den Onlinevertrieb im Lager aus verschiedenen Perspektiven zu fotografieren und direkt hochzuladen, wurde in dieser Disziplin der Standard stetig angehoben. Im nächsten Schritt wurden durch komplexe Serienbelichtung erreicht, das Produkt durch minimale Schatten plastischer und somit greifbarer wirken zu lassen, um so das Fehlen des haptischen Erlebnisses zu kompensieren. Eine professionelle Auswahl und Aufbereitung der Fotos, die das Produkt in aussagekräftigen Perspektiven zeigen und die tatsächlichen Farben akkurat wiedergeben, sind mittlerweile die Grundvoraussetzung. In vielen Kategorien können bereits leichte Farbabweichungen zwischen Produktbild und dem gelieferten Artikel einen Anstieg der Retouren zur Folge haben.

Auf vielen Produktdetailseiten wird deutlich, wie eine konzeptionelle Präsentation des Produkts sogar die Überzeugungsarbeit eines Verkäufers zumindest in Teilen simulieren kann. Die Kommunikation erfolgt nach wie vor bis zum Kauf oder Abbruch ausschließlich zum Kunden hin und bietet keine Möglichkeit auf diesen individuell zu reagieren. Dennoch kann die Bildstrecke vorneweg mit hochauflösenden Grafiken und Fotos so gestaltet werden, dass sie die Bedürfnisse und etwaige Fragen des Kunden beantworten kann. Bilder, die potentiellen Käufern die Funktionen, Vorzüge und Einsatzbereiche eines Produkts in einem visuellen Konzept näherbringen, besitzen den Vorteil in kurzer Zeit eine größere Menge an Informationen übertragen zu können als reiner Text. Visuelle Konzepte sind in der Lage unmittelbar die Vorstellungskraft des Kunden zu aktivieren und ihn zum Kauf zu bewegen, während das Lesen eines Verkaufstexts mehr Zeit in Anspruch nimmt, um eine vergleichbare Wirkung zu erzielen. Das Hauptbild darf nur das tatsächlich angebotene Produkte darstellen. Anwendungsbeispiele, weitere Variantenartikel, Logos oder Zertifikate abzubilden ist untersagt. Auch die Verwendung von Puppen bei Bekleidung ist gegen die Richtlinien und hat eine Ausblendung der Detailseite zur Folge. Alle kategoriespezifischen Richtlinien können den Styleguides entnommen werden, die in Seller Central zum Download bereitstehen (Amazon 2019a).

Die Wirkung der Bilder wird aus Anbietersicht oft nur auf der Produktdetailseite geprüft und dort auch dementsprechend bewertet. Der Wettbewerb, wo zumindest das Hauptbild seine Stärke ausspielen muss, findet jedoch an anderer Stelle statt. Nachdem der Kunde seine Produktsuche auf Amazon gestartet hat, landet er auf der Suchergebnisseite, auch kurz SERP (Search Engine Results Page) genannt. Eben dort erfüllt das Hauptbild seine wichtigste Aufgabe und muss zwischen all den anderen gezeigten Produkten positiv hervorzustechen. Liegt der angegebene Preis im geplanten Budget, entscheidet die erzielte Neugier des Kunden darüber, welches Produkt den Klick erhält. Auch aus SEO-technischer Sicht ist jeder Klick wertvoll und trägt zu einem besseren Ranking bei. Amazon sortiert die Produkte für jede Suchanfrage nach Kaufwahrscheinlichkeit. Dadurch werden zwei Ziele bedient: zum einen steigt die Kundenzufriedenheit, wenn diese unmittelbar genau die Produkte finden, die sie kaufen möchten; und zum anderen die Absatzfrequenz, denn je höher die Frequenz, in der Käufe unmittelbar nach einer Suchanfrage folgen, desto größer der Umsatz im Verhältnis zur Reichweite. Zur Berechnung dieser Wahrscheinlichkeit liegt eben dieser die Reichweite in Form von Klicks zu Grunde. Eine steigende Anzahl an Klicks steigert die Signifikanz und somit die Aussagegraft der Berechnung. Folglich bringen externe Werbekampagnen von Facebook oder Instagram die Gefahr mit sich, das Ranking nur kurzfristig zu erhöhen. Folgen beispielsweise den eingekauften Klicks keine Käufe, weil Segmente oder Budgets falsch gesetzt wurden, kann sich das negativ auf die Performance einer Kampagne auswirken.

Erst nach dem Klick kommen die weiteren Bilder und Videos auf der Produktdetailseite zum Vorschein, die die Wahrscheinlichkeit eines Kaufs beeinflussen können.

Amazon registriert und wertet jeden Weg des Kunden aus, um Entscheidungen besser verstehen zu können, die zum Kauf oder Abbruch geführt haben. Nur so können die Algorithmen der personalisierten Angebotsplatzierungen treffsichere Empfehlungen generieren und besser zur Zielerreichung beizutragen. Im Jahr 2012 lag der Anteil der Empfehlungssysteme am Marktplatzumsatz bereits bei 35 % (McKinsey & Company 2013). Für jede Aktion und für jeden in der Suche verwendeten Begriff gilt: Je besser das Verhältnis von Klicks zu Käufen, desto größer ist der Beitrag der Produktdetailseite zur Zielerreichung. Diesen Beitrag belohnen die Algorithmen mit einem höheren Ranking auf den gesuchten Begriff und priorisieren das Produkt bei der Platzierung in den personalisierten Slots. Diesen Beitrag bezeichnet Amazon auf der Suchergebnisseite für den Kunden als Relevanz.

6.4.4 Optimierungspotentiale: Bilder

Forscher der University of Cambridge haben in Zusammenarbeit mit dem globalen Konsumgüterunternehmen Unilever ein neuartiges Konzept für Online-Produktbilder entwickelt, um das Einkaufserlebnis auf mobilen Endgeräten zu verbessern. Gleichzeitig soll die Gestaltung einheitlich für jedes Produkt nutzbar sein und ohne Anpassungen international verwendet werden können. Die initiale Idee hinter dem Projekt war es, den Einkaufprozess von Lebensmittelprodukten zu verbessern. Wichtige Informationen der Produkte wie Größe, Typ oder Geschmack sollten schneller identifiziert werden können. Das Gestaltungskonzept ist mittlerweile als „Mobile Ready Hero Images" oder „Ecom Packshots" bekannt.

Sucht man zum Beispiel bei Amazon nach „Windeln" oder „Tasse weiß", erscheinen Produktbilder, die von den meisten Kunden auf der mobilen Suchergebnisseite nicht zu unterscheiden sind. Um den gewünschten Artikel zu finden, fokussieren Kunden in diesem Fall während der Produktauswahl die Titel anstatt der Bilder. Ein weiteres Problem folgt: oft werden für den Kauf wichtige Spezifikationen wie die Menge aus Platzmangel im Titel abgeschnitten. Obwohl traditionelle Packshots auf Desktop-Bildschirmen in voller Größe dargestellt werden, können auch hier verschieden Variationen eines Produkts auf der Suchergebnisseite identisch aussehen. Auf mobilen Endgeräten reduziert sich die Darstellung zudem auf die Größe einer Briefmarke. Das gleiche gilt oft auch für Suchergebnisseiten in der Kachelansicht der Desktop-Version. Für Kunden mit altersbedingter Weitsichtigkeit ist es so nahezu unmöglich, über die Bilder eine Produktauswahl zu treffen. Die Entwickler des Konzepts setzten bei der Optimierung der visuellen Klarheit auf das Universal Design, einem internationalen Design-Konzept, das Produkte, Geräte, Umgebungen und Systeme derart gestaltet, dass sie für so viele Menschen wie möglich ohne weitere Anpassung oder Spezialisierung nutzbar sind (Waller 2018).

Interessanter Nebeneffekt dieser Bilder ist für Hersteller und Händler die positive Auswirkung auf den Umsatz. Während eines achtwöchigen A/B-Split-Tests mit einem Einzelhändler führten die Hero Images bei Magnum Eis zu einer Umsatzsteigerung von 24 % (Bradley 2018) (Abb. 6.3).

Marke
- Pampers
- Bella Baby Happy
- Moltex
- Mama Bear
- HUGGIES
- Bambo Nature
- mDesign
- Damero
- HiPP
- TotsBots
- Bella Happy
- 2. Wahl / B-Ware / Farbfehler
- Babylove
- Bambo
- Love & Green
- Weitere

Preis
- 0 - 20 EUR
- 20 - 50 EUR
- 50 - 100 EUR
- 100 - 200 EUR
- 200 - 500 EUR
- Über 500 EUR

EUR Min   EUR Max   Los

Abo-Option
- Amazon Spar-Abo

Windelgröße
- Größe 0
- Größe 1
- Größe 2
- Größe 3
- Größe 3+
- Größe 4
- Größe 4+
⌄ Weitere

Gewichtsspanne
- 1 - 3 kg
- 2 - 5 kg
- 3 - 6 kg
- 4 - 10 kg
- 5 - 11 kg
- 7 - 18 kg
- 9 - 20 kg

Pampers – New Baby Windeln, Größe (2-5 kg), 2er Pack (2 x 44 Stück)
★★★★☆ ⌄ 9
11,29€ (0,13 €/Stück)
Mehr sparen mit dem Spar-Abo
Lieferung bis morgen, 2. Oktober

Eco by Naty, Größe 2, 132 Windeln, 3–6 kg, MONATSVORRAT, pflanzliche Premium-Bio-Windeln mit 0 %...
★★★★★ ⌄ 3
43,96€ (0,33 €/Stück)
Lieferung bis morgen, 2. Oktober
GRATIS Versand durch Amazon

Pampers Premium Protection Windeln, Gr.2, 4-8kg, Monatsbox, 1er Pack (1 x 240 Stück)
★★★★☆ ⌄ 1.973
41,95€ (0,17 €/Stück) 59,99 €
5% mehr sparen mit dem Spar-Abo
Lieferung bis Freitag, 4. Oktober
GRATIS Versand durch Amazon
Andere Angebote
24,99 € (8 neue Artikel)

Amazon-Marke: Mama Bear Ultratrockene Windeln Größe 2 (3–6 kg) - mit Luftkanälen- 168 Windeln (2 Packungen à 84...
★★★★☆ ⌄ 298
26,43€ (0,16 €/Stück)
5% mehr sparen mit dem Spar-Abo
Lieferung bis Freitag, 4. Oktober

bella baby Happy Windeln Größe 2 Mini mit Urin-Indikator, 1er Pack (1 x 156 Stück)
★★★★☆ ⌄ 144
24,75€ (0,16 €/Stück)
5% mehr sparen mit dem Spar-Abo
Lieferung bis Freitag, 4. Oktober

Pampers Premium Protection New Baby Windeln, Größe 2 Mini (4-8 kg), Jumbopack, 1er Pack (1 x 68 Stück)
★★★★☆ ⌄ 158
11,45€ (0,17 €/Stück)

bella baby Happy Windeln Mini Größe 2 (3-6 kg) mit Urin-Indikator, 156 Stück
★★★★☆ ⌄ 113
24,75€ (0,16 €/Stück)
5% mehr sparen mit dem Spar-Abo

Gesponsert ⓘ
Kit & Kin Eco Windeln Größe 2 hypoallergen und nachhaltig (40 x 4 Packungen, 160 Windeln)
★★★★★ ⌄ 1
49,99€ (0,31 €/each)

Gesponsert ⓘ
Storch&Born® Rückenlehnenschutz, Eulenmotiv Braun, Autositz-Schoner für Kinder mit Taschen und Tablet-...
★★★★☆ ⌄ 78

Gesponsert ⓘ
GOO.N Japanische Baby Windeln für Neugeborene Größe S (4-8 kg) 84 Stück Ultraweiche Superdünne Atmungsaktive Hochsaugfähige...
★★★★☆ ⌄ 11

Abb. 6.3 Suchergebnisseite (Amazon)

Um den Anforderungen der Einzelhändler an ein einheitliches Format über alle Marken und Produktgruppen hinweg gerecht zu werden, stellt die Cambridge Universität sechs frei verfügbaren Vorlagen für Standard Packs und Multipacks zum Download bereit.

Einige Marken haben stattdessen eigene Variationen der Hero Images entwickelt, was zu einer inkonsistenten Erfahrung für die Verbraucher führte.

Die GS1, eine weltweite, privatwirtschaftlich aufgestellte Organisation, die globale Standards zur Verbesserung von Wertschöpfungsketten gestaltet und umsetzt sowie weltweit für die Vergabe der Global Trade Item Number (GTIN) für Produkte zuständig ist, hat sich daraufhin bereit erklärt, allgemein geltende Richtlinien für die Gestaltung und den Einsatz von Hero Images zu entwickeln, um Marken und Einzelhändlern helfen, das Einkaufserlebnis besser und einheitlicher zu gestalten (GS1 2018). Diese verstoßen nicht gegen die aktuellen Bildrichtlinien von Amazon, dehnen aber die Grenzen des Erlaubten sehr weit. Eine offizielle Freigabe der Hero Images seitens Amazons für die Nutzung gab es bisher nicht.

6.4.5   Videos

Wie eben beschrieben sind Bilder in der Lage eine größere Menge an Informationen an den Rezipienten zu transportieren als Text. Schnellere Bandbreiten in Verbindung mit Endgeräten, bei denen hochauflösende Displays mittlerweile als Standard gelten, führen dazu, dass der Konsum von Bild- und Videocontent immer weiter zunimmt. Die Signifikanz dieser Entwicklung zeigt sich darin, dass Beiträge in klassischen und sozialen Medien eine größere Aufmerksamkeit erhalten, wenn sie Bilder oder Videos enthalten. Bild und Bewegtbild genießt den Vorteil, sich farblich von reinem Text abzuheben und Emotionen vermitteln zu können.

Dass Kunden Informationen zunehmend durch Bewegtbild einholen, zeigen die Zahlen zum digitalen Service „Ford Video Check". Ziel dieses Service ist es, für Kunden die Inspektion des eigenen Autos auf Video zu dokumentieren. Anhand dieser Dokumentation kann der Kunde den aktuellen Zustand des Fahrzeugs bewerten, den Reparaturbedarf einschätzen und so die Kosten und Zeitpunkte anstehender Reparaturen einplanen. Laut Jörg Pilger, dem Direktor der Ford Service Organisation, produzieren 700 Werkstätten bereits mehr als 26.000 Videos pro Monat (Frank 2019; Ford Motor Company 2019).

Auch auf Amazon nutzen Kunden die Möglichkeit, sich mit Hilfe von Videocontent über ein Produkt zu informieren oder Eigenschaften zu entdecken. Klassisch befinden sich Videos auf einer Produktdetailseite bei den Bildern im letzten Slot und sind zunehmend auch im A+Content zu finden (Abb. 6.4).

Ursprünglich nur Vendoren vorbehalten, können auch Seller zunehmend auf diese Platzierungen zugreifen. Diese Funktion befindet sich aktuell, stand Herbst 2019, in der Betaphase. Grundvoraussetzung ist eine bestehende Registrierung der eigenen Marke in

Abb. 6.4 Videoeinbindung auf Produktdetailseite (Amazon)

der Brand Registry. Das Video zum Produkt kann dann über Seller Central oder über ein Ticket bei Brand Services hochgeladen werden.

Gemäß einer unabhängigen Studie, die von der Andreas Frank eCommerce Consulting & Research durchgeführt wurde, können auf Amazon platzierte Videos durchaus den Unterschied ausmachen. Wie immer wieder zu beobachten ist, zeigen die Ergebnisse kategorie- und zielgruppenspezifische Unterschiede auf. So findet man bereits auf nahezu 30 % aller Produktdetailseiten in den Top10 der Bestsellerlisten Videocontent. Betrachtet man die Produktgruppen hierbei im Einzelnen, sind die Unterschiede signifikant:

- Spielzeug & Baby 20,00 %
- Sport & Freizeit 18,00 %
- Auto, Motorrad & Gewerbe 23,33 %
- Haushalt, Garten, Baumarkt 31,87 %
- Kleidung, Schuhe & Uhren 15,55 %
- Elektronik & Computer 41,76 %
- Beauty, Drogerie & Lebensmittel 43,33 %.

Diese Signifikanz setzt sich fort bis in die Unterkategorien der Produktgruppen selbst. So haben bei Beauty, Drogerie & Lebensmittel die Unterkategorien Männerpflege 70 % aller Top10 Detailseiten Videos, wo hingegen Beauty nur auf 20 % kommt.

Am wichtigsten erachten Kunden Videos bei Produkten der Kategorien „Camping & Outdoor", „Smarthome" und „Baby". Auf Videos verzichten hingegen können Kunden in den Kategorien „Bürobedarf" und „Herrenbekleidung". Bei der Videolänge mit der größten Akzeptanz variieren die Werte wieder sehr und lassen schwer eine allgemeine Empfehlung zu; der Sweat Spot jedoch findet sich bei einer Länge von 60 bis 80 s. Ein wichtiger Faktor ist, dass dieser Wert sich auf Produktvideos bezieht. Die Studie zeigt, dass Imagevideos auf Amazon eine deutlich niedrigere Akzeptanz besitzen (Frank 2019).

Mehrere Projekte mit Klienten haben gezeigt, dass von Produktvideos insbesondere Lifestyleartikel und innovative Produkte profitieren, deren Nutzung für Kunden neu und erklärungsbedürftig ist. Der Einsatz von Videocontent auf Amazon kann sich im Entscheidungsprozess des Kunden zu einem gewinnbringenden Faktor entwickeln, wenn die Bilder eine überzeugende Story erzählen, an die das abschließende Video anknüpft und abrundet. Wichtige Funktionen, die erst in Bewegung ihre Vorteile offenbaren, erhalten so die Gelegenheit, den Kunden zu überzeigen. Dieses Zusammenspiel dürfte sich in Zukunft zu einem wichtigen Optimierungsfaktor entwickeln. Sollte Amazon seine Reichweite der FireTV-Geräte aller Erwartung nach monetarisieren und in diesem Zusammenhang Werbeplätze für Bewegtbildformate freigeben, dürfte die Wichtigkeit von Produktvideos weiter zunehmen.

6.4.6 Bullet Points

Neben den eben besprochenen Produktbildern und Videos müssen Bullet Points ebenfalls optimiert werden, um Verkaufswahrscheinlichkeit bestmöglich zu unterstützen. Hinzu kommt die elegante Implementierung relevanter Suchbegriffe im Text. Oberste Priorität ist es, die wichtigen Eigenschaften des Produkts für den Kunden schnell ersichtlich darzustellen und ihm mitzuteilen, welchen Lieferumfang er beim Kauf erwarten darf. Das ist im Grunde genommen die einfachste, aber dennoch bewährte Methode, um Retouren vorzubeugen und die Profitabilität des Listings zu gewährleisten. Erst im zweiten Schritt sollte die Anreicherung der Informationen mit ergänzenden Suchworten und Suchphrasen erfolgen. Die Produktinformationen müssen für jedes Produkt gepflegt und aktuell gehalten werden. Seller können das direkt über die Oberfläche in Seller Central oder über den Upload der Lagerbestandsdatei erledigen. Vendoren hingegen müssen Änderungen im Content ihrer Produkte über ein Ticket in Vendor Central oder Ihren Amazon-Kontakt anfragen.

6.4.7 Enhanced Content/A+

Seller mit Markenregistrierung und Vendoren haben die Möglichkeit Ihre Texte und Bilder über verschiedene Templates in einer hochwertigen Produktbeschreibung zu präsentieren und Produkteigenschaften auf unterschiedliche Weise zu beschreiben. Es gibt

Flächen für Markenhistorie und professionelle Bilder- und Textdesigns. Das Hinzufügen eines EBC auf einer Produktdetailseite bietet zusätzlichen Platz für die Emotionalisierung des Kunden und kann bei effektiver Nutzung zu einer höheren Kaufbereitschaft führen. Die Templates bieten ausreichend Raum, um diesen Slot für eigene kanalübergreifende Markenstrategien zu nutzen und die Wahrnehmung der Marke bei den Kunden zu stärken. Wichtig zu beachten ist, dass der Kunde in der mobilen Version der Amazon Detailseite diese Produktbeschreibung vor den Bullet Points zu sehen bekommt. Sollten wichtige Informationen in den Bullet Points enthalten sein, empfiehlt es sich, diese Inhalte bei der Erstellung des EBC oder A+ zu wiederholen. Zudem gibt es die Möglichkeit den Kunden Cross-Selling-Produkte in Tabellen vorzustellen und Informationen für den Vergleich bereitzustellen. Vorteil dieser Tabellen ist, dass der Kunde die Produkte direkt auswählen kann, ohne zu scrollen oder eine neue Suche zu starten.

6.4.8 Das Einkaufswagenfeld: die Buy Box

Grundsätzlich empfiehlt es sich regelmäßig zu prüfen, ob die Buy Box aktiv ist und der Bestand auf der Produktdetailseite akkurat dargestellt wird. Konkurriert das eigene Unternehmen mit anderen Anbietern um die Buy Box, empfiehlt sich der Einsatz eines softwaregestützten Monitorings, das produktbasiert die Preisentwicklung aller Angebote erfasst. Dies ist ein sehr aufschlussreiches Mittel, das eine Einschätzung des aktuellen Marktpreises für ein Produkt ermöglicht.

Um als Händler die eigene Rate der Buy Box zu erhöhen, gibt es zwei Möglichkeiten. Zum einen empfiehlt sich die Prime-Verfügbarkeit eigener Angebote systematisch sicherzustellen. Zum anderen ist die Einrichtung eines externen, algorithmus- und regelbasierten Preis-Management-Systems, welches auch Repricer genannt wird, sinnvoll. Der Verkaufspreis kann durch den Einsatz des Repricers automatisiert gesenkt und angehoben werden. Dieser Prozess ist ab einer bestimmten Sortimentsbreite und Frequenz, in der Preisanpassungen erfolgen, manuell nicht abbildbar.

Als Vendor ist es folglich nicht möglich, das Erscheinen in der Buy Box zu beeinflussen, da der Preis wie beschrieben der wichtigste Hebel ist. Dieser Hebel liegt in der Hand von Amazon. Der Generalist hat mittlerweile ebenfalls Software im Einsatz, die algorithmus-basiert die besten Preispunkte für die eigenen Angebote ermittelt und setzt. Als Vendor kann es daher sogar passieren, dass selbst Amazon Probleme bekommen kann, die Buy Box zu gewinnen, wenn Händler mit einem Preis auf dem Markt erscheinen, der für Amazon auf Grund mangelnder Profitabilität nicht realisierbar ist. Handelt es sich hierbei nur um eine temporäre Situation, ist mit keinen signifikanten Folgen zu rechnen. Schließt der Händler aber Amazon für einen längeren Zeitraum über mehrere Produkte hinweg aus, kann dies zu ernsthaften Schwierigkeiten in der Lieferantenbeziehung mit Amazon führen. Amazon reagiert, indem es die Produkte aus dem automatisierten Marketing nimmt, die Rate an Bestellungen reduziert oder betroffene ASINs für künftige PO's (PurchaseOrders) sperrt. Jedes dieser

Faktoren gefährdet Umsätze, die auf beiden Seiten ein wichtiger Teil der Quartals- oder Jahresplanung sind, und senkt die Profitabilität, die als PPM (Pure Product Margin) die wichtigste Leistungskennzahl für Amazon darstellt. Produkte die eine mangelhafte Profitabilität aufweisen werden von Amazon als „CRaP (Can't realize any profit)" eingestuft. Alles in allem keine gute Ausgangsposition für Verhandlungen im anstehenden Jahresgespräch.

In der Werbung haben Bestandsprobleme und der Verlust der Buy Box negative Auswirkungen auf die Kampagnen. Insbesondere bei laufenden Sponsored Ads Kampagnen wird die Performance stark beeinträchtigt, da eine Ausspielung der Anzeigen nur bei bestehender Buy Box erfolgt.

Eine kohärente Preispolitik bleibt für Händler und Vendoren unverzichtbar, da Amazon über Feeds von Preisvergleichsportalen die Marktpreise der Produkte bezieht und auswertet. Liegen die Produktpreise auf Amazon über den bezogenen Werten, führt das zum Verlust der Buy Box. Amazon informiert Händler via Email, dass Artikel nicht dem Marktpreis entsprechen und schlägt einen Preis für den eigenen Marktplatz vor. Um sicherzustellen, dass die Preise wettbewerbsfähig bleiben, verweist Amazon auf den in Seller Central verfügbaren Service „Automatisierte Preisanpassung". Grundsätzlich sollten unabhängige Dienste für Preisanpassungen verwendet werden, da diese die Preis- und Kostenstruktur der Artikel kennen müssen, um bestmögliche Ergebnisse zu erzielen. Für die Preisanpassung selbst bleiben naheliegend zwei Optionen: den Preis entweder auf Amazon reduzieren oder auf dem Konkurrenzportal anheben. Eine dritte Möglichkeit, die es Amazon erschwert die eigenen Preise den Feeds zuzuordnen, lautet, für Artikellistungen auf Amazon abweichende Warencodes zu verwenden. Es ist wichtig, dass auch diese von offiziellen Quellen bezogen werden.

6.4.9 Warenverfügbarkeit

Wie bereits erwähnt ist die Verfügbarkeit eines Artikels im Lager elementar für den Handel auf Amazon. Seller Central Nutzer können dort jederzeit den aktuellen Status Ihres Lagerbestands einsehen. Ist ein eigenes Warenlager im Einsatz, sollte intern geprüft werden, ob zusätzliche Bestände für den Versand vorhanden sind oder sich im Zulauf befinden. Beide Faktoren gewährleisten die Warenverfügbarkeit eines Produktes direkt.

Händler, die ihre Endkundenlogistik über das Fulfillment von Amazon (FBA) laufen lassen, müssen darauf achten, immer rechtzeitig genügend Ware im Zulauf zu haben.

Vendoren hingegen konzentrieren sich vielmehr auf die Sicherstellung ihre Lieferfähigkeit, damit es bei eintreffender Purchase-Order (POs) zu keinen Verzögerungen kommt. Amazon verwaltet die Verfügbarkeit der Produkte in den eigenen Warenlagern selbst und erwartet eine lückenlose Lieferbarkeit und reibungslose Abläufe der Logistikprozesse.

Verfügbarkeit zählt bei Amazon seit Tag 1 zu den wichtigsten Bausteinen. Die bereitgestellten Berichte und Kennzahlen, an denen Händler in diesem Zusammenhang gemessen und bewertet werden, verdeutlichen das. Amazon erwartet, dass diese Daten als Entscheidungshilfe in der Planung Verwendung finden. Kunden schätzen Amazon als spontane Einkaufsmöglichkeit, die jeden Produktwunsch stets bedienen kann. Eine Auswahl des Sortiments ist über PrimeNow sogar innerhalb weniger Stunden am Wunschort. Daher können zu geringe Lagermengen bei saisonalen stark gefragten Produkten ein Problem darstellen, da wichtiger Umsatz verloren gehen kann. So entstehen in der Planung und Vorbereitung der Folgesaison Lücken einerseits im verfügbaren Kapital und andererseits in den bereitgestellten Daten, die über Hochrechnungen und Schätzungen nur schwer die Qualität eines lückenlosen Kennzahlenberichts erreichen können. Zu viele unbekannte Faktoren tragen dazu bei. Daher ist eine ausreichende Verfügbarkeit am Lager der grundlegend wichtigste Faktor hinsichtlich der Retail Readyness.

6.4.10 Kundenrezensionen

Sowohl die Anzahl der vorhandenen Kundenrezensionen als auch die durchschnittliche Sternebewertung einer ASIN haben einen großen Einfluss auf die Verkaufswahrscheinlichkeit des Produkts. Die ersten Rezensionen steigern laut Amazons Aussage die Verkaufszahlen um das 3,5-Fache und fördern so die Auffindbarkeit der Shops, steigern den Rang der Produkte in den Suchergebnissen sowie das Kundenvertrauen. Die Gleichung ist simpel: Je mehr positive Rezensionen zu einem Artikel abgegeben wurden, desto besser wird die Retail Readyness dieses Artikels eingestuft. Diese Einstufung bedeutet im Umkehrschluss jedoch nicht, dass 400 Bewertungen vom Algorithmus besser eingestuft werden als 38. Dies lässt sich leicht überprüfen: Einfach ein gewünschtes Keyword bei Amazon eingeben und prüfen, ob zwischen Ranking und Anzahl der Bewertungen eine Korrelation besteht. Eine wechselseitige Beziehung ist nicht der Fall. Amazon selbst empfiehlt eine Anzahl von mindestens 15 Bewertungen mit einem Durchschnitt von 3,5 Sternen und höher. Grundsätzlich sollte die erforderliche Anzahl oder besser das gesunde Maß an Bewertungen in der eigenen Kategorie durch Produkte der Wettbewerber ermittelt werden. Es gibt Nischen, in denen ist die Empfehlung von Amazon nicht ausreichen, um einen positiven Effekt auf die Verkaufswahrscheinlichkeit zu erzielen. Dahingegen gibt es oft Kategorien, in denen der Wettbewerb ermöglicht, eine gute Positionierung zu erhalten, selbst wenn nur fünf oder weniger bis hin zu keiner Bewertung vorhanden sein sollte.

Vendoren können die Anzahl der Bewertungen auf einer Produktdetailseite erhöhen, indem Sie die Produkte für die Teilnahme am Amazon Vine Programm in Vendor Central anmelden. Die Teilnahme ist kostenpflichtig. Im Gegenzug können Vine Rezensenten, die mit Ihren Produktrezensionen überdurchschnittlich oft anderen Kunden bei der Kaufentscheidung helfen, die Produkte kostenfrei zum Testen bestellen und Ihre Erfahrung auf der Detailseite teilen.

Laut Fallbericht des Bundeskartellamts wird Amazon die Chancengleichheit der Seller steigern und vergleichbare Programme für Seller bereitstellen. So könnte das im amerikanischen Seller Central verfügbare Early Reviewer Programm zum Einsatz kommen. Mit dem Early Reviewer-Programm können Händler Sie bis zu 5 Rezensionen erhalten, indem Sie Käufern eine kleine Prämie in Form eines Gutscheines für die Veröffentlichung einer Bewertung bereitstellen. Diesen Gutschein bietet Amazon im dortigen Programm über Follow-Up-E-Mails nach dem Kauf den Kunden für das Verfassen einer Rezension an. Alternativ besteht noch die Möglichkeit, dass Amazon seinen Händlern eine eigene Vine-Version in Seller Central zur Verfügung stellt. Diese Option hat Amazon in den Vereinigten Staaten bereits in einer Beta getestet (Herrman 2019).

Amazon sieht nicht vor, dass Vendoren und Seller Einfluss auf die Kundenrezensionen ausüben können. Das Potential, diesen Informationskanal für Marketingzwecke zu missbrauchen und in Folge dessen das Vertrauen der Kunden in die Bewertungen zu verlieren, ist zu hoch. Amazon weiß, welchen Beitrag die Produktrezensionen für die intelligente Kaufentscheidung leisten und profitiert davon selbst in Form von Traffic. Jeder Besucher beispielsweise, der ausschließlich wegen der Bewertungen die Plattform aufsucht und Informationen für die nächste Anschaffung einholt, bietet Amazon die Chance, sich von der einzigartigen Kombination von Angeboten, Entertainment und zahlreicher praktischer Services überzeugen zu lassen.

Jedoch können auch Händler und Vendoren aus den Bewertungen Vorteile ziehen. So kann das Auswerten der Bewertungen Aufschluss darüber geben, welche Erfahrungen Kunden mit den eigenen Produkten machen, wo die Prioritäten liegen und in welchen Punkten die Qualität oder Beschaffenheit eins Produkts verbessert werden kann. Auch wenn viele Produktmanager und Vertriebler in den Firmen anderer Meinung sind: Niemand kennt ein Produkt besser als Kunden, die diese verwenden.

Eine weitere Quelle für derartige Informationen ist der Bereich Kundenfragen und -antworten. Hier haben Kunden die Möglichkeit, sich über fehlende Informationen oder spezifische Details der Anwendung zu erkundigen. Fehlende Informationen sollten im eigenen Content der Detailseite ergänzt werden.

Fragen können sowohl von Sellern und Vendoren als auch von anderen Kunden beantwortet werden. Käufer dieses Produkts erhalten bei neuen Fragen eine E-Mail, mit der Bitte den Interessenten bei der Kaufentscheidung zu unterstützen. Wenn möglich, sollten Seller und Vendoren offene Fragen regelmäßig selbst beantworten, um den Informationsgehalt der Detailseite aktiv zu verbessern. Dieses Feedback wird zudem sichtbar hervorgehoben, vermittelt Nähe zum Kunden und kann so positiven Einfluss auf die Kundenbeziehung haben. Das gleiche gilt auch für Produktbewertungen. Händler und Hersteller sollten vor allem bei schlechten Rezensionen die Möglichkeit nutzen, mit dem Kunden in Kontakt zu treten und ihm bei Problemen Unterstützung anzubieten. Diese Antworten werden von den Lesern der Bewertungen gesehen und können die positive Wahrnehmung der Marke beim Kunden unterstützen.

Die Gesamtsterne-Bewertung auf der Produktdetailseite wird in Echtzeit aktualisiert, sobald Kunden Feedback hinterlassen. Je aktueller eine Rezension ist und als hilfreich von den Lesern bewertet wird, desto höher wird diese für die Gesamtsterne-Bewertung gewichtet. Die Idee hinter der Gewichtung: Je älter eine Rezension, desto uninteressanter ist sie für die Entscheidungsfindung heutiger Kunden. Daher ist es wichtig, Bewertungen von ASINs, insbesondere von aktuell beworbenen ASINs, zu monitoren. Es kommt regelmäßig vor, dass ungerechtfertigte Bewertungen auftauchen, die die hart erarbeitete Gesamt-Sternebewertung einer ASIN empfindlich nach unten korrigieren. Es gibt mehrere Wege, die zur Entfernung der ungewünschten Rezension führen. Am zielführendsten ist die Meldung der Bewertung an den Seller Support. Sollte einer der folgenden Punkte zutreffen, muss man den Sachverhalt in der E-Mail an Amazon ausführlich schildern. Je genauer einer oder mehrere der folgenden Gründe beschrieben und mit Links und Screenshots belegt werden kann, desto höher ist die Wahrscheinlichkeit, dass der Seller Support die Rezension entfernt.

Mögliche Gründe sind:

- Gefälschte Bewertung
- Bewertung von Lieferzeit und Lieferqualität
- Unzufriedener Kunde veröffentlicht mehrfach Rezensionen für das gleiche Produkt
- Bewertung ist augenscheinlich von einer Firma oder einem Mitbewerber verfasst oder in Auftrag gegeben worden
- Urheberrechtlich geschütztes Material von dritten Personen
- Bewerbung von zeitlich begrenzten Angeboten (Seminare, Schulungen)
- Eine als Kommentar zu einer anderen Rezension verfasste Produktbewertung
- Beleidigungen, gehässige Bemerkungen, Diffamierungen
- Obszöner, geschmackloser oder pornografischer Inhalt
- Rezensionen mit einer stark unterdurchschnittlichen Länge
- Öffentliche Kontaktdaten Dritter – z. B. Telefonnummern, E-Mail-Adressen
- Werbungen oder Werbematerial
- Aufforderung zum Kauf von anderen Produkten auf externen Webseiten.

Die Seller Support-Kontaktadresse lautet: community-help@amazon.de Diese E-Mail Adresse gibt es für jeden Amazon Marktplatz, es muss nur die Entity der Domain angepasst werden (Busch 2019).

6.5 Keywords

In den letzten Unterkapiteln wurden viele Elemente der Retail Readyness Liste beschrieben und Optimierungspotentiale aufgezeigt. Auffallend ist, dass diese Liste einen elementaren Bestandteil eines jeden Listings nicht enthält: die Keywords.

Keywords bilden ein essentielles Element auf Amazon. Der Suchalgorithmus von Amazon nutzt Keywords, um Produkte für eine Suchanfrage auszuwählen und diese auf den Suchergebnisseiten nach Relevanz zu sortieren. Wie bereits angedeutet, besteht die Relevanz nicht nur für den Kunden, also: „Welchen Artikel wird der Kunde mit größter Wahrscheinlichkeit kaufen?", sondern auch für Amazon selbst. Der für Amazon relevante Faktor wird ersichtlich, wenn man sich bestimmte Produkte anschaut, die auffallend schnell in den Rankings steigen. Diese Produkte gehören entweder zu den Amazon Eigenmarken oder sind Teil der Amazon Markenfamilie und machen beide nur etwa 1 % der Verkäufe aus. Dennoch, von Teilnehmern der Amazon Markenfamilie erhält Amazon für diverse Dienste eine Provision von 25 % vom Verkaufspreis, ein Wert der weit über der üblichen Verkaufsprovision liegt. Das Wall Street Journal berichtete über diese Auffälligkeiten (Mattiolo 2019) und zitiert Amazon-interne Quellen, die an Optimierungen des Suchalgorithmus beteiligt gewesen waren. Ein wichtiger Faktor dieser Optimierungen war es, die Genauigkeit des Algorithmus bei der Erfassung der Profitabilität zu erhöhen. Ars Technica bat Amazon in Folge des Berichts um Stellungnahme, das mit folgendem Statement antwortete (Brodkin 2019):

> "The Wall Street Journal has it wrong. We explained at length that their 'scoop' from unnamed sources was not factually accurate, but they went ahead with the story anyway. The fact is that we have not changed the criteria we use to rank search results to include profitability. We feature the products customers will want, regardless of whether they are our own brands or products offered by our selling partners. As any store would do, we consider the profitability of the products we list and feature on the site, but it is just one metric and not in any way a key driver of what we show customers". (Amazon 2019a)

Das Statement bestätigt an mehreren Stellen, dass die Profitabilität eines Produkts für die Suche ein relevanter Faktor ist. Demnach besteht in der Profitabilität, also in der Höhe des Anteils, den Amazon beim Verkauf des Artikels für sich behält, ein logischer und wichtiger Beitrag in der Definition der Relevanz, die es an vielen Stellen zu berücksichtigen gilt. Mit dieser Information sucht und sortiert der Algorithmus Produkte, die vielmehr folgende Fragestellung erfüllen: „Welchen möglichst profitablen Artikel wird der Kunde mit größter Wahrscheinlichkeit kaufen?". Die Frage ist nun spezifischer und soll zeigen, dass der Content einer Produktdetailseite nur einer von mehreren Faktoren ist, der für den Algorithmus eine Rolle spielt. Vergleicht man die Ergebnisse, die vor wenigen Jahren noch mit gutem Content erzielt werden konnten, mit denen von heute, so hat die Priorisierung des Contents im Algorithmus zu Gunsten anderer Faktoren an Wert eingebüßt. Dennoch wird die Bedeutsamkeit der Aufgabe, auf der Produktdetailseite und im Back-End Informationen bereitzustellen, die vom A9 für die Relevanzbewertung passender Suchanfragen in Betracht gezogen werden, in Ihrer Funktion bestätigt.

Recherche und Definition des Keyword-Sets

Keywords, die in einem Listing hinterlegt werden, müssen eine Relevanz zum Produkt besitzen. Die einfachste Art und Weise, diese Begriffe zu ermitteln, besteht darin, Kundenrezensionen, Produkttests und Nutzungsberichte der beliebtesten Konkurrenzprodukte zu sichten, die Begriffe zu sammeln und zu kategorisieren (Aufzug 2019):

- Was gefällt dem Kunden am Produkt?
- Was stört dem Kunden?

- Welche Eigenschaften sind ihm wichtig?
- Welche Informationen können letzte Zweifel vor dem Kauf beseitigen?

Diese Kategorien verhelfen auch bei der Content-Erstellung zu einer guten Produktdetailseite. Während der Recherche sollten Keywords, die ein hohes Suchvolumen besitzen, immer die höchste Priorität erhalten. Denn je höher die erzielte Reichweite, desto größer ist der potentielle Umsatz, der erzielt werden kann. Hierfür stellt Amazon zwei Tools zur Verfügung: Amazon Retail Analytics Premium für Vendoren und Amazon Brand Analytics für Seller mit registrierter Marke. Beide Analyseprogramme gewinnen an Qualität, wenn man die verfügbaren Daten mit Werten externer Tools verknüpft. Diese Programme werden von vielen Herstellern angeboten. Bei der Auswahl empfiehlt es sich zu prüfen, wie der Dienstleister die Zahlen ermittelt. Diese Information findet sich oft in den Hilfeseiten. Denn außer Amazon kennt niemand die genaue Zahl der Suchanfragen. Daher arbeiten die Anbieter mit verschiedenen Methoden, um möglichst genaue Werte zu ermitteln, die am Ende in den Tools abgebildet werden.

Für die Platzierung der Keywords stehen diese Felder zur Verfügung:

- Titel (zwischen 60 und 120 Bytes)
- Bullet Points (maximal 1000 Bytes verteilt auf 5 Bullet Points)
- Allgemeine Schlüsselwörter im Back-End (maximal 250 Bytes).

Der Titel erhält das passendste und reichweitenstärkste Keyword. Weitere werden für den Käufer sichtbar in den Bullet Points platziert, vor allem, um auf die Fragen einzugehen mit der die Recherche begonnen hat. Alle weiteren Keywords kommen in die Suchbegriffe, insbesondere Keywords, die zu einer großen Reichweite beitragen, ohne einen direkten Bezug zum Produkt zu besitzen. Auch Begriffe, die Kunden fälschlicherweise für ein Produkt verwenden wie zum Beispiel „Budapester" für „Brogue", kommen in das Back-End, sofern Sie zu einer großen Reichweite verhelfen.

Die besten Ergebnisse bei der Definition des Keyword-Sets werden erzielt, wenn man abschließend die Suchbegriffe ermittelt, über die die möglichst ähnlichen Produkte der Konkurrenz Ihre Reichweite erzielen. Faktoren wie Beschaffenheit, Qualität und Preis müssen bei der Auswahl der naheliegenden Produkte beachtet werden. Mit großer Wahrscheinlichkeit kommt ein Großteil der Umsätze über Suchbegriffe mit hoher Reichweite, bei denen das ermittelte Produkt die ersten Plätze auf den Suchergebnisseiten hält. Je nach Darstellungsform der Kategorie, es gibt Liste und mehrere Versionen der Kacheln, variiert die Anzahl der Platzierungen, die dafür in Frage kommen. Werden die Ergebnisse als Liste präsentiert, sollten dafür weniger Plätze in Betracht gezogen werden als in der Kacheldarstellung.

Die in der Recherche ermittelten Keywords und Searchterms sind darüber hinaus für Werbekampagnen relevant, die auf Amazon geschaltet werden. Je nach Kampagnenstrategie können Keywords in der Ausrichtung vieler Werbeformen eingesetzt werden. Die Reichweite der Kampagnen, deren Ausspielung automatisiert erfolgt, kann durch

Qualität und Anzahl der hinterlegten Keywords positiv beeinflusst werden. Vor allem Markennamen, die in den Suchanfragen der Kunden auftauchen, dürfen zwar nicht in den Listings genutzt werden, können aber Ziel diverser Kampagnen sein.

6.6   Fazit

Während Google auf absehbare Zeit die erste Adresse für Suchanfragen jeglicher Art bleiben wird, ist Amazon bei Suchanfragen in Bezug auf Produkte dank seiner umfangreichen und dynamischen, mit nutzergeneriertem Content angereicherten, Datenbank zum König der Produktsuche avanciert. Viele Menschen ziehen Amazon vor, wenn sie ein Produkt kaufen möchten oder ihre Recherche beginnen.

Amazon hat dadurch in den letzten Jahren eine enorme Macht darin entwickeln können, Marken mit kaufbereiten Kunden zu verbinden. Die Einkaufswahrscheinlichkeit bleibt auf Amazon ein relevanter Faktor für den Erfolg auf dem digitalen Marktplatz.

Wie gezeigt wurde, verfügt Amazon über ausgeklügelte Algorithmen, die bestimmen, welche Produkte zuerst angezeigt werden und welche erst auf den nächsten Suchergebnisseiten zu finden sind.

Amazon ist eine unglaublich wettbewerbsintensive Plattform. 70 % aller Amazon-Kunden haben noch nie die zweite Seite der Produktergebnisse gesehen. Marken und Händler müssen daher erst alle anderen Wettbewerber überholen, um überhaupt eine Chance auf einen Verkauf zu haben.

Wie das folgende Kapitel zeigen wird, können bezahlte Strategien mit Amazon Werbung den Umsatz steigern, aber die Grundvoraussetzung für den Erfolg eines Produktes ist und bleibt die Optimierung der Produktdetailseite.

Wie sich in den letzten Jahren gezeigt hat, müssen Händler und Dienstleister verstehen, wie Amazon SEO nicht nur aktuell funktioniert, sondern auch in absehbarer Zeit funktionieren könnte. Das Ziel dieses Entscheidungsleitfadens und der folgenden Absätze ist es, die Abstraktion digitaler Trends näherzubringen und die Wichtigkeit dieser Vorgehensweise zu unterstreichen.

Kundenbewertungen und beantwortete Fragen spiegeln nicht nur die Kundenzufriedenheit wider, sondern haben auch Einfluss auf die Verkäufe und somit auf die Rankings innerhalb der Amazon Suchergebnisse. Gute Bewertungen könne die Zahl der Sitzungen erhöhen, indem sie Kunden davon überzeugen, überhaupt auf ein Produkt zu klicken. Sobald sie auf der Detailseite sind, sind gute und ehrliche Bewertungen dazu in der Lage, einen Kunden zum Kauf zu bewegen. Durch gesteigerte Klickrate und Abverkäufe verdient Amazon selbst mehr Geld, und favorisiert demnach diese Produkte in den Suchergebnissen. Wer also den Fehler macht und Kundenservice oder Produktqualität vernachlässigt, wird bei jeder negativen Bewertung wichtige Plätze einbüßen. Ein großartiger Service und herausragende Produktqualität sind der beste Weg, um Kunden zu positiven Bewertungen zu bewegen. Abgesehen davon gibt es eine Vielzahl an Strategien, um die Rate an Kundenbewertungen zu erhöhen. So können beispielsweise

Beileger Kunden durch einen Bonus animieren, Produktbilder auf Amazon hochzuladen. Den meisten Kunden muss man nicht erklären, dass dies nur in Form einer Bewertung geht. Fragt man nach einem Foto und nicht nach einer Bewertung, werden keine Richtlinien von Amazon verletzt. Zumindest in der aktuellen Fassung nicht.

Auch die beantworteten Kundenfragen sind ein wichtiger Bestandteil der Produktdetailseite, denn sie helfen Kunden, ein Produkt zu verstehen, und können die Conversion Rate verbessern. Während andere Kunden Fragen beantworten können, ist es ideal, Fragen auch als Verkäufer zu beantworten, um korrekte Angaben zu gewährleisten.

Die Qualität des Contents auf der Detailseite ist daneben weiterhin einer der wichtigsten Rankingfaktoren. Content sollte daher nie leichtfertig zusammengestellt werden; denn gute Inhalte können Kunden motivieren, sich mit einem Produkt zu befassen und es am Ende möglicherweise auch zu kaufen. Da Amazon hiervon profitiert, wird hochwertiger Content sich weiterhin auszahlen.

Sowohl Textinhalte als auch Bilder sollten regelmäßig optimiert werden, um die Performance in den Suchergebnissen zu steigern. Produkttexte und Bilder, die jede Menge hilfreiche Informationen über ein Produkt bereithalten, sind essentiell, da Kunden ein Produkt auf Amazon nicht anfassen oder prüfen können. Content ist der einzige Anhaltspunkt, um zu entscheiden, ob ein Produkt geeignet ist oder nicht. Zudem bietet die Detailseite für Marken eine große Chance, bei Kunden einen nachhaltigen Eindruck zu hinterlassen.

Insbesondere die Optimierung der Produktbilder und der Einsatz von Videos bieten hierfür großes Potential. Große, hochwertige Bilder und Videos, die das Produkt selbst sowie seine Verwendung im alltäglichen Leben zeigen, vermitteln dem Kunden, welche Qualität und Leistung mit dem Kauf des Produkts zu erwarten ist.

Der Ranking-Algorithmus von Amazon beachtet Produkte für eine Suchanfrage nur dann, wenn Schlüsselwörter hinterlegt wurden, die der Suchanfrage des Kunden entsprechen. Daher ist es unglaublich wichtig, der Keyword-Recherche entsprechend Aufmerksamkeit zu schenken. Allein durch Amazons Autovervollständigung lassen sich viele Keywords und möglicherweise auch gefragte Spezifikationen entdecken, die Kunden für die Suche ihrer Wunschprodukte verwenden. Die Kunst, Schlüsselwörter an den richtigen Stellen auf der Produktdetailseite zu platzieren, besteht nicht nur darin, die verfügbaren Slots für den A9 mit Keywords zu befüllen. Die Inhalte müssen auch so gestaltet werden, dass Sie menschliche Kunden überzeugen können. Keyword-Optimierung ist dabei keine einmalige Maßnahme, sondern ein stetiger Prozess, den es zu entwickeln gilt, um die Auffindbarkeit der Angebote auch nach Anpassungen im Algorithmus zu gewährleisten.

Das Ziele der Suchmaschinenoptimierung und die der Markenentwicklung an vielen Stellen kohärent sind, wurde bisher von vielen Unternehmen wenig berücksichtigt. Gutes Branding schafft Autorität und Vertrauen; zwei Dinge, auf die auch gutes SEO abzielt, um die Relevanz bei Suchanfragen zu steigern. Schaut man über den Tellerrand von Amazon hinaus, und beachtet wie Googles Suchalgorithmus Anfragen wertet, die Markennamen enthalten, erkennt man, wie wichtig dieser Faktor mittlerweile geworden ist; eine Entwicklung, die auch bei Amazon mit großer Wahrscheinlichkeit stattfinden wird. Wer sicherstellen möchte, dass die Suche nach der eigenen Marke vorwiegend, oder besser grundsätzlich, eigene Produkte als Ergebnis darbietet, sollte auch den positiven, nachhaltigen Effekt im Auge behalten, den eine gute Markenpräsentation auf dieser Plattform erzeugen kann.

Wie also baut man eine Marke auf? Unternehmen sollten primär den Fokus auf eine konsistente Kommunikation legen, die über alle digitalen Kanäle zum Kunden hin stattfindet. Beachtet man dies in der Verwendung diverser Plattformen wie Websites, Blogs, Social Media, Video und Podcasts, fördert das die Markenbekanntheit und schafft Vertrauen: eine Win-Win-Situation. Der Aufbau einer Marke geht auch mit mehr Sitzungen einher, die nicht nur von Amazon, sondern auch von externen Verlinkungen, Posts oder Apps kommen können. Das ist aktuell ein nicht zu verachtender Rankingfaktor bei Amazon. Denn Reichweite in sozialen Netzwerken und eingehende Links externer Suchmaschinen zeigen Amazon das allgemeine Interesse an einem Produkt.

Einerseits gilt es, die Beziehung zu potentiellen Kunden aufzubauen und andererseits die Beziehungen zu bestehenden Kunden zu vertiefen. Influencer und Experten der eigenen Nische konnten sich hier zu einem wichtigen Baustein entwickeln. Aktuellen Beobachtungen nach, können Marken wesentlich schneller als bisher aufgebaut werden, wenn diese Personen über ihre Erfahrung mit Produkten berichten. Insbesondere Micro-Brands greifen auf diese clevere Strategie gewinnbringend zurück.

Zu einer neuen Königsdisziplin dürfte sich in kürzester Zeit auch die Optimierung auf Sprachsuchen (Voice Search) entwickeln. Die Sprachsuche ermöglicht es Kunden, eine Suche zu starten, indem sie eine Frage mündlich auf natürliche Art und Weise an ein Smartphone, einen smarten Lautsprecher oder ein Computer richten, anstatt diese nur in die herkömmlichen Suchschlitze zu tippen. Amazon und Google liefern sich aktuell ein Kopf-an-Kopf-Rennen, um die Dominanz auf dem Voice-Markt. Dank der steigenden Reichweite des Alexa Voice Services werden sich Unternehmen, deren Produkte über Amazon vertrieben werden, zwangsläufig mit der Sprachsuche auseinandersetzen müssen. Es ist nicht zu erwarten, dass die aktuellen Probleme und Kinderkrankheiten dieses Formats bestehen bleiben. Die größten Veränderungen im Bereich der Suchmaschinenoptimierung werden in den kommenden Jahren mit der steigenden Nutzung von Voice einhergehen. Experten gehen davon aus, dass bereits im Jahr 2020 über 50 % aller Suchanfragen über die Sprachsuche durchgeführt werden. Aktuellen Statistiken nach, eine absolut realistische Einschätzung:

- 31 % der Smartphone-Nutzer weltweit nutzen mindestens einmal pro Woche Voice.
- 55 % aller US-Haushalte werden bis zum Jahr 2022 über einen intelligenten Lautsprecher verfügen (Butt 2019).

Verständlich, wenn diese Zahlen Druck auslösen. Das sollten sie auch. Vor allem bei Google konnte man beobachten, welche unterschiedliche Ergebnisse die Sprachsuche auf einem Smartphone oder eingetippt auf dem Desktop liefert. Auf der ersten Seite der

Google-Suchergebnisse zu erscheinen, hat bei den Ergebnissen, die der intelligenten Google Home Lautsprecher ausgibt, keine Bedeutung mehr. Eine Platzierung in Google „Featured Snippet" ist hierfür wesentlich begehrlicher.

Wer immer noch keinen Druck verspürt, sollte sich folgendes in diesem Zusammenhang vor Augen führen: Wenn die Sprachsuche die Textsuche überholt, ist nur noch ein Suchergebnis von Bedeutung. Wer hier nicht schnell schaltet, wird verlieren, und zwar im großen Stil. Denn „Featured Snippet" weist mehrere Parallelen zu „Amazon's Choice" auf.

Mit großer Wahrscheinlichkeit wird Voice einen großen Einfluss auf künftige Amazon-Verkäufe haben. Zusätzlich zu den traditionellen Keywords wird es immer wichtiger sein, long-term Keywords zu finden, die auf umgangssprachliche Anfragen optimiert, also „voice-friendly", sind.

Die zusätzliche Herausforderung besteht darin, dass Alexa Artikel vorzieht, die der Einkaufswahrscheinlichkeit der Voice-Kunden entsprechen. Alexa möchte daher auch, dass Markenamen an erster Stelle stehen. Eigene Auswertungen der Alexa Sprachsuchanfragen, die mit einem eigenen Skill möglich sind, zeigen, dass Kunden selten nach „Baumwoll Wischmopp 80 cm Taschen aus Polyester", sondern eher „Vileda Mikrofaser- und Baumwoll-Wischmopp" fragen.

Google erachtet für sein „Featured Snippet" folgende Faktoren für die Sprachsuche als relevant:

- Fokus auf Long-Tail-Keywords: Bei der Content-Erstellung stehen die Fragen im Vordergrund, die die Nutzer haben könnten und wie sie diese stellen werden.
- Titel-Tags und Überschriften, die genau diese Frage beinhalten, wobei Titel-Tags nicht denselben Wortlaut wie die Überschrift besitzen müssen.

Amazon Polly ist ein Service, der Text in realistische Sprachausgabe verwandelt, also Webseiteninhalte laut vorliest und für Unternehmen einfach zu integrieren ist. Die Verweildauer kann so aktuell um fast 20 % verlängert werden. Ein relevanter Faktor für Google SEO. (AWS 2019) Ein Faktor, der auch für Amazon SEO in Hinblick auf Voice an Relevanz gewinnen dürfte.

Während einige Leute Inhalte lieber nach wie vor lesen, steigt die Anzahl der Nutzer, die es vorziehen, sich diese anzuhören. Mit Amazon Polly können Unternehmen den Besuchern ihrer Websites beide Möglichkeiten zur Verfügung stellen. Bei beiden Möglichkeiten muss beachtete werden, wie interessant, nützlich und leicht zu konsumieren die Inhalte sind. Wenn Content bereits für Voice optimiert wurde, kann das für die Rankings nur hilfreich sein, wenn sich Voice im aktuellen Tempo weiterentwickelt. Aktuell werden Websites höher eingestuft, die dies bereits berücksichtigen, weil Voice immer mehr Verwendung im Alltag der Menschen findet. Wer dies bereits bei der Erstellung neuer Inhalte und der Optimierung berücksichtigt, folgt einer guten Strategie.

Auf Amazon beginnt die Customer Journey vieler Kunden. Bevor andere Strategien, wie Werbung auf Amazon, zum Einsatz kommen, sollten die Produktdetailseiten zuerst für organische Verkäufe optimiert worden sein. Auch in Zukunft werden organische Verkäufe die Langlebigkeit einer Marke nachhaltig prägen und maßgeblich für eine gewinnbringende Investition in Werbung sein.

Amazon wird weiterhin stetig versuchen seine Algorithmen zu verbessern. Demnach werden weiterhin die Unternehmen am meisten profitieren, die eine auf ihre Marken zugeschnittene Amazon-Strategie verfolgen und Prozessen implementieren, die bevorstehende Änderungen in ihren Optimierungen berücksichtigen.

Literatur

Amazon.com. (2019a) Anforderungen an Produkttitel. https://sellercentral.amazon.de/gp/help/help.html/?itemID=GYTR6SYGFA5E3EQC&ref_=xx_GYTR6SYGFA5E3EQC_a_r1_cont_sgsearch. Zugegriffen:7. Sept. 2019.

Amazon.com. (2019b). Styleguides für Produkte. https://sellercentral.amazon.de/gp/help/help.html/?itemID = G200270100&ref_ = xx_G200270100_a_r0_cont_sgsearch. Zugegriffen:7. Sept. 2019.

Amazon Web Services. (2019). Amazon Polly: Nutzen Sie Deep Learning, um Texte in lebensechte Sprache umzuwandeln. https://aws.amazon.com/de/polly/. Zugegriffen:18. Okt. 2019.

Aufzug, M. (2019). *E-Commerce mit Amazon*. Heidelberg: O'Reily.

Brodkin, J. (2019). WSJ: Amazon changed search results to boost profits despite internal dissent. https://arstechnica.com/tech-policy/2019/09/amazon-changed-search-algorithm-to-favor-its-own-products-wsj-reports/. Zugegriffen: 20. Sept. 2019.

Busch, M. (2019). Amazon Rezensionen entfernen lassen – Mit dieser geheimen E-Mail Adresse! https://kw-marketplaces.de/2019/08/21/rezensionen-sicher-entfernen-lassen/. Zugegriffen: 3. Sept. 2019, Email getestet und aktiv am 04. September 2019.

Butt, A. (2019). Are you ready for voice search? 75 vital statistics and trends for SEO and future marketing. https://quoracreative.com/article/voice-search-statistics-trends. Zugegriffen: 18. Okt. 2019.

Bradley, O. (2018). *Breaking Down Barriers: Usability, Accessibility and Inclusive Design*. Basel: Springer International Publishing AG.

Collins, J. (2017). How does your flywheel turn? A good to great strategic tool. https://www.jimcollins.com/tools/How-does-your-flywheel-turn.pdf. Zugegriffen: 1. Sept. 2019.

eMarketer. (2017). Anteil mobiler Online-Käufer an den gesamten Online-Käufern nach Endgeräten in Deutschland im Jahr 2016 sowie eine Prognose bis 2020. https://www.emarketer.com/Article/Mobile-Commerce-Use-Growing-Germany/1016395. Statista: Statista GmbH, Zugegriffen: 8. Sept. 2019.

Ford Motor Company (2019). Erfolgsgeschichte Ford Video Check. https://media.ford.com/content/fordmedia/feu/de/de/news/2019/07/09/erfolgsgeschichte-ford-video-check.html. Ford-Werke GmbH, Zugegriffen: 15. Sept. 2019.

Frank, A. (2019). *Studie: Steigern Produktvideos auf Amazon Ihren Umsatz?* Ellwangen: Andreas Frank eCommerce Consulting & Research.

GS1. (2018). GS1 mobile ready hero images guideline. https://www.gs1.org/standards/Mobile-Ready-Hero-Image/1-0. Zugegriffen: 28. Aug. 2019.

Herman, J. (2019). The secret life of Amazon's vine reviewers. https://www.nytimes.com/2019/01/26/style/amazon-reviews-vine.html. Zugegriffen: 3. Sept. 2019.

Kelm, C. (2019). *Amazon-Marketing: Das Praxisbuch für mehr Erfolg bei Amazon*. Bonn: Rheinwerk Verlag.

MacKenzie, I, Meyer. C., Noble S. (2013). How retailers can keep up with consumers. https://www.mckinsey.com/industries/retail/our-insights/how-retailers-can-keep-up-with-consumers. Zugegriffen: 30. Aug. 2019.

Mattioli, D (2019). Amazon changed search algorithm in ways that boost its own products. https://www.wsj.com/articles/amazon-changed-search-algorithm-in-ways-that-boost-its-own-products-11568645345. Zugegriffen: 20. Aug. 2019.

Waller, S. (2018). Newly-developed image guidelines will improve mobile shopping experience worldwide. https://www.cam.ac.uk/research/news/newly-developed-image-guidelines-will-improve-mobile-shopping-experience-worldwide. Zugegriffen: 28. Aug. 2019.

Winkeljohann, N., & Bartels, P. (2010). *Mit strategischer Planung zum Unternehmenserfolg – Umfrageergebnisse unter Führungskräften deutscher Unternehmen*. London: PwC.

Adrian Jaroszyński zählt in den Bereichen Strategie und Business Performance mit 10 Jahren Branchenerfahrung zu einem der erfahrensten Unternehmensberater im Amazon Ökosystem. Nachdem er mehrere Jahre bei Amazon im Vendor Management und im Advertising tätig war, hat er für viele der bekanntesten Unternehmen und Dienstleister als Berater gearbeitet.

Seine Firma Jaroszyński Digital Strategy Consulting eK hilft Unternehmen, Erfolgsfaktoren zu identifizieren und strategische Ziele zu definieren. Für die Strategieentwicklung arbeitet er eng mit Führungskräften zusammen, um Ressourcen im Unternehmen effizient für den Erfolg auf den wichtigsten Marktplätzen aufeinander abzustimmen. In der Strategieumsetzung steht seine Firma Unternehmen operativ zur Seite, die ihre Ziele auf Grund fehlender Prozesse und Ressourcen nicht erreichen können. Auf der Etablierung nachhaltiger Strukturen, dem Bilden von Know-How und einer kontinuierlichen Überwachung und Beurteilung der Leistungskennzahlen aus dem Handel und der Werbung liegt hierbei die höchste Priorität.

Als gefragter Speaker teilt er sein Wissen regelmäßig auf Konferenzen und Messen in ganz Europa.

Strategische Grundlagen für den Einsatz von Amazon Sponsored Ads

Adrian Jaroszyński

Inhaltsverzeichnis

Zusammenfassung

Marken prägen sich in die Köpfe der Menschen ein, solange sie konsumieren, Informationen aufnehmen und Geld ausgeben. Den ausschlaggebenden Faktor für Verkäufe bildet die Beziehung zwischen Kunde und Marke. Diese Beziehung basiert auf Vertrauen, dem elementaren Beweggrund der Kunden einen Kauf zu tätigen. Der Aufbau dieser Beziehung ist langwierig und erfordert großes Durchhaltevermögen. Auf Amazon ist die Reichweite die maßgebliche Kennzahl, mit der die Beliebtheit einer Marke gemessen wird. Die Gleichung des Marktplatzes bleibt bestehen: Ohne Reichweite keine Verkäufe. Immer mehr Unternehmen erkennen, welch wichtige Rolle der Marktplatz für die Markenentwicklung mittlerweile eingenommen hat. Amazon hat in den letzten Jahren die Möglichkeiten, mit denen Marken auf dem Marktplatz positioniert werden können, stetig ausgebaut. In diesem Zug nahm auch der Einsatz von Werbung, insbesondere der Amazon Sponsored Ads, eine immer wichtigere Position

A. Jaroszyński (✉)
Jaroszyński Digital Strategy Consulting eK, München, Deutschland
E-Mail: adrian@jaroszynski.com

© Springer Fachmedien Wiesbaden GmbH, ein Teil von Springer Nature 2020
C. Stummeyer und B. Köber (Hrsg.), *Amazon für Entscheider*,
https://doi.org/10.1007/978-3-658-27427-6_7

in der Marketingplanung ein. Amazon konnte in der Werbung so ein rasantes Wachstum erzielen und optimiert seine Werbeprodukte in Form und Ausrichtung stetig. Das Wissen, die richtige Strategie für seine Ziele auf dem Marktplatz zu entwickeln, gewinnt mit der Geschwindigkeit der Neuerungen und dem Spektrum an verfügbaren Möglichkeiten laufend an Wert. Aktuell kommen auf dem Marktplatz Strategien in vielen Variationen und Kombinationen zum Einsatz. Das folgende Kapitel fasst daher im ersten Teil die Grundlagen der Sponsored Ads zusammen, bevor im Anschluss auf die einzelnen Schritte der Strategieentwicklung eingegangen wird.

7.1   Einführung: Amazon und das Anzeigengeschäft

Die Evolution von einem reinen Online-Buchhändler zum einflussreichen Supergeneralisten ist eine beachtliche Erfolgsgeschichte. Amazon schuf durch die Anbindung eines Marktplatzes an sein Portal ein noch nie da gewesenes Hybrid, in dem sich die vorhandenen Anlagen erst voll entfalten konnten. Die gewonnene Größe ermöglichte eine gigantische Skalierung des Geschäfts. Während Amazon in immer weitere Wirtschaftszweige vordringt, entwickelt sich parallel dazu das Aussehen der Handelsplattform selbst immer weiter. Neben der Darstellung optimiert Amazon unentwegt auch die grundlegende Funktion seiner Homepage: die Umsatzgenerierung. So blieb aufmerksamen Besuchern der Shopping Plattform nicht verborgen, dass die aufgerufenen Suchergebnisseiten, insbesondere im sichtbaren Bereich, zunehmend aus bezahlten Produktplatzierungen bestehen. Mittlerweile zu einem so signifikanten Teil, dass der Kunde, ohne zu scrollen, oft nur noch das erste organische Ergebnis im unteren rechten Rand des Browserfensters angezeigt bekommt. Die Folge für Händler und Hersteller ist eine gesteigerte Notwendigkeit Kampagnen zu schalten, um den Umsatz auf der Plattform weiter zu steigern. In manchen Fällen eine trügerische, vermeintliche Notwendigkeit (Eisenbrand 2019).

Nicht zu übersehen ist auch, dass im Zuge dieser Entwicklung aktuell immer mehr Firmen auf dem Markt in Erscheinung treten, die die Wissenslücke zwischen Amazon und seinen Werbekunden und Händlern zu schließen versuchen. Dazu gehören eine Reihe von SaaS-Unternehmen, Beratungs- und Werbeagenturen so wie Anbieter datengesteuerter Lösungen für das Werbemanagement auf Amazon, die voll automatisiert Werbekampagnen schalten und optimieren. Die Implementierung der digitalen Marktplatzplattform war gleichzeitig auch die Geburtsstunde eines geschäftlichen Ökosystems von Anbietern, die in diversen Wechselbeziehungen miteinander stehen: von Symbiose über Kollaboration bis hin zu Wettbewerb. Das übereinstimmende Ziel dieses Unternehmensnetzwerks ist es, Ihren Kunden Vorteile in diesem Geschäft zu verschaffen. Sieht man von den Faktoren Convenience und Wissensvorsprung ab, liegt der Vorteil im Grunde genommen in der Aufarbeitung und der Bereitstellung von Daten, die Amazon bisher seinen Lieferanten und Händlern nicht zur Verfügung stellt. Viele Dienstleister auf dem Markt konzentrieren sich ausschließlich auf das Amazon-Ökosystem; nicht ohne Grund. Auf der einen Seite gewinnen diese Spezialagenturen so in einem immer komplexer werdenden Feld an Wert für Ihre Zielgruppe, da sich wertvolles Wissen und Erfahrung kumuliert. Auf der anderen Seite, während Google von Handelsunternehmen weiterhin den größten Teil der Online-Marketing Budgets erhält, steigt die Relevanz von Amazon immer weiter an. Eine Umfrage ergab, dass die verwalteten Budgets digitaler Vermarkter häufiger und größer in Richtung Amazon geschoben werden. Hintergrund ist, dass die Hälfte der Produktsuchen im Internet auf Amazon stattfinden und es für Handelsunternehmen immer essentieller wird, Maßnahmen zu ergreifen, die nicht nur die Sichtbarkeit der angebotenen Produkte erhöhen, sondern auch die Positionierung der dazugehörigen Marken unterstützen (Weiss 2019).

7.1.1   Die steigende Relevanz von Amazon Advertising

Vergleicht man das Anzeigengeschäft von Amazon mit dem mächtigen Online-Duopol bestehend aus Google und Facebook, zeigt sich, dass der Universaldienstleister aus Seattle in diesem Bereich noch ganz am Anfang steht. Die Werbeeinnahmen beliefen sich im Jahr 2018 auf etwas mehr als 10 Mrd. US$, wovon rund 1,5 Mrd. US$ von Performance-Marketing-Agenturen und nur 800 Mio. von den drei großen Werbeholdings WPP, Omnicom und Publicis stammen. Im selben Jahr erzielte Googles Werbegeschäft einen Umsatz von über 116 Mrd. US$. Das von Facebook 55 Mrd. US$ (Colburn 2019).

Relevant in diesem Zusammenhang ist das seitens Amazon erzielte Wachstum um 117 %. Diese Zahl wirkt umso beeindruckender, wenn man die Plattformen und Systeme betrachtet, die Amazon zu dieser Zeit seinen Werbekunden für das Anzeigenmanagement bereitgestellt hat. Darstellung und Leistungsumfang waren verglichen mit den Angeboten der Wettbewerber nicht nur veraltet, sondern offenbarten unmissverständlich auch ein mangelndes Verständnis des Retailers für das Werbegeschäft. Werbetreibende vermissen die Vergleichbarkeit der Leistungskennzahlen und deren Zustandekommen. Darüber hinaus führt Amazon die Trennung von Händlern und Vendoren aus der Handelssparte fort, indem jeder über eigene Plattformen Anzeigen kaufen, verwalten und auswerten kann. Die Plattformen bieten den Werbekunden eigene Dashboards mit abweichenden Metriken und Werbeberichte, deren Daten rückwirkend unterschiedlich lange Zeiträume abbildeten.

Im Hintergrund des Werbegeschäfts laufen zwei verschiedene Systeme mit eigenem Attributions- und Berichtsverfahren, die die Vergleichbarkeit der Kampagnen über die Plattform hinaus einschränken. Weder Bestellungen, die den Klicks folgen, noch Platzierungen, Zeitpunkte oder Produkte lassen sich den Kampagnen zuordnen; auch fehlen Informationen, wie die Käufe der Klicks selbst zustande kommen und wie groß das verfügbare Inventar an Klicks tatsächlich ist. Branchenstandards, wie demografische Daten oder genutzte Endgeräte der erreichten Zielgruppe können nicht ausgewertet werden.

Tests, die identisch aufgesetzten Kampagnen um die gleichen Werbeplätze konkurrieren ließen, zeigten Unterschiede in den übermittelten Datenwerten und Leistungskennzahlen. Die Inkonsistenz der Daten ist bedingt durch die redundanten Systeme, die

Amazon im Einsatz hat. An sich bereitet die Speicherung von Daten an verschiedenen Orten keine Probleme. Es fehlt am Ende ein zentrales Datenaggregat, das als Zugriffspunkt für die Plattformen dient.

Mit dem aktuellen Wachstum steigt auch Amazons Ambition sein Anzeigengeschäft zu professionalisieren. Der Launch der Amazon Advertising Plattform stellte hierfür die ersten Weichen. Werbeprodukte und Berichte der Amazon Media Group, Amazon Marketing Services und DSP, ehemals Amazon Advertising Plattform, werden dort konsolidiert. Technisch sind die Systeme zwar nach wie vor autark, aber mit der Anzeigenplattform steigert Amazon qualitativ die Qualität und Verfügbarkeit der bereitgestellten Daten. Traditionell ist Amazon in Bezug auf Daten, die das Unternehmen verlassen, sehr undurchsichtig. Das galt auch für Zahlen, die an Werbetreibende verschickt wurden. Insgesamt eine schwierige Ausgangslage, um Kampagnen zu optimieren. Zum Beispiel gibt das Unternehmen immer noch keine geografischen Segmentierungsdaten für Werbetreibende an. Diese Daten ermöglichen Vermarkten eine bessere Einschätzung der saisonalen Nachfrage. Dennoch beginnt Amazon, fortgeschritten in Alter und Bekanntheit, aktuell die wertvollste Brand der Welt (Brown 2019), den Einfluss seiner Angebote auf die eigene Außenwirkung ernst zu nehmen und optimiert stetig Funktionen, Nutzen und Benutzerfreundlichkeit seiner Systeme. Die Namen der Wettbewerber, mit denen sich Amazons Portale und Angebote in Form und Funktion nun messen lassen müssen, heißen länger Ebay oder Zalando. Im Werbegeschäft und darüber hinaus konkurriert Amazon mit Firmen wie Google und Facebook, deren Geschäftslösungen in Leistung und Umfang von vielen Nutzern als Branchenstandard angesehen werden. Dennoch, Amazons Potential liegt in seinem wertvollen Datenpool. Während die Datensätze von Facebook und Google auf Demografie, Interessen, Suchen und Personenkreise basieren, kennt Amazon das Content-Engagement, die Produktsuchen und Kaufhistorien von Millionen Kunden; ganz zu schweigen dem, was Alexa seinem Schöpfer zuflüstert.

Einen Fortschritt in der Qualität bereitgestellter Daten macht Amazon mit Brand Analytics. Das Analysetool für Händler, die eine Marke bei Amazon Brand Services registriert haben, ermöglicht im Tagesgeschäft wertvolle Analysen. So können Händler dort Warenkorbanalysen durchführen, Artikelvergleich- und Alternativkauf-Verhalten der Kunden nachverfolgen und erhalten die Suchbegriffe sortiert nach Frequenz. Zu den einzelnen Suchbegriffen werden die drei meistgeklickten Produkte aufgeführt, deren Leistung in Bezug auf Reichweite und Umsatz sich zumindest im Verhältnis einschätzen lässt. Der Einblick in diese Zahlen war bisher Vendoren vorbehalten, die Amazon Retail Analytics in der Premium-Version gebucht haben. Im Tagesgeschäft auf Amazon bieten beide enorme Vorteile bei der Suchmaschinenoptimierung und im Marketing.

7.1.2 Amazons Potentiale in der Werbebranche

Die steigende Frequenz der Aktualisierungen, in der die Werbeplattformen mit Neuerungen und der Verbesserungen vorangetrieben wird, signalisiert, dass Amazon ein stärkeres

Verständnis für das Geschäft mit den Klicks besitzt und Projekten, die dieses modernisieren, eine größere Priorität beimisst als in den Jahren zuvor. Eine Studie des Marktforschungsinstituts Forrester, die die potentielle Rolle Amazons im komplexen digitale Werbe-Ökosystem untersucht, bestätigt die bestehende Notwendigkeit, diese Rückstände weitestgehend zu minimieren. Daneben sollte Amazon zudem die Produkt- und Servicequalitäten, für die das Unternehmen im Onlinehandel bekannt ist, auf sein Anzeigengeschäft übertragen. Die Analysen der Studie kommen zu dem Schluss, dass Amazon so aufgestellt die besten Voraussetzungen besitzt, um Google und Facebook signifikante Anteile in diesem profitablen Markt abzunehmen. Forrester traut Amazon in dieser Position zu, die Werbebranche auch für Agenturen, Technologieanbieter und vor allem für Vermarkter nachhaltig zu verändern (Colburn 2019).

Während Amazon bis dahin sein Anzeigenangebot weiter optimiert, wird die aktuelle Entwicklung im Marktplatzgeschäft, die datenbasiertes Arbeiten von der Aggregation bis zur gezielten Zuhilfenahme stärker in den Fokus rückt, aller Wahrscheinlichkeit nach anhalten. Mit der stetigen qualitativen wie auch quantitativen Zunahme der verfügbaren Daten steigen auch die Anforderung an die Infrastruktur und das Management. Handelsunternehmen und Hersteller müssen intern die Fähigkeiten im Umgang mit Zahlen und Berichten fördern, um im Entscheidungsprozess von der Datenaufbereitung und der Analyse zu profitieren. Die verfügbaren Daten aus dem Handels- und dem Werbegeschäft richtig zu kombinieren und bereitzustellen verbessert die Qualität der Entscheidungen, die im dynamischen Tagesgeschäft oft schnell zu treffen sind. Wenn Daten weiterer on- und offline Kanäle in diesen Prozess mit einbezogen werden können, steigt mit der Signifikanz der Analysen auch deren Aussagekraft die Erkenntnisse, die es auf der Handels- und Anzeigenplattform von Amazon einzusetzen gilt.

7.2   Prüfung einer ASIN auf Kampagnentauglichkeit

Bevor die Eigenschaften und Möglichkeiten der angebotenen Werbeformate von Amazon im Detail vorgestellt werden, steht – wie vor jeder Kampagnenschaltung - die Bewertung der Produktdetailseiten im Vordergrund, um sicherzustellen, ob eine Bewerbung in Frage kommt. Diese Aufgabe ist elementar und lässt sich in einfacher Form anhand der Retail Readyness Checkliste schnell erledigen.

Die **Retail Readyness** Checkliste dient einer schnellen und einfachen Überprüfung aller ASIN-Elemente, die zu einer erfolgreichen Ausspielung und Performance der Kampagne beitragen. Anhand der Checkliste lässt sich festzustellen, ob und welche Faktoren einer ASIN den Start der anstehenden Kampagne gefährden und ob gegebenenfalls kurzfristig Maßnahmen den Status wieder korrigieren können. Folgende Elemente stehen zur Prüfung:

- Produkttitel, Beschreibung und Bilder
- Anzahl der Kundenrezensionen
- Durchschnittliche Sternebewertung

- Lagerbestand
- Aktive Buy Box
- Enhanced Brand Content

Auswirkung mangelhafter Retail Readyness

Bei den klassischen PPC Formaten Sponsored Products und Sponsored Brand hat das Fehlen bestimmter Elemente einen unmittelbaren Stopp der Ausspielung zur Folge.

Bei Sponsored Products Kampagnen führen fehlendes Inventar oder eine inaktive Buy Box zum Halt der Anzeigenausspielung. Werden mehrere Produkte in der Kampagne beworben und bei einem Artikel geht der Bestand auf null, wird nur die Ausspielung zu diesem Artikel gestoppt. Die Kampagne bleibt aktiv und alle weiteren Artikel bleiben in der Bewerbung. Bewirbt eine Kampagne hingegen nur eine ASIN, wird die gesamte Kampagne pausiert und läuft erst wieder an, wenn keine Mängel mehr die Ausspielung verhindern.

Sponsored Brands Kampagnen reagieren auf diese Punkte anders. So werden bei Verlust der Buy Box an einen konkurrierenden Händler die Anzeigen zwar weiterhin ausgespielt, die Bezahlung der Klicks jedoch erfolgt weiterhin über den Account, der die Kampagne gebucht hat. Daher müssen die eigenen Anteile der Buy Box, sprich der Buy Box-Share, bei laufenden Sponsored Brands Kampagnen regelmäßig geprüft werden. Kommt es zum Verlust der Buy Box, muss entsprechend reagiert werden. Laufen die Bestände einer ASINs im Laufe der Kampagne aus, wird nur diese ASIN in der Kampagne pausiert. Alle weiteren Produkte werden mit der Kampagne und den Anzeigen nach wie vor weiter ausgespielt. Die Kampagne stoppt als Ganzes erst, wenn weniger als drei ASINs auf der Landing Page eine Verfügbarkeit aufweisen können. Wie bei Buy Box gilt auch hier, wechselt die Buy Box zu einem anderen Händler, weil das eigene Inventar ausgeschöpft ist, läuft die Anzeige auf Kosten des Accounts, über den die Kampagne geschaltet wurde.

Abgesehen der soeben genannten Basiselemente einer ASIN, müssen weitere Eigenschaften geprüft werden, falls Kampagnen anstehen, die Performanceziele verfolgen. Zum einen muss die Profitabilität des Produkts gegeben sein, ansonsten wird jeder eingekaufte Klick der Kampagne zu einem Verlustgeschäft. Zum anderen muss der maximale Klickpreis ermittelt werden, den der Deckungsbeitrag des Produkts tragen kann. Falls dieser Deckungsbeitrag nicht schon bekannt ist; sollte er tatsächlich unbekannt sein: der Deckungsbeitrag ist eine der wichtigsten Kenngrößen für Amazon, seine Vendoren und alle die als 3p verkaufen. Amazon bezeichnet diese Zahl als Pure Product Margin, kurz PPM. In einer Geschäftsbeziehung mit Amazon darf diese Kennzahl nicht aus den Augen verloren werden.

Sollten tatsächlich eine oder mehrere ASINs der durchgeführten Bewertung nicht standhalten, gibt es verschiedene Möglichkeiten, den Start der Kampagne doch noch zu realisieren. Da dies individuell von der jeweiligen Kampagnenstrategie abhängig ist, lässt sich das nur schwer eingrenzen. Im Fokus stehen hier daher die klassischen Ziele zur Steigerung des Traffics und der Markenbekanntheit.

7.2.1 Empfehlungen bei fehlender Retail Readyness

Für die Auswahl der richtigen Kampagnenstrategie ist es wichtig, das Kampagnenziel klar zu definieren. Denn ob der Traffic punktuell auf bestimmten ASINs erhöht oder die Markenbekanntheit innerhalb einer Kategorie gesteigert werden soll, muss vorab in der Planung und dem daraus folgenden Kampagnensetup berücksichtigt werden. Oft empfiehlt es sich, den Start einer Kampagne eher zu verschieben, bis alle Anforderungen wieder erfüllt sind, als grundlegende Änderungen im Setup vorzunehmen. ASINs, Budgets und Gebotsstrategie wurden sorgfältig in der Media Planung zusammengestellt. Das Verschieben einer Kampagne stellt nur dann keine Option dar, falls die Kampagne zeitlich im Rahmen eines Events stattfinden soll, wie zum Beispiel Valentinstag oder dem Prime Day. Gleiches gilt für Kampagnen, deren gebuchtes Inventar sich nicht mehr freigeben lässt oder zu einem späteren Zeitpunkt in adäquater Qualität nicht mehr zur Verfügung steht.

Trafficgenerierung
Alternative 1: Optimierung der Produktdetailseite bis alle Checkpoints der Retail Readyness besteht.

- Aktualisierung des Produkttitels und der Bilder.
- Registrierung für das Amazon VINE-Programm.
- Produktoptimierungen basierend auf Kundenrezensionen
- Lagerreichweite sicherstellen.
- Buy Box sicherstellen.
- Enhanced Brand Content.

Alternative 2: Erfüllt eine ASIN nicht alle Anforderungen und gefährdet so potentiell das Erreichen des Kampagnenziels, muss einer alternative ASIN für die Kampagne identifiziert werden. Wird diese Alternative angewendet, muss bei Display-Ads Kampagnen vor dem Start geprüft werden, ob das Werbemittel und die Zielseite mit der neu gewählten ASIN übereinstimmt.

Steigerung der Markenbekanntheit
Alternative 1: Brand Stores als neues Ziel der Ausspielung definieren. Diese Option ist für Werbetreibende sowohl im Managed- als auch im Self-Service verfügbar.
Alternative 2: Landing-Page der Kampagne neu erstellen und als Ziel der Ausspielung definieren. Diese Option steht für Werbetreibende sowohl im Managed- als auch im Self-Service zur Verfügung.

Brand Stores
Die Möglichkeit Marken Shops zu erstellen steht allen Verkäufern und registrierten Markeninhabern zur Verfügung. Die Erstellung erfolgt über vordefinierte Vorlagen. Die

vorliegenden Strukturen bieten einen schlüssigen Rahmen und haben den Vorteil auch ohne tiefe technische Vorkenntnisse schnell eine Shop-Seite aufzubauen. Alle Vorlagen sind vollständig editierbar, d. h. man kann Abschnitte aus einer Vorlage hinzufügen, verschieben und sogar löschen. Ein Werbetreibender kann auch einen Store von Grund auf neu erstellen und dabei alle Layout-Elemente selbst hinzufügen.

Eigenschaften der Brand Stores:

- Der Shop kann über interne und externe Werbeanzeigen, die Produktdetailseiten oder eigene Websites gefunden werden.
- Präsentation der Markenidentität und der Produktauswahl steht im Fokus.
- Sowohl ein- als auch mehrseitige Shops können erstellt werden.
- Shops können über ein kostenfreies Self-Service-Portal erstellt werden.
- Dort stehen drei Templates bereit, mit denen ein Shop von schnell bis aufwändig erstellt werden kann (Abb. 7.1).

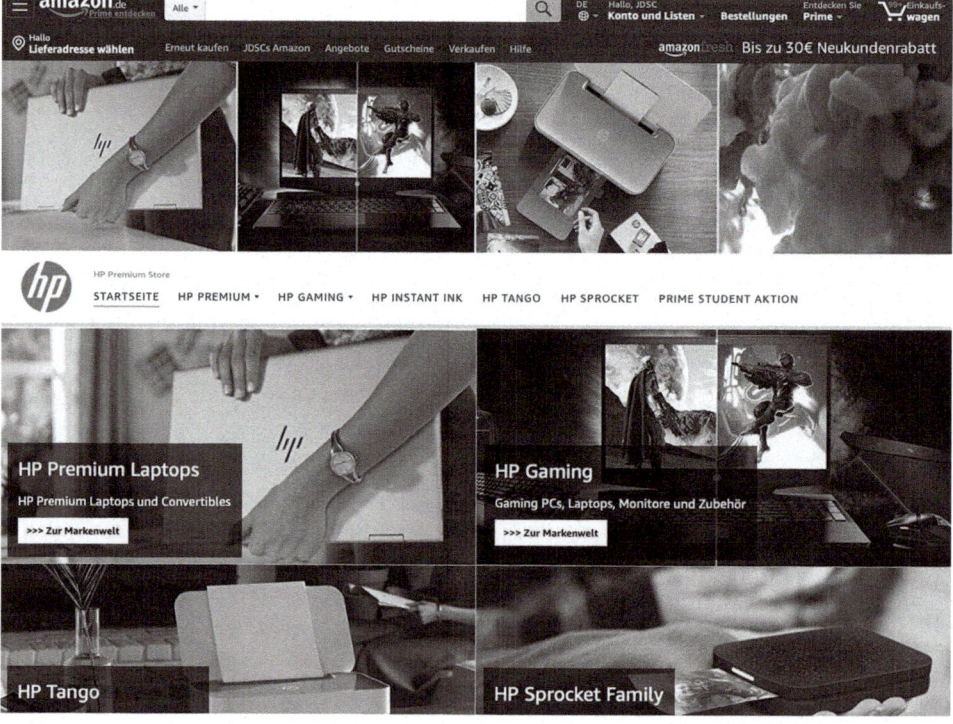

Abb. 7.1 Amazon Brandstore (Amazon)

Kampagnen-Landing-Pages

Über den Managed Service von Amazon können alle Werbetreibende im Rahmen der Buchung Landingpages für Werbekampagnen anfertigen lassen. Diese Seiten werden aus einer Auswahl von vorgefertigten Komponenten zusammengestellt. In der Phase der Vorbereitung können Werbetreibende diese Komponenten aus Gruppen von bestehenden Layouts auswählen, diese Komponenten frei anordnen oder neue Funktionen für eine Seite erstellen lassen.

Eigenschaften der Landing Pages:

- Landing Pages werden über Werbeanzeigen gefunden.
- Auf der Zielseite können mehrere ASINs beworben werden.
- Eigene Bilder und Mediendateien können für die Kreation der Seite angeliefert werden.
- Die Story der Kampagnen, die über mehrere Kommunikationskanäle laufen, können auf der Landing Page platziert oder fortgeführt werden.
- Amazon bietet drei Optionen zur Erstellung dieser Landingpages: Template, Tailored oder Custom. Preise und Spezifikationen zur Realisierung variieren je nach Umfang und Anforderungsprofil.

7.3   Grundlagen: Sponsored Ads

Mit der Buchung der Sponsored Ads Formate können Werbetreibende die Auffindbarkeit ihrer Produkte und somit auch den Umsatz gezielt erhöhen. Zur Umsatzsteigerung kommt es, wenn die Anzeigen Kunden erreichen, die ein gesteigertes Interesse für bestimmte Produkte besitzen, also in der Customer Journey bereits weiter fortgeschritten sind. Der klassische Einkaufsprozess der Amazon-Kunden ist nicht linear, vielmehr sind verschiedene Etappen in diesem Prozess miteinander verbunden und unterscheiden sich in der Reihenfolge. Sponsored Ads kommen zum Einsatz, um Kunden mit höherer Kaufbereitschaft zu erreichen. Insbesondere werde Kunden anvisiert, die aktiv nach bestimmten Produkten suchen oder sich über sie informieren. In dieser Phase werden Angebote und Eigenschaften der Produkte miteinander verglichen. Somit sind diese Werbeformate ein effektives Mittel, um die eigenen Produkte dort zu platzieren, wo diese Entscheidungsprozesse auf Amazon stattfinden. Je näher sich der Kunde am Abschluss befindet, desto wahrscheinlicher ist ein Erfolg der Anzeige.

7.3.1   Auswirkung der Sponsored Ads auf die Kaufwahrscheinlichkeit

Sponsored Ads konzentrieren sich im Kaufentscheidungsprozess auf die Phasen, die der Kunde kurz vor dem Kauf durchläuft. Mit der Wahl des passenden Werbeformats werden

Produkte in das Sichtfeld interessierter Käufer platziert und sind für diese so leichter zu entdecken. Drei Szenarien, die den Wirkungsgrad der Platzierungen veranschaulichen:

- Ein Kunde beispielsweise, der zum ersten Mal ein Proteinpulver kaufen möchte, aber weder Marken noch Produktangebote kennt, ruft Amazon in seinem Browser auf. Dank der Suche auf Amazon findet er ein beworbenes Produkt ganz oben auf der Suchergebnisseite. Überzeugt ihn in diesem Moment die Sternebewertung des Produkts, wird sich der Kunde das Produkt ansehen und, falls weitere Faktoren für ihn passen, wahrscheinlich auch den Kauf tätigen.
- Ein weiteres Beispiel ist ein Kunde, der seit längerem bereits den Kaffee einer bestimmten Marke kauft. Möglicherweise wird er irgendwann beim Frühstück auf der Produktverpackung einen Hinweis finden, das neue Varianten des Kaffees im Handel erhältlich sind. Aus Neugier zückt er sein Smartphone und sucht nach dieser Marke auf Amazon, um diese Angebote aus dem Sortiment dieser Marke zu entdecken. Sieht er eine Anzeige oberhalb der Suchergebnisse, die neue Kaffees dieser Marke verspricht, wird er diese höchstwahrscheinlich anklicken. Dank dieses Klicks entdeckt er die neuen Variationen seines Lieblingskaffees, die im vorher nicht bekannt waren. da das Lebensmittelgeschäft in seiner Gegend diese nicht führt. Seine Neugier hat sehr wahrscheinlich einen Kauf zur Folge.
- Die Fitnessuhr eines Kunden ist kürzlich verloren gegangen und er ist auf der Suche nach Ersatz. War er mit der Leistung des Geräts zufrieden wird er wahrscheinlich nach der Marke, die er ursprünglich gekauft hat, suchen. In diesem Prozess sieht er eine Anzeige, die von einem anderen Hersteller geschaltet wurde und Produkte vorstellt, die in den Kundenbewertungen besser als seine verlorene Uhr abschneiden. Er wird wahrscheinlich eines der platzierten Produkte anklicken und sich mit Hilfe der bereitgestellten Informationen und den Kundenrezensionen ein Bild von der Leistung des Produkts machen. Werden dabei Produkteigenschaften, die dem Kunden wichtig sind oder ihn bei der alten Uhr gestört haben, als besser beschrieben, wird er sehr wahrscheinlich den Artikel in den Warenkorb legen und kaufen.

7.3.2 Der Auktionsprozess hinter Sponsored Ads

Hinter der Abkürzung CPC steckt die englische Bezeichnung Cost-per-Click und bedeutet übersetzt „Kosten pro Klick". Im Marketing auch bekannt unter dem Synonym Pay-per-Click, das mit PPC abgekürzt wird. Es handelt sich hierbei um ein Abrechnungsmodell der Werbeindustrie, das für Werbemaßnahmen im digitalen Umfeld verwendet wird. Die abzurechnende Leistung erfolgt in Form von Klicks. Werbetreibende zahlen nur, wenn ein Nutzer auf die geschaltete Anzeige klickt und auf die Zielseite weitergeleitet wird.

Die Funktionsweise dieses Modells erinnert im Detail an eine Börse. In diesem werden Werbeplätze für Anzeigen auktionsbasiert an die Werbekunden verteilt. Die Anzahl der gewonnenen Auktionen können über die Impressions ermittelt werden. Der Klickpreis richtet sich in der Regel nach dem Gebot des Höchstbietenden.

Auf Amazon sieht das wie folgt aus. Wenn ein Kunde in der Suchleiste seinen Wunsch eingibt und die Suche mit dem Klick auslöst, startet Amazon eine Auktion in Echtzeit, um zu entscheiden, ob und welche Anzeigen für eine spezifische Suche erscheinen sollen und in welcher Reihenfolge diese Anzeigen auf der Seite angezeigt werden. Für diese Auktion werden im ersten Schritt nur Produkte in Betracht gezogen, die eine Relevanz zum Suchbegriff und über bestimmte Keywords verfügen, die der Suchanfrage entsprechen besitzen. Amazon ermittelt alle Anzeigen mit der höchsten Relevanz und filtert diese heraus. Der Relevanzalgorithmus wird mit großer Wahrscheinlichkeit auf die Faktoren zur Bewertung zurückgreifen, die auch in der organischen Suche das beste Ergebnis für den Kunden und Amazon gewährleisten. Wichtige Kennzahlen für die Anzeigenformate wie Gebotshöhe und Klickrate werden zusätzlich berücksichtigt. In dieser Auktion wird auch entschieden, welche der relevantesten Anzeigen das höchste Gebot für den Klick hinterlegt hat. Ein Gebot ist der maximale Betrag, den ein Werbetreibender bereit ist, für einen Klick seiner Anzeige zu zahlen. Der Gewinner der Auktion zahlt einen Betrag, der etwas höher ist als das zweithöchste Gebot, wenn seine Anzeige angeklickt wird. Je höher das Gebot, desto größer ist die Wahrscheinlichkeit, dass die Anzeige durch den Auktionsprozess kommt. Im letzten Schritt werden auf der Suchergebnisseite die Anzeigen in einer bestimmten Reihenfolge angezeigt, die auf einer Kombination aus Gebot und Relevanz hinsichtlich der Käufersuche basiert. Amazons exakte Priorisierung dieser Faktoren für die Wahl der Reihenfolge ist nicht bekannt. Fest steht jedoch, dass sich hier Kombinationen der Faktoren „Klickpreis/Klickrate" und „Profitabilität/Einkaufswahrscheinlichkeit" gegenüberstehen. Das hat zur Folge, dass je höher der erzielte Verkaufspreis eines Produkts, desto geringer fällt der Anteil eines Gebotes in der Profitabilität aus, da beide Werte nicht synchron ansteigen. Das höchste Gebot wird weder der ausreichende noch der ausschlaggebende Faktor sein, seine Werbeanzeigen für einen der besseren Slots auf der Suchergebnisseite zu qualifizieren.

Einfluss der Relevanz auf den Auktionsprozess
Anzeigen, die eine geringe oder keine Relevanz für einen Suchbegriff besitzen, wurden für die Auktion nicht berücksichtigt. Wird zum Beispiel der Suchbegriff „Handschuhe" für die Anzeige eines Sessels hinterlegt, wird die Anzeige wahrscheinlich nicht angezeigt, unabhängig der Höhe des Gebots. Dies liegt daran, dass Relevanz zwischen dem Schlüsselwort und den historischen Suchdaten zu gering ist.

Wenn jedoch das Schlüsselwort „Sesselbezug" für die Anzeige des Sessels ausgewählt haben, wird die Anzeige möglicherweise in der Auktion berücksichtigt, da sie einen höheren Grad an Relevanz aufweist. Je größer der Grad der Relevanz der Anzeige, desto höher ist die Wahrscheinlichkeit, dass die Anzeige in den Auktionsprozess kommt und auf der Suchergebnisseite erscheint.

7.3.3 Sponsored Ads: Formate

Sponsored Products

Alle Kunden, die auf Amazon mobil oder am stationären Computer nach einem Produkt suchen, werden Sponsored Products Anzeigen in den Suchergebnissen und auf den Produktdetailseiten angezeigt. Die Darstellung der Anzeigen lässt Sponsored Products dem Native Advertising zuordnen, da die Produkte gleichrangig in den gewohnten und erwarteten Suchergebnissen erscheinen. Auf den ersten Blick ist nicht ersichtlich, dass es sich um eine Anzeige handelt, da sie nur schwer von den organisch platzierten Artikeln der Suchergebnisseite zu unterscheiden sind. Nur die Kennzeichnung „Gesponsert" weist auf eine bezahlte Platzierung hin. Die Aufmerksamkeit der Kunden wird somit durch Tarnung auf das Produkt gelenkt. Elemente wie Sternebewertungen, Bewertungen und Produktpreise, sind dem Kunden bekannt und vertraut. Die Anzeige nutzt bei der Ausspielung die Inhalte der Produktdetailseite und erfordert keine Anlieferung von Bildern oder Texten. Nach dem Klick auf die Anzeige wird der Kunde zur Produktdetailseite weitergeleitet (Abb. 7.2).

Sponsored Brands

Kunden treffen auf Sponsored Brands Anzeigen nach der Produktsuche auf Amazon. Auch diese Anzeige enthält native Elemente, die Amazon Kunden vertraut sind, jedoch gibt es hier mehrere Unterschiede zu den Sponsored Products Anzeigen. So können das Logo der Marke platziert und eine Titelüberschrift, die Headline, frei gewählt werden. Die Anzeige erscheint in erster Position prominent zwischen Suchfeld und den Suchergebnissen. Eine sehr vorteilhafte Platzierung, die der Blick des Kunden nach der Sucheingabe auf den Weg zu den Ergebnissen überqueren muss. Des Weiteren erscheint die Anzeige mitten und am unteren Ende der Suchergebnisse. Anstatt nur eines Produkts

GESPONSERT VON KRUPS
Krups Handmixer: Zeitlos. Kraftvoll. Zuverlässig.
Jetzt einkaufen ›

Krups GN5021 Handmixer mit Turbostufe, 500 Watt, edelstahl, weiß/s...
⭐⭐⭐⭐ 518
✓prime

Krups F60814 Handrührgerät 3 Mix 7000 automatische Leistungsanpassung, stuf...
⭐⭐⭐⭐ 172
✓prime

Krups GN 9031 Handmixer 3 Mix 9000 Deluxe Schnellmixstab, 500 Watt, weiß...
⭐⭐⭐ 249
✓prime

Werbe-Feedback ▢

Gesponsert ⓘ
Siemens TQ505D09 EQ.500 integral Kaffeevollautomat (einfache Bedienung, integrierter Milchbehälter, zwei Tassen gleichzeitig, 1.500 Watt) schwarz
⭐⭐⭐⭐ ˅ 13

683,99€

Lieferung bis **Samstag, 12. Oktober**
GRATIS Versand durch Amazon
Nur noch 3 auf Lager

Abb. 7.2 Amazon Sponsored Products (Amazon)

enthalten Anzeigen in diesem Format mehrere Produkte, die in einer Art Kollektion thematisch beworben werden können. Klicks auf einzelne Produkte leiten den Kunden direkt auf die Produktdetailseiten. Dagegen führen Klicks auf das Logo oder die Headline wahlweise auf den Brand Store oder eine Landing Page, die alle Artikel der zusammengestellten Kollektion in Kacheln darstellt.

7.3.4 Ziele für Sponsored Ads Formate

Die Auswahl der richtigen Werbeform ist elementar für das Erreichen der Kampagnenziele.
Sponsored Products und Sponsored Brands können wahlweise einzeln oder zusammen eingesetzt werden. Die Formate können genutzt werden, um den Umsatz zu steigern, die Auffindbarkeit neuer Produkte zu erhöhen und laufende Crossmedia/Multichannel-Kampagnen zu unterstützen, eine relevante Aufmerksamkeit auf sich zu ziehen. Die Formate tragen folgendermaßen dazu bei:

Umsatzsteigerung
Unternehmen, die den Umsatz Ihrer Produkte steigern möchten, können mit:

- **Sponsored Products** einzelne Bestseller bewerben
- **Sponsored Brands** Traffic auf eine bestimmte Auswahl des Sortiments lenken, wie zum Beispiel Bekleidung, die speziell für Große Größen angeboten wird.

Auffindbarkeit neuer Produkte
Unternehmen, die neue Produkte gelistet haben, können mit:

- **Sponsored Brands** die neuen Produkte in einer Kollektion mit einer aufmerksamkeitssteigernden Headline präsentieren, die den Traffic auf eine eigene Unterseite des Brand Stores oder Landing Page leitet und so die Bekanntheit der neuen Produkte samt der Marke steigert.
- **Sponsored Products** hohe Platzierungen auf den Suchergebnisseiten sicherstellen und die Auffindbarkeit auf verwandten Produktdetailseiten steigern.

Unterstützung laufender Crossmedia/Multichannel-Kampagnen
Unternehmen, die sicherstellen möchten, dass die Reichweite externer Kampagne maximiert und alle Berührungspunkte zum Kunden abgedeckt werden, können mit:

- **Sponsored Brands** das Logo und die Botschaft in Verbindung mit den Produkten platzieren, die in den Kampagnen beworben werden und so den Umsatz steigern.
- **Sponsored Products** sicherstellen, dass die Zielgruppe der externen Werbekampagne die Produkte in den Suchergebnissen im passenden Kontext findet.

7.3.5   Sponsored Ads: Automatische Ausrichtung

Die Ausrichtung der Sponsored Ads Kampagnen ist ein wichtiger Hebel, um gezielt Kunden und diverse Kampagnenziele zu erreichen. Es gibt zwei Möglichkeiten das Targeting dieser Kampagnen auszurichten. Dieser Abschnitt erklärt die automatische Ausrichtung dieser Kampagnen.

Die automatische Ausrichtung eignet sich vor allem, um potenzielle Kunden zu erreichen. Amazon zieht bei der Ausspielung der Anzeigen alle relevanten Suchanfragen in Betracht, die auf Basis der Produktinformationen in Frage kommen. Dafür gleicht Amazon die Anzeige mit den Keywords und den Produkten ab, die dem beworbenen Produkt ähnlich sind.

Sie ist vergleichbar einfach und schnell aufgesetzt und kann so auch von Personen genutzt werden, die wenig Erfahrung im Online Marketing besitzen. Nach dem Start der Kampagne erscheinen die Leistungskennzahlen relativ schnell im Campaign Manager, um die Reichweite und die Klicks der Anzeige zu überwachen und Einstellungen in der Kampagne anzupassen. Eine Bewertung sollte jedoch erst nach 14 Tagen erfolgen, da Bestellungen und Klicks zeitversetzt auflaufen. Mit dieser Ausrichtung können in den Suchbegriffsberichten Trends ermittelt und neue Keywords entdeckt werden, die Klicks und Verkäufe generieren. Diese Keywords können auch für die Suchmaschinenoptimierung eines Listings genutzt werden.

Nachdem die Kampagne erstellt wurde, können verschiedenen Ausrichtungsstrategien im Campaign Manager eingesehen und angepasst werden. Anhand der Übereinstimmungstypen festgelegt werden, bei welchen Suchbegriffen die Anzeigen gezeigt werden. Diese können in den Keyword-Statistiken im Campaign Manager unter dem Tab „Keywords" oder im Ausrichtungsbericht eingesehen werden, um die Leistung der Keywords und die einzelnen Übereinstimmungstypen zu bewerten.

Die Übereinstimmungstypen bei automatischer Ausrichtung:

- **Beinah-Übereinstimmungen (Close match):** Amazon zeigt die Anzeige Käufern, die Suchbegriffe verwenden, die eng mit den beworbenen Produkten in Zusammenhang stehen.
- **Schwache Übereinstimmungen (Loose match):** Amazon zeigt die Anzeige Käufern, die Suchbegriffe verwenden, die entfernt mit den beworbenen Produkten verbunden sind.
- **Ersatz (Substitutes):** Amazon zeigt die Anzeige Käufern, die Detailseiten von Produkten besuchen, die den beworbenen Produkten ähnlich sind.
- **Ergänzungen (Compliments):** Diese Tagetingoption entspricht der klassischen Marketingstrategie des Cross-Sellings. Es wird der Vorteil genutzt, dass Kunden häufig in Ihrer Journey nicht nur nach einem Produkt suchen, sondern nach mehreren. Amazon wird die Anzeige auf Produktdetailseiten ausspielen, die direkt mit den beworbenen Produkten in Verbindung stehende Ergänzungsprodukte anbieten.

So wird die Werbeanzeige für einen Bohrständer auf Detailseiten ausgespielt, die Angebote zu Schlagbohrmaschinen, Bohrschablonen oder Bohrhilfen enthalten.

7.3.6 Sponsored Ads: Manuelle Ausrichtung

Die manuelle Ausrichtung der Anzeigen ermöglicht es, eine Auswahl an Suchbegriffen zu definieren, die Amazon für die Ausspielung der Anzeigen verwenden soll. Amazon schlägt während der Anlage der Kampagne auch eigene Suchbegriffe vor. Amazon setzt hier den Übereinstimmungstyp automatisch auf „breitgefasst", was sich nicht umstellen lässt.

Wenn die Suchbegriffe der Zielgruppe bekannt sind, kann diese Gruppe gezielt mit der Keyword-Ausrichtung erreicht werden. Zudem lassen sich durch manuelle Kampagnen Budgets besser streuen und ermöglichen so den Einsatz kompetitiver Gebote auf die einzelnen Ausrichtungsziele. Unter gewissen strategischen Gesichtspunkten ein großer Vorteil, falls beispielsweise eigene Produkte beschützt oder andere Marken und ihre Begriffe angegriffen werden sollen. Die Gebotshöhe kann individuell für Keyword, ASIN oder Kategorie festgelegt werden.

Ausrichtung nach Produkt- und Kategorie
Mit Sponsored Products Kampagnen kann in manueller Ausrichtung auch das Umfeld eingegrenzt werden, in dem die Anzeigen ausgespielt werden. Die Begrenzung erfolgt anhand von ASINs gewünschter Produktdetailseiten und Kategorien, deren Suchergebnisseiten die Zielgruppe in der Customer Journey aufsucht. Innerhalb der Kategorie stehen auch weitere Filter wie Preisspannen, Marken, Durchschnittliche Sternenanzahl oder andere Produktmerkmale, wie zum Beispiel Altersgruppe in Kategorie Spielzeug, zur Auswahl. Die Ausrichtung auf ASIN und Kategorie ist bei Sponsored Brands Kampagnen nicht verfügbar.

Product Display Ads haben gezeigt, dass ASINs eine erstklassige Option für die Ausrichtung einer Kampagne darstellen. Das Platzieren einer Anzeige direkt auf der Produktseite eines Konkurrenten ermöglicht das Erobern von Marktanteilen und Umsatzpotentialen. Im Gegensatz zu den Produkt Display Ads basiert die Ausspielung der Anzeigen auf dem Suchverhalten der Kunden, anstatt nur auf die hinterlegten ASINs und verwandte Produkte zu zielen. Der Werbealgorithmus ermittelt nun für die Platzierungen weitere Berührungspunkte zum Kunden, die er auf Basis der Daten zum Einkaufsverhalten errechnet. Das ermöglicht neue Möglichkeiten und Strategien in der Kampagnenplanung, auf die im Unterkapitel zum strategischen Kampagnenaufbau unter Produkt-Ausrichtung eingegangen wird.

Wichtig: In Seller Central lassen sich in einer Kampagne beide Ausrichtungen wählen, also auf Keyword und ASIN oder Kategorie, was jedoch nicht in derselben Anzeigengruppe funktioniert. In der Advertising Console hingegen ist pro Kampagne nur eine Ausrichtung wählbar. Für jede weitere geplante Ausrichtung muss eine neue Kampagne angelegt werden.

Anwendungsbeispiele für manuelle Kampagnen

- Es liegt eine Liste oder ein Set an Keywords vor, die die Zielgruppe für die Suche verwendet.
- Es liegt eine Liste oder ein Set an Keywords vor, über die ähnliche Produkte eine große oder performante Reichweite erzielen.
- Es sollen Kunden erreichen werde, die sich in bestimmten Produktkategorien umschauen.
- Es sollen Kunden erreichen werde, die nach einem bestimmten Preispunkt, einer Marke oder einer Kundenbewertungsbewertung suchen.
- Es liegen fixe Kampagnenziele und Budgets vor.
- Es gibt Ausrichtungsziele, für die kompetitive Gebote in Frage kommen.
- Es liegen performante Keywords und ASINs aus den Suchbegriffsberichten vor.

7.3.7 Die Übereinstimmungstypen manueller Kampagnen im Detail

Kampagnen, die ein bestimmtes Keyword-Set für die Ausspielung nutzen sollen, erfordern ein Verständnis der verfügbaren Übereinstimmungstypen. Diese legen für die hinterlegten Keywords fest, wie exakt Amazon den Suchbegriff des Kunden für die Ausspielung der Werbeanzeigen auslegen soll. Jeder Typ bietet verschiedene Möglichkeiten Werbeanzeigen bei Suchanfragen auszuspielen und kann so für verschiedene Kampagnenziele genutzt werden. Im Allgemeinen gilt: Je breiter der Grad der Übereinstimmung, desto höher ist die Wahrscheinlichkeit, über mehrere Suchbegriffe ausgespielt zu werden. Je enger der Grad gewählt wird, desto geringer die Wahrscheinlichkeit das die Anzeige über verschiedene Variationen eines Suchbegriffs angezeigt wird. Dafür kann mit einer engen Festlegung für die Ausspielung der Suchbegriffe die Zielgruppe punktuell erreicht werden.

Bevor auf die einzelnen Übereinstimmungsarten eingegangen wird, folgen Regeln, die Amazon für die Nutzung von Keywords in manuellen Kampagnen definiert hat. Diese Regeln gelten unabhängig von den gewählten Übereinstimmungsarten, falls nicht anders angegeben.

- Einer vorhandenen Kampagne oder Anzeigengruppe können jederzeit neue Keywords hinzugefügt werden.
- Keywords können Buchstaben, Zahlen oder Leerzeichen enthalten, dürfen jedoch keine Satzzeichen oder Sonderzeichen wie eine Raute, ein Komma oder einen Apostroph enthalten.
- Bei der Verwendung des Typs „breitgefasst" reicht der Singular eines Keywords aus. Amazon berücksichtigt den Plural des Begriffs für die Ausspielung.
- Schreibfehler werden jedoch nicht berücksichtigt.

- Es ist zu empfehlen, häufige Schreibfehler von Marken oder Produkten als Keywords hinzuzufügen.
- Die folgenden Wörter werden ignoriert und müssen nicht eingegeben werden: „das", „von", „wann", „und", „wenn".
- Keywords lassen sich über die Weboberfläche, herunterladbare Excel-Bulk-Sheets oder Anwendungen pflegen, die einen API Zugang zum Account besitzen.

Die erste aufgelistete Übereinstimmungsart erweitert einen Suchbegriff um Wörter, die den weitesten Bezug zum initialen Keyword besitzen. Dadurch entsteht eine Streuung, die mit höchster Wahrscheinlichkeit die meisten Suchbegriffe des Kunden abdeckt. Die anderen zwei Optionen nutzen diese Funktion restriktiver.

- **Broad (weitgehende Übereinstimmung):** Dieser Übereinstimmungstyp sorgt dafür, dass die Schaltung einer Werbeanzeige bei vielen Suchanfragen infrage kommt. Ein Suchbegriff führt zu einer Übereinstimmung, wenn er alle Keyword-Begriffe in beliebiger Reihenfolge enthält. Die weitgehende Übereinstimmung umfasst auch die Pluralform des Keywords, verwandte und naheliegende Suchbegriffe und Wörter. Bei einer breiten Übereinstimmung muss der Kundensuchbegriff alle Schlüsselwörter enthalten oder Varianten schließen. Die Wörter können in beliebiger Reihenfolge eingegeben werden und zusätzliche Wörter enthalten. Die weitgehende Überein-stimmung führt zu einer größeren Reichweite der Anzeigen, da sie keiner Restriktion folgt. Dies ist für Werbekampagnen von Vorteil, bei denen spezifischen Suchbegriffe oder Suchanfragen unbekannt sind.
  Optional können bei Sponsored Brands Kampagnen Modifikatoren eingesetzt werden, falls bestimmte Wörter in der Suchanfrage des Kunden enthalten müssen, damit die Anzeige geschaltet wird. Ein Modifikator wird mit einem Pluszeichen „+" vor dem Wort definiert.
- **Phrase (Wortgruppenübereinstimmung):** Der Suchbegriff muss die genaue Wort-gruppe oder Wortfolge enthalten und führt in der Regel zu relevanteren Platzierun-gen der Anzeige. Bei der Wortgruppenübereinstimmung muss der Suchbegriff des Kunden die genaue Wortgruppe oder die Reihenfolge von Keywords enthalten. Der Suchbegriff kann Wörter vor oder nach dem Begriff Phrase enthalten. Wortgruppen-übereinstimmung erzielt eine geringere Reichweite als eine weitgehende Überein-stimmung, nutzt dafür gezieltere Suchanfragen. Wenn bekannt ist, wonach der Kunde sucht, liegt man mit diesem Typ richtig.
- **Exakt (Genaue Übereinstimmung):** Der Suchbegriff des Kunden muss exakt mit dem Keyword in der gleichen Reihenfolge eingegeben werden und darf keine zusätz-lichen Wörter enthalten, damit die Anzeige geschaltet werden kann. Die genaue Übereinstimmung ist der restriktivste der verfügbaren Übereinstimmungstypen, kann aber für die Suche eines Käufers relevanter sein. Exakt liefert Anzeigen an eine sehr spitze Zielgruppe aus und eignet sich für besonders für sehr performante, reichweiten-starke Suchbegriffe.

Negative Übereinstimmungstypen unterbinden die Schaltung einer Anzeige, wenn ein Kunde genau nach dem Wort oder der Phrase sucht. Sie sind nur für gesponserte Produkte verfügbar. Die Nutzung negativer Keywords kann helfen, die Kosten einer Kampagne zu senken. Es wird sichergestellt, dass Anzeigen nur in den relevanten Suchanfragen erscheinen und so Ausgaben für unerwünschte Klicks vermieden werden.

- **Negative Wortgruppe:** Suchanfragen, die die vollständige Wortgruppe oder enge Variationen enthalten, werden nicht mehr berücksichtigt. Es gibt maximal vier Wörter pro negativen Suchbegriff und 80 Zeichen.
- **Negativ exakt:** Suchanfragen, die die genaue Wortgruppe oder eine enge Variation enthalten, werden nicht mehr berücksichtigt. Es gibt eine Obergrenze von zehn Wörtern pro negativen Suchbegriff und 80 Zeichen.
- **Negative Produktausrichtung:** Diese Funktion verhindert, dass die Werbeanzeigen auf Seiten ausgespielt werden, die unter den gewünschten Leistungszielen liegen oder aus strategischen Gründen gemieden werden sollen. Wie bei Übereinstimmungstypen negativer Keywords exkludiert die Auswahl das Umfeld bestimmter Produkte oder Marken für die Ausspielung der Werbeanzeigen.

Bevor im Detail auf die Strategien eingegangen wird, bleibt festzuhalten, dass sich sowohl die automatische als auch die manuelle Ausrichtung eignet, um die Reichweite zu maximieren.

Sponsored Ads: Strategien

In diesem Abschnitt stehen Kampagnenziele und Kampagnenstrategien im Fokus, ohne die es im steigenden Wettbewerb um Werbeplatzierungen immer schwieriger wird, die Potentiale für Marken und Produkte vollständig auszuschöpfen. Wie im Einstieg des Kapitels beschrieben, bilden Google und Facebook in vielen Unternehmen das dynamische Duo der Online-Strategie. Insbesondere Firmen, die Waren und Dienstleistungen im Internet handeln, sind heutzutage selten ohne Eskorte der beiden auf der Datenautobahn unterwegs. Währenddessen mimt Amazon in den Marketingabteilungen die Rolle eines Laboräffchens, das kleine Budgets nicht schätzt, Vergleiche scheut und in der Betreuung unverhältnismäßig fordernd ist. Viele Unternehmen unterlassen jedoch den Handel auf Amazon, weil sie immer noch dem gleichen Missverständnis unterliegen. Sie empfinden es als paradox, gegen Gebühr auf Amazon zu verkaufen und gleichzeitig Budget in dortige Marketingaktivitäten zu investieren. Mehr Schlussfolgerung als Argumentation, die den möglichen Grad der Skalierung außer Acht lässt. Der Mut einen größeren Markt zu bedienen, erfordert die Übertagung der Unternehmensziele auf den Amazon Marktplatz. Diese können dort von einem strategisch ausbalancierten Konzept profitieren, das unter anderem aus erfolgreichem Handel, profitablen Kampagnen und weiteren Aktionen bestehen kann.

Die Strategie einer Kampagne bestimmt maßgeblich ihre Struktur und die verwendeten Einstellungen. Die verfügbaren Anzeigenformate und Ausrichtungsoptionen, die im bisherigen Kapitel erklärt wurden, treten hier in diversen Konstellationen in Aktion. Doch vor der Entwicklung der Kampagnenstrategie muss das Ziel der Kampagne definiert werden. Auf den folgenden Seiten werden Strategien für zwei grundlegende Kampagnenziele erklärt: Kampagneneffizienz und Markenbekanntheit.

7.3.8 Definition der Kampagnenziele

Grundsätzlich sollte bereits vor dem Planungsprozess das Kampagnenziel überlegt und definiert werden. Gestaltet sich die Definition solcher Ziele als schwierig, ist es hilfreich, im Tagesgeschäft aufkommende Probleme oder Fehlleistungen kategorisiert zu dokumentieren. Insbesondere wenn sie sich in den Leistungskennzahlen bemerkbar machen. Alles, was zwischen dieser Dokumentation und den Unternehmenszielen liegt, kann als Etappenziel einen Beitrag leisten; ein naheliegendes Ziel wäre beispielsweise die Steigerung des Umsatzes. Weitere Ziele können sein: Produktlaunch, Schutz der Eigenmarke, Marktanteile gewinnen beziehungsweise sichern oder Werbeaktionen unterstützen.

Ist das Ziel formuliert, orientiert sich daran die Planung, Steuerung und die spätere Evaluation der Ergebnisse. Das Kampagnenziel wirkt sich somit auf viele Entscheidungen aus, die die Einrichtung der Kampagne betreffen und somit die Ausspielung der Kampagne beeinflussen. Diese Faktoren müssen entsprechend justiert werden.

7.3.9 Kampagnenziel: Kampagneneffizienz

Ziele hinsichtlich der Kampagneneffizienz orientieren sich am Kosten-Nutzen-Verhältnis, wobei der erzielte Nutzen größer als der Kostenfaktor sein soll. Die Kosten sind das Budget, das in die Kampagne für die Käufe der Klicks eingesetzt wurde. Der Nutzen kann für eine Vielzahl von Kampagnenmetriken stehen, die sich mit Kosten in Relation setzen lassen. Die Kampagneneffizienz lässt beispielsweise die folgenden Leistungskennzahlen zu: Bestellungen, Impressions, Klicks, Neukunden, usw.

Die Bewertung der Kampagneneffizienz erfolgt durch folgende Metriken:

Advertising cost of sales (ACoS)
Der ACOS beziffert die Effizienz einer Kampagne. Zur Berechnung werden die Kosten, die durch eine Kampagne entstanden sind, durch den erzielten Umsatz der Kampagne geteilt. Je niedriger der ACOS, desto effizienter war der Beitrag der eingesetzten Werbekosten zum Umsatz.

ACOS = Werbekosten/erzielter Umsatz

Im letzten Satz findet sich auch das Problem dieser Kennzahl. Der ACOS misst die Einnahmen für jeden Euro, der für Werbung ausgegeben wird. Es ist somit wie der ROAS, der spiegelverkehrt die Umsätze ins Verhältnis zu den Kosten setzt, eine Metrik aus der Welt des Advertisings, die die Effizienz von Online-Werbekampagnen misst. Viele Unternehmen, die im Rahmen ihrer Wachstumsstrategie Kampagnen auf Amazon schalten, verwenden den ACOS zur Erfolgsmessung. Generelle Voraussetzung für ein nachhaltiges Wachstum ist die Bildung weiterer Wachstumsgrundlagen, die durch höhere Deckungsbeiträge finanziert werden. Aus wirtschaftlichen Gesichtspunkten muss die Ernsthaftigkeit der Erfolgsmessung in Frage gestellt werden, sobald der ACOS-Wert zu Rate gezogen wird, um den Beitrag der Werbung zum Handelserfolg zu vermitteln. Denn würde es sich um eine geschäftliche Leistungskennzahl handeln, könnte der ACOS zeigen, wie die geschalteten Anzeigen zum Unternehmensergebnis beitragen. Das kann er jedoch nicht, da die Ausgaben als Kosten und nicht als Investition erfasst werden. Dazu müsste der ACOS den durch die Anzeigen erzielten Gewinn messen und ins Verhältnis zu den Werbeausgaben setzen. Seine ungenügende Eignung zeigt folgendes Beispiel:

Beispiel
- Kampagne A kostet im Monat 1000,00 EUR und generiert einen Umsatz von 6.665,00 EUR. Dies entspricht einem ACOS von 15 %. Die beworbenen Produkte haben einen Netto-Verkaufspreis von 50,00 EUR und einen Deckungsbeitrag von 35,00 EUR, es bleibt also eine Marge von 30 %. Auf den Umsatz betrachtet ergibt das nach Abzug der Mehrwertsteuer einen Ertrag von 1.680,25 EUR. Zieht man nun die Werbekosten ab, bleibt ein Gewinn von 680,25 EUR.
- Kampagne B kostet im Monat 1.000,00 EUR und generiert einen Umsatz von 5.000,00 EUR. Der ACOS liegt somit bei 20 %. Die beworbenen Produkte haben einen Netto-Verkaufspreis von 80,00 EUR und einen Deckungsbeitrag von 40,00 EUR, es bleibt also eine Marge von 50 %. Auf den Umsatz betrachtet ergibt das nach Abzug der Mehrwertsteuer einen Ertrag von 2.100,84 EUR. Nach Abzug der Werbekosten bleibt ein Gewinn von 1.100,84 EUR stehen (intomarkets 2019).
- Der Beitrag von Kampagne B zum Unternehmensgewinn ist mit 1.100,84 EUR um 69 % höher als bei Kampagne A; trotz schwächerem ACOS.

Das Beispiel verdeutlicht gleichzeitig: die Investition in Werbung kann die Gewinne steigern und somit auch den wirtschaftlichen Erfolg eines Unternehmens. Als ROMI errechnet sich die Zahl wie folgt:

ROMI = (Erzielter Gewinn/Werbekosten) *100

In eben aufgeführtem Beispiel erzielt Kampagne A einen ROMI in Höhe von 68,03 %. Kampagne B wartet dagegen mit einem ROMI in Höhe von 110,08 % auf.

Mit dem ACOS hingegen können die Werbeausgaben immer weiter erhöht werden, wenn in gleichem Zug die Umsätze stärker steigen. Die Profitabilität kann jedoch gleichzeitig schleichend sinken. Ein Prozess der ohne Erfolgskontrolle lange unbemerkt erfolgen kann.

Das Gute ist, dass beide Metriken im Einsatz ihre Stärke voll ausspielen können, da sich die Zahlen hervorragend ergänzen. Die Attribution der Käufe zu den Klicks oder gar zu den Produkten macht eine Messung auf Amazon nicht einfach, aber lohnend. Denn die Profitabilität der eigenen Produkte stellt für Unternehmen, die langfristig gewinnorientiert handeln, eine zentrale Leistungskennzahl dar, die Aktivitäten in jegliche Richtung bewerten kann; seien es Kunden, Produkte oder eben Marketing (Jeffrey 2010). Daher ist es wichtig zu erwähnen, dass die Kalkulation des ROMI den Gegebenheiten angepasst werden kann, je nachdem wie Gewinne und Kosten definiert werden. Im weitesten Sinne stellt diese Zahl immer nur den Versuch dar, die Profitabilität eines Investments zu messen. Die Flexibilität sollte jedoch nur bei der Definition erfolgen und darf niemals zur Manipulation der Ergebnisse führen. Eine konsistente Berechnung bildet die Grundlage für die Vergleichbarkeit der Messwerte (Marr 2014).

Cost per Order (CPO)
Auch wenn Amazon diese Kennzahl nicht ausweist, die Kosten pro Bestellung leisten einen wertvollen Beitrag zur Bewertung der Profitabilität und kann mit jedem Werbe- und Absatzkanal verglichen werden. Werden zum Beispiel pro Anzeigengruppe nur eine ASIN in den Kampagnen hinterlegt, erleichtert diese Metrik die Bewertung der Anzeigen und Produkte. Zur Bewertung der Kampagneneffizienz eignet sich die CPO auch. Die Kosten beziehen sich dabei immer auf die Kosten der Bestellung, die der Kunde erworben hat.

CPO = Werbekosten/Anzahl der Bestellungen

Die Entwicklung einer Kampagnenstrategie kann auch andere Kennzahlen hervorbringen, die für die Evaluierung des Erfolgs relevant sind. Das letzte Beispiel soll verdeutlichen, dass mit den auf Amazon bereitgestellten Daten eine Reihe weiterer Leistungskennzahlen gebildet werden können, die eine bessere Vergleichbarkeit des Kanals ermöglichen.

7.3.10 Kampagnenziel: Markenbekanntheit

Eine starke Markenbekanntheit verschafft einem Produkt aus Kundensicht eine hohe Anziehungskraft, weckt Begehrlichkeit und wird als „erster Wahl" eingestuft. Eigenschaften, die Markeninhaber für Ihre Marken beanspruchen. Der Blick in die Fachliteratur oder Gesprächen mit Branchenkollegen, die nach einer Lösung suchen, wie man dieses Ziel mit PPC Kampagnen erreichen kann, lautet die allgemeine Information: Die Markenbekanntheits-Kampagnen erreichen ihr Ziel, indem die Anzeigen oder die Detailseiten der beworbenen Produkte möglichst viele Kunden erreichen. Die erzielte Markenbekanntheit lässt sich anhand der erzielten Impressions und Klicks bewerten. Die Anzeigen müssten dafür eine starke Nachwirkung besitzen. Und tatsächlich: Studien belegen, 70 % bis 90 % der Amazon Display Ads mit Ihrer Wirkung den Umsatz in anderen Absatzkanälen steigern.

Ähnlich verhält es sich mit den Sponsored Products Anzeigen in den Suchergebnissen; 10 % bis 60 % wirken auch außerhalb der Plattform beim Kunden nach. Die Empfehlung zur Stärkung der Brand Awareness lautet: Händler sollten ihre Präsenz in den Suchergebnissen mit Hilfe der Anzeigen steigern und große Marken aus dem stationären Handel Amazon Display Ads intensiver nutzen (Analytic Partners 2019).

Gelingt es mit Ausrichtung der Kampagne, die richtigen Kunden auf Basis Ihres Kaufverhaltens zu erreichen, wie zum Beispiel „Kunden, die nach Weinschränken gesucht haben" oder „Kunden, die sich Esstische angeschaut haben", erreicht man Kunden, die sich mit großer Wahrscheinlichkeit sowohl für die eigenen Produkte interessieren als auch eine gesteigerte Kaufbereitschaft aufweisen. Diese Umgebung macht Amazon für Marken einzigartig. Mit den wertvollen Einblicken in das Kaufverhalten der Kunden verschafft Amazon Marken jeder Größe einen Vorsprung zum Wettbewerb.

7.3.11 Strategischer Kampagnenaufbau

Sobald das zu erreichende Kampagnenziel definiert ist, müssen vor dem Aufbau der Kampagnen folgende Fragen geklärt werden:

- Welche Produkte sollen beworben werden?
- Welche Werbeformate sollen verwendet werden?
- Wo kann die Zielgruppe erreicht werden?
- Welcher Ausrichtung folgen die Anzeigen?
- Welche Gebote sollen gesetzt werden?
- Wie hoch soll das Budget sein?
- Wie lange soll die Kampagne laufen? Soll sie kontinuierlich, für einen bestimmten Zeitraum oder bis das Budget erschöpft ist laufen?

Die beworbenen ASINs haben einen unmittelbaren Einfluss auf die Kampagnenleistung. Es werden daher selbstverständlich Produkte ermittelt, die für das Erreichen des Kampagnenziels in Frage kommen. Im nächsten Schritt werden bei der Auswahl der richtigen ASINs auf eine Reihe von Faktoren geprüft. Je nach Kampagnenziel können Kennzahlen wie Absatz, Conversion Rate, Sitzungen, Profitabilität und der Optimierungsgrad geprüft werden.

Keyword-Auswahl

Die Keywords sind ein wichtiger Bestandteil der Kampagnenstrategie, denn die Auswahl bestimmt den Weg, auf dem die Anzeigen potentielle Käufer für die beworbenen Produkte einsammeln werden. Vor der Zusammenstellung der Kampagnen-Keywords ist es wichtig, sich auf der einen Seite das Einkaufsverhalten der Zielgruppe und auf der anderen Seite das Umfeld, sprich die Kategorie, genauer anzusehen. Es schadet nicht, diesem Teil mehr Zeit zu widmen, denn es gibt viel zu tun oder besser ausgedrückt: zu entdecken. In diesem Prozess untersucht man die Gebiete anhand folgender Fragen, die je nach Ziel beliebig erweitert werden dürfen:

- Was sind die beliebtesten Marken auf dem Marktplatz?
- Welche Faktoren machen deren Produkte für Kunden attraktiv?
- Welcher Begriffe tauchen im Content dieser Produkte auf?
- Wie beschreiben Kunden ihre Erfahrung in den Produktrezensionen?
- Welche Filter können auf der Suchergebnisseite ausgewählt werden?
- Welche Suchbegriffe nutzen Kunden in der Kategorie?
- Was verraten die Autovervollständigungen?
- …

Kunden verwenden oft unterschiedliche Begriffe bei der Suche nach den gleichen Produkten. Es ist daher am besten, eine ganze Reihe relevanter Keywords zu recherchieren, um sicherzustellen so viele Käufer wie möglich zu erreichen. Dabei dürfen die Keywords nicht vergessen werden, die das Produkt und seine Eigenschaften in allen Variationen am genausten beschreiben.

Zwei Typen von Keyword-Gattungen werden im Folgenden kurz vorgestellt: Marke und Kategorie. Diese sollten für den Einsatz in Werbekampagnen spezifisch recherchiert werden. Da sich jeder Typ in Kampagnen anders verhält, ist es ist wichtig, jeweils die Vor- und Nachteile zu kennen.

Marken-Keywords

Marken-Keywords erreichen Kunden, die auf Amazon nach bestimmten Markennamen, Modelbezeichnungen oder Produktlinien suchen. In Kampagnen eingesetzt, können so Anzeigen im Umfeld dieser Markenbegriffe ausgespielt werden und ermöglichen dort Platzierungen auf den Produktdetailseiten und in den Suchergebnissen.

Wenn Kunden eine Marke als Suchbegriff eingeben, erwarten Kunden in der Regel auch eine Auflistung der Produkte Ihrer Wunschmarke. Unerwartete Alternativen werden entweder ignoriert oder müssen einem direkten Vergleich standhalten. Somit besitzen Marken-Keywords das Potential, Relevanz und Einkaufswahrscheinlichkeit positiv wie auch negativ zu beeinflussen. Denn, in diesem Angriff auf Wettbewerber wird die Außenwahrnehmung und Präsentation der eigenen Marke ihre Qualitäten unter Beweis stellen müssen (Abb. 7.3).

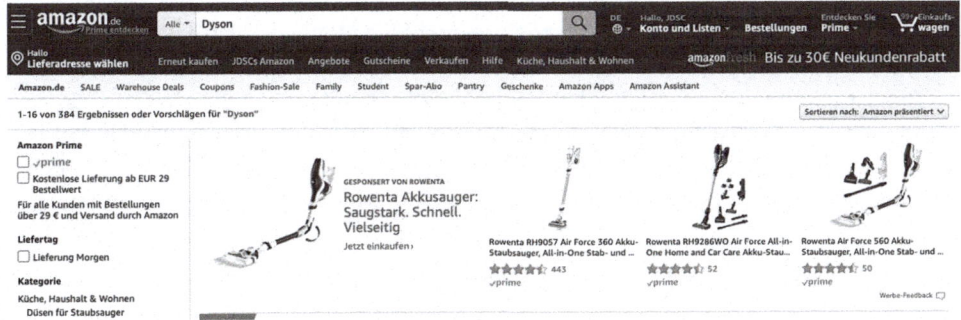

Abb. 7.3 Werbung auf Marken-Keywords (Amazon)

Für bestimmte Ziele ist es ungünstig, dass Markenbegriffe oft ein geringes Such-volumen besitzen und den Anzeigen somit eine niedrigere Reichweite zur Verfügung steht. Der Einsatz von Marken-Keywords kann aber auch aus defensiven Absichten erfolgen. Auf dem Marktplatz dienen Kampagnen, die die eigenen Markenbegriffe anvisieren, der Verteidigung der eigenen digitalen Verkaufsstände. Insbesondere dieser Einsatzbereich sollte immer mit Kampagnen versorgt werden, denn der Markenschutz ist ein wichtiges Instrument, um die aufgebaute Markenpräsenz zu erhalten.

Kategorie-Keywords

Kategorie-Keywords sind Suchbegriffe, die in der Kategorie des zu bewerbenden Produkts verwendet werden. Amazon stellt in jeder Kategorie eine eigene Auswahl an Keywords zusammen und hinterlegt diese; so findet sich der Begriff „Bluetooth" beispielsweise in Kategorien wie „Elektronik & Foto" und nicht in „Heimtextilien". Diese dynamischen Sets bestehen aus mehreren tausend Marken und Suchbegriffen, die sowohl einzeln als auch in Kombination gespeichert sind (Hauptmann 2018). Amazon stellt dadurch die Auffindbarkeit der gelisteten Produkte in den Kategorien sicher. Einen kleinen Einblick erhält man am linken Ende des Suchfelds durch einen Klick auf „Alle". Wählt man eine der aufgeführten Amazon-Kategorien aus, wird die Autovervoll-ständigung nun auf kategoriespezifische Begriffe zurückgreifen. Für den Suchbegriff „baby" lautet so in Spielzeug die erste Autovervollständigung „baby born" und in Baumarkt „babyphone". Dies erleichtert nicht nur die Recherche nach Kategorie-Keywords, sondern auch nach relevanten Keywords. Zudem halten diese Begriffe Erkenntnisse über das Such- und Einkaufsverhalten der Zielgruppe bereit. Bleibt abschließend zu erwähnen, dass diese Keywords auch ein größeres Suchvolumen besitzen und mehr potentielle Reichweite für Kampagnen bereithalten. Wesentlich komfortabler gestaltet sich die Recherche mit dem Amazon Brand Analytics Tool. Hier können für jedes Suchwort kategoriespezifisch gleich die ersten relevanten Produkte und ihre Performance eingesehen werden. Diese Informationen sind für die im Folgenden erklärte Produktausrichtung sehr wertvoll.

Produkt-Ausrichtung

Seit Einführung der Produkt-Ausrichtung konnte diese Targetingoption ausgiebig getestet werden. Mit Hilfe der geschilderten Strategien kann ermittelt werden, wo die bestmöglichen Konvertierungsraten erzielt werden, wo möglicherweise günstigere Klickpreise zur Effizienz beitragen und welche Reichweite zur Verfügung steht.

Zunächst werden, basierend auf den zu bewerbenden ASINs, Listen erstellt, die konkurrierende, ergänzende und ähnliche Produkte für die Ausrichtung bereithalten. Die erste Quelle hierfür kann der Suchbegriffsbericht sein, der wertvolle Daten über bereits laufende Auto-Kampagnen bereithält. In der Spalte mit den Suchbegriffen erscheinen ASINs, nach denen selbstredend niemand gesucht hat, sondern über die die Anzeigen auf der Platzierung „Gesponserte Produkte zu diesem Artikel" ausgespielt wurden. So lassen sich ASINs ermitteln, die eine hohe Conversion Rate auf Produktdetailseiten erzielen konnten.

In den Tests konnten diese ASINs, nachdem sie über die Produktausrichtung anvisiert wurden, meist höhere Conversion Rates erzielen als auf den eben erwähnten Platzierungen. Die Ergebnisse zeigen jedoch auch, dass diese Ausrichtung in bestimmten Kategorien keine Verbesserungen mit sich bringt. Vor allem hart umkämpfte Kategorien erfordern meist sehr hohe Gebote, die eine Maximierung der Reichweite in Form von Impressionen erschweren. In weniger hart umkämpften Kategorien ist es leichter, eine relevante Reichweite zu erzielen und dann von einer oft wesentlich besseren Performance als im Keyword-Targeting zu profitieren. Diese Kategorien besitzen oft viele Child-ASINs wie beispielsweise Bekleidung.

Ein weiterer Faktor, der für die Verwendung der Produkt-Ausrichtung spricht, ist ein vergleichbares Produkt, das zu einem höheren Verkaufspreis angeboten wird. Auch falls in solchen Fällen Zielprodukte von einer bekannten Marke stammen, können die Anzeigen durch den günstigeren Preis die Aufmerksamkeit des Kunden auf sich ziehen und leisten so einen Beitrag zur Steigerung der Markenbekanntheit.

Als dritte Produktgruppe bieten ergänzende Produkte eine weitere Möglichkeit, dieses Targeting effektiv einzusetzen. Beispielsweise können Anbieter von Yoga-Matten Ihre Anzeigen auf Trinkflaschen, Sportbekleidung oder Fitnesskleingeräte richten. Die Wahrscheinlichkeit ist groß ist, dass Kunden, die diese Produktarten suchen oder durchstöbern, auch ein Interesse an Yoga-Matten aufweisen.

Eine weitere Quelle für Produkte, die mit dieser Ausrichtung anvisiert werden sollen, sind die recherchierten Keyword-Listen. Die Top-ASINs hinter jedem Suchbegriff besitzen meist eine große Reichweite, die durch diese Ausrichtung für viele Strategien von Vorteil ist. Wichtig jedoch ist, dass nicht relevante Produkte, also Artikel die keinen Bezug zur Werbe-ASINs besitzen, herausgefiltert werden.

Auch Amazon Retail Analytics ist eine wertvolle Anlaufstelle, die reichhaltig Informationen zu Suchbegriffen und Kundenverhalten bereithält. Das Tool gibt Einblick in das Einkaufsverhalten und die Performance der Wettbewerbsprodukte. Zudem erlaubt es, die Gesamtzahl der Klicks und Konvertierungen pro Suchbegriff zu schätzen. Diese Erkenntnisse helfen, um scharfsinnigere Entscheidungen im Handel und der Kampagnenplanung Verbesserungen zu treffen.

Keyword oder Produkt Ausrichtung?
Wie in den letzten Seiten beschrieben ermöglichen Sponsored Products die Ausrichtung nach Keyword, ASIN oder Kategorie. Produkt-Targeting und Keyword-Targeting sollten zu Beginn gleichzeitig eingesetzt werden, um eine maximale Such- und Detailseitenabdeckung zu erzielen. Die Klickpreise erhöhen sich dadurch, wie oft angenommen,

nicht. Zudem können beide Ausrichtungen so in der Analyse gegenübergestellt und bewertet werden.

7.3.12 Sponsored Ads: Gebotsstrategien

Sobald die Keyword-Auswahl getroffen wurde, wird im nächsten Schritt die Höhe der Gebote festgelegt. Gebote sind der maximale Betrag, den man bereit ist für einen Klick auszugeben. Der gewählte Betrag definiert somit die Obergrenze, die Amazon maximal für einen Klick eines Kunden berechnet. Die Höhe des Maximalgebots ist abhängig vom Kampagnenziel und weiteren Faktoren, wie zum Beispiel der Profitabilität der beworbenen Produkte. Das Gebot kann nach Kampagnenstart jederzeit geändert werden. Bei manuellen Kampagnen können Gebote für einzelne Keywords abgeben werden. Keywords und Übereinstimmungstypen erfordern je nach Auswahl unterschiedlich hohe Gebote. So steigen die Gebote je genauer der gewählte Übereinstimmungstyp ist. Ähnlich verhält es sich mit den Keywords, bei denen die Höhe der Gebote abhängig von Reichweite und Nachfrage ist. Grundsätzlich stellt sich bei jedem irgendwann die Frage, wie hoch die Gebote angesetzt werden sollen. Berechtigt, denn laut Erhebungen diverser Tools liegen die anvisierten Gebote auf Amazon oft 50 % über dem durchschnittlichen Klickpreis (Kelm 2019). Dennoch kann die Frage pauschal nicht beantwortet werden. Budgets und Margen gibt es in allen Formen und Farben. Eine Empfehlung ist, sich auf keinen Fall an den vorgeschlagenen, vorausgefüllten oder empfohlenen Geboten von Amazon zu orientieren. Die Erfahrung zeigt, dass die erzielten durchschnittlichen Klickpreise in der Regel unter diesen Empfehlungen liegen. Wer wissen möchte, wie hoch der aktuelle Preis für einen Klick auf ein Keyword ist, kann das testen, indem kurzzeitig ein sehr hohes Gebot hinterlegt und die ersten Klicks ausgewertet werden. Das Ergebnis kann als Richtwert hilfreich sein. Jedoch muss beachtet werden, dass es sich hierbei nur um eine Momentaufnahme handelt, die spendabelsten Marketer möglicherweise im Urlaub sind und sich die Preise der Keywords je nach Format und Platzierung unterscheiden. Wichtiger ist es, die Kostenstruktur der Produkte zu kennen und daraus zu ermitteln, in welcher Höhe das persönliche Maximalgebot liegt. Im Internet finden sich günstige, aber leistungsstarke Excel-Kalkulatoren, die eigens für den Handel und der Werbung auf Amazon entwickelt wurden und alle Kosten detailliert erfassen lassen. Mit diesen Ergebnissen wird schnell ersichtlich, wie hoch die Maximalgebote angesetzt werden dürfen, um profitable Kampagnen zu schalten.

Sponsored Brands Gebotsstrategien

Im Anlageprozess der Sponsored Brands Kampagnen gibt es die Funktion „Automatisierte Gebote". Mit dieser wird Amazon die Erlaubnis erteilt, Gebote für Platzierungen unterhalb der ersten Suchergebnisse zu optimieren. Als Basis dient die tatsächlichen Conversion Rate dieser Platzierungen. Gebote für Platzierungen mit schwacher Performance hinsichtlich Konvertierung werden dann automatisch verringert. Wird diese

Funktion deaktiviert, kann eine benutzerdefinierte Angebotsanpassung für Platzierungen unterhalb der ersten Suchergebnisse festgelegt werden. Die Gebote können dann wahlweise nach oben oder unten angepasst werden. Der Spielraum wird in Prozent angegeben.

Viele Gebotsstrategien des folgenden Abschnitts können auch bei Sponsored Brands Kampagnen eingesetzt werden.

Sponsored Products Gebotsstrategien

Bei Sponsored Products Kampagnen bieten sich verschiedene Strategien für Gebote an.

Staffelgebote

Die Staffelung der Gebote eignet sich vor allem für Einsteiger. Diese Art der Gebotsverteilung über Keyword und Übereinstimmungstyp hinweg hilft, ein Gefühl für die richtige Gebotshöhe im jeweiligen Setup zu entwickeln. In der Regel gilt: Je restriktiver ein Keyword gesetzt wird, desto höher sind die erzielten Klickpreise.

Die Strategie besteht darin, die Gebote für automatische Kampagnen im niedrigen Cent-Bereich zu setzen. Für eine breite Übereinstimmung und Marken-Keywords werden die Gebote etwa 40 bis 50 % höher gesetzt. Für Phrasenübereinstimmungen und Kategorie-Keywords werden die Gebote nochmals um etwa 20 bis 25 % höher gesetzt als im letzten Schritt. Im letzten Schritt werden besonders spezifische Keywords mit genauer Übereinstimmung um weitere 25 bis 35 % höher eingestellt.

Für Sponsored Products-Kampagnen stehen drei Gebotsstrategien zur Verfügung, die für alle Angebote innerhalb einer Kampagne gelten. Diese eignen sich für unterschiedliche Kampagnenziele, erschweren jedoch gleichzeitig gezielte Klickpreise. Es muss immer kalkuliert werden, wie sich diese Optionen auf die Klickpreise auswirken können.

- **Dynamische Gebote – nur senken:** Mit dieser Gebotsstrategie reduziert Amazon die Gebote für Klicks in Echtzeit, bei denen die Wahrscheinlichkeit geringer ist, dass sie konvertieren, also einen Kauf zur Folge haben. Mit dieser Auswahl kann Amazon die Gebote um bis zu 100 % reduzieren.
- **Dynamische Gebote – erhöhen und senken:** Diese Strategie erhöht die Gebote für Klicks in Echtzeit, die möglicherweise gut konvertieren, und reduziert Gebote für Klicks, bei denen die Wahrscheinlichkeit eines Kaufs geringer ist. Amazon wird die Gebote nicht um mehr als 100 % für Platzierungen oben auf der ersten Seite der Suchergebnisse und um mehr als 50 % für alle anderen Platzierungen erhöhen. Da diese Strategie das Gebot proportional zur Wahrscheinlichkeit eines Verkaufs angleicht, besteht die Möglichkeit, dass Werbekosten im Vergleich zu den anderen beiden Strategien effizienter Verkäufe erzielen.
- **Feste Gebote:** Mit dieser Strategie verwendet Amazon das exakte Gebot für alle Klicks. Gebote werden hier somit nicht basierend auf den Wahrscheinlichkeiten eines Verkaufs angepasst. Diese Strategie erzielt im Vergleich die meisten Impressions.

Gebotsstrategien vergleichen

Die Leistung verschiedener Gebotsstrategien für eine Kampagne kann ermittelt werden, indem die Strategie der laufenden Kampagne gewechselt wird: beispielsweise von „nur nach unten" zu „nach oben und unten". Für das Prüfen der Gebotsstrategie wählt man am besten eine Kampagne aus, die über einen längeren Zeitraum stabile Leistungskennzahlen in ACOS und Conversion Rate aufweist. Diese Strategiewechsel sollten nur selten erfolgen, um den Leistungsunterschied einer Änderung bestmöglich zuordnen zu können. Ideale Testläufe dauern mindestens zwei, besser vier Wochen. Da sich die Bedingungen von Woche zu Woche ändern und in der Ausspielung bemerkbar machen können, besitzt diese Prüfung nicht die Qualität eines A/B-Tests. Saubere A/B-Tests lassen sich auf Amazon grundsätzlich nur schwer realisieren. In diesem Fall würden zwei identischen Kampagnen mit verschiedenen Gebotsstrategien um die gleichen Platzierungen konkurrieren. Nichtsdestotrotz ist diese Methode hilfreich, um die richtige Gebotsstrategie für eine Kampagne zu ermitteln.

Anpassung der Gebote nach Platzierung

Bei Platzierungen handelt es sich um Seitenbereiche auf Amazon, in denen die Sponsored Ads Anzeigen ausgespielt werden. Gebote und Leistungen für Sponsored Products werden hierzu in drei Platzierungsgruppen unterteilt:

- erste Suchergebnisse (erste Seite)
- weitere Suchergebnisse
- Produktseiten

Neben der Gebotsstrategie können auch verschiedene Gebote nach Platzierung festgelegt werden. Für zwei der Platzierungen kann eine prozentuale Erhöhung des Basisgebots eingeben werden: erste Suchergebnisse (erste Seite) und Produktseiten. Werden die Gebote nach Platzierung festgelegt, erhöht Amazon die Gebote um die angegebene Prozentzahl, wenn die Anzeigen in der Auktion um diese Platzierungen konkurrieren. Für Anpassungen sollten im Vorfeld unbedingt die Leistungskennzahlen der einzelnen Platzierungsgruppen geprüft werden. Diese können auf der Registerkarte Platzierungen sowie im Bericht zu den Platzierungen eingesehen werden.

7.4   Fazit

Im Jahre 2008 begann Amazon seinen Marktplatz mit Werbeflächen für Bannerwerbung auf der Startseite und für Performance-Anzeigen in den Suchergebnisseiten auszustatten. Es folgten Coupons, Blitzangebote und Verkaufsevents, die Kunden nach wie vor mit den besten Angeboten zu versorgen versuchen. Wenig später konnten Kunden auch außerhalb von Amazon mit effizienter Werbung erreicht werden - durch Werbemöglichkeiten auf externen Partnerwebsites und Display-Werbenetzwerken. Mit einer vergleichsweise kleinen Anzahl von 300 Mio. Kunden im Rücken gelang es Amazon, zu einem der Hauptakteure im Online-Advertising aufzusteigen. Aktuell dominieren zwar immer noch Google und Facebook das Geschäft mit der digitalen Werbung, jedoch steigert Amazon stetig seine Kompetenz in dieser Disziplin und gewinnt langsam aber sicher wertvolle Marktanteile hinzu. Im Mai 2019 erwarb Amazon mit Sizmek das zweit-größte Ad-Server-Unternehmen nach Google und weitete so seine Werbetechnologie und -funktionalität signifikant aus. Diese Übernahme lässt sich somit durchaus als Frontalan-griff auf die Platzhirschen Google und Facebook werten.

Fest steht, je mehr Möglichkeiten hinzukommen, desto deutlicher wird es, dass das Vertrauen in den bloßen Einsatz dieser Maßnahmen allein nicht mehr ausreicht. Aktu-ell gewinnt das Arsenal an verfügbaren Werbestrategien für Händler immer mehr an Bedeutung, wenn Kampagnen weiterhin Umsätze, Markenbekanntheit oder gar das Wachstum weiterhin steigern sollen. Darüber hinaus greifen immer mehr Händler auf alternative Werbemethoden abseits von Amazon zurück, um sich gegenüber ihren Wett-bewerbern einen Vorsprung zu sichern. Insbesondere die Werbedienste von Google und Facebook gehören zur Standardausstattung im Marketing-Mix. Die Macht des Influen-cer-Marketings, ein wesentlicher Faktor auf Facebook und Instagram, rückt immer wei-ter ins Rampenlicht, was auch für Amazon nicht lange verborgen blieb. Der aufstrebende Werbeakteur entwickelt daher seit einiger Zeit vermehrt Influencer-Programme, um sich diese attraktive Form des Marketings für sich und seine Händler zu eigen zu machen. Das aktuelle Programm bietet für Produktempfehlungen Affiliate-Provisionen und spezielle Funktionen für Werbeseiten, die sich an Social-Media-Influencer jeder Größenordnung richten.

Durchdachte Produktlistungen und hochwertige Keyword-Sets reichten Händlern für lange Zeit aus, um wirtschaftliche Erfolge zu generieren. Gepaart mit schönen Produkt-fotografien und einer profitablen Nische, in der nur wenige wettbewerbsfähige Verkäufer zugegen waren, konnte dies in kürzester Zeit zu exponentiellen Erfolgen führen. Aufgrund der extremen Wettbewerbsfähigkeit von Amazon steigt die Anzahl der Händler und die Nachfrage nach Werbung auf der Plattform weiter an. Da Amazon eine derart konzentrierte Anzahl potenzieller Kunden anzieht, die online ihre Konsumbedürfnisse stillen möch-ten, werden Anzeigen sogar von Anbietern gebucht, die zwar kein Sortiment auf Amazon gelistet haben, aber ihre externen Produkte und Dienstleistungen bewerben möchten.

Kurz gesagt, für Online-Händler ist Werbung auf Amazon im Jahre 2020 nicht nur wichtig, sondern unentbehrlich. Der Wettbewerb ist jedoch so groß geworden, dass alternative Maßnahmen wie Google Adwords, Facebook-Ads und Influencer-Marketing immer wichtiger werden, um die Geschäfte auf dem Marktplatz am Laufen zu halten.

Aufgrund der Akquisition von Sizmek könnte es Amazon gelingen, sich auch für Werbetreibende zu einer wichtigen Anlaufstelle zu entwickeln, die auf alternativen Websites im Internet Anzeigen schalten möchten. Amazon wird wahrscheinlich seine Bemühungen damit verstärken, weitere Werbunternehmen samt ihren innovativen Technologien aufzukaufen und so seine Aussichten, in den nächsten Jahren vielleicht sogar zum dominierenden Vermarkter aufzusteigen, zu verbessern. Amazons größte

Chance jedoch, sich als Branchenprimus zu positionieren, liegt in den Millionen täglicher E-Commerce-Transaktionen. Diese Daten gehören mit zu den Besten, die in Bezug auf Verhaltensökonomik für Werbetreibende auf dem Markt erhältlich sind.

Abschließend lässt sich festhalten, dass sich Händler und Marketer auch in Zukunft nicht auf ihren angeeigneten Fertigkeiten und Strategien im Umgang mit Sponsored Ads, DSP und Co ausruhen dürfen. Um weiterhin wettbewerbsfähig zu bleiben, warten neue Formate und Ausrichtungsmöglichkeiten aus Seattle darauf, getestet, bewertet und gezielt eingesetzt zu werden. Erschwerend hinzu kommt, dass man sich immer weniger ausschließlich auf Werbeprodukte von Amazon verlassen sollte. Auch alternative Werbeangebote außerhalb des Marktplatzes sollten verstärkt in Anspruch genommen werden, um sich von der Konkurrenz abzuheben und von den unzähligen Kombinationsmöglichkeiten in der Werbestrategie zu profitieren.

Die Empfehlung lautet, sich mit dem breiten Spektrum an Online-Werbe- und Marketingstrategien weitgehend vertraut zu machen, um auf die eigenen Angebote so viel Traffic wie nur möglich zu lotsen. Denn die einfache Amazon-Gleichung „Mehr Reichweite = Höherer Umsatz" wird ihre Relevanz auf absehbare Zeit nicht verlieren.

Literatur

Analytic Partners. (2019). ROI genome marketing intelligence report: The new omnichannel – Clicks, bricks and everything in between. https://analyticpartners.com/resources/roi-genome-omnichannel-amazon-report/. Zugegriffen: 11. Sept. 2019.

Brown, K. (2019). BrandZ – Top 100 most valuable global brands 2019. Horizont.

Colburn, C. (2019). Amazon will disrupt the advertising ecosystem. https://www.forrester.com/report/Amazon+Will+Disrupt+The+Advertising+Ecosystem/-/E-RES142712#. Zugegriffen: 10. Sept. 2019.

Eisenbrand, R. (2019). Amazon-Werbung abschalten? Diese Händler haben es gewagt – Ohne Umsatzrückgänge. https://omr.com/de/amazon-ppc-werbung-abschalten-erfahrungen/. Zugegriffen: 9. Aug. 2019.

Hauptmann, A. (2018). AMALYZE – Dynamisches Keyword-Set. https://www.amalyze.com/2018/04/19/toolbox/amalyze-dynamisches-keyword-set/. Zugegriffen: 05. Sept. 2019.

intomarkets Amazon Agentur. (2019). Amazon Advertising – 10 Tipps für ein besseres Verständnis bei PPC-Kampagnen. https://www.intomarkets.com/amazon-advertising-10-tipps-fuer-ein-besseres-verstaendnis-bei-ppc-kampagnen/. Zugegriffen: 20. Sept. 2019.

Jeffrey, M. (2010). Data-driven-marketing. Hoboken: Wiley.

Kelm, C. (2019). Amazon-Marketing: Das Praxisbuch für mehr Erfolg bei Amazon. Bonn: Rheinwerk Verlag.

Marr, B. (2014). 25 need-to-know key performance indicators. Harlow: Pearson Education Limited.

Weiss, M. (2019). Watch out, Google, advertisers are redirecting search budgets to Amazon. https://digiday.com/marketing/digiday-research-marketers-are-redirecting-search-budgets-to-amazon/. Zugegriffen: 10. Aug. 2019.

Adrian Jaroszyński zählt in den Bereichen Strategie und Business Performance mit 10 Jahren Branchenerfahrung zu einem der erfahrensten Unternehmensberater im Amazon Ökosystem. Nachdem er mehrere Jahre bei Amazon im Vendor Management und im Advertising tätig war, hat er für viele der bekanntesten Unternehmen und Dienstleister als Berater gearbeitet.

Seine Firma Jaroszyński Digital Strategy Consulting eK hilft Unternehmen, Erfolgsfaktoren zu identifizieren und strategische Ziele zu definieren. Für die Strategieentwicklung arbeitet er eng mit Führungskräften zusammen, um Ressourcen im Unternehmen effizient für den Erfolg auf den wichtigsten Marktplätzen aufeinander abzustimmen. In der Strategieumsetzung steht seine Firma Unternehmen operativ zur Seite, die ihre Ziele auf Grund fehlender Prozesse und Ressourcen nicht erreichen können. Auf der Etablierung nachhaltiger Strukturen, dem Bilden von Know-how und einer kontinuierlichen Überwachung und Beurteilung der Leistungskennzahlen aus dem Handel und der Werbung liegt hierbei die höchste Priorität.

Als gefragter Speaker teilt er sein Wissen regelmäßig auf Konferenzen und Messen in ganz Europa.

Produktbewertungen auf Amazon: Relevanz und Handlungsfelder für Unternehmen

8

Christian Driehaus

Inhaltsverzeichnis

Zusammenfassung

Produktbewertungen beeinflussen unser Konsumverhalten. Jeder liest sie, jeder nutzt sie, kaum eine Kaufentscheidung wird noch ohne das Hinzuziehen von Rezensionen getroffen. Online wie offline, weit über Amazon hinaus. Was damals revolutionär war, ist heute selbstverständlich: Konsumenten tauschen sich in der (digitalen) Öffentlichkeit über Produkte und Marken aus, und das direkt beim Händler. Dieses Endkundenfeedback hilft aber nicht nur den Konsumenten, sondern kann und sollte auch von Unternehmensseite aktiv genutzt werden. Zum einen lassen sich wichtige Erkenntnisse durch die Analyse von Rezensionen ziehen, zum anderen ermöglicht die Kommentierung von Bewertungen bzw. die Beantwortung von Produktfragen dem Lieferanten die direkte Interaktion mit dem Kunden. Marktforschung und Customer Care auf Amazon sozusagen.

C. Driehaus (✉)
gominga eServices GmbH, München, Deutschland
E-Mail: c.driehaus@gominga.com

© Springer Fachmedien Wiesbaden GmbH, ein Teil von Springer Nature 2020
C. Stummeyer und B. Köber (Hrsg.), *Amazon für Entscheider,*
https://doi.org/10.1007/978-3-658-27427-6_8

8.1 Das Bewertungssystem auf Amazon

Als Endkunde kennt sie heute jeder: Produktbewertungen samt Sterne-Rating und Produktfragen auf Amazon. Man nutzt sie, um sich ein besseres Bild von einem Produkt zu machen oder um mehrere Produkte zu vergleichen; der Konsument liest Produktbewertungen um eine für ihn möglichst gute Kaufentscheidung zu treffen. Neben dem Preis dienen die Informationen aus Bewertungen auch als Risikominimierung beim Kauf. Ebenfalls helfen Produktfragen, die von jedem gestellt und beantwortet werden können, als Informationsquelle gerade bei erklärungsbedürftigen Produkten.

Amazon hat mit der Einführung des Bewertungssystems unser Einkaufverhalten nachhaltig verändert. Der Konsument hat heute weit mehr Informationen zur Hand als jemals zuvor. Mithilfe der Rezensionen kann man sich jederzeit ein sehr genaues Bild vom Produkt machen und sammelt so im Vorfeld z. T. ein weitaus größeres Wissen als der Fachberater im stationären Handel. Bewertungen werden von Endkunden abgegeben und sind dadurch das konkrete Feedback des Nutzers. Endkunden beraten Endkunden. Dies schafft Glaubwürdigkeit im Gegensatz zu klassischer Werbung und wird oftmals positiver empfunden als die Beratung durch den Verkäufer im stationären Handel.

Durch den großen Einfluss auf den Verbraucher müssen Rezensionen aber auch von Unternehmensseite aktiv behandelt werden. Es bedarf einer Rating Strategie und eines operativen Review Managements, da die Auswirkungen auf fast alle Unternehmensbereiche wie z. B. Umsatz, Pricing, Brand Reputation, Kundenservice, Marketing und Produktentwicklung gravierend sind. Im Sinne eines „Direct-to-consumer" Ansatzes können wertvolle Insights durch die Analyse von Bewertungen gezogen werden und indem Bewertungen kommentiert werden, kann die Marke direkt mit dem Endkunden kommunizieren (Abb. 8.1).

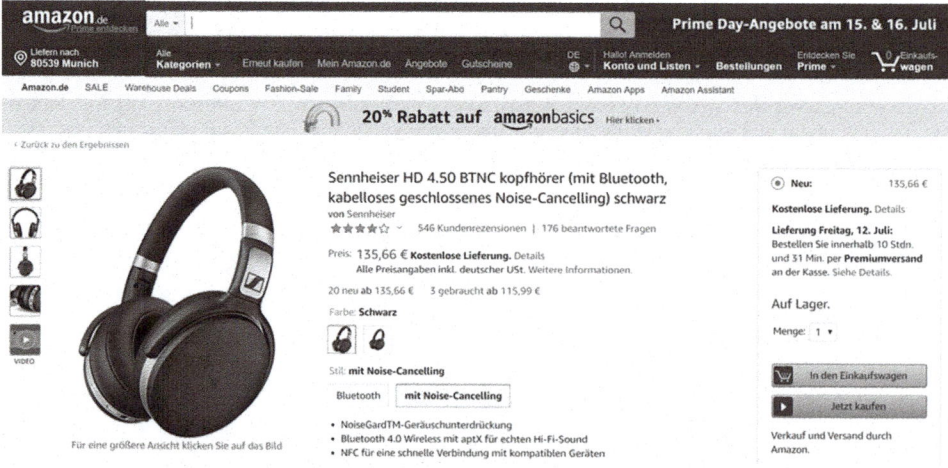

Abb. 8.1 Amazon Produktdetailseite mit Rezensionen und Fragen (Amazon 1)

8.1.1 Hintergrund

Was heute in der digitalen Welt als Standard erscheint, war noch vor einigen Jahren völlig undenkbar: ein Händler stellt das Feedback des Kunden schwarz auf weiß im Verkaufsraum auf?! Es ist ein typisches Beispiel für die Kultur und das Vorgehen von Amazon: radikal Neues wagen, von anderen nicht verstanden werden und langfristig denken:

> "For instance, shortly after launching Amazon.com in 1995, we empowered customers to review products. While now a routine Amazon.com practice, at the time we received complaints from a few vendors, basically wondering if we understood our business: "You make money when you sell things—why would you allow negative reviews on your website?" Speaking as a focus group of one, I know I've sometimes changed my mind before making purchases on Amazon.com as a result of negative or lukewarm customer reviews. Though negative reviews cost us some sales in the short term, helping customers make better purchase decisions ultimately pays off for the company."
> Quelle: Amazon Letter to Shareholders 2003 (Amazon 2)

Von Anfang an verfolgte Amazon das Ziel, sowohl positives als auch negatives Endkundenfeedback zu einzelnen Produkten öffentlich zu machen. Authentische Erfahrungsberichte der Nutzer eines Produktes sollen allen Interessenten bei der Produktsuche und Entscheidungsfindung helfen. Kein Marketing, keine Werbung, sondern glaubhafte und vertrauenswürdige Informationen von anderen Kunden. Damals eine Revolution, heute Normalität. Neben Amazon nutzen heutzutage fast alle großen Marktplätze und Online-Shops Produktbewertungen um ihren Kunden wichtige Erfahrungswerte zum Produkt als Informationsquelle zu bieten und dadurch die Conversion und den Umsatz zu steigern und gleichzeitig die Retourenquote zu senken.

8.1.2 Definition

Bewertungen, Rezensionen, Reviews: was ist das eigentlich alles und wie funktioniert es? Amazon selbst spricht im englischen von „reviews" bzw. von „product reviews" und meint damit meist sowohl den **beschreibenden Text** als auch die **quantitativen Sterne Bewertungen.** Auf einer Skala von 1–5 können Kunden ausdrücken, ob sie ein Produkt als sehr schlecht (1 Stern) oder sehr gut (5 Sterne) erachten. Im englischen wird der quantitative Sterne-Wert meist mit „rating" bezeichnet. Auf Amazon besteht eine Bewertung immer aus beiden Elementen – also Text und Sternewert. Damit hat Amazon ein sowohl einfach zu verstehendes als auch vielseitiges System erschaffen. Während das Sterne-Rating für Mensch und Maschine eine klare und schnelle Einordnung erlaubt, ermöglicht der Bewertungstext eine sehr ausführliche Beschreibung der Stärken und Schwächen des Produkts. Im Freitext kann jeder Nutzer so viel oder wenig schreiben wie er will, egal ob mit oder ohne Gliederung mittels Stichpunkte, Nummerierung etc. (Abb. 8.2).

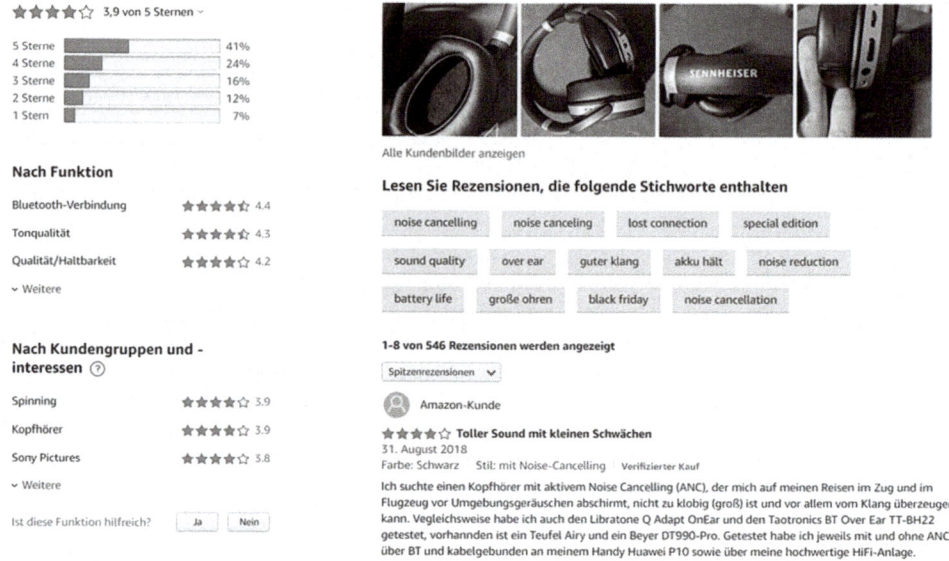

Abb. 8.2 Detailübersicht Produktbewertungen auf Amazon Produktdetailseite (Amazon 3)

Das Sterne-Rating ist dabei allerdings nicht der mathematische Durchschnitt aus den einzelnen Rezensionen, sondern wird von Amazon durch einen eigenen **Algorithmus** berechnet. Das Modell berücksichtigt dabei das Alter einer Bewertung, die Beurteilung der Nützlichkeit durch andere Kunden, ob die Bewertung aus einem verifizierten Einkauf stammt sowie den Rezensentenrang. Dadurch ergeben sich mitunter erhebliche Abweichungen des Sterne-Ratings zum rein rechnerischen Wert. Möglicherweise spielen noch weitere Faktoren für den Algorithmus eine Rolle (Abb. 8.3).

An dieser Stelle sei erwähnt, dass Amazon das Thema Endkundenfeedback noch erweitert hat. Neben Bewertungen können Nutzer auf der Plattform auch **Fragen** zu den Produkten stellen und diese dann von anderen beantworten lassen:

"One recent success is our new feature called "Ask an owner". It was many years ago that we pioneered the idea of online customer reviews – customers sharing their opinion on a product to help other customers make an informed purchase decision. "Ask" is in that same

Produkt	Anzahl Bewertungen	Amazon Bewertungswert	Errechneter Bewertungewert	Differenz
Westmark Sparschäler	27	3,1	3,3	- 0,2
Silk'n ReVit Essential	16	3,4	3,9	- 0,5
Leonardo Milchaufschäumer	14	3,5	3,2	0,3
B.K.Licht Deckenleuchte grau	20	3,9	4,1	- 0,2
Naketano Female Sweatshirt	17	4,2	4,3	- 0,1

Abb. 8.3 Analyse zur Berechnung des Sterne-Ratings. (Eigene Darstellung)

tradition. From a product page, customers can ask any question related to the product. Is the product compatible with my TV/Stereo/PC? Is it easy to assemble? How long does the battery last? We then route these questions to owners of the product. As is the case with reviews, customers are happy to share their knowledge to directly help other customers. Millions of questions have already been asked and answered."

Quelle: Amazon Letter to Shareholders 2014 (Amazon 2)

Dies kann als Ergänzung des Rating-Systems gesehen werden, da Amazon seine Plattform kontinuierlich optimiert und versucht all das online zu ermöglichen was offline möglich ist. In diesem Fall ist es für den Nutzer natürlich interessant noch besser zu verstehen wie ein Produkt genutzt werden kann, z. B. zum Lieferumfang, ob es kompatibel mit anderen Artikeln ist, oder ähnliche Fragen, die in einem stationären Laden dem Verkäufer gestellt werden können, werden durch diese neue Funktionalität in die online Welt transferiert.

Gerade auch im Vergleich zu anderen eTailern oder online Marktplätzen nimmt Amazon eine Vorreiterrolle ein, indem es dem Konsumenten die Möglichkeiten gibt **Produkte zu bewerten, vorhandene Bewertungen zu kommentieren, Fragen zu stellen** und **Fragen zu beantworten.** Als Pionier „erlaubt" Amazon seinen Nutzern die komplette Freiheit, öffentlich über alle Produkte zu diskutieren. Ähnlich wie das Gespräch mit einem Verkäufer im stationären Laden, nur eben von Kunde zu Kunde, und dadurch authentisch und ehrlich, ohne den negativen Beigeschmack eines direkten Verkaufsgesprächs.

Bis heute ist Amazon einer der wenigen Player mit dieser „4-fach-Funktionalität". Viele Wettbewerber haben im Laufe der Jahre zwar das Thema Rezensionen generell übernommen, oftmals aber nicht mit der Vielfalt an Details wie Amazon. So gibt es häufig keine Produktfragen, oder man kann als Nutzer keine vorhandenen Bewertungen kommentieren (Abb. 8.4).

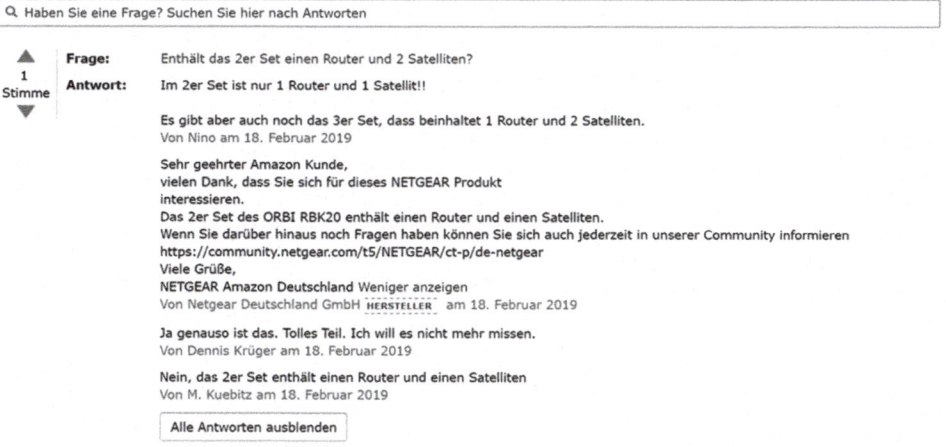

Abb. 8.4 Beispiel Produktfrage mit Antworten von anderen Nutzern sowie des Herstellers (Amazon 4)

8.1.3 Entwicklung

Produktbewertungen gibt es auf Amazon schon seit über 20 Jahren. Sie sind nach wie vor eine der **elementarsten Funktionen** der Website und werden auch heute noch optimiert und **weiterentwickelt.** Vergleichbar mit Amazons Recommendation Engine beeinflussen Rezensionen jeden Einzelnen von uns, auch wenn man als Kunde bereits nicht mehr darüber nachdenkt. Man nutzt sie einfach. Für Amazon und alle Hersteller und Händler ist das Thema dadurch von immenser Bedeutung.

Eine der wichtigen – wenn auch kleinen – Weiterentwicklungen des Bewertungssystems ist die **„nützlich"** Funktion. Mit einem Button können alle Nutzer eine vorhandene Rezension als hilfreich einstufen. Damit hat Amazon ein Korrektiv der Masse geschaffen. Um zu verhindern, dass Einzelne entweder irrelevante, unpassende oder gar falsche Bewertungen abgeben, können andere Nutzer dies durch die „nützlich" Funktion korrigieren. Zusätzlich gibt es auch noch die Möglichkeit, Missbrauch direkt an Amazon zu melden (Abb. 8.5).

1-8 von 546 Rezensionen werden angezeigt

Spitzenrezensionen ∨

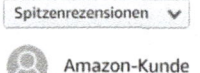 Amazon-Kunde

★★★★☆ **Toller Sound mit kleinen Schwächen**
31. August 2018
Farbe: Schwarz   Stil: mit Noise-Cancelling   Verifizierter Kauf

Ich suchte einen Kopfhörer mit aktivem Noise Cancelling (ANC), der mich auf meinen Reisen im Zug und im Flugzeug vor Umgebungsgeräuschen abschirmt, nicht zu klobig (groß) ist und vor allem vom Klang überzeugen kann. Vegleichsweise habe ich auch den Libratone Q Adapt OnEar und den Taotronics BT Over Ear TT-BH22 getestet, vorhannden ist ein Teufel Airy und ein Beyer DT990-Pro. Getestet habe ich jeweils mit und ohne ANC, über BT und kabelgebunden an meinem Handy Huawei P10 sowie über meine hochwertige HiFi-Anlage.

Ich habe auch noch einen älteren kabelgebundenen Sennheiser InEar, der mich klanglich seit jeher überzeugt hat, daher und aufgrund von Testberichten habe ich mir den Sennheiser HD 4.50 bestellt.

Das Pairing über NFC und BT klappt problemlos. Der Kopfhörer sitzt stramm aber nicht zu fest. Die Ohrmuscheln sind recht schmal, klappt bei mir aber prima mit dem OverEar. Wer recht große Ohren hat, dürfte aber vielleicht Probleme mit dem Sitz bekommen. Die Bedientasten am linken Hörer sind klein, ohne jegliche Symbole, aber nach wenigen Versuchen doch recht gut und fehlerfrei bedienbar (On/Off, Play/Pause, Skip vor/zurück, lauter/leise). Abzug bei der Bedienung gibt es aber für das ans-/ausschalten des ANC: hierzu muss die laut/leiser-Wippe gleichzeitig gedrückt werden. Die korrekte Bedienung wird nicht akustisch quittiert, nur über ein dreimaliges lila

∨ Lesen Sie weiter

152 Personen fanden diese Informationen hilfreich

Nützlich | Kommentar   Missbrauch melden

Abb. 8.5 Kundenrezension mit „Nützlich", „Kommentar" und „Missbrauch" melden Funktionen. (Amazon 5)

Wie eingangs erwähnt, kann man vorhandene Bewertungen auch kommentieren. D. h. jeder Nutzer der Website kann in einem Freitextfeld nach Lust und Laune auf eine Bewertung eingehen, die Aussage bekräftigen oder dagegen argumentieren. „Jeder" Nutzer bedeutet hier, dass **sowohl Endkunden als auch Hersteller und Händler reagieren können,** unabhängig davon ob das Produkt selbst gekauft wurde.

Hat man einen **Vendor** oder **Seller Account** bei Amazon, dann kann man bei der Kommentierung einer Bewertung (oder Beantwortung einer Produktfrage) dies auch **kenntlich machen.** Dadurch signalisiert man allen Konsumenten auf der Website, dass die eigene Kommentierung eben vom Unternehmen selbst kommt und nicht von einem dritten Kunden.

Darüber hinaus hat Amazon dem Nutzer eine Vielzahl von kleinen und großen Funktionen an die Hand gegeben, um auf der einen Seite bei der Erstellung der Rezensionen noch mehr Details abzugeben als auch beim Lesen der Rezensionen besser und schneller zur gewünschten Information zu gelangen. Eine Auswahl ist hier zusammengefasst:

Die Erstellung von Rezensionen bietet jedem User auf der Plattform die Möglichkeit, eine **quantitative Sterne Bewertungen** (von 1–5 Sterne) mit **beschreibendem Text** und wahlweise **Bild** und **Video** abzugeben. Sobald eine neue Rezension nach dem Amazon-Prüfprozess auf der Seite sichtbar ist, gibt es für die Nutzung wiederum verschiedenste Zusatzinformationen bzw. Nutzungsmöglichkeiten für jeden weiteren User. So wird angezeigt ob es sich um einen **verifizierten Kauf** handelt, ob es ein **Vine** bzw. **Top Rezensent** ist, oder ob die Bewertung von anderen als **„nützlich"** eingeschätzt wurde. Weiterhin kann jeder Nutzer einen **Missbrauch melden** und jede **vorhandene Bewertung kommentieren.** Es gibt eine dedizierte **Suchfunktion** innerhalb der Bewertungen sowie **Sortieroptionen** („Am höchsten bewertet" und „Neueste zuerst"). Zusätzlich gibt es die folgenden Filteroptionen:

- Alle Rezensenten
- Nur verifizierte Käufe
- Alle Sterne, Nur 5 Sterne etc., alle positiven, alle negativen (1–3 Sterne)
- Am höchsten bewertete positive Rezension/Am höchsten bewertete kritische Rezension
- Alle Text-, Bild-, und Videorezensionen; nur Bild-, und Videorezensionen

Über die Zeit gab und gibt es **immer wieder Veränderungen.** Zum Beispiel wurden früher in der Übersicht der Rezensionen auf einem Balkendiagramm die Anzahl der vorhandenen Bewertungen gezeigt, heute wird nur noch ein prozentualer Wert angezeigt.

In Deutschland gibt es zudem seit 2018 die Möglichkeit, vorhandene Bewertungen nach bestimmten, vom System vorgeschlagenen Schlagwörtern zu filtern. Amazon hat dafür eine **Sentiment Analysis**-Funktion aktiviert. Damit kann der Nutzer sehr einfach die für ihn relevanten Bewertungen suchen. Diese Funktion sieht man als Nutzer allerdings nicht bei allen Produkten, sondern natürlich nur dort wo eine hohe Anzahl von Bewertungen vorhanden ist. Ob die Produktlinie ebenfalls für die Ausspielung der Anzeige ausschlaggebend ist kann man von außen nur schwer beurteilen.

Weiterhin werden **Produktfragen im Vergleich zu Bewertungen** in vielen Branchen immer wichtiger. Gerade im Consumer Electronics Bereich, wo Produkte meist hochpreisig und erklärungsbedürftig sind, stellen Verbraucher vermehrt Fragen. In einigen Fällen **übersteigt das Volumen der Produktfragen bereits die Menge der abgegebenen Bewertungen.** Abb. 8.6 zeigt eine Analyse, welche die Anzahl der Reviews mit denen der Produktfragen im 6-Monats-Zeitraum von Dezember 2018 bis Mai 2019 vergleicht. Bei Firma E sieht man, dass die Menge der gestellten Produktfragen die der abgegebenen Bewertungen um 25 % übersteigt (Wert 1,25 in der Tabelle).

8.2   Der Einfluss von Bewertungen auf den Konsumenten

Aus Konsumentensicht haben Produktbewertungen heute einen **immensen Einfluss.** Kaum eine Konsumentscheidung wird noch getroffen ohne dass Informationen aus Rezensionen zu Hilfe genommen werden. Vergleichbar mit den diversen Social-Media-Kanälen nimmt der Einfluss des User bzw. **Consumer Generated Content** auch auf E-Commerce Plattformen wie Amazon weiter zu. Das Vertrauen der Konsumenten in andere Kunden ist mittlerweile gleich hoch oder sogar höher als in Hersteller oder Händler. Authentisches Feedback von anderen Kunden scheint heute wichtiger als die oftmals als werblich empfundenen Beschreibungen des Herstellers.

8.2.1   Aktuelle Studien

Weltweit gibt es dazu mittlerweile eine Vielzahl an Studien und Statistiken. Diese werden auf der einen Seite von verschiedensten Unternehmen für Marketing Zwecke erhoben, auf der anderen Seite forschen aber auch renommierte Universitäten und Forschungsinstitute zum Thema Review Management.

Das Spiegel Research Center der Northwestern University in den USA untersuchte 2017 wie Online Rezensionen sich auf den Umsatz auswirken. **Fast 95 % der Konsumenten lesen Online Bewertungen bevor sie eine Kaufentscheidung treffen.** Vor allem für hochpreisige und erklärungsbedürftige Produkte sind Rezensionen eine wichtige Informationsquelle für den Konsumenten. Bewertungen sollen also das „Risiko" für

	Dez 18	Jan 19	Feb 19	Mrz 19	Apr 19	Mai 19	Summe
Firma A	0,98	0,78	0,95	0,92	0,71	0,81	0,84
Firma B	0,24	0,36	0,69	0,54	0,52	0,35	0,45
Firma C	0,66	0,64	0,70	0,77	0,72	0,81	0,72
Firma D	0,52	0,53	0,49	0,44	0,41	0,58	0,50
Firma E	1,06	1,28	0,92	0,86	1,88	1,59	1,25

Abb. 8.6 Produktfragen auf Amazon gewinnen an Bedeutung: Relation von Produktfragen zu Bewertungen. Anonymisierte Analyse 5 Markenhersteller auf amazon.de. (Eigene Darstellung)

einen Fehlkauf minimieren. Die Glaubwürdigkeit der Bewertungen hängt dabei auch von einem „glaubwürdigen", d. h. nicht perfekten Sterne-Wert ab. Ein durchschnittlicher Sterne-Wert von 5,0 wird vom Leser nicht so geschätzt wie ein Sterne-Wert zwischen 4,2 und 4,5. **Negative Bewertungen sind darüber hinaus wichtig, um dem Konsumenten Vertrauen in die Authentizität zu geben.** Kein Produkt ist perfekt. Bei der Recherche sind gerade die kritischen Erfahrungsberichte wichtig, um sich ein ausgewogenes Bild zu machen. Nur so kann eine für den Nutzer richtige Kaufentscheidung getroffen werden. Ebenfalls werden Bewertungen von „verifizierten" Käufern als eher vertrauenswürdig eingestuft (Spiegel Research).

Weiterhin bevorzugen 73 % der Konsumenten den geschriebenen Text gegenüber dem Sterne-Rating, um relevante Informationen zum Produkt zu finden (Fan & Fuel 2017).

Das IFH Köln veröffentlichte im Jahr 2018 eine große Studie mit dem Titel „Die Amazonisierung des Konsums" und beschreibt darin ausführlich die Stellung von Amazon im deutschen Markt. Unter anderem wird auf die Bedeutung von Bewertungen auf den Kunden eingegangen. Neben dem Preis sind Bewertungen die zweitwichtigste Information für Kaufinteressenten. **Für Smart Consumer, also die junge Zielgruppe, sind Bewertungen sogar die wichtigste Information, und noch vor dem Preis ausschlaggebend für den Kauf** (IFH Köln, Amazonisierung des Konsums) (Abb. 8.7).

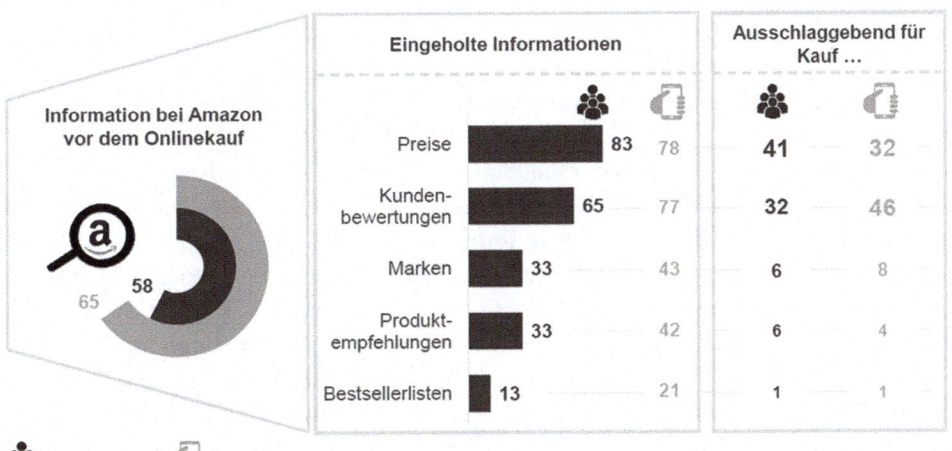

Abb. 8.7 Bewertungen sind ausschlaggebend für Kauf (IFH Köln 1)

Abb. 8.8 Relevanz der Bewertungen entlang der Customer Journey (gominga eServices GmbH)

Ob man die einzelnen Zahlen, Statistiken oder Studien nun für seine Branche oder Region für aussagekräftig hält oder nicht, eines ist klar: Produktbewertungen beeinflussen den Konsumenten (Abb. 8.8).

8.2.2 Einfluss auf alle Touchpoints entlang der Customer Journey

Neben der generellen Bedeutung der Rezensionen für den Kunden sei hier noch explizit auf die Beeinflussung aller Touchpoints entlang der Customer Journey einzugehen. Bewertungen sind nicht nur das Zünglein an der Waage für den Kaufabschluss direkt auf der jeweiligen Online Plattform wie Amazon, sondern sie **beeinflussen den Konsumenten in jeder Phase der Customer Journey.**

Da **Amazon** mittlerweile die **Produktsuchmaschine** noch vor Google ist, hat auch der Einfluss der Rezensionen auf Amazon weiter zugenommen. Bei der Suche spielen Bewertungen eine wichtige Rolle im geheimen **Ranking-Algorithmus,** d. h. die Ausspielung und Anordnung der Produkte auf der Übersichtseite wird u. a. vom Rating beeinflusst. Der Nutzer wiederum orientiert sich bei seiner Recherche an den Rezensionen. Die Suchergebnisseite kann dabei sogar nach dem Sternewert sortiert werden. Bei direktem Vergleich einzelner Produkte geben Rezensionen wichtige Informationen und lassen so eine bessere Gegenüberstellung zu. Letztendlich beeinflussen sie die Kaufentscheidung.

Wichtig ist dabei, dass Produktbewertungen auf Amazon auch Auswirkungen auf den Kauf bei anderen Händlern haben – und zwar **Online wie Offline.** Genauso wie der Konsument heute zwischen seinen Devices hin und her wechselt, so bedeutet der ROPO (Research Online, Purchase Offline) Effekt eben auch, dass man sich mittels Bewertungen auf Amazon informiert bevor man stationär einkauft.

Eine Untersuchung der DHBW Heilbronn im Jahr 2018 fand heraus, dass Verbraucher Produktbewertungen nicht nur beim Online Einkauf nutzen, sondern auch beim stationären Einkauf. **51 % der Befragten gaben dabei an, sich im Vorfeld des stationären Einkaufs im Internet mit Hilfe von Produktbewertungen zu informieren.** Dabei wird das Sterne-Rating als besonders verständlich angesehen und gibt dadurch eine erste Orientierung. Ausführliche Texte helfen dann bei der tieferen Beurteilung eines Produktes. Interessanterweise sind mittlerweile auch die **Produktfragen** sehr wichtig und werden von den Verbrauchern als weiteres hilfreiches Element geschätzt (DHBW Heilbronn 2018) (Abb. 8.9).

Dieser **Omni-Channel-Effekt** unterstreicht die Bedeutung der Rezensionen auf Amazon. Insbesondere Unternehmen mit traditionellen, mehrstufigen Vertriebsmodellen werden dadurch auf die Probe gestellt. Es ist nämlich irrelevant ob eine Marke selbst oder ein Handelspartner auf Amazon aktiv wird – sobald Markenartikel gelistet sind und verkauft werden, dann werden diese auch von Konsumenten bewertet. Dies wird zudem durch die länderübergreifenden Vertriebs- und Distributionsmöglichkeiten auf Amazon verstärkt. Sobald es Bewertungen gibt, sind diese ausschlaggebend für die Konsumentscheidung anderer. Daher müssen sich Marken ernsthaft mit diesem Thema auseinandersetzen.

8.3 Aktives Rezensions-Management: Handlungsbedarf für Unternehmen

Die Bedeutung von Bewertungen ist also offenkundig. Die Frage dabei ist nur, **was machen Unternehmen diesbezüglich überhaupt?** Obwohl beim privaten Konsumverhalten nahezu jeder regelmäßig Rezensionen zu Rate zieht, haben dieselben Personen

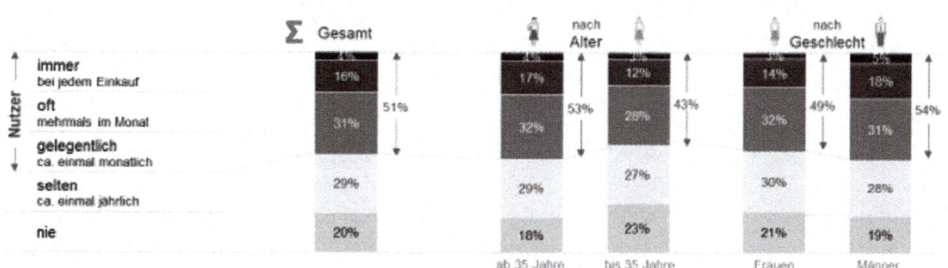

Abb. 8.9 Einfluss von Produktbewertungen auf den stationären Einkauf (DHBW Heilbronn)

deren Bedeutung zur Gänze vergessen, sobald sie diesen beruflich begegnen. Anders ist nicht zu erklären, dass bisher in vielen Unternehmen das Thema Review Management nicht professionell angegangen wird – weder im Marketing, im Vertrieb, im Customer Care oder gar auf strategischer Ebene. Zumindest ist dies nach wie vor im Einzelhandel der Fall, also auch bei Herstellern auf Amazon. In anderen Branchen wie zum Beispiel der Gastronomie oder Reise/Hotel ist es bereits anders. Im Folgenden werden verschiedene Stellschrauben beschrieben, wie ein ganzheitliches Review Management im Unternehmen angegangen werden sollte, um diesem wichtigen Thema gerecht zu werden.

"Dass Produkt-Ratings für Verbraucher ein sehr wichtiges Entscheidungskriterium im Kaufprozess sind, hat die Konsumentenbefragung unserer Trend-Radar-Studie Anfang des Jahres deutlich gezeigt. Nun sehen wir, dass die Unternehmen beginnen, sich mit dem Thema Kundenbewertungen auseinanderzusetzen. Aber ihre Maßnahmen befinden sich meist noch in einem frühen Stadium. Viele Unternehmen wissen einfach nicht, wie sie das Thema Ratings anpacken sollen. Das erinnert mich an die Unsicherheit, die anfänglich auch bei der Digitalisierung geherrscht hat: Allen war klar, dass es Handlungsbedarf gibt, aber kaum jemand wusste, was genau zu tun war."
Quelle: Dr. Georg Tacke, CEO, Simon-Kucher & Partners 2019a

8.3.1 Erarbeitung einer Rating-Strategie

Wie die „Digitalisierung" selbst, sollte auch das Thema Review Management auf **Führungsebene** verankert werden. Es ist kein Thema für den Praktikanten, da es – wie bereits beschrieben – einen zu großen Einflussfaktor für das Gesamtunternehmen darstellt. Es ist auch **kein reines Amazon Thema,** weil Bewertungen auch Einkäufe auf anderen Vertriebskanälen betreffen bzw. weil heutzutage fast alle größeren Online-Shops oder Marktplätze Bewertungen nutzen. Notwendig ist ein komplettes Umdenken im Unternehmen in den verschiedensten Abteilungen und Funktionsebenen. Auf Führungsebene sollte das Thema in die Unternehmensstrategie mit einbezogen werden, und zwar in Bezug auf die Bereiche

- Marketing und Branding,
- Vertrieb,
- Produktmanagement/-entwicklung und
- Kundenservice.

Analog zur Customer Journey aus Kundensicht müssen Unternehmen Rezensionen in vielerlei Hinsicht managen. Die initiale **Generierung** von Bewertungen ist v. a. wichtig für die Conversion und den Umsatz, die **Analyse** von Bewertungen kann heutzutage im Grunde die traditionelle Marktforschung ersetzen bzw. zumindest ergänzen, und die **Kommentierung** bzw. Beantwortung erweitert den Customer Care um die heute ausschlaggebenden digitalen Kanäle wie Amazon. Insgesamt betrifft das Thema den öffentlichen Auftritt der **Marke** selbst.

"Implementing a rating strategy has many facets. Companies that follow through on their strategy may first of all spend more money on dealing with ratings. They will also incorporate ratings into product development, offer and portfolio design, pricing strategies, and monitoring. And they may incentivize customers to give more ratings. Unsurprisingly, the "Frontrunners" are leaps and miles ahead of the other groups in all of these areas. In order to deal with the rating trend, the "Frontrunners" have increased their marketing spend to a much bigger extent than the other groups."

Quelle: Simon-Kucher & Partners 2019a

8.3.2 Einfluss von Rezensionen auf Umsatz und Markenimage

Produktbewertungen haben einen **direkten** und **indirekten Einfluss** auf die Conversion bzw. den Umsatz. Zunächst einmal sind sie ein Hauptkriterium für den Umsatz auf Amazon selbst.

Dies beginnt mit der wichtigen Tatsache, dass Bewertungen als Faktor in der **Ausspielung der Suchergebnisse** eine große Rolle spielen. Wenn ein Produkt die richtige Anzahl an Rezensionen mit dem idealen Sterne-Rating hat, dann wird es auf der Suchergebnisseite weit oben erscheinen. Der ideale Sterne-Wert liegt zwischen 4,2 und 4,5 Sternen (Vgl. Abschn. 2.1). Damit wird es dem Nutzer als erstes bzw. vor anderen Produkten angezeigt und kommt damit überhaupt für einen Kauf in Frage. Selbst wenn Amazon das größte Sortiment in fast allen Produktkategorien aufweist, so werden doch die Artikel gekauft, die nach der Suche ganz weit vorne erscheinen. Dieser Einfluss der Bewertungen, also der **Einfluss auf den Suchalgorithmus,** ist allein schon so entscheidend, dass sich jeder Geschäftsführer mit dem Thema auseinandersetzen sollte.

Weiterhin beeinflussen Rezensionen den Kunden auf der **Produktdetailseite.** Egal ob bei Recherche, Vergleich mit Wettbewerbsprodukten oder kurz vor der Kaufentscheidung: Rezensionen werden hier als Trust Faktor mindestens so häufig gelesen wie alle anderen Produktattribute. **Daher haben die Bewertungen einen direkten Einfluss auf die Conversion und damit den Umsatz auf Amazon.**

Innerhalb der Amazon Welt spielen Bewertungen aber noch eine weitere wichtige Rolle: je nach Land und Produktlinie ist das Rating z. T. ausschlaggebend ob eine Marke mit einem bestimmten Produkt bei Amazon **Marketing Aktionen** teilnehmen darf. Ob für tägliche Deals, Sonderangebote oder prominente Aktionen wie Cyber Monday etc.: Produkte müssen meist einen bestimmten **Mindest-Sternewert** haben und eine **Mindestanzahl an Rezensionen** vorweisen. Die Richtlinien für Blitzangebote erfordern z. B. eine durchschnittliche Kundenbewertung von mindestens drei Sternen (Amazon, Richtlinien für Blitzangebote).

Darüber hinaus beeinflussen Rezensionen den Verbraucher entlang der gesamten Customer Journey und damit auch bei Käufen in **anderen Online-Shops und im sta-**

tionären Handel. Da Amazon mittlerweile noch vor Google die Produktsuchmaschine Nummer 1 ist, darf man beim Thema Review Management nicht nur auf den Umsatz über den Kanal Amazon denken. Rezensionen sind auch für Umsätze andere Kanäle entscheidend.

> "Why do companies pay attention to ratings? Because many companies believe that ratings have a decisive influence on important business factors. Ratings are seen as having high importance for brand building, lead generation and conversion. Among these three, brand building is the most important one."
> Quelle: (Simon-Kucher & Partners 2019a)

8.3.3   Generierung von Bewertungen inkl. Fake Reviews

Zu aller erst steht natürlich die Frage, wie man als Unternehmen seine Kunden dazu bewegt Bewertungen abzugeben. Einerseits ist der Konsument intrinsisch motiviert für ein gekauftes Produkt eine Bewertung abzugeben, da er ja im Vorfeld selbst gerne Informationen aus vorhandenen Bewertungen zieht. Andererseits ist es eine Tatsache, dass nicht jeder Nutzer seinen Kauf auch bewertet. Daher sollten Unternehmen ihre Kunden motivieren, Bewertungen abzugeben.

Die einfachste und ursprüngliche Art und Weise Nutzer zum Schreiben von Rezensionen zu motivieren ist die **E-Mail nach dem Kauf.** Hat man ein Produkt bei Amazon gekauft bekommt man nach einer gewissen Zeit eine E-Mail mit der Frage „wie finden Sie ihr Produkt" sowie einen Link zur Abgabe einer Rezension. Amazon selbst testet aber nach wie vor neue Wege um Nutzer zur Abgabe zu Motivieren. So gibt es in einzelnen Länder-Stores von Amazon Tests mit Product Ads: Brands können Produkt-Anzeigen schalten, die denjenigen Nutzern angezeigt werden, die das Produkt in der jüngsten Vergangenheit gekauft haben und die über die Anzeige dann direkt eine Bewertung abgeben können (Vgl. Digiday 2019).

Generell hat **Amazon** selbst rigide **Vorgaben zum Verfassen von Rezensionen,** um deren Authentizität zu gewährleisten:

> „Kundenrezensionen sind dazu gedacht, authentisches Feedback zu Artikeln zu geben. Wir ermutigen unsere Kunden, Ihre Erfahrungen zu teilen, es kann jedoch ein schmaler Grat sein, ab wann eine Kundenrezension als gezielte Werbung für ein Produkt gilt.
> Hier sind einige Beispiele für Kundenrezensionen, die wir nicht erlauben:
> Ein Hersteller veröffentlicht eine Rezension für sein eigenes Produkt, gibt sich jedoch als unvoreingenommener Kunde aus.
> Ein Kunde, der unzufrieden mit seinem Kauf ist, veröffentlicht mehrfach negative Rezensionen für das gleiche Produkt.
> Ein Kunde veröffentlicht eine Rezension und erhält im Gegenzug eine finanzielle Vergütung.
> Ein Familienmitglied des Produkturhebers veröffentlicht eine Rezension mit 5 Sternen in der Bewertung, um den Umsatz zu erhöhen."
> Quelle: amazon.de, Über Kundenrezensionen (Amazon 6).

Daneben bietet Amazon auch das **kostenpflichtige Vine Programm** seinen Herstellern an, um Rezensionen zu generieren. Ausgewählte Amazon Kunden bekommen über Amazon Testprodukte gratis zu Verfügung gestellt, um diese zu testen und dann eine Bewertung abzugeben. Die Rezensionen werden weder vom Hersteller noch von Amazon beeinflusst und gelten daher als authentisch.

Die Mitglieder des Vine Clubs werden von Amazon ausgewählt und persönlich angeschrieben. Die Teilnahme ist freiwillig und kostenlos, erfolgt aber nur auf Einladung von Amazon. Der Auswahlprozess basiert sowohl auf der Anzahl der abgegebenen Bewertungen als auch auf Kriterien wie „war hilfreich" u. ä., insgesamt also auch auf dem öffentlich einsehbaren Rezensentenrang.

Amazon hat den Vine Club mit dem Ziel ins Leben gerufen, vertrauenswürdige Kunden zur Abgabe von Bewertungen zu motivieren. Die Mitglieder erhalten oftmals neue Produkte bereits vor dem eigentlichen Verkaufsstart damit bereits vom ersten Tag an Rezensionen vorhanden sind. Die Bewertungen der Mitglieder sind dann auf der Produktdetailseite farblich in grün mit dem Hinweis „Vine Kundenrezension eines kostenfreien Produkts" hervorgehoben.

Allerdings gibt es innerhalb der **Vine Community** einen gewissen **Konkurrenzdruck**. Durch gegenseitige „hilfreich" oder eben „nicht hilfreich" Wertung konnten User in der Vergangenheit quasi die Rezensionen anderer im Ranking nach oben oder unten beeinflussen. Darauf hat Amazon im Jahr 2018 reagiert und den „nicht hilfreich" Button entfernt. Mittlerweile heißt der „hilfreich" Button „nützlich" auf der deutschen Amazon Seite.

Der **Auswahlprozess zur Teilnahme am Vine Programm ist der Hauptkritikpunkt:** wer bei Amazon Vine mitmachen darf und welche Produkte kostenfrei zum Test angeboten werden, ist weitgehend Geheimsache von Amazon. Natürlich weiß man von einzelnen Vine Testern, dass es eine Rolle spielt wie viele Bewertungen jemand abgibt und ob diese wiederum als hilfreich erachtet werden. Dennoch ist der Auswahlprozess rein von Amazon gesteuert und nicht öffentlich gemacht. Zudem ist auch nicht klar, welcher Vine Tester welche Testprodukte bekommt. Da die Tester die Produkte gratis und meist für einen Zeitraum von 2 Jahren zur Verfügung gestellt bekommen, steht der Vorwurf der Bestechung natürlich auch hier im Raum. Schließlich weiß niemand was passiert, wenn ein Tester mehr negative als positive Bewertungen abgibt. Da das Risiko besteht als Tester aus dem Vine Programm ausgeschlossen zu werden, liegt der Verdacht nahe, dass Vine Tester öfter positiv als negativ bewerten (Vgl. Techbook 2018).

Neben Amazon selbst hat sich mittlerweile eine Vielzahl an **Anbietern zur Generierung von Bewertungen** entwickelt. Dieses Angebot ist allerdings mit Vorsicht zu betrachten. Aufgrund der strengen Amazon Vorgaben ist davon abzuraten, sich Bewertungen „zu kaufen". Im schlimmsten Fall drohen Amazon-typisch drakonische Strafen bis hin zur Account-Sperrung. Wenn Amazon entdeckt, dass ein Unternehmen sich Rezensionen kauft, kann das dementsprechend schwerwiegende Konsequenzen haben. Nichtsdestotrotz gibt es auch im deutschsprachigen Raum eine Vielzahl von Dienstleistern, die gegen Geld Rezensionen schreiben (lassen). **Da gekaufte**

Rezensionen das gesamte System infrage stellen, sollte man diesen Weg auf keinen Fall gehen.

Empfehlenswert ist daher nur, die tatsächlichen Käufer eines Produkts freundlich, aber unentgeltlich, aufzufordern Bewertungen abzugeben. Dies lässt sich beispielsweise durch verschiedene Newsletter/E-Mails nach dem Kauf darstellen.

Sowohl durch Amazons eigenes Vine Programm als auch durch verschiedenste Anbieter am Markt gibt es mittlerweile Nutzer, die mehrere Hundert bis Tausende Rezensionen abgegeben haben. Werden diese dann von anderen Nutzern auch noch mit „hilfreich" bewertet, erlangen diese Nutzer einen gewissen Einfluss, eine Influenzerstellung innerhalb der Amazon Community, die wiederum bei der Platzierung der Rezensionen (Sortierung „hilfreichste zuerst") eine entscheidende Rolle spielen kann.

Allerdings scheint die Stellung der Rezensenten für den Einfluss auf den Algorithmus nicht so eindeutig zu sein wie man glaubt. Top Rezensenten haben laut einer im Jahr 2018 erschienenen Studie nicht den Einfluss wie erwartet. Die Bewertungen von „normalen" Nutzern, also solchen, die immer mal wieder, aber nicht andauernd Bewertungen abgeben, haben laut der Untersuchung sogar eine größere Gewichtung auf den Umsatz (University of Georgia 2019).

Amazon selbst verändert und optimiert selbst fortlaufend die Funktionen und Details rund um die Bewertungen. Dabei werden insbesondere die Richtlinien von Amazon immer wieder verschärft um sicherzustellen, dass Bewertungen authentisch sind. **Allerdings scheint der Gigant aus Seattle diesbezüglich erst dann wirklich aktiv zu werden, wenn Medien oder Behörden laut werden.** Wie etwa im Frühjahr 2019, als sowohl in Großbritannien als auch Deutschland das Thema Fake Reviews prominent in der Presse behandelt wurde.

Die **britische Verbraucherschutzorganisation Which?** hat analysiert, wie die Mechanismen der Amazon Plattform umgangen werden bzw. welche Vorgehensweisen praktiziert werden, um **Fake Reviews** zu generieren. Dabei wurden vier verschiedene Praktiken identifiziert, die primär von Sellern genutzt werden um (meist) No-Name-Produkte auf Amazon mittels positiver Bewertungen zu pushen:

a. **Produktvarianten:** durch die künstliche Schaffung von weiteren Produktvarianten („Child ASIN", normalerweise Größe/Farb-Varianten) können je Variante neue Bewertungen geschrieben werden. Selbst wenn es diese Variante in der Realität nicht gibt bzw. kein Bestand vorhanden ist, so wird die Bewertung doch auf Parent-ASIN-Ebene, also dem eigentlichen Produkt dazu, dargestellt und beeinflusst das Ranking. Dieses Vorgehen wird daher genutzt, da Amazon automatisiert prüft wie viele Bewertungen innerhalb eines Zeitraums pro ASIN neu verfasst werden.

b. **Nutzung von positiven Bewertungen von alten Produkten für neue Produkte:** durch das „mergen" von Produkten (ASINs) können alte Bewertungen für neue Produkte übernommen werden. Which? hat diesbezüglich Beispiele gefunden mit Produkten, wo das Datum der Bewertung älter war als das Datum des Produkt-Listings auf Amazon oder auch Beispiele, wo Bewertungen von Seifenspendern bei Kopfhörern gefunden wurden

c. **Erkaufen von Bewertungen auf Facebook und eBay:** auf Facebook gibt es hunderte von Gruppen mit je tausenden von Mitgliedern, die als Foren zum Kauf von Rezensionen fungieren.

d. **„Hacken" von User Accounts um Bewertungen zu schreiben:** Amazon Konten werden gehackt, um positive Bewertungen unter dem jeweiligen Namen zu verfassen.

Besorgniserregend ist dabei nicht nur die Tatsache, dass diese Tricks angewendet werden um mithilfe von positiven Bewertungen die eigenen Produkte auf Amazon zu pushen, sondern auch die scheinbare Machtlosigkeit oder Willenslosigkeit der Tech Giganten dagegen vorzugehen. In Großbritannien wurden Amazon, eBay und Facebook schnell aktiv, wenn Which? oder die Aufsichtsbehörde Competition and Markets Authority auf Probleme hingewiesen haben. Allerdings scheinen die Konzerne im Katz- und Maus-Spiel mit den Akteuren der Fake Review Industrie nicht immer Schritt zu halten (Which? 2019).

Um der Kritik an gefälschten Rezensionen nachzugehen, schaltet sich im Mai 2019 das deutsche **Bundeskartellamt** ebenfalls in die Diskussion ein und wird deshalb diverse Betreiber von Online-Portalen unter die Lupe nehmen. Diese sogenannte Sektoruntersuchung ist der erste Schritt, aus der auch Kartellverfahren entstehen können. Die Untersuchungen beziehen sich dabei auf Portale diverser Art, als auch Arztbewertungen etc., zeigen aber generell, dass der Einfluss der Bewertungen erheblich ist und es das Amt daher auch als seine Aufgabe sieht hier die Authentizität zu prüfen.

> „Es gibt Hinweise, dass Nutzerbewertungen nicht selten gefälscht oder manipuliert sind."
> Quelle: Andreas Mundt, Präsident des Bundeskartellamts (FAZ 2019)

Im Juni 2019 geht Amazon in Deutschland verschärft gegen falsche Bewertungen vor und hat vielfach **Händleraccounts gesperrt,** und mehrere Händler wurden von Amazon suspendiert. (Internet World, Ausgabe 13/19). Man wird sehen, wie sich dieses Thema weiter entwickeln wird. Eines ist jedoch klar: das Fälschen von Bewertungen, die öffentliche Aufmerksamkeit und die Reaktionen von Amazon zeigen deutlich wie wichtig Produktbewertungen heutzutage für den Konsumenten sind.

8.3.4 Auswertung von vorhandenen Bewertungen und Produktfragen

Kundenfeedback in Form von Rezensionen bietet nun auch für Unternehmen völlig neue Chancen. Zum ersten Mal können Firmen aus den Bewertungen – also aus dem direkten Feedback der Verbraucher – wichtige Erkenntnisse ziehen. Weitreichende Informationen zum Produkt und dessen Gebrauch durch den Nutzer sind durch Bewertungen für jedermann vorhanden. **„Direct-to-consumer"** wird durch Rezensionen im E-Commerce möglich. Somit haben auch Hersteller und nicht nur (wie traditionell) Händler den direkten Zugang zum Konsumenten.

Zum einen können Unternehmen alle Rezensionen „überwachen" und sich über ein Monitoring und Alerting eine Art **„Early Warning System"** aufbauen. Damit kann man sicherstellen, überhaupt mitzubekommen, wenn Kunden über die eigenen Produkte etwas schreiben. Gerade bei Themen wie **Qualität** oder **Sicherheit** ist es besonders aus Markensicht essentiell immer sofort informiert zu sein. So können beispielsweise bei Produktneueinführungen **Produktionsfehler** oder **Fehler bei bestimmten Chargen** schnell durch das Endkundenfeedback identifiziert werden und von Unternehmensseite schnell reagiert werden. Was auf Facebook & Co. mittlerweile Standard ist, sollte auf Amazon & Co. eigentlich auch gemacht werden. Zumal die Erfahrungen der Nutzer hier produktbezogen sind und direkt am digitalen Point-of-Sale veröffentlicht werden.

Weiterhin bieten vorhandene Bewertungen gratis **Marktforschung am Endkunden.** Das Review-Volumen und damit die Datenmenge ist meist so groß und vielfältig, dass sowohl quantitative als auch qualitative Analysen weitreichende Erkenntnisse liefern. Viele Unternehmen verkaufen auf mehreren Amazon-(Landes-)Websites, zusätzlich auch auf weiteren Marktplätzen und Online-Shops. Aggregiert ist die Menge an Reviews folglich enorm. Diese Datenmengen erlauben detaillierte Analysen bezüglich der Menge der Reviews sowie des Sterne-Wertes auf Produkt- oder Kategorie-Ebene. Weiterhin ist ein Vergleich mit internen Umsatz- und Marketing-Daten möglich.

Im Sinne von **Big Data** macht zusätzlich eine qualitative Auswertung mittels **Sentiment Analyse** Sinn. Dadurch kann man noch viel weitreichender Informationen aus einer großen Anzahl von Reviews gewinnen. Gerade für das Brand- bzw. Reputations-Management ist es elementar positive und negative Stimmungen frühzeitig zu erkennen. Nur so kann gezielt gegengesteuert werden.

Sowohl quantitative als auch qualitative Analysen können wiederum im **Produktmarketing** und der **Produktentwicklung** genutzt werden. In Bezug auf Amazon sind gerade scheinbare Kleinigkeiten oftmals ausschlaggebend. Wenn z. B. aus dem Kundenfeedback klar wird, dass die Beschreibung des Produkts auf der Detailseite nicht eindeutig genug ist, so kann durch eine Veränderung von Text und Bild nachgebessert werden. Daneben kann das Feedback der Verbraucher natürlich für die Produktentwicklung genutzt werden.

"When it comes to product development, monitoring and integrating ratings in the pricing strategy, again the "Frontrunners" are very clearly ahead of all other groups. They have understood that optimizing new products based on customer ratings and refining their product portfolio in line with what their customers want is valuable to themselves as well as to their customers. Compared to the other groups, the "Frontrunners" are also very systematic about linking their price setting decisions to ratings: they act on the price potentials for well-rated products and decline prices for badly-rated products."
Quelle: (Simon-Kucher & Partners 2019a).

8.3.5 Kommentierung von Bewertungen und Beantwortung von Produktfragen

Zum professionellen Umgang mit Rezensionen gehört neben der Auswertung und Nutzung der Insights auch die Interaktion mit dem Endkunden. Unternehmen sollten auf jeden Fall (negative) **Bewertungen** auf Amazon **kommentieren** und auch **Produktfragen beantworten**. Ziel ist dabei, eine negative Rezension in eine positive umzuwandeln oder zumindest dem Kunden eine gewisse **Wertschätzung** entgegen zu bringen. Kundenfokus und ein sehr guter Kundenservice sind auf Amazon auch für Hersteller und Händler unabdingbar. Für Vendoren ist dies die einzige Form mit dem Endkunden zu kommunizieren. Seller wiederum können darüber hinaus natürlich auch direkt mit dem Kunden interagieren da sie ja den direkten Kundenzugang und damit die Kontaktdaten besitzen (Abb. 8.10).

Amazon gibt seinen Vendoren Richtlinien zur Kommentierung von Bewertungen vor, um eine positive Kundenerfahrung zu gewährleisten. Diese beinhalten z. B. das Verbot von Werbebotschaften sowie den Einsatz von Internet-Links. Darüber hinaus darf die Aussage des Kunden nicht infrage gestellt werden oder die Kundendaten nicht erfragt werden.

Aufgrund des erlernten, digitalen Verhaltens **erwartet der Konsument** heute ähnlich wie auf Facebook, **dass die Marke** auch auf Amazon auf das Kundenfeedback **reagiert**. Der Kunde will ernst genommen werden und auch auf diesem Kanal sehen, ob und wie Hersteller reagieren. Positiv formuliert ist dies ein weiterer, mächtiger Hebel für Unternehmen, um sich von der Konkurrenz abzusetzen.

Laut einer internationalen Studie des Spiegel Research Center der Northwestern University aus dem Jahr 2018 **erwarten 53 % der Konsumenten, dass Unternehmen auf negative Rezensionen innerhalb von einer Woche antworten.** Wiederum 89 % der Konsumenten lesen die Antworten von Unternehmen auf Rezensionen.

Auf den deutschen Markt bezogen sieht die Realität leider bisher noch anders aus. Die wenigsten Unternehmen befassen sich bisher mit diesem Thema, daher wundert es auch kaum, dass gerade die Interaktion mit den Verbrauchern durch die Kommentierung

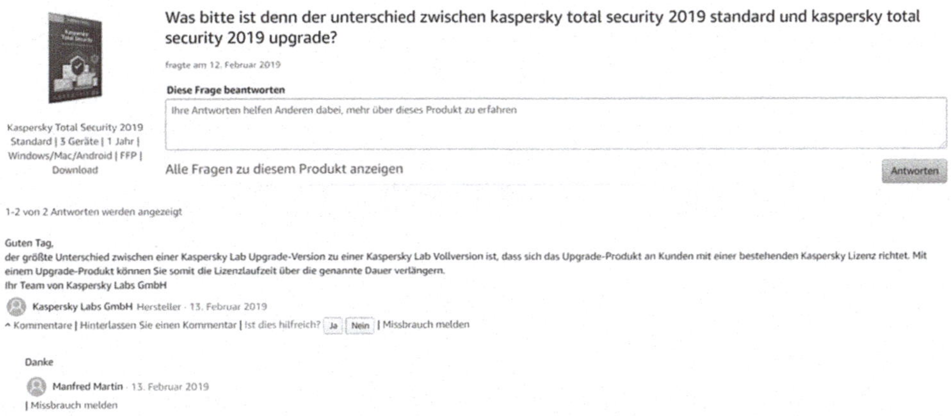

Abb. 8.10 Kundenfrage mit Antwort des Herstellers sowie Reaktion des Kunden (Amazon 7)

von Bewertungen in Deutschland bisher noch nicht flächendeckend ausgeübt wird. Die steigende Relevanz wird unter anderem dadurch untermauert, dass immer mehr Review Studien und Umfragen genau diesen Aspekt untersuchen. So ergab eine im Mai 2019 veröffentlichte Studie zur Wichtigkeit von Online-Bewertungen in Deutschland, dass **„Fast die Hälfte aller Käufer (48 %) geben an, dass sie noch nie eine Reaktion seitens des Unternehmens auf ihre Kundenbewertung bekommen haben.",** und „60 % der Befragten haben das Gefühl, dass Kundenbewertungen nicht oder nicht genug von Unternehmen beachtet werden." (Capterra 2019). Diese Zahlen sind mehr als ernüchternd, vor allem, wenn man die Relevanz der Bewertungen auf die Kaufentscheidung der Kunden bedenkt.

Allerdings ist dies wiederum wenig überraschend, da ohne Rating Strategie auch keine professionelle Bearbeitung zu erwarten ist. Dementsprechend ist auch die Situation bzgl. dem Einsatz von Rating Software. **„84 % der Unternehmen nutzen keine Software zur Auswertung ihrer Kundenbewertungen"** (Capterra 2019). Hier gibt es also enormen Nachholbedarf auf Unternehmensseite.

Egal ob manuell oder mit Software-Unterstützung: Unternehmen sollten auf Bewertungen reagieren. Dabei gibt es ein paar grundsätzliche Regeln, die in Abb. 8.11 dargestellt werden.

Online Reputation Management ist heutzutage für jedes Unternehmen Pflicht. Was viele bereits auf Social-Media-Kanälen wie Facebook etc. praktizieren sollte auf E-Commerce Plattformen genauso Standard sein. Vor allem Amazon muss als wichtigste Produktsuchmaschine professionell gemanagt werden – inklusive Reputation Management durch die Analyse und das aktive Kommentieren von Bewertungen. Anders ausgedrückt könnte man sagen: **Customer Care auf Amazon als weiterer Kanal im Omnichannel.**

8.3.6 Anbieter von Review Management Tools

Mittlerweile gibt es am Markt verschiedene Anbieter für Dienstleistungen und Tools rund um das Thema Review Management. Grundsätzlich haben sich diese aus verschiedenen Bereichen entwickelt und daher nach wie vor zum Teil **sehr unterschiedliche Zielsetzungen** und damit auch Funktionen.

DO	DON'T
Innerhalb von 24h antworten	Ignorieren
Kurz halten: freundlich, neutral, ehrlich & zurückhaltend	Langer Monolog mit Entschuldigungen
Zu Fehlern stehen	Fehler abstreiten
Entschuldigen, selbst wenn es nicht der eigene Fehler war	Defensive Antwort oder gar Beschuldigung
Eine Lösung & guten Kundenservice anbieten	Mit dem Anwalt drohen
Versprechen (z.B. Ersatz) einhalten	Gute Reviews selbst verfassen
Zufriedene Kunden aktiv um positive Reviews bitten	Negative Reviews löschen

Abb. 8.11 Dos und Don'ts für das Antworten auf negative Reviews. (Eigene Darstellung, Capterra 2019)

Zum einen gibt es innerhalb des **Amazon Ökosystems** Dienstleister, die bei der Erstellung von Rezensionen unterstützen (wie beschrieben in Abschn. 8.3.3 Generierung von Bewertungen inkl. Fake Reviews). Zum anderen bieten zahlreiche Firmen Gesamtlösungen für verschiedenste Amazon-Fragestellungen an, z. B. Tools für Amazon SEO, Advertising, Pricing, Fulfillment etc. und auch Review Management. Oftmals mit dem Nachteil, dass das Thema Reviews nur oberflächlich behandelt wird indem z. B. nicht alle Datenpunkte zur Analyse dargestellt werden oder es keine wirkliche Interaktionsmöglichkeit zur Kommentierung von Bewertungen oder Beantwortung von Produktfragen gibt.

Ein weiteres Feld sind Anbieter aus dem **Social Media** Bereich, die auf Facebook & Co. langjährige Erfahrungen im Bereich Analyse und Kundeninteraktion mitbringen. Diese Firmen sind gerade dabei ihr Angebot um den Kanal Amazon auszuweiten. Damit können Hersteller beispielsweise mit einem Tool auch ihre vorhandenen Produktbewertungen auf Amazon analysieren und im Idealfall eben auch mit dem Endkunden interagieren. Auch hier ist allerdings genau zu prüfen, welche Funktionen und Details hinsichtlich der Rezensionen tatsächlich verfügbar sind.

Für ein allumfängliches, aktives Review Management sind allerdings aus heutiger Sicht **nur die wenigen Spezialanbieter geeignet,** die sich auf **Ratings & Reviews**

Analyse	Interaktion
- Sterne Rating: Darstellung und Analysemöglichkeit zu quantitativen Sterne-Werten - Bewertungen (Text): Darstellung und Analysemöglichkeit zu Bewertungs-Texten, idealerweise inkl. Sentiment Analyse - Produktfragen: quantitative Darstellung und Analysemöglichkeit - Produktfragen: Darstellung und Analysemöglichkeit zu Frage-Texten, idealerweise inkl. Sentiment Analyse - Frage-Antworten: vorhandene Antworten sollten ebenfalls automatisiert im Tool dargestellt werden - Datenexporte in Excel, CSV etc. zur weiteren Analyse mit internen Daten (z.B. Umsatz, Marketing etc.) - Alerting: Möglichkeit Email Alerts nach verschiedenen Kriterien aufzusetzen - Tagging: Klassifizierung von Rezensionen und Fragen nach bestimmten Problemstellungen, um nach Auswertung relevante Insights daraus zu generieren - Suchfunktion über alle Bewertungen und Fragen hinweg	- Bewertungen: Möglichkeit, vorhandene Bewertungen zu kommentieren - Fragen: Möglichkeit, Fragen direkt zu beantworten - Rechte- & Rollen-System - Fall-basierte Interaktion, Ticketbearbeitung - Historisierung der internen und externen Kommunikation - Tagging für die spätere Auswertung der Fälle - Automatisierte Wieder-Öffnung von Tickets sobald ein Endkunde auf Amazon eine Firmenantwort nochmals kommentiert - Statusanalyse

Abb. 8.12 Anforderungen an ein Review Management Tool. (Eigene Darstellung)

fokussieren. Um die vielen Facetten dieses wichtigen Themas richtig adressieren zu können bedarf es eines Tools, das eben auch alle Bereiche abdeckt. Folgende Tabelle fasst die Anforderungen an ein modernes Review Management Tool zusammen: (Abb. 8.12).

Neben den dargestellten Anforderungen ist es natürlich bei einem professionellen Review Management Tool noch wichtig, dass es nicht nur Amazon, sondern auch alle anderen E-Commerce-Händler und Marktplätze abdeckt bzw. weitere zu einem späteren Zeitpunkt abgedeckt werden können. Man nutzt ja analog auch nur ein Social Media Tool für Facebook, Twitter & Co.

Literatur

Amazon (1). (2019). Produktdetailseite mit Rezensionen und Fragen. https://www.amazon.de/Sennheiser-HD-4-50-geschlossenes-Noise-Cancelling-Schwarz/dp/B01MSZSL4I/ref=sr_1_6?__mk_de_DE=%C3%85M%C3%85%C5%BD%C3%95%C3%91&crid=1H8J76CC4M2FL&keywords=sennheiser+kopfh%C3%B6rer&qid=1562845341&s=gateway&sprefix=sennh%2Caps%2C185&sr=8-6. Zugegriffen: 11. Juni 2019.

Amazon (2), Shareholder Letters 1998–2018. https://ir.aboutamazon.com/annual-reports. Zugegriffen: 11. Juni 2019.

Amazon (3). (2019). Detailübersicht Produktbewertungen auf Amazon Produktdetailseite. https://www.amazon.de/Sennheiser-HD-4-50-geschlossenes-Noise-Cancelling-Schwarz/dp/B01MSZSL4I/ref=sr_1_6?__mk_de_DE=%C3%85M%C3%85%C5%BD%C3%95%C3%91&crid=1H8J76CC4M2FL&keywords=sennheiser+kopfh%C3%B6rer&qid=1562845341&s=gateway&sprefix=sennh%2Caps%2C185&sr=8-6. Zugegriffen: 11. Juni 2019.

Amazon (4). (2019). Beispiel Produktfrage mit Antworten von anderen Nutzern sowie des Herstellers. https://www.amazon.de/Netgear-RBK23-100PES-Satellit-kompatibel-Powerline/dp/B079K4S85G/ref=sr_1_1_sspa?__mk_de_DE=%C3%85M%C3%85%C5%BD%C3%95%C3%91&keywords=netgear&qid=1562762917&s=gateway&sr=8-1-spons&psc=1. Zugegriffen: 11. Juni 2019.

Amazon (5). (2019). Kundenrezension mit „Nützlich", „Kommentar" und „Missbrauch" melden Funktionen. https://www.amazon.de/Sennheiser-HD-4-50-geschlossenes-Noise-Cancelling-Schwarz/dp/B01MSZSL4I/ref=sr_1_6?__mk_de_DE=%C3%85M%C3%85%C5%BD%C3%95%C3%91&crid=1H8J76CC4M2FL&keywords=sennheiser+kopfh%C3%B6rer&qid=1562845341&s=gateway&sprefix=sennh%2Caps%2C185&sr=8-6. Zugegriffen: 11. Juni 2019.

Amazon, (7). (2019). Kundenfrage mit Antwort des Herstellers sowie Reaktion des Kunden. https://www.amazon.de/ask/questions/Tx2DVNCXZKEHROO/ref=ask_ql_ql_al_hza. Zugegriffen: 11. Juni 2019.

Capterra. (2019). Autor Ines Bahr, Studie zur Wichtigkeit von Online-Bewertungen in Deutschland. https://www.capterra.com.de/blog/687/online-bewertungen-in-deutschland. Zugegriffen: 11. Juni 2019.

DHBW Heilbronn. (2018). Autoren: Daniela Wiehenbrauk, Anke Hutzschenreuter. Studie Produktbewertungen: Kunden vertrauen Kunden. https://digitaler-handel.blog/2018/02/28/produktbewertungen/. Zugegriffen: 11. Juni 2019.

Digiday UK. (2019). Autor: Shareen Pathak. Amazon is testing a new ad format that asks customers to leave reviews. https://digiday.com/marketing/amazon-testing-new-ad-format-asks-customers-leave-reviews/. Zugegriffen: 11. Juni 2019.

Fan & Fuel. (2017). No online customer reviews means BIG problems in 2017. https://fanandfuel.com/no-online-customer-reviews-means-big-problems-2017/. Zugegriffen: 11. Juni 2019.

FAZ. (2019). Kann man Nutzerbewertungen trauen?. https://www.faz.net/aktuell/wirtschaft/diginomics/kartellamt-analysiert-bewertungen-in-online-shops-16202902.html. Zugegriffen: 11. Juni 2019.

IFH Köln. (2018). Studie: Die Amazonisierung des Konsums.

INTERNET WORLD BUSINESS. (2019). Die große Sterne-Hatz. Seite 8–10, Ausgabe 13/19 vom 01. Juli 2019.

Simon-Kucher & Partners Strategy & Marketing Consultants GmbH. (2019a). The Rating Economy – Global Survey. https://www.simon-kucher.com/de/TheRatingEconomy-Power-to-Consumers-Opportunity-for-CompaniesZugegriffen: 11. Juni 2019.

Simon-Kucher & Partners Strategy & Marketing Consultants GmbH. (2019b). Neue Studie zu Kundenbewertungen: Nur 15 Prozent der Unternehmen haben eine Rating-Strategie. https://www.presseportal.de/pm/78805/4274914. Zugegriffen: 11. Juni 2019.

Spiegel Research Center, Medill School of Journalism, Media, Integrated Marketing Communications, IMC Spiegel Digital and Database Research Center, Nortwestern University. (2017). How Online Reviews Influence Sales. https://spiegel.medill.northwestern.edu/online-reviews/. Zugegriffen: 11. Juni 2019.

Techbook. (2018). MITGLIEDER PACKEN AUS: Dieser geheime Amazon-Club schenkt Testern Produkte. https://www.techbook.de/easylife/amazon-vine-club. Zugegriffen: 11. Juni 2019.

University of Georgia. (2019). Terry College of Business: Whose stars shine brighter? https://news.terry.uga.edu/articles/Whose_stars_shine_brighter/. Zugegriffen: 11. Juni 2019.

Which? (2019). Exposed: The tricks sellers use to post fake reviews on Amazon, Autor: Hannah Walsh. https://www.which.co.uk/news/2019/07/exposed-the-tricks-sellers-use-to-post-fake-reviews-on-amazon/. Zugegriffen: 11.Juni 2019.

Weiterführende Literatur

Amazon (6). (2019). Über Kundenrezensionen. https://www.amazon.de/gp/help/customer/display.html?nodeId=201967050. Zugegriffen: 11. Juni 2019.

G2 Crowd, Inc. (2018a). Ultimate Guide to Customer Reviews. https://learn.g2.com/online-customer-reviews-guide. Zugegriffen: 11. Juni 2019.

G2 Crowd, Inc. (2018b). 50+Statistics Proving the Power of Customer Reviews. https://learn.g2.com/customer-reviews-statistics. Zugegriffen: 11. Juni 2019.

IFH Köln. (2017). Studie: Cross-Channel – Quo Vadis?

Christian Driehaus Seit 15 Jahren ist der Autor im E-Commerce sowie Handel- und Konsumgüterbereich tätig und bekleidete dabei verschiedenen Führungspositionen im In- und Ausland. Bei Amazon in Deutschland leitete er verschiedene Projekte zur Prozessoptimierung und Einführung neuer Kundenservices, bevor er im globalen Prime Team tätig war. Als Co-Founder der gominga eServices GmbH engagiert er sich für die Themen Product, Marketing und Vertrieb. Digitale Themen bilden auch den roten Faden als Redner und Gastdozent des Wahlmünchners. Christian Driehaus studierte an der ESB Reutlingen BWL und erwarb an der Universität Oxford einen MBA.

Gesetzliche Anforderungen, Rahmenbedingungen und Amazon Richtlinien beim Verkauf über den Amazon Marketplace

9

Sabine Heukrodt-Bauer

Inhaltsverzeichnis

Zusammenfassung

Amazon zählt für viele Händler schon seit langem zu den umsatzstärksten Vertriebskanälen und bietet ungeahnte Potentiale. Allerdings stehen bei Amazon nur die Kunden, nicht jedoch auch die Händler im strategischen Fokus. Mission von Amazon ist es, das kundenfreundlichste Unternehmen zu werden. Eine Optimierung der Prozesse findet daher nur dann statt, wenn es für den Kunden gut ist. Die Seller haben jedoch das Nachsehen und sehen sich einer Fülle von Problemen gegenübergestellt. Insbesondere die rechtlichen Rahmenbedingungen sind nicht optimal. Seller müssen ihren Kunden diverse Pflichtinformationen übermitteln und diese an den verschiedensten Stellen der Angebote einfügen. Allerdings haben sie nicht den dazu

S. Heukrodt-Bauer (✉)
Resmedia, Mainz, Deutschland
E-Mail: shb@res-media.net

© Springer Fachmedien Wiesbaden GmbH, ein Teil von Springer Nature 2020
C. Stummeyer und B. Köber (Hrsg.), *Amazon für Entscheider*,
https://doi.org/10.1007/978-3-658-27427-6_9

erforderlichen Zugriff auf die Gestaltung der Angebote. Die Angebotsdarstellung obliegt allein Amazon. Seller haben daher zum Teil keine Möglichkeit, Inhalte rechtssicher in die Angebote einzufügen. Auch kommt es vor, dass Amazon oder andere Händler die Angebote ändern und dabei Wettbewerbsverstöße einbauen, für die die angehängten Seller in die Haftung geraten können. Das führt dazu, dass ein abmahnsicherer Handel über den Marktplatz für Händler praktisch unmöglich ist.

9.1 Hintergrund

Seit Mitte der 90er Jahre schreibt Amazon Gründer Jeff Bezos regelmäßig Shareholder Letter an seine Aktionäre und stellt die Strategie und Lage des Unternehmens dar. Der aktuelle Brief datiert vom 11. April 2019 (Bezos 2019). Danach betrug 2018 das Gross Merchandise Value (GMV), also der mit Sellern über den Marktplatz weltweit erzielte Außenumsatz 58 % bzw. 160 Mrd. US$ der gesamten Warenverkäufe. Amazon selbst erzielte dagegen nur einen Handelsumsatz von 112 Mrd. US$. Damit übertrumpfen die Händler Amazon beim Anteil an den über Amazon verkauften Waren. Jeff Bezos drückt das in seinem Brief so aus: „Third-party sellers are kicking our first party butt. Badly."

Umso unverständlicher ist es, dass Amazon seine Seller bei der Umsetzung von zwingenden, rechtlichen Rahmenbedingungen, wie sie innerhalb Deutschlands und der Europäischen Union (EU) vorgegeben sind, kaum unterstützt. In der Folge haben es gerade Händler in Deutschland im Alltag nicht nur mit dem Vertrieb ihrer Artikel, sondern auch mit wettbewerbsrechtlichen Abmahnungen zu tun, die ein hohes finanzielles Risiko darstellen können.

9.2 Das rechtliche Konstrukt des Amazon Marktplatzes

Der Amazon Marketplace gehört zu den E-Marketplaces.

▶ **Definition E-Marketplaces** E-Marketplaces sind elektronisch unterstützte Institutionen zum Austausch von Leistungen. Sie stellen den institutionellen Rahmen für Transaktionsprozesse dar und stehen als selbstständiges Vermittlungsangebot in Konkurrenz zu anderen Distributions- und Kommunikationsmedien. Diese Marktplätze können somit als Räume interpretiert werden, in denen Anbieter und Nachfrager zusammengeführt und ihre Transaktionsanfragen koordiniert werden (Koordinationsfunktion). Die Marktplatzbetreiber sind bei der Durchführung von Transaktionen durch die Bereitstellung virtuellen Handelsraums behilflich. Sie beeinflussen aber die hier stattfindenden Käufe und Verkäufe nicht (Kollmann 2019).

Der Vorteil für Kunden, über einen E-Marketplace einzukaufen, liegt darin, dass sie die Angebote und Artikel von unterschiedlichen Händlern einfach miteinander vergleichen und bestellen können. Die Händler profitieren von der technischen Infrastruktur des Marketplaces und von dessen großer Reichweite.

Das Verkaufen über Amazon ist im Amazon Services Europe Business Solution Vertrag (Amazon Services Europe Business Solution Vertrag 2019) geregelt. Nach Ziffer 13 des Vertrags und Ziffer S-3.1 der darin enthaltenen „Verkaufen bei Amazon-Programmbedingungen" ist Amazon an den Verkäufen rechtlich nicht beteiligt. Kaufvertragsrechtliche Verpflichtungen entstehen ausschließlich zwischen dem einzelnen Seller und dem jeweiligen Kunden. Daher sind Seller selbst dafür zuständig, etwa korrekte Rechtstexte wie Allgemeine Geschäftsbedingungen (AGB) inklusive einer gesetzlichen Widerrufsbelehrung für Verbraucher sowie eine Datenschutzinformation in ihre Angebote einzufügen (Landgericht Würzburg 2018).

Gleichzeitig obliegt Amazon die alleinige Kontrolle über die Amazon-Website. Gemäß Ziffer S-5 der „Verkaufen bei Amazon-Programmbedingungen" (Amazon Services Europe Business Solution Vertrag 2019) behält sich der Marketplace-Betreiber das Recht vor, über „die Gestaltung, den Inhalt, die Funktionsweise […]" allein zu bestimmen. Gerade diese Regelung führt dazu, dass sich Prozesse und die Darstellung der Angebote jederzeit ändern können oder dass die Einrichtung von rechtssicheren Angeboten von vorherin nicht möglich ist.

9.3   Rechtliche Pflichten im B2C-Geschäft im Überblick

Wer als Amazon-Händler an Verbraucher, also im Bereich Business-to-Consumer (B2C), verkauft, muss eine Vielzahl von Informationspflichten im Fernabsatz sowie die Pflichten im elektronischen Geschäftsverkehr erfüllen. Unterläuft Händlern hier ein Fehler, liegt zumeist ein Wettbewerbsverstoß vor, der in Deutschland nach § 8 Abs. 2 des Gesetzes gegen den unlauteren Wettbewerb (UWG) von Mitbewerbern, Verbraucherschutzvereinen, der Wettbewerbszentrale, Abmahnvereinen oder den Industrie- und Handelskammern oder den Handwerkskammern kostenpflichtig abgemahnt werden kann.

Impressumspflicht Inhaltlich richten sich die Impressumsangaben für jeden Händler nach §§ 5, 6 Telemediengesetz (TMG). Danach sind zunächst immer diese grundsätzlichen Informationen im Impressum einzufügen:

- Vollständiger Firmenname und zustellfähige Anschrift der Niederlassung (kein Postfach),
- E-Mail-Adresse,
- ggf. Angaben zum Vertretungsberechtigten und zu Registereintragungen (z. B. Handelsregister, Genossenschaftsregister) sowie
- Umsatzsteueridentifikationsnummer.

Je nach Unternehmen und Branche können zusätzliche Pflichtinformationen hinzukommen.

Darüber hinaus ergeben sich aus der seit 2016 geltenden Verordnung über Online-Streitbeilegung in Verbraucherangelegenheiten (ODR-Verordnung) weitere Informationspflichten zur europäischen Onlinestreitbeilegungs-Plattform (OS-Plattform), die ebenfalls im Impressum erfüllt werden sollten. Danach ist ein Link zur OS-Plattform zu integrieren, über die Streitigkeiten zwischen Verbrauchern und Unternehmen bei Online-Käufen außergerichtlich beigelegt werden können. Hinzu kommt, dass Unternehmer seit 2017 nach § 36 Verbraucherstreitbeilegungsgesetz (VSBG) darüber informieren müssen, ob sie bei Streitbeilegungsverfahren vor Verbraucherstellen teilnehmen wollen. Von dieser Infopflicht sind Unternehmen nur dann ausgenommen, wenn sie am 31. Dezember des jeweiligen Vorjahres nicht mehr als 10 Mitarbeiter hatten. Verpflichtet sind Unternehmen,

- die Verbrauchern Waren oder Dienstleistungen anbieten,
- und eine Webseite unterhalten
- oder Allgemeine Geschäftsbedingungen verwenden.

Seller, die nicht gesetzlich zur Teilnahme an einer Verbraucherstreitbeilegung verpflichtet sind, könnten die Hinweise beispielsweise so formulieren:

Beispiel für eine alternative Streitbeilegung und OS-Plattform

„Die Europäische Kommission stellt eine Plattform zur Online-Streitbeilegung (OS) bereit. Diese ist über die folgende Internetadresse erreichbar: https://ec.europa.eu/consumers/odr. *Wir sind nicht bereit oder verpflichtet an einem Streitbeilegungsverfahren der Verbraucherschlichtungsstellen teilzunehmen.“*

Zu beachten ist, dass der Link im Text direkt anklickbar sein muss (Oberlandesgericht München 2016a; Landgericht Bochum 2017). Seller können dazu in ihren Account-Einstellungen entsprechende Häkchen setzen, so dass der Text mit dem funktionierenden Link unterhalb der Impressumsangaben automatisch angezeigt wird.

Informationspflichten beim Fernabsatzkauf

Wer Artikel über Amazon im Bereich B2C verkauft, erfüllt die Anforderungen an einen Fernabsatzvertrag mit der Folge, dass dem Seller eine Fülle von Informationspflichten auferlegt werden. Voraussetzung für einen Fernabsatzvertrag ist nach § 312 c Abs. 1 Bürgerliches Gesetzbuch (BGB), dass

- ein Unternehmer
- mit einem Verbraucher
- einen Vertrag abschließt und dabei für die Vertragsverhandlungen und den Vertragsschluss ausschließlich Fernkommunikationsmittel verwendet
- und der Vertragsschluss im Rahmen eines für den Fernabsatz organisierten Vertriebs- oder Dienstleistungssystems erfolgt.

„Fernkommunikationsmittel" sind nach § 312 c Abs. 2 BGB alle Kommunikationsmittel, die genutzt werden, ohne dass die Vertragsparteien gleichzeitig körperlich anwesend sind.

Beispiele für „Fernkommunikationsmittel"

Briefe, Kataloge, Telefonanrufe, Fax, E-Mails, SMS, Online-Shop, Angebote auf Marktplätzen.

Die Liste der Pflichtinformationen, die dem Verbraucher bei einem Fernabsatzkauf zur Verfügung gestellt werden müssen, ist lang. Die Informationspflichten wurden 2014 mit der Umsetzung der EU-Verbraucherrechterichtlinie (Richtlinie 2011/83/EU des Europäischen Parlaments und des Rates vom 25. Oktober 2011) neu geregelt und wurden in Deutschland im BGB und im Einführungsgesetz zum Bürgerlichen Gesetzbuch (EGBGB) umgesetzt. Die Liste der Pflichtinformationen findet sich in Art. 246 a § 1 EGBGB. Besonders praxisrelevant sind davon:

Artikelbeschreibung

Händler müssen die „wesentlichen Merkmale" der Ware oder Dienstleistung angeben (Art. 246 a Abs. 1 Nr. 1 EGBGB). Alle Artikel müssen für den Verbraucher daher so detailliert wie möglich beschrieben werden. Welche Angaben „wesentlich" sind, bestimmt sich je nach der Art, Beschaffenheit und Komplexität des Produkts:

Art, Beschaffenheit und Komplexität des Produkts

Material, Größe, Ausmaße, Gewicht, Farbe, Funktion.

Für einige Produktgruppen können dabei zusätzliche, gesetzliche Pflichtangaben zu machen sein, die sich zumeist aus EU-Verordnungen oder der Umsetzung entsprechender EU-Richtlinien in deutsches Recht ergeben. Betroffene Artikel sind etwa:

Beispiele für Artikel, die zusätzliche, gesetzliche Pflichtangaben benötigen

Elektroartikel, Haushaltsgeräte, Schuhe, Spielzeug, Textilien.

Preisauszeichnung

Nach Art. 246 a § 1 Abs. 1 Nr. 4 EGBGB in Verbindung mit der Preisangabenverordnung ist in B2C-Angeboten der Gesamtpreis der Waren oder Dienstleistungen einschließlich aller Steuern und Abgaben sowie gegebenenfalls alle zusätzlichen Fracht-, Liefer- oder Versandkosten und alle sonstigen Kosten anzugeben.

Der Gesamtpreis ist der „Bruttopreis" einschließlich Umsatzsteuer und sonstiger Preisbestandteile. Darüber hinaus ist bei jeder Preisangabe ein sog. Mehrwertsteuerhinweis wie „inkl. MwSt.", „inkl. Mehrwertsteuer" oder „inkl. 19 Prozent MwSt." erforderlich.

Zudem ist darüber zu informieren, ob zusätzlich zum Gesamtpreis Liefer- und Versandkosten anfallen und wenn ja, in welcher Höhe. Das gilt ebenso beim Auslandsverkauf.
Bei Artikeln, die in Fertigpackungen, offenen Packungen oder als Verkaufseinheiten ohne
Umhüllung nach Gewicht, Volumen, Länge oder Fläche angeboten werden, ist zusätzlich
ein Grundpreis, also ein Preis pro Mengeneinheit, auszuzeichnen.

Widerrufsbelehrung
Art. 246 a § 1 Abs. 2 EGBGB fordert, dass der Händler den Verbraucher über die
Bedingungen, die Fristen und das Verfahren für die Ausübung des Widerrufsrechts sowie
das gesetzliche Muster-Widerrufsformular informiert. Es sind daher sowohl eine Widerrufsbelehrung als auch das gesetzliche Muster für die Erklärung des Widerrufs in die
Angebote einzufügen. Für die Widerrufsbelehrung empfiehlt es sich wegen des hohen
Abmahnrisikos auf das gesetzliche Muster in Anlage 1 zu Artikel 246 a § 1 Absatz 2 Satz
2 EGBGB (Muster Widerrufsbelehrung 2014) zurückzugreifen und dieses entsprechend
den Gestaltungshinweisen individuell anzupassen. Das gesetzliche Muster zur Widerrufserklärung aus Anlage 2 zu Artikel 246 a § 1 Absatz 2 Satz 1 Nummer 1 und § 2
Absatz 2 Nummer 2 EGBGB (Muster Widerrufserklärung 2014) sollte direkt darunter
eingesetzt werden.

Platzierung der Informationen
Nach Art. 246 a § 4 EGBGB sind die Händler verpflichtet, Verbrauchern die Informationen vor Abgabe von deren Vertragserklärung in klarer und verständlicher Weise zur Verfügung zu stellen. Damit müssen Händler diese Informationspflichten erfüllen, bevor der
Kunde in den Bestellvorgang gelangt bzw. einen Artikel in den Warenkorb legt (Oberlandesgericht Frankfurt a. M. 2019a). Die Informationen sind daher in den Angeboten
selbst zu platzieren und dürfen nicht „nur" in den AGB „versteckt" werden. Bei Amazon
übernimmt der Marketplace-Betreiber teilweise automatisch die Darstellung. Die Widerrufsbelehrung und das Muster für die Widerrufserklärung muss der Seller dagegen selbst
einfügen.

AGB und Vertragsbestätigung
Beim Fernabsatzgeschäft sind Händler verpflichtet, dem Verbraucher eine Bestätigung
des Vertrags, in der der Vertragsinhalt wiedergegeben ist, innerhalb einer angemessenen
Frist nach Vertragsschluss, spätestens jedoch bei der Lieferung der Ware zur Verfügung
zu stellen (§ 312 f. Abs. 2 BGB). Die Vertragsbestätigung kann zum Beispiel per E-Mail
übersandt oder in Papierform der Warenlieferung beigelegt werden. Die Vertragsbestätigung darf nicht mit der Bestell-Eingangsbestätigung verwechselt werden, die aufgrund der Pflichten im elektronischen Geschäftsverkehr direkt nach dem Eingang der
Bestellung an den Kunden versendet werden muss.

AGB-Erfordernis

Zwar fordert das Gesetz nicht, dass Händler regelrechte „AGB" im Onlinegeschäft nutzen müssen. Beim Verkauf an Verbraucher unterliegen Händler ohnehin den strengen Verbrauchervorschriften und sind in der Gestaltungsfreiheit ihrer AGB-Klauseln stark beschränkt. Allerdings gibt es zwei Gründe trotzdem „AGB" einzusetzen:

Zum einen ist in der Vertragsbestätigung nach § 312 f. Abs. 2 BGB der „Vertragsinhalt" wiederzugeben. Es empfiehlt sich daher, alle Informationen unter den AGB zusammen zu fassen und mit der Vertragsbestätigung zu übersenden. Zum anderen werden AGB nach § 305 Abs. 2 BGB nur dann Vertragsbestandteil, wenn der Verkäufer bereits bei Vertragsschluss auf deren Verwendung hinweist. Daher müssen die vollständigen AGB auch in die Amazon-Angebote integriert und auf sie hingewiesen werden.

Integration der AGB bei Amazon

Amazon gibt Sellern keine Möglichkeit, die AGB über eine einheitliche Seite mit dem Angebot zu verlinken, da die Textmenge für solche Seiten seit Dezember 2018 beschränkt und für die übliche Länge von AGB nicht praktikabel ist. Es gibt aber die Möglichkeit, den Text über zwei oder drei Hilfeseiten zu integrieren. Im Verkäuferprofil können dazu benutzerdefinierte Hilfeseiten angelegt und als „AGB Teil 1" und „AGB Teil 2" benannt werden.

Inhalt der AGB

Inhaltlich sollten die AGB folgende Regelungen treffen:

- Informationen zum Zustandekommen des Vertrags
- Informationen zu den angebotenen Zahlungsarten und den jeweiligen Abläufen der Zahlung
- Lieferbedingungen
- Widerrufsbelehrung einschließlich gesetzlichem Muster für die Widerrufserklärung
- Regelungen und Informationen zur gesetzlichen Gewährleistung
- Informationen zum Erkennen und Korrigieren von Eingabefehlern
- Informationen zum Speichern der Bestellung
- Information zur Vertragssprache

Welche Klauseln beim Verkauf an Verbraucher unzulässig sind, kann nicht pauschal beantwortet werden. Häufig werden jedoch zwingende gesetzliche Verbraucherrechte, die nicht abweichend vereinbart werden können, eingeschränkt.

Ausgewählte Beispiele typischer Klauseln, die von Gerichten bereits als wettbewerbswidrig eingestuft wurden:
- „Das Transportrisiko trägt der Käufer."
- „Nimmt der Kunde die Ware nicht ab, gerät er automatisch in Annahmeverzug."

- „Der Kunde hat die Ware unverzüglich auf Transportschäden zu überprüfen und diese der Transportperson zu melden. Andernfalls kann er keine Ansprüche geltend machen."
- „Gerichtsstand ist Frankfurt."
- „Die Ware muss mit der Originalverpackung zurückgesendet werden."
- „Unfreie Pakete werden nicht angenommen."

9.4   Pflichten im elektronischen Geschäftsverkehr

Zusätzlich zu den Informationspflichten im Fernabsatz haben Onlinehändler auch die Pflichten im elektronischen Geschäftsverkehr nach §§ 312 i und j BGB zu erfüllen. Diese bestehen einerseits aus weiteren Informationspflichten, andererseits muss der Bestellvorgang bestimmten Anforderungen im Aufbau bzw. Ablauf genügen.

Die Button-Lösung

Die sog. Button-Lösung ist in § 312 j Abs. 3 BGB geregelt. Danach ist der Händler verpflichtet, den Bestell-Button mit „zahlungspflichtig bestellen" oder einer entsprechenden eindeutigen Formulierung zu beschriften. Auf der Amazon-Plattform ist der Bestell-Button im Checkout mit „Jetzt kaufen" beschriftet.

Die Gestaltung der Bestellübersichtsseite

Zusätzlich müssen dem Kunden unmittelbar vor Abgabe seiner Bestellung, also am Ende des Checkouts, folgende Informationen in einer Bestellübersichtsseite über dem Bestell-Button aufgelistet werden (§ 312 j Abs. 2 BGB):

- Wesentliche Merkmale der Ware oder Dienstleistung,
- ggf. Mindestlaufzeit des Vertrags, wenn dieser eine dauernde oder regelmäßig wiederkehrende Leistung zum Inhalt hat,
- Gesamtpreis der Ware oder Dienstleistung einschließlich aller Preisbestandteile und Steuern sowie
- Liefer- und Versandkosten.

Problematisch ist in diesem Zusammenhang ein Urteil des Oberlandesgerichts München, wonach die Darstellung der Bestellübersicht auf Amazon rechtswidrig ist (Oberlandesgericht München 2019). Nach Auffassung des Gerichts liegt ein Verstoß gegen § 312 j Abs. 2 BGB vor, da die dort genannten Informationen bei Amazon nicht vollständig auf der Bestellübersichtsseite platziert sind. Insbesondere die Anzeige der wesentlichen Eigenschaften – in dem entschiedenen Fall die Angaben zur Textilkennzeichnung – habe auf derselben Internetseite zu erfolgen, auf der die Bestellung abgeschlossen werde. Amazon-Händler hafteten für diesen Wettbewerbsverstoß und könnten kostenpflichtig abgemahnt werden.

Bestelleingangsbestätigung

Zu den Pflichten im elektronischen Geschäftsverkehr gehört auch, dass der Händler dem Kunden den Zugang seiner Bestellung unverzüglich auf elektronischem Wege zu bestätigen hat (§ 312 i Abs. 1 Nr. 3 BGB). Beispiel: „Vielen Dank, Ihre Bestellung ist bei uns eingegangen." Amazon versendet die Bestelleingangsbestätigung automatisch für den Seller.

Die Bestelleingangsbestätigung ist nicht zu verwechseln mit der Vertragsbestätigung nach § 312 f. Abs. 2 BGB, die beim Fernabsatzkauf verlangt wird und Verbrauchern „nach Vertragsschluss" zu übersenden ist. Soll der Vertrag immer schon mit Eingang der Bestellung abgeschlossen werden, können beide Bestätigungen in einer E-Mail an den Kunden kombiniert werden.

9.5 Urheberrecht

Jeder Seller haftet selbst für Urheberrechtsverstöße, die er in Bezug auf die Gestaltung seiner Angebote begeht. Lädt er also etwa Produktfotos in den Online-Katalog hoch, kann er urheberrechtlich in Anspruch genommen werden, wenn er nicht über die erforderlichen Nutzungsrechte verfügt. Wichtig ist in diesem Zusammenhang, dass der Seller berechtigt ist, seine Nutzungsrechte weiter an Dritte zu übertragen. Denn nach Ziffer 4 des Amazon Services Europe Business Solution Vertrages (Amazon Services Europe Business Solution Vertrag 2019) erhält Amazon das unentgeltliche, unwiderrufliche und unbefristete Nutzungsrecht an allen Materialien einschließlich Fotos, die auf der Plattform beim Anlegen von Angeboten hochgeladen werden. Gleichzeitig wird Amazon das Recht eingeräumt, diese Nutzungsrechte weiter an andere Händler zu übertragen. Seller stehen dafür ein, über die entsprechenden Nutzungsrechte zu verfügen. Sie verpflichten sich nach Ziffer 6 des Vertrages, Amazon von sämtlichen Ansprüchen freizustellen, sofern diese unter anderem in der Verletzung einer Verpflichtung aus dem Vertrag oder einer Verletzung von geistigen Eigentumsrechten an den hochgeladenen Materialien begründet sind.

Händler, die sich auf dem Amazon Marketplace an Angebote anhängen und damit auch Produktfotos aus der Amazon-Datenbank nutzen, haften allerdings nicht für etwaige Urheberrechtsverletzungen an diesen für sie fremden Fotos. Sie haben weder selbst eine Urheberrechtsverletzung begangen, noch haften Sie als Störer, denn sie haben keine Möglichkeit, die unabhängig von ihren Angeboten auf der Internetplattform eingestellten und aufrufbaren Bildern zu entfernen (Oberlandesgericht München 2016a).

In der Regel haftet auch Amazon nicht für Verstöße, die Händler durch die Gestaltung ihrer Angebote auf der Plattform begehen. Anders sieht es allerdings aus, wenn Seller urheberrechtswidrige Produktfotos einstellen. Hier könne sich Amazon nicht damit verteidigen, dass es sich um fremde Inhalte von Dritten handele, für die erst ab Kenntnis auf Beseitigung und Unterlassung gehaftet werde. Vielmehr nutze Amazon die Inhalte für eigene Zwecke. Es würden eigene

Amazon-Angebote und Händler-Angebote gleichermaßen auf derselben Market-place-Plattform unter dem Amazon-Logo dargestellt (Landgericht München I 2019; Landgericht Berlin 2016).

9.6   Datenschutzrecht für Seller

Seit 25. Mai 2018 gilt europaweit die Datenschutzgrundverordnung (DSGVO). In dem Rahmen, in dem die DSGVO über Öffnungsklauseln weiterhin vereinzelt natio-nale Regelungen zugelassen hat, hat Deutschland zu diesem Zeitpunkt auch ein neues Bundesdatenschutzgesetz (BSDG) erlassen, das ebenfalls zu beachten ist.

Datenschutz war auch vor Inkrafttreten der DSGVO bereits die Aufgabe eines jeden Sellers, allerdings war die praktische Bedeutung angesichts der geringen Bußgeldandro-hung eher gering. Mit der DSGVO sind datenschutzrechtliche Verstöße allerdings kein Kavaliersdelikt mehr, denn der Bußgeldrahmen wurde drastisch erhöht. Art. 83 DSGVO sieht je nach Regelverstoß Geldbußen von bis zu 20 Mio. EUR oder von bis zu 4 % des gesamten weltweit erzielten Jahresumsatzes des vorangegangenen Geschäftsjahrs eines Unternehmens vor, wenn dieser höher ist.

9.6.1   Der einzelne Seller ist Verantwortlicher

Seller haben dieselben datenschutzrechtlichen Verpflichtungen nach der DSGVO wie jedes andere Unternehmen auch.

Betrifft die Datenverarbeitung Personen, die sich innerhalb der EU befinden, gelten nach Art. 3 DSGVO die Pflichten aus der DSGVO unter anderem

- für Unternehmen mit Niederlassungen in der Europäischen Union (EU), auch wenn die Datenverarbeitung selbst außerhalb der EU stattfindet
- sowie für Unternehmen mit Niederlassungen außerhalb der EU, wenn die Datenver-arbeitung mit dem (auch kostenlosen) Anbieten von Waren oder Dienstleistungen im Zusammenhang steht.
- wenn die Datenverarbeitung Personen betrifft, die sich in der EU befinden.

Verpflichtet ist nach Art. 2 DSGVO jedes Unternehmen, das personenbezogene Daten verarbeitet. Seller sind dabei als „Verantwortliche" einzustufen, da sie allein oder gemeinsam mit anderen über die Zwecke und Mittel der Verarbeitung von personen-bezogenen Daten entscheiden. Jeder Marketplace-Händler kommt täglich über die im Amazon Marketplace Web Service (Amazon MWS) integrierte Webservice-Schnittstelle oder sonstige Exporte oder Synchronisierungen von Daten mit Kundendaten in Kontakt, verarbeitet diese zum Beispiel zur Bearbeitung der Bestellungen, Beantwortung von Anfragen oder zu Zwecken des Marketings.

9.6.2 Dokumentationspflichten

Jeder Seller muss ein Verarbeitungsverzeichnis nach Art. 30 DSGVO erstellen, das auf Anfrage der Aufsichtsbehörde jederzeit vorgelegt werden kann. Darin sind alle Verarbeitungen von personenbezogenen Daten aufzuführen.

Beispiele für die Verarbeitung personenbezogener Daten:
- Finanzbuchhaltung
- Lohnbuchhaltung
- E-Mail-Programm
- Customer Relationship Management (CRM)
- Cloudspeicher
- Voice-over-IP-Software

Die DSGVO sieht zwar eine Ausnahme von dieser Verpflichtung für Unternehmen mit weniger als 250 Mitarbeitern vor, wenn die Verarbeitung von personenbezogenen Daten nur gelegentlich erfolgt. Davon kann jedoch in der Praxis eines Amazons-Händlers, der täglich eine Vielzahl von Bestellungen mit Kundendaten abwickelt, keine Rede sein. Die Ausnahme greift daher in den allermeisten Fällen nicht, so dass auch kleinere Seller ein Verarbeitungsverzeichnis führen müssen.

Inhaltlich sind im Verzeichnis zu jeder einzelnen Verarbeitung im Wesentlichen diese Angaben zu machen:

- der Zweck der jeweiligen Datenverarbeitung,
- die Beschreibung der Kategorien der betroffenen Personen und der personenbezogenen Daten,
- die Angabe der Kategorien von Empfängern, gegenüber denen die Daten offengelegt wurden und noch werden (auch im Ausland),
- die Fristen für die Löschung der Daten,
- etwaige Datenübermittlungen in Drittstaaten sowie
- die Beschreibung der technischen und organisatorischen Maßnahmen, die die Datensicherheit gewährleisten.

Daneben ist zu dokumentieren, ob der Seller eine Datenschutz-Folgeabschätzung nach Art. 35 DSGVO vornehmen muss oder nicht. Regelmäßig ist das nicht der Fall. Besteht die Verpflichtung, etwa, weil die Datenverarbeitung ausnahmsweise mit einem hohen Risiko für die Betroffenen einhergeht, ist diese durchzuführen und ebenfalls zu dokumentieren.

9.6.3 Informationspflichten

Nach Art. 13, 14 DSGVO muss das Unternehmen als Verantwortlicher den Betroffenen „zum Zeitpunkt" der Datenerhebung über verschiedene Punkte informieren. Jeder Seller hat daher eine eigene Datenschutzerklärung in seine Angebote einzufügen und kann sich nicht auf die Informationen berufen, die Amazon dazu auf der Plattform bereits bereithält.

Diese Angaben sind innerhalb der Datenschutzinformation zu machen:

- Name und Kontaktdaten der verantwortlichen Stelle und des ggf. nicht in der EU niedergelassenen Vertreters;
- ggf. Kontaktdaten des Datenschutzbeauftragten;
- Zweck und Rechtsgrundlage der einzelnen Datenverarbeitungen;
- ggf. die Empfänger oder Kategorien von Empfängern der personenbezogenen Daten. Sollen Daten an Dritte weitergegeben werden, sind die Empfänger anzugeben. Stehen diese nicht fest, können Angaben zur Kategorie der Empfänger gemacht werden (z. B. „Weitergabe an Werbepartner"; „Weitergabe an Versandunternehmen"; „Weitergabe an andere Unternehmen im selben Konzern");
- ggf. Informationen zum Datentransfer in Drittstaaten einschließlich der Rechtsgrundlage und ggf. Veröffentlichung der Standardvertragsklauseln oder Binding Corporate Rules (BCR) mit Quellenangabe;
- Angaben zur Speicherdauer personenbezogener Daten bzw. Kriterien, nach denen sich die Speicherdauer bestimmt;
- ggf. Angaben zur Herkunft der Daten: Werden die Daten nicht bei dem Betroffenen erhoben, sind die Quellen anzugeben, aus denen die Daten stammen. Handelt es sich um öffentlich zugängliche Quellen, ist ebenfalls darüber zu informieren.

Seller übertragen durch die Nutzung von Amazon-Tools und Cloud Services bei der Bestellbearbeitung oftmals Kundendaten in Drittländer, also auf Server außerhalb der EU bzw. des Europäischen Wirtschaftsraumes (EWR). Darüber ist nicht nur in der Datenschutzinformation zu informieren, sondern es sind weitere rechtliche Anforderungen zu erfüllen: Nach Art. 44 ff. DSGVO dürfen Daten nur dann in ein Drittland transferiert werden, wenn

- entweder die EU-Kommission ein angemessenes Schutzniveau für diesen Drittstaat festgestellt hat, wie etwa für Andorra, Argentinien, die Faröer Inseln, Guernsey, Israel, Isle of Man, Japan, Jersey, Kanada, Neuseeland, die Schweiz, Uruguay und die USA im Rahmen des Privacy Shield (Europäische Kommission 2019)
- oder der Datentransfer aufgrund von Standardvertragsklauseln, die die EU-Kommission genehmigt hat, erfolgt.

Praktische Bedeutung hat der Datentransfer insbesondere für Seller, die Dienste wie Fetcher oder JungleScout nutzen, deren Anbieter ihren Sitz bzw. ihren Serverstandort in den USA haben.

9.6.4   Meldepflichten

Kommt es zu Datenpannen, bestehen zwei verschiedene Meldepflichten:

- Meldung an die Aufsichtsbehörde binnen 72 Stunden (Art. 33 DSGVO): Ausnahmsweise ist die Meldung nicht erforderlich, wenn die Datenpanne voraussichtlich nicht zu einem Risiko für die Rechte und Freiheiten natürlicher Personen führt.
- Benachrichtigung der Betroffenen (Art. 34 DSGVO): Diese kann ausnahmsweise unter anderem dann unterbleiben, wenn durch nachfolgende Maßnahmen sichergestellt wurde, dass kein hohes Risiko mehr für die Rechte und Freiheiten der Betroffenen besteht oder die Benachrichtigung mit einem unverhältnismäßigen Aufwand verbunden wäre.

9.6.5   Betroffenenrechte

Die Amazon-Kunden eines Sellers haben nach Art. 15 ff. DSGVO verschiedene datenschutzrechtliche Rechte:

- Auskunft,
- Löschung,
- Recht auf Vergessenwerden,
- Recht auf Datenübertragbarkeit,
- Widerspruchsrecht
- und Recht auf Einschränkung der Verarbeitung.

Werden diese Ansprüche von einem Kunden geltend gemacht und verlangt er beispielsweise Auskunft zu den über ihn gespeicherten Daten, sind diese Anträge unverzüglich, spätestens innerhalb eines Monats zu erledigen. Es ist allenfalls eine Verlängerung um zwei Monate möglich, wenn das erforderlich sein sollte. In diesem Fall ist der Betroffene aber über die Gründe für die Verzögerung zu informieren.

Werden Ansprüche unberechtigt geltend gemacht, ist der Betroffene ebenfalls binnen eines Monats über das Nicht-Tätigwerden und die Gründe hierfür zu informieren. Außerdem ist er auf die Möglichkeit, Beschwerde bei einer Aufsichtsbehörde oder einen Rechtsbehelf bei einem Gericht einzulegen, hinzuweisen.

Seller sollten sich daher entsprechende Informationsschreiben als Vorlage abspeichern, um fristgerecht auf jeden Antrag reagieren zu können.

9.6.6 Abschluss von Auftragsverarbeitungsverträgen

Erfolgt eine Datenverarbeitung im Auftrag eines Verantwortlichen, liegt eine Auftragsverarbeitung nach Art. 28 f. DSGVO vor. Es werden personenbezogene Daten an den Auftragsverarbeiter weitergeleitet, der diese weisungsgemäß verarbeitet.

Beispiele für eine Auftragsverarbeitung

Softwareanwendungen wie Lohnbuchhaltung, CRM oder E-Mail-System in der Cloud, Beauftragung eines externen Call-Centers für den Kundenservice, Durchführung von Gewinnspielen über eine externe Agentur, Werbeadressenverarbeitung in einem Lettershop.

Keine Auftragsverarbeitung liegt dagegen nach Auffassung der Aufsichtsbehörden in diesen Fällen vor (Bayerisches Landesamt für Datenschutzaufsicht 2019):

Diese sind keine Auftragsverarbeitung

Beauftragung eines Inkassobüros mit Forderungsübertragung, Nutzung von Bankinstituten für den Geldtransfer, Beauftragung von Postdiensten mit dem Pakettransport.

Auftragsverarbeitungsverträge sind schriftlich zu schließen. Es reicht aber die elektronische Form, d. h. der Vertrag kann auch online per Mausklick geschlossen werden. Fehlt der Vertrag, drohen nach Art. 83 Abs. 4 DSGVO Geldbußen von bis zu 10 Mio. EUR oder von bis zu 2 % des gesamten weltweit erzielten Umsatzes.

9.7 Aktuelle Sonderprobleme beim Handel auf Amazon

9.7.1 Rezensionsbetrug

Produktbewertungen sind ein wichtiges Marketinginstrument auf dem Amazon Marketplace. Viele Händler sind in der Vergangenheit daher offenbar dazu übergegangen, über Rezensionsvermittler positive Bewertungen zu kaufen (Internet World Business 2019a). Dieses Vorgehen verstößt allerdings nicht nur gegen die Amazon-Richtlinien (Amazon Seller Central 2019), sondern kann nach §§ 5, 5 a UWG zudem einen abmahnbaren Wettbewerbsverstoß darstellen, wenn die Information, dass die Bewertung gekauft wurde oder mit einer Gegenleistung verbunden war, nicht angegeben ist.

Außerdem darf Amazon gegen Vermittler von gekauften Produktbewertungen vorgehen und einstweilige Verfügungen gegen solche Unternehmen erwirken, die gekaufte Produktbewertungen auf dem Marketplace veröffentlichen (Oberlandesgericht Frankfurt a. M. 2019b).

9.7.2 Sperrung von Händler-Konten

Amazon geht aktuell vermehrt gegen vermeintliche Unregelmäßigkeiten auf der Plattform vor, sperrt Accounts von Händlern und scheint wenig Interesse an deren Reaktivierung zu haben. Gründe dafür hatte Amazon nicht angegeben. Es wird allerdings gemutmaßt, dass Amazon Händlerkonten mit angeblich falschen bzw. gekauften Produktrezensionen gesperrt hat (t3n 2019; Internet World Business 2019b).

Soweit eine Kontensperrung grundlos und damit rechtswidrig erfolgt, können Händler Ansprüche auf Beseitigung, Unterlassung und Schadensersatz bzw. Ersatz des entgangenen Gewinns geltend machen. So hatte sich in einem Fall eine Händlerin gegen die aus ihrer Sicht unzulässige Sperrung ihres Kontos gewehrt und eine einstweilige Verfügung gegen Amazon erwirkt (Landgericht Hildesheim 2019). In dem Verfahren ordnete das Gericht die zu dem Zeitpunkt noch in Ziffer 3 des Amazon Services Europe Business Solutions Vertrags vorhandene Klausel, wonach Amazon die Händlerkonten jederzeit ohne Angabe von Gründen einfrieren oder sperren könne, als unzulässig ein.

Die Klausel wurde zwischenzeitlich von Amazon aus dem Vertrag entfernt (Amazon Service Vertrag 2019). Grund hierfür dürfte das kartellrechtliche Missbrauchsverfahren sein, welches im November 2018 gegen Amazon eingeleitet wurde (Bundeskartellamt 2018). Das Bundeskartellamt hatte gegen Amazon ermittelt und geprüft, ob der Konzern seine Marktmacht zu Lasten der Marketplace-Händler ausnutzt und diese ggf. behindert. Aus dem Fallbericht zum Verfahren (Bundeskartellamt 2019a) ergibt sich dessen praktische Bedeutung: Im Jahr 2018 sollen auf dem deutschen Amazon-Marktplatz mehr als 250.000 Verkäufer-Konten dauerhaft und mehr als 30.000 Verkäufer-Konten vorübergehend wegen des Vorwurfs des Betruges oder der Verletzung gewerblicher Schutzrechte gesperrt worden sein (siehe zu Produkt- und Markenschutz auf Amazon auch Kap. 14 von Jochen Schäfer). Das Verfahren wurde einvernehmlich eingestellt, nachdem Amazon sich zur Änderung seiner Allgemeinen Geschäftsbedingungen verpflichtet hatte. Danach soll künftig bei ordentlichen Kündigungen eine 30 Tage-Frist gelten. Bei außerordentlichen Kündigungen, welche auf Gefährdungen und Rechtsverletzungen durch einen Händler gestützt würden, bestehe ebenso wie bei der Sperrung von Händlerkonten nun die Pflicht von Amazon zur Information und Begründung (Bundeskartellamt 2019b).

9.7.3 Haftung der Seller für ihre Amazon-Angebote

Nach der Rechtsprechung haften Seller für die Gestaltung und Inhalte ihrer Amazon-Angebote, auch wenn der einzelne Anbieter keinen Zugriff auf deren Gestaltung oder Inhalt hat. Beispiel: Falsche Angabe einer Unverbindlichen Preisempfehlung zu einem Artikel unter einer bestimmten Amazon Standard-Identifikationsnummern (ASIN), (Bundesgerichtshof 2016a). Will ein Händler einen Artikel verkaufen, für den im Amazon-Katalog bereits eine ASIN vergeben wurde, darf er sich nur an dieses bestehende Angebot „anhängen". Allerdings kann jeder der angehängten Händler oder auch Amazon das Angebot ändern und wie

in dem entschiedenen Fall eine falsche Unverbindliche Preisempfehlung zu dem Artikel aufnehmen.

Gleiches gilt in Bezug auf die Fehleinordnung der eigenen Produkte in den Amazon-Katalog. So hatte in einem Fall ein Händler Lampen über den Marketplace
angeboten, die mangels StVZO-Genehmigung nicht als Fahrradlampen verkauft werden durften. Der Händler hatte zwar darauf hingewiesen, dass die Ware über keine entsprechende Zulassung verfüge. Amazon hatte das Produkt aber trotzdem in die Rubrik
„Radsport, Beleuchtung, Lampensets" einsortiert. Das Landgericht Freiburg bejahte
einen Wettbewerbsverstoß, da das Handeln von Amazon dem Händler zuzurechnen
sei (Landgericht Freiburg 2017). Auch für von Amazon verursachte Markenrechtsverletzungen in den Angeboten haften Seller nach der Rechtsprechung direkt und können
daher kostenpflichtig abgemahnt werden.

Aus Sicht der Gerichte bleibt Händlern nur die praktisch kaum durchführbare Option,
sämtliche Angebote regelmäßig auf Wettbewerbsverstöße hin zu kontrollieren und
gegebenenfalls zu löschen. „Regelmäßig" bedeutet täglich Montag bis Freitag während
der Geschäftszeiten (Oberlandesgericht Köln 2017), eine Überprüfung nur alle zwei
Wochen sei nicht ausreichend (Landgericht Arnsberg 2017).

9.7.4 Anhängen an Angebote

Artikel werden bei Amazon ausschließlich über die ASIN eingestellt und im Online-
katalog gelistet. Hierbei handelt es sich um eine Reihe von 10 Buchstaben und/oder
Ziffern, anhand derer individuelle Artikel identifiziert werden können. Bei allen Artikeln, die erstmals bei Amazon angeboten werden, wird jeweils eine neue ASIN angelegt
(Amazon 2019). Will ein Händler einen Artikel verkaufen, für den bereits eine ASIN vergeben wurde, darf er sich nur an dieses bestehende Angebot „anhängen", nicht jedoch
diesen Artikel unter einer neuen ASIN anbieten. Dadurch werden alle Artikel nur einmal
mit allen Händlerangeboten gelistet und bleiben für den Kunden vergleichbar.

ASIN und Urheberrecht

Das Anhängen an „fremde" Angebote über die ASIN stellt nach überwiegender Auffassung in der Rechtsprechung keine Urheberrechtsverletzung dar. Mit dem Hochladen
von Artikelbeschreibungen und Produktfotos wird anderen Händlern auf der Grundlage
der Amazon-Nutzungsbedingungen ein Nutzungsrecht eingeräumt, denn das Anhängen
an bestehende ASINs ist von Amazon so vorgesehen (Oberlandesgericht Köln 2014).
Auch eine Haftung der Händler, die sich an bestehende Angebote angehängt haben,
kommt mangels eigener Verletzungshandlung nicht in Betracht, da diese die Fotos nicht
selbst hochgeladen haben (Oberlandesgericht München 2014; Oberlandesgericht München 2016b).

ASIN und Markenrecht

Die Einordnung eines Artikels unter einer bestimmten ASIN und die Angebots-
beschreibung können sowohl von Amazon als auch von „angehängten" Sellern geändert
werden. Daher kann es vorkommen, dass der No-Name-Artikel eines angehängten Händlers später unter einer Markenbezeichnung angeboten wird. Dann liegt eine Markenrechtsverletzung vor, für die den Seller eine Überwachungs- und Prüfungspflicht auf
eine mögliche Veränderung der Produktbeschreibung trifft. Die Tätigkeit als Händler auf
Amazon Marketplace bringe in solchen Fällen die Gefahr von Rechtsverletzungen mit
sich, weil Dritte die Produktbeschreibung ändern könnten (Bundesgerichtshof 2016b).

Doppelanlage unter neuer ASIN

Für Seller stellt es keine Lösung dar, eigene Artikel unter einer neuen ASIN anzulegen,
um etwa der Problematik der Haftung für Angebotsinhalte und Änderungen durch andere
Händler oder durch Amazon zu entgehen. Damit erweckten Händler den wettbewerbs-
widrigen Eindruck, dass die Artikel auf der Plattform nur über diesen einen Verkäufer
erhältlich seien (Oberlandesgericht Hamm 2017).

9.7.5 Nutzung einer fremden GTIN

Die Global Trade Item Number (GTIN) ist eine spezielle Nummer, die in Deutschland über die GS1 Germany GmbH mit Sitz in Köln lizenziert werden kann. Über die
GTIN können Artikel, Dienstleistungen und mithilfe der darin enthaltenen GS1 Basis-
nummer auch die verantwortlichen Unternehmen weltweit eindeutig identifiziert werden.
Sie umfasst in der Regel 13 Stellen, mit der ein Unternehmen und der Artikel bis hin zu
einer individuellen Versandeinheit wie einer Palette, eines Containers oder eines Kartons
zurückverfolgt werden können. Die GTIN ist ein im Jahr 2009 im Zuge einer Fusion
der europäischen und amerikanischen Organisationen eingeführter, neuer Name für die
bis dahin geltende European Article Number (EAN). Während die ASIN speziell von
Amazon entwickelt wurde und auch nur auf der Amazon-Plattform genutzt wird, hat die
GTIN für den gesamten, weltweiten Onlinehandel Bedeutung.

Bei Amazon ist die Angabe der GTIN erforderlich, um neue Artikel in den Online-
Katalog einstellen zu können. Da die Lizenzierung der GTIN kostenpflichtig ist, hat der
Händler, der Inhaber der GTIN ist, ein starkes Interesse daran, dass sich andere Händler
nicht an sein Angebot anhängen. Amazon sieht das Anhängen an Angebote einschließlich „fremder" GTIN jedoch ausdrücklich vor.

Die Rechtsprechung ist sich uneins darüber, ob das Anhängen unter einer fremden
GTIN wettbewerbswidrig sein kann. Zum Teil wird argumentiert, dass keine Irreführung
über die betriebliche Herkunft eines Produkts gegeben sei, denn bei Amazon sei es durch
die Darstellung der Angebote hinreichend klargestellt, von welchem Anbieter der Kunde
im Einzelfall kaufe. Die GTIN, die gegebenenfalls nur klein in der Produktbeschreibung

enthalten sei, reiche nicht aus, um den Eindruck des Kunden zu beeinflussen (Oberlandesgericht Köln 2015; Landgericht Bremen 2012; Landgericht Bochum 2011b). Das gelte auch, wenn Amazon verschiedene GTINs unter einer ASIN zusammenfasse, etwa, weil zwei Händler das identische Produkt von einem Hersteller bezögen und über Amazon weiterverkauften. Das Landgericht Düsseldorf verneinte einen wettbewerbsrechtlichen Unterlassungsanspruch eines Händlers gegen einen anderen Händler wegen Übernahme der GTIN, da es an der irreführenden Angabe über die betriebliche Herkunft des Artikels fehle. Es sei unerheblich, dass die Händler jeweils eigene GTINs lizensiert hätten, denn diese Frage sei für den Kunden insbesondere bei Produkten im Niedrigpreissegment ohne Bedeutung, zumal hier der Hersteller identisch sei. Die Kaufentscheidung hänge vielmehr vom Preis der unterschiedlichen Angebote ab (Landgericht Düsseldorf 2015). Ein Unterlassungsanspruch soll dagegen bestehen, wenn durch das Anhängen an ein Angebot zugleich eine Markenbezeichnung oder der Händlername im Angebotstext mit übernommen wird, obwohl die angehängten Artikel nicht aus der Produktion des Markeninhabers oder von dem speziellen Händler stammen (Landgericht Bochum 2011a).

9.8 Fazit

Der Handel auf Amazon hat für Seller viele Vorteile: Sie können bequem in das Onlinegeschäft einsteigen und relativ hohe Umsätze generieren. Auf der anderen Seite besteht ein großer Nachteil in dem Umstand, dass ein rechtssicherer Handel auf Amazon praktisch nicht möglich ist. Die vielfältigen Anforderungen, die insbesondere auch die deutsche Rechtsprechung an die Umsetzung der gesetzlichen Vorgaben stellt, sind für Seller nicht immer einzuhalten. Sie haben nicht den erforderlichen Zugriff auf die technische oder gestalterische Darstellung der einzelnen Angebote, um Impressum, AGB, Datenschutzinformation, Artikelbeschreibungen oder Preisauszeichnung zu 100 % rechtssicher zu integrieren. Auch die Pflicht zum Anhängen an Angebote birgt viel Haftungsrisiko. Der Ausstieg bei Amazon kann jedoch keine Alternative sein.

Das E-Commerce-Recht und das Datenschutzrecht sind inzwischen so kompliziert geworden wie das Steuerrecht. Für Seller bleibt daher nur die Möglichkeit, sich ständig auch mit Rechtsthemen auseinander zu setzen. Alles muss laufend so rechtssicher wie möglich umgesetzt werden und die Angebote sind regelmäßig zu kontrollieren. Seller sollten sich ständig über aktuelle Gesetzesänderungen und Urteile informieren, um im Falle eines Falles schnell reagieren zu können.

Literatur

Amazon. (2019). Was sind EANs, UPCs, ISBNs und ASINs? https://www.amazon.de/gp/seller/asin-upc-isbn-info.html/ref=DE_SOA_FAQ_requirements_helplisting?ld=ASDESOADirect. Zugegriffen: 20. Aug. 2019.

Amazon Seller Central. (2019). Produktrezensionen von Kunden. https://sellercentral.amazon.de/gp/help/external/G201972140?language=de_DE. Zugegriffen: 20. Aug. 2019.

Amazon Services Europe Business Solution Vertrag. (2019). Stand: 16.08.2019. https://sellercentral.amazon.de/gp/help/external/201190440?ref=efph_201190440_cont_521&language=de_DE. Zugegriffen: 19. Aug. 2019.

Bayerisches Landesamt für Datenschutzaufsicht. (2019). FAQ zur DS-GVO. https://www.lda.bayern.de/media/FAQ_Abgrenzung_Auftragsverarbeitung.pdf. Zugegriffen: 8. Aug. 2019.

Bezos, J. (2019). 2018 Letter to Shareholders. https://blog.aboutamazon.com/company-news/2018-letter-to-shareholders. Zugegriffen: 29. Juli 2019.

Bundesgerichtshof. (2016a). Urteil vom 03.03.2016, IZR 110/15. https://juris.bundesgerichtshof.de/cgi-bin/rechtsprechung/document.py?Gericht=bgh&Art=en&nr=75493&pos=0&anz=1. Zugegriffen: 31. Juli 2019.

Bundesgerichtshof. (2016b). Urteil vom 03.03.2016, I ZR 140/14. https://juris.bundesgerichtshof.de/cgi-bin/rechtsprechung/document.py?Gericht=bgh&Art=en&nr=75492&pos=0&anz=1. Zugegriffen: 1. Aug. 2019.

Bundeskartellamt. (2018). Pressemitteilung. Einleitung eines Missbrauchsverfahrens gegen Amazon. https://www.bundeskartellamt.de/SharedDocs/Meldung/DE/Pressemitteilungen/2018/29_11_2018_Verfahrenseinleitung_Amazon.html. Zugegriffen: 20. Aug. 2019.

Bundeskartellamt. (2019a). Fallbericht B2-88/18. Amazon ändert weltweit seine Geschäftsbedingungen für Händler auf seinen Marktplätzen – Bundeskartellamt stellt Missbrauchsverfahren ein. https://www.bundeskartellamt.de/SharedDocs/Entscheidung/DE/Fallberichte/Missbrauchsaufsicht/2019/B2-88-18.html;jsessionid=0A2A61FBBE8552CC833682EEAAD5FE02.1_cid378?nn=3591568. Zugegriffen: 20. Aug. 2019.

Bundeskartellamt. (2019b). Pressemitteilung. Bundeskartellamt erwirkt für Händler auf den Amazon Online-Marktplätzen weitreichende Verbesserungen der Geschäftsbedingungen. https://www.bundeskartellamt.de/SharedDocs/Meldung/DE/Pressemitteilungen/2019/17_07_2019_Amazon.html. Zugegriffen: 31. Juli 2019.

Europäische Kommission. (2019). Adequacy decisions. https://ec.europa.eu/info/law/law-topic/data-protection/international-dimension-data-protection/adequacy-decisions_en. Zugegriffen: 28. Aug. 2019.

Internet World Business. (2019a). Amazon greift in Sachen Bewertungsbetrug durch. https://www.internetworld.de/e-commerce/amazon/amazon-greift-in-sachen-bewertungsbetrug-1716246.html. Zugegriffen: 31. Juli 2019.

Internet World Business. (2019b). Händler-Sperrungen auf Amazon dauern an. https://www.internetworld.de/e-commerce/amazon/haendler-sperrungen-amazon-dauern-an-1725156.html. Zugegrifen: 31. Juli 2019.

Kollmann, T. (2019). Definition „E-Marketplace". In Gabler Wirtschaftslexikon. https://wirtschaftslexikon.gabler.de/definition/e-marketplace-51868. Zugegriffen: 29. Juli 2019.

Landgericht Arnsberg. (2017). Beschluss vom 14.02.2017, I – 8 O 10/15. https://www.online-und-recht.de/urteile/Kontrollpflichten-eines-Marketplace-Haendlers-Landgericht-Arnsberg-20170214/. Zugegriffen: 31. Juli 2019.

Landgericht Berlin. (2016). Urteil vom 26.01.2016, 16 O 103/14. https://connect.juris.de/jportal/prev/JURE160002655. Zugegriffen: 20. Aug. 2019.

Landgericht Bochum. (2011a). Urteil vom 21.07.2011, I-14 O 98/11. https://www.justiz.nrw.de/nrwe/lgs/bochum/lg_bochum/j2011/I_14_O_98_11urteil20110721.html. Zugegriffen: 20. Aug. 2019.

Landgericht Bochum. (2011b). Urteil vom 03.11.2011, 14 O 15/11. https://www.justiz.nrw.de/nrwe/lgs/bochum/lg_bochum/j2011/14_O_151_11urteil20111103.html. Zugegriffen: 20. Aug. 2019.

Landgericht Bochum. (2017). Beschluss vom 24.04.2017, I-16 O 148/17. https://www.justiz.nrw.de/nrwe/lgs/bochum/lg_bochum/j2017/I_16_O_148_17_Beschluss_20170424.html. Zugegriffen: 29. Juli 2019.

Landgericht Bremen. (2012). Beschluss vom 10.01.2012, 7 O 1983/11. BeckRS 2015, 16259.

Landgericht Düsseldorf. (2015). Urteil vom 15.04.2015, 2a O 243/14. https://www.justiz.nrw.de/nrwe/lgs/duesseldorf/lg_duesseldorf/j2015/2a_O_243_14_Urteil_20150415.html. Zugegriffen: 20. Aug. 2019.

Landgericht Freiburg. (2017). Urteil vom 07.08.2017, 12 O 141/15. https://connect.juris.de/jportal/prev/KORE519262018. Zugegriffen: 20. Aug. 2019.

Landgericht Hildesheim. (2019). Beschluss vom 26.06.2019, 3 O 179/19. https://www.lhr-law.de/wp-content/uploads/2019/07/LG-Hildesheim-Amazon-Verk%C3%A4uferkonto-gesperrt.pdf. Zugegriffen: 20. Aug. 2019.

Landgericht München I. (2019). Urteil vom 20.02.2019, 37 O 5140/18. https://www.gesetze-bayern.de/Content/Document/Y-300-Z-BECKRS-B-2019-N-5963. Zugegriffen: 20. Aug. 2019.

Landgericht Würzburg. (2018). Urteil vom 7.8.2018, 1 HK O 434/18. https://www.gesetze-bayern.de/Content/Document/Y-300-Z-BECKRS-B-2018-N-26838. Zugegriffen: 29. Juli 2019.

Muster Widerrufsbelehrung. (2014). https://www.gesetze-im-internet.de/bgbeg/art_253anlage_1.html. Zugegriffen: 31. Juli 2019.

Muster Widerrufserklärung. (2014). https://www.gesetze-im-internet.de/bgbeg/art_253anlage_2.html. Zugegriffen: 31. Juli 2019.

Oberlandesgericht Frankfurt a. M. (2019a). Urteil vom 10.01.2019, 6 U 19/18. https://www.rv.hessenrecht.hessen.de/bshe/document/LARE190019816. Zugegriffen: 19. Aug. 2019.

Oberlandesgericht Frankfurt a. M. (2019b). Beschluss vom 22.02.2019, 6 W 9/19. https://www.rv.hessenrecht.hessen.de/bshe/document/LARE190019848. Zugegriffen: 20. Aug. 2019.

Oberlandesgericht Hamm. (2017). Urteil vom 12.01.2017, 4 U 80/16. https://www.justiz.nrw.de/nrwe/olgs/hamm/j2017/4_U_80_16_Urteil_20170112.html. Zugegriffen: 20. Aug. 2019.

Oberlandesgericht Köln. (2014). Urteil vom 19.12.2014, 6 U 51/14. https://www.justiz.nrw.de/nrwe/olgs/koeln/j2014/6_U_51_14_Urteil_20141219.html. Zugegriffen: 1. Aug. 2019.

Oberlandesgericht Köln. (2015). Urteil vom 27.03.2015, 6 U 185/14. https://www.justiz.nrw.de/nrwe/olgs/koeln/j2015/6_U_185_14_Urteil_20150327.html. Zugegriffen: 20. Aug. 2019.

Oberlandesgericht Köln. (2017). Beschluss vom 15.03.2017, 6 W 31/17. https://www.justiz.nrw.de/nrwe/olgs/koeln/j2017/6_W_31_17_Beschluss_20170315.html. Zugegriffen: 31. Juli 2019.

Oberlandesgericht München. (2014). Urteil vom 27.03.2014, 6 U 1859/13. https://connect.juris.de/jportal/prev/KORE540972014. Zugegriffen: 20. Aug. 2019.

Oberlandesgericht München. (2016a). Urteil vom 22.09.2016, 29 U 2498/16. https://www.gesetze-bayern.de/Content/Document/Y-300-Z-BECKRS-B-2016-N-108898. Zugegriffen: 29. Juli 2019.

Oberlandesgericht München. (2016b). Urteil vom 10.03.2016, 29 U 4077/15. https://www.gesetze-bayern.de/Content/Document/Y-300-Z-BECKRS-B-2016-N-10931. Zugegriffen: 20. Aug. 2019.

Oberlandesgericht München. (2019). Urteil vom 31.01.2019, 29 U 1582/18. https://www.gesetze-bayern.de/Content/Document/Y-300-Z-BECKRS-B-2019-N-2803. Zugegriffen: 19. Aug. 2019.

t3n (2019). Amazon sperrt zahlreiche Händler vom Verkauf. https://t3n.de/news/amazon-sperrt-zahlreiche-haendler-1182198/. Zugegriffen: 31. Juli. 2019.

Sabine Heukrodt-Bauer ist Fachanwältin für IT-Recht, Fachanwältin für gewerblichen Rechtsschutz und Master of Laws (LL.M.) im Medienrecht. Sie ist seit 25 Jahren Rechtsanwältin und Gründerin der Kanzlei RESMEDIA mit Standorten in Mainz und Berlin. Sabine Heukrodt-Bauer ist Sprecherin auf diversen Events und Kongressen der IT-Branche und Dozentin für IT-Recht an der Johannes-Gutenberg-Universität Mainz. Sie veröffentlicht regelmäßig Artikel zu aktuellen Themen im E-Commerce-Recht, IT-Recht und Online-Marketing-Recht.

Logistik-Kompetenz als wesentlicher Treiber des Erfolgs für und mit Amazon

Oliver Lucas

Inhaltsverzeichnis

Zusammenfassung

Eine reibungslose logistische Abwicklung wird aus Konsumentensicht als Normalfall vorausgesetzt. Die Logistik ist somit ein sogenannter „Hygienefaktor", der funktionieren muss, damit das Kauferlebnis von physischen Artikeln positiv ist und das Online-Geschäftsmodell überhaupt funktioniert. Für den Endkunden fällt Logistik meist nur in einem negativen Zusammenhang auf: nicht verfügbare Artikel, verspätete Zustellung, defekte oder beschädigte Kartonage, vertauschte Artikel oder Aufwand in der Annahme des Paketes vom Paketdienstleister. Logistik hat für den Erfolg von Amazon seit „Tag 1" eine entscheidende Bedeutung. Alles muss gegenüber den Endkunden unauffällig funktionieren, die Zustellung muss schnell und zuverlässig in einer versandfähigen, einwandfreien Verpackung erfolgen. Inzwischen hat Amazon logistisch eine zusätzliche große Herausforderung: und zwar das riesige Wachstum an

O. Lucas (✉)
ecom consulting GmbH, München, Deutschland
E-Mail: lucas@ecom-consulting.de

© Springer Fachmedien Wiesbaden GmbH, ein Teil von Springer Nature 2020
C. Stummeyer und B. Köber (Hrsg.), *Amazon für Entscheider,*
https://doi.org/10.1007/978-3-658-27427-6_10

Lieferanten, Plattformanbietern, Sortiment, Artikeln und die unglaubliche Menge an Transaktionen überhaupt zu meistern! In diesem Artikel steht die Rolle der Logistik bei und für Amazon im Vordergrund. Hierbei wird vertiefend auf verschiedene Fragestellungen eingegangen: warum und inwiefern ist Logistik eine Kernkompetenz von Amazon? Wie hat Amazon die Endkundenlogistik des Online Handels maßgeblich verändert? Wie gestaltet sich die Zusammenarbeit mit Amazon als Warenempfänger? Wie können Anbieter auf Amazon die Endkundenlogistik als „Fulfilment by Merchant" (FBM) selber erbringen? Abschließend werden einige Tipps und Tricks für die Logistik bei Verkäufen auf Amazon erläutert sowie ein Ausblick zur weiteren Entwicklung von Lager- und Transportdienstleistungen gewagt.

10.1 Hintergrund

10.1.1 Logistik im Allgemeinen

Umgangssprachlich wird der Begriff „Logistik" in verschiedensten Kontexten verwendet. Dabei sind manchmal Warenströme von der Produktion zu einem Logistikzentrum in Europa gemeint. Ebenfalls wird die Logistik innerhalb dieser Logistikzentren und anderen Logistikzentren als „Logistik" bezeichnet. Zu guter Letzt ist auch die Endkundenzustellung aus einem Lager an den Endkunden eine Aufgabenstellung der Logistik.

Die Bundesvereinigung Logistik nutzt treffenderweise folgende allgemeine Definition: „Logistik ist ein System, das zunächst im Unternehmen, aber auch unternehmensübergreifend mit Lieferanten und Kunden, eine optimale Versorgung mit Materialien, Teilen und Modulen für die Produktion – und auf der anderen Seite natürlich der Märkte bedeutet" (BVL 2017). Der Begriff des „Supply Chain Management" hat eigentlich eine übergreifendere Bedeutung, indem hierbei mehrere Logistik-Vorgänge in ihrer sequentiellen oder parallelen Abfolge betrachtet werden. Jedoch werden auch die Begriffe „Logistik" und „Supply Chain Management" im allgemeinen Sprachgebrauch oft synonym verwendet.

Weil eine klare begriffliche Abgrenzung von „Logistik" im Alltag und auch im Business Kontext eher selten erfolgt, sollte man sich bei Diskussionen über Logistik selbst Klarheit darüber verschaffen, ob eher Lagerlogistik, Transportlogistik, systemseitige Logistikfragen oder komplette Prozessketten im eigentlichen Sinne einer Supply Chain gemeint sind.

Dieser Beitrag fokussiert sowohl auf Lager- als auch Transportlogistik, jeweils beginnend ab einem deutschen oder EU Logistikzentrum via Amazon Lager oder nicht, jeweils bis hin zum Endkunden – und gegebenenfalls als Retoure zurück. Beschaffungsströme von Produktionsstandorten bis zu diesen EU Logistikzentren sowie zoll- und steuerrechtliche Fragestellungen werden hier ausgeblendet und nur sofern der Verdeutlichung dienlich, kurz angerissen.

Nachfolgende Übersicht stellt die verschiedenen Themenfelder von „Logistik" im Handels- bzw. Onlinehandels-Kontext dar (Abb. 10.1).

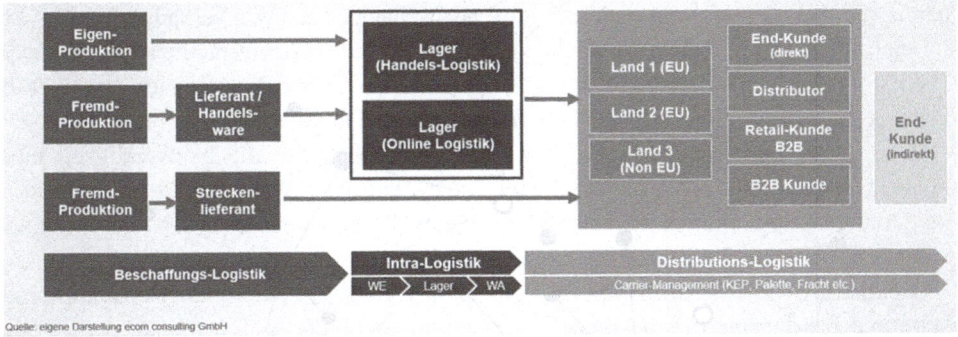

Abb. 10.1 Logistik im Handels- bzw. Onlinehandels-Kontext (Ecom Consulting GmbH, eigene Darstellung)

Für eine effiziente, transparente und kostengünstige Abwicklung der gesamten Logistik muss sich jedes Unternehmen seine gesamte Prozesskette vergegenwärtigen und sich bewusst sein, dass jede Übergabe von Ware innerhalb dieser Kette funktionieren muss.

Je nach Ausgestaltung der gesamten Prozesskette können Interaktionen zwischen Beschaffungs-Logistik und Intra-Logistik mehrmals auftreten. Insgesamt ist zu beachten, dass jeder Warenumschlag bei jedem Unternehmen Transaktions-Kosten verursacht und somit wird ein häufiger Umschlag die Prozesskosten innerhalb der gesamten Supply Chain zwangsläufig dementsprechend erhöhen. Ebenfalls birgt jeder Warenumschlag ein zusätzliches Fehlerpotential, unter anderem weil hier Menschen agieren, die für das Warenhandling unterschiedliche Hilfsmittel einsetzen. Darüber hinaus ist jede Warenübergabe auch eine systemseitige Schnittstelle, bei der Daten zwischen verschiedenen Partnern ausgetauscht werden.

10.1.2 Die zunehmende Bedeutung der Logistik

Logistik war im Endkundengeschäft mit physischen Artikeln lange Jahre ein aus strategischer Perspektive heraus nicht besonders beachteter Teil des Produktionsprozesses. Logistik war im Vergleich zu Marken- oder Marketingfragen, Einkauf, Preisgestaltung etc. nicht sexy oder nicht business-relevant genug, sodass Logistik auf Vorstandsebene oder in Strategie-Diskussionen keine wesentliche Rolle einnahm. Die Logistik sollte und musste einfach irgendwie funktionieren und dauerte solange, wie sie eben dauerte und kostete, was sie kosten musste und durfte. Die Anlieferung der Ware an die Verkaufsstellen, im wesentlichen stationäre Geschäfte, stand selten im Fokus der Anbieter und die Prozesskette nach Verlassen des Lagers war oft nicht transparent. In den Läden wurde oft „auf Sicht" gearbeitet und letztlich war es entscheidend, dass Ware auf der Verkaufsfläche in den gewünschten Regalen oder Plätzen auffindbar war. Ein ausgeprägtes Bewusstsein für datengestütztes Bestandsmanagement war eher die Ausnahme. Kundendialoge mit dem Verkaufspersonal, ob dieser oder jener Artikel noch verfügbar sei, ernteten daher häufig die Antwort „da muss ich mal kurz nachschauen" und der Verkäufer verschwand für eine Weile „zum Suchen" in den kleinen und oft nicht systemgestützten Lagerbereich. Die Erfolgschancen einerseits Ware zu finden und andererseits dem Kunden durch diesen Prozess ein positives Kauferlebnis zu schaffen, waren eher niedrig.

Diese Art, logistisch zu agieren und das Verständnis für die Notwendigkeit einer höheren Transparenz und Effizienz in der Prozesskette des Warenflusses hat sich durch die Digitalisierung und den daraus resultierenden Online Handel deutlich und nachhaltig verändert.

Heutzutage ist Logistikkompetenz ein entscheidender Faktor der Wertschöpfungskette und bei den meisten handeltreibenden Unternehmen im Top Management Fokus angekommen. Schließlich werden durch die Logistik eine Vielzahl von wichtigen Aspekten wesentlich beeinflusst:

- Logistikkosten je Artikelstück
- Service Level und Transparenz der Abwicklung in einem Teil der Prozesskette oder insgesamt
- Möglichkeiten und Grenzen zur Skalierbarkeit des Geschäftsmodells
- Möglichkeiten und Grenzen der Sortimentsgestaltung
- Sicherstellung, Erhöhung oder im negativen Fall deutliche Senkung der Kundenzufriedenheit
- Etc.

Doch ist die Logistik nicht nur alleine betrachtet zu optimieren und für den Erfolg oder Misserfolg von Prozessen verantwortlich. Eine gute Logistik lebt von einer professionellen und frühzeitigen Einbindung in die Unternehmensplanung – und gleichfalls gilt die negative Korrelation: Eine schlechte Einbindung in die Unternehmensplanung stellt die Logistik vor (unnötige) Herausforderungen, welche dann mit entsprechendem Aufwand und Engagement durch die Logistik gemeistert werden müssen. Und dies gelingt dann unterschiedlich gut.

Die Zusammenhänge lassen sich am Beispiel von Fragen der Sortimentsgestaltung bzw. der kurz-, mittel- bis langfristigen Planung von Sortimenten vergegenwärtigen. Wenn beispielsweise ein Elektronikhändler für kleinere Artikel wie Smartphones, Kopfhörer, Kabel, Computer o.ä. sein Sortiment um sogenannte „Weiße Ware" (Großgeräte, wie Waschmaschine, Trockner, Kühlschränke etc.) ergänzen will, so ändert dieses die bestehenden Logistik-Parameter und die Logistikkosten je Artikel erheblich. Bei einer Planung mit ausreichendem zeitlichem Vorlauf können rechtzeitig Flächen organisiert, Equipment beschafft und neue Versanddienstleister kontrahiert werden. Wird diese Sortimentsausweitung ohne Berücksichtigung von Logistikaspekten getroffen oder wird die Logistik hierüber zu spät informiert, kann gegebenenfalls die bisherige Abwicklung nicht mehr gewährleistet, die wirtschaftliche Planung der Deckungsbeiträge nicht eingehalten und im schlimmsten Fall über die notwendige Klärung der neu auftretenden Probleme das bisherige Geschäft stark in Mitleidenschaft gezogen werden.

Vergleichbare Effekte können auftreten, wenn große Marketingaktionen geplant werden und diese auch erfolgreich umgesetzt werden und die Logistik ihre Planungen hierauf nicht im Vorfeld abstimmen konnte. Dann kann der positive Marketingerfolg unter Umständen mit erhöhten Abwicklungskosten, verspäteten Auslieferungen, schlechten Kundenerlebnissen, negativen Bewertungen etc. konterkariert werden.

Im positiven Falle einer abgestimmten Planung freuen sich Logistikverantwortliche über steigende Mengen, am besten mit viel ähnlichen Vorgängen, denn hierüber lassen sich durch eine effiziente Skalierung eines guten Prozesses die angestrebten Skaleneffekte realisieren. Einfach ausgedrückt bedeutet dies, dass die Logistikkosten je Stück bei steigender Fallzahl sinken. Dieser Zusammenhang ist ein wesentlicher Faktor für den anhaltenden Erfolg von Amazon und einer der Wachstumsstreiber.

Im Amazon Zeitalter ist Logistik noch wichtiger geworden: Logistik ist ein absoluter Schlüsselfaktor! Jeder (Endkunde) erwartet, dass die Abwicklung geräuschlos funktioniert und die Prozess-Schritte transparent sind. Also müssen auch Seller und Vendoren, die Online Produkte verkaufen, diese Anforderungen in professioneller Art und Weise umsetzen. Dies gilt in besonderem Maße für Amazon.

10.2 Logistik als Kernkompetenz von Amazon

10.2.1 Effizient skalierbare Logistik als Erfolgsgeheimnis

Schon in den Anfangszeiten von Amazon wurde Customer Obsession als Grundsatz verankert. Ein wesentlicher Aspekt hiervon besteht darin, das Vertrauen der Kunden zu gewinnen und dazu sind positive Kauferlebnisse bei den Kunden notwendig: insbesondere mit schneller und zuverlässiger Zustellung und einer versandfähigen, einwandfreien Verpackung. Gleichfalls mussten die logistischen Abläufe sehr kosteneffizient umgesetzt werden, denn Amazon wollte diese Kosten nicht über eine von den Kunden zu zahlende zusätzliche Versandgebühr refinanzieren.

Demzufolge benötigte Amazon für die schnell in große Dimensionen skalierende Artikel- und Auftragsanzahl im eigenen Kerngeschäft als Online Händler schon früh eine professionelle Logistik. Jeff Bezos hatte früh erkannt, dass die eigene Logistik ein entscheidender Wettbewerbsfaktor ist, da der bei Amazon stets präsente absolute Kundenfokus eine optimal funktionierende Logistik voraussetzt. Nur ein reibungsloses logistisches Kauferlebnis führt zu Kundenzufriedenheit und kann somit auch die Kundenbindung fördern.

In den bisher nicht endenden Jahren des Wachstums wurde damit die zuverlässige und effiziente Skalierung der Logistik und einhergehend die Realisierung von Skaleneffekten ein wesentlicher Erfolgsfaktor gegenüber anderen Anbietern. Während andere frühe Online Marktbegleiter wie eBay die Logistikaufgabe nicht übernahmen und in Deutschland beispielsweise die Otto Gruppe sich externe Logistikressourcen organisierte, baute Amazon kontinuierlich die eigene Logistikkompetenz weiter aus, einhergehend mit erheblichen finanziellen Investitionen in die Weiterentwicklung dieser Kompetenzen.

Die Relevanz der Logistik für Amazon und die prägende Wirkung der Amazon Logistik für die komplette Branche wird von Leblanc auf den Punkt gebracht: „No matter how attainable that goal is, one of the major secrets behind Amazon's massive transformation from a simple online bookseller to the most dominant and formidable force in the retail industry is its innovative and highly efficient supply chain. Amazon's continuous efforts to deliver products to the customers in the quickest possible time are causing intense pressure other giant players in the retail industry across the globe and thus changing the way supply chain management works." (Leblanc 2018)

Durch den Aufbau des Marktplatzgeschäftes wurde die Logistik noch entscheidender und gleichzeitig erhöhten sich die Anforderungen an die Logistik für Amazon noch weiter. Eine nicht vorhandene Logistik und eine schlechte Performance der Marktplatzhändler wäre ein Hemmnis nicht nur für das Wachstum gewesen, sondern hätte gleichzeitig die Kundenzufriedenheit deutlich reduziert. Somit wäre der Erfolg des Marktplatzgeschäftes ggf. kritisch für das Gesamtgeschäft von Amazon geworden. Nur durch die Sicherstellung der logistischen Qualität der Marktplatzanbieter konnte das Marktplatzgeschäft unter der Marke Amazon ohne zusätzliche Differenzierung erfolgreich wachsen und den Gesamt-Erfolg weiter ankurbeln.

Durch diese kontinuierliche Weiterentwicklung der Logistikkompetenz schafft es Amazon, bei den Logistikosten positive Skaleneffekte zu realisieren und die Kosten je Stück sind von den Wettbewerbern kaum zu unterbieten (Leblanc 2018).

10.2.2 Amazon Logistik Infrastruktur in Deutschland

In Deutschland hat sich Amazon seit der Eröffnung des Standortes in Bad Hersfeld in 1999 kontinuierlich weiterentwickelt und große Logistik Kapazitäten aufgebaut. Amazon betreibt nun mehrere sogenannte Distribution Center zur Erbringung aller logistischen Dienstleistungen.

Übersicht Amazon Logistikzentren (Amalyze 2019), sowie einige Besonderheiten der Standorte (Freighthub 2018):

1. Bad Hersfeld (FRA1), Größe: 42.000 m2 (7 Fußballfelder), Eröffnung: 1999
2. Leipzig (LEJ1), Größe: 75.000 m2 (11 Fußballfelder), Eröffnung: 2006
3. Bad Hersfeld (FRA3), Größe: 110.000 m2 (17 Fußballfelder), Eröffnung: 2009 (Schwerpunkt auf Fashion & Schuhe, jedoch nicht ausschließlich)
4. Werne (EDE4 & EDE5), Größe: 60.000 m2 bzw. 70.000 m2 (insgesamt ca. 19 Fußballfelder), Eröffnung: 2010 („EDE4"), 2011 („EDE5") (vorwiegend große Artikel wie Fernseher, Waschmaschinen, Mikrowellen oder Bügelbretter)
5. Graben bei Augsburg (MUC3), Größe: 110.000 m2 (17 Fußballfelder), Eröffnung: 2011 (Lieferungen nach ganz Süddeutschland wie auch in das benachbarte Ausland. In

München, Stuttgart und Nürnberg kann die Ware noch am Tag der Bestellung ausgeliefert werden)

6. Rheinberg (DUS2), Größe: 110.000 m2 (17 Fußballfelder), Eröffnung: 2011 (Fokus auf die Versorgung für das Ruhrgebiet, Düsseldorf und Köln)
7. Pforzheim (STR1), Größe: 110.000 m2 (17 Fußballfelder), Eröffnung: 2012 (Spezialisiert auf den Versand großer Artikel wie TVs und Gartengeräte. Viele same-day Zustellungen für Kunden in Augsburg, Heidelberg, Mannheim, München, Nürnberg und Stuttgart)
8. Koblenz (CGN1), Größe: 110.000 m2 (17 Fußballfelder), Eröffnung: 2012
9. Brieselang (BER3), Größe: 65.000 m2 (10 Fußballfelder), Eröffnung: 2013 (Nur kleinteilige Artikel, alle Waren, die in einen 55 × 40 cm großen Karton passen)
10. Dortmund (DTM2), Größe: 45.000 m2 (9 Fußballfelder), Eröffnung: 2017 (erstes „Inbound Cross Dock", Umverteilungszentrum für Europa, keine Endkundenauslieferung)
11. Winsen (HAM2), Größe: 64.000 m2 (10 Fußballfelder), Eröffnung: 2017
12. Frankenthal (FRA7), Größe: 88.000 qm (12 Fußballfelder), Eröffnung: 2019
13. Mönchengladbach (DUS4), Größe: 110.000 qm (17 Fußballfelder), Eröffnung: Sommer/Herbst 2019

Für den Umschlag von Frachten betreibt Amazon folgende Verteilzentren:

1. Olching bei München
2. Berlin (2 Standorte)
3. Mannheim
4. Köln
5. Düsseldorf
6. Bochum
7. Raunheim.

Als weitere Spezialstandorte bewirtschaftet Amazon (Amazon.com, Inc. oder Tochtergesellschaften 1998–2018a):

1. Prime Now Lager in Berlin
2. Prime Now Lager in München
3. AmazonFresh Depot in Potsdam

Diese Logistik- und Verteilzentren in Deutschland dienen einerseits der besseren regionalen Abdeckung (schneller Marktzugang) und andererseits sind einzelne Standorte auf die Abwicklung unterschiedlicher Sortimente mit spezifisch anderen Logistikanforderungen spezialisiert. In diesen spezialisierten Lägern, zum Beispiel für Großgeräte, Kleingeräte, Fashion etc. kann wiederum best-in-class Logistik erbracht werden und hieraus resultieren kostengünstige Produktionskosten.

10.3 Amazon als Logistikdienstleister für seine Verkäufer (FBA)

In der allseits bekannten Verdeutlichung der Amazon Strategie mit dem „Amazon Flywheel" ist „Wachstum" bzw. „Wachstum durch Skalierung" als wesentliches Unternehmensziel klar definiert. Damit dieses gewährleistet werden kann, hat Amazon früh die Notwendigkeit festgestellt, seinen Lieferanten und Partnern auch professionelle Logistikkapazitäten bereitzustellen. Dadurch wurde für die Lieferanten und Marktplatzanbieter, nachfolgend als Vendoren und Merchants (Seller) bezeichnet der Engpass Logistik beseitigt und diese konnten sich auf die Beschaffung, Listung und den Abverkauf der Produkte auf der Amazon Plattform konzentrieren. Und zusätzlich kann sich Amazon hierdurch eine neue Einnahmequelle erschließen.

Daher wurde das Dienstleistungsangebot „Fulfillment by amazon" (FBA) in 2006 für Seller eingeführt. Hierbei legen Seller fest, dass sie einen Teil ihres Warenbestandes an ein von Amazon festgelegtes Amazon Versandzentrum senden. Amazon übernimmt dann gegen eine Versand- und Lagergebühr die komplette Logistik der Warenabwicklung, inklusive Retourenhandling und Kundenservice. Dieses FBA Angebot macht den Start des Verkaufes via Amazon einfacher und birgt somit für den Merchant auch eine Vielzahl von Vorteilen. Ein wesentlicher Vorteil für ihn liegt darin, dass die Artikel welche via FBA abgewickelt werden, sich für das Prime Programm und die versandkostenfreie Lieferung qualifizieren (Aufzug 2019, S. 31).

Wesentliche Vorteile für die Nutzung von FBA sind darin zu sehen, dass:

- Die logistische Einstiegshürde zum Verkauf via Amazon durch FBA sehr niedrig ist
- Der Merchant sehr günstige Versandkonditionen nutzen kann
- Das Ranking der Artikel durch den „FBA" Kennzeichnung sehr gut ist
- Zusatzleistungen auch bei kleinem Transaktionsvolumen zubuchbar sind
- Im Erfolgsfall die Logistikkapazitäten aus Sicht des Merchants quasi unbegrenzt skalierbar sind
- Auch der First Level Kundenservice durch Amazon übernommen wird
- Via FBA schnell und unkompliziert weitere internationale Märkte erschlossen werden können

Somit können Merchants durch die Nutzung von FBA ohne großes Kopfzerbrechen in die Zusammenarbeit mit Amazon starten. Dass diesen Vorteilen auch Nachteile gegenüberstehen, zeigt Köber in seinem Kapitel Fulfillment by Amazon.

10.3.1 Amazon als Logistikdienstleister für andere Vertriebskanäle (MCF)

Ein zusätzlicher Service, den Amazon seinen Partnern anbietet, ist die Nutzung der Infrastruktur für Dritte. In diesem Angebot „Multichannel Fulfillment" (MCF) übernimmt Amazon die Rolle eines reinen Logistikdienstleisters, der auch das Warenhandling für den Verkauf von Produkten auf anderen Verkaufskanälen logistisch übernimmt. Aus Sicht von Amazon führt dies zu weiteren Skaleneffekten seiner eigenen Logistik. Aus Sicht von Nutzern dieser Dienstleistung ergeben sich analog zum FBA Modell eine Menge von Vorteilen. Diese gehen allerdings einher mit einer weiter steigenden Abhängigkeit vom Internet Giganten. Eine Bewertung dahingehend, ob die Nutzung dieses Services für ein Unternehmen strategisch sinnvoll ist oder nicht, hängt von den individuellen Ausgangsvoraussetzungen und den Zielen der Nutzung von MCF ab.

So mag dieser Weg beispielsweise für Unternehmen sehr sinnvoll sein, die keine Logistik-Kompetenz aufbauen wollen, einen Großteil ihres Business ohnehin auf und mit Amazon realisieren und via MCF neue Vertriebskanäle ausprobieren wollen. Wenn sich hieraus neue Umsatz-Perspektiven ergeben, so kann man die Logistikstruktur zu einem späteren Zeitpunkt noch anpassen und für die Start- und Probierphase MCF nutzen.

Bei Unternehmen, die bereits auf verschiedenen Verkaufsplattformen engagiert sind und ggf. eine eigene oder fremde Retail-Struktur bedienen, ist die Nutzung von MCF jedoch eher kritisch zu betrachten. MCF könnte hier zwar als Übergangslösung eingesetzt werden, bis die Strategie der Vertriebskanalnutzung klarer wird und man sich vorzugsweise eigene oder andere Logistikkompetenzen aufbaut bzw. erweitert. Dennoch sollten sich diese Unternehmen strategisch wohl eher mit einer Eigenerbringung der Logistik oder der Beauftragung eines Logistikdienstleisters auseinandersetzen.

Die Abwägungen, ob MCF genutzt werden soll oder nicht sind ähnlich wie für die generelle Frage der Nutzung von FBA oder nicht.

10.3.2 Der „Prime" Effekt

Bereits im Jahr 2005 hat Amazon seinen Prime Service gestartet. Der Treiber für den Erfolg dieses Programms in den USA war auch stark eine Frage von Supply Chain Management. Einerseits ist der Membership Ansatz stets verlockend und durch die monatliche Gebühr sind die Versandkosten bereits bezahlt. Ein wesentliches Element war aber das für damalige Zeit in den USA revolutionäre Versprechen, die Zustellung innerhalb USA in nur 2 Tagen zu gewährleisten (Leblanc 2018). Von daher ist der Anspruch auch innerhalb von Amazon an Prime Standards stets auch in Logistikfragestellungen ausgeprägt hoch.

Die Integration in das „Prime" Programm und somit der Zugang zu Amazons wertvollsten Kunden ist eines der Hauptargumente für die Nutzung des FBA Angebotes. Die Vor- und Nachteile hiervon werden in dem Kapitel „Fulfillment by Amazon" behandelt.

Die Prime Nutzung ist im Programm „Seller Fulfilled Prime" auch ohne Logistikerbringung durch Amazon gestattet. Hierzu sind die Aspekte des FBM Ansatzes jeweils individuell zu evaluieren und natürlich die Amazon Richtlinien dieses Programms einzuhalten.

10.3.3 Amazon als Transportdienstleister

Im Zuge des kontinuierlichen Ausbaus der Übernahme von Dienstleistungen durch Amazon wurde in den letzten Jahren mit personellen und finanziellen Mitteln erheblich auch in den Auf- und Ausbau eigener Transportkapazitäten investiert. Einerseits für den Transport von Waren zwischen den einzelnen Logistik Standorten und andererseits für die Zustellung von Aufträgen an die Endkunden.

In den USA spielt aufgrund der geographischen Ausdehnung die Beschaffungs-Logistik eine größere Rolle als in Deutschland. Dort wird inzwischen sogar eine eigene Flugzeugflotte bewirtschaftet, welche bereits 50 Flugzeuge umfasst. Amazon entwickelt sich damit zu einem ernst zu nehmenden Wettbewerber für bestehende Transportdienstleister. Ebenfalls verlieren etablierte Anbieter wie FedEx und UPS einen ihren größten Kunden. (Premack 2018).

Im Gegensatz zu Deutschland ist in USA die next-day Zustellung noch nicht der flächendeckende Standard. Nur Anbieter mit eigenen dezentralen Logistikzentren und eigenen Transportkapazitäten können einen nationalen next-day Service offerieren. Damit Amazon hier weiter den Markt anführt, wurde in 2019 angekündigt ca. 800 Mio. US$ in dieses Service Angebot zu investieren. Einhergehend werden eigene LKW Kapazitäten ausgebaut, die im Sinne eines „Full Truckload Services" aufgrund der Auslastung der Fahrzeuge auch zu wettbewerbsfähigen Konditionen eingesetzt werden können (Supply Chain 24/7 Supply Chain 2019). Nach statistischen Tracking Analysen liefert Amazon in den USA per Mitte 2019 schon ca. 48 % seiner Pakete selbst aus. (Pandey 2019).

Auch in Deutschland ist der Aufbau von eigenen Kapazitäten zur Paketzustellung für Amazon von strategischer Bedeutung, dies gilt besonders für die größeren Metropolregionen. Das Leistungsspektrum umfasst dabei sowohl die notwendigen Sortieranlagen als auch die Transportkapazitäten inklusive eigener Fahrer und der maßgeschneiderten Software-Unterstützung für die Leistungserbringung (Hielscher 2018).

Der Marktführer DHL geht in internen Dokumenten davon aus, dass bereits im Jahr 2020 Amazon deutschlandweit mit eigener Zustelllogistik vertreten sein – zumindest in den 13 bis 14 wichtigsten Metropolregionen (Schlautmann 2018). Bis zum Jahr 2022 werden gemäß Einschätzung der DHL innerhalb Deutschlands bis zu 154 Mio. Pakete durch Amazon jährlich selbst zugestellt. Dies entspricht dann bereits über 40 % des Ausliefervolumens der DHL, wodurch die DHL einen großen Umsatz- und Auslastungsanteil der geschaffenen Kapazitäten verliert. (Kemmner 2018).

Mit dem Aufbau der eigenen Transportlogistik werden u. a. folgende Ziele verfolgt:

- Reduzierung der Abhängigkeit von Dienstleistern
- Verbesserung der Verhandlungsposition gegenüber Dritt-Dienstleistern
- Besseres Lernen der Dienstleistung zur Sicherstellung eines hohen Service Niveaus
- Sammeln von Daten
- Optimierung des Service Angebotes in bekanntem Terrain

- Ausweitung des Service Angebotes durch neue Zusatzangebote z. B. Amazon Key – Lieferung in die Wohnung
- Erhöhung der Geschwindigkeit der Zustellung

Im Fokus des Engagements steht der Aufbau eigener Kompetenzen insbesondere für zeitkritische Zustellungen. Daher nutzt Amazon eigene Fahrzeuge vorzugsweise für same-day Zustellungen oder Zustellungen innerhalb festgelegter Zeitfenster (1 Stunden oder 2 Stunden delivery) (Leblanc 2018).

Amazon hat sich auch Patente für den Einsatz von Drohnen gesichert und führt hiermit vor allem in den USA bereits seit 2013 eigene Versuche durch. Im Fokus sind einerseits die Funktionsweise und die Zuverlässigkeit der Drohnen Gegenstand der Forschung als auch die möglichst sinnvolle Einbettung in Ausliefersysteme, z. B. durch mobile Stützpunkte, spezielle Transportfahrzeuge mit Transport-, Start- und Landekapazitäten und Integration in die normale Endkundenzustellung. Mehrere Jahre hat Amazon an dem Projekt „Prime Air" gefeilt, im Juni 2019 wurde das neue autonome Fluggerät der Öffentlichkeit präsentiert, welches Bestellungen innerhalb von 30 min zum Kunden bringen können soll. Die Drohne kann bis zu 2,3 kg schwere Pakete tragen und bis zu 25 km weit fliegen, für den Beginn kommen daher eher Haushaltswaren wie Zahnpasta etc. in Betracht (Gärtner 2019). Die in der Drohne integrierte Künstliche Intelligenz in diesem Projekt soll zuvorderst die Sicherheit dieser neuen Zustellmethode gewährleisten.

Aufgrund regulatorischer Fragen ist der Einsatz von Drohnen in Deutschland sicherlich noch eher ein Zukunftsthema. Die Potentiale dieser neuen Technologie sind jedoch faszinierend, speziell für die zeitkritische Zustellung von leichten Paketen.

Die frühe Auseinandersetzung mit diesem Zustellsystem zeigt erneut, wie weit fortgeschritten Amazon gegenüber seinen Wettbewerbern darin ist, neueste Technologien in der Supply Chain einzusetzen und seinen unbestrittenen Wettbewerbsvorsprung in der Supply Chain zu erhalten (Leblanc 2018).

10.3.4 Amazon Lockers/Abholstationen

Der Endkunden-Fokus wird von Amazon durch alle Aspekte der Prozesskette obsessiv verfolgt. Ein Ansatzpunkt, Kundenzufriedenheit bei der Entgegennahme von Paketen weiter zu optimieren, besteht im Aufbau eigener „Amazon Locker" Stationen. Diese Schließfachlösungen erhöhen den Log-In Effekt für Amazon Kunden und stehen in Deutschland in direkter Konkurrenz zu DHL Paketstationen.

In den USA ist der Aufbau dieser Locker Stationen bereits eine Stufe weiter fortgeschritten, sodass Amazon plant, seine Paketboxen auch großflächig in Mietshäusern anzubringen. Hierzu werden Verträge mit etlichen Immobilienverwaltern und Hauseigentümern abgeschlossen, sodass auch Fragen der Haftung und der baulichen Einbeziehung geregelt werden (Hielscher 2018).

Über diese neuen Ansätze der Paketzustellung wird von Amazon auch die Verzahnung mit bestehenden Handelsstrukturen intensiviert, deren Nutzung wiederum zukünftig möglicherweise auch für andere Zusatzservices passend wäre. So werden immer mehr eigene Amazon Locker aufgebaut, die in Kooperation mit Supermärkten, Tankstellen oder Universitäten in Großstädten wie Berlin, München, Köln oder Essen etabliert werden. In 2019 wird unter anderem auch die Zusammenarbeit mit Kaufhof aufgebaut. Ergänzend zum Aufbau und zur Nutzung hauseigener Locker Stationen sollen dabei auch die Service Punkte in den Filialen als persönliche Kontaktpunkte für Amazon Kunden nutzbar sein (Kemmner 2018). Ein weiterer Service, der sich hier verknüpfen lässt, ist die Möglichkeit einer Vorort Retoure. In den USA werden durch die Zusammenarbeit mit Whole Foods und Kohls bereits konkrete Erfahrungen gesammelt (aboutamazon 2019).

Diese Ansätze der Abholstationen werden mittlerweile als eigene Strategie festgelegt und die Aktivitäten hierzu unter dem Begriff „Amazon Counter" zusammengeführt (Melchior 2019).

10.3.5 Amazon fresh & Amazon Prime Now

In wenigen Ballungsgebieten von Deutschland hat Amazon in den letzten Jahren zwei zusätzliche Services etabliert, welche aus logistischer Perspektive spannend sind.

Mit Amazon Fresh wurde der Einstieg in das Lebensmittelgeschäft gestartet. Dies zu einem Zeitpunkt, in dem der deutsche Markt noch über einen nur geringen Anteil an online gekauften Lebensmitteln verfügt. Trotz der Größe des eigentlichen Amazon Geschäftes wird bei dieser Lösung auf eine Einbindung regionaler Bedürfnisse und regionaler Angebotsstrukturen sehr stark geachtet. Der Aufbau dieser Lieferanten Beziehungen ist weniger datengetrieben, sondern vergleichbar zu „normalen" Lieferanten Beziehungen bei denen die Verfügbarkeit der Ware zum richtigen Zeitpunkt und in ausreichender Menge an oberster Stelle steht. Nicht alle Kooperationen sind dabei langfristig oder nachhaltig erfolgreich. Aber Amazon nutzt diese Aktivitäten auch, um seine eigene Kompetenz der Zustellung in den Ballungszentren zu optimieren und lokal passende Lösungen aufzubauen, die dann wiederum für weitere Services genutzt werden können.

Amazon Prime Now ist ein Angebot im Rahmen von Amazon Prime. Es handelt sich um einen Lager- und Versandservice, welcher in Ballungszentren zeitnahe Zustellformen für bestimmte Sortimente anbietet. Je nach Land und Region sind dabei 1 Stunde, 2 Stunden, sameday oder normale Zustellvarianten möglich. In Deutschland sind in 2019 bisher nur Berlin und München als Standorte aktiv – und hier auch jeweils nur begrenzte Postleitzahlengebiete. Die Nutzung des Services erfolgt über die Amazon Now App. Auch via Amazon Prime Now sind Lebensmittel im Angebot – hierbei auch erfolgreiche Tankstellen Sortimente, wie alkoholische Getränke und Convenience Lebensmittel. Eine Besonderheit ist auch die Option, gekühlte und Frische-Sortimente, sowie Backwaren anzubieten. Als Lieferanten arbeitet Amazon mit regionalen Anbietern zusammen, wobei die Erfahrungen der letzten 24 Monate zeigen, dass nicht alle Partnerbeziehungen lang-fristig funktionieren.

Die Zustellung erfolgt über eigens kontrahierte Carrier, die überwiegend mit Elektro-Antrieb die jeweils schnellste und passendste Zustellvariante auswählen. Oft ist im Ballungsraum ein e-Cargo die erste Wahl. Die Auswahl und das Management der Routen und der Fahrzeuge verantwortet Amazon auf Amazon Systemen – ein unschätz-barer weiterer Vorteil für Amazon, Daten zu generieren und seine Kompetenz in der Zustell-Logistik zu verbessern.

10.4 Amazon als Innovationstreiber

Amazon hat in der Weiterentwicklung seines Geschäftes durchgängig eine hohe Dyna-mik an den Tag gelegt. Es wurden viele Innovationen durch Amazon entweder initiiert oder früh aufgegriffen, indem innovative Ideen und Geschäftsmodelle in das eigene Amazon Ökosystem mit integriert.

Zu nennen sind hierbei systemseitige Aspekte, wie die Erfindung der eigenen Ama-zon Artikel Nummer ASIN, die sich neben der EAN mittlerweile zu einem defacto Alternativstandard entwickelt hat. Auch die Tatsache, dass Amazon trotz des steigen-den eigenen Handelsumsatzes lieber in Marktplatzaktivitäten und in die Herstellung beziehungsweise das Sourcing von Eigenmarken eingestiegen ist, zeigt, dass sich Ama-zon nicht auf bestehenden Erfolgen ausruht.

Konzentriert man die Innovationsaspekte auf Logistik Themen, so ist die Ent-wicklung der eigenen Logistikkompetenz und deren Innovationskraft beeindruckend. Die Geschwindigkeit des Aufbaus, des Duplizierens, der Weiterentwicklung und letztlich der Effizienzsteigerung der Lagerstandorte international und auch im speziellen in Deutsch-land sucht seinesgleichen und verdient größten Respekt.

Amazon sichert sich über konsequentes Vorgehen im Management seiner eigenen Supply Chain auch erhebliche Wettbewerbsvorteile. So wurde der Anbieter Kiva Systems und somit das Konzept, der fahrbaren Fachbodenregale, welche sich über Transport-systeme zu den einzelnen Packplätzen bewegen, in einem sehr jungen Stadium bereits in 2012 von Amazon gekauft. Nach Pilotprojekten wurde und wird dieses System in den jeweils geeigneten Lagerstandorten ausgerollt. Diese Aktivitäten werden in einem kon-sequenten Auftritt als eigenständige Firma „Amazon Robotics" gebündelt und weiter-entwickelt (Leblanc 2018). Der Einsatz von Logistik Robotern im Lager ist bei Amazon inzwischen ein Normalzustand, so werden bspw. die deutschen Logistik-Standorte Win-sen und Mönchengladbach mit der Kiva Technologie ausgestattet. Dadurch werden Per-sonal- und Flächen-Engpässe reduziert, denn ein Anteil der Wertschöpfung wird durch diese neue Technik übernommen. Das Wachstum beträgt seit 2015 ca. 15.000 zusätz-liche eingesetzte Roboter pro Jahr – von einem weiteren Anstieg ist auszugehen (Leblanc 2018). Auf verschiedenen Konferenzen kursiert die Angabe von bereits ca. 80.000 ein-gesetzten Robotern bei Amazon weltweit in 2019.

In der ersten Generation haben diese Roboter eine Vielzahl an Waren zu den Versandplätzen gebracht, in neueren Generationen können eigenständige Pickvorgänge realisiert werden, wodurch der Einsatz von Personal deutlich reduziert werden kann (Leblanc 2018). Diese Innovationen sind ursächlich nicht primär gedacht, um die Menschen im Lager komplett ersetzen zu wollen, sondern vielmehr geht es darum, bestehende Logistikeinheiten effizient zu nutzen und den Menschen als Ressource nur für die Tätigkeiten einzusetzen, die eine besondere Aufmerksamkeit oder Ausbildung erfordern oder die der Qualitätssicherung oder der Steuerung des Gesamtsystems dienen.

Für den weiteren Ausbau der Nutzung von Robotern ist die deutliche Reduktion der Kosten der hierfür benötigten Sensoren von ausschlaggebender Bedeutung. Diese sind in den letzten Jahren von teilweise 20.000 US$ auf unter 100 US$ gefallen und legen nun die Grundlage dafür, dass die technischen Möglichkeiten sich auch wirtschaftlich schneller amortisieren. Voll funktionsfähige Pick-Roboter, die im Lager bei entsprechenden gleichartigen Artikeln eine deutlich bessere Pick-Leistung pro Stunde beziehungsweise pro Tag verbringen können als Menschen liegen im Anschaffungspreis inzwischen deutlich unter 50.000 EUR je Stück. Es ist davon auszugehen, dass diese Preise weiter sinken werden, hierdurch die Absatzzahlen steigen und sich dadurch auch neue Anwendungsfälle ergeben.

USA wird dabei meistens als erstes im Kleinen erprobt, um daraus schnell Erkenntnisse zu ziehen und eine skalierbare Lösung aufzubauen. So war Amazon der Treiber in den USA im Bereich der schnellen Zustellung, Stichwort „next-day". Gleichfalls war Amazon der Vorreiter für die Sendungszustellung innerhalb von 1 Stunde oder innerhalb von 2 Stunden.

Als überraschenden Schritt lässt sich die Akquisition des stationären Händlers wholefoods in den USA betrachten. Der Eintritt in das Stationärgeschäft wurde durch den Launch von Amazon Go und den Amazon Book Stores und dem Konzept Amazon 4* Läden kontinuierlich weiter ausgebaut. Neben diversen Fragen rund um Systeme, Sortimente, Geschäftsmodell, Handelskompetenz und Besonderheiten des Lebensmittelhandels, sind hier auch spannende Fragen der Logistik zu betrachten. Es ist derzeit noch nicht absehbar, wie die weitere Entwicklung der Stationär-Aktivitäten vorangetrieben wird und welche logistischen Neuheiten aus dieser Ausweitung des Geschäftes noch entstehen werden.

10.5 Logistik im Amazon Ökosystem

Die Aufgabenstellung „Logistik" kann in nachfolgende Teilaufgabenstellungen aufgegliedert werden. Je nach Aufgabenteilung in der Prozesskette ergibt sich eine unterschiedliche Ausgestaltung der gesamten Prozesskette. (sowohl interne Logistik als auch ggf. Outsourcing)

a) Disposition und Bedarfsplanung
b) Bestandsmanagement

c) Lieferantenmanagement/Avisierungen
d) Wareneingang
e) Vorbereitung & Planung Kommissionierung
f) Kommissionierung
g) Verpacken
h) Warenausgang/Versand
i) Beileger (Produktinformationen, Broschüren, „Werbung"), jeweils gemäß der Amazon Richtlinien
j) Dokumenten-Steuerung (Versanddokumente wie Lieferschein und Rechnung), sofern diese physisch noch beigelegt werden
k) Sonderprozess Fehlbestand (Mindermenge, bzw. negative Abweichung von Ist zu Soll-Bestand)
l) Versandinformationen an Kunden (E-Mail, Status)
m) Inventur
n) Handling B-/C-/Schrottware (Aufbereitung und Weiterverarbeitung)
o) Zollabwicklung
p) Nachschub

Nachfolgende Tabelle verdeutlicht die unterschiedlichen Verantwortlichkeiten je nach Kooperationsmodell (Vendor/Seller) oder gewählter Logistiklösung (FBA oder FBM) sowie die Perspektive der Eigenerbringung als auch das Outsourcing an einen Logistikdienstleister (LDL) (Abb. 10.2).

Es wird offensichtlich, dass die Logistik Lösung über Amazon im Vendoren Modell für den Merchant eine relativ wenig komplexe Lösung darstellt. Dieses Modell entspricht für die Vendoren in etwa den klassischen B2B Belieferungen wie bspw. im stationären Handel, allerdings mit Amazon-Spezifika, dies erklärt auch den Erfolg dieses Business Modells. Der Merchant muss sich um Fragen der Disposition, die Anlieferung bei Amazon, sowie die Klärung von Sonderthemen kümmern – ansonsten ist es eine Art „fire & forget" Zusammenarbeit. Gleichzeitig ist die Marktwahrnehmung des Merchants durch die Fulfillment Kompetenz von Amazon positiv.

In der unüblichen Sonderlösung des Fulfillment by Merchant im Vendoren Modell (siehe da) hat der Merchant einen steigenden Gestaltungsspielraum, wenngleich die Abstimmungsintensität aller beteiligter Partner eher aufwändig ist.

Im Seller Modell hat Amazon im FBA Ansatz weitreichenden Einfluss auf viele Aspekte der Logistik. Die Vorteile der Nicht-Nutzung von FBA durch eigene oder externe Logistikleistung manifestiert sich in der gesteigerten Unabhängigkeit von Amazon. Im Wesentlichen reduziert sich dann der Einfluss von Amazon auf die Spezifikation von Warenausgangs- und Verpackungsfragen, wobei letztlich nur die vereinbarten Kennzahlen einzuhalten sind.

In einem vorgelagerten (Nachschub-)Lager, aus welchem die Anlieferung an Amazon Logistikzentren erfolgt, sind die Anliefervorgaben seitens Amazon zu berücksichtigen. Amazon als Warenempfänger hat im Marktvergleich Besonderheiten, mit denen sich

Verantwortlichkeiten innerhalb der Prozesskette - je nach Kooperationsmodell

Kooperationsmodell	Vendor	Vendor	Vendor	Seller	Seller	Seller	Seller / Vendor	Seller / Vendor
Prozess	FBA	Fulfilment by Merchant	Fulfilment by Merchant	FBA	Fulfilment by Merchant	Fulfilment by Merchant	vorgelagertes (Nachschub-)Lager	vorgelagertes (Nachschub-)Lager
Logistik durch	Amazon	Eigenerbringung	LDL	Amazon	Eigenerbringung	LDL	Eigenerbringung	LDL
Disposition und Bedarfsplanung	Amazon & Vendor	Amazon & Vendor	Amazon & Vendor	Merchant	Merchant	Merchant	Vendor / Merchant	Vendor / Merchant
Bestandsmanagement	Amazon	Amazon & Vendor	Amazon & Vendor & LDL	Amazon	Merchant	LDL & Merchant	Vendor / Merchant	LDL
Lieferantenmanagement / Avisierungen	Amazon & Vendor	Vendor	LDL & Vendor	Amazon & Merchant	Merchant	LDL & Merchant	Amazon & Merchant	Amazon & Merchant / Vendor & LDL
Wareneingang	Amazon	Vendor	LDL	Amazon	Merchant	LDL	Vendor / Merchant	LDL
Vorbereitung & Planung Kommissionierung	Amazon	Vendor	LDL	Amazon	Merchant	LDL	Vendor / Merchant	LDL
Kommissionierung	Amazon	Vendor	LDL	Amazon	Merchant	LDL	Vendor / Merchant	LDL
Verpacken	Amazon	Vendor	LDL	Amazon	Merchant	LDL	Vendor / Merchant	LDL
Warenausgang / Versand	Amazon	Amazon & Vendor	Amazon & Vendor & LDL	Amazon	Amazon & Merchant	Amazon & Merchant & LDL	Vendor / Merchant	LDL
Beiliger Endkunde (gemäß Amazon Richtlinien)	Amazon	Vendor	LDL & Vendor	Amazon	Merchant	LDL & Merchant	n/a	n/a
Dokumenten-Steuerung	Amazon & Vendor	Amazon & Vendor	Amazon & Vendor & LDL	Amazon & Merchant	Merchant	Amazon & Merchant & LDL	Vendor / Merchant	LDL
Sonderprozess Fehlbestand	Amazon & Vendor	Vendor	LDL & Vendor	Amazon & Merchant	Merchant	LDL & Merchant	Vendor / Merchant	LDL
Versandinformationen an Kunden	Amazon	Amazon	Amazon	Amazon	Amazon	Amazon	n/a	n/a
Inventur	Amazon	Vendor	LDL & Vendor	Amazon & Merchant	Merchant	LDL & Merchant	Vendor / Merchant	LDL & Merchant / Vendor
Handling B-/C-/Schrottware (Aufbereitung und Weiterverarbeitung)	Amazon & Vendor	Vendor	LDL & Vendor	Amazon & Merchant	Merchant	LDL & Merchant	Vendor / Merchant	LDL & Merchant / Vendor
Zollabwicklung	Vendor	Vendor	LDL & Vendor	Merchant	Merchant	LDL & Merchant	Vendor / Merchant	LDL & Merchant / Vendor
Nachschub	Amazon & Vendor	Vendor	Vendor	Amazon & Merchant	Merchant	Merchant	Vendor / Merchant	Vendor / Merchant

Abb. 10.2 Verantwortlichkeiten je nach Kooperationsmodell und gewählter Logistiklösung. (Eigene Darstellung)

jeder Partner intensiv auseinandersetzen muss, um nicht in wirtschaftliche oder prozessuale Probleme zu geraten.

10.5.1 Amazon als Warenempfänger

Ein Großteil aller Käufe auf Amazon wird durch Amazon selbst logistisch erbracht. Dies ergibt sich daraus, dass das Vendoren Geschäft zu einem sehr hohen Anteil von Amazon selbst durchgeführt wird. Nur in Ausnahmefällen funktioniert die Kombination von „Vendor" und „Fulfillment by Merchant" (siehe da). Auch im Seller Geschäft wird ein großer Teil der Transaktionen von Amazon realisiert. Somit ist Amazon für viele Hersteller und Händler in erster Linie ein logistischer Warenempfänger.

In der Zusammenarbeit mit Amazon als Warenempfänger sind verschiedene logistische Teilaspekte zu berücksichtigen:

- Anlieferrichtlinien
- Avisierung der Anlieferung
- Auszeichnung der Waren
- Forecast/Peaks/Saisons
- Bestandsmanagement

Insgesamt betrachtet ist Amazon als Warenempfänger eher anspruchsvoll. Anlieferungen bei anderen großen Online Playern werden – zumindest bisher – noch nicht annähernd detailliert vorgegeben oder kontrolliert. Das macht die Zusammenarbeit mit Amazon aufwändiger und auch etwas kostenintensiver im Tagesgeschäft.

Als hilfreich erweist es sich, wenn bereits das Versandlabel je Packstück eine aussagekräftige Information über die Anlieferung bietet (z. B. Anzahl Packstücke x von y, Tracking ID des Packstücks, Gewicht des Packstücks, Gewicht der Sendung gesamt) und das Packstück bei Amazon auch direkt vereinnahmt werden kann.

Die umfangreichen Vorgaben zur Anlieferung und zur Reservierung eines Anliefertermines für Paletten Sendungen sind detailliert in Vendor und Seller Central einsehbar und werden regelmäßig aktualisiert (Amazon.com, Inc. oder Tochtergesellschaften 1998–2018c).

Man könnte vermuten, dass hier die Marktmacht in unangemessener Weise ausgenutzt wird, aber aus einer logistischen Perspektive heraus ist dieser Anspruch von Amazon nachvollziehbar und angebracht. Die hohe Automatisierung und angestrebte Standardisierung der Logistikzentren erfordern einen möglichst reibungslosen Prozess der Warenvereinnahmung, um eine schnelle und somit kostengünstige Abwicklung zu realisieren.

Schließlich ist der effiziente Wareneingang einer der Haupt-Erfolgsfaktoren für jedes Logistikzentrum. Entsprechend der generell datengetriebenen Vorgehensweise des gesamten Unternehmens ist auch das Datenhandling in der Logistik und besonders im Wareneingang als Benchmark für ein Handelsgeschäft zu betrachten. Die Definition des Quasi-Markt-Standards ASIN als eindeutige Produktkennzeichnung ist dabei sehr nützlich.

10.5.1.1 Amazon Logistik aus Vendoren Perspektive

Auch wenn es um vergleichbare Tätigkeiten der Warenannahme für die Logistik geht, unterscheidet Amazon intern in der Zusammenarbeit mit Vendoren oder Sellern.

Vendoren werden bei Amazon intern eher als „klassische Lieferanten" betrachtet und stellen für den Händler somit die Quelle der Warenversorgung dar. Das ist zwar eine wichtige Aufgabenstellung – die eigentliche Wertschöpfung für den Endkunden wird aus Sicht von Amazon jedoch durch die Verkaufsaktivitäten von Amazon erbracht. Daher ist im Vendoren Bereich bei gleicher Anforderung die Anspruchshaltung bzgl. der Qualität der Warenanlieferung und der Einhaltung der Anlieferrichtlinien tendenziell höher. So wird beispielsweise die korrekte Auszeichnung der Artikel mit der passenden ASIN genauer geprüft. Auch in der Einhaltung der vereinbarten Termine ist die Zusammenarbeit mit Amazon sehr anspruchsvoll.

Für Amazon ist es mittlerweile üblich, bei Vendoren zusätzliche Betriebskosten geltend zu machen. Bei jeder Nicht-Einhaltung der aktuell gültigen Anlieferrichtlinien wird seitens Amazon direkt ein Chargeback einbehalten, daher sollte dies in Kalkulationen der Vendoren auch berücksichtigt werden.

Bei erfahrenen Marktteilnehmern ist es daher empfehlenswert, einen niedrigen einstelligen Prozentsatz für Pönalen in den Business Case einzuplanen. Oft können ungerechtfertigte Chargebacks durch bereitgestellte Dokumentation und Erläuterung geklärt und rückabgewickelt werden, sofern dadurch die eigene Unschuld belegt werden kann. Generell besteht die Notwendigkeit, personelle bzw. zeitliche Ressourcen für die Klärung von Reklamationen und Chargebacks vorzuhalten. Generell ist Pro-Aktivität bei den Vendoren vonnöten, insbesondere beim Tracking der Waren- und Zahlungsströme.

In der Frage der vorgelagerten Logistik, nämlich wer bereitet die Sendungen zur Anlieferung bei Amazon vor, sind viele Dienstleister in punkto Amazon Anlieferrichtlinien eher im Vorteil, da diese bei den meisten bereits bekannt sind und es somit eigentlich weniger Probleme geben sollte (Komplexitätsreduktion).

10.5.1.2 Amazon Logistik aus Seller Perspektive

Im Gegensatz zu den Vendoren werden die Seller intern bei Amazon eher als Kunden gesehen, sicher auch getrieben davon, dass Amazon an den zusätzlichen Dienstleistungen für die Seller verdient (bspw. Gebühren für die Lagerhaltung). Hier sieht sich Amazon als (Logistik)-Dienstleister und bietet daher generell eine größere Kooperativität an. Dennoch bleibt Amazon streng hinsichtlich der Einhaltung der Vorgaben, aber in der Geltendmachung von Chargebacks verhält sich Amazon als Dienstleister deutlich kulanter. Die Chargeback-Typen entsprechen der Kategorisierung bei Sellern.

Im Gegensatz zu Vendoren können Seller gegen die jeweilige Vergütung eine Vielzahl an Zusatzservices buchen, wenn sie über ihre eigene Logistik nicht in der Lage sind, diese selbst auszuführen (z. B. korrektes Labelling inkl. ASIN). Deren Umsetzung funktioniert meistens einwandfrei, schließlich ist dies für Amazon ein einträgliches Business Modell, womit zusätzliches Geld verdient werden kann. Die Zubuchung dieser Services via Sellers Central funktioniert reibungslos, der Prozess der Buchung dieser Services ist einigermaßen benutzerfreundlich. Im Marktvergleich zu den Angeboten anderer Logistikdienstleister sind diese Services im Jahr 2019 fair bepreist. Insbesondere für Anbieter mit einem niedrigen Transaktionsvolumen ist es ein guter Mehrwert, diese Services zu Konditionen nutzen zu können, die nur durch die Vielzahl an Transaktionen insgesamt darstellbar sind.

10.5.1.3 Claim Management & Chargebacks

Amazon unterscheidet verschiedene Typen und Ursachen für diese Strafzahlungen. Der Katalog der Verstöße und die Gebühren, welche verlangt werden, ändert sich jedoch ständig.

Perspektive der Eigenerbringung als auch das Outsourcing an einen Logistikdienstleister (LDL) (Abb. 10.3).

Die Chargebacks sind prinzipiell für Vendoren und Seller gültig, auch wenn manche Geschäftsvorfälle eher bei Vendoren (z. B. PO Thematik) und andere eher bei Sellern oder beiden vorkommen.

Chargeback-Typ	Beispiel für mögliche Ursache	Kostenbeispiele
Probleme mit Bestellungen (Purchase Order, PO)	• Unbestätigte PO, Lieferung zu vieler Einheiten (Überlieferung) • Mangelnde Lieferpünktlichkeit (<90%) • Rechnungen in Papierform	• 0,60 € je Einheit • bis 9% des Warenwertes • 5 € je Rechnung
Probleme mit der Versandvorbereitung	• Mangelhafte bzw. nicht konforme Verpackung (fehlende Luftpolsterfolie, Folienbeutel, falsches Verpackungsmaterial etc.) • Fehlender, falscher oder nicht lesbarer Barcode	• 0,40 bis 0,60 € je Einheit • 0,30 € je Einheit
Probleme mit der Anlieferung	• No-Show (Lieferant ist nicht erschienen), Annahmeverweigerung • Nichteinhalten des Lieferzeitfensters, verspätete Buchung von Importlieferungen • Verspätete Übermittlung von Importunterlagen	• 290 € • 3 % des Warenwertes • 50 bis 150 € je Dokumentensatz und Tag Verspätung
Probleme bei der Warenvereinnahmung	• Nicht konforme oder fehlende Information zum Kartoninhalt • Versandvorabmitteilung (Advanced Shipment Notification, ASN) zu spät oder nicht übermittelt, ASN inakkurat oder nicht-konform	• 0,06 € je Einheit • 0,30 € je ungültig vereinnahmte Einheit
Probleme bei der Direktbelieferung (Direct Fulfilment)	• Nichterfüllung oder Stornierung von Bestellungen	• 10 € je Fall

Abb. 10.3 Katalog für Verstöße und deren Gebühren (Aufzug 2019)

10.5.2 Fulfillment by Merchant

Aus verschiedenen Gründen heraus ist die Eigenerbringung der Logistikdienstleistung für Amazon Verkäufe eine sinnvolle und praktikable Alternative. Prinzipiell und vertraglich bestehen hierzu auch umfangreiche Freiheiten der Ausgestaltung.

Ein besonderer Vorteil ist, dass vom Merchant Versandkosten vom Endkunden genommen werden können. Das ist natürlich für das Ranking auf der Plattform und das Absatzpotential schädlich, aber für manche Produkte, z. B. sperrige oder nur mit sehr knapper Marge verkaufbare Produkte, sind Lieferkosten aus wirtschaftlichen Überlegungen heraus notwendig.

Solange die Eigenerbringung nicht an das Prime Programm gekoppelt ist, kann man über die eigene Auswahl und Kontrahierung von marktüblichen Versand-Dienstleistern gute Versandservices anbieten. Man kann dann eigene Versandlabels nutzen. Das kann je nach Setup und Größe des eigenen Logistik-Geschäftes auch günstig sein und ggf. sogar günstiger als die Nutzung der Prime Konditionen.

Ein weiterer Vorteil kann darin bestehen, einen späteren Cut-off Zeitpunkt zu realisieren, da der von einem selbst direkt beauftragte Versandpartner z. B. noch um 19h00 Sendungen am Lager abholt, um diese im Nachtsprung deutschlandweit zu verteilen, wohingegen der Amazon Dienstleister (derzeit meist DPD) z. B. bereits um 16h00 seinen Cut-off zur Abholung hätte. Diese spätere Cut-off Zeit ergäbe die Chance, Bestellungen auch bis z. B. um 17h00 noch am selben Tag an den Transporteur zu übergeben.

Auch kann der Merchant bei Eigenerbringung die Lieferzeiten an seinem Artikel mit einer von ihm als realistisch eingeschätzten Dauer angeben. Dies ist wiederum für solche Artikel von Vorteil, die aus dem Ausland oder aus dezentralen Beständen verkauft werden.

Wenn die Abwicklung nicht über FBA erfolgt, so können dezente eigene Marketing Aktivitäten in die Zustellung integriert werden. So könnte man die Produkte oder Produktverpackungen beispielsweise zusätzlich mit Werbematerial ausstatten. Für Seller und Vendoren gibt Amazon diesbezüglich einige Regeln vor, jedoch existiert eine gewisse Grauzone z. B. bei der Gestaltung der Versandverpackungen. Letztlich sind viele kleine Maßnahmen, wie z. B. die Kenntlichmachung des Absenders auf dem Versandlabel auch prozessual begründbar.

Ein weiterer Vorteil der eigenen Logistik liegt in der Möglichkeit zur individuellen Auswahl und Festlegung der Kartonage: Im Seller Central sind die Kartonagen als Größenordnung weitestgehend vorgegeben zwecks Regelung und Verrechnung der Versandkosten. Ebenfalls gibt es im Seller Central detaillierte Vorgaben je Produktbereich bzgl. Sicherstellung der Versandfähigkeit. Es gibt jedoch keine verbindliche Vorgabe bzgl. Kartonage und bei geeigneten Produkten sind auch andere Verpackungsarten möglich wie z. B. Luftpolsterversandtaschen.

Ein besonderes Augenmerk der eigenen Logistik muss auch auf dem Handling von „HazMat Artikeln" liegen. Dies sind „hazardous materials", welche im allgemeinen Sprachgebrauch als „Gefahrgut Artikel" bezeichnet werden. Hier gibt es sehr detaillierte allgemeingültige Anforderungen, die zwischen Gefahrgut (transport-relevant) und Gefahrstoff (lager-relevant) unterscheiden. In diesem Themenfeld ist die Nutzung von

FBA oder des „Seller Fulfilled Prime" Programms von Vorteil, da man einerseits diese Regelungsarbeit an Profis übergeben kann und andererseits DPD generell ein geeigneter Partner für das Handling von Gefahrgut ist. Allerdings gibt es auch bei FBA einige Ausnahmen bei Gefahrgut, sodass sich hier ggf. der Einsatz von Logistikdienstleistern lohnt, die entsprechende Fachkenntnisse haben.

Insgesamt bietet die Eigenerbringung der Logistik eine höhere Flexibilität und eine höhere Unabhängigkeit von Amazon. Das zeigt insbesondere dann Vorteile, wenn ein Merchant mehrere Vertriebskanäle bedient.

10.5.2.1 Fulfillment by Merchant – Kennzahlen der Abwicklung

Generell bleiben die Anforderungen von Amazon an die Logistik auch dann hoch, wenn Amazon diese nicht selbst erbringt. Und da Amazon im Kundeninteresse auf ein hohes Service-Level drängt, werden von Merchants mit eigener – oder outgesourcter – Logistik diejenigen Kennzahlen besonders verfolgt, die durch Amazon messbar sind.

- Anzahl der nicht zugestellten Sendungen
- Anzahl der Nicht ausgelieferten Auftragspositionen
- Anzahl der Kundenbeschwerden
- Ratings der Kunden für den Verkäufer

Jeder Merchant muss sich der Anforderungen und der Konsequenzen einer Schlecht-Leistung bewusst sein, denn die Performance der Eigenabwicklung hat insgesamt einen Einfluss auf das Seller Ranking und somit schließlich auch auf das Produkt Ranking.

10.5.2.2 Fulfillment by Merchant – make or buy?

Für alle Merchants, welche die Amazon Logistik nicht nutzen wollen, bleibt die Grundsatzfrage von Outsourcing oder Eigenerbringung zu beantworten. Hierauf kann in diesem Beitrag nicht detailliert eingegangen werden, jedoch sollten beide Entscheidungen wohl überlegt sein, zumal sie üblicherweise jeweils nur mit einem gewissen zeitlichen Vorlauf wieder rückgängig gemacht werden können. In der Ausgestaltung der Logistik hat der Merchant die gleichen Rahmenbedingungen – unabhängig von „make or buy". Seitens Amazon gibt es keine zusätzlichen Vorgaben.

Für die Eigenerbringung der Logistik spricht generell, dass man „nah am Produkt" ist und normalerweise selbst am flexibelsten ist und kostengünstig produzieren kann. Dies gilt insbesondere für Anbieter mit wenigen Produkten und einem planbaren Geschäft. Je komplexer, größer und unplanbarer das Geschäft wird, desto mehr muss sich der Merchant die Frage stellen, wie wichtig die Logistik für sein Unternehmen ist und wie viele Kompetenzen er hierin selbst aufbauen will. Eine „nebenher" selbst betriebene Logistik, die nicht professionell gemanaged und weiterentwickelt wird, kommt gegebenenfalls schneller als erwartet an ihre Grenzen und wird dann zu einem echten Engpass und Risiko für die Unternehmensentwicklung.

Anstelle der Eigenerbringung kann die Logistik auch an einen Dienstleister outgesourced werden. Es gibt eine Vielzahl von Anbietern, die bereits erfolgreich das Fulfillment für E-Commerce und oder Amazon betreiben. Einige dieser Dienstleister haben auch bereits eine erfolgreiche Testphase für das Prime Programm absolviert und können daher dieses Service Level auch für weitere Kunden aufbauen und nutzen.

Organisatorisch ist beim Outsourcing zu beachten, dass die gesamte Wertschöpfungskette um eine zusätzliche Schnittstelle erhöht wird, dies gilt organisatorisch und meistens auch systemseitig. Lohnenswert erscheint das Outsourcing für Merchants mit einem schwankenden (saisonalen) Geschäftsverlauf, einem breiten Sortiment und mit dem Verkauf über mehrere Vertriebskanäle. Vorteilhaft ist zudem, dass die Vergütung in den meisten Fällen nach Aufwand bzw. transaktionsbasiert erfolgt und der Merchant keine Kapitalbindung in logistischer Infrastruktur einplanen muss.

Entscheidet man sich bei einer gewissen Größe des Geschäftes für ein Outsourcing sollte man einen strukturierten Selektionsprozess zur Anbieterauswahl durchführen und sich hierfür bestenfalls temporäre Fachkompetenz oder Beratung hinzuzuziehen. Wichtige Auswahlkriterien sind die strategische Ausrichtung des potentiellen Logistikpartners, die wirtschaftlichen Rahmenbedingungen und die detaillierte Klärung der zugrundeliegenden Strukturdaten des Geschäftes und des erwarteten Service Levels. Die nicht professionelle oder falsche Auswahl des Logistikdienstleisters kann ansonsten schnell zu einem echten Engpass und Risiko für die Unternehmensentwicklung werden.

10.5.3 Prime durch Verkäufer bzw. „Seller Fulfilled Prime"

Die Vorteile des steigenden Abverkaufs durch Nutzung des Prime Programms und Integration in die Prime Konditionen wird in diesem Buch an anderer Stelle erläutert.

Amazon stellt mit der Prime Kennzeichnung einen besonders zuverlässigen Service und einhergehend eine besonders zuverlässige Lieferung für seine Endkunden in Aussicht. Damit ein möglichst großer Anteil der Abverkäufe auf Amazon unter das Prime Programm fallen können, hat Amazon auch die Option eröffnet, dass Verkäufer mit eigener oder outgesourcter Logistik, das Prime Programms nutzen können.

Amazon bewirbt diese Variante mit ausführlichen Beschreibungen als „Prime durch Verkäufer" (Amazon.com, Inc. oder Tochtergesellschaften 1998–2018b). Im englischsprachigen Kontext wird dieses Programm als „Seller Fulfilled Prime" bezeichnet.

Als besonders geeignete Produktgruppen nennt Amazon (Amazon.com, Inc. oder Tochtergesellschaften 1998–2018b):

- Artikel mit hohem Warenwert
- Artikel mit Varianten
- Zerbrechliche Artikel
- Saisonware
- Artikel mit unvorhersehbarer Nachfrage
- Langsamdreher (Artikel mit geringer Verkaufsfrequenz)

- Schnelllebige Modeartikel
- Personalisierte Artikel
- Lagerbestand, der eine besondere Handhabung oder Vorbereitung erfordert

Verkäufer können sich für das Prime Programm direkt bei Amazon bewerben und müssen eine Testphase überstehen. In dieser Testphase von 5 bis 90 Tagen wird die logistische Leistungsfähigkeit des Verkäufers besonders überwacht. Es sind lediglich 25 berechtigte Prime Testbestellungen mit 100 % pünktlicher Übergabe an den genehmigten Transportdienstleister zu versenden und es muss mindestens eine erfolgreiche Abholung des genehmigten Transportdienstleisters, wie z. B. DPD erfolgen. In der Testphase kann das Prime Logo noch nicht genutzt werden.

Strategisch ist die Variante „Seller Fulfilled Prime" auch besonders dann relevant, wenn der Verkäufer seine Ware auf mehreren Vertriebskanälen anbietet, denn so kann dieser seine Bestände flexibler den jeweiligen Kanälen zuordnen.

Folgende Voraussetzungen sind zu erfüllen, um in das Prime Programm aufgenommen werden zu können:

- Versand aus einem Lager in Deutschland
- Angebot von Premium Versandoptionen
- Tägliches Versandvolumen von mindestens 5 *Prime durch Verkäufer* Pakete
- Pünktliche Bearbeitung und Versand am selben Tag von mindestens 99 % der Bestellungen nach Deutschland und Österreich
- Stornorate für Bestellungen unter 1 %
- Kauf von Versandetiketten über die Funktion „Versandentgelt kaufen"
- Erfüllen des Prime Kundenversprechens (Angebot von kostenlosem Versand und Retouren)
- Erfolgreiches Abschließen der Testphase

Organisatorisch werden im Prime Programm die Versand-Konditionen und die Versanddienstleister von Amazon genutzt. Hierzu sind zu den festgelegten Cut-off Zeiten alle Aufträge tagggleich an den von Amazon beauftragten Transport Dienstleister (derzeit DPD) übergeben werden, der die Produkte beim Lager abholt und dann in seine Distributionsnetzwerke einbringt. Die Einhaltung der Cut-off Zeiten erweist sich für viele Verkäufer als lösbare Herausforderung. Hierbei ist zu beachten, dass Amazon keine Nachlieferungen wünscht, sondern die Verfügbarkeit aller Artikel bei Prime Produkten voraussetzt.

Die Versandlabels werden in diesem Programm direkt in Sellers Central generiert. Bei einem höheren Sendungsvolumen je Tag kann die Generierung der Label auch automatisiert via Schnittstellen erfolgen. Zu Beginn dieses Services war die Bereitstellung der Labels nicht unkompliziert und schnell genug, aber inzwischen ist der Service schnell und zuverlässig und daher auch für größere Auftragszahlen täglich gut nutzbar.

Generell ist die Einhaltung der KPI bei „Seller Fulfilled Prime" für erfahrene und professionelle Logistiklösungen nicht so schwierig und kritisch. Es empfiehlt sich jedoch, die KPI selbst sehr akkurat zu messen und intern ggf. höhere KPI festzulegen, denn Verstöße gegen die KPI werden bei Amazon nicht gerne gesehen und auch konsequent geahndet. Bei wiederkehrenden Problemen bei der Einhaltung der KPI und Nicht-Umsetzung von Verbesserungsmaßnahmen entzieht Amazon letztlich einem Merchant den Prime Status wieder.

10.5.4 Sonderfall: Fulfillment by Merchant als Vendor

Es gibt die Option, dass große Unternehmen auch im Vendoren Modell die Logistik selbst realisieren. Hierzu bedarf es einer gewissen Größe des Geschäftes, sowie eine explizite Vereinbarung mit Amazon.

Für Amazon ist dieses Modell von Vorteil, da keine eigenen Logistik Kapazitäten eingesetzt werden müssen. Andererseits will Amazon in diesem Modell sicherstellen, dass das Fulfillment Niveau durch den Merchant keinesfalls schlechter ist als die eigene Amazon Leistung. Sobald der Vendor logistische Tätigkeiten übernimmt, erhöht dieses den Abstimmungsaufwand wesentlich und auch die Komplexität der Messung der Qualität der Abwicklung.

Damit Amazon auch in diesem Modell seinem eigenen Qualitätsanspruch selbst verantworten kann, kann es dazu führen, dass Amazon dann das Lager für die Amazon Abwicklung im Lager des Merchants selbst betreiben möchte. Auch hier sind strategische Fragen zu eruieren, inwiefern dieses Setup für den Vendor einen sinnvollen Weg darstellt.

10.5.5 Die Paketzustellung & Amazon Versandkonditionen

Sofern die Logistikabwicklung nicht unter der Prime Zertifizierung läuft, hat der der Seller prinzipiell alle Freiheiten hinsichtlich des Versands. Dies gilt einerseits für die Wahl des Versenders, die Wahl des Servicelevels (Lieferzeiten/Lieferdauer) als auch hinsichtlich der Geltendmachung von Versandgebühren.

Es empfiehlt sich jedoch, eine Versandart zu wählen, die den Prime Standard erfüllt. Das hat den größten Effekt bzgl. Conversion Rate und somit Umsatz und Ranking auf der Plattform. Als Seller hat man hierzu die Optionen der Nutzung des FBA Services oder die Zertifizierung mit „Seller Fulfilled Prime".

Amazon bedient sich für den Versand der Sendungen an die Endkunden einerseits bei verfügbaren Angeboten etablierter Anbieter, wie z. B. DHL, DPD, UPS, Hermes oder andere. Parallel hierzu bietet Amazon eigene Transportdienstleistungen an.

Ein absoluter Mehrwert der Nutzung des Amazon Ökosystems ist die Option, die Versandkonditionen von Amazon für das eigene Geschäft einsetzen zu können. Hier profitiert jeder Verkäufer unabhängig von seinem eigenen Versandvolumen von den günstigen Kosten, die Amazon nur aufgrund seines gesamten Volumens erzielen kann.

Anbieter, die ihre Logistik von Amazon erbringen lassen sind diesbezüglich automatisch mit einer wettbewerbsfähigen Preispositionierung ausgestattet und müssen sich nicht um Versandkonditionen und Versandabwicklung kümmern. Anbieter, die ihre Logistik selbst erbringen oder hierfür Logistikdienstleister nutzen, können ebenfalls Amazon Versandkonditionen nutzen, allerdings müssen sie dann das Tagesgeschäft selbst organisieren.

In den Jahren 2018 und 2019 gab es vermehrt kritische Stimmen in einschlägigen Foren, dass die im „Seller Fulfilled Prime" Modell von Amazon vertraglich beauftragte Abholung der Sendungen bei den Logistikzentren der Seller nicht vereinbarungsgemäß zuverlässig erfolgte – insbesondere in Peak-Zeiten. Mangels direkter Vertragsbeziehung mit den verantwortlichen abholenden Carriern, konnten die Seller hier schlecht gegensteuern. Es ist davon auszugehen, dass Amazon sich hier besser aufstellen wird und die Prozesse flexibler gestalten wird, sodass auch die weitere Skalierung der Umsätze noch besser gelingt.

10.5.6 Retouren

Online Handel führt häufig zu Retouren, dies gilt auch bei Amazon. Sortimentsspezifische Vergleichszahlen, ob die Retourenquote bei Amazon niedriger ist als bei vergleichbaren Angeboten sind nicht bekannt.

Das Handling von Retouren ist unterschiedlich je nach Business Modell der Zusammenarbeit. Generell können Retourenadressen abweichend von Lieferstandort sein.

- Bei Vendoren im FBA Ansatz erfolgt die komplette Abwicklung der Retouren über Amazon.
- Bei Vendoren im FBM Ansatz ist die Art der Abwicklung und die resultierende Retourenadresse Bestandteil der Verhandlungen. Üblicherweise übernimmt der Vendor in diesem Fall jedoch auch das Retourenhandling.
- Generell kann von Vendoren in Vertragsverhandlungen festgelegt werden, welche Retourenrechte Amazon eingeräumt werden. Hierbei ist zu unterscheiden zwischen Hersteller Retouren – entweder z. B. für Mangelware oder vereinbarte Rücksendeoptionen – oder logistisch-prozessualen Claims.
- Die nicht wieder als A-Ware verkaufbaren Retouren gehen teilweise in Amazon Warehouse Deals mit ein, da dort Artikel auch mit leichten äußeren Schäden verkauft werden können.
- Bei Sellern mit FBA erfolgt die Kundenrücksendung immer an Amazon. Das ist zwar praktisch für die Seller, da man als Seller zunächst keinen Aufwand mit den Retouren hat, allerdings kostet das Handling der Retouren durch Amazon Geld.

10.5.7 Bestandsmanagement als Erfolgsfaktor

Ausgezeichnetes Bestandsmanagement ist generell einer der Haupterfolgsfaktoren für ein wirtschaftlich erfolgreiches Geschäftsmodell. Allerdings sind Abverkäufe von Produkten oft nur begrenzt vorhersehbar und in der Realität verfügt man so gut wie nie über den „richtigen" oder „optimalen" Bestand, sondern stets entweder zu viel von manchen Artikeln und zu wenig von anderen Artikeln.

In der Zusammenarbeit mit Amazon spielt das Bestandsmanagement noch eine deutlich wichtigere Rolle. Für den Abverkauf der Ware auf Amazon spielt die Platzierung in den Suchergebnissen eine entscheidende Rolle. Ein Faktor, der das Listing auf Amazon entscheidend beeinflusst ist der Bestand bzw. die gewährleistete Verfügbarkeit. Wenn ein Artikel durchgängig über Bestand verfügt, so wird dieser von Amazon positiv geranked und entsprechend weiter oben angezeigt. Aus der Amazon Kundenperspektive heraus lässt sich das nachvollziehen: Amazon will die Kunden zufriedenstellen, auf dem Weg dahin sind nicht verfügbare Produkte ein Hindernis. Die Produkte, die also mit einer dauerhaften Verfügbarkeit glänzen, werden von Amazon präferiert. Wenn im Gegenteil dazu ein Artikel out-of-stock gerät, so führt dies zu einer Abstrafung im Ranking. Wiederholte out-of-stock Situationen verschlechtern die eigene Position erheblich.

Demzufolge kann die Maßgabe für die Bevorratung von Amazon nur darin bestehen, immer mit einer ausreichenden Bestandsreserve zu agieren. Dieses gilt insbesondere bei der Nutzung des FBA Services, weil dort der echte Bestand von Amazon verwaltet und für die eigene Anzeige herangezogen wird. Bei einer eigenen Bewirtschaftung kann Amazon den tatsächlichen Bestand im Lager nicht überprüfen, sondern geht davon aus, dass die hinterlegten Angaben zur Verfügbarkeit des Artikels stimmen. Einer der wichtigsten Parameter zur Bewertung der Qualität seiner Merchants ist für Amazon die „Stornorate vor Bestellerfüllung". Bei Anbietern, die eigenes Fulfillment realisieren, muss diese Quote bei weniger als 2,5 % liegen (Intomarkets. Fulfillment by Merchant (FBM) 2017). Im Falle einer Prime Zertifizierung muss diese Quote < 1 % sein.

Als Kontrollmöglichkeit hat Amazon in den USA den so genannten Inventory Performance Index (IPI) eingeführt, welcher das Verhältnis von Lagerbestand zu Abverkauf, mithin die Drehung und Reichweite des Artikels, bewertet. Der IPI erfasst Daten aus den Verkäufen, Lagerbeständen und Gebühren eines FBA-Kunden und misst auf diese Weise, wie gut er seinen „Versand durch Amazon"-Lagerbestand verwaltet. Zur Optimierung seiner eigenen Werte, zeigt der Kennzahlenmonitor „Lagerbestandshaltung" die Bewertung zusammen mit wichtigen Einflussfaktoren an, mit denen Maßnahmen zur Verbesserung der Bewertung priorisieren werden können (Bolhoefer 2019). Wenn dieser IPI negativ ist, so verlangt Amazon bei seinen Verkäufern zunächst relativ hohe Strafzahlungen, mittelfristig droht sogar die Sperrung des Accounts.

Nach aktuellen Informationen bei Fertigstellung dieses Artikels, soll dieser IPI auch in Deutschland eingeführt werden. Dieser Index soll in Deutschland als Lager Bestandsindex (LBI) gemessen und eingesetzt werden (Bolhoefer 2019). Bei einer Nutzung von

Amazon als Logistiker und somit auch als Lagerort, wird bei einer schlechten Entwicklung des LBI die erlaubte Lagermenge im folgenden Jahr von Amazon deutlich
reduziert.

10.5.8 Daten und Systeme als Erfolgsfaktor für gute Logistik

Die wesentliche Rolle der Logistik für den Unternehmenserfolg ist in diesem Artikel
hinreichend erläutert. Eine der Haupt-Voraussetzungen, um eine gute Logistik überhaupt zu ermöglichen (unabhängig davon ob dies bei Amazon oder in einem eigenen
Lager erfolgt), ist die Kompetenz des Managens von Daten aller Art (siehe hierzu auch
Kap. 11). In erster Linie sind natürlich Stammdaten im Allgemeinen und Produkt-Daten
im Besonderen zu sehen, welche im logistischen Kontext andere Anforderungen erfüllen
müssen als für den Verkauf auf der Plattform.

Es ist für den Verkauf auf digitalen Kanälen generell von erheblichem Vorteil, wenn
die Stammdaten in den Unternehmen so nachgehalten werden, dass diese alle relevanten Informationen beinhalten und dann auch für Amazon nutzbar gemacht werden können. Das Problem ist bei Unternehmen jedoch häufig, dass die Stammdaten eher für die
eigene Produktion oder bestehende stationäre Vertriebspartner etc. gedacht sind und
somit nicht B2C „E-Commerce ready" sind.

Für ein erfolgreiches logistisches Handling sind beispielsweise folgende Produkt-Daten ausschlaggebend:

- Artikelnummer
- EAN Nummer
- ASIN Nummer
- Morphologische Daten (Abmessungen) in Umverpackung bzw. OVP (Originalver-
  packung)
- Gewicht inkl. Umverpackung bzw. OVP
- Gefahrgut Kennzeichnung
- Zerbrechlich Kennzeichnung
- MHD Angabe
- Charge oder Seriennummer, wenn sinnvoll oder erforderlich
- Sperrgutkennzeichen
- „schwer" Kennzeichen
- etc.

Alle diese Daten führen im Verlauf der Abwicklung zu bestimmten Folgeent-
scheidungen. So müssen beispielsweise zerbrechliche Artikel besonders kontrolliert
werden und zwar sowohl beim Wareneingang, ob der Artikel noch intakt ist, als auch
beim Warenausgang, um ein einwandfreies Produkt beim Empfänger gewährleisten zu
können. Bei der Fülle von Artikeln, welche Amazon auf seiner Plattform anbietet, kann

eine individuelle Betrachtung des Artikels, zum Beispiel auf dessen Zerbrechlichkeit hin, zu Fehlern führen. Wenn man selbst nicht genau über die Abmessungen, Gewichte etc. Bescheid weiß, kommen ggf. andere Kosten im Versand auf einen zu und zwar sowohl bei FBA als auch bei Prime für Seller, denn diese Angaben sind ausschlaggebend für die Klassifizierung der Versandkosten. Damit diese Fehler im Interesse aller Beteiligten ausgeschlossen werden kann, ist es am besten, die relevanten Produkteigenschaften durch ein akkurates Datenmanagement kenntlich zu machen.

Neben den Produktdaten sind natürlich auch die Bestandsdaten, Wiederbeschaffungszeiten u. a. für die Logistik von entscheidender Bedeutung.

Damit alle diese Daten besonders effizient und fehlerfrei durch die Prozesskette hindurch genutzt werden können, empfiehlt es sich bei steigendem Absatzvolumen oder steigender Artikelanzahl den geliebten Excel Tabellen den Kampf anzusagen und stattdessen auf entsprechende Systemlösungen zurückzugreifen. Hierzu gibt es mittlerweile eine Vielzahl von geeigneten Lösungen die entweder auf Produkt-Daten, auf Bestandsverwaltung für mehrere Kanäle, auf die Anbindung an Amazon, auf die Abwicklung der Endkundenaufträge von Amazon oder auf eine Kombination der genannten Module ausgerichtet sind (siehe hierzu auch Kap. 11).

10.5.9 Tipps & Tricks

Aus der eigenen intensiven Zusammenarbeit mit Sellern und Vendoren in den letzten Jahren haben sich einige Amazon spezifische Themen herauskristallisiert, die dem Erfolg auf Amazon dienlich sind. Nachfolgend werden daher einige praxisbezogene Tipps & Tricks aufgelistet, die vor allem aus logistischer Perspektive heraus gedacht und zusammengestellt sind:

- Die Eintragung der Stammdaten und Maße im Seller Central muss möglichst exakt sein. Dies betrifft sowohl die Abmessungen des Produktes in der Versand Verpackung als auch das Gewicht.
- Es ist auf eine hohe Produktqualität bei der Anlieferung an ein Amazon Lager zu achten. Es empfiehlt sich vor allem bei Anlieferung aus Asien vor der Produktion zumindest stichprobenartig die Qualität selbst zu sichten und zu prüfen.
- Wenn einzelne Artikel oder Pakete in der Anlieferung an Amazon eine bestimmte Gewichtsgrenze überschreiten, dann sollten diese als „schwer" gekennzeichnet werden. Die Gewichtsgrenze ist je Lagerstandort unterschiedlich und liegt bei Standorten für kleinteilige Artikel bereits bei 15 kg.
- Wenn ein Produkt über einen längeren Zeitraum bei Amazon verkauft wird, so empfiehlt es sich immer die gleiche Menge dieses Artikels an Amazon zu versenden, zum Beispiel immer 20 Stück. Bei abweichenden Stückzahlen je Anlieferung – oder noch schlimmer – je Karton kann es zu Fehlern und notwendigem Klärungsaufwand kommen.

- Es ist für die Unternehmen nicht immer transparent, wann die Ware bei Amazon eingebucht wird. In Ausnahmefällen dauert es bis zu zwei Wochen oder länger. Daher ist es zwingend notwendig, Ware immer rechtzeitig und proaktiv nachzuversorgen, denn schließlich möchte man sein attraktives Ranking nicht durch fehlende Bestände verlieren.
- Die Vorlaufzeit für die Nach-Versorgung wird in der Peak Saison noch kritischer, sodass hier ein zusätzlicher zeitlicher Sicherheitspuffer empfohlen wird, um mögliche Verzögerungen seitens Amazon bei der Einbuchung der Ware zu antizipieren.
- Droht ein Artikel out-of-stock zu gehen bevor eine Nachlieferung an Amazon erfolgen kann, so ist es deutlich vorteilhafter die Nachfrage für diesen kurzzeitig zu reduzieren, z. B. durch eine temporäre Preiserhöhung dieses Artikels und dadurch weniger zu verkaufen, anstatt die Verfügbarkeit bei diesem Artikel zu riskieren.
- Artikel werden bei Amazon im Lager nicht konfektioniert, sondern es werden nur versandfertige Produkte eingelagert und versendet. Daher muss alles, was mit dem Produkt zusammen an den Kunden versendet werden soll, bei der Anlieferung an Amazon bereits direkt in einer Produktverpackung integriert sein.
- Anbieter, die an einem direkten Kunden Feedback interessiert sind, können dies bei der Nutzung von FBA nur über Beilagen erzielen, die direkt mit dem zu versendenden Produkt, also der Versandverpackung, verbunden sind.
- Es empfiehlt sich bei Produktdesign und Konzeption der Versandverpackung bereits eine kleine, kompakte, leichte und transportsichere Verpackung anzustreben. Letztlich sollte hieraus eine möglichst kleine Verpackungsgröße resultieren. Für die Abrechnung mit Amazon spielen die Abmessungen sowie das Gewicht die entscheidende Rolle. Darüber hinaus lässt sich somit ggf. sogar die Transportverpackung einsparen (Stichwort „SIOC" – ship in own container), was sowohl aus wirtschaftlichen Überlegungen als auch aus der Perspektive der Nachhaltigkeit vorteilhaft ist.
- Wenn ein Anbieter im FBM Modell einen Rückstand in der Abarbeitung hat (sogenannter Backlog), so steigt der Aufwand der Nacharbeitung ziemlich schnell an und es droht ein down-ranking des eigenen Accounts. Es gibt zwar keine zusätzlichen Pönalen, aber die Tagesaktualität der Abarbeitung ist von hoher Wichtigkeit.
- Die Bewertung des Merchants ist sehr relevant. Hier können auch Beschwerden auftauchen, die den Versand betreffen, zum Beispiel verspätete oder schadhafte Zustellung an den Endkunden. Wenn der Händler jedoch den Versand nicht verantwortet, z. B. bei Nutzung „Seller Fulfilled Prime", so können diese Complaints in der Händlerbewertung auf Aufforderung des Händlers gelöscht werden.
- Eine Vielzahl an Anfragen und Erfahrungen rund um die Prozesse und die Abwicklung von, für und mit Amazon lassen sich in Online Gruppen klären. Es gibt eine Vielzahl von Foren und Facebook Gruppen bei denen Vendoren und Seller teilweise sehr offen über ihre Erfahrungen und Empfehlungen berichten. Gleichfalls bietet es sich an, das Seller Central Forum intensiv zu nutzen.
- In Seller Central können diverse KPI eingesehen werden. Das ist für Seller kostenfrei und sehr hilfreich, um ihr Geschäft auf und mit Amazon zu optimieren. Bei Vendoren ist diese Leistung in diesem Umfang bisher nicht kostenfrei.

- Amazon checkt regelmäßig und automatisiert alle KPI in Sellers Central. Hierbei geht es um die logistischen SLA, aber auch um Geschwindigkeit und Qualität der Beantwortung von Kundenanfragen. Die Einschätzung hat wiederum Einfluss auf das Ranking des Verkäufers.
- Eine Geschenkverpackung kann optional angeboten werden, ist jedoch keine Voraussetzung für die Zusammenarbeit mit Amazon
- Die Zusammenarbeit mit Amazon kann durch die Nutzung geeigneter IT Lösungen und die direkte Anbindung an das Seller Central weitgehend automatisiert erfolgen. (siehe hierzu auch Kap. 11) Allerdings sollte man zum Projektstart überlegen, ab wann sich die Automatisierung der Prozesse lohnt.
- Es ist immer hilfreich, seine eigenen Forecasts für seine Geschäftsentwicklung selbst zu erstellen, auch wenn Amazon vor großen Peaks proaktiv informiert.
- Bei einer guten Bewertung wird man häufiger als Kooperations-Partner für Aktionen von Amazon angefragt. Diese Aktionen steigern die Sichtbarkeit auf der Plattform und bei Amazon und den Absatz der eingestellten Artikel.

Letztlich ist Amazon relativ offen dahingehend, dass alle Informationen bereitgestellt werden, damit es nicht zu unnötigen Problemen kommt. Denn jede Behinderung in der logistischen Prozesskette ist in einem Massengeschäft wie Amazon aufwändiger und teurer als vermeintliche Zusatzerlöse durch Sanktionsmechanismen mit seinen Partnern.

10.6 Fazit und Ausblick

10.6.1 Lager Dienstleistung

Das bereits erreichte gesamte Volumen an Online Handel in Deutschland, so wie in anderen Ländern, hat bereits einen signifikanten Anteil am Handel erreicht. Hierbei ist natürlich eine differenzierte Betrachtung je nach Branche wichtig. Gleiches gilt für die Anteiligkeit des Umsatzes auf Amazon, seien es Aktivitäten als Vendor oder als Seller auf dem Marktplatz.

Die hieraus resultierende Dimension der Logistikflächen, welche auf E-Commerce spezialisiert sind, sowie im speziellen die komplette Logistikinfrastruktur von Amazon, ist beeindruckend und mittlerweile ein wesentlicher Bestandteil der Flächenplanung in vielen verkehrsgünstig gelegenen Regionen.

In diesen Zeiten kann es sich kein Unternehmen mehr leisten, nicht konkurrenzfähige Logistikdienstleistungen und somit nicht ausreichende Services für die Kunden bereitzustellen. Mithin muss sich jedes einzelne Unternehmen fragen, ob es strategisch der richtige Weg ist, die Logistikangebote von Amazon zu nutzen oder nicht. Hierzu gibt es unterschiedliche Aspekte, die analysiert werden müssen. Hier sind beispielhaft zu nennen:

- Exklusivität des Sortiments
- Kopierbarkeit der Produkte
- Komplexität des Handlings der Produkte
- Kosten der Logistikabwicklung
- Flächenbedarf der Logistikabwicklung
- Automatisierbarkeit der Logistikabwicklung
- Etc.

Gleichfalls muss sich jeder Anbieter die Frage stellen, ob Logistik in den Zeiten der digitalisierten Welt für ihn selbst eine Kernkompetenz darstellen soll oder darstellen muss, oder dieses nicht notwendig erscheint. Für die individuelle Entscheidungs-findung sollte auch die Relevanz des Kanals Amazon am Gesamtumsatz und somit die Relevanz der gesteigerten Conversion durch den möglichen Prime Versand berück-sichtigt werden.

Wenn Logistik eine Kernkompetenz für den Anbieter darstellt oder darstellen muss, so ist ein Outsourcing an Amazon eigentlich keine sinnvolle Handlungsoption. Dies kann im besten Fall eine Überbrückungslösung darstellen. Perspektivisch müssen sich diese Anbieter unabhängig von Amazon Logistik machen.

Ob hierzu eine eigene Logistik oder eine outgesourcte Logistik bei einem Logistik-dienstleister beziehungsweise Fulfillment Dienstleister genutzt wird, ist eine weitergehende Frage. Die Antwort hierauf hängt ihrerseits wiederum stark von der Aus-gangslage des Anbieters und der Ausgestaltung einer möglichen Zusammenarbeit mit einem Dienstleister ab.

Für kleinere Unternehmen, die mit wenigen Produkten auf Amazon und speziell auf Amazon gegebenenfalls sogar ausschließlich dort ihren Unternehmenserfolg voran-treiben, ist die Nutzung des FBA Angebotes eine kaum abzulehnende Option.

Insgesamt wird die Kompetenz in der Logistik als Schlüsselfaktor für den Unter-nehmenserfolg weiter ansteigen. Hierbei sind die Vorteile größerer Logistikzentren für den weiteren Erfolg durch die Einsparung an Kosten je Transaktion sicher-lich vorteilhaft. Kleinere Anbieter können aus der Garage heraus zum Start oft konkurrenzfähig bleiben, allerdings werden dabei die eigenen Leistungen oder die Arbeitszeiten von Freunden oder Studenten oftmals nicht zu einem Voll-Kosten Stundensatz bewertet.

In Bezug auf das Anbieten von Sortimenten im Internet gibt es eine pauschale und leicht provozierende These „the winner takes it all". Diese These trifft nicht für Lager-dienstleistung und Logistik zu. So attraktiv und je nach Betrachtungsweise günstig, zuverlässig, skalierbar etc. das Angebot der Logistik Dienstleistung von Amazon auch sein mag, so gibt es viele gute Gründe für die Nicht-Nutzung dieser Services. Eigene Logistiklösungen, egal ob in der eigenen Erbringung oder dem Outsourcing an Dienst-leister, können auf jeden Fall konkurrenzfähig gestaltet werden, sowohl vom Service Niveau her als auch von der Kostenseite.

10.6.2 Transport Dienstleistung

Die Transportdienstleistung stößt in Deutschland bereits an seine ökonomischen und gesellschaftspolitischen Grenzen. Verschiedene innovative Ansätze sind bereits in der Erprobungs- und Skalierungsphase – weitere neue Konzepte sind zu erwarten. Hierzu zählen beispielsweise spezifische Pick-up-Points analog der Amazon Locker Variante, jedoch versehen mit zusätzlichen Services und offen für mehrere Anbieter.

Die klassische Zustellung durch so genannte KEP Dienstleister wird durch besseres Daten-/Flotten-Management in ihrer Qualität noch zu nehmen können. Eine reine Volumensteigerung über die Skalierung von Fahrern und Zustellern erscheint jedoch schwierig, so dass auch hier noch Innovationen in der Nutzung von autonomen Einheiten, Robotern, Zwischen-Hubs, sowie da wo sinnvoll, auch der Einsatz von Drohnen zu erwarten sind.

Für die naheliegende Zukunft wird die Nutzung der bestehenden Anbieter, außerhalb des Amazon Ökosystems, für einen konkurrenzfähigen Service ausreichen. Hierbei muss der Anbieter auf die Optimierung der folgenden Parameter zu achten:

- Spätestmögliche Cut-off Zeit der Abholung vom Lagerstandort
- Hohe Quote der Zustellung am nächsten Tag
- Wettbewerbsfähige Konditionen je Packstück, gegebenenfalls gestaffelt nach Volumen, Gewicht oder Anzahl Sendungen pro Jahr
- Hohe Quote der schadensfreien Zustellung
- Hohe Transparenz der Daten über die Zustellung

Die eigenen Aktivitäten von Amazon zum Aufbau eines Zustellservices stellen für bestehende Versanddienstleister eine große Herausforderung dar. Es ist derzeit nicht abzusehen, dass diese Services auch für Transaktionen außerhalb des Amazon Systems angeboten werden. Die bestehenden Anbieter werden durch eine neue Denkweise, vor allem bezüglich der Datenerfassung und Daten-Nutzung, ihrerseits auch zu einer Optimierung der eigenen Services angetrieben. Aus Konsumentensicht ist dieses begrüßenswert.

Eine Einschränkung in der Zusammenarbeit mit Amazon, welche sich mittelfristig verändern könnte, ist die Festlegung spezifischer Carrier im Programm Prime durch Verkäufer. Sofern der Verkäufer die von Amazon geforderten KPI einhalten kann, sollte auch die Freiheit bestehen, andere Carrier für den Prime Service zu nutzen. Dies hätte natürlich spannende Auswirkungen auf den Dienstleistermarkt. Die Rolle der eigenen Amazon Transportlogistik wird in diesem Kontext auch noch zu bewerten sein – je nachdem, ob Amazon das Transportvolumen der „Seller Fulfilled Prime" Aufträge für die Auslastung eigener Kapazitäten benötigt – oder eben diese Kapazitäten für den Versand aus eigenen lagerstandorten benötigt.

Es bleibt abzuwarten, inwiefern die Kunden einen relevanten Anteil von Bestellungen mit noch kürzeren Lieferzeiten (Stichwort „sameday") nutzen wollen und hierfür auch eine gewisse Zahlungsbereitschaft mitbringen. Sollte diese schnellere Zustellung von stärkerer Bedeutung werden, so werden dies nur größere Anbieter unter der Einbeziehung einer eigenen Multi Lagerstruktur oder der Nutzung von vorhandenen Stationärgeschäften oder von Beständen in stationären Geschäften dritter Anbieter realisieren können. Amazon wird hierbei mit seiner geographisch gut organisierten Verteilung der Logistikzentren auch gute Angebote bereitstellen können. Ebenfalls scheint auch Amazon den Charme der Abholung in Stationärgeschäften nachzuvollziehen und intensiviert in 2019 in USA seine Kooperationsbemühungen diesbezüglich unter dem Branding „Counter" (Melchior 2019). Gegebenenfalls wird Amazon dieses Thema in den kommenden Jahren auch selbst stark forcieren und somit die Kunden an die Vorteile dieser zeitnahen Zustellungen gewöhnen.

Literatur

About Amazon. (2019). Free returns with no box, tape, or label needed. https://blog.aboutamazon. com/operations/free-returns-with-no-box-tape-or-label-needed. Zugegriffen: 12. Juli 2019.

Amalyze. (2019). Amazon Logistikzentrum – Standorte der Versandzentren in Deutschland. https://www.amalyze.com/glossar/amazon-logistikzentrum/. Zugegriffen: 29. Juni 2019.

Amazon.com, Inc. oder Tochtergesellschaften. (1998–2018a). Unsere Unternehmensstandorte in Deutschland. https://www.aboutamazon.de/arbeiten-bei-amazon/unsere-unternehmensstandorte-in-deutschland. Zugegriffen: 29. Juni 2019.

Amazon.com, Inc. oder Tochtergesellschaften. (1998–2018b). Verkaufen Sie Produkte mit dem Prime Logo direkt aus Ihrem Lager. https://services.amazon.de/programme/Primedurchverka-eufer/funktionen-und-vorteile.html?ld=SEDESFPAdGog_1816724638_71452919219_kwd-754569963728_b_352621762074_c_asret_&ld&id=go_cmp-1816724638_adg-71452919219_ad-352621762074_kwd-754569963728_devc_ext-_prd-. Zugegriffen: 29. Jun. 2019.

Amazon.com, Inc. oder Tochtergesellschaften (1998–2018c). Planung der Lieferung per LKW-Teilladung oder LKW-Ladung an Amazon. https://sellercentral.amazon.de/gp/help/external/G200280270?language=de_DE. Zugegriffen: 7. Juli 2019.

Aufzug, M., & Bors, D. (2019). E-Commerce mit Amazon (1. Aufl.). Heidelberg: O'Reily.

Bolhoefer, E. (2019). Amazon: Lagerbestandsindex für Deutschland geplant. https://de.fashionnet-work.com/news/-Amazon-Lagerbestandsindex-fur-Deutschland-geplant,1102930.html#.XQuQ-JYgzaUk. Zugegriffen: 20. Juni 2019.

BVL. (Stand: 12.12.2017). Das ist Logistik. https://www.bvl.de/service/zahlen-daten-fakten/logistikdefinitionen. Zugegriffen: 20. Juni 2019.

Freighthub. (2018). Amazon Logistikzentrum: Standorte der Lager und Versandzentren in Deutschland. https://freighthub.com/de/blog/amazon-logistikzentrum/. Zugegriffen: 20. Juni 2019.

Gärtner, M. (2019). Kommentar: Amazon-Drohne soll bald Pakete bringen. https://www.Ama-zon-watchblog.de/technik/1759-kommentar-amazon-drohne-soll-bald-pakete-bringen.html. Zugegriffen: 20. Juni 2019.

Hielscher, H. (2018). Amazon verdoppelt die Zahl seiner Paket-Abholstationen. https://www.wiwo.de/unternehmen/handel/boxenboom-Amazon-verdoppelt-die-zahl-seiner-paket-abholsta-tionen-/22898510.html. Zugegriffen: 20. Juni 2019.

Intomarkets. Fulfillment by Merchant (FBM). (2017). https://www.intomarkets.com/wiki/fulfill-ment-by-merchant-fbm/. Zugegriffen: 20. Juni. 2019.

Kemmner, S. (2018). Diese Strategie von Amazon ist ein Frontalangriff auf DHL und Hermes. https://www.businessinsider.de/diese-strategie-von-Amazon-ist-ein-frontalangriff-auf-dhl-und-hermes-2018-8. Zugegriffen: 20. Juni 2019.

Leblanc, R. (2018). How Amazon is changing supply chain management. https://www.thebalancesmb.com/how-Amazon-is-changing-supply-chain-management-4155324. Zugegriffen: 20. Juni 2019.

Melchior, L. (2019). Amazon startet mit Counter ein neues Logistikkonzept. https://www.internetworld.de/e-commerce/amazon/amazon-startet-counter-neues-logistikkonzept-1722583.html. Zugegriffen: 1. Juli 2019.

Pandey, E. (2019). Amazon, the new king of shipping. https://www.axios.com/amazon-shipping-chart-fedex-ups-usps-0dc6bab1-2169-42a8-9e56-0e85c590eb89.html. Zugegriffen: 6. Juli 2019.

Premack, B. (2018). Amazon just expanded their fleet to 50 aircraft — and it shows that FedEx and UPS are starting to lose one of their biggest customers. https://www.businessinsider.de/Amazon-expanded-fleet-to-50-aircraft-2018-12?r=US&IR=T. Zugegriffen: 20. Juni 2019.

Schlautmann, C. (2018). So abhängig ist die Post von Amazon. https://www.handelsblatt.com/unternehmen/dienstleister/paketgeschaeft-so-abhaengig-ist-die-post-von-amazon/22724300.html?ticket=ST-213235-cEzEJbMT1ZyOXxGcKb9t-ap5. Zugegriffen: 20. Juni 2019.

Supply Chain 24/7. (2019). Amazon to spend $800M on free 1-day delivery for prime, launches full truckload services. https://www.supplychain247.com/article/Amazon_to_spend_800m_on_free_1day_delivery_for_Prime.

Oliver Lucas Der Diplom-Kaufmann Oliver Lucas ist Gründer und Geschäftsführender Gesellschafter der ecom consulting GmbH, eine unabhängige Unternehmensberatung für Digitalisierung und E-Commerce. Er unterstützt Hersteller und Händler dabei, den Wandel hin zu digitalen Geschäftsmodellen erfolgreich und profitabel zu vollziehen. In den Jahren zuvor hat er u. a. als Head of E-Commerce bei einer der größten deutschen Digitalagenturen, in der Geschäftsleitung bei einem Order Management System Anbieter und als Geschäftsführender Gesellschafter bei einem mittelständischen Fulfillment Dienstleister die Strategien und Abwicklungen einer Vielzahl namhafter E-Commerce Kunden verantwortet.

Oliver Lucas ist ein gefragter Speaker auf Fachveranstaltungen und Top 20 E-Commerce Influencer in Deutschland. Er veröffentlicht regelmäßig Beiträge in Fachzeitschriften, engagiert sich am Lehrstuhl „digitales Business" an der Technischen Hochschule Ingolstadt, ist Mitglied der Kernjury des Logivisor Awards, Coach und organisiert Veranstaltungen für digitale Themen in verschiedenen Branchen.

Amazon Readiness: Prozesse, Systeme und Organisation für Profitabilität und Skalierbarkeit auf dem Amazon Marketplace und darüber hinaus

11

Martin Himmel

Inhaltsverzeichnis

Zusammenfassung

Amazon achtet, wie allgemein bekannt, intensiv auf ein positives Kauferlebnis für den Kunden. Dies zieht – gemeinsam mit dem steigenden Margendruck allerorten – einige Anforderungen an die Bespielung sowie Abwicklung von Amazon-Konten bzw. -Aufträgen nach sich. Gerade wer die Buy Box (das von Amazon vorgeschlagene „beste" Verkaufsangebot) selbst besetzen und dabei noch profitabel wirtschaften möchte, steht vor vielen großen Herausforderungen im eigenen Unternehmen, die nur sekundär mit dem Marketing auf Amazon zu tun haben. Dies beginnt mit einer vollständigen Wirtschaftlichkeitsbetrachtung und einem Verständnis für insbesondere alle anfallenden indirekten Kosten. Dieses Kapitel stellt darüber hinaus dar, wie mit Hilfe

M. Himmel (✉)
ecom consulting GmbH, München, Deutschland
E-Mail: himmel@ecom-consulting.de

© Springer Fachmedien Wiesbaden GmbH, ein Teil von Springer Nature 2020
C. Stummeyer und B. Köber (Hrsg.), *Amazon für Entscheider*,
https://doi.org/10.1007/978-3-658-27427-6_11

einer Prozessanalyse Optimierungspotenziale sowohl für das Marktplatzgeschäft, als auch für die Abläufe im Unternehmen gefunden und gehoben werden können. Durch eine Darstellung der funktionalen Anforderungen an eine Systemlandschaft, die E-Commerce skalierbar und profitabel abwickeln kann und einen exemplarischen Überblick von marktüblichen Softwarelösungen kann durch den Leser ein für das eigene Unternehmen spezifisches Lösungsszenario abgeleitet werden. Der Leser wird feststellen, dass viele der dargestellten Sachverhalte sich nicht nur auf den Vertriebs-kanal Amazon beschränken, sondern die Grundlage jedes betriebswirtschaftlich sinn-vollen Bespielens von digitalen Verkaufskanälen darstellen.

11.1 Die Wichtigkeit einer exzellenten Amazon-Abwicklung

11.1.1 Erwartungshaltung der Kunden

Die „Amazonisierung" der Kundenbeziehung ist in der Zwischenzeit nicht nur ein geflügeltes Wort, sondern wurde vom IFH in Köln eingehend untersucht (vgl. IFH 2018). So bestellen Kunden in der Zwischenzeit häufiger, aber mit kleineren Warenkörben – von 8,1-mal im Jahr 2004 auf 41,3-mal im Jahr 2017 hat sich die Bestellfrequenz laut der Studie verändert, bei sinkenden Warenkörben von 1,76 Positionen je Order 2004 auf 1,33 Positionen in 2017. Dahingehend bewerten viele Quellen, wie bspw. eCommerce Magazin (2018), die Ergebnisse.

Da besagte Studie sowohl mit Prime-, als auch mit Nicht-Prime-Kunden durchgeführt wurde, lässt sich ableiten, dass der durchschnittliche Amazon-Käufer in der Zwischen-zeit häufiger bestellt, und zwar immer mehr Einzelartikel. Der Kunde scheint dabei im Laufe der Jahre positive Erfahrungen mit dem Zustell-Service gemacht zu haben, so legt der gesunde Menschenverstand nahe: wäre es schwieriger oder mit mehr Kosten ver-bunden, eine Zustellung in Kauf zu nehmen, würden Kunden sonst eher sammeln und Sammelbestellungen aufgeben. (Statista 2018) zeigt darüber hinaus, dass insbesondere die jüngere Käuferschicht zwischen 18 und 24 Jahren überproportional oft Prime-Kunde ist (etailment 2016).

Asdecker und Thomschke (2018) stellen im Rahmen des Buches „Customer Expe-rience im Zeitalter des Kunden" die Erfolgsfaktoren von B2C E-Commerce auf Basis einer eigenen Erhebung vor. Als Ergebnis der Studie kristallisieren sich im Wesentlichen die folgenden Kundenpräferenzen heraus:

1. In Bezug auf den Lieferprozess stellen sich vor allem die Einhaltung des Liefer-termins, Informationen zum Versandstatus sowie kostenloser Versand als Erfolgs-kriterien heraus.
2. Bezüglich des Distributionsprozesses erwarten Kunden vor allem eine einfache Bezahl- und Kaufabwicklung, eine unkomplizierte Verkaufsplattform, eine sofortige Warenverfügbarkeit sowie den günstigsten Preis – letztgenanntes Kriterium allerdings erst an vierter Stelle.

Selbstredend hat auch Amazon die Wichtigkeit dieser Kriterien erkannt und berücksichtigt diese; nicht zuletzt in der Zuteilung der sog. „Buy Box", also der Bewertung des besten Verkaufsangebots eines Artikels für den Kunden. Der Algorithmus selbst ist dabei ein von Amazon sehr gut gehütetes Geheimnis; allerdings wurde ein Zusammenhang mit den grundlegenden Messkriterien von Amazon in der Praxis immer wieder bestätigt. Zudem existieren hierzu zahlreiche Beiträge im Internet (vgl. bspw. Sellics 2019).

11.1.2 Erfüllung von Amazons Messkriterien

Die wichtigsten Messkriterien der Verkäuferperformance legt Amazon im „Kennzahlenmonitor Verkäuferleistung" gut sichtbar für den Händler inklusive Zielangabe und ggf. einer Warnung bei Überschreitung dar (vgl. Amazon 2019e). Hierbei sind vor allem zu erwähnen, da hochgradig relevant für die Berechtigung zum Verkauf auf Amazon:

- Rate an Bestellmängeln: diese Kennzahl setzt sich zusammen aus der Anzahl von negativen Bewertungen durch den Kunden, A-Z-Garantieanträge (Garantie für Zustand und rechtzeitige Lieferung durch den Händler) sowie Rückbuchungen (durch den Kunden bei der Bank angefordert). Amazon schreibt hier als Ziel weniger als 1 % aller Bestellungen innerhalb eines Zeitraums von 60 Tagen vor
- Das Einhalten von Produktrichtlinien: Hier obliegt dem Amazon Verkäuferservice ein gewisser Ermessensspielraum. Ziel ist hier vorfallsfrei zu bleiben, Beschwerden werden aber in der Regel zunächst vom Amazon Kundenservice bzw. Verkäuferservice geprüft bevor über eine Sperrung entschieden wird
- Verspätete Lieferungen: dies entspricht der Kennzahl der Liefertreue. Amazon überwacht den Zeitraum zwischen Auftragsmeldung an den Händler und der Bestätigung des Versands. Dieser Zeitraum wird verglichen mit dem durch den Händler im Produktlisting angegebenen Zeitraum und Abweichungen werden als solche erkannt. Amazon gibt als Ziel eine Quote von unter 4 % vor
- Stornorate vor Erfüllung: diese Kennzahl entspricht der Lieferfähigkeit; Amazon möchte tunlichst Stornierungen wegen Überverkäufen durch den Händler vermeiden. Die Zielquote beträgt weniger als 2,5 %. Zur Vertiefung vgl. Abschn. 11.1.4.

Durch die in diesem Buchkapitel vorgestellten Mechanismen wird es dem Leser leichter fallen, für eine zuverlässigere Erfüllung der vorgestellten Kriterien zu sorgen (Abb. 11.1).

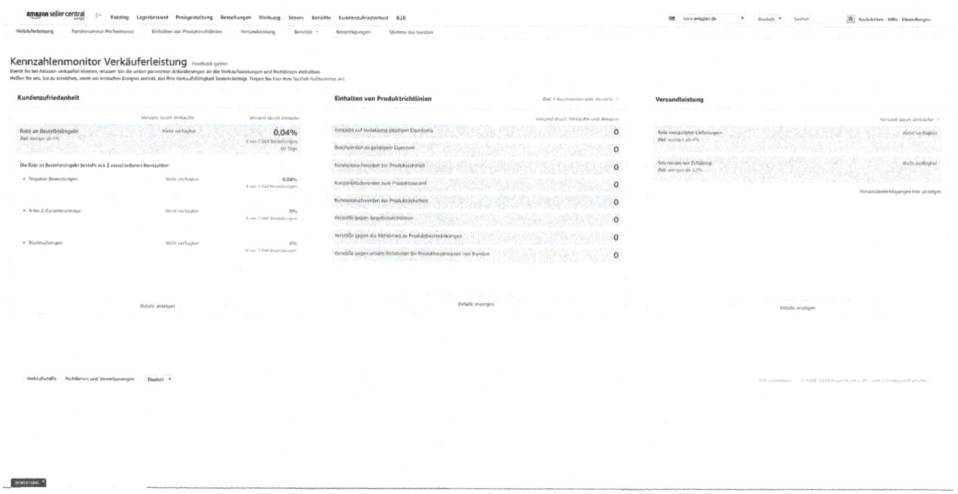

Abb. 11.1 Kennzahlenmonitor Verkäuferleistung (anonymisiert) (vgl. Amazon 2019e)

11.1.3 Kostendruck und wirtschaftliches Handeln

Nicht zuletzt die in Abschn. 11.1.1 dargestellten Erfolgsfaktoren aus Kundensicht und die Erfahrungen aus der Praxis in Kundenprojekten belegen die Wichtigkeit eines, im Auge des Kunden, günstigen Preises. Wie in den Grundlagen der
Betriebswirtschaftslehre erlernt, geht ein Absenken des Preises allerdings immer zu Lasten des Rohertrags. Insofern ist wichtig, die mögliche Untergrenze des Preises analysiert
zu haben und entsprechend nutzen zu können. Zur Vertiefung vgl. Abschn. 11.2. Darüber
hinaus lassen sich die Preise von verschiedenen Händlern einfach vergleichen, beispielsweise über die native Funktionalität des Amazon Marketplace selbst, als auch über Preisvergleichsportale wie idealo.de oder billiger.de. Diese Vergleichbarkeit und Transparenz
für den Kunden führen zur Notwendigkeit, dem Kunden einen günstigen Preis bieten zu
müssen, um aus Sicht des Kunden überhaupt in das kaufrelevante Segment vorzurücken.
In der Folge müssen häufig Preise gesenkt werden und angestrebte Rohertrags-Margen
können nicht erreicht werden (Abb. 11.2 und 11.3).

Doch der Preis ist nicht das einzige Kriterium, das den Kostendruck immer weiter
steigen lässt. Die Erwartung eines versandkostenfreien Versandes des Kunden einerseits,
sowie steigende Paketpreise für Geschäftskunden andererseits (vgl. bspw. DHL 2018),
sind nur eines von vielen Beispielen. Durch die immer höhere Bestellfrequenz und sinkende Warenkörbe (vgl. Abschn. 11.1.1) bei häufig gleichzeitiger Erhöhung der Fixkosten, sind Unternehmen mehr denn je gefordert, wirtschaftlich zu handeln. In diesem
Kontext bedeutet das insbesondere, Vertriebskanäle effizient und maximal automatisiert

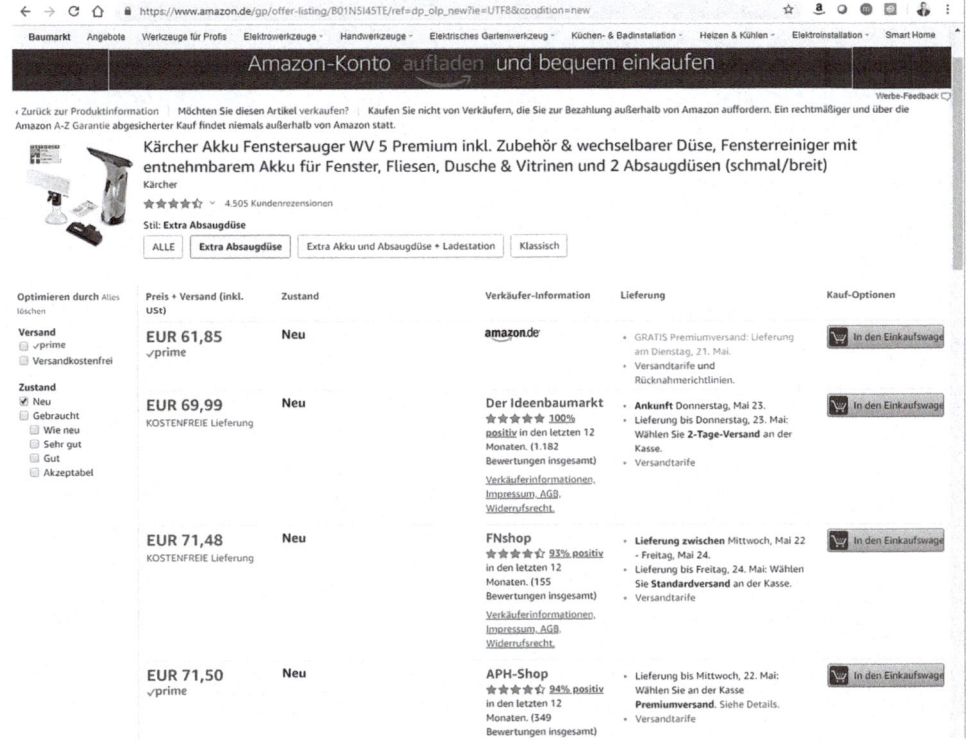

Abb. 11.2 Angebote für Kärcher WV 5 Premium auf Amazon, vgl. https://www.amazon.de/gp/offer-listing/B01N5I45TE/ref=dp_olp_new?ie=UTF8&condition=new, Abruf vom 19.05.2019

zu bespielen und abzuwickeln. Nicht immer sind Maßnahmen zur Erhöhung des Warenkorbs als Möglichkeit zur Senkung des Fixkostenanteils möglich oder von Erfolg gekrönt. Diesbezüglich sind bei Amazon fast ausschließlich durch Werbung finanzierte Maßnahmen möglich. Zur Vertiefung sei auf Kap. 7 dieses Buches verwiesen.

Die Beratungspraxis zeigt häufig, dass genau diese effiziente Abwicklung auf Grund von internen Gegebenheiten – insbesondere bei tradierten Herstellern – häufig nicht möglich ist. So kann eine effiziente Endkundenlogistik nicht in jedem Fall gewährleistet werden. Da eine schnelle Lieferung allerdings sowohl in der Wahrnehmung der Kunden, als auch bei der Bewertung der Verkäuferperformance eine große Rolle spielt, können sich einige Online-Händler manchmal nur durch Buchung eines Express-Lieferservices behelfen – das dafür anfallende Aufgeld erhöht den Margendruck allerdings noch zusätzlich.

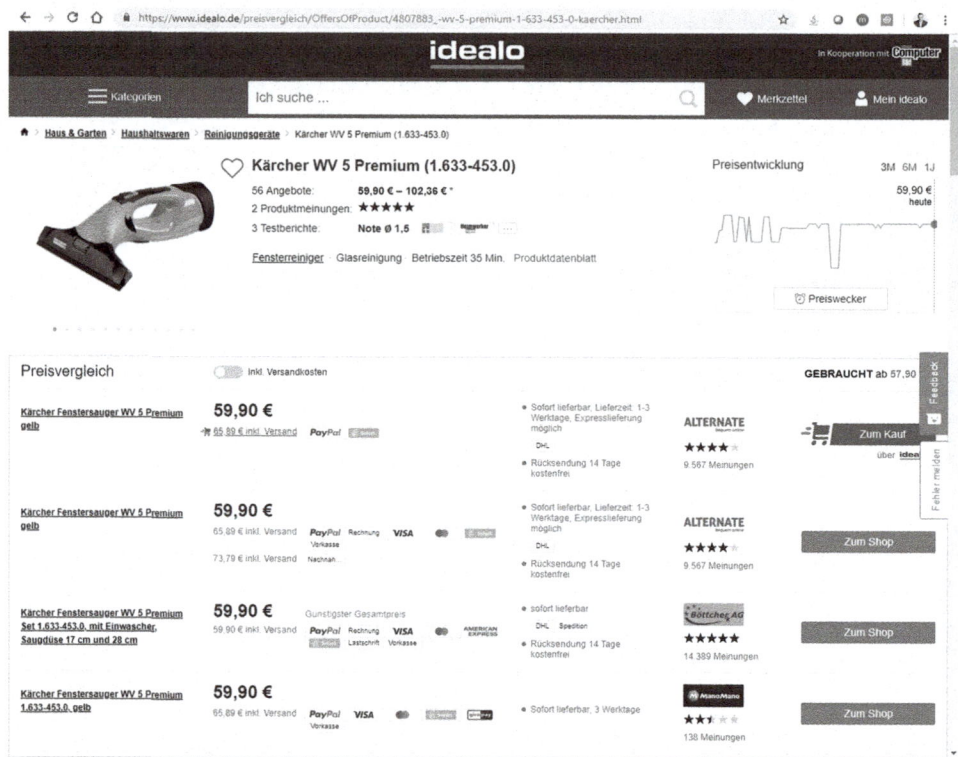

Abb. 11.3 Angebote für Kärcher WV5 Premium, vgl. https://www.idealo.de/preisvergleich/OffersOfProduct/4807883_-wv-5-premium-1-633-453-0-kaercher.html, Abruf vom 19.05.2019

11.1.4 Lieferfähigkeit und Liefertreue

Wie die Vorkapitel bereits dargelegt haben, sind dem Kunden eine schnelle und kostengünstige Lieferung sowie die Einhaltung des Liefertermins wichtig. Dies spiegelt sich auch in den Bewertungs-Kriterien von Verkäufern seitens Amazon wider. Amazon hat also die Wichtigkeit dieser Kriterien ebenfalls erkannt. Vgl. hierzu die Ausführungen in Abschn. 11.1.2.

Hierbei ist die Stornoquote als Ausdruck der Lieferfähigkeit zu interpretieren – Überverkäufe führen zu Stornos wegen Nichtlieferbarkeit, was für den Käufer unter Umständen zu großen Enttäuschungen führen kann. Amazons Zielquote lautet hier kleiner 2 %. Bei Verstößen erfolgen, wie in der Beratungspraxis leider häufig erlebt, Sanktionierungen seitens Amazon bis hin zur permanenten Sperrung des Verkäuferkontos. Durch die große Abhängigkeit, die manche Verkäufer von Amazon hinsichtlich ihres wirtschaftlichen Erfolgs aufweisen, ist dies als unternehmenskritisches Risiko einzustufen. Diese Abhängigkeit wurde in zahlreichen Umfragen, nicht zuletzt in ecom consulting et al. 2019 nachgewiesen (Abb. 11.4).

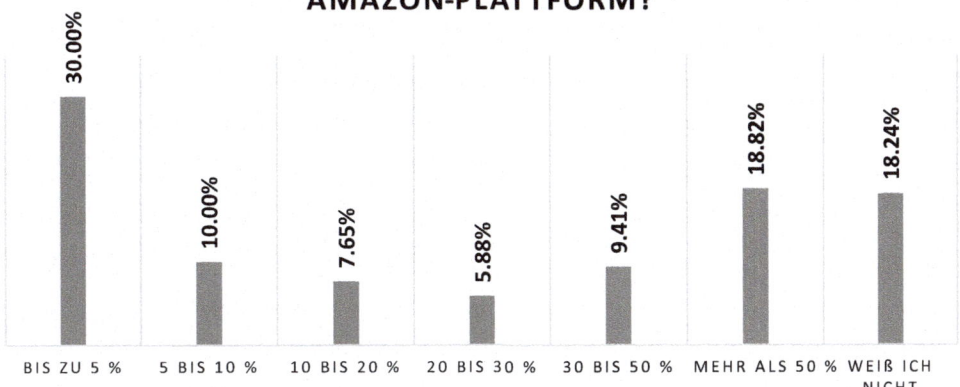

Abb. 11.4 Anteil von Amazon-Verkäufen am Online-Umsatz, Datenquelle: Umfrage von ecom consulting et al. 2019

Doch nicht nur die Verkäufer-Performance allgemein, sondern auch die Bewertungen eines Verkäufers sind diesbezüglich zu betrachten. Häufig kommt es vor, dass der Kunde die Gesamtbewertung des Produktes zusammensetzt aus den Produkt-Eigenschaften, sowie des Erlebnisses der Abwicklung durch den Verkäufer. Da hierzu keine empirische Erhebung vorliegt bzw. eine solche sich schwierig gestaltet, sei das folgende Beispiel aus den Amazon-Produktbewertungen angebracht (Abb. 11.5).

Es versteht sich von selbst, dass geeignete Maßnahmen zur Risikominimierung die kaufmännische Pflicht eines jeden Online-Verkäufers darstellen. Hierzu sei unter anderem auf Abschn. 11.6 dieses Beitrags verwiesen; neben dem Einsatz von Sicherheitsbeständen empfiehlt sich zuvorderst der Einsatz einer Marktplatz-Software, die eine möglichst zeitnahe Datensynchronisation mit Amazon ermöglicht. Erschreckenderweise trifft dies häufig nicht zu – dies zeigt die Praxis genauso wie die Studie von ecom consulting et al. (2019) (Abb. 11.6 und 11.7):

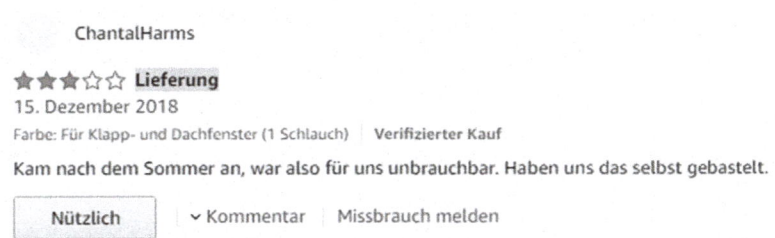

Abb. 11.5 Bewertungsabzug bei Amazon wegen Lieferung, vgl. https://www.amazon.de/TRO-TEC-Fensterabdichtung-Klimager%C3%A4te-Klimaanlagen-Ablufttrockner/product-reviews/B06XWF6Q68, Abruf am 19.05.2019

Abb. 11.6 Umfrageergebnis
zum Einsatz von Schnittstellen
in der Amazon-Abwicklung.
(Quelle: ecom consulting et al.
2019)

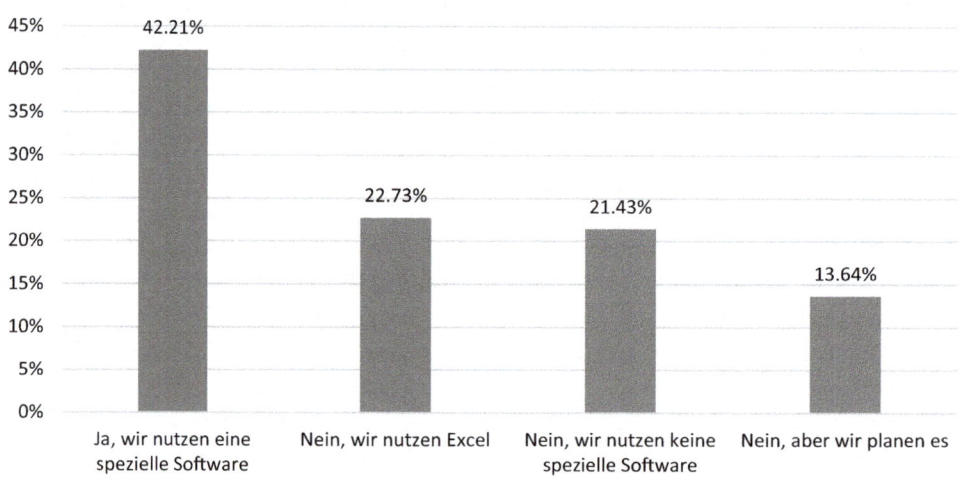

Setzen Sie spezielle Software für die Artikeleinstellung
und/oder Auftragsabwicklung mit Marktplätzen ein?

Abb. 11.7 Umfrageergebnis zum Einsatz von Marktplatzsoftware. (Quelle: ecom consulting et al.
2019)

11.2 Profitabilität und Kostenkalkulation mit Amazon

Wie in Abschn. 11.1 dargestellt, sind die aktuellen Kundenerwartungen ursächlich für
sinkende Margen im Online-Handel. Darüber hinaus sorgt die gestiegene Transparenz
und damit einhergehende Vergleichbarkeit für Margendruck, mit dem Preis als einem
wichtigen Kaufargument, so dass beim Verkauf Online, insbesondere auf Marktplätzen

wie Amazon, wirtschaftliches Handeln und scharfe, exakte Kalkulation geboten ist. Demgegenüber wurde in unseren Beratungsmandaten – leider – in jüngster Vergangenheit mehrfach aufgedeckt, dass Online-Handel seitens der Mandanten nicht profitabel betrieben wurde. Daher soll in diesem Kapitel näher auf die Kostenkalkulation eingegangen werden und einige best practices aus dem Beratungsalltag vermittelt werden. Im Folgenden soll daher erläutert werden, wie eine Kostenrechnung dahingehend aufgestellt werden soll, ob der gesamte Lebenszyklus der Abwicklung auf Marktplätzen – vom Einstellen eines Artikels über die Auftragsabwicklung bis zur Rückzahlung im Retourenfalle – erfolgreich, d. h. profitabel, abgewickelt werden kann. Dementsprechend ist untenstehende Betrachtung klar zur Kostenträgerrechnung im Sinne einer produktspezifischen Betrachtung, abgegrenzt.

Wie in Kap. 3 „Ökonomische Analyse des Amazon Marketplace-Geschäfts" bereits dargestellt wurde, sind die direkten Kosten ein erster Anhaltspunkt, um die Profitabilität eines Produktes bei Amazon zu ermitteln. Hierbei sei insbesondere noch einmal darauf verwiesen, wie wichtig eine Kalkulation nach Abzug der Retouren sich darstellt. Nicht nur einmal hat die Vergangenheit gezeigt, dass unterschiedliche Marketing-Maßnahmen auch unterschiedliche Retourenquoten nach sich ziehen – und diese unterscheiden sich teils signifikant. Ergo sei der versierte Leser an dieser Stelle gebeten, alle variablen Kosten auf den Umsatz nach Abzug der Retouren umzulegen, um einen ersten Anhaltspunkt zu erhalten.

Zusätzlich zu den variablen Kosten offenbart ein detaillierterer Blick auf die Gemeinkosten (oder indirekten Kosten) das tatsächliche Ausmaß der Kosten für die Verkaufstätigkeit auf einem Marktplatz wie Amazon. Weber (2019) bezeichnet dabei Gemeinkosten als „Kosten, die sich einer bestimmten Bezugsgröße (z. B. Produkt) nicht exakt zurechnen lassen." Dies trifft im Onlinehandel auf eine ganze Reihe an Kosten zu, wie beispielsweise, aber nicht ausschließlich:

1. Kosten für die Erstellung und Übermittlung von Artikeldaten
    a) Kosten für die Erstellung von Artikeltexten
    b) Kosten für Übersetzungen
    c) Produktions- sowie Lizenzkosten für Medien, insbesondere Bilder und Videos
    d) Überarbeitung von Texten hinsichtlich Suchmaschinen-Freundlichkeit
2. Marketing-Kosten
    a) Allgemeine Werbekosten, die nicht zu einem spezifischen Produkt führen, sondern beispielsweise zu generischen Landingpages bzw. Markenseiten führen oder die dem Zweck des Markenaufbaus dienen
    b) Erstellungs- und Transaktionskosten für den Versand von Newslettern (wobei dies von Amazon für Amazon-Kunden generell untersagt wird)
3. Kosten der Auftragsabwicklung und der Logistik
    a) Grundgebühren/Lizenzkosten für Order Management Software (vgl. Abschn. 11.6)
    b) Aufwände für Absatzplanungen und Vorkehrungen der Personalplanung in der Auftragsabwicklung

c) Grundgebühren für Läger, Lagermanagement, Disposition etc.

d) Umverpackungskosten, falls andere Verpackungseinheiten angeboten werden oder Ware Prime-fähig gemacht werden muss (beispielsweise durch Umetikettieren, Verschließen etc.)

4. Kosten des Kunden-Beziehungsmanagements

a) Kosten für Kundenservice allgemein

b) Kosten für über den direkten Auftragsbezug hinausgehende Kundenfragen, beispielsweise in der Auftragsanbahnung, wie Fragen zur Lieferzeit, Lieferkosten etc.

5. Software-Kosten allgemein, insbesondere Grundgebühren, Lizenz-, Betriebs-, Wartungs- sowie Weiterentwicklungskosten für:

a) Auftragsabwicklungs-Software

b) CRM-Systeme

c) Marketing-Systeme

d) Rechnungslegungs-Programme im FBA-Betrieb

e) Logistik Management Systeme und Lagerverwaltungs-Systeme

f) ERP-Systeme

g) Anbindungen und Schnittstellen

6. Personalkosten, insbesondere der folgenden Abteilungen

a) Content Management

b) Produktmanagement (insbesondere bei Herstellern und Marken)

c) Einkauf (Online-Vertrieb im Falle eines Händlers)

d) Auftragsabwicklung

e) Kundenservice

f) Buchhaltung

g) Logistik

h) Administration

7. Content und Contentpflege, insbesondere Marketing-Content für nicht-produktbezogene Seiten wie Markenseiten, Produkt-Übersichtsseiten, Händler-Informationsseiten etc.

8. Grundgebühren für den Betrieb der Amazon Seller-Konten

Zusammenfassend lässt sich festhalten:

$$\sum \text{Abwicklungskosten pro Auftrag} = \sum \text{benötigte Zeit aller Arbeitsschritte in Min} * \text{Stundensatz}$$

(wobei letzterer kalkulatorisch oder real berechnet worden sein kann).

Hierzu ein sehr einfaches und verkürztes Beispiel

Für die Abwicklung eines Auftrags (Punkt 3 in der Übersicht), inklusive aller Prüfungen, fallen an:

1. 2 min für die Auftragsprüfung

2. 8 min für Kommissionierung

3. 3 min für den Versand

4. 2 min für Rückmeldungen

Dies ergibt in Summe 15 min Abwicklungszeit. Multipliziert mit einem angenommenen kalkulatorischen Stundensatz von 30 EUR erhalten wir

$$\sum \text{Abwicklungkosten pro Auftrag} = (15/60)\,\text{h} * 30\,\text{EUR}/\text{h} = 7,50\,\text{EUR}$$

Durch die Besonderheiten im Marktplatz-Management im Vergleich zum traditionellen Handel, oder auch dem Online-Direktvertrieb über einen eigenen Webshop können sich hier eklatante Unterschiede im Aufwand und damit auch der Kostenstruktur ergeben – egal ob beispielsweise Produkte „prime-fähig" aufbereitet werden müssen (siehe oben), Umverpackungen für kleinere Verpackungseinheiten oder Marketing-Maßnahmen auf die Gegebenheiten von Amazon angepasst werden müssen, oder gar spezielle Software für die Rechnungsstellung für FBA-Sendungen angeschafft werden muss.

Wichtig hierbei ist, einen passenden Umlegungsschlüssel je Kostenart auf den Kostenträger „Auftrag" zu definieren. Dies mag für einige Kosten wie Software, die pauschal monatlich bezahlt wird, noch einfach sein (man teile die Kosten durch die Anzahl der Aufträge), kann sich aber in einigen Fällen durchaus schwieriger gestalten (wie im Falle des Artikelcontents). Hier das richtige Maß zu finden und im Zweifelsfalle konservativ zu kalkulieren hat sich in der Vergangenheit als einer der Schlüssel zu wirtschaftlichem Erfolg im Onlinevertrieb erwiesen.

An dieser Stelle ist wichtig zu verstehen, dass alle Maßnahmen zur Verbesserung der Kostenquote je Auftrag auf zwei Grundmechanismen zurückzuführen ist:

a) **Steigerung der Effektivität:** dies ist beispielsweise zutreffend für Marketingmaßnahmen (mehr Reichweite je Budget, vgl. hierzu Kap. 6 von Adrian Jaroszynski)
b) **Steigerung der Effizienz:** hierunter zu verstehen sind Optimierungen im Sinne einer Automatisierung oder Professionalisierung von Abläufen, beispielsweise durch Einsatz einer für den Einsatzzweck geeigneten Software oder Optimierungen von Geschäftsprozessen, wie in Abschn. 11.3 dargestellt. Die Mehrheit der in den Folgekapiteln dieses Beitrages dargestellten Maßnahmen ist unter diesem Sammelbegriff zu subsummieren.

Verbesserungen durch derlei Maßnahmen sind hierbei unmittelbar erfolgsrelevant, d. h. realisierte Potenziale spiegeln sich 1:1 im erzielten Deckungsbeitrag wider. Daher sind insbesondere eine Betrachtung der unternehmenseigenen Geschäftsprozesse sowie der Einsatz von Software zur Automatisierung von Vorgängen als entsprechend lohnenswert einzustufen.

Für eine nähere Betrachtung insbesondere der logistischen Herausforderungen sei an dieser Stelle auf Kap. 10: „Logistik-Kompetenz als wesentlicher Treiber des Erfolgs für und mit Amazon" von Oliver Lucas verwiesen.

11.3 Prozessanalyse als Basis eines erfolgreichen Online-Geschäfts

11.3.1 Grundlagen

Wie dargestellt, zwingt Online-Handel zu sauberer, transparenter Kalkulation und maximaler Effizienz sowie höchstmöglicher Automatisierung in der Abwicklung. In der Praxis zeigt sich allerdings oft, dass gerade diese Abwicklungskosten in Form von benötigten Human- und maschinellen Ressourcen häufig nicht oder nur unzureichend von Unternehmen im Online-Handel betrachtet werden. Dies mag am hohen Grad der Neuerung liegen, den Online-Handel für diese Unternehmen mit sich bringt, an mangelnder Methodik oder an mangelndem Bewusstsein; hierüber zu spekulieren ist müßig. Fest steht: um eine saubere Kalkulation zu ermöglichen, müssen Prozesse festgehalten und Arbeitsschritte zeitlich quantifiziert werden. Eine Geschäftsprozessanalyse dient ergo als Basis für eine transparente und vollständige Kostenkalkulation, wie auch Gabler (2019) bestätigt.

Doch nicht nur wegen der Prozesskostenrechnung ist es ratsam, Geschäftsprozesse zu modellieren – eine Übersicht über die eigenen Geschäftsprozesse tragen in vielen weiteren Sachverhalten zum positiven Geschäftsverlauf bei:

1. Während der Modellierung werden manuelle Tätigkeiten offengelegt und **Automatisierungs- und Kostensparpotenziale** offengelegt. Durch die Quantifizierung und Gegenrechnung auf Prozesskostenebene können somit beispielsweise auch technische Lösungen auf Vorteilhaftigkeit bewertet werden. Auf Grund des Kostendrucks im Online-Handel ein wichtiger Vorteil.
2. Damit einhergehend ergeben sich oft Erkenntnisse über **Flaschenhälse** innerhalb der Prozesse, die ein weiteres Wachstum teils schwierig machen oder Skalierung verhindern. Dies kommt beispielsweise dann zum Tragen, wenn saisonale Peaks oder spezielle Aktionen (z. B. Promotions im Rahmen der Amazon Cyber Week) abgewickelt werden müssen.
3. In der vollständigen Prozessanalyse werden auch Systeme und Medien bzw. Programme mit betrachtet. Somit können **Medien- und Systembrüche** offengelegt werden und hinsichtlich Fortbestand geprüft werden. Dies reduziert oft Durchlaufzeiten und verbessert die Prozessqualität.
4. Der Grad der manuellen Tätigkeiten und der vorliegenden Brüche lassen auch Aussagen über den **Zentralisierungsgrad** von Informationen zu – gerade diese Zentralisierung ist in vielen (reiferen) E-Commerce-Szenarien nicht mehr wegzudenken und häufig einer der Gründe für die Anschaffung von Systemen wie PIM/MAM- oder CRM-Systemen. Amazon macht dies mit einem einheitlichen Kundenkonto für alle Amazon-Leistungen (Prime Video/Audio, E-Commerce, Audible, Kindle etc.) geradezu mustergültig vor
5. Geschäftsprozessanalyse endet meist nicht an der Grenze des eigenen Unternehmens, sondern schließt oft auch Lieferanten und Kunden mit ein. Zusammen

mit dem Blick auf die eigene Abwicklung trägt sie damit entscheidend zur **Verbesserung der Supply Chain** bei

6. **Neuen Mitarbeitern** fällt die Einarbeitung anhand der erstellten Prozesscharts häufig deutlich leichter, da Zusammenhänge und Abhängigkeiten besser verständlich sind und eine Möglichkeit vorliegt, Sachverhalte sowie Entscheidungswege nachzuvollziehen

7. Dokumentierte Prozesse sind eine Wissens- und Entscheidungsquelle für **Auditierungen und Zertifizierungen** und erleichtern damit die Akkreditierung

8. Prozessanalysen sind ein wichtiger Teil vieler Qualitätsmanagement-Methoden und tragen damit zu **Qualitätsverbesserungen** bei. Diese können sich intern oder extern positiv auswirken, z. B. kann der Kunde bedarfsgetreuer beraten werden oder die Fehlerquote im Amazon-Kontext (z. B. Stornierungen auf Grund fehlenden Bestands) reduziert werden.

9. Einige Softwarelösungen verfügen bereits über die Möglichkeit, die software-internen Workflows durch den Import von BPMN 2.0 Abläufen an die Gegebenheiten des eigenen Unternehmens anzupassen (beispielsweise können Modellierungen aus der Software ARIS direkt in SAP Netweaver eingelesen werden, vgl. Mindsquare (2019)). Darüber hinaus können Prozesscharts als Grundlage für Anforderungen bei der Einführung von Softwareprodukten dienen und in Ausschreibungsunterlagen oder Pflichtenhefte einfließen. Damit tragen modellierte Geschäftsprozesse dazu bei, **Entwicklungsaufwand zu reduzieren** und Softwarelösungen für den Einsatz im eigenen Unternehmen maßzuschneidern.

10. Definierte Geschäftsprozesse ermöglichen Analysen und Messungen an definierten Messpunkten. **Abweichungen können getrackt und über zuvor festgelegte Kommunikationswege eskaliert werden** – ein Punkt, der für die Einhaltung der Amazon-KPIs eine wichtige Rolle spielt (vgl. beispielsweise Abschn. 11.1.4).

11.3.2 Methoden und Vorgehensmodelle

In der Zwischenzeit haben sich einige Vorgehensmodelle bei Analyse und Verbesserung von Geschäftsprozessen etabliert; häufig mit dem Ziel der Qualitätsverbesserung und/ oder Effizienzsteigerung. Hieraus seien als bekannte Vertreter die folgenden Methoden genannt:

- Six Sigma
- Total Quality Management
- Lean Management
- KAIZEN

Eine genauere Darstellung würde den Rahmen dieses Beitrags sprengen; der geneigte Leser sei herzlich zur eigenen Vertiefung eingeladen. Alle diese Modelle haben ihren

Daseins- und Einsatzzweck sowie unterschiedliche Ausrichtungen; decken aber nur einen Teil der für das Thema E-Commerce benötigten Anforderungen ab. Da im vorliegenden Kontext der Fokus auf Automatisierung durch Effizienzsteigerung sowie Skalierbarkeit gelegt sei, sei im Folgenden ein in der Beratungspraxis bewährtes Vorgehensmodell vorgestellt, das bei ecom consulting für die Durchführung derlei Analyseprojekte zum Einsatz kommt:

1. **Definition von Problem- und Zielstellung im Kontext des vorliegenden Sachverhalts:** Welche Ziele werden verfolgt, was sind bereits offensichtliche, zu lösende Haupt-Schmerzpunkte, welches Ergebnis soll erreicht werden?
2. **Definition der zu analysierenden Teilbereiche:** Vergleiche hierzu Abschn. 11.3.4. Nicht in jedem Kontext ist die Analyse aller Teilbereiche vielversprechend oder sinnvoll.
3. **Definition der Projektorganisation:** hierzu gehören die Definition der Unterlagen sowie des Projektteams, des Durchführenden bzw. Verantwortlichen, der Ansprechpartner sowie ggf. des Projektpaten (idealerweise ist dies bei abteilungsübergreifenden Projekten die Geschäftsleitung). Geklärt werden muss ebenfalls die Frage, wer die Geschäftsprozesse modelliert und/oder Aggregationen vornimmt.
4. **Definition der Methoden:** Festlegung der Art der Dokumentation sowie Präsentation von Geschäftsprozessen, Ergebnissen sowie erkannter Optimierungspotenziale. Darüber hinaus muss definiert werden, in welcher Tiefe jeweils eine Prozessanalyse und -modellierung stattfinden soll.

Nach Definition dieser „Startvoraussetzungen" kann die eigentliche Analyse erfolgen. Hierzu hat sich die folgende Methodik als zielführend herausgestellt:

5. **Interviews mit Stakeholdern und Fachpersonal zur Tätigkeit:** Einer der Hauptaspekte in der Analysearbeit. Es wird analysiert, welche Tätigkeiten wie durchgeführt werden, wie oft, mit welchen Hilfsmitteln und Systemen und welche Zeit für die einzelnen Arbeitsschritte (geschätzt oder gemessen) benötigt wird. Hierzu eignen sich die Form des Interviews zur abstrakten Prozessbeschreibung sowie eine Demonstration der Tätigkeiten im Alltagsgeschäft. Häufig ergeben sich hieraus Folge- oder Subprozesse, die zu Beginn der Analyse noch nicht offenbar waren.
6. **Abfrage von bereits erkannten Verbesserungspotenzialen:** die Erfahrung zeigt, dass während der Interviews nahezu immer bereits Verbesserungsmöglichkeiten durch das Fachpersonal erkannt wurde. Dieses muss abgefragt werden, am besten frei von subjektiv wahrgenommenen Restriktionen (zum Beispiel durch die Frage, was der User ändern würde, wenn dies ohne weiteres möglich wäre). Man achte an dieser Stelle allerdings darauf, keine zu hohe Erwartungshaltung beim Interviewpartner zu wecken, da zu diesem Zeitpunkt noch nicht sicher ist, welche Verbesserungen tatsächlich erstrebenswert sind.

7. **Modellierung des Status Quo:** Es ist ratsam, zu diesem Zeitpunkt den Status Quo eines Teilprozesses zu dokumentieren (für mögliche Tools vgl. Abschn. 11.3.3) und vom Interviewpartner bzw. Stakeholder korrigieren oder bestätigen zu lassen. Hierzu sollten festgehalten werden:

   a) Manuelle Tätigkeiten

   b) Automatische/systemgeführte Tätigkeiten

   c) System- und Abteilungsübergänge

   d) Verwendete Software-Programme

   e) Verwendete Datenbanken, Dateien und sonstige Dokumente

   f) Sonstige Hilfsmittel wie Skizzen, Werkzeuge etc.

Auf diese Analysephase folgend kann mit der Auswertung wie folgt verfahren werden

8. **Quantifizierung vorliegender Ineffizienzen und möglicher Verbesserungen:** Aus der durchgeführten Analyse und der Dokumentation lassen sich Verbesserungspotenziale relativ einfach ableiten. Hierzu sei der Analyst insbesondere angehalten, auf Medien- und Systembrüche, redundante Tätigkeiten, subjektiv ineffiziente Arbeitsschritte sowie durch das Fachpersonal geäußerte Verbesserungsmöglichkeiten zu achten. Es empfiehlt sich, alle ermittelten möglichen Verbesserungen zunächst in einer separaten Liste zu dokumentieren sowie alle Prozessanalysen abzuschließen. Gegebenenfalls sind die in einem anderen Teilbereich oder Teilprozess ermittelten Verbesserungen deckungsgleich. Nach Ermittlung der Verbesserungen empfiehlt sich eine Quantifizierung des Einsparpotenzials bzw. Benefits. Dieser Benefit kann quantitativer (z. B. Einsparung von Arbeitszeit) oder qualitativer Natur (z. B. Reduktion von Fehlermengen, Erhöhung der Robustheit etc.) sein. Ebenso sind Mischformen gängig.

9. **Verprobung der Verbesserungsmöglichkeiten:** Einige Verbesserungen werden nur zu realisieren sein, wenn Software angepasst, Zusatzsoftware angeschafft oder Schulungen vorgenommen werden. Hierbei gilt, nebst aller qualitativen Aspekten der Verbesserung, eine quantitative bzw. monetäre Bewertung der möglichen Verbesserung vorzunehmen, z. B. den Aufwand für die mögliche Änderung an einer Softwaremaske zur Prozessverbesserung gegen das kalkulatorische Einsparpotenzial (vgl. Abschn. 11.3.1) zu verproben. Somit kann neben dem Einsparpotenzial eine Kosten-Nutzen-Relation der jeweiligen Maßnahme ermittelt werden. Mit Hilfe eines adäquaten Umlageverfahrens können mögliche indirekte Kosten in Form von Prozesskosten an dieser Stelle auch auf die einzelnen Produkte bzw. Verkäufe umgelegt werden (vgl. Abschn. 11.2).

10. **Ableitung des Soll-Zustandes, Gewichtung und Priorisierung:** alle Maßnahmen können nach der Quantifizierung und der Bewertung der Kosten-Nutzen-Relation priorisiert werden. Hierbei gilt, auch Abhängigkeiten, weitere Projekte und die Verfügbarkeit von Ressourcen zu beachten. Auf dieser Basis kann der SOLL-Zustand modelliert sowie eine priorisierte Umsetzung der Verbesserungen vorgenommen werden.

11. **Umsetzung von Quick Wins:** Erfahrungsgemäß sind einige unter 9. ermittelten Verbesserungsmöglichkeiten im Sinne von „Quick Wins" sofort oder mit nur sehr geringem Aufwand bei gleichzeitig hohem Nutzen umsetzbar, zum Beispiel das Weglassen von redundanten Arbeitsschritten oder bessere Nutzung von Software. Hierzu bedarf es (nahezu) keiner zusätzlichen Aufwände zur Verbesserung.

Gerade beim Punkt des Umfanges und der Tiefe der Prozessanalyse herrschen oft unterschiedliche Ansichten vor. Hierüber herrschen in den oben genannten Vorgehensmodellen auch unterschiedliche Paradigmen vor. In der Beratungspraxis hat sich die folgende Faustregel bewährt: je ineffizienter ein Teilprozess zu sein scheint, je häufiger dieser ausgeführt wird und je mehr Zeit dieser in Anspruch nimmt, desto tiefer wird ein Geschäftsprozess analysiert. Auch wenn dies unbefriedigend sein mag: hierzu kann keine pauschale Empfehlung abgegeben werden. Wurde beispielsweise bereits eine weitestgehende Automatisierung des Lagers vorgenommen unter Zuhilfenahme moderner Bewirtschaftungsmethoden, existiert keine Notwendigkeit der weiteren Vertiefung. Wird allerdings festgestellt, dass der Prozess zur Angebotserstellung eine unverhältnismäßig lange Dauer in Anspruch nimmt, empfiehlt es sich, die einzeln durchgeführten Schritte, die genutzten Masken, Systeme und Dokumente so lange zu vertiefen, bis klar wird, welche Schritte für die Ineffizienz verantwortlich sind und erste Ansätze zur Optimierung bestehen (Abb. 11.8).

An dieser Stelle sei ein Hinweis noch einmal explizit gegeben: die Beratungspraxis hat gezeigt, dass Projekte zur Optimierung von Abläufen und Kollaborationen dann

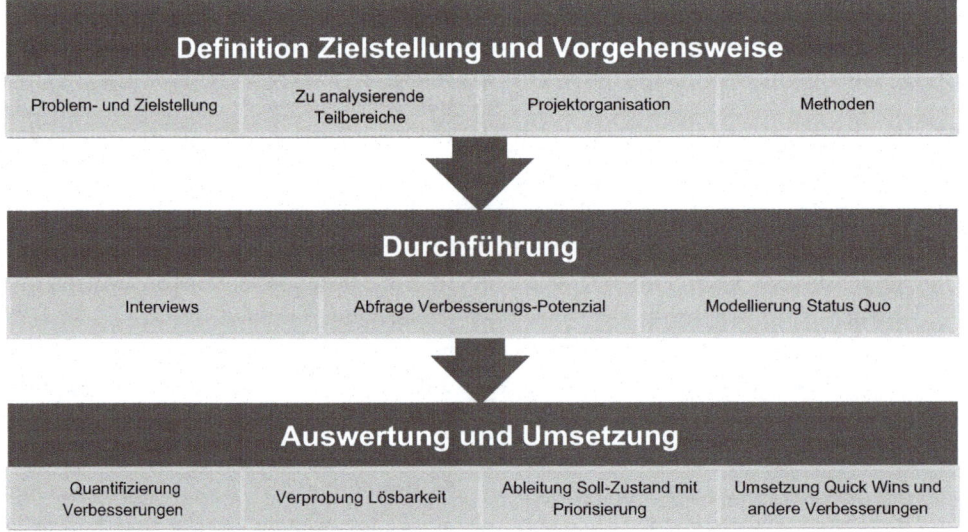

Abb. 11.8 Vorgehensmodell bei Prozessanalyse und –optimierung. (Quelle: eigene Darstellung)

am besten funktionieren, wenn die betroffenen Fachkräfte direkt daran mitwirken. Diese Mitwirkung kann in verschiedenen Tiefen stattfinden. Neben der Befragung nach Ist- und Ideen zum angestrebten Soll-Zustand ist es wertschätzend und wertschöpfend zugleich, diese Personen direkt an der Modellierung der entsprechenden Prozesscharts mitwirken zu lassen – und sei es als Papierversion (vgl. Abschn. 11.3.3). Darüber hinaus empfehlen sich moderierte Workshops mit Mitarbeitern aus anderen in den jeweiligen Workflow involvierten Abteilungen. Das schafft erfahrungsgemäß Transparenz und Verständnis und ist dem Ergebnis in der Umsetzungsphase zuträglich.

11.3.3 Tools zur Prozessanalyse

Ist das Vorgehensmodell gewählt (vgl. Abschn. 11.3.2), so kann mit der Dokumentation begonnen werden. Es existieren in der Zwischenzeit viele verschiedene Notationen und Tools, um Geschäftsprozesse zu dokumentieren.

Eine gute und vollständige Notation regelt dabei die Dokumentation von Tätigkeiten, Systemen, Schnittstellen, Prozessübergängen, Datenquellen, Dokumenten sowie Systemgrenzen und Verantwortlichkeiten bzw. verantwortliche Organisationseinheiten. Letztere können zuständiges Fachpersonal, Rollen, Abteilungen, Profit Center oder Unternehmen sein – je nach Detailgrad eines Geschäftsprozesses.

Da dieses Buch den Anspruch eines praxisorientierten Leitfadens hat, soll an dieser Stelle die aktuell populäre BPMN 2.0 Notation als Beispiel genannt sein. Eine detailliertere Erklärung steht beispielsweise unter Signavio 2019 zur Verfügung.

Allerdings empfinden viele Mitarbeiter und Prozessverantwortliche – so zumindest die Praxiserfahrung – diese Notationen häufig als zu sperrig bzw. zu dogmatisch. So beinhaltet die BPMN 2.0 Notation beispielsweise knapp 50 Artefakte zur Prozess- und Aufgabenmodellierung, wie auch die Übersicht unter bpmb 2019 im Überblick darstellt. Dazu kommt häufig die Tatsache, dass manch ein Mitarbeiter in puncto Prozessanalyse Neuland betritt. Um den Einstieg daher nicht zu schwer zu machen sowie dem Ziel einer effektiveren Arbeitsweise mit Offenlegung von Flaschenhälsen Rechnung zu tragen, nutzen viele Unternehmen in der Praxis pragmatischere, eigene Notationen, die häufig zwar an Konventionen angelehnt sind, aber beispielsweise nur einen Teilbereich der zur Verfügung stehenden Artefakte nutzen oder die verschiedenen Elemente abweichend zum vorgesehenen Zweck nutzen. Das folgende Beispiel zeigt dabei einen mit Visio erstellten, vereinfachten Geschäftsprozess (Abb. 11.9):

In diesem Beispiel zu sehen ist beispielsweise, dass das von Visio eigentlich für einen „Teilprozess" vorgesehene Shape als Symbol für einen automatisiert von einem System durchgeführten Prozessschritt verwendet wird. Sofern solche Abweichungen durchgeführt werden, empfiehlt sich der Einsatz einer Legende.

In der Praxis existieren zahllose Tools und Programme, die die Modellierung und Dokumentation von Geschäftsprozessen zu ermöglichen. Viele dieser Tools stellen

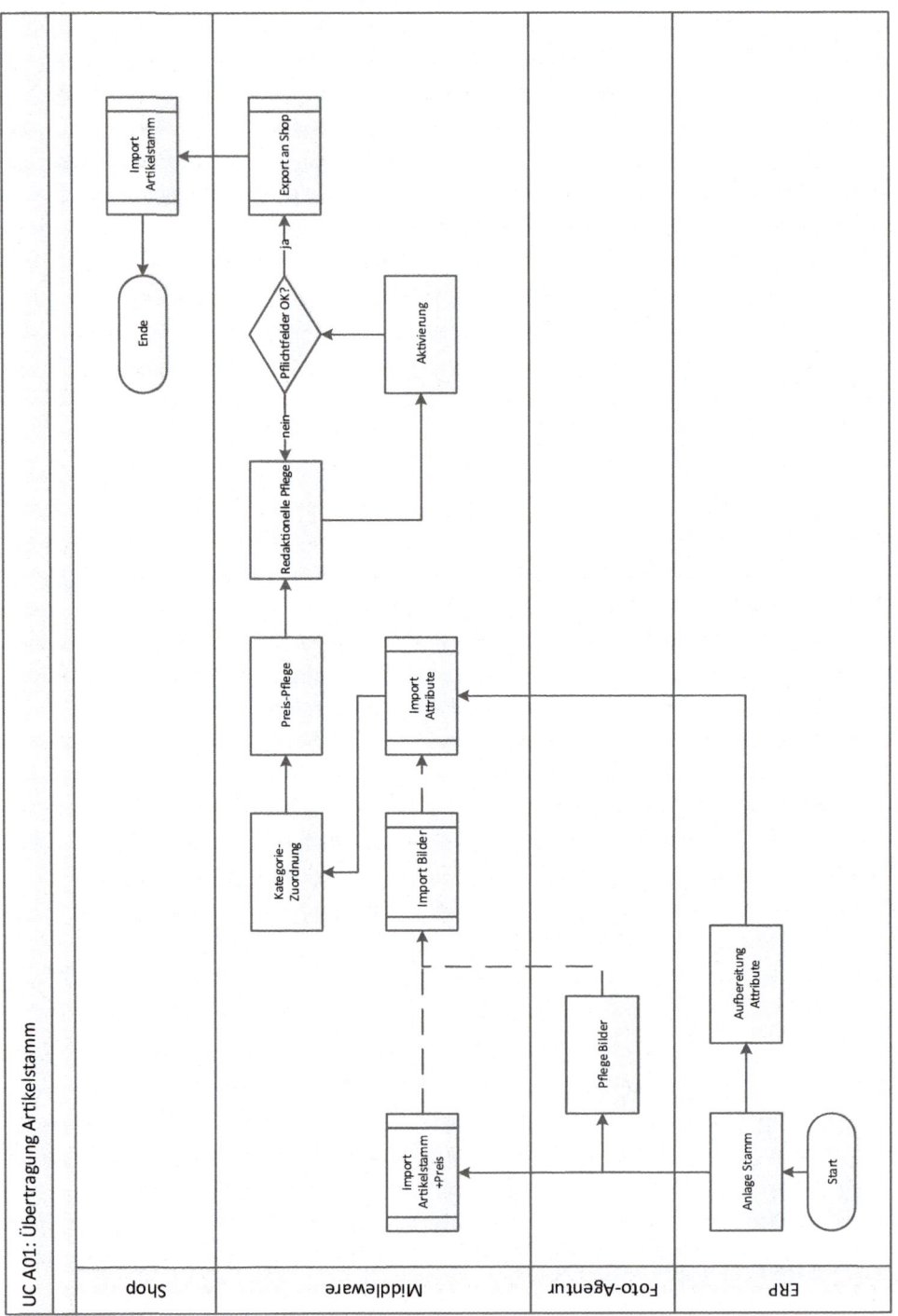

Abb. 11.9 Beispiel-Geschäftsprozess mit Visio. (Eigene Darstellung)

darüber hinaus noch Sonderfunktionen zur Optimierung und zum Reengineering zur Verfügung. Beispielhaft seien an dieser Stelle folgende Programme zur Geschäfts-prozess-Modellierung ohne Wertung genannt:

- Bizagi, vgl. https://www.bizagi.com/
- Lucidchart, vgl. https://www.lucidchart.com/pages/
- Microsoft Visio, vgl. https://products.office.com/de-de/visio/flowchart-software
- Signavio Process Manager, vgl. https://www.signavio.com/de/products/process-manager/
- Visual Paradigm, vgl. https://www.visual-paradigm.com/

Darüber hinaus sei die Modellierung auf Papier erwähnt. Sofern Mitarbeiter sich nicht in derlei Programme einarbeiten möchten oder keine Affinität hierfür aufweisen, kann die Modellierung auf Papier (sowie Äquivalente wie Whiteboards o. ä.) eine durchaus gangbare Alternative darstellen. Was zählt ist schließlich das Ergebnis, nicht das Medium. Eine digitale Version in der festgelegten Notation kann dann von einem fachkundigen Mitarbeiter vorgenommen werden.

In der Beratungspraxis empfiehlt es sich, die bereits beim Kunden im Einsatz befindlichen Software-Programme auf Tauglichkeit für Geschäftsprozessmodellierung zu durchleuchten. Dies spart dem Kunden unter Umständen Einarbeitungszeit. Da bei Kunden von ecom consulting häufig bereits Microsoft Visio im Einsatz ist, wird dies oft für die Erstellung der entsprechenden Charts verwendet.

Ein Beispiel-Set an Geschäftsprozessen auf Basis von Microsoft Visio zum leichteren Einstieg kann beim Autor angefordert werden.

11.3.4 Zu analysierende Teilbereiche

Sofern die Organisation, die Methodik sowie die unterstützenden Software-Tools geklärt wurden, ist noch festzulegen, welche Teilbereiche des Unternehmens Teil der entsprechenden Analyse werden sollen. Oft bietet sich hierbei ein phasenweises Vorgehen an: Bereiche mit bereits bekannten Flaschenhälsen oder Restriktionen werden bevorzugt analysiert, danach Funktionen mit hohen Durchlaufmengen oder hohem Arbeitsaufkommen und schließlich alle sonstigen Teilbereiche.

Abhängig vom jeweiligen Unternehmenszweck und der entsprechenden strategischen Ausrichtung sind hierbei unterschiedliche Teilbereiche von Interesse. So ist beispielsweise die Sinnhaftigkeit der Analyse der Prozesse zur Produktanlage proportional lohnenswert zur Anzahl der Artikel, die innerhalb einer Periode angelegt werden, multipliziert mit dem Aufwand, der je Artikel benötigt wird. Ein Hersteller von fünf Produkten, die fast nie Änderungen erfahren, wird daher eher in anderen Bereichen nach Optimierungspotenzialen suchen als ein Einzelhändler, der über ein großes, sich schnell änderndes Handelssortiment verfügt.

Weitere Bereiche, die bei der Priorisierung in Betracht gezogen werden sollten, sind:

1. **Die Zielgruppen eines Unternehmens:** ein im Einzelhandel tätiges Unternehmen (B2C) hat beispielsweise andere Retourenprozesse als ein Großhändler (B2B), alleine schon auf Grund der anderslautenden rechtlichen Rahmenbedingungen
2. **Der Teil der Wertschöpfungskette, der bedient wird:** für einen Hersteller kann die Analyse der Produktionsprozesse sinnhaft sein; für einen Händler wäre dies müßig. Umgekehrt spielen Import- und Anreicherungsprozesse des Produktstammes bei Händlern eine Rolle. Direktvertrieb wiederum hat andere Anforderungen an Auftreten und Kommunikation als eine mehrstufige Vertriebsstruktur
3. **Flächenmäßige Präsenz:** Sofern auch international verkauft wird, müssen u. a. zusätzliche Betrachtungen hinsichtlich Logistik, Produktlebenszyklus sowie Kundenprüfung und FiBu erfolgen
4. **Die Art der Produkte:** erklärungsbedürftigere Produkte stellen andere Anforderungen an Service und Vertrieb als triviale. Serviceprodukte wiederum stellen andere Anforderungen an die (quasi nicht vorhandene) Logistik als physische Güter
5. **Umfang des Produktstammes:** je mehr Produkttypen bedient werden, desto komplexer ist erfahrungsgemäß der Produkt-Lebenszyklus

Jedes Unternehmen weist seine Spezifika und Besonderheiten auf. Daher kann diese Liste niemals den Anspruch einer Vollständigkeit erheben. Vor der Prozessmodellierung sollte daher genau dieser Kontext ermittelt werden, um die richtige Priorisierung und den richtigen Umfang des Projektes in Bezug auf die zu analysierenden Teilbereiche festzulegen.

Die folgende Liste von Teilbereichen eines Unternehmens sollte dabei auf Relevanz für die Prozessoptimierung untersucht werden. Auch diese Liste erhebt keinen Anspruch auf Vollständigkeit, soll allerdings ein solides Grundgerüst darstellen:

1. Produktlebenszyklus
   a) Forschung und Entstehung neuer Produkte (für Hersteller)
   b) Artikelanlage für Einkauf bzw. Produktion
   c) Integration von Lieferanten
   d) Artikeldaten-Pflege
   e) Foto-Bemusterung
   f) Erzeugung und Import weiterer Medien
   g) Prüfung, Freigabe, Aktivierung/Inverkehrbringung
   h) End of Life/Supportphase
   i) Preis-Definition
   j) Bespielung von Vertriebskanälen, beispielsweise Amazon
2. Kundendaten/Kunden-Lebenszyklus
   a) Kundenregistrierung/Kundenanlage und Prüfung (entfällt bei Amazon)
   b) Registrierung Newsletter (entfällt bei Amazon)
   c) Freischaltung von Kunden (B2B)

    d) Kundenkonto-Management

    e) Löschung eines Kundenkontos

3. Bestellung und Zahlung

    a) Marketing-Maßnahmen auf den jeweiligen Vertriebskanälen, Werbeplattformen

    b) Füllen des Warenkorbs (auf eigenen Kanälen)

    c) Zahlung und Boniprüfung/Risk Management (letzteres entfällt bei Amazon)

    d) Auswahl und Berechnung von Versandarten (entfällt bei Amazon)

    e) Kaufabbruch und Rückholung (entfällt bei Amazon)

    f) Kauf-Bestätigung (wird durch Amazon durchgeführt)

4. Auftragsabwicklung

    a) Auftragsimport

    b) Auftragsanlage

    c) Überwachung Zahlungseingang

    d) Bestandsprüfung und ggf. Nachbeschaffung

    e) Ggf. Build to Order (für Hersteller)

    f) Ggf. Individualisierungen der bestellten Produkte

    g) Faktura und Aktivierung Forderung

    h) Storno vor Versand

5. Logistik (sowohl interne Logistik als auch ggf. Outsouring)

    a) Disposition und Bedarfsplanung

    b) Lieferantenmanagement/Avisierungen

    c) Wareneingang

    d) Vorbereitung Kommissionierung/Planung Kommissionierung

    e) Kommissionierung

    f) Verpacken

    g) Warenausgang/Versand

    h) Beileger

    i) Dokumenten-Steuerung

    j) Sonderprozess Fehlbestand

    k) Versandinformationen an Kunden

    l) Inventur

    m) Handling B-/C-/Schrottware (Aufbereitung und Weiterverarbeitung)

    n) Zollabwicklung

    o) Nachschub

    p) Handling Dropshipment

    q) Handling Cross-Docking

6. Rückgabe und Reklamationen

    a) Anlage RMA/Retourenankündigung

    b) Retourenlabels/Rückholung

    c) Kontaktfreie Vollretoure (Nichtzustellung, Annahmeverweigerung etc.)

    d) Retoure durch Kunde

  e) Gutschriften

  f) Ersatzlieferungen

  g) Garantie und Gewährleistung

  h) Reparatur

7. Zahlungsmanagement

  a) Überwachung Zahlungseingänge

  b) Zuordnung Zahlungseingänge

  c) Freigabe Vorkasseaufträge

  d) Auszifferung/Vereinzelung von EPA-Dateien

  e) Mahnwesen und Inkasso

  f) Faktura, Belegerstellung

  g) FiBu-Monatsabschluss

  h) Debitorenmanagement, Saldo offene Forderungen

  i) Verbuchung Erlöse, Steuerbuchungen etc.

  j) Abrechnungen für Performance Marketing

8. Service

  a) Reklamation

  b) Fragen zum Produkt

  c) Fragen zur Abwicklung

  d) Weitergabe Anfragen an 2nd/3rd Level

  e) Eskalationen

9. Reporting

  a) Erstellung Berichte ad hoc/Anfragen spezielle Berichte

  b) Regelmäßiges Informations- und Berichtswesen

11.4 Lösungsmöglichkeiten für die „Online"-Organisationsstruktur im eigenen Unternehmen

Dieses Kapitel ist gedacht für Unternehmen, die nicht Online Pure Player sind, sondern aus einem tradierten Geschäftsmodell heraus zusätzlich in das Online-Business einsteigen oder dieses substanziell ausbauen wollen. Die Praxis hat gezeigt, dass – je nach Unternehmenskultur – die Einführung des zusätzlichen online-Vertriebswegs die Organisation vor einige Herausforderungen hinsichtlich zusätzlicher Tätigkeiten und erhöhter Komplexität stellt. Daher legt dieses Kapitel den Fokus auf die Verankerung des „neuen" Geschäftsfeldes „E-Commerce" in der bestehenden Unternehmensorganisation.

Hierbei hat dieses Kapitel nicht den Anspruch, ein vollständiger Ratgeber zur Wahl der richtigen Organisationsform zu sein. Die nachfolgenden Ausführungen sollen lediglich die Bedeutung der Organisationsfrage aufzeigen sowie Hinweise für Lösungsmöglichkeiten geben. Darüber hinaus sollen gängige, aus der Praxis bekannte Stolperfallen skizziert werden, so dass diese im Setup der eigenen Organisation beachtet werden können.

11.4.1 Mögliche Organisationsformen

Der Betrieb von E-Commerce-Aktivitäten muss häufig nachträglich in eine bestehende Organisationsstruktur integriert werden. Knackpunkt ist dabei, dass E-Commerce sich nicht auf eine Abteilung oder einen Funktionsbereich eingrenzen lässt, sondern entlang der gesamten Wertschöpfungskette (vgl. Abschn. 11.3.4 als Pendant in der Prozess-analyse) spezifisch Berücksichtigung finden muss. Dies wirkt sich auch auf die mögliche und sinnhafte Organisationsform aus, die zur Abwicklung von E-Commerce im eigenen Unternehmen eingesetzt wird.

Generell gilt, dass eine Abwicklung so effizient wie möglich unter Schaffung eines positiven Kundenerlebnisses gestaltet sein muss. Daher muss, wie in jedem betriebs-wirtschaftlichen Szenario, die personelle Ausgestaltung des E-Commerce-Teams zum entsprechenden Umsatzanteil passen. Prinzipiell hat jedes der im Folgenden vor-gestellten Modelle seine Daseinsberechtigung sowie seine Stärken und Schwächen und geht einher mit mehr oder weniger großen kulturellen Veränderungen, die nicht zu ver-nachlässigen sind.

In der Praxis sind heutzutage die folgenden Organisationsformen häufig anzutreffen. Hierbei können die folgenden Schilderungen nur als grober Überblick verstanden wer-den, die zu einer weiteren Vertiefung im eigenen Unternehmenskontext anregen sollen.

1. **Integration in bestehende Linien und Abteilungen:** ein in Unternehmen alt-bekanntes Bild ist die Organisationsform der Linienorganisation. In Bezug auf E-Commerce werden verschiedene Personen, neben deren bisherigen Aufgaben, zusätzlich mit den für ihren Teilbereich relevanten Tätigkeiten betraut. Damit führt beispielsweise der Debitorenbuchhalter auch das Debitorenmanagement für alle E-Commerce-Kunden aus.
   Vorteile dieser Organisationsform sind die Nutzung der bisherigen Kompetenzen der Mitarbeiter sowie eine starke Verankerung des Verständnisses für die Abwicklung von E-Commerce in den einzelnen Fachabteilungen. Als **Nachteile** sind die erhöhte Arbeitsbelastung für die bestehende Mannschaft sowie der Schulungsaufwand zu nen-nen. Teils besteht die Gefahr, die jeweilige Fachkraft mit dem Thema E-Commerce zu überfordern, da zunächst auch Hintergrundwissen vermittelt werden muss.
2. **E-Commerce als zusätzliche Dimension in der Matrixorganisation:** diese Organisationsform trägt oft dem Gedanken Rechnung, dass E-Commerce als zusätz-licher, gleichgestellter oder zumindest relevanter Vertriebskanal betrachtet wird. Vertiefend zu Organisationsform Nr. 1 werden die Tätigkeiten ebenfalls entlang der Wertschöpfungskette verankert, innerhalb der Unternehmung parallel zu den bis-herigen Vertriebskanälen. Als **Vorteile** sind dabei die Vorteile der Linienorganisation zu nennen, zusätzlich erfolgt eine Aufwertung des Themas E-Commerce und eine stringentere organisatorische Verankerung mit Zuständigkeiten und Messbarkeiten. Bezüglich der **Nachteile** sind zusätzlich zu denen in Punkt Nr. 1 die generellen

Nachteile einer Matrixorganisation zu nennen (hoher Kommunikationsaufwand, Gefahr zu vieler Kompromisse, erhöhtes Konfliktpotenzial etc.)

3. **E-Commerce als eigene Einheit/eigene Funktion:** Diese Organisationsform ist häufig in Unternehmen anzutreffen, in denen E-Commerce noch eine untergeordnete Rolle spielt und das Knowhow nur auf wenige Köpfe verteilt ist. Kleine Teams leisten den überwiegenden Teil der Arbeit dezidiert für das Thema digitaler Vertrieb, sind intern Ansprechpartner und Kompetenzzentrum über einzelne Funktionen und Abteilungen des Unternehmens hinweg. Vereinzelt wird das Thema digitaler Vertrieb dann auch als Stabsstelle an eine Führungskraft angegliedert. Diese Organisationsform ist übrigens ebenso zutreffend auf Unternehmen, die heute digitale Kanäle wie Amazon im „Vendor"-Betrieb (Verkauf an den Kanal) mit einem Key Account Manager handhaben.

   Als **Vorteile** einer solchen Organisationsform gelten die Bündelung von Knowhow und Kompetenzen sowie kurze Entscheidungswege. Die Findung und Schulung von geeignetem Personal fällt mit dem klar abgegrenzten Aufgabenspektrum wesentlich leichter. Andererseits werden als **Nachteile** keine Veränderungsprozesse innerhalb des Unternehmens angestoßen und das Thema digitaler Vertrieb damit nicht nachhaltig in der Organisation verankert. Darüber hinaus können sich Priorisierungs- und Interessenskonflikte mit den anderen Fachabteilungen ergeben, da häufig Ressourcen dieser genutzt werden müssen (z. B. Buchhaltung für E-Commerce-Verkäufe).

4. **E-Commerce als Ausgründung/eigenes Unternehmen:** diese an den Grundgedanken der Disruption angelehnte Organisationsform ist die radikale Fortführung des Schrittes einer eigenen Einheit. Oft wird dieser Schritt gewählt, wenn intern die politischen oder kulturellen Widerstände zu groß sind, um das eigene Geschäftsmodell auf den digitalen Vertrieb auszurichten. Als „befreundetes" Unternehmen unterstützt die E-Commerce-Ausgründung durch Nutzung der Services der Muttergesellschaft, zum Beispiel als Zulieferer, deren unternehmerischen Erfolg. Teils ist diese Organisationsform auch anzutreffen, wenn die Muttergesellschaft eine Akquisition getätigt hat, um die eigene Digitalisierung oder den digitalen Vertrieb voranzutreiben. Häufig wird dann ein Großteil der entsprechenden Aktivitäten in dieser Tochtergesellschaft gebündelt. Viele große deutsche Konzerne gründen derzeit „Digital Labs" in Berlin, im Silicon Valley oder an einem anderen Ort, bevorzugt geografisch getrennt vom Mutterkonzern – Hintergrund dabei sind häufig die oben angeführten Gründe. Damit gelten als **Vorteile** die Unabhängigkeit von den existierenden Strukturen und der höhere Autonomiegrad, der oft zu einer beschleunigten Umsetzung von digitalen Maßnahmen führt. Durch die weitestgehende Unabhängigkeit vom Mutterkonzern bzw. Mutterunternehmen spielen politische sowie sonstige interne Konflikte innerhalb des Mutterunternehmens nur eine unwesentliche Rolle für die ausgegründete digitale Unit.

5. **Das Holacracy-Modell:** Diese Organisationsform soll an dieser Stelle als mögliche Alternative, ergänzend zu den geschilderten, häufig anzutreffenden

Organisationsformen angeführt werden. Diese Form verfügt – Stand Mai 2019 – noch nicht über eine große Verbreitung, kann allerdings wertvolle Impulse für die „Selbstorganisation" liefern. Gerade durch die Tatsache, dass sich in puncto digitaler Vertrieb – allen voran auf dem Amazon Marketplace – manche Gegebenheiten in hohen Frequenzen ändern (Werbeformen, relevante Player etc.) ist eine wandelbare und anpassungsfähige Organisation ein unschätzbarer Vorteil.

Das in Robertson (2016) erstmalig vorgestellte Organisationsmodell der Holacracy bricht mit der tradierten Linienorganisation und propagiert die Selbstorganisation der anfallenden Tätigkeiten von sogenannten Circles, d. h. Arbeitsgruppen (z. B. Verkauf über Amazon), in denen Mitarbeiter eine Rolle (z. B. IT-Architekt) einnehmen. Mitarbeiter können dabei mehrere Rollen einnehmen. Es existiert keine feste Hierarchie mehr, die Circles organisieren sich und die anfallenden Tätigkeiten in einem iterativen Vorgehen selbst. Auf Grund der Tragweite dieser Änderung der Organisationsform und der damit einhergehenden völlig neuen Arbeitsweise existieren in der deutschen Unternehmenspraxis bislang wenige Unternehmen, die diesen Schritt tatsächlich wagen.

Vorteile dieser Organisationsform sind das Nutzen von Mitarbeiterpotenzialen und der Wegfall von Hierarchien, sowie die Betonung der Eigenverantwortung, die insbesondere in den digitalaffinen Generation XYZ ein wichtiger Kulturwert ist Durch die Eigenverantwortlichkeit kann diese Organisationsform sehr viel schneller und flexibler auf Änderungen reagieren. Als **Nachteile** können beispielsweise, neben dem genannten Umstellungsaufwand, mangelnde Kontrolle und der in manchen Arbeitsgebieten ggf. störende hohe Autonomiegrad angeführt werden. Ein vorgeschaltetes bzw. begleitendes – unternehmensweites – Change- bzw. Kulturprojekt erscheint in diesem Zusammenhang notwendig.

Zusammenfassend sei noch einmal darauf hingewiesen, dass die optimale Organisationsform immer vom bisherigen Status Quo und der Relevanz der E-Commerce-Aktivitäten, sowie weiterer Rahmenbedingungen wie beispielsweise der vorherrschenden Unternehmenskultur abhängig ist. Die oben ausgeführten Darstellungen der Organisationsformen müssen daher in jedem Fall auf den eigenen Unternehmenskontext transponiert werden. Sofern eine nachhaltige Verankerung mit eigenverantwortlich denkenden und handelnden Mitarbeitern gelingt, ist allerdings ein optimaler Grundstein für einen effektiven und effizienten Betrieb von Online-Handel gelegt.

11.4.2 Möglichkeiten und Grenzen von Outsourcing

Gerade im Hinblick auf Skalierungsmöglichkeiten oder aus Gründen der Kosteneffizienz beschäftigen sich viele Unternehmen mit Möglichkeiten des Outsourcings von Teilbereichen des E-Commerce-Betriebs. Ergebnis der in Abschn. 11.3 vorgestellten

Prozessanalyse sind unter anderem genau diese Flaschenhälse und Ineffizienzen innerhalb der eigenen Organisation. Die Zuhilfenahme von externen Services stellt dabei eine
Lösungsmöglichkeit dar. Die Spanne reicht hierbei vom Auslagern von einzelnen Maßnahmen (Debitorenmanagement, Logistik) bis hin zur kompletten Vergabe des Online-
Vertriebs an Dritte.

Häufig anzutreffen im E-Commerce-Kontext ist das Outsourcing der folgenden Teilbereiche und Leistungen entlang der Wertschöpfungskette:

1. Lager, Logistik und Fulfillment (z. B. Amazon FBA, vgl. Kap. 12)
2. Zahlungsmanagement bis hin zum Factoring
3. 1st Level Kundensupport
4. Debitorenmanagement bzw. E-Commerce-Buchhaltung
5. Shopmanagement/Bewirtschaftung eines Online-Shops
6. SEO/SEA Maßnahmen
7. Performance/Affiliate Marketing
8. Management einzelner Vertriebskanäle (z. B. Amazon Marketplace Management)
9. Software-Entwicklung
10. Schnittstellen-Anbindungen an Dritte
11. Übersetzungen und Texting
12. Erstellung von Fotos und Medien
13. Software-Hosting und -Betrieb

Darüber hinaus kann neben der Vergabe von Teilgewerken auch der komplette Betrieb
eines Vertriebskanals oder sogar der kompletten E-Commerce-Aktivitäten an einen
Dienstleister erfolgen. So betreiben beispielsweise Unternehmen wie Fortuneglobe
GmbH, heyconnect GmbH oder onquality Deutschland GmbH für viele ihrer Kunden
die technische und/oder kaufmännische Bespielung von digitalen Vertriebskanälen wie
Amazon, bis hin zum Agieren als „Merchant of Records", d. h. kaufmännischer Vertragspartner des (End-)Kunden.

Outsourcing ist klassischerweise immer dann erwägenswert, wenn ein Service durch
einen Dritten schneller, günstiger, mit einer höheren Qualität oder flexibler (z. B. bei starken saisonalen Schwankungen) erbracht werden kann. Allerdings sind einige Restriktionen
und Rahmenbedingungen zu beachten, wenn Teilleistungen durch Dritte erbracht werden:

1. Die Performance des Dienstleisters und der erbrachten Services muss transparent und
   für den Kunden messbar sowie nachvollziehbar sein. Entsprechende KPIs und Ziel-
   vereinbarungen sind zu definieren
2. Es müssen beim Auftraggeber genügend Knowhow und genügend Ressourcen vorhanden sein, den Dienstleister anzuweisen, zu bespielen und zu kontrollieren
3. Die Skalierbarkeit auf ein notwendiges Maß muss beim Dienstleister gegeben sein

4. Durch die Vergabe von Leistungen an Dritte werden unter Umständen Teilaspekte des gesamten Kundenerlebnisses durch Dienstleister beeinflusst und gesteuert. Es ist sicherzustellen, dass der Dienstleister dem eigenen Qualitätsanspruch bzw. dem von Amazon (und seinen Endkunden) entsprechend „Dienst leistet"
5. Der Dienstleister achtet letztlich ausschließlich auf den eigenen Erfolg. Die Zufriedenheit seines Kunden ist dafür natürlich wichtig, aber nur einer von vielen Aspekten. Aus dem vorigen Punkt heraus kann damit ein Interessenskonflikt beim Dienstleister entstehen, den es zu lösen gilt, beispielsweise, wenn zwischen einer günstigen Lösung und einer solchen mit einer höheren Endkunden-Zufriedenheit abzuwägen ist.

Gerade die letzten beiden Punkte verdeutlichen, welchen Einfluss ein Dienstleister auf den unternehmerischen Erfolg bei Amazon haben kann, eben, weil Amazon mit entsprechenden KPIs und Messkriterien penibel auf die Einhaltung von Zusagen an den Kunden (bspw. Liefertreue) und die Kundenzufriedenheit in Form von positiven Kunden achtet (vgl. Kap. 6). Daher darf die Outsourcing-Entscheidung nicht ausschließlich unter wirtschaftlichen Aspekten erfolgen. Generell gilt: je weniger die jeweilige Tätigkeit aus Kundenperspektive zu einem positiven Erlebnis beiträgt und je größer die wirtschaftlichen Vorteile durch eine Auslagerung von Leistungen sind, desto eher ist ein Outsourcing attraktiv und zielführend.

11.4.3 Anforderungen an den Customer Service

Vor dem Hintergrund der vorangegangenen Schilderungen bezüglich Organisationsformen sowie des Outsourcings ist erfahrungsgemäß die Handhabung des Kundenservice, gerade im Amazon-Kontext, häufig ein Diskussionspunkt. Im Optimalfall benötigt der Endkunde diesen ja gerade nicht; alle Informationen in der Kaufentscheidungsphase sind unmissverständlich und klar, die Kaufabwicklung und Zustellung der Ware laufen reibungslos.

Viele Endkunden haben bereits positive Erfahrungen mit dem Amazon-eigenen Kundenservice gemacht und transponieren diese Erwartungshaltung auf Händler auf dem Marketplace. Häufig genug schlagen sich enttäuschte Kundenerwartungen in entsprechenden Verkäufer-Bewertungen nieder. Demgegenüber stehen, gerade wenn Hersteller in den Direktvertrieb einsteigen, häufig ungewohnte Arbeitszeiten und Arbeitsweisen. Die Such- und Kaufprozesse vieler Artikelgattungen durch Endkunden fallen dabei in den Abendstunden zwischen 18 und 21 h an – und damit gerade nicht in der Regelarbeitszeit vieler klassischer Unternehmen. Hierfür gilt es, Lösungen zu finden und auf eine gute Erreichbarkeit zu achten. Dies gilt kontaktmedienübergreifend, d. h. es darf hierbei keine Rolle spielen, ob der Kunde via E-Mail, Telefon oder einen alternativen Kanal Kontakt aufnimmt.

Gerade im Kundenservice führen besondere Verkaufsaktionen, wie der „Amazon Cyber Monday", das Weihnachtsgeschäft oder sonstige saisonale Peaks, wie die ersten schönen Frühlingstage in der Garten- und Outdoor-Branche, in der Regel zu erhöhten Anfragevolumina. Dies gilt umso mehr, wenn die Kapazitäten in der Auftragsabwicklung nicht auf diese Spitzen ausgelegt sind. Verzögern sich Lieferungen oder kommt es zu Stornierungen, münden diese in entsprechenden Nachfragen beim Kundensupport. Eine effiziente Organisation des Kundenservice ist daher für das erfolgreiche Verkaufen auf digitalen Wegen als unabdingbar anzusehen. Die folgenden Anforderungen muss der Kundenservice erfahrungsgemäß erfüllen:

1. **Skalierbarkeit:** Reaktionsfähigkeit bei Tages- oder saisonalen Spitzen
2. **Aussagekraft:** dem Kunden möglichst ohne lange Nachfrage und Recherche aktuelle, vollständige sowie korrekte Informationen bereitzustellen
3. **Problemlösungskompetenz:** hierzu gehören technische und organisatorische Möglichkeiten (wie Entscheidungsfähigkeit) um Probleme und Herausforderungen lösen zu können (beispielsweise Kulanz im Ermessensspielraum)
4. **Erreichbarkeit:** für das Kundenverhalten adäquate Zeiträume, in denen der Kundenservice auf den zur Verfügung stehenden Kanälen für Anfragen aktiv zur Verfügung steht und antworten kann. Besonders zu beachten sind dabei im internationalen Kontext zeitliche Verschiebungen der Kundenaktivität auf Grund von Zeitzonen-Differenzen
5. **Eskalationsmanagement:** definierte Eskalationswege und Auslösepunkte zeitraum- und inhaltsbezogener Natur, sowie Prozesse zur weiteren Bearbeitung der entsprechend eskalierten Anfragen
6. **Messbarkeit und Transparenz:** Messbarkeit aller Vorgänge sowie Messung von aussagekräftigen KPIs rund um den Kundenservice, wie beispielsweise die Anzahl der offenen Kundenanfragen, Erstlöserate, durchschnittliche Bearbeitungs- sowie Antwortdauer etc.
7. **Muttersprache:** gemeinsam mit den Zeitzonen-Verschiebungen ein Komplexitätstreiber in internationalen Kontexten

Vor diesem Hintergrund ist es unabdingbar für einen guten Kundenservice, Zusammenhänge zu verstehen und dem Kunden erklären zu können. Hierfür können die zuvor erstellten Geschäftsprozess-Charts als Grundlage dienen.

Es hat sich in vielen Fällen bewährt, einen Teil des Kundenservice (z. B. den 1st Level Support), an ein externes Unternehmen zu vergeben und dieses entsprechend zu schulen. Gerade saisonale Spitzen können so besser abgefangen werden. Beim Einbinden eines solchen externen Kundenservices müssen allerdings o. g. Anforderungen ebenfalls erfüllt sein, der Service muss qualitativ und quantitativ messbar und nachvollziehbar sein. Für Schulungen dieses externen Dienstleisters eignen sich die Prozesscharts als ein Kern-Artefakt der Unterlagen, sofern der jeweilige Teilprozess für den

Kundenservice zutreffend ist. Klar geregelt sein müssen außerdem die Kompetenz-
bereiche sowie Eskalationswege des Anbieters und seiner Mitarbeiter.

11.4.4 Lastspitzen und Reaktionsmöglichkeiten

In vielen Geschäftsbereichen entstehend Anfrage- und Auftragsspitzen. Neben
dem bereits dargestellten Saisongeschäft, beispielsweise auf Grund von Feiertagen,
bestimmten Jahreszeiten, Marketingaktionen wie der „Cyber Monday Week" im Falle
von Amazon oder wetterinduzierten Anfragespitzen kann es allerdings auch zu tages-
basierten Anfragespitzen kommen. Häufigkeit und Intensität sind abhängig von der
Kundenschicht, dem eigenen Sortiment, aber auch vom eigenen Geschäftsmodell. Werden beispielsweise täglich zur selben Tageszeit spezielle Angebote freigeschaltet, sollte
man hierauf ebenfalls reagieren können.

Folgen einer nicht adäquaten Reaktion auf Lastspitzen reichen häufig von einer Verschlechterung der Verkäuferbewertung durch Kunden (beispielsweise wegen später
Reaktion oder Lieferung) über ein erhöhtes Anfragevolumen im Kundenservice, Umsatz-
einbußen, Stornierungen bis hin zu rechtlichen Schritten sowie einer temporären oder
permanenten Sperrung eines Absatzkanals auf einem Marktplatz wie Amazon, da vorgegebene KPIs nicht mehr erfüllt werden können (vgl. Kap. 6).

Im Folgenden sollen, basierend auf Erfahrungen in der Beratungspraxis, einige mögliche Engpässe sowie Lösungsmöglichkeiten dargestellt werden. Selbstverständlich
unterscheiden sich Art und Erreichungsgrad je nach Geschäftsmodell und konkreter
Fragestellung. Daher ist die folgende Tabelle nur als Indikation und als Grundlage zu
verstehen.

Engpass	Lösungsmöglichkeiten (Beispiele)
Kundenservice: zunehmendes Anfragevolumen auf Grund von erhöhtem Auftragsvolumen	1. Flexibilisierung von Arbeitszeiten im Customer Service (ggf. nur nach Rücksprache mit Betriebsrat möglich) 2. Segmentierung Kundenservice nach Kriterien wie Kunden-art, Vertriebskanal, Sprache etc. und Einrichtung spezi-fischer Kontaktmöglichkeiten 3. Outsourcing 1st Level Support für bestimmte Anfragen 4. Einsatz eines Sprachcomputers in der Hotline, um Anfragen vorzuklassifizieren 5. Einsatz von FAQs
Order Management: Höheres Prüfvolumen auf Grund von erhöhte Auftragsvolumina	1. Temporäre Deaktivierung von prüfintensiven Zahlarten 2. Prozessanalyse für Offenlegung Automatisierungspotenzial (sowie Umsetzung ermittelter Verbesserungen) 3. Erhöhung Automatisierungsgrad durch Verbesserung Schnittstellen-Funktionalitäten 4. Einsatz Marktplatz-Software

Engpass	Lösungsmöglichkeiten (Beispiele)
Logistik: Erhöhtes Paket- und Retourenvolumen, höhere Warenumschläge (vgl. Kap. 10)	1. Ermittlung KPIs der Logistik (Anzahl Positionen, Volumina etc.) 2. Optimierung Kommissionierung (z. B. dezidierter Kommissionierprozess für Einpöster) 3. Optimierung Verpackung (Transportverpackungen, Umreifung automatisieren etc.) 4. Einsatzmöglichkeit von mehreren Carriern, falls je Frachtführer Kontingents-Grenzen vereinbart wurden 5. Outsourcing der Logistik für Teilbereiche an Fulfillment Service Provider nach Prüfung der Rentabilität 6. Verbesserung Aussagekraft von Produktdaten, um Retourenquoten zu senken
Technik und Hosting: Höherer Ressourcenbedarf auf Grund von mehr Traffic und Schnittstellen-Anfragen	1. Lasttests für Systeme durch Erhöhung der Synchronisationsfrequenz, Simulation von Lastspitzen 2. Prüfung eigenes Server- und Hosting-Setup, ggf. Einsatz einer Virtualisierungslösung 3. Ggf. Wechsel Hosting Provider, Prüfung Möglichkeiten des Cloud-Hostings
Schnittstellen: höhere Aktualisierungsfrequenz von Preis- und Bestandsdaten für richtige Darstellung von Verfügbarkeiten	1. Lasttests für Schnittstellen durch Erhöhung der Synchronisationsfrequenz, Simulation von Lastspitzen, beispielsweise auch durch künstliche Bestandsbewegungen und Testaufträge 2. Einsatz SaaS-Softwarekomponente für Marktplatz-Management oder Schnittstellen-Management (vgl. Abschn. 11.6) 3. Nutzung Software Monitoring Tools
Produktmanagement: höhere Anfragevolumina bei produktbezogenen Anfragen	1. Frühzeitige Einsatz- und Urlaubsplanung 2. Verbesserung Aussagekraft von Produktdaten, hierzu Erstellung von Product Quality Guides und ggf. Rücksprache mit Lieferanten/Verpflichtung, geeigneten Content zu liefern 3. Erstellung Multimedia-Inhalte wie Aufbauanleitungen etc 4. Erstellung von FAQs etc 5. Hinterfragen der eigenen Produktpolitik, Produktdesign auf Einfachheit ausrichten

11.5 Reporting und Erfolgskontrolle

Neben der bereits dargestellten Kostenrechnung (vgl. Abschn. 11.2) sowie der Wichtigkeit einer performanten und reibungslosen Abwicklung auf Grund der Amazon KPIs, ist es aus gesamtstrategischen Gründen unabdingbar, den Überblick über die eigenen Online-Handel-KPIs zu bewahren. Schließlich ist das Thema E-Commerce für viele tradierte Unternehmen ein neues Geschäftsfeld, das sich entwickelt und dessen Wichtigkeit innerhalb der Gesamtstrategie festgelegt werden muss. Das folgende Kapitel soll einen Überblick über mögliche Schlüsselkennzahlen sowie deren Messbarkeit geben.

11.5.1 KPIs und Messbarkeit

Die von Amazon genutzten KPIs wurden in Kap. 6 und 7 von Adrian Jaroszynski bereits beleuchtet. Aus ganzheitlicher Sicht auf das Thema E-Commerce stellen diese aber nur eine Teilmenge der zu überwachenden und aussagekräftigen KPIs dar.

Klassischerweise können bzw. sollten im Kontext von Online-Handel die folgenden KPIs je Kanal beleuchtet werden. Hierbei handelt es sich nicht um eine vollständige Auflistung aller KPIs, sondern um eine Selektion der erfahrungsgemäß aussagekräftigsten Indikatoren mit Fokussierung auf das Themengebiet dieses Kapitels.

Hierbei sollen nur die reinen Kennzahlen aus Sicht des Absatzes betrachtet werden; für die Kostenkennzahlen sei auf Abschn. 11.2 verwiesen.

1. **Traffic- und Conversion-bezogen:** Diese KPIs lassen sich im Kontext von Marktplätzen wie Amazon nur schwer bzw. nur für eigene Werbeaktivitäten messen (vgl. Kap. 6 und 7 im Buch), da diese Daten oft nicht preisgegeben werden. Für selbst betriebene Kanäle wie einen Webshop spielen diese Daten allerdings eine große Rolle. Heinemann (2019) benennt dieses Segment als „Attraction" und nennt die wichtigsten Kennzahlen wie folgt:
   a) Visitors (Anzahl Besucher ab zweitem Klick)
   b) Visits (Anzahl Sitzungen ab zweitem Klick)
   c) Conversion Rate (Anzahl Käufe im Verhältnis zu Besuchern)
   d) Aufenthaltsdauer auf der Seite
   An dieser Stelle noch hinzugefügt sein sollen noch die folgenden Kennzahlen:
   e) Seitenaufrufe pro Kauf als Indikator dafür, wie schnell ein Kauf erfolgt, wie ausgeprägt das Informationsbedürfnis des Kunden ist und wie „zielstrebig" Kunden zum Abschluss kommen
   f) Als Pendant dazu die durchschnittliche Verweildauer auf der Seite – hier muss je Case betrachtet werden ob eine höhere Verweildauer gut oder schlecht ist. So suchen B2B Kunden beispielsweise eher einen schnellen Abschluss als Inspiration
   g) Absprungraten insgesamt sowie je Bestellschritt im Checkout als Indikator, wie intuitiv und reibungslos der Checkout abgeschlossen werden kann. Durch Integrationen von Drittsystemen wie Payment Service Providern sowie Warenkorb-abhängigen Konfigurationen wie Lieferservices und Versandkosten können hier vermehrt Fehler auftreten, die es zu beheben gilt, gerade weil der Kunde sich eigentlich schon für einen Kauf entschieden hat, diesen aber häufig aus technischen Gründen nicht abschließen kann oder möchte.

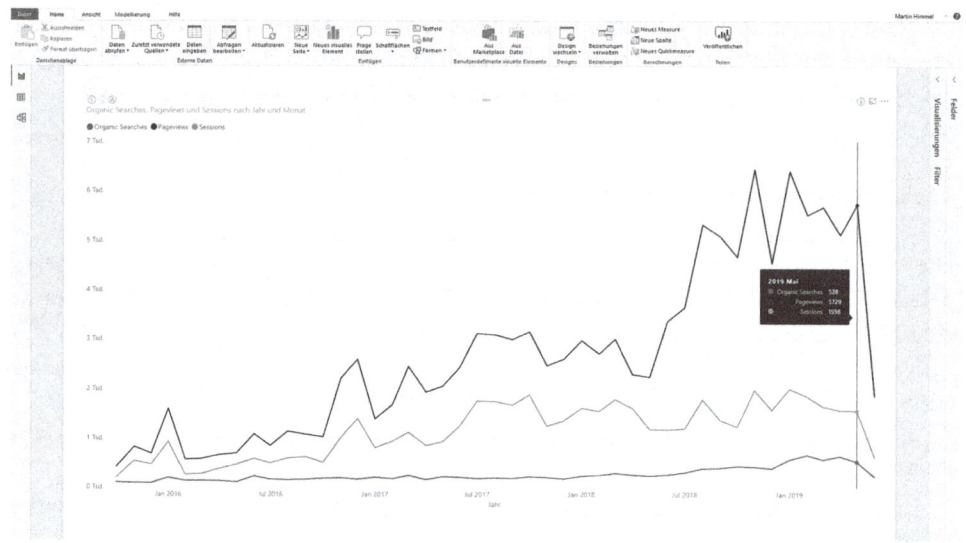

Abb. 11.10 Integration von Google Analytics Kennzahlen in Microsoft Power BI. (Quelle: Eigene Darstellung)

Häufig werden diese Kennzahlen dabei mit Webanalyse-Systemen wie Google Analytics ermittelt, da „klassische" Reporting-Systeme wie Data Warehouses häufig den Fokus auf den eigentlichen Transaktionen (= Verkäufen) legen. Hier sind im Einzelfall die Möglichkeiten zu prüfen. Alternativ bieten Reporting Programme wie Tableau oder Microsoft Power BI entsprechende Standard-Integratoren an, die teils kostenfrei genutzt werden können (Abb. 11.10).

2. **Auftragsbezogen:** Hierzu werden oft die „klassischen" KPIs der Betriebswirtschaftslehre herangezogen. Aus den Schilderungen in Abschn. 11.2 geht hierbei hervor, wie wichtig im E-Commerce Maßnahmen zur Steigerung der Positionszahl und des Warenkorbwerts auf Grund des hohen Anteils an Fixkosten sind. Die wichtigsten Basiskennzahlen lauten:
   a) Anzahl Aufträge
   b) Umsatz je Periode
   c) Durchschnittlicher Warenkorbwert (Average Order Value)
   d) Durchschnittliche Anzahl an Positionen
   e) Rabattquote/und –gründe bzw. Erlösschmälerungen
   f) Aufträge nach Herkunft/Kanal/Empfehlendem
   g) Retourenquoten und Gründe für Retouren
   Darüber hinaus sind noch verschiedene lager- und versandbezogene Kennzahlen zu nennen (die Amazon ja teilweise ebenfalls misst, vgl. Abschn. 11.2):

h) Lagerdurchlaufzeit (Eingang im Lager vs. Versand)

i) Pickfehlerquote

j) Anzahl Sendungen je Auftrag

k) Stornorate

l) Zustellzeit

Da es sich bei diesen Kennzahlen um standardisierte Kennzahlen der Betriebswirtschaftslehre handelt, sei für eine Vertiefung auf die einschlägige Literatur verwiesen.

3. **Kunden- und kundenservicebezogen:** diese Kennzahlen werden oft vernachlässigt, stellen aber, wie oben dargestellt, einen großen Hebel sowohl in der Renditebetrachtung, als auch in der Kundenzufriedenheit dar. Ausgehend davon, dass der Kunde mit dem Unternehmen über verschiedene Kanäle in Kontakt kommen kann, sollten die folgenden KPIs je Kanal ermittelt werden, sofern zutreffend:

a) Anzahl Anfragen je Kanal und entsprechende Quoten

b) Erstlöserate, d. h. direkt für den Erstbearbeiter lösbar, vs. Weitergaberate von Tickets

c) Durchschnittliche Reaktions-, Bearbeitungs-, sowie Abschlusszeit

d) Wartezeit des Kunden bis zum Erstkontakt im Falle von Telefonsupport

e) Kundenzufriedenheit, falls nach dem Kundenservice-Kontakt gemessen

f) Anfragen je Typ bzw. Grund

Gerade für die Weiterentwicklung des Unternehmens liegt in aussagekräftigen Kundenservice-Kennzahlen ein großes Optimierungspotenzial, da hier das Feedback der Kunden sowie deren Kundenzufriedenheit offenbar wird.

4. **Marketingbezogen:** Hierzu zählen sowohl reichweitenbezogene KPIs wie Reichweiten auf Social-Media-Kanälen, aber auch Öffnungsraten von E-Mails falls ein Newsletter zum Einsatz kommt, als auch kostenbezogene Basiskennzahlen. Zu letzteren gehören beispielsweise alle Kennzahlen rund um Akquisekosten (CPA = Cost per Acquisition), die teilweise den variablen bzw. direkten Kosten zugeordnet werden können und so eine direkte Erfolgskontrolle ermöglichen (vgl. Kap. 3). Da eine weitere Betrachtung von klassischen Online-Marketing-KPIs den Rahmen dieses Kapitels sprengen würde, sei auf einschlägige Literatur verwiesen; für die Vertiefung der Amazon-KPIs in Bezug auf das Marketing vgl. Kap. 6 und 7 im vorliegenden Buch.

Angeraten sei an dieser Stelle auch der Einsatz eines entsprechenden Reporting-Systems. Wie nicht zuletzt die folgenden Ergebnisse aus der Studie von ecom consulting et al. (2019) illustrieren, ist dies allerdings keine Selbstverständlichkeit (Abb. 11.11).

Darüber hinaus bleibt festzuhalten, dass es sich KPIs nur um eine zeitpunktbezogene Betrachtung handelt. Wichtig ist, KPIs im zeitlichen Verlauf zu betrachten. Nur diese ermöglicht eine Einschätzung, ob sich Basiskennzahlen zum Positiven oder Negativen hin entwickeln und ob ggf. Korrelationen zwischen einzelnen Kennzahlenpaaren oder -gruppen erkennbar sind.

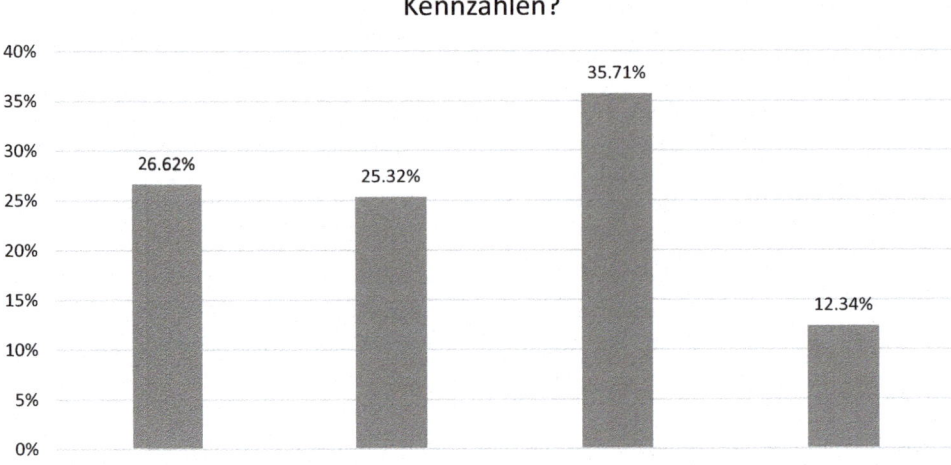

Abb. 11.11 Umfragewerte zur Nutzung von Marktplatz-Reporting-Tools. (Quelle: ecom consulting et al. 2019)

11.5.2 Reporting und Berichtswesen

Ein vollständiges Berichtswesen besteht klassischerweise allerdings nicht nur aus einzelnen KPIs sowie deren Betrachtung im zeitlichen Verlauf, sondern auch aus Berichten und Reports zu einzelnen Vorfällen und Transaktionen. Diese ergänzen die aggregierte Betrachtung auf Basiskennzahlen um eine Ansicht auf Einzelfallebene und befinden sich häufig unter anderem zur Kontrolle von Einzelfällen zwecks Vollständigkeit und Abweichungen von der Norm im Tagesgeschäft im Einsatz. Damit nehmen Reports eine wichtige Stellung bei der Bewältigung der alltäglichen Aufgaben ein. Darüber hinaus können sie die Basisdaten für die Ermittlung der KPIs darstellen, sofern alle jeweils anfallenden Belege enthalten sind. Hierzu bieten sich – bei händischer Erstellung – verschiedene Reporting-Tools wie Microsoft Excel mit den beinhalteten Pivotierungsfunktionen oder Power BI an, wobei letzteres eine weitergehende Vergleichs- und Aufbereitungsmöglichkeit bietet. Damit kann der Anforderung nach Zentralisierung von Informationen in möglichst einer Quelle, so dass Querverweise und Abhängigkeiten erkennbar sind, zumindest teilweise Rechnung getragen werden. In der Praxis finden sich verschiedene Systeme, die als Informationsquelle und Grundlagen für das Berichtswesen dienen, in einem „klassischen" online verkaufenden Unternehmen mit mehreren Vertriebsquellen sind dies häufig, aber nicht ausschließlich:

- Google Analytics für alle Webkennzahlen (vgl. Abschn. 11.5.1)
- Die eingesetzte Marketing Suite oder das Newsletter-System für entsprechende Berichte zum Kundenverhalten, Öffnungsraten etc.

- Die jeweiligen Marketing-Kanäle für Feedback zu vorgenommenen Werbemaßnahmen (z. B. SEA oder Performance Marketing)
- Die Backends der jeweils genutzten Marktplätze für entsprechende Transaktions- oder Produktdatenberichte – vgl. hierzu die folgenden Ausführungen zur Amazon Seller Central
- Backends von Zahlungsabwicklern zum Abruf von Zahlungsstatus

Die Zentralisierung aller Informationen an einem Ort, d. h. die Backend-Integration wie sie von Bauer und Günzel (2013) definiert wird, gestaltet sich daher in der Praxis vergleichsweise schwierig – gerade weil der Online-Markt vergleichsweise schnellen Änderungen obliegt und sich die IT-Systeme, die innerhalb eines Unternehmens genutzt werden, damit einhergehend mit einer hohen Frequenz ändern. In der Praxis arbeiten Unternehmen daher oft mit Berichten aus verschiedenen Systemen, auch wenn die Integration in ein Data Warehouse Konzept als Idealzustand gilt.

Amazon selbst stellt hierzu in der Seller Central eine Reihe an Berichten zur Verfügung, zum Beispiel unter dem Reiter „Berichte" abrufbare Reports (Abb. 11.12):

Für eine Vielzahl der Berichte ist dabei ein Download möglich, so dass die Dateien maschinenlesbar aufbereitet und somit automatisiert ausgewertet werden können (Abb. 11.13).

Hierbei können einige der Berichte, sofern das Format entsprechend konfiguriert wurde, auch für den Upload im selben Format an Amazon bereitgestellt werden. Das betrifft vor allem die sog. Lagerbestandsdatei, die alle für den Verkauf notwendigen Daten enthalten kann. Hierzu beschreibt Amazon in Amazon (2019a) den detaillierten Aufbau der Datei sowie den Weg, um eine solche Dateien konfigurieren und verwenden zu können. Zur Vertiefung des Datenaustausches mit Amazon vgl. Abschn. 11.6.

In der Praxis spielen Reports im Amazon-Kontext neben der Überwachung des Produktangebotes vor allem bei den Bestellungen und dem FBA-Handling eine Rolle (vgl. Kap. 12). Da gerade die Überwachung der FBA-Aktivitäten bezogen auf die eigenen Produkte und Verkäufe in der Vergangenheit sich als nicht trivial herausgestellt hat und sich in der Praxis der Öfteren Fehler seitens Amazon in der Abrechnung offenbar

Abb. 11.12 Abruf von Berichten bei Amazon

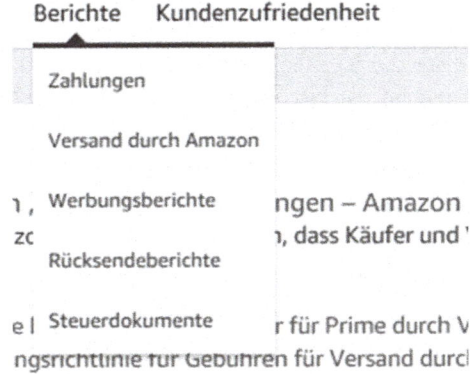

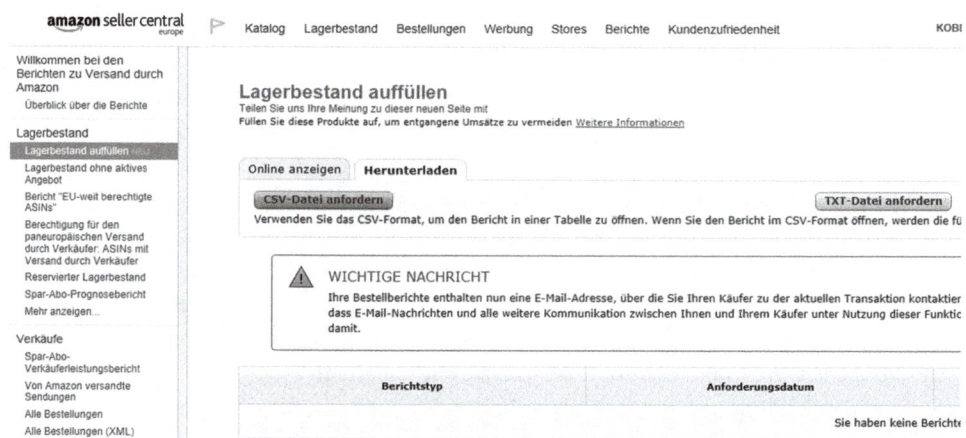

Abb. 11.13 Downloadmöglichkeit von Berichten in Amazon Seller Central

wurden, haben sich Anbieter wie Sellerlogic auf die automatisierte Auswertung entsprechend von Amazon über die APIs zur Verfügung gestellter Reports spezialisiert und können automatisiert Tickets im Amazon Kundenservice bei erkannten Unregelmäßigkeiten eröffnen. Zur Vertiefung vergleiche Sellerlogic (2019).

11.5.3 Proaktive Prozesskontrolle

Während KPIs und auch viele Anwendungsszenarien ex-post-Betrachtungen darstellen, bei denen die betrachteten Einzelvorgänge bereits abgeschlossen sind, kommt dem Reporting und der Überwachung von in der Abwicklung befindlichen Aufträgen bei Amazon eine besondere Bedeutung zu. Oft werden KPIs oder Listen in der Praxis erst über Nacht aktualisiert, so dass am nächsten Morgen die Betrachtung des Vortages vorliegt.

Wie bereits dargestellt, ist es elementar für die Amazon-Performance, aber auch für die Erfüllung der Kundenerwartungen allgemein (vgl. Abschn. 11.1) eine reibungslose und zügige Abwicklung sicherzustellen. Aus diesem Grunde ist es wichtig, jeden Auftrag durch entsprechende Kontrollen noch während der Abwicklung zu überwachen und bei Bedarf proaktiv in die Lösungsfindung einzugreifen. So können verschiedene „Kontrollpunkte" im Auftragsbezug definiert werden, die ein Auftrag während seines Abwicklungszyklus passieren muss:

- Eingang des Auftrags
- Meldung des Zahlungseinganges (im Falle von vorgelagerten Zahlungen) sowie Freigabe für die logistische Abwicklung
- Übertragung an das Lager, Beginn der Abwicklung

- Warenausgangsscan des Auftrages/Bereitstellung für die Abholung durch den KEP-Dienstleister bzw. Spediteur
- Zustellung der Pakete

Zwischen diesen Kontrollpunkten können nun Messstrecken definiert werden, wie beispielsweise zwischen der Übertragung an das Lager und der Bereitstellung zum Versand. Dies entspricht dem KPI der Lager-Durchlaufzeit (vgl. Abschn. 11.5.1). Basierend auf diesen Messstrecken können nun Schwellwerte für die maximal zulässige Zeit festgelegt werden, die der Durchlauf eines Auftrags nicht übersteigen darf. Hierbei zu berücksichtigen sind natürlich Geschäftszeiten genauso wie Sonn- und Feiertage. So kann eine Durchlaufzeit im Lager beispielsweise mit 6 Stunden definiert werden.

Bei Überschreitung dieser Zeit sollte dann ein zuständiger Mitarbeiterkreis oder Mitarbeiter proaktiv benachrichtigt und mit der Lösung sowie Ursachenforschung betraut werden. Neben der Behebung kann parallel mit dem Kunden Kontakt aufgenommen werden und ggf. eine Lösung herbeigeführt werden, falls der Sachverhalt nicht zeitnah durch den Händler lösbar ist.

Diese Maßnahme dient – neben der frühzeitigen Erkennung von Problemen – einem positiven Kundenerlebnis mit proaktiven Lösungsvorschlägen, die sich letztlich in einer positiveren Bewertung und einer entsprechend besseren Bewertung der Verkäuferperformance auf Amazon niederschlagen.

11.5.4 Grenzen des Erkenntnisgewinns im Amazon-Kontext

Wie in den Vorkapiteln sowie unter Abschn. 11.5.1 bereits dargestellt, werden nicht alle Sachverhalte und Kundenkennzahlen seitens Amazon mit dem Händler geteilt. Zwar teilt Amazon dem Händler alle für die Erfüllung des Auftrags notwendigen Daten mit, unter anderem Lieferadresse sowie bestellte Positionen inkl. Nebenkosten, allerdings möchte Amazon ansonsten konsequent den Kontakt seitens des Händlers zum Kunden unterbinden. Dies zeigt unter anderem die Tatsache, dass der Amazon-Verkäufervertrag (vgl. Amazon 2019b) untersagt, „die Amazon-Transaktionsinformationen entweder zu Marketing- und Werbezwecken irgendeiner Art oder auf sonstige Weise im Widerspruch zu unserer oder Ihrer Datenschutzerklärung oder den anwendbaren Rechtsvorschriften verwenden".

Die bereitgestellten Daten können damit zwar für Abwicklungs- sowie Auswertungszwecke genutzt werden, allerdings ist keine direkte Kontaktaufnahme mit dem Kunden gestattet, insbesondere nicht zu Marketingzwecken. Es sind viele Fälle dokumentiert, in denen Amazon-Händler wegen solcher Maßnahmen der weitere Verkauf auf Amazon untersagt wurde.

Dies bedeutet ferner, dass durch den Verkauf auf Amazon zwar die Transaktionen auswertbar sind, allerdings sonst keinerlei Informationen zum Käuferverhalten vorliegen, sofern keine Marketingaktionen mit dem Kauf einhergehen (vgl. Kap. 6 und 7).

Damit können keine Rückschlüsse über Traffic-bezogene KPIs (vgl. Abschn. 11.5.1) gezogen werden und es fällt schwer, das eigene Produktangebot konsequenter auf den Kunden auszurichten oder aus dem Kundenverhalten zu lernen, wie dies bei eigenen Maßnahmen beispielsweise durch A/B-Tests möglich wäre.

Festzuhalten bleibt damit auch, dass zwar die Käufe der eigenen Produkte in auswertbarer Form vorliegen, allerdings keinerlei Informationen zu gleichzeitig von Amazon oder anderen Verkäufern getätigten Käufen vorliegen. Für den Händler ist nicht ersichtlich, ob der Kunde gleichzeitig noch andere Produkte im Warenkorb hatte oder noch andere Produkte bestellt hat. Dieses Wissen obliegt einzig Amazon. Ergo sind Erkenntnisse zum Kaufverhalten des Kunden, wie mögliche Kohortenanalysen zwischen Warengruppen oder Cross-Selling-Potenziale nur stark eingeschränkt möglich und unter Einbezug des geschilderten Sachverhalts zu betrachten.

Zum tieferen Erkenntnisgewinn zum Kundenverhalten, bezogen auf die eigenen Produkte, empfiehlt es sich daher, eigene Direktvertriebs-Maßnahmen aufzubauen und von den dort gewonnenen Erkenntnissen beim Aufbau des eigenen Angebots als Amazon Verkäufer zu profitieren – beispielsweise durch Bildung von geeigneten Bundles, Querverweise auf die richtigen Artikel oder durch einfaches Überarbeiten von angebotenen Produktdaten hin auf mehr Conversion.

11.6 IT-Systeme im Amazon Seller-Kontext

Offensichtlich ist, dass ab einer gewissen Anzahl von Produkten und Verkäufen der manuelle Betrieb der Abwicklung zu unrentabel und fehlerhaft erscheint. Daher versuchen Unternehmen ab einem gewissen Marktvolumen, den Betrieb von Marktplätzen und Vertriebskanälen gestützt durch entsprechende IT-Systeme oder – Integrationen durchzuführen. Der folgende Abschnitt gibt einen Überblick über grundlegende Anforderungen an mögliche Systeme, umzusetzende Schnittstellen und soll mit einem exemplarischen Marktüberblick schließen.

Um beurteilen zu können, ob sich die Anschaffung eines IT-Systems für das Marktplatzgeschäft lohnt oder nicht, müssen unterschiedliche Aspekte beleuchtet werden. Neben qualitativer Aspekte stehen dabei natürlich Kostengründe im Fokus. Kosten für die IT-Systeme müssen Effizienzsteigerungen und Einsparungen durch Automatisierung gegenübergestellt werden. Vergleiche hierzu Abschn. 11.2 dieses Beitrags. Hieraus kann eine RoI (Return on Invest) Betrachtung abgeleitet werden, so dass der Einsatz einer entsprechenden Software auch kaufmännisch bewertet werden kann.

11.6.1 Grundlegende Anforderungen

Die Anforderungen an die Bespielung von Marktplätzen sowie das Online-Geschäft allgemein sind in der Praxis von Unternehmen zu Unternehmen unterschiedlich. Je nach

gewünschter Integrationstiefe und bereits vorhandenen Systemen sowie deren Grund-
kompetenzen unterscheiden sich die notwendigen Lösungsbausteine, um E-Commerce skalierbar und profitabel betreiben zu können. Daher müssen die folgenden
Anforderungen im Gesamtkontext der kompletten eigenen Systemlandschaft betrachtet
und festgelegt werden, durch welches Einzelsystem die jeweilige Aufgabenstellung
lösbar ist. Ein Beispiel hierfür stellt die Rechnungsstellung für den Fall dar, dass Ware
via Amazon FBA verkauft wird – hierfür bleibt der Händler verantwortlich. Diese
Anforderung könnte nun über das bestehende ERP-System, eine Marktplatz-Software
(vgl. Abschn. 11.6.3), eine zusätzliche Software wie Amainvoice (vgl. https://amain-
voice.de/) oder manuell gelöst werden.

Die wesentlichen Anforderungen, die vor diesem Hintergrund beleuchtet werden sollten, werden im Folgenden dargestellt. Diese orientieren sich an den Lebens-
zyklen von Produkt, Kunde und Auftrag und klammern nonfunktionale Anforderungen
sowie Anforderungen an die Softwarequalität aus, da diese Themen allgemeingültiger
Natur sind. Diese müssen selbstverständlich im Auswahlprozess mit betrachtet werden. Bewusst ausgelassen wurden darüber hinaus verschiedene grundlegende betriebswirtschaftliche Anforderungen, die unabhängig vom E-Commerce-Kontext im Rahmen
der betriebswirtschaftlichen Gesamt-Anforderungen erfüllt werden müssen, wie das
Personalwesen oder die Anlagenbuchhaltung.

Zusätzlich zur Betrachtung der untenstehenden, allgemeiner gehaltenen Liste empfiehlt sich, die eigenen Anforderungen für den konkreten Kontext zu detaillieren und
die gewünschten Funktionalitäten zu priorisieren. Daher kann die folgende Liste keinen Anspruch auf Vollständigkeit erheben. Ebenso übernehmen die Vertriebskanäle
gegebenenfalls einen Teil der genannten Anforderungen, wie im Falle des Amazon
Marketplaces die Zahlungsüberwachung und Adressprüfung.

Vor diesem Hintergrund empfiehlt sich die Betrachtung der folgenden wesentlichen
Anforderungen:

1. Produkte und Produktdaten
   a) Erstellung und Bearbeitung von Produktdaten
   b) Variantenhandling
   c) Bildung von Bundles
   d) Übersetzungsmanagement
   e) Verwaltung von Medien, Bildern und Dokumenten
   f) Kategorisierungen/Warengruppenverwaltungen
   g) Preismanagement/Verwaltung mehrerer Preistypen
2. Vertriebskanalmanagement
   a) Standardisierte Schnittstellen zu den für das Unternehmen wichtigsten Markt-
      plätzen mit dem Ziel eines möglichst hohen Integrations- und Automatisierungs-
      grades
   b) Verwaltung von kanalspezifischen Produkt-Attributen, entsprechende Überset-
      zungs- und Prüfungslogiken

    c) Unterstützung aller vom Marktplatz als wesentlich deklarierten Prozess-Schritte und Abbildung in der Software

    d) Berücksichtigung der Verkaufs- und Zahlungsmodalitäten auf dem Kanal

    e) Kanalspezifische Erfolgskontrolle unter Berücksichtigung der zu entrichtenden Gebühren und Provisionen auf dem jeweiligen Vertriebskanal

3. Order Management

    a) Zahlungsüberwachung und Freigabelogik für den Versand erst nach Zahlungs-bestätigung

    b) Automatisierte Kommunikation mit dem Kunden via E-Mail

    c) Routing von Aufträgen zum richtigen Lagerort, ggf. Split von Aufträgen und Erstellung von mehreren Lieferaufträgen

    d) Aussteuerung von Aufträgen, z. B. durch eine Risikoprüfung

    e) Adressabgleiche

    f) Verwaltung von Blacklists/Whitelists

    g) Zusammenführung aller Kundeninformationen und Kontaktpunkte bzw. Trans-aktionen in eine zentrale Kundenansicht

    h) Kanal- und produktspezifische Versandkosten- und Versandwegermittlung

4. Schnittstellen und Datenaustausch

    a) Vorhandensein einer eigenen Standard-Schnittstelle bzw. API für den Datenaus-tausch mit Drittsoftware

    b) Integrationsmöglichkeiten in ERP-Systeme

    c) Standardschnittstellen zu Shopsystemen

    d) Schnittstellen zu PIM-Systemen

    e) Schnittstellen zu Fulfillment Service Providern und sonstigen im Einsatz befindlichen Dienstleistern

5. Logistik

    a) Versandabwicklung/Pick, Pack & Ship

    b) Unterstützung mehrerer (teils kanalspezifischer) Versandarten

    c) Bestückung von externen Lägern (FBA)

    d) Bestandsmanagement und Inventur

    e) Kanalspezifische Belege (Lieferschein, Rechnung)

    f) Retourenmanagement

    g) Unterstützung Cross-Docking-Prozess

    h) Handling Dropshipment-Prozesse

    i) Reservierungsprozesse und dezidierte Warenkontingente

    j) Sendungssplits

6. Payment und Debitorenmanagement/Unterstützung Finanzbuchhaltung

    a) Zahlungsüberwachung für verschiedene Zahlarten

    b) Integration von Payment Service Providern

    c) Debitorenmanagement inkl. Handling Offener Posten

d) Auszifferung und Vereinzelung von Monatsabrechnungen von Marktplätzen bzw. Payment Service Providern

e) Gutschriftsmanagement

f) Gutscheine/Rabatte und Erlösschmälerungen

g) Unterstützung eines Buchungskontenplans

h) Generierung von Erlös- und Steuerbuchungen

i) Anbindung an Bankkonten und Prüfung sowie Verbuchung der eingehenden Zahlungen

j) Erzeugung von Fakturabelegen

7. Kundenservice und Kundendaten

   a) Ticketmanagement oder Integration eines solchen

   b) Aufnahme aller Kundenkorrespondenz in die Kunden-Historie (via Ticket)

   c) Rollenbasiertes Arbeiten mit mehrstufigem Kundenservice (vgl. Abschn. 11.4.3)

   d) Überwachung Kundenservice-KPIs

   e) Abruf von E-Mail-Konten und automatische Zuweisung und Klassifizierung

   f) Eskalations- und Beschwerdemanagement

   g) CRM-System oder Integration im Sinne von Kundenservice/Marketingmaßnahmen

8. Reporting

   a) Forecasts/Disposition

   b) Abbildung und Berechnung der wichtigsten KPIs

   c) Proaktive Prozesskontrolle

   d) Kostenrechnung/Wirtschaftlichkeitsrechnung (vgl. Abschn. 11.2)

   e) Vordefinierte Reports mit Drill-Down-Möglichkeit/Einzelansicht der Belege

   f) Möglichkeit für Ad-Hoc-Reports

9. Lieferantenmanagement

   a) Verwaltung des Lieferantenstammes

   b) Bestellwesen

   c) Überwachung von Lieferfähigkeit und Liefertreue

   d) Kreditorenmanagement

   e) Avisierungen und Wareneingang

Nach Priorisierung der eigenen Anforderungen muss entschieden werden, welche Funktionalität in welchem Bestandssystem verankert werden soll und ob ggf. zusätzliche Software notwendig ist. Bei einer möglichen Ausschreibung empfiehlt es sich darüber hinaus, die bereits in Abschn. 11.3 erwähnten Prozesscharts gemeinsam mit den Anbietern durchzugehen und mögliche (positive wie negative) Auswirkungen auf die gewünschten Geschäftsprozesse zu besprechen. Praxisgemäß muss bei Einführung einer neuen Software ein gangbarer Weg zwischen der Anpassung des neuen Systems an die Geschäftsprozesse des Unternehmens sowie der Anpassung der unternehmenseigenen Geschäftsprozesse an die Gegebenheiten, Features und Arbeitsweisen des neuen

IT-Systems gefunden werden. Hierfür haben sich vielfach die zuvor erstellten Geschäfts-prozesse als gute Grundlage erwiesen.

11.6.2 Amazon-Integration

Gerade wenn auf dem Amazon Marketplaces ein größerer Teil des unternehmens-eigenen Umsatzes erwirtschaftet wird, lohnt sich eine Integration via Schnittstellen in Amazon. Hierfür stehen seitens Amazon unter dem Begriff „Amazon Marketplace Web Service" zahlreiche Schnittstellen und Funktionalitäten bereit. Unter Amazon 2019c steht eine entsprechende Dokumentation bereit. Hierin beschrieben sind neben den technischen Rahmenbedingungen, beispielsweise welche Länder für die Integra-tion zur Verfügung stehen oder Abrufkontingente, auch konkrete Funktionsweisen der einzelnen Schnittstellen. Der folgende Ausschnitt der Dokumentation stellt den zur Erstellung dieses Artikels aktuellen Sachstand der Integrationsmöglichkeiten dar (Abb. 11.14):

Um den Einstieg zu erleichtern bietet Amazon unter Amazon (2019d) darüber hinaus Bibliotheken an, die den Zugriff auf die Web Services kapseln und den Einstieg in die Programmierung erleichtern.

Oftmals ist es allerdings nicht kosteneffizient, selbst eine Integration der eigenen ERP-Software zum Amazon Marketplace vorzunehmen. Hierfür existiert eine Viel-zahl von Anbietern und Tools, die bereits eine vorgefertigte Integration mit sich brin-gen (vgl. Abschn. 11.6.3). In jedem Falle sollte der jeweilige Anbieter auf Existenz einer automatisierten, umfassenden Schnittstelle zu Amazon geprüft werden. Hierzu gehören insbesondere:

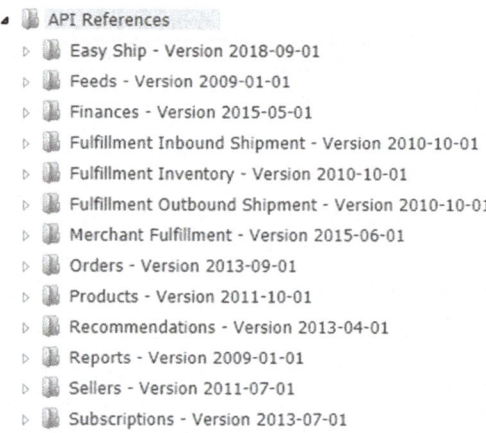

Abb. 11.14 Integrationsmöglichkeiten in den Amazon Marktplatz via MWS API. (Quelle: Ama-zon MWS Dokumentation)

- Das Registrieren von neuen, eigenen Angeboten, entweder durch Verknüpfung mit einem bereits vorhandenen Produkt im Amazon Produktkatalog anhand der ASIN oder der EAN, oder durch Anlage von eigenen Produkten im Amazon Katalog (separate Freigabe von Amazon erforderlich), je nach Themenstellung im eigenen Unternehmen
- Das Melden von aktualisierten Preisen, Beständen und Lieferzeiten
- Der Abruf von vorliegenden neuen zu versendenden Bestellungen
- Der Upload von Versandmeldungen zu eingegangenen Bestellungen
- Ggf. das Melden von Stornierungen
- Die Initiierung von Gutschriften, z. B. auf Grund einer Retoure

Zur Kommunikation mit Amazon im weiteren Sinne gehört dabei auch die Kommunikation mit dem Endkunden per E-Mail. Amazon gibt in den Kontaktdaten, die an den Händler weitergegeben werden, nicht die E-Mail-Adresse des Kunden im Klartext mit, sondern verschleiert diese durch Gebrauch einer Einmal-E-Mail-Adresse, die jedem Kauf auf dem Amazon Marketplace zugeordnet werden. Die zugehörige Kommunikation prüft Amazon auf eventuelle Werbebotschaften und geht gegen solche Werbemaßnahmen vor. Da auch transaktionsbezogene E-Mails über diese Amazon-Adresse gesendet werden, sind viele Verkäufer dazu übergegangen, diese mit dem Vermerk „[Wichtig]" im Betreff zu kennzeichnen, um sie explizit als Bezug nehmend zur Kundenbestellung zu kennzeichnen (Abb. 11.15).

Alternativ zur Vollintegration bietet sich eine Teilautomatisierung der Integration über das Berichtswesen von Amazon an. Wie in Abschn. 11.5.2 dargestellt, existiert für viele Berichte ab Verkäuferstufe Professional die Möglichkeit, Berichte herunter- und hochzuladen. Hierzu gehören unter anderem die folgenden Möglichkeiten:

- Lagerbestandsdatei hochladen (inkl. Preis- und Lieferzeitangaben)
- Neue Bestellungen
- Von Amazon versandte Bestellungen (FBA)
- FBA-Kundenretouren
- Abrechnungen und Kostenberichte für Transaktionen und FBA-Sendungen

Oftmals ist eine solche Teilintegration leichter zu bewerkstelligen als der vollautomatisierte Datenaustausch mit Amazon. Zur Bewertung der jeweiligen Sinnhaftigkeit müssen je Case die Kosten für die Integrationsart dem eigenen Volumen bzw. der Zeitersparnis gegenübergestellt werden.

Abb. 11.15 Mailkommunikation über verschleierte Amazon-E-Mail-Adresse

Da der Funktionsumfang sowie die Integrationsmöglichkeiten in die Amazon Seller Central regelmäßig von Amazon überarbeitet werden, sei der Leser gebeten, dies als eine Zeitpunktbetrachtung zu verstehen und gegen die zum Zeitpunkt der Lektüre vorliegenden Möglichkeiten zu verproben.

11.6.3 Marktüberblick

Sind die Anforderungen an eine Marktplatz-Software sowie die Amazon-Anbindung geklärt (vgl. die vorangegangenen Abschnitte des Kapitels), stellt sich die Frage, wie diese durch eine Software lösbar sind.

Auf dem Markt erhältlich ist in der Zwischenzeit eine Vielzahl von Software-Lösungen und Tools, die alle einen unterschiedlichen Funktionsumfang sowie Stärken und Schwächen aufweisen. Da sich der Markt permanent weiterentwickelt, kann die folgende Liste an Anbietern nur eine Momentaufnahme darstellen. Folglich versteht sich die folgende Liste nur als Marktausschnitt, ohne Anspruch auf Vollständigkeit. Darüber hinaus darf sie nicht als Empfehlung hin zu bestimmten Systemen fehlinterpretiert werden; vielmehr erfolgen die Nennungen rein exemplarisch. Welches System zum Einsatz kommt, muss anhand des beschriebenen Auswahlprozesses vor dem Hintergrund der konkreten Aufgabenstellung ermittelt werden.

Nicht wenige Unternehmen haben in der Zwischenzeit eine Integration via Marketplace Web Services in den Amazon Marketplace vorgenommen. Hierbei haben sich in der Vergangenheit verschiedene Lösungsmöglichkeiten in der Praxis etabliert, die sich grob wie folgt zusammenfassen lassen. Dabei kann diese Klassifizierung nicht „sortenrein" gelten; es gibt durchaus Systeme, die in zwei Klassifizierungen passen.

1. **Integration direkt an das ERP-System oder die Warenwirtschaft:** verschiedene „klassische" ERP-Anbieter bieten in der Zwischenzeit Schnittstellen zum Amazon Marketplace an. Dies erfolgt teils über nativ integrierte Schnittstellen, teils über selbst oder fremdentwickelte Drittmodule. Beispiele hierfür sind:
   - **JTL Warenwirtschaft:** Die JTL-Software-GmbH hat für das eigenentwickelte Produkt „JTL WaWi" die Konnektorlösung „JTL-eazyAuction" als Zusatzmodul im Angebot. Vgl. JTL (2019)
   - **Microsoft Dynamics NAV:** Hierfür ist beispielsweise das Modul NAVConnect der Firma „m+p business solutions GmbH" erhältlich (vgl. m+p 2019). Darüber hinaus haben Unternehmen wie die MAC IT-Solutions GmbH (vgl. mac 2019) auf Basis von Dynamics NAV eigene ERP-Erweiterungen speziell für den Onlinehandel entwickelt
   - **4Sellers:** die 4Sellers GmbH hat das ERP-System „Sage 100" als Basis für den Aufbau einer „E-Commerce-Suite" inklusive Amazon Marketplace-Integration genutzt (vgl. 4Sellers 2019)

2. **Einsatz eines Kanalmultiplikators oder Übersetzers:** Hierbei stehen, im Gegensatz zu den Multichannel Order Management Systemen, die Anbindungsmöglichkeiten an Vertriebskanäle im Vordergrund. Diese Systeme setzen häufig entweder ein ERP voraus, das das Order Management beherrscht, oder empfehlen nur den Einsatz von Marktplätzen, auf denen der Marktplatz-Anbieter den Zahlungseingang und die Risikoprüfung überwacht (wie den Amazon Marketplace). Oft verfügt diese Art von Software über eine Vielzahl von Übersetzungs- und Mapping-Möglichkeiten, so dass Wertetabellen, zum Beispiel für das Artikellisting, aus dem bestehenden Produktstamm vorbelegt werden können und nur noch vergleichsweise wenig manuelle Arbeit notwendig ist, um Artikel auf den entsprechenden Kanälen zu listen (Voraussetzung dafür sind natürlich entsprechend aussagekräftige Produktdaten). Bekannte Vertreter dieser Gattung sind:

   - **Brickfox:** Die Software Brickfox nennt sich selbst „Multichannel E-Commerce Software & PIM" (vgl. Brickfox 2019) und bietet neben Integrationen auf Marktplätze auch Konnektoren zu weiteren Systemen. Das Preismodell ist vergleichsweise einfach.
   - **ChannelAdvisor:** 2001 gegründet, zählt das Unternehmen zu den ältesten am Markt befindlichen Lösungen und bezeichnet sich selbst als „Die Nr. 1 im Marktplatz-Management" mit über 100 Marktplatz-Integrationen (vgl. Channeladvisor 2019).
   - **ChannelPilot:** ChannelPilot bezeichnet sich als „Multichannel Marketing Tool für Webshops", verfügt aber auch über die Möglichkeit, Produktdaten an Marktplätze auszuspielen (vgl. Channelpilot 2019)
   - **Lengow:** ursprünglich aus Frankreich stammend, bietet Lengow Integrationen zu Plattformen in „mehr als 42 Ländern" und Unterstützung in verschiedenen Disziplinen des Online Marketing und der Automatisierung (vgl. Lengow 2019)
   - **Neteven:** wie Lengow ein hierzulande vergleichsweise unbekannter Anbieter, mit Integrationen von über 60 Marktplätzen weltweit (vgl. Neteven 2019)
   - **Tradebyte:** ursprünglich als Abwicklungstool für die Neckermann-Plattform gestartet, wurde das Unternehmen in der Zwischenzeit von Zalando übernommen. Derzeit stehen 92 Kanäle (vgl. Tradebyte 2019) für Integrationen zur Verfügung. Laut eigener Aussage steht ebenso ein Order Management zur Verfügung.

3. **Einsatz einer Order Management Software oder eines E-Commerce ERPs:** da in der Praxis häufig das bestehende ERP nicht mit E-Commerce-Funktionalitäten erweitert werden kann und/oder soll, werden in diesen Fällen oft Systeme und Software mit verstärktem Fokus auf die Themen des Order Managements eingesetzt. Oft liegen hier vollständige ERP-Systeme für den Online-Handel zu Grunde, so dass die B2C-E-Commerce-Aktivitäten (wie im Falle einiger Hersteller erlebt) komplett autark vom restlichen Unternehmen betrieben werden können und lediglich eine buchhalterische Konsolidierung stattfindet. In der Definition des „E-Commerce ERP" sind natürlich die Übergänge zu „klassischen ERPs", wie in Punkt 1 dargestellt, fließend. Teilweise weisen die hier dargestellten Lösungen zu Gunsten eines Fokus

auf die Abwicklung über weniger Marktplatz-Schnittstellen auf als die „Kanalmulti-
plikatoren".

a) **ACL:** der einzige genannte Anbieter aus Österreich mit Sitz in Graz ist hierzulande vor allem dafür bekannt, mit dem eigenen Produkt „MARKET professional"
die Online-Abwicklung des Drogerieunternehmens dm zu übernehmen (vgl. ACL
2019).

b) **Actindo:** Actindo sieht die eigene Lösung als „Der modulare Maßanzug für jeden
Reifegrad Ihrer Digitalisierungstrategie im Handel", d. h. eine Kombination aus
„ERP-Komplettlösung", „Middleware & Plattform" sowie „ETL/PIM/MDM/Data-
hub" (vgl. Actindo 2019). Der Anbieter hat mit Einführung seiner neuen Kern-
technologie „Actindo Core1" gerade einen neuen technischen Kern für das eigene
ERP-Produkt gelegt.

c) **Plentymarkets:** Plentymarkets bietet „E-Commerce aus einer Hand" und hat den
Anspruch, „beliebig anpassbar" zu sein (vgl. Plentymarkets 2019). Das Hosting
findet dabei durch den Anbieter statt.

d) **ROQQIO:** Die ROQQIO Commerce Cloud „vereint alle Handels-, Versand-,
Lager- und Logistikabläufe in einem zentralen System" (vgl. ROQQIO 2019).
Die ROQQIO Commerce Cloud wird als SaaS-System betrieben und unterstützt
lt. Herstellerangabe „eine Vielzahl von Marktplätzen" (vgl. ebenda). ROQQIO legt
den Fokus u. a. auf die Integration von Offline und Online.

e) **Xentral:** Früher bekannt als Wawision, sieht sich Xentral als „Die neue Generation
an ERP Software" (vgl. Xentral 2019). Xentral kann als Miet-oder Kaufversion
betrieben werden.

4. **Einsatz einer reinen Middleware:** Sofern es um die reine Abwicklung geht und keine
umfassende Kanalintegration stattfinden soll, ist auch der Einsatz einer EAI-Technolo-
gie bzw. einer Middleware denkbar. Hierzu existieren verschiedene Technologien am
Markt, die teils vom Hersteller und dem konkreten Setup abhängig sind. Da es sich
hier um ERP-spezifische Anforderungen handelt, sollen hier nur die Namen einiger
bekannten Hersteller genannt sein. Die entsprechenden Lösungen verfügen auf Grund
der Individualität der zu Grunde liegenden ERP-Setups häufig noch nicht über eine
standardisierte Schnittstelle zu Amazon, stellen aber meist einen gangbaren Weg dar,
um eine eigene Integration durch den E-Commerce-Händler zu realisieren.

a) LOBSTER_DATA, vgl. Lobster (2019)

b) Mulesoft Anypoint Platform, vgl. Mulesoft (2019)

c) OscWare SAP Connector, vgl. OscWare (2019)

d) Scheer Process Automation Suite, vgl. Scheer (2019)

e) Seeburger Business Integration Suite, vgl. Seeburger (2019)

Wie bereits beschrieben muss die Auswahl des geeigneten Software-Systems abhängig
von der spezifischen Fragestellung im Unternehmenskontext sowie den sich daraus
ergebenden Anforderungen geschehen. Aus den bereits genannten Gründen ist diese
Liste lediglich exemplarischer Natur und stellt keine Empfehlung einer Software dar.

11.7 Fazit

Viele Unternehmen nutzen die sich bietenden Chancen im Online-Handel, die Marktplätze wie der Amazon Marketplace bieten, nur unzureichend. Einhergehend mit einer gesteigerten Kundenerwartung und dem vorherrschenden Preisdruck muss ein auf diesem Marktplatz tätiger Händler alle Möglichkeiten zur Kostenreduktion und Automatisierung nutzen. Dies beginnt mit einer wirklich vollständigen Kostenanalyse sowie einer Untersuchung der eigenen Geschäftsprozesse, was meist massives Kostensenkungspotenzial für eine Vielzahl von Abläufen offenlegt. Letztere müssen dabei nicht unbedingt spezifisch für den Online-Handel oder einen Marktplatz wie den Amazon Marketplace sein. Auch die technische Integration und Abwicklung ist wie dargestellt lösbar – wichtig ist hier, sich vorab Gedanken über Zuständigkeiten von ggf. bestehenden Systemen zu machen und dann, sofern notwendig, eine Zusatzsoftware zu finden, die die Lücke zufriedenstellend schließt.

Literatur

ACL. (2019). Website des Herstellers ACL advanced commerce labs GmbH. https://www.acl.at/. Zugegriffen: 13. Juni 2019.

Actindo. (2019). Website des Herstellers „Actindo AG". https://www.actindo.com/de/. Zugegriffen: 13. Juni 2019.

Amazon. (2019a). Seller Central Hilfeseite „Lagerbestandsdateien verwenden". https://sellercentral.amazon.de/gp/help/help-page.html?itemID = 121&ref = id_121_bred_581. Zugegriffen: 11. Juni 2019.

Amazon. (2019b). „AMAZON SERVICES EuroPE BUSINESS SOLUTIONS VERTRAG". https://sellercentral.amazon.de/gp/help/external/201190440?language=de_DE&ref= efph_201190440_cont_G521. Zugegriffen: 11. Juni 2019.

Amazon. (2019c). „Amazon Marketplace Web Service (Amazon MWS) Documentation". http:// docs.developer.amazonservices.com/en_DE/dev_guide/index.html. Zugegriffen: 12. Juni 2019.

Amazon. (2019d). Amazon Marketplace Web Services – Werkzeuge. https://developer.amazonservices.de/tools, Zugegriffen: 12. Juni 2019.

Amazon. (2019e). „Kennzahlenmonitor Verkäuferleistung" des Amazon Seller Central Backends. https://sellercentral.amazon.de/performance/dashboard. Zugegriffen: 14. Juni 2019.

Asdecker, B., & Thomschke, H. (2018). Kundenerwartungen im E-Commerce – Ergebnisse einer empirischen Untersuchung. In A. Rusnjak (Hrsg.), *Customer Experience im Zeitalter des Kunden*. Wiesbaden: Springer Gabler.

Bauer, A., & Günzel, H. (2013). *Data-Warehouse-Systeme – Architektur, Entwicklung, Anwendung* (4. Aufl., S. 6). Heidelberg: Dpunkt.

bpmb. (2019). BPM-Offensive Berlin, PDF-Poster "BPMN 2.0 – Business Process Model and Notation". http://www.bpmb.de/images/BPMN2_0_Poster_DE.pdf. Zugegriffen: 30. Mai 2019.

Brickfox. (2019). Brickfox E-Commerce Software & PIM. https://www.brickfox.de/. Zugegriffen: 13. Juni 2019.

ChannelAdvisor. (2019). „ChannelAdvisor" – Produktwebsite. https://www.channeladvisor.de/. Zugegriffen: 13. Juni 2019.

Channelpilot. (2019). „ChannelPilot" – Produktwebsite. https://www.channelpilot.de/marktplatz-anbindung. Zugegriffen: 13. Juni 2019.

DHL.(2018). Pressemeldung DHL Group „DHL Paket passt Preise für Geschäftskunden an". https://www.dpdhl.com/de/presse/pressemitteilungen/2018/dhl-paket-passt-preise-fuer-geschaeftskunden-an.html. Zugegriffen: 18. Mai 2019.

eCommerce Magazin. (2018). IFH-Studie: ‚Amazonisierung des Konsums' wird sich fortsetzen. https://www.e-commerce-magazin.de/ifh-studie-amazonisierung-des-konsums-wird-sich-fortsetzen. Zugegriffen: 18. Mai 2019.

ecom consulting et al. (2019). „Studie zu Marktplatzstrategien im deutschen Einzelhandel", durchgeführt von ecom consulting GmbH in Kooperation mit Ebner Verlag, Studie beim Autor erhältlich.

Etailment. (2016). Die Amazon-Erfolgsformel für 17 Millionen Prime-Kunden in Deutschland. https://etailment.de/news/stories/Die-Amazon-Erfolgsformel-fuer-17-Millionen-Prime-Kunden-in-Deutschland-4118. Zugegriffen: 18. Mai 2019.

Gabler. (2019). Gabler Wirtschaftslexikon online, Definition von Prozesskostenrechnung unter https://wirtschaftslexikon.gabler.de/definition/prozesskostenrechnung-44779.

Heinemann, G. (2019). *Der neue Online-Handel* (S. 215 ff.). Wiesbaden: Springer Gabler.

IFH. (2018). Studie „Die Amazonisierung des Konsums". https://www.ifhshop.de/studien/e-commerce/244/amazonisierung-des-konsums. Zugegriffen: 30. Mai 2019.

JTL. (2019). Website der ERP-Lösung „JTL WaWi" der Firma JTL-Software-GmbH. https://www.jtl-software.de. Zugegriffen: 12. Juni 2019.

Lengow. (2019). Website der Lösung „Lengow". https://www.lengow.com/de. Zugegriffen: 17.Juni 2019.

Lobster.(2019). Website des Produkts LOBSTER_DATA. https://www.lobster.de/lobster-data/. Zugegriffen: 13. Juni 2019.

Mac. (2019). Website der ERP-Lösung „DiVA" der Firma MAC IT Solutions GmbH. https://www.mac-its.com/. Zugegriffen: 12. Juni 2019.

Mindsquare. (2019). SAP Business Process Management. https://mindsquare.de/knowhow/sap-business-process-management/. Zugegriffen: 11. Juni 2019.

Mulesoft. (2019). Website des Produkts „Mulesoft Anypoint Platform". https://www.mulesoft.com/. Zugegriffen: 13. Juni 2019.

m+p. (2019). Website der Konnektorlösung „NAVconnect" der m+p business Solutions GmbH. https://www.navconnect.de/. Zugegriffen: 12. Juni 2019.

Neteven. (2019). Website der Lösung „Neteven". https://www.neteven.com/. Zugegriffen: 13. Juni 2019.

OscWare. (2019). Website des Produkts „OscWare SAP Connector". https://www.oscware.de/Produkte/Produktuebersicht/Warenwirtschaft/SAP-Connector-c75_123_247_319.html. Zugegriffen: 13. Juni 2019.

Plentymarkets. (2019). Website der Lösung „Plentymarkets", https://www.plentymarkets.eu/. Zugegriffen: 13. Juni 2019.

Robertson, B. (2016). *Holacracy: The revolutionary management system that abolishes hierarchy.* London: Portfolio Penguin. (ISBN 978-0241205860).

ROQQIO. (2019). Website des Herstellers „ROQQIO Commerce Cloud GmbH". https://www.roqqiocloud.com/. Zugegriffen: 13. Juni 2019.

Scheer. (2019). Website des Produkts „Scheer Process Automation Suite". https://www.scheer-pas.com/ecommerce/. Zugegriffen: 13. Juni 2019.

Seeburger. (2019). Website des Produkts „Seeburger Business Integration Suite". https://www.seeburger.com/de/solutions/business-integration-suite/. Zugegriffen: 13. Juni 2019.

Sellerlogic. (2019). Mit Lost & Found unentdeckte Amazon FBA Fehler finden und Ihre Rück-
erstattung anfordern. https://www.sellerlogic.com/de/amazon-lost-found/. Zugegriffen: 11. Juni
2019.

Sellics. (2019). Hintergrundwissen: Erfolgsfaktoren auf Amazon. https://sellics.com/de/blog-ama-
zon-erfolgsfaktoren-verkaeufer-tipps. Zugegriffen: 14. Juni 2019.

Signavio. (2019). Signavio, Prozessmodellierung mit BPMN 2.0. https://www.signavio.com/de/
prozessmodellierung-mit-bpmn-2-0/. Zugegriffen: 30. Mai 2019.

Statista. (2018). Statista Digital Market Outlook. https://de.statista.com/outlook/243/137/ecom-
merce/deutschland. Zugegriffen: 18. Mai 2019.

Tradebyte. (2019). „TB.One" Website. https://www.tradebyte.com/loesungen/tb-one/. Zugegriffen:
13. Juni 2019.

Weber, J. (2019). Gabler Wirtschaftslexikon online, Definition von Gemeinkosten unter https://
wirtschaftslexikon.gabler.de/definition/gemeinkosten-33256. Zugegriffen: 19. Mai 2019.

Xentral. (2019). Website des ERP-Anbieters „Xentral". https://xentral.com/. Zugegriffen: 13. Juni
2019.

4Sellers. (2019). Website der ERP-Lösung „4Sellers" der Firma 4SELLERS GmbH. https://
www.4sellers.de/. Zugegriffen: 12. Juni 2019.

Dipl.-Wirtschaftsinformatiker (BA) Martin Himmel ist lang-
jähriger Unternehmensberater für E-Commerce-IT-Systemland-
schaften, Geschäftsprozesse sowie digitale Organisationsstrukturen.
Er unterstützt Hersteller und Händler dabei, den Wandel hin zu digitalen Geschäftsmodellen erfolgreich und profitabel zu vollziehen.
Nach seinem Studium der Wirtschaftsinformatik war er u. a. CTO
bei eFulfillment Transaction Services, einem führenden Anbieter
von E-Commerce Software. Er ist Mitgründer der ecom consulting
GmbH sowie Dozent mit aktivem Lehrauftrag an der Dualen Hochschule Baden-Württemberg Mosbach.

Fulfillment by Amazon

12

Benno Köber

Inhaltsverzeichnis

Zusammenfassung

Die logistischen Anforderungen im Online-Handel stellen vor allem für kleine und mittelständische Unternehmen eine Herausforderung dar, der sie sich annehmen müssen, um ein nachhaltig erfolgreiches Online Geschäftsmodell zu etablieren. Neben den logistischen Prozessen, die es zu handhaben gilt, können hohe Kosten vor allem für Versand, Lagerhaltung und Verpackungsmaterial entstehen. Seit 2006 bietet Amazon seinen Sellern unter dem Namen „Fulfillment by Amazon" (FBA) einen kostenpflichtigen Service an, der Verkäufern diesen Aufwand abnimmt und ihnen weitere Zusatzleistungen anbietet. Verkäufer können die Logistikprozesse an Amazon outsourcen und profitieren nicht nur von den Erfahrungen der E-Commerce Plattform im Logistikbereich, sondern erhalten für ihre Produkte auch eine größere Sichtbarkeit, wodurch sie ihre Umsätze auf Amazon deutlich steigern können.

B. Köber (✉)
MM Commerce GmbH, Augsburg, Deutschland
E-Mail: bk@mmcommerce.de

© Springer Fachmedien Wiesbaden GmbH, ein Teil von Springer Nature 2020
C. Stummeyer und B. Köber (Hrsg.), *Amazon für Entscheider,*
https://doi.org/10.1007/978-3-658-27427-6_12

12.1 Das Logistikangebot FBA (Fulfillment by Amazon)

Für den Erfolg von Amazon und der Verkäufer auf Amazon hat die Qualität der Logistik seit Anbeginn eine entscheidende Bedeutung.

Für Verkäufer auf Amazon, bietet die Plattform eine Fulfillment-Lösung, sprich einen Dienst, der sich um alle Aktivitäten nach Abschluss des Kaufvertrags, insbesondere der Belieferung der Endkunden, kümmert. Dieses Logistikprogramm wird von Amazon unter dem Namen „Fulfillment by Amazon" (FBA) betrieben, stellt Sellern Lagerkapazitäten zur Verfügung und übernimmt den Versand der Ware sowie bei Bedarf weitere Zusatzleistungen im Logistikbereich. Verkäufer müssen sicherstellen, dass die Waren an eines der Amazon Verteilzentren gelangen, von wo aus sie anschließend auf die einzelnen Logistikzentren verteilt werden. Zu den Standardleistungen von FBA gehören:

- **Lagern** der Ware in modernen Logistikzentren
- **Verpacken** der Produkte, ggf. gemeinsam mit anderen Bestellungen eines Endkunden
- **Versenden** der Produkte und Kennzeichnen mit dem Zusatz „Versand durch Amazon"
- Aufnahme in die Kategorie **„Prime-Artikel",** wodurch eine größere Reichweite generiert wird
- 24 Stunden-**Kundenservice** bei Fragen des Endkunden zu Bestellungen
- Abwickeln von **Rücksendungen**
- Versenden der Waren über ein **europäisches Versandnetzwerk** an Kunden in Deutschland, Frankreich, Italien, Spanien und Großbritannien

Durch ein Outsourcen der Logistikprozesse an Amazon haben Händler bedeutend weniger Aufwand bei der Auftragsabwicklung, sie müssen sich lediglich um die Zustellung der Rechnung an den Endkunden kümmern, da dies aktuell noch nicht in im Logistikprogramm enthalten ist. Online-Händler können den FBA-Service auch als Multi-Channel-Fulfillment-Lösung nutzen und so zusätzlich Verkäufe von einem eigenen Online-Shop oder weiteren Vertriebsplattformen über Amazon versenden lassen (Amazon 2019a). Verbunden mit einem immer schnelleren Versand der Produkte sowie einem stetig wachsenden Angebot an Waren aus dem Prime-Sortiment, möchte Amazon mit dem FBA-Service sicherstellen, dass für den Endkunden der Plattform auch nach dem Kauf der bestmögliche Service sichergestellt und die Zufriedenheit dieser auf einem konstant hohen Niveau gehalten wird.

12.1.1 Ablauf des Warenversands über Amazon

Die Entscheidung, welche Versandmethode für einen Seller die geeignete ist, muss von diesem individuell getroffen werden und sollte produktbezogen erfolgen. Amazon Verkäufer können einzelne Produkte ihres Sortiments über den FBA-Service versenden und andere wiederum über den Eigenversand. Bevor sie die Versandmethode festlegen, müssen sie im Seller Central – dem Backend des Amazon Marketplace, die Produktdaten erfassen. Die Datenerfassung kann bei einer kleinen Anzahl an Produkten manuell erfolgen oder aber bei einem breiteren Sortiment per Datenfeed. Nach dem Erfassen der Produktdaten, kann der Warenbestand an ein Amazon Verteilzentrum versendet werden. Dies kann direkt von einer Produktionsstätte oder aus einem Zwischenlager erfolgen. Für die Einlagerung gibt es keinerlei Anforderungen an Mindest- oder Höchstmengen, es können beliebig viele Produkte entsprechend kostenpflichtig in den Logistikzentren eingelagert werden. Das Risiko des Untergangs oder der Verschlechterung der Ware bis zur erfolgten Anlieferung an ein Amazon Logistikzentrum trägt dabei der Seller. Er muss zudem die Produkte mit einem scanbaren Barcode (z. B. EAN-Code) versehen, um einen störungsfreien Ablauf bei der Aufnahme der Produkte zu gewährleisten. Die Produkte werden nach ihrer Ankunft von Amazon erfasst und eingelagert, dabei werden die Maße sowie das Gewicht eines Produkts ermittelt, die sodann maßgeblich für die Lager- und Versandkosten sind (siehe hierzu auch Abschn. 12.1.3 Kostenstruktur des FBA Angebots). Anschließend stehen die jeweiligen Artikel zum Verkauf bereit und werden nach einer eingegangenen Bestellung von Amazon verpackt und an den Endkunden versendet (Lamprecht 2018).

12.1.2 Zusatzleistungen des FBA-Angebots

Amazon versteht es, den Verkäufern auf dem Marketplace so viel Arbeit wie nur möglich abzunehmen und dabei der individuellen Wertschöpfung der Händler nur einen begrenzten Spielraum zu geben. Für Seller ist dies einerseits eine komfortable Lösung, die es ihnen ermöglicht, sich auf die Kernthemen zu konzentrieren. Andererseits birgt das Outsourcen zu vieler Prozesse an Amazon jedoch die Gefahr, zu vergleichbar mit Wettbewerbern zu werden und Kunden dann keinen individuellen Mehrwert bieten zu können. Neben den Standardleistungen Einlagerung, Versand, Kundenservice und Abwicklung von Retouren sowie Reklamationen, bietet Amazon eine Reihe variabler Services an, die Kunden bei Bedarf kostenpflichtig dazu buchen können (Amazon 2019b):

- Verpacken in Folienbeutel: zusätzliche Verpackungsschicht für Flüssigkeiten, spezielle Produkte oder zerbrechliche Artikel
- Verschließen mit Klebeband: zur Verpackung und für festeren Verschluss
- Verpacken in blickdichtem Folienbeutel: zusätzliche undurchsichtige Verpackungsschicht für Flüssigkeiten, spezielle Produkte oder zerbrechliche Artikel
- Verpacken in Luftpolsterfolie: zusätzliche Verpackungsschicht für zerbrechliche Artikel wie Glas
- Etikettierung: Anbringen von „Versand durch Amazon" Artikeletiketten an Produkten
- Rücksendung: der Lagerbestand kann jederzeit an den Händler gesendet werden
- Entsorgung: Produkte aus dem Lagerbestand können entsorgt werden

12.1.3 Kostenstruktur des FBA-Angebots

Die Standardkosten für FBA setzen sich aus zwei Komponenten zusammen – einer Versandgebühr und einer Lagergebühr (Amazon 2019b):

- Die **Versandgebühren** werden von Amazon für das Versenden eines Produkts an einen Endkunden erhoben. Die Höhe der Versandgebühren ist abhängig von der Größe und dem Gewicht des Produkts. Für die Berechnung der Gebühren werden nicht die Angaben der Artikelanlage im Seller Central verwendet, sondern die Daten, welche Amazon bei der Einlagerung der Produkte selbst durch Vermessen und Wiegen aufgenommen hat.
- Die **Lagergebühren** richten sich nach dem Volumen, welches in einem Logistikzentrum für die Lagerung der Waren beansprucht wird und basieren auf dem im Durchschnitt pro Monat verwendeten Lagervolumen in Kubikmeter. Die Tarife für die Lagerflächen werden in Hauptsaison (Oktober bis Dezember) und Nebensaison (Januar bis September) eingeteilt, wobei die Lagerung in der Hauptsaison teurer ist. Für Warenbestände, die über 365 Tage eingelagert sind, wird eine Langzeitlagergebühr erhoben, die sich nach dem Volumen des Langzeitbestands richtet.

Die exakten Preise werden regelmäßig angepasst und können auf der folgenden Seite eingesehen werden: https://services.amazon.de/programme/versand-durch-amazon/preisgestaltung.html

Preisbeispiel aus dem Herbst 2019

Ein Textilprodukt, das für 119 EUR (inkl. Umsatzsteuer) über Amazon.de verkauft wird, 500 Gramm wiegt und in einem Standardpaket ($\leq 45 \times 34 \times 26$ cm) innerhalb Deutschlands versendet wird:

Versandgebühren:	2,39 EUR
Lagergebühren:	15,60 EUR pro Kubikmeter und Monat (Januar bis September)
	21,60 EUR pro Kubikmeter und Monat (Oktober bis Dezember)

12.1.4 Voraussetzungen für die Nutzung des FBA-Angebots

Auf dem Amazon Marketplace können alle Produkte verkauft werden, die aus Sicht von Amazon rechtlich unbedenklich sind und auch in einem eigenen Online-Shop verkauft werden könnten. Einige Ausnahmen hierbei sind beispielsweise Alkopops oder Zigaretten.

Weitere Beschränkungen gibt es bei Produkten, die über den Service „Versand durch Amazon" versendet werden. Im Folgenden sind einige Merkmale für Produkte aufgeführt, die nicht über FBA versendet werden dürfen (Amazon 2019c):

- Produkte, die länger als 150 cm sind, mehr als 30 kg wiegen oder einen Umfang von mehr als 3 m haben
- Produkte, die gekühlt oder tiefgefroren gelagert und versendet werden müssen
- Produkte, die den Falltest nicht ohne Beschädigung überstehen (aus einer Höhe von 80 cm auf vier verschiedenen Seiten und einer Ecke)
- Produkte, die den Schütteltest nicht ohne Beschädigung überstehen (Kein Herausrieseln von Pellets oder Granulat nach 30 Sekunden kräftigem Schütteln)

Die vollständige Liste kann auf der folgenden Seite eingesehen werden: https://sellercentral.amazon.de/gp/help/external/help.html?itemID=201030350&ref=efph_201030350_cont_home

12.2 Versandprogramme innerhalb des FBA-Angebots

Der Erfolg eines Verkäufers ist zugleich ein Erfolg für Amazon. Um diesen stetig zu steigern, werden laufend neue Programme entwickelt, um Verkäufer dabei zu unterstützen, ihre Waren noch einfacher für Kunden auf dem weltweiten Netzwerk von Amazon verfügbar zu machen. Demzufolge wurden 2019 durch Amazon alle Seller ohne ihre Zustimmung Teil des weltweiten Versands über Amazon, um ihre Produkte auf dem ganzen Globus erhältlich zu machen.

12.2.1 Einlagerung der Produkte in Osteuropa

Nachdem ein Seller seine Waren, welche für den Verkauf in Deutschland vorgesehen sind, an Amazon versendet hat, sollte man meinen, dass diese auch stets in den deutschen Distributionszentren eingelagert werden. Seit 2014 betreibt Amazon jedoch auch Distributionszentren in Polen und Tschechien und bietet seinen deutschen Sellern mit dem Programm „Mitteleuropa" an, die Waren in diesen Ländern einzulagern. Da Amazon aber aktuell noch keinen Shop in Polen und Tschechien betreibt, dienen diese Lagerstätten ausschließlich zur Belieferung von deutschen Kunden. Der Vorteil für einen deutschen Seller, der an dem Programm „Mitteleuropa" teilnimmt, ist eine Ersparnis bei der Versandgebühr je versendeter Einheit von aktuell 0,50 EUR sowie eine größere Flexibilität, denn abhängig davon, wo exakt ein Endkunde sitzt, kann er durch die Nutzung der Logistikzentren in Osteuropa schneller beliefert werden. Teilnehmen an dem Programm „Mitteleuropa" können alle Seller, die den FBA-Service nutzen, jedoch gibt es Produkte, die nicht für den Versand aus Polen oder Tschechien zugelassen sind, beispielsweise Produkte in Übergrößen oder Gefahrengut – diese werden weiterhin in Deutschland gelagert. Seller, die sich dazu bereit erklären, ihre Waren in Osteuropa einzulagern, müssen sich ebenfalls in Polen und Tschechien umsatzsteuerrechtlich registrieren lassen und der Intrastat-Meldepflicht nachgehen sowie den Lieferschwellenwert für innergemeinschaftliche Lieferungen überwachen (Weidmann 2017).

12.2.2 Lagerung der Produkte im EU-Verkaufsland

Der Anteil an Bestellungen aus dem Ausland hat in den letzten Jahren deutlich zugenommen und ist für viele Online-Shopper mittlerweile zur Normalität geworden. Damit man als Seller auf dem Amazon Marketplace an diesem Trend teilhaben kann und um seine Produkte international schnell verfügbar zu machen, gibt es zwei Wege über die dies erfolgen kann:

- Die Produkte werden ins Ausland exportiert, sind jedoch nur auf dem Marktplatz im Heimatland verfügbar. Ausländische Kunden müssen eine Bestellung auf dem Marktplatz aufgeben, auf dem der Seller beheimatet ist.
- Die Waren werden auf den weiteren internationalen Marktplätzen von Amazon angeboten. Hierdurch wird eine deutlich größere Zielgruppe erreicht als mit dem internationalen Verkauf aus dem Heimatmarktplatz. Seller mit einem Verkäuferkonto auf einem europäischen Marktplatz erhalten automatisch Zugang zu allen Amazon-Marktplätzen in Europa.

Seller, die ihre Produkte auf allen Marktplätzen in Europa verkaufen wollen und zugleich den FBA-Service nutzen, können über das Programm „paneuropäischer Versand mit Amazon" das europäische Versandnetzwerk von Amazon nutzen und Lagerbestände in allen Marktplatzländern aufbauen. Eine Verteilung der Waren gemäß der Kundennachfrage geschieht dabei automatisch durch Amazon. Durch den Wegfall von grenzüberschreitenden Gebühren sowie einer Versandersparnis bei Bestellungen auf internationalen Marktplätzen wird eine Expansion ins EU-Ausland für Seller stark vereinfacht. Ähnlich wie bei dem Programm „Mitteleuropa" müssen Händler mit einem bürokratischen Mehraufwand rechnen, da eine Umsatzsteuerregistrierung im jeweiligen Mitgliedsstaat notwendig ist (Lamprecht 2019).

12.2.3 Lösung für einen günstigen Versand kleiner und leichter Produkte

Günstige Produkte können häufig nur dann versandkostenfrei bestellt werden, wenn sie als „Amazon Plus Produkte" gelistet werden und gemeinsam mit anderen dafür qualifizierten Artikeln bestellt werden. Mit dem Programm „Small and Light" bietet Amazon seinen Sellern eine kostengünstige Versandmethode für kleine und leichte Produkte mit einem niedrigen Verkaufspreis an. Diese Produkte können dann von Endkunden auch einzeln versandkostenfrei bestellt werden. Produkte die für „Small and Light" qualifiziert sind, müssen folgende Anforderungen erfüllen:

- Der Verkaufspreis darf nicht höher als 10 EUR sein.
- Das Gewicht muss weniger als 225 Gramm betragen.

- Die Größe darf maximal 33,5 × 23 × 4,6 cm betragen.
- Der Zustand des Artikels muss neu sein.

Das Programm „Small and Light" wird aktuell nur für die Marktplätze in Deutschland und Großbritannien angeboten, wobei nicht grenzüberschreitend geliefert wird, somit können Waren, die in Deutschland oder Großbritannien gelagert werden auch nur dort verkauft werden und nicht in den anderen europäischen Marktplätzen (Amazon 2019d).

12.3 Weitere Logistiklösung neben FBA

Um Produkte auf dem Amazon Marketplace zu vertreiben, können Händler neben FBA zwischen dem Eigenversand oder dem Versand durch einen externen Dienstleister wählen, siehe hierzu auch Kap. 10. Logistik-Kompetenz als wesentlicher Treiber des Erfolgs für und mit Amazon.

12.3.1 „Fulfillment by Merchant" als Lösung für den Eigenversand

Unternehmen, die sich für die Versandlösung Fulfillment by Merchant (FBM) entscheiden, müssen sich eigenständig oder mittels eines Fulfillment-Dienstleisters um die Lagerung der Waren, den Versand an den Kunden sowie die Abwicklung der Rücksendungen kümmern. Produkte von FBM-Sellern werden wie auch FBA-Produkte auf Amazon gelistet und erscheinen bei der Eingabe eines relevanten Suchbegriffs auf den Ergebnisseiten, erhalten jedoch meist kein Prime Logo (siehe hierzu Abschn. 12.3.2 Prime durch Verkäufer). Das FBM-Modell eignet sich sehr gut für Maßanfertigungen, Unikate oder Nischenprodukte, die in geringeren Stückzahlen verkauft werden.

Ein weiterer Beweggrund für das FBM Modell-kann die Kontrolle über die Lagerhaltung sein. Besonders für Unternehmen, die über eigene Lagerkapazitäten verfügen oder eine enge Zusammenarbeit mit einem Fulfillment-Dienstleister pflegen und Amazon als einen von mehreren Verkaufskanälen nutzen wollen, empfiehlt es sich, das FBM-Modell in Erwägung zu ziehen.

Um für die Endkunden ein exzellentes Einkaufserlebnis sicherzustellen, hat Amazon strenge Vorschriften für Händler, die den FBM-Service bevorzugen, bei deren Nichteinhaltung nicht selten eine Sperrung des Accounts drohen kann. Um die Vorgaben von Amazon zu erfüllen, müssen Seller, die FBM nutzen wollen, folgende Voraussetzungen erfüllen (Intomarkets 2019):

- Eine Bestellmängelrate von weniger als 1 %.
- Eine Stornorate vor Bestellerfüllung von weniger als 2,5 %.
- Die Rate von verspäteten Bestellungen muss unter 4 % liegen.

12.3.2 Prime durch Verkäufer zur besseren Sichtbarkeit

Prime-Produkte genießen eine Reihe von Vorteilen gegenüber Produkten, denen der Prime-Status fehlt. Die Vorteile liegen hier sowohl auf Seiten der Käufer als auch der Verkäufer. Käufer profitieren von einer schnellen und kostenlosen Lieferung, während Verkäufer ihre Sichtbarkeit erhöhen – insbesondere dann, wenn Kunden bereits bei der Produktsuche nach Prime-Produkten filtern. Amazon bietet Verkäufern, die FBM nutzen, seit 2016 die Möglichkeit, sich für das Programm „Prime durch Verkäufer" zu bewerben und dadurch Produkte, die aus einem eigenen Versandzentrum heraus versendet werden, mit dem Prime-Logo zu versehen. Um sich für das Programm bewerben zu dürfen, müssen Verkäufer folgende Voraussetzungen erfüllen:

- Der Warenversand muss aus Deutschland heraus geschehen.
- Der Verkäufer muss über ein professionelles Verkäuferkonto verfügen.
- Es müssen täglich mindestens 5 Produkte mit „Prime durch Verkäufer" versendet werden.
- Die Stornorate vor Bestellerfüllung muss geringer als 1 Prozent sein.
- Kostenloser Premiumversand für Prime-Mitglieder innerhalb des deutschen Festlandes von einem Tag und Prime-Mitglieder in Österreich oder den deutschen Inseln innerhalb von zwei Tagen.
- Kostenloser Standardversand an alle Kunden in Deutschland und Österreich.

Wollen sich Verkäufer für „Prime durch Verkäufer" bewerben, müssen Sie vorher eine Testphase durchlaufen, in der sie beweisen, dass sie den Anforderungen von Amazon in Punkto Versand und Kundenservice gerecht werden. Die Produkte werden jedoch innerhalb dieser Testphase nicht als Prime gekennzeichnet, sondern erhalten den Prime-Status erst nach erfolgreich abgeschlossener Testphase (Amazon 2019e).

12.4   Chancen und Risiken der Nutzung des FBA Angebots

Die Frage, ob es sich für einen Händler lohnt, das FBA-Angebot wahrzunehmen, kann nicht pauschal beantwortet werden. Neben der Möglichkeit des schnellen Wachstums, mit dem Amazon für sein Logistikprogramm wirbt, gibt es jedoch auch eine Reihe von Nachteilen, die der „Versand durch Amazon"-Service mit sich bringt. So müssen FBA-Kunden den Inventory Performance Index (IPI) im Auge behalten. Der IPI bildet sich aus den Verkäufen und Lagerbeständen auf den europäischen Marktplätzen und kann zu drastischen Strafzahlungen oder einer Reduzierung der Lagerkapazitäten für Seller führen, wenn diese hohen Bestände mit wenig Verkäufen in den Amazon-Versandzentren lagern.

In Tab. 12.1 sind die Vor- und Nachteile der Nutzung von FBA zusammenfassend gegenübergestellt.

Tab. 12.1 Pro und Contra: Fulfillment by Amazon

Vorteile	Nachteile
• **Outsourcing der Logistik** Lagerung, Versand und Retourenabwicklung werden an Amazon ausgelagert • **Prime-Status** Produkte werden mit dem Prime-Logo versehen; Kunden filtern in ihren Suchen gezielt nach Prime, da sie hohes Vertrauen in den Logistikprozess und diese Produkte haben • **Schneller und kostenloser Versand** Amazon verfügt über ein ausgezeichnetes Logistik-Know-how und Kunden bevorzugen den Zusatz „Versand durch Amazon" • **Multi-Channel-Fulfillment** FBA kann auch genutzt werden, wenn Produkte über andere Marktplätze oder einen eigenen Online-Shop verkauft werden • **Einfache Internationalisierung** Die Produkte können mit wenig Aufwand auf den Marktplätzen anderer Länder angeboten werden • **Outsourcing Kundenservice** Amazon ist die erste Anlaufstelle für Kunden bei Fragen	• **Brandingeffekt geht verloren** Kundensendungen werden in Amazon-Kartons versendet, auch wenn der Kauf über einen anderen Vertriebskanal zustande gekommen ist • **Hohe Retourenquote** Ein kostenloser Rückversand kann zu vielen Retouren führen • **Strenge Richtlinien** Für die Nutzung von FBA müssen Seller strenge Richtlinien, vor allem bei der Anlieferung der Ware, befolgen • **Herstellerkontakt leicht ausfindig zu machen** Bei einer Anlieferung der Waren direkt von einer Produktionsstätte, kann Amazon den Kontakt leicht ausfindig machen • **Strafzahlungen auf Basis IPI** Bei hohen Beständen mit wenig Verkäufen in den Amazon-Versandzentren drohen Strafzahlungen

12.5 Fazit

Mit dem Logistikprogramm „Fulfillment by Amazon", schlägt der E-Commerce Gigant mal wieder zwei Fliegen mit einer Klappe. Zum einen bietet er eine Lösung, die den Verkäufern zu attraktiven und wettbewerbsfähigen Preisen eine Menge Arbeit im Bereich Lagerung und Versand der Waren erspart. Zum anderen bietet Amazon den Endkunden immer das gleiche Einkaufserlebnis bis hin zum Versand der Ware, so dass diese kaum noch realisieren, wenn das erworbene Produkt von einem anderen Marktplatzverkäufer stammt. Doch wo Licht ist, ist bekanntlich auch Schatten, und dieser zeigt sich, wenn Verkäufer Kontakt mit dem Kunden aufnehmen möchten. Strenge Richtlinien machen für den Verkäufer eine Kontaktaufnahme über den Rechnungsversand hinaus nur über Umwege möglich. Darüber hinaus ist auch für den Endkunden oft nicht eindeutig, wer Ansprechpartner ist. Fragen rund um den Versand fallen beispielsweise in den Zuständigkeitsbereich von Amazon, während technische Fragen zum Produkt nur vom Verkäufer adäquat beantwortet werden können.

Wie auch bei vielen anderen Angeboten von Amazon ist auch „Fulfillment by Amazon" für viele Marktplatzverkäufer genau das, wonach sie gesucht haben, allerdings muss immer individuell entschieden werden, ob das Programm zu einem Unternehmen und dem Produktportfolio passt.

Literatur

Amazon. (2019a). Erfüllen Sie Bestellungen von allen Kanälen EU-weit mit dem Export für Multi-Channel von Versand durch Amazon. https://services.amazon.de/programme/versand-durch-amazon/multichannel-versand.html. Zugegriffen: 30. Juni. 2019.

Amazon. (2019b). Das Endresultat sind höhere Umsätze https://services.amazon.de/programme/versand-durch-amazon/preisgestaltung.html. Zugegriffen: 29. Juni. 2019.

Amazon. (2019c). Versand durch Amazon: Verbotene Produkte. https://sellercentral.amazon.de/gp/help/external/G201730840?language=de_DE. Zugegriffen: 29. Juni. 2019.

Amazon. (2019d). Versandkosten reduzieren mit Small and Light. https://services.amazon.de/programme/versand-durch-amazon/small-and-light.html. Zugegriffen: 29. Juni. 2019.

Amazon. (2019e). Verkaufen Sie Produkte mit dem Prime Logo direkt aus Ihrem Warenlager. https://services.amazon.de/programme/primedurchverkaeufer/funktionen-und-vorteile.html. Zugegriffen: 29. Juni. 2019.

Intomarkets. (2019). Fulfillment by Merchant (FBM). https://www.intomarkets.com/wiki/fulfillment-by-merchant-fbm/. Zugegriffen: 29. Juni. 2019.

Lamprecht, S. (2018). Sprung ins Haifischbecken: mit Amazon erfolgreich international verkaufen. https://etailment.de/news/stories/Internationalisierung-Sprung-ins-Haifischbecken-mit-Amazon-erfolgeich-international-verkaufen-21570#. Zugegriffen: 27. Juni. 2019.

Lamprecht, S. (2019). FBA – Über Amazon versenden: Eine Lösung, die den Händler entlastet. https://etailment.de/news/stories/FBA-erklaert-so-funktioniert-der-Versand-ueber-Amazon-4132. Zugegriffen: 27. Juni. 2019.

Weidmann, T. (2017). Amazon Marketplace: Für Händler wird es teurer oder kompliziert. https://t3n.de/news/amazon-marketplace-fulfillment-fba-793910/. Zugegriffen: 27. Juni. 2019.

Benno Köber ist Geschäftsleiter bei einem Start-up, das sich auf den Online-Vertrieb von Fahrradzubehör spezialisiert hat und unter anderem eine starke Präsenz auf dem Amazon Marketplace besitzt. Nach seiner Ausbildung zum IT-Systemkaufmann absolvierte er ein Bachelorstudium im Fachbereich Druck und Medientechnik und beendete dieses als Bachelor of Engineering. Anschließend war er 5 Jahre Sales and Project Manager bei einem Automobilzulieferer in München und belegte parallel dazu den Masterstudiengang Marketing/Vertrieb/Medien, den er als Master of Arts abschloss. Seine Masterarbeit hierzu schrieb er über das Thema „Aufbau eines nachhaltigen Geschäftsmodells auf dem Amazon Marketplace", für die er eine eigene Handelsmarke als Beispiel einführte und so Praxiserfahrung als Seller auf dem Amazon Marketplace sammelte.

Amazon Business

Lennart A. Paul

Inhaltsverzeichnis

Zusammenfassung

Digitale Beschaffung ist im Geschäftskundenkontext nichts Neues. Seit über 20 Jahren bestehen Möglichkeiten, Bedarfe und Bestellungen elektronisch von Bestellern an Lieferanten zu übermitteln. Der Markt für digitale Transaktionen im Business-to-Business (B2B) beläuft sich in Deutschland auf ca. 1.300 Mrd. EUR. Zum B2B-E-Business zählen sowohl E-Commerce, als auch E-Procurement. Als E-Commerce lässt sich die Beschaffung über Online-Shops, Mobile Apps und sonstige, auf direkte digitale (z. B. über Spracheingabe) oder physischen (z. B. über Barcode-Scanner) Interaktion eines Users mit eigens dafür geschaffenen Bestelloberfläche definieren. E-Procurement bedeutet insbesondere die Verbindung der Warenwirtschaftssysteme der Besteller und ihren Lieferanten. In beide Domänen dringt Amazon Business seit einigen Jahren ein und greift somit die bestehenden

L. A. Paul (✉)
Black Truck GmbH, Stuttgart, Deutschland
E-Mail: lp@warenausgang.com

© Springer Fachmedien Wiesbaden GmbH, ein Teil von Springer Nature 2020
C. Stummeyer und B. Köber (Hrsg.), *Amazon für Entscheider,*
https://doi.org/10.1007/978-3-658-27427-6_13

Vertriebs- und Lieferketten samt den etablierten Lieferantenstrukturen an. Amazon Business erschließt die elektronische Beschaffung von Geschäftskunden aller Branchen als neues Geschäftsfeld. Ähnlich wie im Privatkundengeschäft bedeutet dies, dass Amazon sich an die Schnittstelle zwischen Kunden und Lieferanten schiebt und zukünftig die B2B-Kundenbeziehung besitzen will. Hersteller und Händler müssen sich damit beschäftigen, mit welcher Strategie man dieser neuen Herausforderung begegnen kann, um nicht darunter zu leiden und im besten Fall davon zu profitieren.

13.1 Hintergrund

Bereits 2005 akquirierte Amazon mit Smallparts.com einen Online-Shop für Ersatz- und C-Teile, wie z. B. Schrauben, Muttern oder Unterlegscheiben. Die Akquisition wurde zunächst für mehrere Jahre „liegen gelassen", unter eigenem Namen vertrieb das Unternehmen zunächst weiter über seine eigene Website. Im Jahr 2012 ging jedoch in den USA das neugeschaffene Amazon Supply aus Smallparts.com hervor. Zum Start bot Amazon ein B2B-spezifisches Sortiment aus ca. 500.000 Artikeln, darüber hinaus ansprechende Konditionen wie Gratislieferung und ein einjähriges Rückgaberecht (O'Connor 2014). Es war Amazons Start, den sich von analogen in digitale Kanäle verschiebenden B2B-Umsatz vorzunehmen. Anders als bei der erdrutschartigen Entwicklung im Privatkundenbereich (B2C) fiel die Resonanz von Geschäftskunden verhalten aus. Die Kunden-Lieferanten-Beziehung im B2B-Kontext ist deutlich stabiler, als dass ein neues, digital verfügbares Angebot diese einfach aufbrechen könnte. Bestehende Lieferverträge, individuell vereinbarte Konditionen oder die bestehende Integration der Warenwirtschaftssysteme von Kunde und Lieferant sorgten auch bei Amazon dafür, dass man mit Amazon Supply sicher Erfahrungen sammeln konnte, jedoch eher mit Bedacht als mit vollem Risiko die personellen und technologischen B2B-Kapazitäten ausbauen konnte (siehe Abb. 13.1).

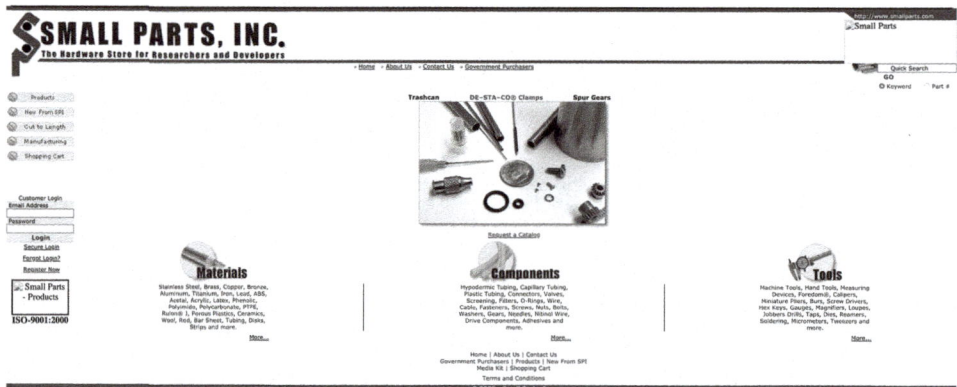

Abb. 13.1 Die Startseite von Smallparts.com am 16.02.2005. (Screenshot, Quelle: https://web.archive.org/web/20050301000000*/smallparts.com)

Drei Jahre später, im April 2015, erfuhr Amazon Supply einen Relaunch und wurde als Amazon Business neu im Markt lanciert. Das Sortiment wurde zu diesem Zeitpunkt in den USA bereits auf 2,5 Mio. Artikel ausgebaut. Neben Amazon sind auch Dritte als Marktplatzhändler auf Amazon Business aktiv. Für Amazon stellt sich somit ab diesem Zeitpunkt der gleiche Effekt ein, der auch schon bei der B2C-Plattform für exponentielles Wachstum gesorgt hat: Die Dritthändler erweitern das Sortiment über den Marktplatz massiv. Sie leisten somit einen positiven Beitrag zum Kundenerlebnis, das wiederum mehr Kunden anzieht. Durch die steigende Kundenzahl steigt die Attraktivität der Plattform für weitere Dritthändler, ihre Anzahl erhöht sich. Durch das Wachstum entstehen nicht nur attraktivere Preise für Kunden durch mehr Wettbewerb, auch Skaleneffekte für Amazon sorgen dafür, dass Kosten und Preise gedrückt werden können (siehe hierzu auch Abschn. 1.1.3 zum Amazon Flywheel).

Im ersten Jahr von Amazon Business erwirtschaftete die B2B-Plattform einen Außenumsatz von einer Milliarde US-Dollar. Im Jahr 2018 vermeldete Amazon, dass Amazon Business bereits 10 Mrd. US$ Außenumsatz generiert. Zu den Kunden gehörten zu diesem Zeitpunkt schon 55 % der Fortune-100-Firmen (Kim 2018). Eine Verzehnfachung in drei Jahren, Wachstum ganz nach dem Geschmack des Amazon-Gründers Jeff Bezos. Prentis Wilson, 2016 verantwortlich für Amazon Business in den USA, sagte bei einer Gerichtsverhandlung zur geplanten Fusion der Büroartikelhändler Staples und Office Depot, B2B habe „höchste Priorität" für Amazon (Kim 2016). Einige Branchenanalysten in den USA und Europa gehen davon aus, dass Amazon Business langfristig das Potenzial hat, das Kernsegment des B2C-Onlinehandels zu überholen (Kim 2018).

Im Jahr 2016 folgte der Launch von Amazon Business in Deutschland. Folgende Pressemitteilung lancierte Amazon Business am 06. Dezember 2016:

> „Amazon hat heute den Start von Amazon Business (www.amazon.de/business) bekannt-gegeben, einem neuen Service für gewerbliche Kunden auf Amazon.de. Händler können ihren Umsatz steigern, indem sie dort Geschäftskunden jeglicher Art und Größe erreichen – von kleinen Firmen bis zum großen internationalen Unternehmen, von Universitäten und Krankenhäusern bis zu Behörden und gemeinnützigen Organisationen."

Mittlerweile gehören auch DAX-Konzerne zu den Kunden von Amazon Business. Über Deutschland hinaus launchte Amazon Business seit 2017 zudem auch in Großbritannien, Spanien, Frankreich, Italien, Indien und Japan. Amazon Business macht also Ernst, einen Großteil der steigenden B2B-Digitalumsätze bei sich zu vereinen. Mit sehr spezifischen Funktionalitäten für Geschäftskunden und deren Lieferanten gespickt zieht das Unternehmen nun die Zügel an (siehe Abb. 13.2).

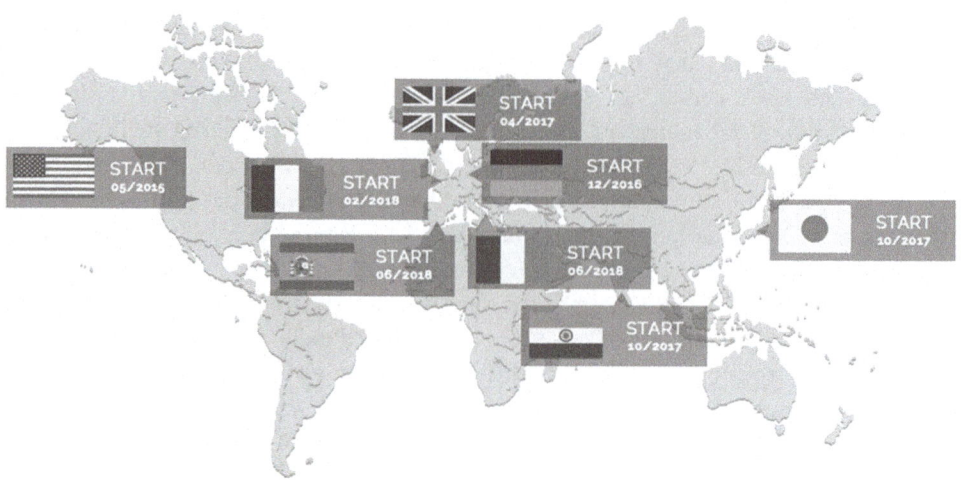

Abb. 13.2 Amazon Business globaler Fußabdruck. (Quelle: eigene Darstellung)

13.2 Amazon und der B2B-Handel

Als Amazon vor über 25 Jahren damit startete, den Buchhandel in den USA neu zu denken, konnte sich kaum ein Buchhändler vorstellen, dass dieses Unternehmen einmal sein Geschäft nachhaltig verändern würde. Gleiches galt bald für die Anbieter von Musik, gefolgt von Consumer-Electronics-Händlern. Der Unterschied zwischen Büchern, Musik oder TV-Geräten und „B2B-Handel" ist, dass es sich dabei einerseits um einzelne Produktkategorien handelt, andererseits um einen Meta-Sammelbegriff, der für eine Vielzahl an unterschiedlichen Branchen, mehrstufigen Handelsstrukturen und vielen kleinen und größeren Nischen handelt. Die Parallele kann jedoch immer dann gezogen werden, wenn Händler aus B2B-Segmenten sich heute nicht vorstellen können, dass Ihre Produkte im großen Stil über die Plattform Amazon Business gehandelt werden könnten – ähnlich wie die US-Buchhändler Mitte und Ende der neunziger Jahre.

Die Wertschöpfungskette des B2B-Handels lässt sich nicht eindeutig für alle Branchen beschreiben. Ein Modell kann jedoch trotzdem zur Verallgemeinerung herangezogen werden (siehe Abb. 13.3):

Betrachtet man nun die bereits bestehende Integration von Amazon Business in dieser Wertschöpfungskette, wird klar, wo Amazon den Hebel bereits angesetzt hat (Siehe Abb. 13.4).

Hierbei wird insbesondere deutlich, dass Amazon Business den zwei- bzw. dreistufigen Handelsmechanismus Großhandel – Fachhandel – Kunde bereits besetzt und insbesondere den Groß- und Fachhandel attackiert. Mit Amazon Basic Produkten und Amazon Commercial Produkten hat sich Amazon zudem in einer herstellerähnlichen Rolle durch Eigenmarken noch vor den eigentlichen Absatzkanälen des Handels platziert (Sloane 2019). Die Handelsinfrastruktur, die im Hintergrund aufgebaut wird, vor allem die unterstützenden Bereiche der Finanzierung, Logistik und Technologie, sind weitere klassische Handelsfunktionen, die Amazon und Amazon Business sich einverleiben.

Wertschöpfungskette im B2B-Handel

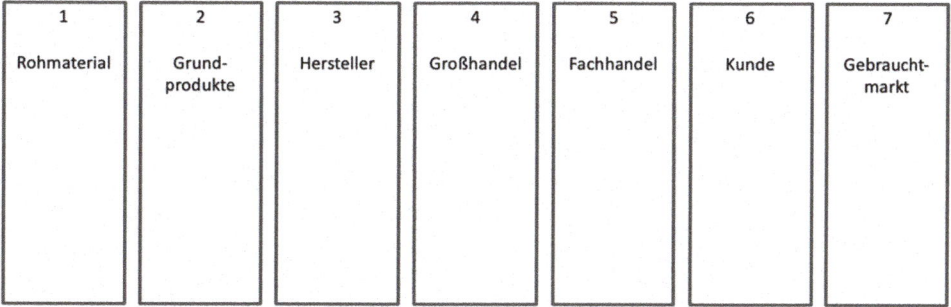

Abb. 13.3 Schematische Darstellung der Wertschöpfungskette im B2B-Handel. (Eigene Darstellung)

Wertschöpfungskette im B2B-Handel

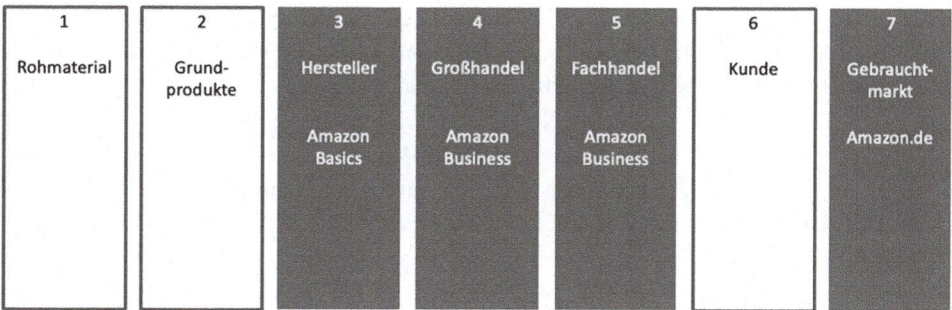

Abb. 13.4 Bereits von Amazon Business bzw. Amazon in B2B-Wertschöpfungsketten besetzte Teile

13.3 Status Quo im deutschen B2B-Online-Markt

Verlässliche Zahlen zum deutschen B2B-Online-Markt zu bekommen, ist schwierig. Die Unternehmensberatung Arthur D. Little schätzte im Jahr 2017 den B2B-Online-Umsatz auf 46 Mrd. EUR (Pech 2017). Auf ungefähr 1300 Mrd. EUR wird das Umsatzvolumen im B2B-Online-Handel im Jahr 2018 geschätzt (IFH 2019). Dies entspricht einem Anstieg von 430 Mrd. EUR seit 2012 und einem durchschnittlichen Wachstum von 6 % pro Jahr. Teilt man den B2B-Digitalmarkt in die verschiedenen Auftragserlangungsarten ein, kann man ihn grob in E-Procurement und E-Commerce schneiden. Unter E-Procurement versteht man zusammengefasst alle elektronischen Datenschnittstellen, mit der Warenwirtschaftssysteme von Kunden und Lieferanten verbunden werden, um Bestellungen auf ein höchstmögliches Maß zu digitalisieren, beschleunigen und zu vereinfachen. Unter E-Commerce können alle grafischen Schnittstellen zusammengefasst werden, wie Apps, Online-Shops oder Marktplätze. Auch haptische Schnittstellen, wie z. B. Bestellknöpfe (wie der

Amazon Dash Button, siehe Abschn. 1.4.4), fallen hierunter. Diese Definition ist jedoch fließend und kann sich im Einzelfall immer unterscheiden.

Anhand der Zahlen des IFH Köln lässt sich im Vergleich von 2012 zu 2018 feststellen, dass die 430 Mrd. EUR Transaktionsvolumen, die dazugekommen sind, neben der forcierten Abwicklung von Bestellungen über E-Procurement auch aus der gesteigerten Nutzung von E-Commerce, z. B. Online-Shops oder Marktplätzen, stammen. Dieser Bereich wächst seit 2012 jährlich um durchschnittlich 15 %. Der B2B-Online-Markt wächst also kontinuierlich. Unternehmen, die in diesem Kontext deutlich unter 6 % digitale Umsatzzuwächse bzw. unter 15 % E-Commerce-Umsatzzuwächse pro Jahr verzeichnen, verlieren wahrscheinlich Marktanteile. Verschärfend kommt hinzu, dass der Löwenanteil des digitalen Wachstums ein Resultat der Bestellkanalverschiebung von analogen zu digitalen Kanälen ist.

Die Entwicklung aus der B2B-Kundenperspektive

Aus der Kundenperspektive betrachtet ist für viele Unternehmen eine Umstellung der operativen Beschaffung und Disposition auf digitale Kanäle sinnvoll. Die Digitalisierung des Einkaufs ist eines der wichtigsten Themen, das Einkaufsverantwortliche in Unternehmen unterschiedlicher Größe gerade umtreibt. Insbesondere die Transaktion kann mittlerweile in vielen B2B-Branchen problemlos in digitale Kanäle verlagert werden. Dass dies für Unternehmen Sinn macht hat unterschiedliche Gründe, z. B.:

- Digitale Einkaufssysteme erhöhen die Transparenz über Einkaufspreise um ein Vielfaches (egal, ob über das eigene Warenwirtschaftssystem oder einen Online-Shop bestellt wird).
- Digitale Plattformen ermöglichen einen deutlich schnelleren Preis-Leistungs-Vergleich über mehrere Lieferanten hinweg und helfen, Lieferanten zu konsolidieren.
- Elektronische Datenschnittstellen zwischen Einkauf und Lieferanten ermöglichen hohe Automatisierung des operativen Bestellprozesses und führen zu Prozesskostenreduktion.

Auch über die reine Transaktion hinaus sind die Kundenbeziehungen zwischen B2B-Kunden und ihren Lieferanten mittlerweile in der digitalen Welt angekommen. Zwar sind langjährige Geschäftsbeziehungen mit persönlicher Basis etwas anderes als eine kurzlebige Verbindung von Endkonsumenten und Händlern, doch ein entscheidender Teil der sogenannten Customer Journey wird sich zukünftig auch in B2B-Beziehungen in der digitalen Welt abspielen. In der Vergangenheit dominierten die analogen Vertriebskanäle, die nach und nach auch um die eigentliche Transaktionsphase von digitalen Kanälen abgelöst werden.

Viele der etablierten Anbieter im B2B-Handel haben es in den Jahren seit 2011 nicht geschafft, ihre digitalen Vertriebs- und vertriebsunterstützenden Kanäle so aufzustellen, dass sie vom Wunsch der Kunden nach mehr Online-Beschaffung profitieren können. Nach wie vor kann man deshalb in einem Großteil der B2B-Märkte von digital unterversorgten Märkten sprechen, in denen das digitale Angebot den Kundenanforderungen, unabhängig davon, ob diese schon explizit zum Ausdruck gekommen sind, nachhinkt. Kein Wunder also, dass Amazon Business in den vergangenen Jahren zu einer wahrnehmbaren Größe in digitalen B2B-Handel avanciert ist. Egal ob bei E-Procurement- oder E-Commerce-Lösungen: Amazon Business bearbeitet die B2B-Kunden an allen Ecken und Enden.

13.4   Der Amazon Business Ansatz

Amazon hat das Potenzial im Handel mit Geschäftskunden längst erkannt. Dies ist ein Teil der Erklärung, warum Amazon viele Ressourcen in den schnellen Auf- und Ausbau von Amazon Business steckt. Die Vorbedingungen könnten für Amazon Business kaum besser sein. Über die bisherige Tätigkeit im B2C-Onlinegeschäft existieren alleine in Deutschland zehn- bzw. hunderttausende bestehende Beziehungen zu Geschäftskunden, z. B. den Händlern, die bereits auf Amazons Marktplatz als Verkäufer tätig sind. Außerdem haben auch vor Amazon Business bereits viele Geschäftskunden Amazon für ihre geschäftlichen Einkäufe genutzt – sie waren das hohe Servicelevel bereits als Privatkunden gewohnt. Amazon hat zur Einführung von Amazon Business in Deutschland nicht zuletzt deshalb vielen Privatkunden angeboten, ihren Amazon-Account in einen Amazon-Business-Account umwandeln zu können. Dazu kommt, dass Amazon ein absolutes Expertenunternehmen im Aufbau von Marktplatzkonzepten ist. Im B2B-Handel ist dies auch nötig, denn ein reiner Online-Shop wäre wohl mit den vielen Produkten aus vielen Branchen massiv überfordert. Auch könnte ein Unternehmen allein diese Sortimente physisch nur sehr schwer und extrem kostenintensiv aufbauen. Über den Amazon Marktplatz kann Amazon durch Hinzunahme neuer Händler sein Sortiment schnell erweitern, was ihn für die Kunden immer attraktiver macht.

13.4.1 Amazons Marktbearbeitungsstrategie

Das Marktplatzkonzept gab es im B2B-Onlinehandel bereits vor Amazon Business. Einer der wesentlichen Unterschiede ist jedoch, dass Amazon die technologischen Ressourcen und finanziellen Mittel besitzt, dieses Konzept so weiter auszubauen und zu entwickeln, dass unter dem Strich die geschäftliche Beschaffung so effizient und effektiv ist, dass Amazon Business zum Standard für B2B-Handel im Internet wird. Als Plattform verkauft Amazon zwar letztlich nicht jedes Produkt selbst, doch besitzt Amazon Business immer den Kundenzugang und kann diesen gegen Gebühr an den Händler „vermieten".

Doch Amazon Business ist nicht nur ein Online-Marktplatz, auf dem kleinere Geschäftskunden Produkte kaufen können. Seit dem Start hat sich das Unternehmen als übergreifende Beschaffungslösung für den sog. „Longtail" positioniert. Der Longtail in der Beschaffung besteht aus einer Vielzahl an Artikeln, die selten oder sehr unregelmäßig beschafft werden und für die es oft keinen strategischen Lieferanten gibt. Anders als der „Shorttail", das vordere Ende des Schwanzes, treiben hier vor allem die Prozesskosten der Beschaffung die Kosten in die Höhe, weniger die einzelnen Produktpreise.

Mit der großen Anzahl an Produkten auf der Plattform ist diese Positionierung für Amazon Business zum Start ideal. Prozess-Know-how spielt dabei eine größere Rolle als Produkt-Know-how und ist für Amazon deutlich einfacher aufzubringen bzw. zu entwickeln (siehe Abb. 13.5).

Bei der Bearbeitung von Geschäftskunden verlässt sich Amazon nicht nur auf digitales Marketing. Die absolute Kundenzentrierung, das wichtigste Element der Amazon-Philosophie, hat bei Amazon Business dazu geführt, dass für die weitaus komplexeren Prozesse in der Akquisition und Bindung von B2B-Kunden auch andere Mittel zum Einsatz kommen. So wurden in Deutschland, wie auch in allen anderen Ländern, in denen Amazon Business vertreten ist, ganze Vertriebsteams aufgebaut. In denen sind Rollen wie Key-Account-Manager für Mittelständler oder Konzerne und Vertriebsinnendienstmitarbeiter vertreten. Amazon verlässt sich nicht allein auf die Erfahrung aus über 25 Jahren Privatkunden-Onlinehandel, wie folgendes Zitat aus einer ehemaligen Stellenanzeige für Amazon Business zeigt:

> „Da unsere B2B Kunden völlig andere Bedürfnisse als traditionelle Amazon Kunden haben, müssen wir alles überdenken – von der Art, wie wir unsere Produkte darstellen, über unsere Preisgestaltung bis hin zur Schaffung der richtigen Einkaufserlebnisse."

Insbesondere dort, wo die Beschaffung strategischen Überlegungen folgt, im Mittelstand und in Konzernen, möchte Amazon Business seine Position deutlich ausbauen. Dort spielen Themen wie Lieferanten-Konsolidierung, Optimierung von Einkaufsprozessen, Lagerbestandsabbau, elektronische Ausschreibungen und Tender sowie E-Procurement-Anbindungen eine Rolle. Allerdings werden große Unternehmen es sich sehr genau überlegen, ob sie nicht doch lieber mehrere Lieferantenbeziehungen unterhalten wollen, als Großteile ihres Bedarfs in die Hände von Amazon Business als alleinigem Lieferant zu legen. Die strategischen Einkaufsverantwortlichen in mittelständischen und großen

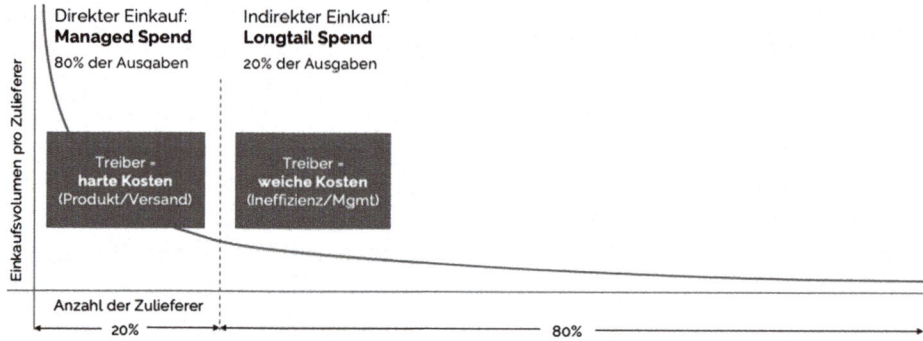

Abb. 13.5 Modell zur Aufteilung der Bedarfsstruktur in Unternehmen. (Quelle: eigene Darstellung)

Unternehmen haben schließlich noch andere Kriterien als den Produktpreis oder die Prozesskosten, um die Beschaffung sicherzustellen.

Ist der Zugang zu diesen Unternehmen jedoch einmal gelegt, kann die Amazon Business-Maschine anrollen. Eine elektronische Datenschnittstelle anzubinden stellte Amazon schon vor Amazon Business nicht vor allzu große Herausforderungen. Hier hat das Unternehmen seinen Mitbewerbern aus der traditionellen B2B-Handelswelt sogar schon etwas voraus: Kunden können im Selbstservice unter Anleitung die Schnittstelle zu ihrem Warenwirtschafts- oder Einkaufssystem selbst konfigurieren, testen und freischalten.

13.4.2 Amazon Business Funktionsumfang und B2B-Leistungsfähigkeit

Durch die steigende Bedeutung von B2B-Kunden für Amazon entwickelt das Unternehmen Amazon Business ständig weiter. Über die Jahre sind einige Funktionalitäten zusammengekommen, die einen hohen Standard eines B2B-Online-Handelsgeschäftes darstellen. Im Folgenden daher ein kurzer Überblick über sieben wichtige Technik- und Servicefunktionen der Amazon Business Plattform:

- **Multi-Seller-Marktplatz:** Jedes Produkt kann mehrere Anbieter haben, die ihren Preis selbst festlegen können. Durch die Preistransparenz entsteht so größerer Wettbewerb und bessere Preise für die Kunden
- **Flexible Auspreisung:** Verkäufer können Preise speziell für Amazon-Business-Kunden anpassen, was ihnen z. B. Rabatte gegenüber dem Privatkundengeschäft ermöglicht. Darüber hinaus können Mengenrabatte vergeben werden oder individuelle Preise eingespielt werden.
- **Geschäftskunden-Konto:** Mit diesem speziellen Amazon Account können eine Vielzahl an Einkaufsprozessen der Kunden verwaltet werden. Mehrere Nutzer können innerhalb eines Unternehmens auf ein Konto zugreifen, Administratoren können Rollen und Rechte vergeben, um so z. B. den Freigabefluss von Bestellungen anhand von Warenkorbgrößen etc. zu steuern.
- **Einkaufssystemintegration:** Große Einkaufssysteme, wie Ariba, Coupa, Oracle iProcure oder SAP Supplier Relation Management sind bereits an Amazon Business angebunden. Kunden, die diese Systeme für ihren Einkauf nutzen, können Amazon Business unkompliziert und kostenfrei dazuschalten.
- **Versandkostenfreiheit und schnelle Lieferung:** Mit Amazon Business Prime sind Versandkosten mit einer jährlichen Pauschale abgegolten, die von der Anzahl der Besteller abhängt. Wer diese Pauschale in Anspruch nimmt, erhält auch kostenlose 24-Stunden-Expresslieferungen.
- **Account-Registrierung:** Die Registrierung eines Geschäftskontos läuft rein digital und ist innerhalb weniger Minuten abgeschlossen. Ab dann können Geschäftskunden Bestellungen tätigen, auch auf Rechnung
- **Kauf auf Rechnung:** Im Standard bietet Amazon Business seinen Kunden ein Zahlungsziel von 30 Tagen.

Darüber hinaus gewährleistet Amazon durch einen sehr strikten Kriterienkatalog für Verkäufer, dass auf Amazon Business nur diejenigen anbieten können, die die Mindestkriterien wie Liefersicherheit für B2B-Kunden auch nachhaltig erfüllen. Zu den Kriterien gehört

- Stornorate von unter 1 % vor Versand
- unter 0,5 % Retouren
- pünktliche Auslieferung bei 98 % der Bestellungen
- Trackingmöglichkeit für alle Business-Bestellungen
- Möglichkeit der Übernahme von Kunden-Auftragsnummern auf den Lieferdokumenten

Die Leistungsfähigkeit der Logistik Amazons ist fast schon legendär. Auch im B2B ist das Thema Same-Day-Delivery relevant und für Amazon keine Zukunftsmusik mehr. Bei Amazon ist Same-Day-Belieferung mittlerweile in 19 Städten verfügbar, dazu dem gesamten Ruhrgebiet. Damit erreicht Amazon ca. 19 % aller deutschen Bürger – und entsprechend auch einen Großteil der deutschen Wirtschaft und seiner B2B-Kunden.

13.5   Risiken und Chancen für Händler und Hersteller

Viele B2B-Hersteller, -Marken und -Händler beschäftigen sich mit der Frage, ob Amazon für sie eher ein Segen oder doch ein Fluch sein könnte. Noch funktionieren in vielen Branchen, wie dem Elektrogroßhandel, dem Werkzeughandel oder dem Sanitärgroßhandel die mehrstufigen Vertriebsstufen. Doch die möglichen Auswirkungen von Amazon Business auf die bestehende B2B-Handelslandschaft könnten gravierend sein. Ähnlich wie im Privatkundengeschäft droht Amazon, sich in der Handelswertschöpfungskette breit zu machen, wie folgendes Beispiel in Abb. 13.6 zeigt:

Schon heute kann Amazon überall dort, wo Standardprodukte vertrieben werden, ein breites Sortiment anbieten. Egal ob bei direkten Materialen, wie Rohstoffe oder Vormaterialien, z. B. Aluminiumprofile, oder bei indirekten Materialen, wie Werkzeugen. Das Sortiment wächst stetig, sowohl über Marktplatzhändler, als auch über den Amazon-Eigenhandel.

Amazon treibt die Digitalisierung des B2B-Handels weiter voran. Etablierte Anbieter aus der analogen Welt werden zukünftig noch mehr dafür tun müssen, um Schritt halten zu können. Die Qualität des gesamten digitalen Angebots am Markt dürfte sich aus Kundensicht dadurch verbessern. Für Hersteller ergeben sich daraus einige Chancen, deren Nutzung ein relevanter Aspekt einer digitalen Vertriebsstrategie darstellen kann:

- Über das aktive Bespielen von Amazon Business, egal in welchem Modell (Vendor, Seller oder über Drittanbieter wie z. B. Broker), können Umsatzanteile, die im klassischen, analogen Handel verloren gehen, wieder zurückgewonnen werden.
- Durch die steigende Reichweite von Amazon Business können zusätzliche, digitale Wachstumspotenziale erschlossen werden, z. B. über eine Expansion „Digital First" in ein Land, in dem man bislang mit seinen Produkten nicht vertreten ist.

Die von Amazon betriebene **Disintermediation** wird weiter voranschreiten und auch im B2B ihre Auswirkungen haben

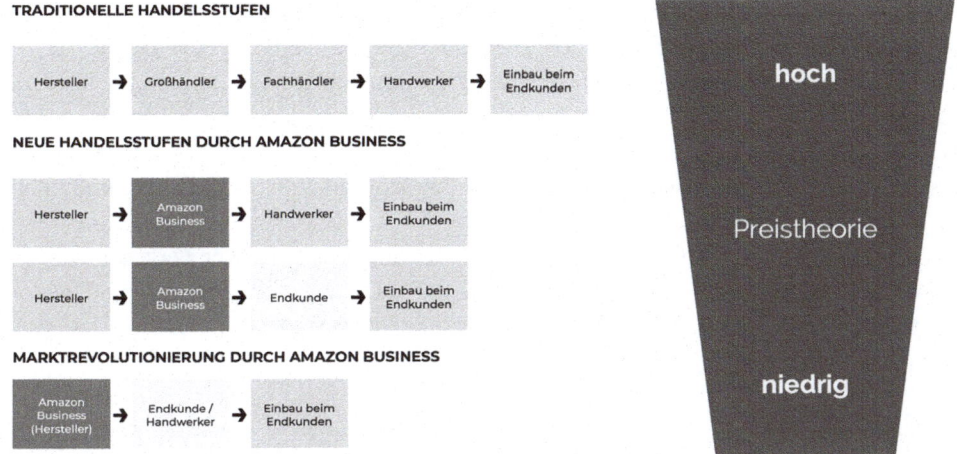

Abb. 13.6 Szenario zur wertschöpfungskettenübergreifenden Wirkungsweise von Amazon im B2B. (Quelle: eigene Darstellung in Anlehnung an Paul (2018, S. 59))

- Marken, die bislang beim Fachhandel eher eine untergeordnete Rolle in ihrem Produktsegment gespielt haben, können sich über Amazon Business selbstständiger und aktiver bei potenziellen Kunden platzieren und positionieren.
- Marken, die bereits eine starke Position im Markt besitzen, können über Amazon diese Vormachstellung erhalten und weiter ausbauen.
- Neue Marken können schneller am Markt platziert werden, indem sie über Amazon einer breiten Käuferschicht sehr schnell und zielgerichtet zugänglich gemacht werden – gleiches gilt für speziell auf den Online-Vertrieb ausgerichtete Sortimente etablierter Marken.

Doch auch die Risiken sind für Hersteller und Marken von B2B Produkten nicht zu unterschätzen. Allen voran steht dabei das Risiko, die bestehenden Vertriebskanäle, in der Regel Groß- und Fachhandel, über eine allzu offensive Amazon-Strategie zu verärgern. Weitere Risiken stellen insbesondere folgende Faktoren dar:

- Egal in welcher Form Amazon Business zum Vertrieb genutzt wird, der Kundenzugang ist stark limitiert. Es ist nahezu unmöglich, auf Amazon generierte Neukunden auch in anderen Vertriebskanälen, z. B. durch einen Außendienstbesuch, weiter zu entwickeln.
- Die Transparenz über das Marktpreisgefüge in B2B-Segmenten wird durch Amazon weiter erhöht, wodurch z. B. bestehende Preisgefüge von Herstellern ins Wanken geraten, da sie auf diese Transparenz teilweise nicht ausgelegt sind.

- Die Transparenz über Produkte und Qualität erhöht sich, wodurch z. B. alteingesessene, eher hochpreisige Marken insbesondere über Amazon-Kundenbewertungen direkt mit niederpreisigen No-Name-Produkten vergleich- und austauschbar werden.
- Die steigende Transparenz über Preis und Produkt erhöht den Druck auf die Profitabilität, da bislang erzielbare Preis-Premiums nicht mehr weiter erzielt werden können.
- Mit steigender Relevanz von Amazon Business erhöht sich die Gefahr, langfristig von diesem Umsatz und somit auch von Amazon als Abnehmer bzw. Drehscheibe abhängig zu werden.
- Markenartikel, die besonders gut verkauft werden, wurden in der Vergangenheit von Amazon gerne selbst als Eigenmarke auf den Markt gebracht, dieses Vorgehen zeigt sich auch im B2B, z. B. mit der von Amazon extra gestarteten Produktmarke „Amazon Commercial" in den USA.

Als Hersteller benötigt man daher definitiv eine dedizierte Strategie zur Marktbearbeitung mit Amazon. Je nach aktuellen Vertriebskontext, Marktposition etc. muss diese individuell entwickelt werden und besitzt mehrere Dimensionen (siehe hierzu auch Kap. 4 von Ralph Hübner). Doch auch für B2B-Händler birgt Amazon Business Chancen und Risiken, die es abzuwägen gilt. Auch für Händler liegen die Chancen insbesondere darin, die steigende Reichweite und Relevanz von Amazon Business einfach „mitzunehmen" und in einem wachsenden Teil des Marktes einfach mitzuwachsen, da der Wettbewerb auf Amazon Business zwar vorhanden, jedoch noch nicht so groß wie im analogen Teil des Marktes ist. Gerade für kleinere und somit wendigere Nischenhändler kann Amazon einen schnellen Weg zu mehr Kunden bieten. Entgegen dem Trend der Generalisierung können Händler über einen Multiplikator wie Amazon Business auch zum digitalen „Category Killer" werden und eine oder wenige verwandte Produktkategorien digital beherrschen. Dazu müssen Händler bereit sein, sich stärker vertikal in der Wertschöpfungskette einzubringen und z. B. eigene Produktmarken entwickeln, die sie als Private Label Produkte unter eigener Marke produzieren lassen. Gleichzeitig entsteht so jedoch auch das Risiko, in Konkurrenz zu den Herstellern und eigenen Lieferanten zu treten. Darüber hinaus können in breiten B2B-Sortimenten mit verhältnismäßig wenigen Top-Sellern und vielen Artikeln, die sich eher langsam drehen, Händler mit der Velocity-Strategie erfolgreich sein, indem sie preisaggressiv bei den Top-Sellern, um die in der Regel ein hoher Wettbewerb herrscht, vorgehen. Das Randsortiment mit vielen sich langsam drehenden Artikeln ist in der Regel weniger preissensibel und unterliegt schwächerem Wettbewerb, womit hier auch noch längerfristig „gesündere" Margen zu erzielen sind. Die Profit-Velocity in den Randsortimenten gleicht die Profit-Breaks in den hart umkämpften Kernsortimenten idealerweise aus.

Die Risiken für Händler bestehen vor allem darin, als Anbieter auf der Plattform austauschbar zu werden. Täglich müssen Händler, auch auf Amazon Business, um Verkäufe ringen. Je eher das angebotene Produkt austauschbar ist und je mehr Anbieter, desto härter der Wettbewerb. Schneller noch als Hersteller bekommen Händler die Erosion der

Preise und Margen zu spüren. Dem kann ein Händler z. B. entgegenwirken, indem er seine Infrastruktur kostenfokussiert auf den Marktplatzhandel über Amazon Business ausrichtet, was jedoch unter den Gesichtspunkten des steigenden Wettbewerbs auf der Plattform zu steigenden Investitions- und Amortisationsrisiken führt. Das größte Risiko besteht für Amazon-Händler auch im B2B jedoch in Amazon selbst. Artikel, die gut verkauft werden, nimmt Amazon gerne kurzfristig in sein eigenes Angebot auf und sticht in der Regel viele Marktplatz-Anbieter aus.

13.6   Fazit

Das Thema Amazon Business ist keinesfalls eine abgeschlossene Entwicklung. Als Marktteilnehmer, egal ob Hersteller, Händler oder gar Kunde, sollte man an der Entwicklung dranbleiben, um sie zu kennen und ihre Auswirkungen auf das eigene Geschäft interpretieren zu können. Grundsätzlich lässt sich wenig wissenschaftlich über die Entwicklung von Amazon Business ableiten, dafür aber umso mehr aus der Erfahrung und Beobachtung erkennen. Die wichtigsten elf Punkte sind im Folgenden zusammengefasst:

- **Amazon erobert den B2B-Handel online:** Spätestens seit 2011 arbeitet Amazon intensiv im globalen Kontext am Aufbau einer Infrastruktur für Geschäftskunden.
- **Amazon Business ist die Top-Priorität für das Unternehmen:** Die Marktbearbeitung erfolgt mit großem Aufwand und ist wichtiger Wachstumsfaktor des US-Konzerns.
- **Amazon kann seine Stärken im B2B optimal nutzen:** Bereits vor Amazon Business hat Amazon eine weitläufige Handelsinfrastruktur geschaffen und Reichweite im B2B erzielt.
- **Amazon Business ist kein „Add-On", sondern ein neues Geschäftsmodell:** Die Unterschiede zwischen B2C und B2B sind Amazon bewusst und werden wahrgenommen.
- **Amazon setzt neue Standards im B2B-E-Commerce:** Mit seinen Funktionalitäten hat Amazon Business Herausforderungen gelöst, die etablierte Anbieter noch nicht gelöst haben.
- **Amazon spricht Kunden in allen B2B-Segmenten an:** Sowohl aus Sortiments- als auch aus Vertriebssicht lässt Amazon erkennen, dass es vor keinem Segment haltmacht.
- **Amazon Business ist kein reiner Online-Shop:** Durch den Aufbau dedizierter Vertriebs- und Kundenteams zeigt Amazon, dass man verstanden hat, wie im B2B verkauft wird.
- **Amazon Business wirkt in vielen B2B-Wertschöpfungsstufen:** In vielen Branchen hat Amazon das Potenzial, Handelsstufen zu ersetzen und von Produktion bis Vertrieb zu wirken.

- **Amazons Logistik ist B2B-leistungsfähig:** Sowohl im globalen als auch im europäischen Kontext setzt Amazon auch im B2B Standards für Lieferdauer, Verfügbarkeit etc.
- **Amazon Business verschiebt die Marktmacht zugunsten der Hersteller:** Der Produktzugang wird durch Amazon Business unlimitierter und demokratischer.
- **Amazon Business setzt klassische Händler unter Druck:** Der reine Handel mit Produkten wird für Händler zukünftig immer schwerer werden, Services gewinnen an Bedeutung.

Literatur

IFH Köln. (2019). Pressemitteilung: B2B-E-Commerce wächst auf 1300 Milliarden Euro Umsatz. https://www.ifhkoeln.de/pressemitteilungen/details/b2b-e-commerce-waechst-auf-1300-milliarden-euro-umsatz/. Zugegriffen: 1. Sept. 2019.

Kim, E. (2016). Court documents show Amazon's secret ambition to take over the industrial and office supply market in 3 years. https://www.businessinsider.de/amazon-business-top-priority-court-documents-2016-9?r=US&IR=T. Zugegriffen: 1. Sept. 2019.

Kim, E. (2018). After less than four years, Amazon's business supplies site is on pace to pass $ 10 billion a year. https://www.cnbc.com/2018/09/11/amazon-business-on-pace-to-pass-10-billion-in-sales.html. Zugegriffen: 1. Sept. 2019.

O'Connor, C. (2014). Amazon's Wholesale Slaughter: Jeff Bezos' $8 Trillion B2B Bet. http://www.forbes.com/sites/clareoconnor/2014/05/07/amazons-wholesale-slaughter-jeff-bezos-8-trillion-b2b-bet/#e1d540627bec. Zugegriffen: 1. Sept. 2019.

Paul, L. (2018). Die Amazon-Welle trifft auf Land. In N. Urbach (Hrsg.), *Knut means Business. Schrauben, Werkzeug, Laborbedarf. Amazon knöpft sich den B2B Markt vor und will unbedingt gewinnen.* Etribes: Hamburg.

Pech, C. (2017). B2B-E-Commerce: Bis 2019 etwa 46 Milliarden Euro schwer. https://www.onlinehaendler-news.de/online-handel/haendler/28478-b2b-e-commerce-2019-46-milliarden. Zugegriffen: 1. Sept. 2019.

Sloane, G. (2019). Amazon quietly launches Amazon Commercial, a private lable for business customers. https://adage.com/article/digital/amazon-quietly-launches-amazoncommercial-private-label-business-customers/2187666. Zugegriffen: 1. Sept. 2019.

Lennart A. Paul, Jahrgang 1988, sammelte bereits über 10 Jahre praktische Erfahrung mit der Digitalisierung des B2B-Handels und der Kundenbeziehung. 2016 gründete er warenausgang.com, einen Blog, auf dem er über aktuelle Entwicklungen, Trends, Strategien und Start-ups aus dem B2B-Digitalbereich schreibt. Neue Geschäftsmodelle im B2B Digital Commerce haben es ihm besonders angetan. Darüber hinaus hält er Vorträge zu diesem Thema, berät Unternehmen und ist selbst als Unternehmer im B2B-Digitalbereich tätig. Er ist davon überzeugt, dass im B2B-Digital Commerce ein neues Zeitalter anbricht und Amazon seinen Teil dazu beiträgt.

Produkt- und Markenschutz auf Amazon

14

Jochen Schäfer

Inhaltsverzeichnis

Zusammenfassung

Amazon wächst überproportional stark, demgegenüber zeigt der Produkt- und Markenschutz nach wie vor Defizite. Das im März 2019 gestartete Projekt Zero weist strukturelle Schwachstellen auf, ob damit tatsächlich der seitens Amazon erhobene und mehr als ambitionierte Anspruch realisiert werden wird, die Zahl der illegalen Offerten und Fälschungen auf der Plattform im Internet zügig auf Null („Zero") reduzieren zu wollen, muss zumindest mit einem Fragezeichen versehen werden. Der Verfasser dieses Kapitels setzt sich intensiv mit dieser Thematik auseinander. Darüber hinaus geht er auch auf die spezielle Form des selektiven Vertriebs ein, inwieweit dieser für Markenartikelhersteller und auch marktstarke und marktbeherrschende Unternehmen eine Option sein kann, in gesetzlich zulässiger Weise in Deutschland

J. Schäfer (✉)
Kanzlei Dr. Schäfer, Zorneding, Deutschland
E-Mail: sj@sjlegal.de

© Springer Fachmedien Wiesbaden GmbH, ein Teil von Springer Nature 2020
C. Stummeyer und B. Köber (Hrsg.), *Amazon für Entscheider*,
https://doi.org/10.1007/978-3-658-27427-6_14

und Europa eine Kontrolle über die Vertriebskanäle auszuüben mit einem besonderen Fokus auf kartellrechtlich sehr kontrovers diskutierte vertragliche Gestaltungsformen wie das Verbot der Präsenz von Händlern auf Drittplattformen. In die nahe Zukunft gesehen wird dabei die aktuell laufende Überarbeitung der EU-Gruppenfreistellungsverordnung Vertikal 2010 auf der Ebene der EU-Kommission eine bedeutende Rolle spielen.

14.1 Einleitung – Die Relevanz von Fälschungen in der EU

Das überaus rasante Wachstum des Onlinehandels verbunden mit der Globalisierung der Angebote im Internet über Plattformen wie Amazon und auch soziale Medien hat seinen Preis. Eine dunkle Kehrseite der Medaille, dass Konsumenten immer schneller und bequemer Waren ordern und in Empfang nehmen können, ist dabei sicherlich die ebenso rasante Zunahme illegaler Offerten über Fake Shops bis hin zu gefälschten Produkten, die nicht selten mit Gesundheitsgefahren und Sicherheitsrisiken für deren Nutzer verbunden sind. Gefälscht werden ja nicht nur T-Shirts, sondern nahezu alles über alle Warenkategorien hinweg, seien es Autoersatzteile, Babynahrung, Lebensmittel generell oder auch lebensnotwendige Medikamente in großem Stil.

Am 6. Juni 2019, dem Welttag zur Bekämpfung von Fälschungen („World Anti-Counterfeiting Day") veröffentlichte das Amt der Europäischen Union für geistiges Eigentum (EUIPO) mit Sitz in Alicante einen aktuellen Statusbericht in Zusammenarbeit mit dem europäischen Patentamt, der Daten sowie Studien aus den vergangenen Jahren auswertete und zusammenfasste (EUPIO 2019a).

In seiner Pressemitteilung vom gleichen Tag (EUPIO 2019b) traf das Amt die folgenden Kernaussagen:

- In elf wesentlichen im Detail untersuchten Branchen in der EU (Kosmetika und Körperpflegeprodukte, Bekleidung, Schuhe und Accessoires, Sportartikel, Spielzeug und Spiele, Schmuck und Uhren, Taschen und Koffer, bespielte Tonträger, Spirituosen und Wein, Arzneimittel, Pestizide und Smartphones) entstehen jährliche Einnahmeverluste von bis zu 60 Mrd. EUR, dies entspricht 7,4 % der EU-weiten Umsätze in diesen Sektoren. In den Jahren 2012 bis 2016 werden die entstandenen Umsatzverluste auf mehr als 92 Mrd. EUR geschätzt, weil Endverbraucher statt des Originals gefälschte Waren kauften oder auch urheberrechtlich geschützte Inhalte illegal etwa durch Downloads und Streaming nutzten.

Bei denen, die bewusst illegal handelten, existiert nur ein relativ geringes Unrechtsbewusstsein, wenn überhaupt. Dies trifft insbesondere auf die junge Generation und die Altersgruppe zwischen 15 und 24 laut dem Statusbericht zu, wonach diese erklärten, es sei in Ordnung, so zu handeln, wenn der Preis für das Original zu hoch sei und es eben keinen legalen Zugang hierzu gäbe.

Auf Deutschland allein entfallen hiervon geschätzte 5,4 % Umsatzverluste und es wird in den elf näher untersuchten Branchen ein Verlust von schätzungsweise 7,1 Mrd. EUR pro Jahr generiert, laut Status Report gehen hierbei in der EU bis zu 468.000 Arbeitsplätze verloren.

Die größte dieser elf untersuchten Produktkategorien, nämlich Schuhe, Bekleidung und Accessoires erleidet in der EU Schätzungen zufolge wirtschaftliche Umsatzverluste in Höhe von ca. 28,4 Mrd. EUR jährlich. Der damit einhergehende prozentuale Umsatzverlust beläuft sich auf ca. 9,7 % aller Umsätze.

Gerade das Internet habe den Handel mit gefälschten Produkten sehr erleichtert, die häufigsten gefälschten Kategorien seien Modeaccessoires wie Lederwaren, Spielzeug, Zigaretten, Sportartikel sowie Softwareprodukte wie Musik und Filmaufnahmen und Computerspiele. Die gefälschten Waren würden immer häufiger nicht mehr in großen Containern anlanden, sondern in kleinen Päckchen und auf verschlungenen Wegen, was den Zollbehörden das Aufspüren derartiger Sendungen sehr viel schwerer mache als in der Vergangenheit.

Ergänzt wird dieser Statusbericht auf EU-Ebene durch den Intellectual Property Crime Assessment Report 2019 (IPCAR 2019), der gemeinsam von EUIPO und Euro-POL veröffentlicht wurde (EUPIO 2019c).

Dieser stellt fest, dass der entsprechende Handel mit gefälschten Produkten in den letzten Jahren stetig zugenommen hat, während bei einer qualitativen Betrachtungsweise die Zahl der Zollbeschlagnahmen in ihrem kommerziellen Wert abgenommen habe. Dies verwundert nicht, wenn man – wie vorstehend bereits geschildert – dabei in Betracht zieht, dass die Form der illegalen Importe in die EU sich in den letzten Jahren sehr stark verändert hat. Der Report hebt zudem hervor, dass die starken Zuwächse sich auch, mit dem exponentiell gestiegenen Umfang kommerzieller Aktivitäten über Onlinemarktplätze erklären ließen – und deren bedeutendster globaler AktEuro in diesem Vertriebskanal ist nun einmal Amazon, jedenfalls aus westlicher und insbesondere auch deutscher Sicht. Der technologische Fortschritt erleichtert es kriminellen Elementen, ihren Geschäften nachzugehen, ebenso wie die rasant wachsende globale Logistik der grenzüberschreitenden wie auch örtlichen Versendung und Zustellung online georderter Waren an deren Käufer über Plattformen und Marktplätze. Verbrauchern wird dabei in der Werbung suggeriert, wie unendlich glücklich es mache, wenn zwischen Bestellung und Lieferung (vor noch nicht allzu langer Zeit) nur Tage, mittlerweile jedoch nur noch Stunden liegen. Convenience ist das goldene Kalb, um das zumindest in den Industrienationen Millionen von Verbrauchern tanzen.

Der vorzitierte IPCAR 2019 macht jedoch auch sehr deutlich, dass das organisierte Verbrechen eine stetig wachsende Rolle in der Produktion und dem Vertrieb von gefälschten Produkten spielt, wenn er in seinem Executive Summary folgendes feststellt (Übersetzung durch den Verfasser):

> „Der Markt für gefälschte Waren bleibt hoch profitabel und bietet Kriminellen die Gelegenheit riesige Gewinne zu erzielen mit vergleichsweise wenig Risiko. Die meisten kriminellen Aktivitäten einschließlich der Fälschungen sind in den Händen von Gruppen der organisierten Kriminalität und diese scheinen insgesamt sich mehr und mehr zu professionalisieren. Eine zunehmend größere Bandbreite von gefälschten und nachgemachten Produkten ist auf dem EU Markt verfügbar, seien es Luxuswaren oder auch Gegenstände des alltäglichen Bedarfs. Neben dem wirtschaftlichen Schaden, den sie verursachen, können viele dieser Artikel eine ernsthafte Bedrohung für die Umwelt wie auch für die Gesundheit und Sicherheit von Konsumenten darstellen. All dies ist ein klarer Beweis für die Notwendigkeit, diese kriminellen Aktivitäten zu bekämpfen."

Die Drogenhändler, Waffenschieber und Menschenhändler dieser Welt maximieren ihre exorbitanten Gewinne aus ihren kriminellen Geschäften noch dadurch, dass sie im Bereich der Fälschungen und Produktpiraterie in wachsendem Maß aktiv sind.

Und dies ist bei weitem noch nicht alles: Bereits im August 2016 strahlte die ARD zur Hauptsendezeit in ihrem Magazin PlusMinus einen Beitrag des Bayerischen Rundfunks aus, in dem auch der Verfasser dieses Kapitels interviewt wurde und in dem ganz konkrete Zusammenhänge zwischen der Vorbereitung und der Finanzierung terroristischer Attentate und dem Handel mit gefälschten Produkten, insbesondere Sportschuhen etwa in Paris und Barcelona aufgedeckt wurden (PlusMinus 2016).

Alle diese Erkenntnisse auf Expertenebene scheinen jedoch wenig daran zu ändern, dass „Otto Normalverbraucher" nach wie vor den Erwerb von gefälschten Waren und urheberrechtlich geschützten Softwareprodukten vielfach nicht als Diebstahl geistigen Eigentums ansieht, sondern als eine Art Kavaliersdelikt. Nicht selten sind gerade junge Kunden auch noch stolz darauf, den Herstellern und Vertreibern der Originalware ein Schnippchen geschlagen zu haben. Dies freilich ohne zu wissen, oder es auch einfach nicht wahrhaben zu wollen, dass sehr häufig die von ihnen gekauften Produkte von minderwertiger Qualität sind und vielfach auch erhebliche Sicherheits- und Gesundheitsrisiken mit sich bringen, wie es bereits in den vorstehend zitierten beiden Reports zum Ausdruck kam. Es existieren jedoch nicht nur diejenigen, die bewusst Fälschungen kaufen, sondern auch sehr viele Konsumenten, denen derartige Waren quasi untergejubelt werden, indem sie etwas günstiger angeboten werden als vergleichbare Offerten von Wettbewerbern (Kategorie der sogenannten ‚innocent buyers‘). Auch dies wird durch Onlinemarktplätze wie Amazon stark gefördert, wo sehr viele Kunden der Meinung sind von Amazon „direkt" zu kaufen, wohingegen zumindest bei Amazon Marketplace der Verkäufer der bestellten Waren ein Dritter ist und Amazon lediglich eine Art Vermittlerstellung zwischen Verkäufer und Käufer einnimmt. Diverse Schätzungen gehen davon aus, dass die Gruppe der innocent buyer insbesondere in Schwellenländern noch wesentlich größer ist als diejenigen, die bewusst und gezielt Markenfälschungen kaufen.

14.2   Amazon in der Kritik: Der Verkauf gefälschter Produkte auf der Onlineplattform

Das äußerst rasante globale Wachstum des amerikanischen Onlinegiganten war in den letzten Jahren gehäuft von massiver Kritik begleitet, dass auf der Onlineplattform von Amazon eine Vielzahl von gefälschten Produkten angeboten würden und Amazon selbst viel zu wenig tue, um zumindest das Volumen dieser illegalen Offerten fühlbar zu reduzieren und die entsprechenden Händler zu sperren.

Schlagzeilen wie in der Onlineausgabe der Tageszeitung WELT mit Ursprung Wallstreet Journal vom 13. Mai 2014 mit dem Titel *„Warum Amazon so oft Fälschungen versendet"* (Ng und Bensinger 2014) oder im britischen Guardian in seiner Ausgabe vom 27. April 2018 *„Amazon site awash with counterfeit goods despite crackdown"* (Quelle: Guardian 2018) sind nur Splitter derartiger Veröffentlichungen. Daneben widmeten sich diverse Sender dem Thema. Wieder lediglich beispielhaft sei an dieser Stelle die Ausstrahlung des NDR vom 20. Oktober 2016 im Ratgeber Markt erwähnt, wo bereits eine erste oberflächliche Stichprobe auf den Webseiten von Amazon zum Ergebnis hatte, dass drei gefälschte Artikel gefunden wurden, die die Rechte dreier renommierter und bekannter Marken verletzten, nämlich von Gucci, Lacoste und Adidas (Quelle: NDR Ratgeber Markt 2016). Auch die ARD befasste sich im ersten Programm am 18. März 2019 mit den Schattenseiten der Amazonwelt unter dem Titel „Die Story im Ersten – Amazon außer Kontrolle", in der Ankündigung zu dieser Sendung hieß es unter anderem:

> **„Fragwürdige Artikel.** Wenig bekannt ist, dass Drittanbieter auf der Amazon-Plattform fragwürdige, ja sogar gefährliche Kosmetikartikel anbieten. Ebenso Elektronik, die die deutschen Sicherheitsstandards nicht erfüllt. Auch Markenprodukte und deren Fälschungen kann man leicht auf dem Amazon-Marketplace finden. Den Schaden tragen Kunden, Händler, Hersteller und die deutsche Wirtschaft. Amazons Antwort auf Nachfragen lautet: Wir bieten nur die Plattform und die Technologie. Die Händler seien selbst für den Verkauf und die Einhaltung deutscher Gesetze verantwortlich. Welche Verantwortung aber hat der größte Online-Marktplatz-Anbieter? Auf dem Amazon-Marketplace aktive Händler, vor allem chinesische, unterschlugen jahrelang die deutsche Umsatzsteuer – zum Nachteil der deutschen Wirtschaft und des Fiskus. Ein neues Gesetz in Deutschland nimmt seit diesem Jahr auch Händlerplattformen wie Amazon für solche illegalen Geschäfte in die Haftung. Ist eine Kontrolle des globalen Onlinehandels also doch möglich?" (Quelle: ARD Reportage 2019)

Ob sich Amazon von diesem negativen deutschen und europäischen Medienecho sehr beeindrucken lässt, erscheint zumindest zweifelhaft. Ganz sicher blieb jedoch nicht ohne Wirkung, dass Präsident Trump in den USA die Onlineplattform (neben Alibaba und anderen Internet Service Providern) unter verschärfte Beobachtung stellte, indem er am 3. April 2019 ein Handelsmemorandum unterzeichnete, das er als einen ersten Bogenschuss in Richtung dieser kommerziellen Betreiber bezeichnete. Darin wurde den adressierten Internet-Service-Providern eine Frist von 210 Tagen gesetzt, um wesentlich stärker initiativ als in der Vergangenheit zu werden. Käme es zu keinen fühlbaren Verbesserungen in diesem Bereich, würde sich die US-Regierung der Dinge annehmen, wie etwa CNBC an diesem Tag berichtete (Quelle: CNBC 2019).

14.3 Amazons generelle Produkt- und Markenschutzpolitik

14.3.1 Erwähnung der Thematik im Amazon Geschäftsbericht 2018

Im Februar 2019 räumte Amazon (nach Kenntnis des Verfassers dieses Kapitels erstmals in seiner Geschichte) an prominenter Stelle im Rahmen seines Berichts für das Geschäftsjahr 2018 an die US-Börsenaufsicht als einen wesentlichen Risikofaktor ein, dass es nicht gelingen könnte, den Schutz geistigen Eigentums im System unter wirksame Kontrolle zu bringen. Wörtlich werden darin unter der Rubrik „Risiken" in Ziffer I. a. die folgenden Aussagen getroffen (in deutscher Übersetzung/Hervor-hebungen durch den Verfasser):

> „Wir könnten für betrügerische oder ungesetzliche Handlungen unserer Verkäufer (‚Seller') haftbar gemacht werden. Unter Umständen könnten wir uns außerstande sehen, Sellern in unseren Stores oder über andere Stores daran zu hindern, **illegale, gefälschte oder Piraterieware** oder gestohlene Waren zu verkaufen, wie auch Verkäufe zu verhindern, die sich in einer ungesetzlichen oder unethischen Form vollziehen und die die bestehenden Rechte Dritter verletzen, oder in anderer Weise gegen unsere Unternehmensrichtlinien verstoßen. Unter unserer A2Z-Garantie erstatten wir Käufern in dieser Art von Szenarien die gezahlten Preise in bestimmten Grenzen. Nachdem die Verkaufszahlen unserer Drittseller steigen, steigen damit auch die Kosten dieses Programms und könnten sich negativ auf unsere operativen Ergebnisse auswirken. Darüber hinaus könnten alle diese Ereignisse unser Geschäft oder unseren Ruf beschädigen und wir könnten zivilrechtlich oder strafrechtlich für ungesetzliche Aktivitäten unserer Seller zur Verantwortung gezogen werden"
> (Quelle: Amazon SEC Report 2018 Originaltext englisch).

Dieses Statement sendet ein starkes Signal in Richtung US-Aufsichtsbehörden und besitzt meiner persönlichen Einschätzung nach auch eine Art Vorbeugungscharakter – frei nach dem Motto, wir sind uns des Problems bewusst, aber nicht vollständig in der Lage, es zu kontrollieren und die Dinge tatsächlich wirksam zu verbessern …

14.3.2 Markenregistrierung durch das Amazon-Tool Brand Registry 2.0

Seit etwas über einem Jahr bietet Amazon mit seinem Tool Brand Registry 2.0 ein vereinfachtes Verfahren der Markenregistrierung an, das dazu dienen soll, den Markenschutz zu verbessern. Besucht man hierzu die entsprechende Webseite von Amazon, hört sich dies alles sehr positiv und einfach an, siehe Abb. 14.1.

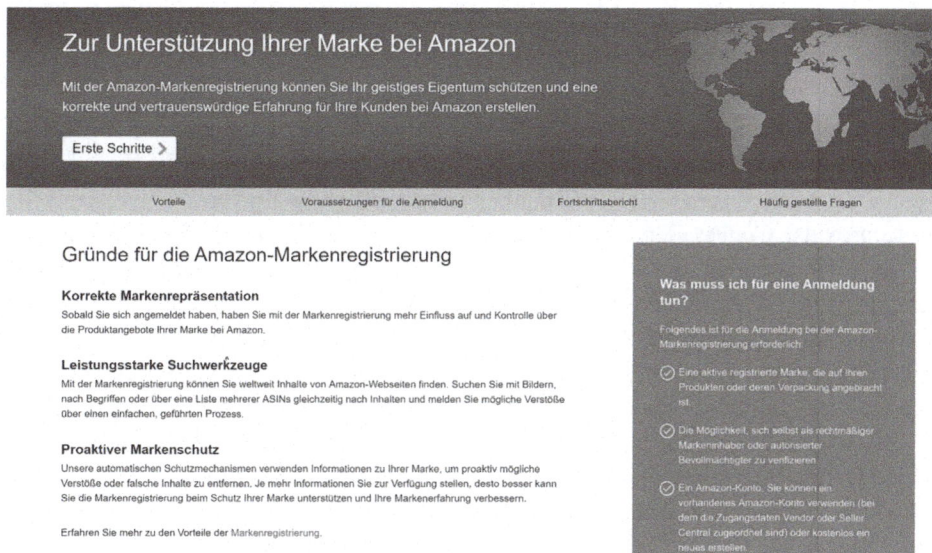

Abb. 14.1 Amazon-Markenregistrierung. (Quelle: https://brandservices.amazon.de/)

Tatsächlich beurteilen jedoch Experten die Wirksamkeit dieses Tools eher skeptisch. So hat etwa Laure Bourdeau von E-Brand Services am 6. Mai 2019 in einem im Internet frei zugänglichen Interview (s. Laure Bourdeau E-Brand Services 2019) deutlich gemacht, dass ihrer Überzeugung nach der Markenschutz bei Amazon nach wie vor defizitär sei. So nennt sie beispielhaft die Luxusmarke Gucci, von der bei einer Suche bei Amazon über 30.000 Angebote auftauchen würden, obwohl Gucci selbst seine Waren nicht über Amazon vertreibe. Melde man Missbrauchsfälle an Amazon, so bekäme man eine automatische Rückmeldung mit dem Versprechen, dass eine Antwort innerhalb von ein bis zwei Werktagen erfolgen würde. Tatsächlich sähe die Praxis jedoch ganz anders aus. Amazon würde die entsprechenden rechtsverletzenden Listungen nicht ohne weiteres entfernen. Häufig bekäme ihr Dienstleistungsunternehmen dann zu hören, dass die entsprechende Meldung unvollständig gewesen sei oder dass eine Marke trotz Eintragung keine Rechtsgültigkeit beanspruchen könne. Das Verfahren sei dann sehr zeitaufwendig und kompliziert.

Ginge es nicht um die Thematik Fälschungen, sondern Verletzungen von vertraglichen Rechten von Markenartikelherstellern durch Anbietern auf Amazon Marketplace etwa im Rahmen selektiver Vertriebssysteme, die auch unter die Kategorie Markenschutz im weiteren Sinn fallen, sperre sich der amerikanische Onlineriese häufig komplett und würde darauf verweisen, dass eine Durchsetzung derartiger vertraglicher Regelungen eine Angelegenheit zwischen Hersteller und Einzelhändler sei. Auch dieses recht unkooperative Verhalten sei natürlich alles andere als befriedigend.

14.3.3 Markenrechtsverletzungen im internationalen Kontext

Im Vergleich zu Amazon verhielte sich etwa die chinesische Alibaba-Gruppe bei Meldungen von Rechtsverletzungen und der umgehenden massenhaften Schließung illegaler Webseiten – entgegen allen vorhandenen stereotypen Meinungen, um nicht zu sagen Vorurteilen – geradezu vorbildhaft, wie etwa Michele Provera vom italienischen Serviceprovider Convey dem Verfasser dieses Beitrags im März 2019 berichtete. Convey ist unter anderem exklusiver Kooperationspartner des Weltverbandes der Sportartikelindustrie (WFSGI) und hat (mit Stand März 2019) für über 30 namhafte führende Marken in diesem spezifischen Industriesektor seit 2014 550.000 illegale Offerten auf Online-Marktplätzen und in sozialen Netzwerken entfernt, sowie über 1.200.000 jährliche Geschäftstransaktionen blockiert, was einem wirtschaftlichen Wert von Umsätzen mit gefälschten Waren von ca. 40 Mio. USD entspricht, sowie über 110.000 illegale Konten und Online-Shops geschlossen. Hinzu kommt die Schließung von ca. 11.000 Online-Shops, die von privaten Webseiten aus und Domainnamen betrieben wurden. (Nähere Informationen zu Convey sind auf der englischsprachigen Webseite des Dienstleisters unter www.convey.it zu finden).

Michele Provera erläuterte in diesem Zusammenhang, dass Markenfälschungen und Produktpiraterie ihren großen Schwerpunkt in Fernost und hier insbesondere China hätten, wobei sich jedoch – wie allgemein bekannt – die Produktion von Konsumgütern und anderen Produktkategorien zunehmend nach Südostasien verlagern würde, nachdem die Löhne in der Volksrepublik China sehr stark angezogen hätten. Dabei habe China eine ganze Reihe von „Tier 1"-B2B-Marktplätzen entwickelt, von denen professionelle Käufer gefälschte Produkte in großen Quantitäten kaufen würden. Dies erfolge mit dem Ziel, diese dann gewinnbringend weiter zu veräußern. Neue Logistikformen, insbesondere das geradezu explosionsartig zunehmende Drop Shipping hätten eine ebenso überproportionale Maximierung von Gewinnen erlaubt. Internet-Service-Provider wie Amazon (und hier insbesondere Marketplace) hätten dann als eine Art Tier 2 Plattformen Vertriebskanäle eröffnet, die unter weiterer Profitmaximierung in dieser Art Kapillaren-System illegale Waren an Endverbraucher und andere Käufer gelangen zu lassen. Diese würden häufig überhaupt nicht bemerken, dass sie keine Originalwaren erwerben würden. Insbesondere Amazon habe in den letzten Jahren die Tore für chinesische und andere Anbieter, die Markenwaren außerhalb von China vertreiben wollten, weit geöffnet und mit spezifischen Werbekampagnen versucht, diesen die Eröffnung von Konten auf Amazon Marketplace schmackhaft zu machen. Dies schaffte dann auch die direkte Verbindung chinesischer Hersteller und Anbieter zu europäischen und deutschen Endkonsumenten.

Hinzu käme im Fall Amazon, dass das System der Artikelidentifizierung und das Management dieses Systems zu den schlechtesten gehörten, die existierten und mit denen die Firma Convey zu tun habe. Üblich sei es ansonsten auf derartigen Marktplätzen, dass jedes Produkt seine eigene Artikel-ID habe, die in allgemeingültiger Form das Produkt identifiziere und bezeichne und es mit dem Verkäufer verknüpfe.

Daraus könne dann auch die URL des Produkts hergeleitet werden, die ebenfalls nur einmal existiere, so Michele Provera. Genau dies sei bei Amazon jedoch nicht der Fall. Anstatt eine 1:1- Bindung zwischen Produkt und Verkäufer zu kreieren, gelte eine Artikellistung für viele Verkäufer gleichzeitig. Deswegen könne jede Produkt-ID von Amazon, nämlich die ASIN-Nummer, mit sehr vielen Verkäufern assoziiert werden, die alle um die gleiche Produktlistung kreisen. Abgesehen davon, dass dieses proprietäre Amazon-System quantitative Analysen sehr erschwere, stelle es auch ein perfektes Werkzeug für illegale Akteure dar, die dann ihre rechtsverletzenden Produkte und Offerten mit einem Minimum von Aufwand, aber mit einem Maximum an Ertrag bei Amazon in die Plattform einstellen könnten.

Die Gründe hierfür seien die folgenden: Falls ein bestimmter Artikel seitens eines Sellers eingestellt worden sei, bleibe es dabei und die anderen Verkäufer des gleichen Artikels könnten sich daran in einer vom System unbegrenzten Anzahl nur anhängen. Dabei käme lediglich der Inhalt des ersten Accounts zum Tragen, das diesen Artikel online präsentierte und sämtliche restlichen Verkäufer könnten sich nur über ihre Bewertungen, Versand- und Zahlmethoden und natürlich auch über den Preis für das von ihnen angebotene gleiche Produkt differenzieren. Dieses System mache es möglich, dass ein Anbieter von gefälschten Waren sich preislich an die Spitze der diversen Angebote setze und dabei auch noch vom Content der ersten in die Amazonwelt eingestellten Offerte mit der Originalware partizipiere! Eine weitere die illegalen Akteure primär begünstigende Folge dieses spezifischen Amazon-Systems stellt auch dar, dass ein potentieller Käufer des betreffenden Artikels im Internet überhaupt keine Chance und Gelegenheit hat, diesen in dem konkreten Zustand abgebildet zu sehen, in dem das Produkt dann tatsächlich nach getätigtem Erwerb bei dem Käufer ankommt. Dieser sieht ja nur die Abbildung und Produktbeschreibung des ersten Anbieters der Originalware, der den betreffenden Artikel in das Netz gestellt hat. Tatsächlich erhält der Käufer der gefälschten Ware dann jedoch nur eine (häufig qualitativ schlechte) Kopie hiervon. Für den Endkonsumenten sind in den allermeisten Fällen professionelle Instrumente wie Crawlersoftware, Algorithmen und andere Kriterien nicht verfügbar, die es Serviceprovidern wie Convey gestatten, illegale Offerten aus den Millionen von Angeboten im Internet quasi auszusieben. Hierzu zählen Kriterien und Algorithmen, wie die echte Identität eines Anbieters, dessen Adresse und Sitz, die systematische Erfassung von Bewertungen, die gesamte Produktpalette, die ein Anbieter offeriert, seine Präsenz auf anderen Plattformen, seine Nennung in schwarzen Listen, oder Mengenkapazitäten lieferbarer Produkte, u. v. a. m.

14.3.4 Amazon-Richtlinie gegen Produktpiraterie

Gibt man etwa bei Google die Suchwörter „Amazon gefälschte Produkte" ein, hat dies rund 1,5 Mio. Ergebnisse zur Folge. Die gleiche Suchanfrage in englischer Sprache *„Amazon fake products"* resultiert in 169 Mio. Ergebnissen (Stand 30.07.2019 auf der

Basis zweier durchgeführter Internetrecherchen des Verfassers). Es darf unterstellt werden, dass das Amazon Management und insbesondere deren spezialisierte rechtliche Berater sich der Dimension dieses Problems als solches bewusst sind. Eine andere Frage ist jedoch, wie und mit welcher Effizienz und Ernsthaftigkeit Amazon diese Thematik aktiv angeht.

Recherchiert man hierzu auf den Webseiten von Amazon selbst, stößt man recht schnell auf deren Richtlinie gegen Produktpiraterie, die in deutscher Sprache wie folgt lautet:

Amazon-Richtlinie gegen Produktpiraterie (Quelle: Amazon-Richtlinien (Stand August 2019) Produktpraterie)

Produkte, die bei Amazon zum Verkauf angeboten werden, müssen echt sein. Der Verkauf von Fälschungen ist strengstens untersagt. Die Nichteinhaltung dieser Richtlinie kann den Verlust der Verkaufsberechtigung, die Einbehaltung von Guthaben sowie die Entsorgung Ihres in unserem Besitz befindlichen Lagerbestands zur Folge haben.

Es liegt in der Verantwortung des Verkäufers und Lieferanten, nur authentische Produkte zu beziehen, zu verkaufen und zu versenden. Zu den verbotenen Produkten zählen illegale Mitschnitte, Fälschungen oder Raubkopien von Produkten oder Inhalten; Produkte, die illegal repliziert, reproduziert oder hergestellt wurden; und Produkte, die die Rechte an geistigem Eigentum eines Dritten verletzen. Wenn Sie unechte Produkte verkaufen oder liefern, können wir Ihr Amazon-Verkäuferkonto (und damit verbundene Konten) sofort sperren oder löschen und alle unechten Produkte in unseren Versandzentren auf Ihre Kosten entsorgen. Darüber hinaus bezahlen wir Verkäufer erst, wenn wir überzeugt sind, dass unsere Kunden die echten Produkte erhalten haben, die sie bestellt haben. Wir behalten uns das Recht vor, Zahlungen zurückzuhalten, wenn wir feststellen, dass ein Amazon-Konto zum Verkauf von unechten Produkten oder zur Verübung anderer betrügerischer Taten verwendet wurde.

Wir arbeiten mit Herstellern, Rechteinhabern, den Besitzern von Inhalten, Lieferanten und Verkäufern zusammen, um gefälschte Produkte besser erkennen zu können und deren Verkauf und Versand an unsere Kunden verhindern zu können. Daher entfernen wir auch verdächtige Angebote auf Basis unserer eigenen Produktprüfungen. Außerdem arbeiten wir weltweit mit Rechteinhabern und Strafverfolgungsbehörden bei der Verfolgung von Verkäufern und Lieferanten zusammen, die wissentlich gegen diese Richtlinie verstoßen und unsere Kunden schädigen. Neben Straf- und Haftstrafen drohen den Verkäufern und Lieferanten von unechten Produkten zivilrechtliche Strafen, darunter der Verlust aller Verkaufserlöse, Schadensersatz an die jeweiligen Rechteinhaber, sowie Übernahme aller Anwaltskosten.

„Wir sichern die auf unserer Seite verkauften Produkte mit unserer A-Z Garantie ab. Rechteinhaber, die Bedenken zur Produktauthentizität haben, sind aufgerufen sich an uns zu wenden. Wir werden den Fall unverzüglich prüfen und die erforderlichen Maßnahmen zum Schutz von Kunden, Verkäufern und Rechteinhabern ergreifen." (Quelle: Webseite Amazon Richtlinie Produktpiraterie)

Interessanterweise weicht der Text des englischsprachigen Pendants in einer ganzen Reihe von Punkten inhaltlich von der deutschen Fassung ab. Die englische Version ist nach Bewertung des Verfassers wesentlich plakativer, aber gleichzeitig auch konkreter gefasst (Richtlinie Amazon Produktpiraterie englisch 2019).

14.3.5 Amazon Business Solutions Agreement (BSA)

Auf individueller vertraglicher Ebene zwischen Amazon und deren Sellern wird dies durch den Formularvertrag „Amazon Services Europe Business Solutions Vertrag" (nachfolgend „BSA" für „Business Solutions Agreement") sowie die darauf fußenden AGBs von Amazon ergänzt. (s. Amazon BSA deutsch 2019).

Die ausdrückliche Akzeptanz aller dieser umfangreichen Regelungen ist Voraussetzung und im weiteren, nicht-juristischen Sinn auch Geschäftsgrundlage für die Gestattung durch Amazon, über diese Plattform geschäftliche Transaktionen tätigen zu dürfen.

Dieser Bereich hat in jüngster Zeit insbesondere durch das mittlerweile eingestellte Missbrauchsverfahren des Bundeskartellamts eine hohe Medienaufmerksamkeit wie auch diejenige der beteiligten Wirtschaftskreise – insbesondere des Handels und deren Verbände – hervorgerufen. Amazon sah sich dadurch gezwungen, eine ganze Reihe von seitens der deutschen Wettbewerbshüter als rechtlich angreifbar gewertete Klauseln zu korrigieren und dies nicht nur für den deutschen Rechtsraum, sondern auch global, was seitens des Amtes als ein überaus großer Erfolg gewertet wurde (vgl. Pressemitteilung Bundeskartellamt Juli 2019).

Nur am Rand sei in diesem Zusammenhang angemerkt, dass abzuwarten bleibt, ob dieser Erfolg tatsächlich in der Praxis eine wesentliche Verbesserung der Stellung der Händler gegenüber Amazon darstellt. Ein weiteres Kartellverfahren gegen Amazon wegen Marktmissbrauch ist aktuell im Zeitpunkt der Verfassung dieses Beitrags auch auf der Ebene der Europäischen Kommission anhängig.

Das Bundeskartellamt hat sich – soweit aus dem veröffentlichten Fallbericht der Behörde datierend 17. Juli 2019 ersichtlich (s. Fallbericht Bundeskartellamt Juli 2019) – nur quasi nebenbei mit der Thematik der Produktfälschungen bei Amazon befasst, wenn es etwa im Rahmen der seitens der deutschen Wettbewerbshüter beanstandeten Klauseln der sofortigen Sperrung von Sellerkonten in dem Bericht auf dessen Seite 4 heißt *[Hervorhebungen durch den Verfasser].*

„… Zur praktischen Bedeutung: Im Jahr 2018 wurden von Amazon auf dem deutschen Marktplatz mehr als 250.000 Verkäufer-Konten dauerhaft und mehr als 30.000 Verkäufer-Konten vorübergehend gesperrt. Grund waren vor allem Betrugsvorwürfe (**daneben Verletzung gewerblicher Schutzrechte und Produktfälschungen**). Zukünftig spielen hier auch die kommenden Regelungen der europäischen Verordnung zur Förderung von Fairness und Transparenz für gewerbliche Nutzer von Online-Vermittlungsdiensten („Plattform-to-Business-Verordnung") eine Rolle."[)]

Insofern ist der Themenkreis der Produktpiraterie und illegalen Fälschungen nur mittelbar von den seitens des Bundeskartellamtes bewirkten Abänderungen der Standardklauseln von Amazon betroffen und es kann nach wie vor im Rahmen dieses Beitrags von den mit Stand Dezember 2018 geltenden Geschäftsbedingungen und formularvertraglichen Regelungen ausgegangen werden.

Ein erster Hinweis seitens Amazon auf eine Beschäftigung mit dem hier maßgeblichen Themenkreis findet sich in den Definitionen des BSA, wo der Begriff des geistigen Eigentums wie folgt von Amazon definiert ist *[Hervorhebungen durch den Verfasser]*:

„**Geistiges Eigentumsrecht**" bezeichnet alle Patente, Urheberrechte, Leistungsschutzrechte und andere Nebenrechte, Marken, Urheberpersönlichkeits-rechte, Domain Namen oder Geschäfts- und Betriebsgeheimnisse sowie alle anderen nach den anwendbaren Rechtsvorschriften bestehenden geistigen oder gewerblichen Eigentumsrechte und alle damit zusammenhängenden Rechte und Nebenrechte, einschließlich aller Eintragungs- und Verlängerungsrechte **sowie aller Ansprüche, die sich aus der Verletzung, der widerrechtlichen Nutzung oder der Zuwiderhandlung gegen eines der vorstehend genannten Rechte ergeben.**" (Quelle: Amazon Seller Central 2019/Definitionen)

Der Begriff der Marke wird dann im BSA nochmals eigenständig wie folgt definiert:

„Marken" bezeichnet alle nach den anwendbaren Rechtsvorschriften geschützten oder schutzfähigen Wort- und Bildmarken, Dienstleistungsmarken, Geschmacksmuster, Erscheinungsbilder (einschließlich des schutzfähigen „look and feel"), Handelsnamen sowie andere firmeneigene Logos oder Kennzeichen" (Quelle: wie zuvor).

Eine Verpflichtung des Händlers keine Waren über Amazon anzubieten, die die geistigen Schutzrechte Dritter verletzen, wird im Abschnitt S-1.1 des BSA statuiert, nämlich:

„Sie werden außerdem sicherstellen, dass Ihre Materialien, Ihre Produkte (einschließlich deren Verpackung) und Ihr Angebot sowie der anschließende Verkauf dieser Produkte auf jeglicher Amazon-Website sämtlichen anwendbaren Rechtsvorschriften … entsprechen … und keine Urheber-, Marken-, Design-, Datenbank- oder sonstige Rechte Dritter verletzen." (Quelle wie zuvor, unter Abschnitt 1.1.)

Verstärkt wird dies noch durch die in Abschnitt F.16 des BSA geforderte ausdrückliche Garantieerklärung (deren bloße Nichteinhaltung den Händler gegenüber Amazon nahezu unbegrenzt schadensersatzpflichtig macht), dass der Händler (= „Sie").

„…(a) Sie der rechtmäßige Eigentümer aller Einheiten und Inhaber aller für den Vertrieb der Einheiten und die Erfüllung dieser „Versand durch Amazon"-Programmbedingungen erforderlichen Rechte sind … und f)) alle Ihre für den Auslandsversand zugelassenen Produkte (i) rechtmäßig ohne eine Lizenz oder andere Genehmigung aus dem jeweiligen Amazon-Website Land exportiert werden dürfen, und (ii) rechtmäßig in jedes zugelassene Land importiert werden können und allen Rechtsvorschriften dieses Landes entsprechen …
(Quelle: wie zuvor, unter Abschnitt F 16)

14.3.6 Kontosperrung durch Amazon als Sanktionsmaßnahme

Die gebräuchlichste Sanktion gegen Rechtsverletzer auf der Amazon-Plattform selbst vorzugehen, stellt die Sperrung des entsprechenden Kontos durch Amazon dar. Dies geschieht keinesfalls nur deswegen, weil das amerikanische Silicon Valley Unternehmen von sich aus – quasi freiwillig – derartige Initiativen ergreifen würde, sondern es bestehen entsprechende rechtliche Verpflichtungen, will sich Amazon in seiner Eigenschaft als Internet-Service-Provider nicht selbst gegenüber dem Rechteinhaber haftbar machen.

Übersicht

Die wichtigsten Rechtsgrundlagen hierfür finden sich

- mit Geltung für die Europäische Union/dem Europäischen Wirtschaftsraum in der E-Commerce Richtlinie 2000/31 (EU) vom 08. Juni 2000, in Artikel 14 (Hosting), wo es heißt

„Artikel 14
Hosting
(1) Die Mitgliedstaaten stellen sicher, daß im Fall eines Dienstes der Informationsgesellschaft, der in der Speicherung von durch einen Nutzer eingegebenen Informationen besteht, der Diensteanbieter nicht für die im Auftrag eines Nutzers gespeicherten Informationen verantwortlich ist, sofern folgende Voraussetzungen erfüllt sind:
a) Der Anbieter hat keine tatsächliche Kenntnis von der rechtswidrigen Tätigkeit oder Information, und, in bezug auf Schadenersatzansprüche, ist er sich auch keiner Tatsachen oder Umstände bewußt, aus denen die rechtswidrige Tätigkeit oder Information offensichtlich wird, oder
b) der Anbieter wird, sobald er diese Kenntnis oder dieses Bewußtsein erlangt, unverzüglich tätig, um die Information zu entfernen oder den Zugang zu ihr zu sperren." (Quelle E-Commerce-Richtlinie EU 2019): in den USA und China in sehr ähnlicher Form in 17 U.S. Code § 512, bzw. Art. 36 des chinesischen Rechts der unerlaubten Handlung.

Die bereits im obigen Abschn. 14.3.5 angesprochene Notwendigkeit einer Neuregelung der Amazon Geschäftsbedingungen aufgrund des mittlerweile abgeschlossenen Missbrauchsverfahrens des Bundeskartellamtes sollte (so steht wenigstens zu hoffen!)

die Praxis der Sperrung von Benutzerkonten, auf denen sich rechtsverletzende Inhalte befinden, insbesondere solche, die geistige Schutzrechte Dritter verletzen, im Wesentlichen unberührt lassen. Der Fallbericht des Bundeskartellamts vom 17. Juli 2019 betont in diesem Zusammenhang auf seiner Seite 4 ausdrücklich:

> „Nunmehr gilt eine Kündigungsfrist von 30 Tagen bei ordentlichen Kündigungen. Bei außerordentlichen Kündigungen und Sperrungen wegen Gefährdungen und Rechtsverletzungen besteht erstmals eine Informations- und Begründungspflicht – außer dies würde es betrügerisch oder rechtswidrig agierenden Händlern erleichtern, die Kontrollsysteme des Unternehmens zu durchschauen. Angesichts vielfältiger Rechtsverstöße und Betrugsversuche auf dem Marktplatz muss Amazon die Möglichkeit behalten, hiergegen schnell vorzugehen – hat das aber nunmehr zu begründen." (Quelle: Bundeskartellamt Fallbericht 2019 2)

Es kann insofern nicht völlig ausgeschlossen werden, dass die Pflicht Amazons bei außerordentlichen Kündigungen und daraus resultierenden Sperrungen von Benutzerkonten zukünftig deren Inhabern eine Begründung für diesen Schritt liefern zu müssen, die entsprechenden Maßnahmen auf der administrativen Ebene des US-Unternehmens verlangsamen könnten, was absolut nicht im Interesse der Rechteinhaber sein kann.

14.4 Project Zero zur Verbesserung des Produkt- und Markenschutzes

14.4.1 Warum Projekt Zero?

Der wachsende Druck auf Amazon, sei es in den USA oder auch in Europa, ließ dem amerikanischen Internetgiganten gar keine andere Wahl, als stärker Flagge zu zeigen und den Bereich der Fälschungen und anderer illegaler Angebote auf seiner Plattform aktiver anzugehen, als dies in der Vergangenheit der Fall gewesen war. Insofern stellte es für Experten und Insider keine Überraschung dar, als Amazon am 1. März 2019 den Start seines neuen Projekts „Zero" verkündete. Bereits der Name ist Programm, nämlich das überaus ambitionierte Ziel, die Zahl der Fälschungen auf null (!) zu reduzieren.

Die bisher geübte Praxis war es, dass Unternehmen und Rechteinhaber, die Produktfälschungen auf der Amazon-Plattform gesichtet hatten, diese dem Internet-Service-Provider meldeten. Dieser überprüfte dann, ob der Anspruch auf Entfernung des betreffenden Angebots berechtigt war. Traf dies zu, wurde es dann seitens Amazons entfernt.

14.4.2 Struktur des Programms

Im Rahmen des Programms Zero dagegen verlagert Amazon quasi das Handeln auf die Ebene der betroffenen Unternehmen. Soweit diese seitens Amazons zertifiziert sind, erhalten sie das Werkzeug, die betreffenden Angebote auch ohne vorherige Erlaubnis des Plattformbetreibers eigenständig zu entfernen. Dies stellt gewissermaßen eine Art „Do-it-Yourself"-System für Rechteinhaber dar, impliziert aber auch nach Auffassung des Verfassers, dass Amazon damit den Versuch macht, Haftungsrisiken auf die Ebene der Rechteinhaber zu verlagern, sodass das Ganze also keineswegs primär aus mehr oder weniger altruistischen Motiven geschieht, wie es die PR des ISP bei dem Start des Produktes suggerieren wollte:

> **Übersicht**
> Project Zero leverages the combined strengths of Amazon and brands to drive counterfeits to zero
> **What is Project Zero?**
> **Automated protections**
> Powered by Amazons machine learning, automated protections continuously scan our stores and proactively remove suspected counterfeits. Brands provide key data points about themselves (e.g., trademarks, logos, etc.) and we scan over 5 billion daily listing update attempts, looking for suspected counterfeits.
> **Self-service counterfeit removal**
> Brands no longer need to contact us to remove counterfeit listings from our stores. Instead, they have the unprecedented ability to do so themselves using our new self-service tool. We also use this data to strengthen our automated protections to better catch potential counterfeit listings proactively in the future.
> **Product serialization**
> Brands apply a unique code on every unit they manufacture for an enrolled product, allowing Amazon to scan and confirm the authenticity of every one of those products purchased in Amazons stores. With this service, we can detect and stop counterfeiting for every product unit before it reaches a customer.Project Zero is currently an invite-only program. Join the waitlist and well let you know when were ready for you to enroll.
> Quelle: https://brandservices.amazon.com/projectzero

Das Projekt basiert auf Amazons Machine Learning-Algorithmen, wonach sämtliche Leistungen auf der Plattform automatisiert und proaktiv gescannt werden, dies verbunden mit einem kontinuierlichen Monitoring. Nach Aussage von Amazon werden dann aufgrund derjenigen Informationen, die die Rechteinhaber selbst an den Internet-Service-Provider liefern, täglich 5 Mrd. ASINs auf eine mögliche Rechteverletzung hin überprüft. Soweit dem Verfasser ersichtlich, liegt hier der gesamte Schwerpunkt auf einer Verletzung von Markenrechten und dies stellt auch einen ersten großen Schwachpunkt des gesamten Systems dar. Produktfälscher adaptieren sich sehr schnell, wenn sie unter Druck geraten und der Prozentsatz derjeniger, die Fakes unter identischer oder zumindest sehr ähnlicher Verwendung der Logos der legitimen Markeninhaber bei

Amazon offerieren, beinhaltet bei weitem nicht die Gesamtzahl illegaler Offerten. Sehr häufig ist es lediglich das Design eines Produkts als solches, oder es sind auch bei technischen Produkten Komponenten, die durch technische Patente oder Gebrauchsmuster geschützt sind, die nicht äußerlich sichtbar sind und die unrechtmäßig kopiert werden. Andere illegale Offerten lehnen sich an den guten Ruf der Originalprodukte durch Aussagen wie „in XYZ-Qualität", „kompatibel mit XYZ" an, kopieren Fotos aus Webseiten der Anbieter der Originalprodukte, etc. All dies kann ebenfalls den Vorwurf einer Verletzung geistiger Schutzrechte begründen. Ein wirklich effizientes System, das dem mehr als ambitionierten Anspruch von Amazon tatsächlich gerecht wird, die Zahl illegaler Offerten auf deren Plattform auf null zurückzuführen, müsste daher die gesamte Tiefe sämtlicher Schutzrechtsvarianten ausloten und sich nicht nur auf Markenrechte, Bilder und Logos sowie allenfalls noch Designs konzentrieren. Exakt diese Tiefe und auch Komplexität der diversen Werkzeuge, die die diversen Gesetzgebungen verbunden mit der Rechtsprechung der jeweils zuständigen Gerichte bieten, nutzt der bereits in Abschn. 14.3.3 angesprochene Service des italienischen Anbieters Convey. Hierzu bedarf es jedoch einer sehr spezialisierten und auch auf der Ebene der verwendeten Software entsprechend abgebildeten Kenntnis sämtlicher Schutzrechtsmechaniken. Anzumerken ist auch, dass das Amazon Programm offenbar nur geeignet ist, offensichtliche Fälschungen aufzuspüren. Es wird nach Kenntnis des Verfassers jedenfalls nicht überprüft, ob die hochgeladenen Produktdaten von dritten Resellern korrekt sind, bzw. ob sich jemand in unberechtigter Form an eine bereits bestehende ASIN angehängt hat. Sicherlich erscheint es im Sommer 2019, dem Zeitpunkt der Verfassung dieses Beitrags, wo gerade einmal fünf Monate seit Ankündigung des Starts des Projekt Zero in den USA vergangen sind, verfrüht und es wäre auch unsolide, bereits jetzt ein Urteil darüber zu fällen, welche Qualität dieses neue Amazon-Tool tatsächlich bietet und in welchem Umfang es tatsächlich in der Lage sein wird, dem erhobenen Anspruch gerecht zu werden. Es sei jedoch gestattet, an dieser Stelle zumindest bereits ein Fragezeichen anzubringen.

14.4.3 Option Serialisierung

Denjenigen Rechteinhabern, die sich aktiv an dem Programm Zero beteiligen wollen, wird seitens Amazon auch angeboten, dass sie eine *„unique"* Seriennummer an den Internet-Service-Provider übermitteln können, die für Dritte unsichtbar ist und die Fälschungen damit noch schneller sichtbar machen soll. Sellern und Vendoren wurde in Aussicht gestellt, dass sie in diesem Zusammenhang von Kosten von 0,01 bis 0,05 Cent pro Produkt als Einmalzahlung im Rahmen der Serialisierung der betreffenden Artikel ausgehen können. Auch hier bleibt abzuwarten, inwieweit Unternehmen bereit sind, diesen Schritt mitzugehen. Dieser ist ja u. a. mit nicht unerheblichen Umstellungen im Rahmen der Produktion und Versendung der betreffenden Produkte (einschließlich deren Verpackung) verbunden, sprich also mit zusätzlichen weiteren Kosten. Außerdem müssen sich Unternehmen natürlich dabei die grundsätzliche Frage stellen, ob sie sich damit nicht noch weiter Amazon gegenüber öffnen und in noch stärkere Abhängigkeiten gegenüber dem amerikanischen Handelsriesen begeben, als sie ohnehin schon bestehen.

14.4.4 Fokussierung auf Markenrechtsverletzungen und weitere Kritikpunkte

Die überaus starke – und nach Meinung des Verfassers auch sehr einseitige und nicht ausreichende – Fokussierung auf Markenrechtsverletzungen wird auch daraus deutlich, dass für eine Registrierung beteiligter Unternehmen (die bis August dieses Jahres 2019 nur in den USA im Rahmen einer Art Pilotprojekt möglich war, nunmehr jedoch auch für deutsche/europäische Rechteinhaber offensteht), der Nachweis einer existierenden Markenregistrierung gefordert wird, sowie eine Anmeldung bei der Amazon Brand Registry (Quelle: Brand Services Amazon 2019). Optional kommt dann noch die im vorstehenden Abschnitt beschriebene Serialisierung der Produkte hinzu.

Der „Self-Service-Charakter" des gesamten Konzepts birgt auch die konkrete Gefahr, dass Rechteinhaber quasi den Falschen adressieren, sei es, dass sie nicht erkennen, dass es sich um Originalprodukte handelt, die etwa über den grauen Markt von demjenigen, der das Angebot in die Amazon Plattform eingestellt hat, bezogen wurden, ohne dass insoweit eine rechtliche Handhabe besteht, dagegen vorzugehen, oder sei es, dass sie den Umfang ihrer bestehenden Rechtsposition in einem konkreten Fall überschätzen.

Amazon geht auf diese Thematik in bester US-Marketingmanier in seinem offiziellen Statement wie folgt ein (in deutscher Übersetzung): „Wir statten die Marken mit einem noch nie da gewesenen Maß an Eigenverantwortung aus und wir sind gewillt, dies zu tun, weil die kombinierten Stärken von **Amazon und Marken Fälschungen auf null reduzieren können.** Die Marken müssen ein hohes Maß an Treffsicherheit aufrechterhalten, damit ihnen ihre Projekt Zero Privilegien erhalten bleiben. Wir verfügen über eine Reihe von Verfahren, um eine Fehlerfreiheit [in diesem Bereich] zu fördern, einschließlich erforderlichen Trainings als Teil der Projekt Zero-Registrierungen und fortlaufender Überwachung, um einen Missbrauch unseres Instrumentariums zu verhindern." (Quelle: Amazon Into Markets 2019).

Es bleibt abzuwarten, inwieweit sich hier Anspruch und Realität miteinander decken werden. Auch in diesem Zusammenhang wird deutlich, dass die Kehrseite der von Amazon so stark gepriesenen Eigenverantwortung der Unternehmen dann auch eine Vergrößerung von deren Haftungsrisiken mit sich bringt – mit dem offenkundigen Versuch Amazons, wie bereits zuvor angesprochen, diese möglichst auf die Ebene der Rechteinhaber zu verlagern. Die Zukunft wird zeigen, ob Gerichte sowie gesetzgeberische Instanzen Amazon insoweit aus einer Eigenhaftung vollständig entlassen oder diese aufgrund der Konzeption des Projekts Zero zugunsten von Amazon als zumindest reduziert ansehen.

Ausweitung des Projekts auf Europa Am 5. August 2019 startete der Internet-Service-Provider sein Projekt Zero nun auch in Europa, das Medienecho hierauf war vielfältig. So sprach etwa das Handelsblatt in einem Artikel vom gleichen Tag von einer gewaltigen Herausforderung, vor der Amazon stehe. In dem vorgenannten Beitrag wird auch der Vizepräsident des US- Unternehmens Dharmesh Mehta mit der Aussage zitiert:

> „Kunden erwarten, dass sie sicher sein können, auf unserer Website authentische Produkte zu kaufen. Das ist entscheidend für das Kundenvertrauen" und: „Wir wissen, dass wir in diesem Punkt noch nicht perfekt sind, aber wir arbeiten hart daran, dass wir die Zahl der Fälschungen auf null bringen." (Quelle: Handelsblatt Amazon Projekt Zero August 2019)

Wie aus einer Veröffentlichung des Internetinformationsdienstes Onlinehändler-News vom gleichen Tag hervorgeht, seien nach Aussage von Amazon in den USA bereits mehr als 3000 Marken registriert und es seien über 65 Mio verdächtige Produkte gestoppt worden, bevor sie überhaupt für die entsprechenden potentiellen Kunden und Nutzer von Amazon sichtbar gewesen seien (Quelle: Onlinehändlernews 2019).

Dies sieht nach einem signifikanten Erfolg des Projekts Zero bereits in seinem Anfangsstadium aus, wenn auch diese Aussagen von Amazon nur sehr schwer seitens unabhängiger Dritter verifizierbar sein dürften. Amazon macht es illegalen Anbietern nach wie vor viel zu leicht, neue Seller Accounts einzurichten, alles was es hierzu braucht, ist die Angabe einer E-Mail, einer Telefonnummer, Adresse, Kreditkarteninformationen, Übermittlung von Ausweisdokumenten und Bankdaten. Zu wünschen wäre, dass der US Gigant hier ein sehr viel stärkeres Maß an Verantwortung und auch an Transparenz bietet, wie es etwa bei der chinesischen Alibaba Gruppe jetzt bereits der Fall ist. Auch wenn Amazon stets und ständig betont (oder besser behauptet), dass mehr als 99,9 % der auf seiner Plattform gehandelten Artikel keine Plagiate seien, sind doch Zweifel angebracht, dass tatsächlich der ernsthafte Wille besteht, in einer Art holistischen Ansatz umfassend einem sehr hohen Standard von Produkt- und Markenschutz gerecht zu werden. An finanziellen Mitteln dürfte es jedenfalls bei Amazon nicht fehlen.

14.4.5 Neue Onlineherausforderungen für Rechteinhaber

Es ist jedoch nicht auszuschließen, dass in naher Zukunft die Verhältnisse – was den Marken- und Produktschutz bei Amazon betrifft – als geradezu paradiesisch im Vergleich zu neuen mobilen Plattformen angesehen werden müssen, die auf den globalen und auch deutschen Markt drängen und insbesondere die jüngere Generation erreichen. So wurde etwa die Onlineplattform ‚wish' weltweit ca. 200 Mio Mal heruntergeladen (Stand Januar 2019), die vor allem für mobile Anwendungen konzipiert wurde und eine Vielzahl von Artikeln in aggressiver Discountermanier in das Netz stellt (siehe Abb. 14.2 und 14.3):

Wish bedient damit die aktuell bei Konsumenten speziell in der Generation Z grassierende Schnäppchenmentalität. Die meisten Anbieter kommen dabei aus China, es werden

Abb. 14.2 Screenshot
WishApp 2019

auf der Plattform, die lediglich als Vermittler auftritt, täglich neue ‚günstige‘ Produkte
zum Kauf offeriert, deren Qualität jedoch häufig zu wünschen übriglässt. Kriterien wie
Umweltschutz, die Arbeitsbedingungen, unter denen die Produkte hergestellt wurden, die
Legitimität der Anbieter, etc., etc. werden von den Käufern in den meisten Fällen nicht
nachgefragt – Hauptsache ‚günstig‘ ist bei dem Geschäftsmodell, das 2011 von dem
Ex-Google Mitarbeiter Peter Sculczewski und dem Ex-Yahoo IngeniEuro Danny Zhang
gelaunncht wurde, das Motto. Es häufen sich Beschwerden im Netz über unberechtigte
Kontensperrungen, Probleme mit den Zollbehörden, längere Lieferfristen von über 30
Tagen, etc.

Quasi systemimmanent ist, dass auf der Plattform auch nicht unerhebliche Quantitäten gefälschter Artikel zu beziehen sind, wobei der Aufbau der Plattform und fehlende
systematische Screeningmöglichkeiten etwa in Form von Crawlern die Verfolgung von
Rechtsverletzungen sehr viel schwerer machen als es im Vergleich bei Amazon der Fall
ist, Wish steht dabei nur als das prominenteste Beispiel für eine wachsende Anzahl ähnlich konzipierter Geschäftsmodelle speziell für mobile Anwendungen.

Alles dies lässt befürchten, dass die Position von legitimen Marken und Herstellern
sich in Zukunft noch verschlechtern könnte und traditionelle Mittel, gegen Rechtsverletzungen vorzugehen, sich als ein stumpfes Schwert erweisen könnten.

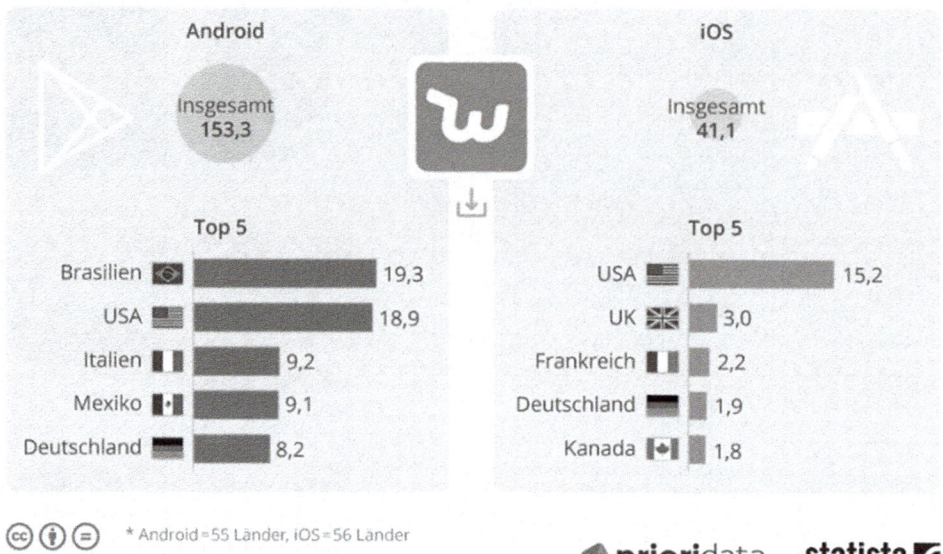

Fast 200 Millionen Wish-Downloads
Downloads der App "Wish – Shopping Made Fun" 2018 (in Mio.)*

Abb. 14.3 Downloadzahlen Wish. (Quelle: https://de.statista.com/infografik/16677/downloads-der-app-wish/)

14.5 Selektiver Vertrieb als Mittel des Markenschutzes im weiteren Sinn im Spannungsfeld mit Amazon

14.5.1 Definition Selektiver Vertrieb/Partnerschaftsmodelle

Nach der Legaldefinition der EU- Gruppenfreistellungsverordnung Vertikal 2010 („GVOV 2010") in Art. 1 Abs. 1lit. e. (s. Text EU GVOV 2010), die die maßgebliche Rechtsgrundlage für diese Form des Vertriebs bildet, sind selektive Vertriebssysteme solche, in denen sich der Anbieter verpflichtet,

> „die Vertragswaren oder -dienstleistungen unmittelbar oder mittelbar nur an Händler zu verkaufen, die anhand festgelegter Merkmale ausgewählt werden, und in denen sich diese Händler verpflichten, die betreffenden Waren oder Dienstleistungen nicht an Händler zu verkaufen, die innerhalb des vom Anbieter für den Betrieb dieses Systems festgelegten Gebiets nicht zum Vertrieb zugelassen sind".

Diese (insbesondere für hochwertige Markenwaren, Luxusgüter, technisch komplexe und beratungsbedürftigen Produkte, sowie diejenigen Artikel, bei denen Sicherheitselemente eine wesentliche Rolle spielen, konzipierte) Form des Vertriebs ist alles andere als neu.

Dabei ist der Begriff „selektiver Vertrieb" der juristische *terminus technicus,* der Verfasser gibt der unjuristischen Bezeichnung Vertragspartnerschaften zwischen Hersteller/ Marke und Einzelhandel den Vorzug, da diese Bezeichnung besser das erforderliche Miteinander beider Handelsstufen im Sinn einer Zweibahnstraße kennzeichnet, nämlich das wechselseitige Fordern und Fördern.

Bereits in den siebziger Jahren haben etwa Schmuck- und Uhrenhersteller wie auch Modefirmen diese spezifische Form des Vertriebs gepflegt. Hochaktuell und unter wettbewerbsrechtlichen Aspekten auch brisant wurden derartige Partnerschaftsmodelle jedoch erst im Zug des exponentiell wachsenden Onlinehandels und den damit verbundenen Schwierigkeiten insbesondere für marktstarke und marktbeherrschende Markenartikelunternehmen die Vertriebskanäle ihrer Produkte und deren Onlinepräsentation im positiven Sinn zu kontrollieren.

Insofern bietet das Instrument des selektiven Vertriebs/der Partnerschaftsmodelle für viele Unternehmen im Konsumgüterbereich auf deutscher und europäischer Ebene *ein* legitimes Instrument und die Option, die qualitativen Anforderungen an ihre Einzelhandelskunden vertraglich zu definieren, wie sie ihre Produkte und Marke(n) offline und online präsentiert sehen möchten. Dies sollte im Sinn der bereits erwähnten Zweibahnstraße möglichst in Verbindung mit neuen kreativen Marketinginstrumenten geschehen, die den qualifizierten Fachhandel (Offline wie Online) aktiv unterstützen. Damit können dann auch sogenannte Außenseiter, die nicht diesem Verbundsystem angehören, von dem Bezug der betreffenden Markenwaren auf europäischer Ebene völlig legal ausgeschlossen werden.

14.5.2 Unternehmerische Entscheidungsfreiheit und geltendes Wettbewerbsrecht

Juristische Laien (darunter auch Unternehmer) sind nicht selten der Auffassung, dass eine Marke völlig autonom bestimmen könne, wen sie als Abnehmer und Kunden für ihre Produkte auswählt und wen nicht. Dies trifft jedoch nur für Unternehmen zu, die nicht als marktstark oder marktbeherrschend unter kartellrechtlichen Kriterien eingestuft werden, wie nachstehend noch näher dargestellt werden wird.

Zwar ist die unternehmerische Entscheidungsfreiheit ein sowohl in Deutschland grundgesetzlich als auch auf der Ebene der Europäischen Union (s. Artikel 16 EU Grundrechtscharta) verfassungsrechtlich geschütztes Gut, das seine Grundlage in Art. 12 Abs. 1 Grundgesetz hat. So hat etwa das Bundesverfassungsgericht bereits 1979 betont, dass, soweit es um eine Tätigkeit gehe, die den Voraussetzungen eines „Berufs" entspreche, damit auch die „Unternehmerfreiheit" im Sinn freier Gründung und Führung von Unternehmen durch Art. 12 Abs. 1 Grundgesetz geschützt sei (s. BVerfG 1979). Ebenso jedoch wie auch das Eigentumsrecht nicht schrankenlos gilt, werden der Unternehmerfreiheit durch geltendes europäisches und deutsches Wettbewerbsrecht (einschließlich der damit verbundenen Entscheidungen der Wettbewerbsbehörden

der EU-Kommission wie auch in Deutschland des Bundeskartellamts sowie der Urteile
nationaler und europäischer Gerichte) Grenzen gezogen, die auch die autonome Entscheidungsfreiheit der Unternehmen im Bereich des selektiven Vertriebs/der Partnerschaftsmodelle einengen.

14.5.3 Belieferungsfreiheit und deren rechtliche Grenzen

Vielfach wird verkannt, dass kleinere und mittlere Unternehmen, die nicht in den Kreis
der marktstarken und marktbeherrschenden Akteure fallen, nach wie vor grundsätzlich
frei in der Auswahl ihrer Vertriebspartner auf Groß- und Einzelhandelsebene sind und
von den kartellrechtlichen Limitierungen dieser unternehmerischen Freiheit auf deutscher und europäischer Ebene nicht erfasst werden, sofern sie nicht sogenannte Hardcore-Verstöße begehen, die dann mit sehr hohen Geldbußen der Kartellbehörden belegt
werden können und auch Schadenersatzverpflichtungen gegenüber Handelspartnern
auf nachgelagerten Vertriebsstufe auslösen können. Ein klassisches Beispiel in diesem
Zusammenhang ist der Verstoß gegen das Verbot der Preisbindung zweiter Hand, nämlich herstellerseitig zu versuchen, Einfluss auf die autonome Preisbildung der Vertriebspartner gegenüber deren Kunden zu nehmen.

Sehr stark vereinfacht und an der obersten Oberfläche einer zwingend notwendigen
detaillierten Prüfung und Analyse in diesem Bereich ausgedrückt, kommt ein Unternehmen auf einen zu definierenden relevanten Markt bei einem Anteil von mehr als 30 %
nicht mehr in den Genuss der GVOV 2010, Marktbeherrschung wird ab einem Anteil
von 40 % gemäß § 18 Abs. 4 GWB vermutet. Diese vorgenannten Schwellenwerte können sich jedoch auch stark reduzieren, etwa, wenn im Bereich des selektiven Vertriebs ein
ganzer Industriesektor parallel derartige Vertriebsmodelle praktiziert. Daneben existieren
gerade in Deutschland noch spezifische von der Rechtsprechung entwickelte Fallgruppen,
insbesondere diejenige einer sortimentsbedingten Abhängigkeit von Händlern von einer
Marke in der Kategorie hochwertige Konsumgüter. Das Vorliegen dieser Voraussetzungen
wurde etwa im Fall einer rechtlichen Auseinandersetzung des Kofferherstellers Rimowa
mit einem seiner Händler durch das Oberlandesgericht München als gegeben angesehen,
ohne dass der vorstehend genannte Schwellenwert von 30 % Marktanteil im Koffer-
bereich bei dem mittlerweile von der französischen Gruppe LVMH gekauften Produzenten von Reisegepäck im oberen Preissegment vorlag (s. OLG München 2015).

Kartellbehörden und Gerichte tendieren dazu, in ihrer Definition des relevanten Marktes eine sehr filigrane Segmentierung anzunehmen. So hat etwa das Bundeskartellamt
im Rahmen seiner Überprüfung des selektiven Vertriebssystems/Partnerschaftsmodell
von Adidas im Jahr 2014 den relevanten Markt nicht etwa auf der Basis der Kategorie
Sportartikel bestimmt, sondern spezifische gesonderte Märkte in den Bereichen Fußball-
bekleidung und Fußballschuhe gesehen, in denen das Herzogenauracher Unternehmen in
jedem Fall in Deutschland über Marktanteile von mehr als 30 Prozent verfügen würde (s.
Fallbericht 3 Bundeskartellamt 2014).

14.5.4 Vertragliche Einschränkungen von Händlern in ihrer Amazon-Präsenz (Präsenz auf Drittplattformen generell)

Bereits vor einer Reihe von Jahren, als der Verfasser selbst mit der Konzipierung derartiger Partnerschaftsmodelle sowohl auf individueller Mandanten- als auch auf Industrieverbandsebene im Sportartikelsektor und in anderen Branchen befasst war, kristallisierte sich heraus, dass die Frage, ob und unter welchen Voraussetzungen ein Markenartikelhersteller seinen Einzelhandelskunden vertraglich untersagen dürfe, auf Drittplattformen (sprich über eine Werbung auf seiner eigenen Webseite hinaus) präsent zu sein, zu den sensibelsten Themen in diesem Bereich gehörte. Die Bandbreite denkbarer Restriktionen reicht dabei über qualitative spezifische Anforderungen an die Präsenz auf derartigen Plattformen bis hin zu einem pauschalen vollständigen Ausschluss.

Nachdem sowohl das europäische Kartellrecht in seinem Artikel 101 AEUV als auch das damit harmonisierte deutsche Wettbewerbsrecht in seinen §§ 1 und 2 GWB eine Vielzahl von unbestimmten Rechtsbegriffen beinhalten, die zwar durch die bereits erwähnte GVOV 2010 und die damit verbundenen Richtlinien der EU-Kommission etwas konkretisiert werden (einschließlich der mittlerweile diesem Bereich ergangenen diversen Entscheidungen der nationalen und europäischen Kartellbehörden sowie der EU-Kommission), haben es juristische Berater von Unternehmen auf diesem Gebiet häufig nicht leicht, das gewünschte Maß an Rechtssicherheit offerieren zu können. Es ist schwierig stets in allen Bereichen derartiger Partnerschaftssysteme zuverlässige Aussagen zu liefern, welche vertraglichen Gestaltungen in einem konkreten Fall noch zulässig sind und wo die Gefahrenzone beginnt, dass Wettbewerbsbehörden und/oder Gerichte diese für unzulässig erklären mit den damit verbundenen negativen Folgen für Hersteller und Marken. Dies insbesondere, weil der gesamte Bereich des selektiven Vertriebs noch sehr stark im Fluss ist, was die Rechtsprechung der Gerichte, gesetzgeberische Initiativen auf nationaler und europäischer Ebene (siehe hierzu unten Ziffer 5.4), sowie die zum Teil (leider) nicht unerheblich divergierenden Rechtsauffassungen nationaler Wettbewerbsbehörden in der EU und im Europäischen Wirtschaftsraum angeht.

Völlig unstreitig ist dabei bereits seit einer ganzen Reihe von Jahren, dass einem Vertriebspartner nicht umfassend untersagt werden kann, selbst online präsent zu sein, etwa durch eine eigene Webseite. Die Diskussion und auch die rechtlichen Auseinandersetzungen entzündeten sich jedoch bei der Frage, ob ein pauschales Drittplattformverbot eine verbotene Hardcore-Beschränkung darstellt oder nicht. Recht schnell kristallisierte sich dann etwa auf der Basis des vorzitierten Kartellverfahrens Adidas heraus, dass das deutsche Bundeskartellamt von der rechtlichen Unzulässigkeit einer derartigen Regelung ausging. Erkennbar maßgeblich bestimmt wurde dieses Denken von der Annahme, dass es zum einen aus der Perspektive des Amtes galt, das sogenannte höchste Verbraucherwohl durchzusetzen, nämlich qualitativ beste Produkte zum günstigsten Preis erwerben zu können, zum anderen jedoch die deutschen Wettbewerbshüter ganz dezidiert die Auffassung vertraten (und diese wohl auch zumindest noch teilweise heute differenziert vertreten), dass kleinere und mittlere Händler im Wesentlichen nur über das Vehikel einer Visibilität auf derartigen Plattformen die Chance hätten, im Internet wahrgenommen zu werden und ihren Kundenkreis erweitern könnten.

Zwar wurde diese recht rigide (und aus persönlicher Sicht des Verfassers nicht gerechtfertigte) Auffassung nicht von Kartellbehörden in allen anderen Mitgliedstaaten geteilt und auch in Deutschland nicht von der Mehrzahl der mit derartigen kartellrechtlichen Auseinandersetzungen befassten Gerichte übernommen. So hat etwa der Kartellsenat des Oberlandesgerichts Frankfurt a. M. in seiner rechtskräftigen Entscheidung vom 22. Dezember 2015 im Fall des Rucksackherstellers Deuter (mit Beteiligung des Verfassers an dem Verfahren) geurteilt, dass es ein pauschales Drittplattformverbot in dem (ebenfalls seitens des Verfassers konzipierten) vertraglichen selektiven Vertriebssystem der Outdoormarke nicht als unzulässige Wettbewerbsbeschränkung ansehen würde. In den Entscheidungsgründen dieses Urteils heißt es wörtlich:

> „Dem Hersteller wird damit [sprich mit einer ungewollten kommerziellen Aktivität eines Händlers bei Amazon Marketplace] in der durchschnittlichen Wahrnehmung des Verbrauchers ein Händler „untergeschoben", mit dem der Hersteller keine Vertragsbeziehung unterhält und auf dessen Geschäftsgebaren er keinen Einfluss nehmen kann. Darauf, ob die Außenwahrnehmung von Amazon positiv ist, …, oder negativ,……,, kommt es im Ergebnis nicht an." (s. OLG Frankfurt a. M. 2015).

Im Mai 2015 startete die EU-Kommission eine sogenannte Sektorenuntersuchung E-Commerce, in der sie einen großen Schwerpunkt auf existierende selektive Vertriebssysteme/Partnerschaftsmodelle in den Branchen Schuhe und Mode (einschließlich Sportartikel), elektronische Konsumgüter und Reisedienstleistungen legte. Eine Vielzahl von Unternehmen in diesen Branchen erhielten detaillierte Fragebögen mit der Aufforderung, entsprechende Auskünfte zu geben einschließlich der Übersendung der entsprechenden Verträge auf diesem Gebiet. Die Kommission erhielt damit detaillierte Einsicht in über 6000 (!) Vertriebsverträge. Im Mai 2017 veröffentlichte sie dann einen Abschlussbericht, indem sie insbesondere feststellte, dass Preistrackingtools und Preisanpassungsalgorithmen weit verbreitet seien, gleiches gelte für eine (versuchte) Einflussnahme auf Weiterverkaufspreise, sowie für existierende vertragliche Beschränkungen des Onlinevertriebs verbunden mit einer ebenfalls weiten Verbreitung der Existenz selektiver Vertriebssysteme. Häufig zu finden seien auch Gebietsbeschränkungen in Form des sogenannten „Geoblockings (s. E-Commerce Report EU-Kommission 2017). In dem vorzitierten Bericht traf die Kommission auch die Kernaussage, dass (absolute) Marktplatzverbote von ihr nicht als Kernbeschränkungen im Sinn von Artikel 4b und 4c der bereits mehrfach zitierten GVOV 2010 angesehen würden.

Dem folgte am 6. Dezember 2017 das von allen mit dieser spezifischen Materie befassten Experten mit Spannung erwartete Urteil des europäischen Gerichtshofs in Sachen Parfümvertreiber Coty Germany GmbH gegen den deutschen Einzelhändler Parfümerie Akzente GmbH (s. EuGH Coty 2017). Letzterer hatte Coty ursprünglich vor dem Landgericht Frankfurt am Main verklagt und die Unzulässigkeit mehrerer vertraglichen Regelungen in dem selektiven Vertriebsvertrag/Partnerschaftsmodell von Coty gerügt sowie Schadensersatz beansprucht. Der Rechtsstreit landete schließlich in der Revisionsinstanz vor dem Bundesgerichtshof in Karlsruhe und die dortigen Richter legten dem EuGH einige dezidierte Fragen zur Beantwortung vor, nachdem sie EU-Recht in dem Verfahren für entscheidungsrelevant sahen. Ein zentrales Thema hierbei war die rechtliche Zulässigkeit des pauschalen vertraglichen Ausschlusses des klagenden Händlers, auf Drittplattformen präsent sein zu dürfen.

Der EuGH schloss sich der Auffassung der EU-Kommission (entgegen dem Standpunkt des Bundeskartellamtes) an, dass derartige Wettbewerbsbeschränkungen in aller Regel grundsätzlich zulässig seien. Sogleich nach Bekanntwerden des Urteils entbrannte ein heftiger Streit und eine heiße Diskussion in juristischen Fachkreisen und auch auf der Ebene der diversen Industrie- und Handelsverbände, ob diese Bewertung der ersten Kammer des EuGH ausschließlich für die Hersteller und Vertreiber von Luxuswaren gelte, oder ganz generell auch für alle übrigen Produktkategorien, die sich für einen selektiven Vertrieb qualifizieren. Es überrascht nicht, dass die deutschen Wettbewerbshüter mit ihrem Präsidenten Andreas Mundt an der Spitze bei ihrer grundsätzlichen Negativbewertung *pauschaler* Plattformverbote blieben (s. etwa Veröffentlichung Bundeskartellamt 2018).

Abgesehen von der Tatsache, dass eine ganze Reihe von nationalen Kartellämtern in der EU einschließlich der EU-Kommission anderer Meinung sind, haben auch deutsche Gerichte zeitlich nach Ergehen des Coty-Urteils zugunsten der Zulässigkeit derartiger pauschaler Plattformverbote entschieden, so etwa das Oberlandesgericht Hamburg in einer Entscheidung vom 22.3.2018 (s. OLG Hamburg 2018).

Ein wesentliches Argument, das aus der Sicht des Verfassers für die Auffassung spricht, dass derartige pauschale Plattformverbote in der Regel zulässig sind, stellt die auch von der EU-Kommission vertretene Position dar, dass die GVOV 2010 nicht nach Produktkategorien differenziert und somit eine rechtliche Bewertung nicht verschiedene Ergebnisse für verschiedene Warensegmente rechtfertigt. Im Übrigen sollte es wieder nach persönlicher Meinung des Verfassers weder staatlichen Behörden noch Gerichten, sei es auf nationaler oder auch europäischer Ebene, im Sinn einer Überregulierung und unverhältnismäßigen Beschränkung der bereits obenstehend angesprochenen unternehmerischen Entscheidungsfreiheit gestattet sein, in den privaten Sektor quasi ‚hineinzuregieren‘ und Unternehmen hierbei zu zwingen, auf Vertriebskanälen präsent zu sein, die sie nicht bedienen wollen. Diese Freiheit sollte auch für marktstarke und marktbeherrschende Unternehmen gelten, denn anderenfalls steht zu befürchten, dass Wettbewerb nicht gefördert, sondern durch eine **globale** marktbeherrschende Dominanz der diversen Internetgiganten über kurz oder lang zerstört werden könnte. Ebenso wie in der Konzentration des Lebensmittelhandels auf dem deutschen Markt das Amt in den vergangenen Jahren viel zu lange untätig geblieben war, sollte es sich jetzt nicht zum Steigbügelhalter der Zerschlagung traditioneller Handelsstrukturen und der Bildung von global agierenden Oligopolen, wenn nicht Monopolen auf Einzelhandelsebene machen.

Eine ganz andere Frage ist es jedoch in diesem Zusammenhang, ob die unternehmerische Entscheidung strategisch richtig ist, seinen Handelspartnern jegliche Präsenz etwa auf Amazon Marketplace verbieten zu wollen, bzw. auch selbst in diesem Vertriebskanal nicht direkt vertreten sein zu wollen, oder ob es hier nicht differenziertere Lösungen gibt, die den konkreten Unternehmensinteressen besser gerecht werden. Insoweit bedarf es einer sorgfältigen Analyse und einer Strukturierung des individuell passenden Vertriebsmodells, die weit über bloße juristische Aspekte hinausgeht.

Eines ist dabei jedoch zu beachten: Es stellt eine unzulässige Hardcore-Wettbewerbsverletzung dar, wenn ein Markenartikelhersteller seinen Abnehmern vertraglich untersagt auf dem Vertriebskanal Drittplattform mit den betreffenden Artikeln seines Unternehmens präsent zu sein, während er selbst dort im Direktgeschäft mit dem betreffenden Plattformbetreiber aktiv ist. Im Übrigen ist auch mittlerweile durch diverse Gerichtsurteile und Entscheidungen des Bundeskartellamtes geklärt, dass es nicht zulässig ist, Händlern die aktive Teilnahme an Preisvergleichsportalen/Preissuchmaschinen vertraglich untersagen zu wollen.

Die vorstehenden Anmerkungen sind nur eine Facette von einer ganzen Reihe von rechtlichen Aspekten, die im Rahmen der Konzipierung eines selektiven Vertriebsmodells sei es auf nationaler oder europäischer Ebene zu berücksichtigen sind und ersetzen nicht die Notwendigkeit einer individuellen Beratung.

14.5.5 Das aktuelle Reformvorhaben der EU-Gruppenfreistellungsverordnung 2010 der EU-Kommission

Im Getöse der Europawahlen und der sich daran anknüpfenden Personalfragen zur Besetzung der Spitzenpositionen in den diversen EU Institutionen, sowie des Dauerbrenners Brexit und des Handelsstreits zwischen der EU und den USA führten und führen zum Zeitpunkt der Verfassung dieses Beitrags im August 2019 andere für den künftigen Vertrieb von Markenartikeln in der EU und im Europäischen Wirtschaftsraum zentral wichtige aktuelle Vorhaben und Aktivitäten in Brüssel derzeit nahezu ein Schattendasein. Dies gilt auch und insbesondere für die GVOV 2010, deren Inhalte seit Oktober 2018 einer detaillierten Überprüfung seitens der Kommission unterzogen werden. Nahezu sämtliche Vertriebsformen im Rahmen des Absatzes von Markenartikeln (bis auf einige wenige Spezialformen wie etwa das Franchising oder die Patentlizenzierung, für die spezielle Gruppenfreistellungsverordnungen gelten) in der EU/im Europäischen Wirtschaftsraum werden von ihr erfasst. Neben der bereits in Abschn. 14.5.4 beschriebenen Problematik der vertraglichen Einschränkung der Teilnahme von Händlern an Preisvergleichsportalen und der Präsenz von Händlern auf Drittplattformen sind unter anderem auch die Zulässigkeit von Konditionssystemen mit der Differenzierung zwischen Online- und Offlinehändlern von dieser Überarbeitung erfasst. Die wachsende Zahl von Bußgeldentscheidungen des Bundeskartellamts der letzten

Jahre im Bereich von Verstößen von Herstellern gegen die Preisautonomie der nach-gelagerten Handelsstufe gegenüber deren Kunden sind ein weiterer Beleg dafür, welche einschneidenden negativen Auswirkungen Verstöße gegen geltendes Wettbewerbsrecht für Unternehmen haben können (s. etwa die sehr illustrative Entscheidung der EU-Kom-mission in Sachen Modehersteller Guess vom 17.12.2018, in der die Kommission ein Bußgeld in Höhe von 40 Mio. EUR wegen diverser Hardcore-Verstöße gegen geltendes europäisches Wettbewerbsrecht verhängt hat (s. Guess 2018).

Es stellt daher keine Übertreibung des Verfassers dar, wenn führende Hersteller und Marken die aktuelle Überarbeitung der GVOV 2010 ihm gegenüber als ganz ent-scheidend für das Fortbestehen ihres aktuellen Geschäftsmodells bezeichneten. Betroffen sind jedoch auch grenzüberschreitende Vertriebssysteme, wie etwa der Warenabsatz über Distributoren mit geographischem Exklusivitätsstatus.

Die Kommission hat im Rahmen der Überarbeitung der GVVO 2010 in der zweiten Hälfte Mai 2019 eine Konsultationsphase abgeschlossen, in der eine ganze Reihe von Industrie- und Handelsverbänden wie auch individuelle Unternehmen in Positions-papieren ihren interessensspezifischen Standpunkt artikuliert haben. Dies geschah auch seitens des Europäischen Verbandes der Sportartikelindustrie FESI unter aktiver Beteiligung des Verfassers.

Kernpunkte in der Stellungnahme der FESI sind:

- Die Repräsentanz von 1800 europäischen Herstellern von Sportartikeln, dies ent-spricht 85 % des europäischen Marktes, sei es in direkter Mitgliedschaft oder durch ihre nationalen Mitgliedsverbände, wie etwa dem Bundesverband Deutscher Indus-trie/BSI, wobei zwischen 70 bis 75 % der Mitglieder kleine und mittelständische Unternehmen ausmachen. Die Gesamtzahl der in der Europäischen Sportartikel-industrie Beschäftigten beläuft sich auf über 650.000 EU-Bürger mit einem jährlichen Gesamtumsatz von ca. 66 Mrd. EUR.
- Ein starkes Plädoyer für das Fortbestehen der wesentlichen Inhalte der GVVO 2010 auch nach 2021;
- Die Beibehaltung eines ausbalancierten Gleichgewichts zwischen den Interessen der Hersteller, der Händler und der Konsumenten;
- Die Beseitigung der auch auf der europäischen Ebene verbreiteten Denkweise, dass Instrumente für Markenartikelhersteller wie unverbindliche Preisempfehlungen, Preis-statistiken und dergleichen unter dem Generalverdacht der (unzulässigen) Fixierung von Preisen auf den diversen Handelsstufen stehen;
- Die Beseitigung von divergierenden Interpretationen von kartellrechtlichen Regelun-gen und gerichtlichen Entscheidungen durch nationale Wettbewerbsbehörden zum Nachteil des grenzüberschreitenden Handels mit Sportartikeln;
- Die weitere Legitimität von selektiven Vertriebssystemen und der Fortbestand der unternehmerischen Freiheit seitens der Hersteller als solche, sich ihre Handelspartner selbst zu wählen;

- Die Anerkennung des Prinzips, dass stationäre Händler nicht selten höhere Kosten für den Vertrieb von Sportartikeln haben, als reine Onlinehändler mit der Zulässigkeit, diesen beiden Vertriebskanälen differenzierte Konditionen gewähren zu dürfen (was aktuell wettbewerbsrechtlich sehr problematisch ist).

Es ist sicherlich alles andere als überraschend, dass die Lobbyisten des Onlinehandels mit dem Argument zum Wohl der Verbraucher in der EU zu handeln für eine Aufhebung oder zumindest wesentliche Einschränkung von derzeit noch bestehenden Privilegien der Hersteller und Händler von Markenartikeln massiv in Brüssel vorstellig zu werden (sei es u. a. bezogen auf den selektiven Vertrieb von Markenartikeln, die Zulässigkeit der Angabe von unverbindlichen Preisempfehlungen und die Limitierung der Verbote der Präsenz von Händlern auf Drittplattformen), um ihre eigenen Interessen in diesem Bereich durchzusetzen. Hierzu zählen naturgemäß auch zahlreiche Repräsentanten von Amazon, wie auch von Google, eBay, der Alibaba-Gruppe und des Bundesverbands Onlinehandel BVOH, um nur einige Stakeholdergruppen zu nennen.

Auf der Basis der dem Verfasser aus Brüssel mit Stand August 2019 vorliegenden Informationen, soll die erste Evaluierungsphase insgesamt bis ca. Kalenderquartal II 2020 abgeschlossen sein. Ein spezifischer Workshop der interessierten Kreise (*„Stake-holder"*) ist für Herbst 2019 geplant. Dem schließt sich dann über einen Zeitraum von 24 Monaten eine Bewertung der Auswirkungen einer Reform/Überarbeitung der VVO 2010 an (sog. *„impact assessment phase"*).

Generell will die Kommission eng mit den nationalen Wettbewerbsbehörden zusammenarbeiten. Eine neue/modifizierte/oder auch (wenngleich unwahrscheinlich) unverändert gebliebene Gruppenfreistellungsverordnung Vertikal samt den dazu gehörigen neugefassten Leitlinien soll spätestens 2022 in Kraft treten.

14.6   Fazit und Handlungsempfehlungen

Es sollte sich schon in naher Zukunft zeigen, ob Amazon tatsächlich mit seinem Projekt Zero dem hohen Anspruch gerecht werden wird, den das Unternehmen sich selbst durch seine im Zusammenhang des Projekts im März dieses Jahres getroffenen Aussagen auferlegt hat. Zweifelsohne bestehen nach wie vor erhebliche Defizite im Produkt- und Markenschutz.

Auf Hersteller-/Markenseite sollte sehr sorgfältig überlegt werden, ob es überhaupt, – und falls ja – in welchem Umfang es Sinn macht, sich in dem Projekt zu engagieren. Erfordernisse wie Registrierungspflichten von Schutzrechten bei Amazon, die optional offerierte Serialisierung der Produkte über ein Amazon-eigenes System können nicht nur Vorteile mit sich bringen, sondern eine noch stärkere Abhängigkeit von dem Handelsriesen bedingen. Eventuell gibt es alternative Dienstleister in diesem Segment, die qualitativ bessere Ergebnisse liefern und deren *‚proof of concept'* durch langjährige konstante

Erfolge in der Bekämpfung illegaler Offerten und Fälschungen im World Wide Web erwiesen ist.

Soweit es die Kontrolle von Warenflüssen und der Darstellung der Marke auf Einzelhandelsebene betrifft, sollte ein Unternehmen prüfen, ob das Modell des selektiven Vertriebs des für die betreffenden Markenartikel auf deutscher und europäischer Ebene eine Option bildet, oder ob nicht andere (differenzierte) Modelle wie etwa ein teilselektiver Vertrieb der richtige ,Maßanzug' für die Unternehmensstrategie im operativen Bereich sind. Gleiches gilt bezogen auf die Sinnhaftigkeit eines generellen Verbotes der Präsenz auf Drittplattformen, auch hier sollten differenzierte oder alternative Lösungen geprüft werden, gefordert ist insoweit ein kreatives und ergebnisbetontes, sowie praxisnahes Denken aller Beteiligten einschließlich der juristischen Berater eines Unternehmens. Hierbei sollte jedoch auch der Mut vorhanden sein, die gesamte Bandbreite gestalterischer Möglichkeiten unter frühzeitiger Einbeziehung aller hiervon betroffenen Managementbereiche eines Unternehmens auszuloten, denn nach wie vor gilt der als Zitat dem Altbundespräsidenten Walter Scheel (1974–1979) zugeschriebene Ausspruch *„Nichts geschieht ohne Risiko, aber ohne Risiko geschieht auch nichts"* (s. Walter Scheel Zitat).

Literatur

Amazon BSA deutsch. (2019). https://sellercentral.amazon.de/gp/help/external/201190440?language=de_DE&ref=efph_201190440_cont_201190440. Zugegriffen: 15. Aug. 2019.

Amazon IntoMarkets. (2019). https://www.intomarkets.com/en/wiki/amazon-project-zero-2/. Zugegriffen: 15. Aug. 2019.

Amazon Richtlinie Produktpiraterie deutsch. (2019). https://sellercentral.amazon.de/gp/help/external/help.html?itemID=201165970&language=deDE&ref=efph_201165970_cont_201361070. Zugegriffen: 15. Aug. 2019.

Amazon Richtlinie Produktpiraterie englisch. (2019). https://sellercentral.amazon.com/gp/help/external/201165970. Zugegriffen: 15. Aug. 2019.

Amazon SEC Report. (2018). https://www.sec.gov/Archives/edgar/data/1018724/000101872419000004/amzn-20181231x10k.htm#s460C5806548657929C88FB70AB80F296. Zugegriffen: 15. Aug. 2019.

Amazon Seller Central. (2019). Definitionen. https://sellercentral.amazon.de/gp/help/external/201190440?language=de_DE&ref=efph_201190440_cont_201190440. Zugegriffen: 15. Aug. 2019.

ARD. (2019). „Die Story im Ersten – Amazon außer Kontrolle". https://www.daserste.de/information/reportage-dokumentation/dokus/sendung/amazon-ausser-kontrolle-100.html. Zugegriffen: 15. Aug. 2019.

Artikel 16 EU Grundrechtscharta. https://dejure.org/gesetze/GRCh/16.html. Zugegriffen: 15. Aug. 2019.

Brand Services Amazon. (2019). https://brandservices.amazon.de/?ld=BRDESSA&tag=googhydr08-21&hvadid=263621284947&hvpos=1t1&hvexid=&hvnetw=g&hvrand=17031867204105572862&hvpone=&hvptwo=&hvqmt=b&hvdev=c&ref=pd_sl_2b2ckb5l8a_b. Zugegriffen: 15. Aug. 2019.

Bundeskartellamt Fallbericht. (2019) 2. https://www.bundeskartellamt.de/SharedDocs/Ent-scheidung/DE/Fallberichte/Missbrauchsaufsicht/2019/B2-88-18.pdf?__blob=publicationFi-le&v=4. Zugegriffen: 15. Aug. 2019.

E-Commerce Report EU-Kommission. (2017). (Zusammenfassung). https://europa.eu/rapid/press-release_IP-17-1261_de.htm. Sowie unter https://europa.eu/rapid/press-release_MEMO-17-1262_de.htm. Zugegriffen: 15. Aug. 2019.

E-Commerce-Richtlinie EU. (2019). https://eur-lex.europa.eu/legal-content/DE/TXT/HTML/?uri=CELEX:32000L0031&from=DE. Zugegriffen: 15. Aug. 2019.

EuGH Coty. (2017). https://eur-lex.europa.eu/legal-content/DE/TXT/PDF/?uri=CE-LEX:62016CJ0230&from=DE. Zugegriffen: 15. Aug. 2019.

EUPIO Amt der Europäischen Union für geistiges Eigentum. (2019a). Zusammenfassung – Status-bericht 2019 über Verletzungen von Rechten des geistigen Eigentums. https://euipo.europa.eu/tunnelweb/secure/webdav/guest/document_library/observatory/docs/2019_Status_Report_on_IPR_infringement/2019_Status_Report_on_IPR_infringement_exec_de.pdf. Zugegriffen: 15. Aug. 2019.

EUPIO Amt der Europäischen Union für geistiges Eigentum. (2019b). Pressemitteilung vom 6. Juni 2019: Durch Fälschungen entgehen 11 bedeutenden Branchen in der EU jährlich Ein-nahmen von bis zu 60 Mrd. EUR. https://euipo.europa.eu/tunnel-web/secure/webdav/guest/document_library/observatory/docs/2019_Status_Report_on_IPR_infringement/2019_Status_Report_on_IPR_infringement_pr_germany.pdf. Zugegriffen: 15. Aug. 2019.

EUPIO Amt der Europäischen Union für geistiges Eigentum. (2019c). Intellectual Property Crime Threat Assessement Report 2019. https://euipo.europa.eu/tunnel-web/secure/webdav/guest/document_library/observatory/documents/reports/2019_IP_Crime_Threat_Assessment_Report/2019_IP_Crime_Threat_Assessment_Report.pdf. Zugegriffen: 15. Aug. 2019.

Fallbericht 3 Bundeskartellamt. (2014). https://www.bundeskartellamt.de/SharedDocs/Entschei-dung/DE/Fallberichte/Kartellverbot/2014/B3-137-12.pdf;jsessionid=FE4CDBE15251E-100A966CB8F83819BC6.2_cid371?__blob=publicationFile&v=2. Zugegriffen: 15. Aug. 2019.

Fallbericht Bundeskartellamt. (Juli 2019). https://www.bundeskartellamt.de/SharedDocs/Ent-scheidung/DE/Fallberichte/Missbrauchsaufsicht/2019/B2-88-18.pdf?__blob=publicationFi-le&v=4. Zugegriffen: 15. Aug. 2019.

Guardian. (2018). Amazon site awash with counterfeit goods despite crackdown. https://www.theguardian.com/technology/2018/apr/27/amazon-site-awash-with-counterfeit-goods-despite-crackdown. Zugegriffen: 15. Aug. 2019

Guess. (2018). https://ec.europa.eu/germany/news/guess20181217_de. Zugegriffen: 15. Aug. 2019.

Handelsblatt Amazon Projekt Zero. (August 2019). https://www.handelsblatt.com/unternehmen/handel-konsumgueter/produktfaelschungen-project-zero-amazon-geht-jetzt-auch-in-europa-massiv-gegen-plagiate-vor/24865090.html. Zugegriffen: 15. Aug. 2019.

Laure Bourdeau E-Brand Services. (2019). https://brandservices.amazon.de/?ld=BRDES-SA&tag=googhydr08-21&hvadid=263621284947&hvpos=1t2&hvexid=&hvnetw=g&hvrand=5198990043599985973&hvpone=&hvptwo=&hvqmt=b&hvdev=c&ref=pd_sl_2b2ckb5l8a_b. Zugegriffen: 15. Aug. 2019.

NDR. (2016). Ratgeber Markt. https://www.ndr.de/ratgeber/verbraucher/Markenprodukte-Gefael-schte-Ware-bei-Amazon,amazon166.html. Zugegriffen: 15. Aug. 2019.

Ng, S., & Bensinger, G. (2014). Warum Amazon so oft Fälschungen versendet. *Wall Street Journal*. https://www.welt.de/wall-street-journal/article127938988/Warum-Amazon-so-oft-Faelschungen-versendet.html. Zugegriffen: 15. Aug. 2019.

OLG Frankfurt a. M. (2015). https://www.rv.hessenrecht.hessen.de/bshe/document/LARE190018354. Zugegriffen: 15. Aug. 2019.

OLG Hamburg. (2018). http://www.rechtsprechung-hamburg.de/jportal/portal/page/bshar-prod.psml?doc.id=KORE209972018&st=ent&doctyp=juris-r&showdoccase=1&paramfromHL=true#focuspoint). Zugegriffen: 15. Aug. 2019.

OLG München. (2015). http://tlmd.in/u/1631. Zugegriffen: 15. Aug. 2019.

Onlinehändlernews. (2019). https://www.onlinehaendler-news.de/online-handel/marktplaetze/131457-amazon-project-zero-deutschland. Zugegriffen: 15. Aug. 2019.

PlusMinus. (2016). Terror funding through counterfeit trade and cigarette smuggling. https://m.youtube.com/watch?v=xhSJ7vcHwes. Zugegriffen: 15. Aug. 2019.

Pressemitteilung Bundeskartellamt. (Juli 2019). https://www.bundeskartellamt.de/SharedDocs/Entscheidung/DE/Fallberichte/Missbrauchsaufsicht/2019/B2-88-18.pdf?__blob=publicationFile&v=4). Zugegriffen: 15. Aug. 2019.

Text EU GVOV. (2010). https://eur-lex.europa.eu/legal-content/DE/TXT/PDF/?uri=uriserv:OJ.L_.2010.102.01.0001.01.DEU. Zugegriffen: 15. Aug. 2019.

Veröffentlichung Bundeskartellamt. (2018). https://www.bundeskartellamt.de/SharedDocs/Publikation/DE/Schriftenreihe_DigitalesSchriftenreihe_Digitales_4.pdf?__blob=publicationFile&v=2. Zugegriffen: 15. Aug. 2019.

Walter Scheel Zitat. https://www.zitate.de/autor/Scheel%2C+Walter. Zugegriffen: 15. Aug. 2019.

Dr. Jochen Schäfer („JMS") verfügt über reichhaltige Erfahrung als juristischer Berater zahlreicher namhafter deutscher und internationaler Unternehmen insbesondere in der Sportartikelbranche. Er begann seine berufliche Karriere als Mitarbeiter und dann weltweiter Leiter der Rechtsabteilung von Adidas und ist bereits seit 1986 der Syndikusanwalt des Weltverbandes der Sportartikelindustrie (WFSGI) sowie auch des Europäischen Verbandes der Sportartikelindustrie (FESI). Nach dem Aufbau seiner eigenen Kanzlei in Nürnberg, war er mehr als 20 Jahre Partner und geschäftsführender Partner in führenden deutschen und internationalen Sozietäten, bevor er sich 2007 entschloss wieder selbstständig mit eigener Kanzlei in der Region München für seine nationale und internationale Firmenmandantschaft und diverse Industrieverbände auch weit über den Sportartikelbereich hinaus rechtlich beratend mit dem Schwerpunktthema Vertrieb tätig zu sein. In seiner Rolle als Syndikus des WFSGI und Vorsitzender des Legal Committees des WFSGI initiierte er u. a. ein erfolgreiches markenübergreifendes Projekt mit dem Ziel digitale Rechtsverletzungen im Internet effizient bekämpfen zu können, außerdem ist er aktuell auf individueller Mandantenebene intensiv mit der rechtlichen Gestaltung und Umsetzung vertraglicher europäischer Plattformen für deutsche und internationale Markenartikelunternehmen mit besonderem Schwerpunkt auf Off- und Onlinevertriebsformen befasst. Er ist seit 2019 auch Leiter der Task Force Digital und Co-Chair des E-Commerce Komitees der FESI. Seine Hobbies sind neben aktiver Sportausübung (Radfahren, SUP, Segeln, Skifahren und Tauchen) Reisen, Musik und Lesen.

Das Ökosystem rund um Amazon

15

Benno Köber

Inhaltsverzeichnis

Zusammenfassung

Durch den rasanten Umsatzzuwachs von Amazon in den letzten Jahren bietet sich nicht mehr nur eine Geschäftsgrundlage für aktive Verkäufer, die ihre Waren vertreiben, sondern ebenso für Dienstleister und Toolanbieter, die Seller und Vendoren beim Auf- und Ausbau ihres Geschäftsmodells auf Amazon unterstützen. Hierbei handelt es sich schon lange nicht mehr nur um vereinzelte Anbieter, sondern mittlerweile um ein gesamtes Ökosystem außerhalb von Amazon, das Verkäufer unterstützt und selbst von deren und dem Erfolg von Amazon profitiert. Angeboten werden neben dem klassischen Consulting ebenso Analyse- und Marketingtools sowie Tools zum Managen von Produktbewertungen. Doch auch Dienstleister, die sich um die Logistik kümmern, oder aber auch Rechtsanwälte und Steuerberater haben das lukrative Business rund um die E-Commerce Plattform erkannt und wollen selbst ein Teil

B. Köber (✉)
MM Commerce GmbH, Augsburg, Deutschland
E-Mail: bk@mmcommerce.de

© Springer Fachmedien Wiesbaden GmbH, ein Teil von Springer Nature 2020   421
C. Stummeyer und B. Köber (Hrsg.), *Amazon für Entscheider*,
https://doi.org/10.1007/978-3-658-27427-6_15

davon sein. Neben E-Commerce-Dienstleistern, die ihr Angebotsportfolio um Amazon-Lösungen erweitert haben, gibt es zahlreiche Anbieter, die sich detailliert mit den Herausforderungen des Marktplatzes befassen.

15.1 Die Entwicklung des Ökosystems um Amazon herum

Im Jahr 1999 hat sich Amazon für Dritte geöffnet und sich zu einem der weltweit größten Online-Marktplätze entwickelt. Den Verkäufern auf Amazon wird seit dieser Zeit die Möglichkeit geboten, an der enormen Reichweite der E-Commerce-Plattform zu partizipieren (Fries 2017). Was zu Beginn noch einfach zu managen war, wurde mit der Zeit immer herausfordernder und der Konkurrenzkampf zwischen den Verkäufern auf Amazon nahm vor allem unter den sogenannten Private Labels zu. Doch nicht nur dort nahm der Wettbewerb zu, auch etablierte Marken, sowie Hersteller und Händler erkannten die Relevanz von Amazon und wollten ihr Stück vom Kuchen abhaben. Durch den hohen Konkurrenzkampf und die zunehmende Komplexität entstanden Dienstleister, die Lösungen für Seller sowie Vendoren in den unterschiedlichsten Bereichen anbieten und stark vom Wachstum und dem herrschenden Konkurrenzkampf auf der Plattform profitieren (Fuchs 2018). Die entstandenen Unternehmen sind zu einem Ökosystem herangewachsen, das nicht mehr nur Marken, Herstellern und Händlern dabei hilft mit dem Verkaufen auf Amazon zu starten, sondern diese ebenso bei ihrem angestrebten Wachstum betreut und u. a. dabei unterstützt, ihr bestehendes Produktportfolio auszubauen oder beispielsweise eine Internationalisierungsstrategie voranzutreiben. Das Ökosystem um Amazon versteht sich als verlängerte Werkbank und hilft Verkäufern quasi in Form einer externen Forschungseinrichtung bei vielen Entwicklungen und verschafft nicht nur mehr Umsatz für Verkäufer und Amazon, sondern treibt auch die Weiterentwicklung der E-Commerce Plattform voran.

15.2 Tools zur Produktanalyse und Verkaufsförderung

Eine Reihe an Analysetools bieten Verkäufern auf Amazon eine sogenannte „all in one"-Lösung und unterstützten bei verschiedenen Herausforderungen des Verkaufens auf der E-Commerce Plattform. Andere Tools wiederum gehen spezialisiert auf einen Kernbereich ein, wie beispielsweise die Preisoptimierung oder das Marketing auf Amazon. In den folgenden Unterkapiteln wird ein Überblick darüber gegeben, welche Aufgaben es für Verkäufer auf der E-Commerce-Plattform zu bewältigen gilt und wie externe Tools dabei zur Unterstützung eingesetzt werden können.

15.2.1 Recherche geeigneter Produkte für den Verkauf auf Amazon

Der Erfolg auf Amazon steht und fällt mit den Produkten, die auf der Plattform angeboten werden. Besonders beim Aufbau eines Geschäftsmodells, jedoch auch beim Ausbau des Portfolios auf der Verkaufsplattform, ist es essentiell nach geeigneten Produkten zu recherchieren und die in Frage kommende Verkaufskategorien sowie Konkurrenten zu analysieren, um den möglichen Erfolg mit einem geeigneten Produkt abschätzen zu können. Um nicht manuell die einzelnen Verkaufskategorien inklusive deren Bestsellerlisten durchforsten zu müssen, können Verkäufer auf Tools zurückgreifen, die über Produktdatenbanken verfügen, mit denen der Absatz, die Bewertungen und der Preis sowie viele weitere Punkte analysiert werden können. Im Folgenden sind einige der wichtigsten Punkte aufgelistet, die es bei der Recherche nach neuen Produkten zu beachten gilt und bei denen Tools unterstützen können:

- Analyse der aktuellen **Verkaufszahlen auf Produktebene von potentiellen Wettbewerbern,** sowie die Analyse der Verkaufszahlen über einen bestimmten Zeitraum um eine Saisonalität oder Eintagsfliegen auszuschließen. Die genauen Verkaufszahlen eines Produkts liegen nur Amazon oder dem Händler vor, jedoch versuchen einige Tools mit unterschiedlichen Methoden diese Verkaufszahlen zu schätzen, bieten jedoch höchstens Näherungswerte.
- Auswertung gesamter **Verkaufskategorien,** um erfolgsversprechende Nischen zu finden, in denen die Wettbewerbsdichte den eigenen Erfolg zulässt.
- Analyse der **Bewertungen von potentiellen Wettbewerbsprodukten** um die eigenen Chancen mit einem neuen Produkt besser abschätzen zu können, sowie eventuelle Schwachstellen der Wettbewerber zu ermitteln und mit dem eigenen Produkt zu verbessern.
- Analyse der **Qualität der Produktdetailseiten von Verkäufern** in einer favorisierten Nische, um Punkte zu finden, die im eigenen Produktlisting verbessert werden können. Es kann zum Beispiel herausgefunden werden, ob Wettbewerber zu wenig Bilder benutzen oder die Bulletpoints nicht voll ausnutzen.

Es gibt eine Reihe von Tools, welche Marktplatzverkäufer bei der Recherche nach geeigneten Produkten unterstützen können, beispielsweise zu nennen sind hier Sellics, Amalyze und Amalytix.

15.2.2 Erstellen und Optimieren eines Produktlistings und der Produktdetailseite

Die Darstellung eines Produkts auf den Suchergebnisseiten (SERPs) sowie auf der Produktdetailseite sollte insoweit optimiert sein, dass einerseits die wichtigsten

Suchbegriffe, mit denen ein Konsument nach dem Produkt sucht, auch enthalten sind und sich andererseits keine weiteren Fragen vor dem Kauf ergeben. Dabei gilt es die Bilder, den Titel, die Bulletpoints, sowie die Produktbeschreibung und die allgemeinen Schlüsselwörter im Backend dahingehend zu optimieren, dass ein Produkt bei möglichst allen relevanten Keywords auch in den Suchergebnissen erscheint. Folgende Optimierungen lassen sich durch die Verwendung von Keyword- und Überwachungstools einfacher und effektiver gestalten:

- **Recherche nach relevanten Suchbegriffen.** Keyword-Tools wie beispielsweise das Sonar-Tool, können ausgehend von einem Suchbegriff weitere relevante Suchbegriffe finden, die Interessenten bei ihrer Suche verwenden.
- **Überwachung der Einhaltung der Amazon Richtlinien.** Die Anzahl der Bytes, die für Titel, Bulletpoints und Produktbeschreibung sowie allgemeine Schlüsselwörter zur Verfügung stehen, ist begrenzt und wird regelmäßig von Amazon geändert. Um eine Indexierung aller Keywords zu gewährleisten, sollte dies kontinuierlich mittels eines Überwachungstools beobachtet werden. Um jedoch sicherzugehen empfiehlt es sich die Styleguides von Amazon zu den unterschiedlichen Verkaufskategorien zu beachten. Mit dem Tool Amalyze kann dies regelmäßig überprüft werden und die Gefahr gegen Richtlinien zu verstoßen minimiert werden

15.2.3 Vorbereiten eines Produktlaunch

Vor einem Produktlaunch auf Amazon ist es essentiell, dass das Produktlisting inklusive der Bilder optimiert ist und möglichst alle notwendigen Informationen bereitliegen, um Interessenten zu Kunden zu konvertieren. Erst dann wird das Produkt von Amazon gelistet, erhält jedoch zu Beginn wenig Sichtbarkeit auf den relevanten Suchergebnisseiten. Um diese Sichtbarkeit zu erhöhen, muss ein Produkt hohe Umsätze unter dem jeweiligen Suchbegriff aufweisen. Amazon hat großes Interesse daran, seinen Kunden an oberster Stelle der Suchergebnisseiten die Bestseller zu dem vom Kunden verwendeten Keyword zu präsentieren, da diese Produkte mit hoher Wahrscheinlichkeit zu einem Kauf konvertieren und Amazon bei jedem Kauf eines Kunden mitverdient. Bei einem Produktlaunch ist es deshalb wichtig, dem Amazon-Algorithmus zu zeigen, dass sich ein Produkt unter den relevantesten Suchbegriffen erfolgreich verkauft und dabei gute Bewertungen erzielt. Dies kann bei einem Produktlaunch wie folgt aussehen:

- **Aufbau von Bewertungen** um Vertrauen für organische Käufe zu erzielen. Eine Möglichkeit zum Aufbau von Bewertungen sind Plattformen für Produkttester. Hier werden Produkte an Testpersonen vergeben, die dazu bereit sind, ihre Erfahrung, die sie mit einem Produkt machen, mit anderen zu teilen. Gerade für Produkte, die noch keine Bewertungen haben, sollten unbedingt vor dem Launch erste Rezensionen aufgebaut werden. Bewertungen dienen Konsumenten zur Informationsrecherche vor dem Kauf und dürfen nicht vernachlässigt werden. Produkte die über wenige oder gar keine Rezensionen verfügen, landen nur sehr selten im Warenkorb. Obwohl Amazon mit dem Vine Club eine solche Plattform selbst anbietet, müssen Verkäufer vorsichtig mit dieser Art des Bewertungsaufbaus über Launchplattformen umgehen, denn insbesondere „gekaufte" Bewertungen sind Amazon ein Dorn im Auge und nicht selten werden solche Bewertungen gelöscht und die Produkte eventuell sogar abgestraft.

- **Gezielte Werbemaßnahmen** in Form von Sponsored Products um den Traffic auf neuen Produkten zu erhöhen und Verkäufe auf den beworbenen Keywords zu erzielen. Dabei ist es wichtig, relevante Suchbegriffe zu bewerben um das Ranking eines neuen Produkts auf diesen Suchergebnisseiten zu verbessern.

Es sei nochmal ausdrücklich darauf hingewiesen, dass Maßnahmen die der künstlichen Manipulation des Rankings eines Produkts dienen gegen die Allgemeinen Geschäftsbedingungen von Amazon verstoßen und mit Sanktionen oder sogar einer Accountsperrung geahndet werden können.

15.2.4 Überwachen des Marktplatz-Portfolios

Mit einem stetig wachsenden Produktportfolio wird es für Verkäufer immer herausfordernder, die eigenen Verkaufsaktivitäten im Blick zu behalten. Die Möglichkeit der Überwachung von Produkten im Backend von Amazon ist stark begrenzt und man erkennt kaum Zusammenhänge zwischen den einzelnen Key Performance Indikatoren (KPIs). Damit Seller und Vendoren stets einen guten Überblick über ihre Listings erhalten, können mittels Software-as-a-Service-Lösungen (SaaS) die folgenden Punkte überwacht werden:

- **Detaillierte Informationen über Bestellungen und Rücksendungen.** Verkäufer haben somit immer alles im Blick und können auf Veränderungen der Verkaufszahlen oder erhöhte Rücksendungen schnell reagieren.
- **Alarmierung bei neuen Wettbewerbern.** Gibt es neue Konkurrenten in derselben Verkaufskategorie, die ein vergleichbares Produkt anbieten und dieselbe Zielgruppe bedienen, erfolgt eine Benachrichtigung und es kann entsprechend darauf reagiert werden.
- **Überwachung des Kundenfeedbacks.** Erhält ein Produkt eine Rezension oder es wird eine Händlerbewertung abgegeben, erfolgt eine Benachrichtigung an den Verkäufer, die es ihm ermöglicht, schnell auf negatives Feedback zu reagieren.
- **Benachrichtigung bei Kundenfragen.** Kunden haben die Möglichkeit, Fragen zu einem Produkt zu stellen – diese können durch ein Überwachungstool schnell erfasst und beantwortet werden.

- **Rankingveränderung eines Produkts.** Die Position eines Produkts in den SERPs zu verschiedenen Suchbegriffen kann überwacht und ausgewertet werden, um bei Veränderungen zu reagieren.
- **Überwachung des Verkaufspreises.** Um preissensible Kunden auf Amazon nicht zu verlieren, werden die Preise der Konkurrenz überwacht und gegebenenfalls wird der eigene Preis angepasst, damit die Verkaufszahlen nicht sinken. Darüber hinaus kann der Preis auch in Relation zum Lagerbestand geändert werden, um ein Leerlaufen des Lagers hinauszuzögern, indem der Preis bei sinkendem Lagerbestand vorsichtig angehoben wird und daraus weniger Verkäufe resultieren.
- **Ermitteln der Lagerreichweite und eines optimalen Bestellzeitpunkts.** Insbesondere Warenbestellungen im Ausland können viel Zeit bis zur Lieferung in Anspruch nehmen. Daher kann durch Tools die Reichweite des Lagerbestands sowie der optimale Bestellzeitpunkt und die Bestellmenge auf Produktebene ermittelt werden.

Die genauesten und aktuellsten Zahlen liefert immer noch das Seller Central. Tools von Drittanbietern wie zum Beispiel Sellics, versuchen mittels API-Schnittstelle oder Crawlern die Zahlen aus dem Seller Central herauszuziehen und ansprechend aufzubereiten.

15.2.5 Optimieren von Werbeanzeigen

Um die von Amazon angebotenen Werbeformate zu managen, können Verkäufer im Backend selbst tätig werden und Kampagnen erstellen oder Preise für einzelne Suchbegriffe anpassen. Verkäufer erhalten von Amazon wenig Hilfestellungen bzw. Verbesserungsvorschläge, um die Performance ihrer Werbekampagnen zielführend zu gestalten. Auch hier wird die Steuerung der Werbeanzeigen für einzelne Produkte umso aufwendiger, je größer das Marktplatzportfolio wird. Daher empfiehlt sich auch bei wenigen Produkten die Steuerung und Optimierung mit Hilfe von Ad Management Tools. Verkäufer können mit Ad Management Tools ihre Werbemaßnahmen automatisieren und mit wenig Aufwand verwalten. Folgende Aufgaben werden u. a. von diesen Tools übernommen:

- **Finden von relevanten Suchbegriffen.** Es können anhand des eigenen oder eines Produktlistings der Konkurrenz neue Suchbegriffe gefunden werden, die in Werbekampagnen eingebunden werden können.
- **Vorgaben zur Gebotsreglementierung von Kampagnen.** Es können Vorgaben erstellt werden, nach denen das Werbebudget innerhalb der Kampagnen verteilt werden soll, um schlecht laufende Kampagnen zu stoppen und gut laufende zu pushen.
- **Managen von Suchbegriffen.** Über alle Anzeigen und Produkte hinweg können Suchbegriffe gepusht oder bei einer schlechten Konvertierung als negative Suchbegriffe hinterlegt werden.

- **Angebotssteuerung durch maschinelles Lernen.** Die Gebote für einzelne Suchbegriffe werden basierend auf Conversion und Click Through Rate (CTR) automatisiert gesteuert.
- **Überblick über wichtige Kennzahlen.** Kennzahlen können auf Kampagnen- oder
  auf Suchbegriffsebene analysiert und ausgewertet werden, um dementsprechend
  manuell Änderungen vorzunehmen oder diese auch automatisiert nach festgelegten
  Regeln ablaufen zu lassen.
- **Tages- oder Tageszeitabhängiges steuern von Werbeanzeigen.** Um die Average
  Cost over Sales (ACOS) weiter zu optimieren, können Werbeanzeigen so gesteuert
  werden, damit sie vermehrt dann angezeigt wird, wenn die Zielgruppe am aktivsten
  ist. Eine Auswertung hierbei erscheint jedoch nicht ganz einfach, da Verkäufe die
  nicht direkt nach dem Klick auf die Werbeanzeige getätigt werden, dennoch als Kauf
  über diese Anzeige gewertet werden.

Es gibt eine Reihe von Tools, welche Marktplatzverkäufer bei der Optimierung ihrer
Werbeanzeigen unterstützen können, beispielsweise zu nennen sind hier BidX und
Ignite.

15.2.6 Analysieren und Managen von Bewertungen

Wie wichtig Bewertungen für Produkte insbesondere beim Kauf auf Plattformen wie
Amazon sind, wird in Kap. 8 von Christian Driehaus ausführlich beschrieben. Um
einen geeigneten Umgang mit diesen Bewertungen sicherzustellen, gibt es neben den
bereits erwähnten Produkttestplattformen, die zum Aufbau erster Bewertungen dienen,
auch Lösungen, die sich mit dem Managen von Produktbewertungen befassen und Verkäufern dabei helfen, auf negative Bewertungen zu reagieren. Die Tools werden zumeist
als SaaS-Lösungen angeboten und unterstützen Unternehmen dabei, den Überblick über
ihre Bewertungen oder Kundenfragen zu behalten, unabhängig davon, über welchen Ver-
kaufskanal sie diese erhalten haben. Aufgaben, welche von Feedback-Management-Lö-
sungen übernommen werden können, sind häufig folgende:

- **Bewertungen und Fragen zu einzelnen Produkten** können auf Produktebene analysiert und ausgewertet werden, um Stärken und Schwächen der eigenen Produkte zu
  erkennen.
- **Direkte Beantwortung von Kundenfragen oder Reaktion auf Bewertungen** aus
  einem Tool heraus, ohne jedes Mal auf den entsprechenden Vertriebskanal zu gehen.
- **Ticketsystem zum Zuweisen von Aufgaben** im Team, um sicherzustellen, dass auf
  negative Bewertungen und Kundenfragen reagiert wird.
- **Bewertungen der Konkurrenten** analysieren, um deren Vor- und Nachteile zu
  erkennen.

- **Bewertungen nach bestimmten Keywords clustern** um frühzeitig auf Produkt-
  probleme aufmerksam zu werden und zeitnah darauf reagieren zu können.

Um Marktplatzverkäufer bei der Analyse und dem Managen von Bewertungen zu unterstützen, kann beispielsweise das Tool „gominga" verwendet werden.

15.3 Externe Dienstleister für einen individuellen Support

Im Amazon-Ökosystem entstehen immer mehr Dienstleister, die Verkäufer dabei unterstützen ein erfolgreiches E-Commerce-Business aufzubauen. Die Beratung durch externe
Dienstleister ist für Online-Händler deshalb so wichtig, da diese individuell auf die
jeweiligen Herausforderungen eingehen und meist maßgeschneiderte Empfehlungen für
junge sowie für erfahrene Unternehmen bereithalten.

15.3.1 Unterstützung durch E-Commerce-Unternehmensberatungen

Aufgrund der Veränderung des Einkaufsverhaltens von Konsumenten durch Marktplätze wie Amazon ist es für Hersteller und Händler wichtig, eine nachhaltige Marktplatz-Strategie für das eigene Unternehmen zu entwickeln (siehe hierzu vertiefend
auch Kap. 4 von Ralph Hübner). Um dies zu gewährleisten, gibt es die Möglichkeit
der Zusammenarbeit mit Beratungshäusern, die meist auf eine langjährige Erfahrung
im E-Commerce zurückgreifen können und ihr Beratungsspektrum um den Vertriebskanal Amazon erweitert haben. Im Unterschied zu den Anbietern einer SaaS-Lösung
setzen sich Unternehmensberatungen spezifisch mit einem Unternehmen und seinen Anforderungen auseinander und analysieren den relevanten Markt. Zahlreiche
Beratungsunternehmen begleiten dann auch die operative Umsetzung, um das Marktplatzgeschäft auf- und auszubauen. Zu den Kernaufgaben vieler E-Commerce-Unter-
nehmensberatungen in Bezug auf Amazon gehören folgende Punkte:

- **Entwickeln einer Marktplatz-/Amazon-Strategie.** Um die Distribution über Online
  Marktplätze wie Amazon erfolgreich zu managen gibt es im B2B- wie auch B2C-Be-
  reich enorme Unterschiede. Um das vorhandene Potential vollends auszuschöpfen,
  empfiehlt es sich die Dienstleistung von Unternehmensberatungen in Anspruch zu
  nehmen und eine erfolgsversprechende Marktplatzstrategie herauszuarbeiten, siehe
  hierzu vertiefend auch Kap. 4 von Ralph Hübner.
- **Beratung zum Aufbau weiterer Vertriebskanäle.** Um eine Abhängigkeit von Amazon zu vermeiden, unterstützen Beratungsagenturen Verkäufer beim Aufbau weiterer
  Online Vertriebskanäle, um wiederum ein nachhaltiges Wachstum zu gewährleisten.

- **Unterstützung bei der Internationalisierung.** Um die Produkte erfolgreich auf weiteren Marktplätzen von Amazon zu verkaufen, unterstützen Beratungsagenturen bei der Bewältigung der Punkte Lagerung und Versand, Kundenservice, Marketing und gesetzlicher oder behördlicher Anforderungen.
- **Hilfestellung für Unternehmen, die Amazon als weiteren Vertriebskanal nutzen wollen.** Um mit einem bereits vorhandenen Produktportfolio auf Amazon zu starten und ohne großen Zeitverlust erste Fortschritte zu verbuchen, unterstützen Agenturen erfahrene Unternehmen aus dem E-Commerce oder aus dem stationären Handel.
- **Analyse des Produktportfolios.** Um eine vorhandene Produktpalette zu optimieren, kann das Portfolio von Beratungsagenturen untersucht und optimiert werden. Dabei kann das Angebot geschmälert oder ausgebaut werden, wenn unwirtschaftliche Produkte aus dem Sortiment genommen werden oder weitere erfolgsversprechende Produkte in das Angebot mit aufgenommen werden.

Es gibt eine Reihe etablierter E-Commerce Unternehmensberatungen, beispielsweise zu nennen sind hier Ecom Consulting sowie Fostec & Company.

15.3.2 Optimieren des Amazon Auftritts durch Amazon Beratungsagenturen

Amazon Beratungsagenturen fokussieren sich auf die Optimierung des Auftritts eines Verkäufers auf dem Marktplatz. Dabei wird immer im Hinblick auf den A9-Suchalgorithmus gearbeitet und es wird versucht die Außendarstellung eines Verkäufers inklusive der Sichtbarkeit seiner Produkte zu perfektionieren. Folgende Punkte fallen dabei schwerpunktmäßig in das Portfolio einer Amazon Beratungsagentur:

- **Optimieren der Produktpräsentation.** Ein Produktlisting muss auf Amazon zum einen suchmaschinenoptimiert sein und zum anderen eine gute Lesbarkeit mit den entscheidenden Inhalten für den Kunden bieten, um ihn zum Kauf zu bewegen. Beratungsagenturen achten darauf, mit Content-Optimierung sowohl eine gute Lesbarkeit für den Kunden als auch eine hohe Relevanz für den Amazon A9-Algorithmus zu gewährleisten.
- **Steuern von messbaren Amazon-Marketingmaßnahmen.** In Abstimmung mit einem Verkäufer werden zielgerichtet Marketingaktionen erstellt, die gemeinsam erarbeitet werden und verschiedene Schwerpunkte wie zum Beispiel Markenbekanntheit oder Umsatzsteigerung zum Ziel haben.

Es gibt eine Reihe etablierter Amazon Beratungsagenturen, beispielsweise zu nennen sind hier Intomarkets sowie Factor-A.

15.3.3 Outsourcen der Logistik an Fulfillment-Dienstleister

Mit den hohen logistischen Anforderungen, die Amazon an seine Seller stellt, haben vor allem neue Verkäufer zu kämpfen, da diese nur selten über das nötige Logistik-Know-how verfügen. Insbesondere bei der Nutzung des Fulfillment by Amazon-Services gelten spezielle Anforderungen an die Anlieferung und die Verpackung der Waren. Allerdings sind auch bei der Versandmethode Fulfillment by Merchant einige Punkte zu beachten, bei denen es sich lohnt, einen Logistikdienstleister an Bord zu haben, der mit Amazon vertraut ist und gewisse Erfahrung in diesem Bereich mit sich bringt. Viele Logistik-dienstleister haben die Bedeutung von Online-Marktplätzen erkannt und bieten vor allem Amazon-Verkäufern einen Fulfillment Service an, der sie bei den folgenden Punkten unterstützt:

- **Multi-Channel-Anbindung.** Unabhängig davon, über welchen Vertriebskanal eine Bestellung ausgelöst wurde, verfügt ein geeigneter Logistikdienstleister meistens auch über die Möglichkeit der Anbindung von verschiedenen Vertriebskanälen, wie beispielsweise eines Online-Shops, oder weiteren Marktplätzen neben Amazon.
- **Internationalisierung bewältigen.** Vor allem beim Verkaufen über ausländische Marktplätze treten Herausforderungen auf, die für Amazon-Verkäufer herausfordernd sein können und mit einem erfahrenen Logistikdienstleister, der über ein weltweites Logistiknetzwerk verfügt, bewältigt werden können.
- **Unternehmenswachstum meistern.** Durch das Outsourcen der Logistik können sich Unternehmen auf ihr Kerngeschäft konzentrieren und durch die Optimierung oder die Entwicklung neuer Produkte weiteres Wachstum generieren.
- **Durchführung von Qualitätskontrollen.** Um eine einwandfreie Qualität der Pro-dukte oder eine Vollständigkeit der Lieferungen zu gewährleisten, kann bei der Annahme der Produkte durch einen Logistikdienstleister eine weitere Kontrolle der Waren durchgeführt werden.

15.3.4 Outsourcen des kompletten Amazon Verkaufskanals an einen Full Service Dienstleister

Neben der Möglichkeit die Logistik an einen Dienstleister abzugeben, gibt es auch die Variante, das komplette Marktplatzgeschäft auf Amazon an einen Full Service Dienst-leister outzusourcen. Dadurch kann auf die Expertise eines Dienstleisters zurück-gegriffen werden, der alle anfallenden Arbeiten vom Listen der einzelnen Artikel und der Vermarktung auf Amazon über die Logistik sowie den Kundenservice übernimmt. Diese Vorgehensweise eignet sich vor allem für Unternehmen, die ihre Multi-Channel-Kanäle schnell ausbauen wollen und selbst nicht über das nötige Know-how verfügen.

15.3.5 Rechtsberatung für das Verkaufen auf Amazon

Als Verkäufer auf Amazon gelten neben den gesetzlichen Anforderungen, welche auch für einen herkömmlichen Onlinehändler zu beachten sind (siehe hierzu vertiefend auch Kap. 9 von Sabine Heukrodt-Bauer), zusätzlich die Richtlinien von Amazon. Häufig sehen sich Verkäufer auf Amazon mit Markenrechtsverletzungen oder Verletzungen von Schutzrechten Dritter konfrontiert (siehe hierzu vertiefend auch Kap. 14 von Jochen Schäfer) und laufen Gefahr abgemahnt zu werden oder eventuell sogar eine Kontosperrung zu erhalten. Um als Verkäufer gesetzeskonform und gemäß der Amazon Richtlinien zu agieren, empfiehlt es sich, sich einen Rechtsbeistand zu suchen, der nicht nur Erfahrung im E-Commerce, sondern auch mit Online-Marktplätzen und im besten Fall sogar mit Amazon hat. Der Rechtsbeistand sollte nicht nur eine Expertise in den typischen Rechtsgebieten des Onlinehandels wie zum Beispiel Wettbewerbsrecht, Gebrauchsmuster- und Patentrecht oder Werberecht haben, sondern auch bei spezifischen Fragestellungen zum Verkaufen auf Amazon beraten können. Bereits vor dem Verkaufen der ersten Produkte muss, im besten Fall gemeinsam mit einem Anwalt eine Markenrecherche durchgeführt werden und die dazugehörige Markenanmeldung erfolgen, nur so können Markenrechtsverletzung ausgeschlossen werden.

15.3.6 Steuerberatung und Buchhaltung für Amazon

Was zu Beginn noch von vielen Verkäufern auf Amazon vernachlässigt wird, vor allem aber beim Verkaufen ins Ausland immer wichtiger wird, sind die Themen Steuern und Buchhaltung. Beim Verkaufen aus Deutschland heraus in benachbarte Länder fängt es bereits an, steuerrechtlich herausfordernd zu werden. So muss zum einen der Umsatzsteuersatz des jeweiligen Verkaufslands berücksichtigt und zum anderen muss auf eine vorgegebene Lieferschwelle geachtet werden. Die Lieferschwelle ist maßgeblich dafür, ab wann sich ein Verkäufer im jeweiligen EU-Verkaufsland steuerrechtlich registrieren lassen muss. Nimmt ein Verkäufer dann noch am Programm „Mitteleuropa" (siehe auch Kap. 12 von Benno Köber) teil und lagert seine Waren in Polen und Tschechien oder ist bereits für den paneuropäischen Versand freigeschaltet und lagert seine Waren direkt im jeweiligen Verkaufsland, ergeben sich Hürden bei der Ermittlung der richtigen Umsatzsteuer, der korrekten Rechnungsstellung, sowie der gesamten Buchhaltung. In diesem Fall ist es ratsam, sich einen Steuerberater zu suchen, der bereits Erfahrung mit Amazon hat und einem Verkäufer nicht erst beim Auftreten von Problemen hilft, sondern bereits im Vorfeld mit Tipps zur Seite steht um diese Herausforderungen zu meistern.

15.4   Weitere Plattformen rund um Amazon

Neben Tools und Dienstleistern, die sich mit der der Optimierung eines Amazon Geschäftsmodells oder rechtlichen Fallstricken befassen, gibt es noch weitere Platt-formen, die Unternehmen beim Aufbau eines Produktportfolios unterstützen oder aber auch bei der Veräußerung eines E-Commerce-Unternehmens behilflich sind.

15.4.1 Sourcing-Plattformen für Produkte

Einen Hersteller oder Großhändler ausfindig zu machen, der die gewünschten Produkte in der geforderten Qualität produziert, ist vor allem für neue Amazon-Verkäufer heraus-fordernd. Auf Sourcing-Plattformen kann nach bestimmten Produkten gesucht wer-den und mit einem Hersteller oder einem Großhändler der erste Kontakt aufgenommen werden. Es können erste Muster bestellt werden, um sich ein Bild von der Qualität und der Verarbeitung der Waren zu machen sowie eventuelle Anpassungswünsche vor-zunehmen. Bei größeren Bestellungen kann über eine Sourcing-Plattform auch eine unabhängige Qualitätssicherung beauftragt werden, die nach der Produktion eine vorher definierte Anzahl an Stichproben kontrolliert, bevor die Waren versendet werden. Häufig haben Anbieter auf Sourcing-Plattformen Erfahrungen mit Amazon und sind auch darin geschult, die Waren ordnungsgemäß direkt an ein Amazon Versandlager zu senden.

Es gibt eine Reihe von Plattformen, welche Marktplatzverkäufer bei der Suche nach neuen Produkten unterstützen können, beispielsweise zu nennen sind hier Alibaba, Ali-express und wer liefert was.

15.4.2 Plattformen zum Kaufen und Verkaufen von E-Commerce Unternehmen

Amazon dominiert den E-Commerce Markt in Deutschland und nicht selten wol-len frisch gegründete Unternehmen schnell erfolgreich auf Amazon verkaufen, ohne dabei viel Zeit in den Aufbau zu investieren. Hier besteht die Möglichkeit, sich eine bestehende, gut funktionierende Marke zu kaufen um deren Marktanteile weiter auszu-bauen. Der Käufer einer Marke erhält nicht nur eine Marke, mit der er im besten Fall ein bewährtes Portfolio an Produkten verkauft, sondern auch den wertvollen Kontakt zu Lie-feranten und eventuell einen bestehenden Kundenstamm. Auf Plattformen, die sich mit dem Kauf und Verkauf von Unternehmen, die einen Amazon-Vertriebskanal ausgebaut haben, beschäftigen, können sich Interessierte ein erstes Bild von den zum Verkauf ste-henden Unternehmen machen und die Verkaufszahlen der letzten Monate bewerten sowie bei weiterem Interesse Kontakt mit dem Verkäufer aufnehmen um nähere Details zu erfahren. Bei einigen Plattformen können auch Suchaufträge geschaltet werden – falls kein geeignetes Unternehmen zum Verkauf steht, gehen Mitarbeiter der Plattform dann anonym auf die Suche nach einem Unternehmen, das den Kriterien des Auftraggebers entspricht.

15.5 Informationsbeschaffung zu Best-Practice-Beispielen, Tipps und Änderungen von Amazon

Der Onlinehandel im Allgemeinen ist sehr dynamisch und für Verkäufer, die das Unternehmensziel Wachstum verstärkt angehen möchten, ist es notwendig, immer auf dem aktuellsten Informationsstand zu sein. Um auf Änderungen oder neue Anforderungen schnell aufmerksam zu werden und von Erfolgsgeschichten anderer zu lernen, müssen sich Verkäufer über die verschiedenen Kanäle stets informiert halten.

15.5.1 Events und Konferenzen

Aufgrund der Dynamik rund um Amazon, hat sich ein Netzwerk aus zahlreichen Veranstaltungen rund um die Plattform entwickelt. Für neue Händler ist es wichtig, schnellstmöglich die Grundpfeiler des Erfolgs auf Amazon herauszufinden und dadurch schnelles nachhaltiges Wachstum zu generieren. Erfahrene Verkäufer hingegen wollen ihren Vorsprung weiter ausbauen und die neuesten Informationen aus erster Hand erhalten. Bei den Events und Konferenzen zum Thema Amazon werden Einblicke in die Best-Practice-Beispiele erfolgreicher Verkäufer gegeben oder über Änderungen im A9-Algorithmus aufgeklärt. Neben Fachvorträgen von Amazon-Experten zu aktuellen Themen finden sich oft auf den Ausstellungsebenen Stände von Toolanbietern oder Beratungsagenturen die ihren Service vorstellen. Verkäufer erhalten auf den Veranstaltungen neue Erkenntnisse und Anregungen aus erster Hand um sich Wettbewerbsvorteile verschaffen zu können. Ein weiterer Programmpunkt sind häufig sogenannte Masterclasses zu bestimmten Themen – hier treffen Interessierte zu einem jeweiligen Thema aufeinander um sich auszutauschen, voneinander zu lernen oder bestimmte Fragestellungen gemeinsam zu erarbeiten.

Es gibt eine Reihe von Events und Konferenzen, beispielsweise zu nennen sind hier die „AMZCON", den „Amazon Seller Day" und die „K5".

15.5.2 Blogs, Podcasts und Bücher zum Thema Amazon

Neben Veranstaltungen, bei denen über wichtige Themen rund um Amazon referiert wird, bieten Blogs und Podcasts eine noch schnellere Verbreitung von Neuigkeiten und sind meist kostenlos. In Podcasts und Blogs zum Thema Amazon wird über aktuelle Änderungen und neue Funktionen informiert, sowie über Neuigkeiten rund um das Thema Online-Marktplätze berichtet. Viele Blogs werden von Toolanbietern oder

Beratungsagenturen betrieben, die neben ihrer Kerndienstleistung häufig zusätzlich wertvollen Content anbieten. Podcasts wiederum werden häufig von ehemaligen oder aktuellen Sellern betrieben, die von ihren Fehlern und Erfolgen erzählen oder auch häufig Interviewpartner zu Gast haben, mit denen sie sich zu aktuellen Themen austauschen. Für Verkäufer, die stets auf dem aktuellen Stand sein wollen und als einer der ersten von Neuerungen im Amazon Kosmos erfahren wollen, ist die Informationsgewinnung über diese beiden Kanäle von größter Bedeutung. Nur wenige Experten haben sich bis jetzt die Mühe gemacht ein Buch über das Verkaufen auf Amazon zu schreiben und ihr Wissen an Interessierte weiterzugeben. Die wenigen Bücher die es gibt, orientieren sich meist an den Anforderungen und Richtlinien Amazons und sind aufgrund der laufenden Anpassungen oder Änderungen relativ schnell wieder veraltet. Auch aus diesem Grund sollen mit diesem Buch nicht nur Richtlinien von Amazon zitiert werden, sondern Hilfestellungen bei strategischen Fragen rund um den Erfolg auf Amazon geben.

Es gibt eine Reihe von Informationsquellen über die sich Marktplatzteilnehmer das nötige Wissen holen können, beispielsweise zu nennen sind hier die folgenden Bücher, Podcasts und Blogs: Amazon Marketing von Christian Otto Kelm, Amazon Marketplace von Trutz Fries & Stephan Bruns oder E-Commerce mit Amazon von Marc Aufzug & Dominik Bors (Bücher), Private Label Journey von Gil Lang und Thomas Albiez und Snockast von Johannes Kliesch und Felix Bauer (Podcasts), Amazon Watchblog und Sellics Blog (Blogs).

Abb. 15.1 Das Ökosystem um Amazon. (Eigene Darstellung)

15.6 Fazit

Das Ökosystem um Amazon ist maßgeblich in den letzten 3–5 Jahren entstanden und umfasst, wie in den vorangehenden Kapiteln beschrieben, Toolanbieter, Dienstleister und Plattformen aus den verschiedenen Bereichen. Abb. 15.1 zeigt eine Infografik, die einen Eindruck von der Größe des Amazon-Universums vermittelt. Die Infografik hat keinen Anspruch auf Vollständigkeit. Unternehmen, die aktuell nicht in der Grafik enthalten sind und gerne in der 2. Auflage dieses Buches berücksichtigt werden möchten, mögen gerne Kontakt mit einem der Herausgeber aufnehmen.

Literatur

Fries, T. (2017). *Amazon Marketplace – Das Handbuch für Hersteller und Händler* (1. Aufl.). Bonn: Rheinwerk Verlag.

Fuchs, J. (2018). Dienstleister und Tools für Amazon: Garanten für den Marktplatzerfolg. https://t3n. de/magazin/dienstleister-tools-fuer-amazon-garanten-fuer-247285/. Zugegriffen: 30. Juni 2019.

Benno Köber ist Geschäftsleiter bei einem Start-up, das sich auf den Online-Vertrieb von Fahrradzubehör spezialisiert hat und unter anderem eine starke Präsenz auf dem Amazon Marketplace besitzt. Nach seiner Ausbildung zum IT-Systemkaufmann absolvierte er ein Bachelorstudium im Fachbereich Druck und Medientechnik und beendete dieses als Bachelor of Engineering. Anschließend war er 5 Jahre Sales and Project Manager bei einem Automobilzulieferer in München und belegte parallel dazu den Masterstudiengang Marketing/Vertrieb/Medien, den er als Master of Arts abschloss. Seine Masterarbeit hierzu schrieb er über das Thema „Aufbau eines nachhaltigen Geschäftsmodells auf dem Amazon Marketplace", für die er eine eigene Handelsmarke als Beispiel einführte und so Praxiserfahrung als Seller auf dem Amazon Marketplace sammelte.

Teil III

Fallstudien: Aus der Unternehmenspraxis lernen

Fallstudie AARON Fahrradzubehör: Der Start eines Millionen-Euro-Geschäftes

16

Hans Mina

Inhaltsverzeichnis

Zusammenfassung

Für jede Marke ist es heutzutage wichtig eine Amazon-Strategie zu besitzen. Verweigere ich die Plattform oder gehe ich sie aktiv an, diese Frage sollten Sie sich auf jeden Fall schon mal gestellt haben. In dem folgenden Artikel erzähle ich ihnen die Geschichte und die Strategie der jungen Marke AARON, die es geschafft hat, eine Marke erfolgreich auf Amazon aufzubauen. Angefangen von der Idee, zur Namensfindung, zur Markenanmeldung, der Verpackung, der passenden Produkte, der externen Partner und der Suche nach dem passenden Team. Alle wichtigen Punkte werden in den nächsten 5 Kapiteln aufgezeigt. Um die richtigen Entscheidungen treffen zu können, erarbeiteten wir uns zu allererst eine fundierte Wissensbasis, um dann unsere Idee schnell mit einem Minimum Viable Product (MVP) zu testen. Mit den Learnings aus dieser Testphase konnten wir dann eine fundierte Entscheidung treffen, ob und wie wir dem Projekt weiterverfahren.

H. Mina (✉)
MM Commerce GmbH, Augsburg, Deutschland
E-Mail: hm@mmcommerce.de

© Springer Fachmedien Wiesbaden GmbH, ein Teil von Springer Nature 2020
C. Stummeyer und B. Köber (Hrsg.), *Amazon für Entscheider*,
https://doi.org/10.1007/978-3-658-27427-6_16

16.1   Vor dem Start auf Amazon

Die Geschichte der Fahrradzubehörmarke AARON begann erst im Jahr 2016.

Erstmals aufmerksam auf den Amazon Marketplace und Amazon FBA wurde ich durch einen Artikel auf der Online-Digital Plattform T3N. In diesem Artikel wurde das Geschäftsmodell der Marke Anker, eine der erfolgreichsten Marken auf Amazon, näher vorgestellt und unter die Lupe genommen. Bis zu diesem Zeitpunkt war mir das Geschäftsmodell einer Privat Label Marke, die komplett über Amazon aufgebaut wird, völlig unbekannt. Auch die Möglichkeit, die Lagerung der Produkte sowie den Versand durch das Amazon FBA Programm komplett outzusourcen, war mir bis dahin nicht geläufig. Mein Interesse war geweckt und so befasste ich mich fortan mit weiteren Artikeln, Podcasts und Büchern über Unternehmen, die es erfolgreich geschafft haben, eine Marke auf Amazon aufzubauen.

Nach einer gewissen Einarbeitungszeit entstand nun gemeinsam mit einem langjährigen Freund, der bereits seit 15 Jahren erfolgreich einen Fahrradgroßhandel leitet, die Idee, eine Marke im Bereich Fahrradzubehör über Amazon aufzubauen. Maßgeblich dafür, diese Produktkategorie für unser Projekt zu wählen, war unser fundiertes Fachwissen, welches wir für den Aufbau unserer Marke für unerlässlich erachteten. So waren für uns nicht nur Vorteile bei der Produktentwicklung ersichtlich, sondern auch bei der Produktrecherche, beim Produktsourcing und der Gewährleistung der Kundenzufriedenheit, insbesondere durch das Beantworten von Kundenanfragen.

Nachdem die Produktkategorie nun feststand, musste nur noch ein passender Name gefunden werden. Die Namensfindung ist eine nicht zu unterschätzende Herausforderung beim Aufbau einer Marke. Es sind dabei verschiedene Kriterien zu beachten, um die optimale Grundlage für den Erfolg der Marke zu schaffen.

Folgende Punkte sollten bei der Namensfindung beachtet und geprüft werden:

- Markenname beim Deutschen Patent- und Markenamt (DPMA) und European Union Intellectual Property Office (EUIPO) prüfen (eigenhändig oder über einen Anwalt eine Markenrecherche durchführen lassen)
- Verfügbarkeit der Domain für den Markennamen bzw. einer passenden Domain
- Sicherung der Marke auf den üblichen Social-Media Plattformen wie Facebook, Instagram, Twitter, Pinterest etc.

Die Namensfindung darf aufgrund ihrer Relevanz nicht unterschätzt werden, da es gegebenenfalls sehr kostenintensiv werden kann, nach ein paar Jahren ein Markennamenwechsel durchzuführen und dies nur aufgrund des Umstandes, dass im Vorfeld auf eine Markenrecherche und eine Markenanmeldung verzichtet wurde. Im schlimmsten Fall kann eine Markenrechtsverletzung Strafzahlungen an den eingetragenen Markeninhaber zur Folge haben.

16.2 Der erste Test mit einem Minimal Viable Product (MVP)

Von der Idee bis zum ersten Test vergingen vier Wochen. Dabei war das sogenannte Minimum Viable Product (MVP) von maßgebender Bedeutung. Dieses stellt die erste gerade funktionsfähige Ausführung eines Produkts dar, die dafür entwickelt wird, um entsprechend nützliches Feedback zu erhalten, während der grundsätzliche Kunden-, Markt- und Funktionsbedarf bei minimalem Aufwand jedoch gedeckt ist.

Um keine Zeit zu verlieren, waren wir auf ein unmittelbares Feedback des Marktes angewiesen. Aus diesem Grund haben wir uns für ein Produkt entschieden, welches in einer wenig kompetitiven Produktkategorie angesiedelt war. Abgesehen von unseren autodidaktisch angeeigneten Theoriekenntnissen hatten wir bis zu diesem Zeitpunkt noch keinerlei Erfahrung mit dem Aufbau einer Marke auf Amazon. Daher sollte das erste Produkt aus einer Kategorie stammen, die nach unserer Meinung für uns erfolgsversprechend erschien.

Durch die langjährige Erfahrung meines Geschäftspartners in der Fahrradbranche, hatten wir schnell das passende Produkt bei einem deutschen Großhändler gefunden. Es wurde bewusst darauf verzichtet, den Markennamen auf dem Produkt anzubringen und ein Design für die Produktverpackung zu gestalten. Daher wurden die ersten 50 Bestellungen in eine für Amazon passende schlichte Produktverpackung ohne Design und ohne Bedruckung verpackt. Dazu wurde noch eine kleine Karte beigelegt, die den Kunden bei Unzufriedenheit oder Problemen bei der Montage an den Service verweist und um eine ehrliche Produktrezension bittet (Abb. 16.1 und 16.2).

Der Verkauf der ersten Ware erfolgte über einen bestehenden Amazon Account meines Geschäftspartners, der nicht mehr aktiv genutzt wurde. Hierfür stand uns das erste Produkt auch bereits zur Verfügung, im nächsten Schritt musste das auf Amazon suchoptimierte Produktlisting, welches bereits parallel erstellt worden war, um qualitativ

Abb. 16.1 Bild MVP Verpackung. (Eigene Darstellung)

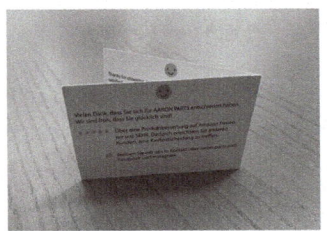
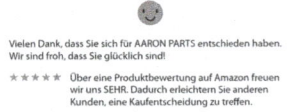

Abb. 16.2 Bild Happy Karte. (Eigene Darstellung)

hochwertige Produktfotos ergänzt werden. Durch meine Erfahrung aus dem Online-marketing konnte ich mein Wissen aus dem SEO bei Google auf das MPO bei Amazon übertragen und nach relativ kurzer Einarbeitungszeit ein für den Start optimiertes Produktlisting liefern. Schließlich war alles für den ersten Produktlaunch auf Amazon vorbereitet und so konnten wir die Ware an das Amazon-Lager senden.

Die ersten Verkäufe auf dem Amazon Marketplace konnten wir über das Werbeangebot von Amazon ermöglichen. Wir nutzten das PPC-Programm, um uns unter Verwendung von passenden Keywords in der ersten Reihe der Suchergebnisse auf der SERP zu platzieren. So konnten wir schnell die ersten Verkäufe verbuchen und stiegen dadurch täglich rasch im organischen Ranking. Da die zuvor ausgewählte Kategorie nicht stark umkämpft war, konnten wir innerhalb kürzester Zeit große Ranking-Erfolge beobachten. So kam es, dass wir gerade einmal nach ein bis zwei Wochen auf Seite 1 bei den relevantesten Keywords zum Produkt zu finden waren.

Wir bemerkten schnell, dass unsere erste Stückzahl von 50 Produkten nicht allzu lange ausreichen würden und so sorgten wir zeitnah für Nachschub. Parallel dazu recherchierten wir nach den passenden Produzenten in Asien, um die Ware direkt vom Hersteller ohne den Umweg über den Großhändler zu beziehen.

Nach weiteren sechs Wochen erfolgte gemeinsam mit meinem Geschäftspartner eine erste Analyse, um ein Fazit aus unserem MVP-Test zu ziehen. Dabei waren wir mit dem Ergebnis sehr zufrieden, da wir zum einen hohe Absatzzahlen aufweisen konnten und uns durch den Verkauf der Produkte in hoher Frequenz organisch ein sehr gutes Ranking erarbeiteten. Zudem wurde durch Top-Rezensionen die Kundenzufriedenheit dokumentiert. Der Umstand, dass wir erfolgreich einen Produzenten in Asien finden konnten, mit dem die Preisverhandlungen ebenfalls positiv verliefen, stimmte uns weiter optimistisch.

Nun konnten die Planungen der nächsten Phase, nämlich der Aufbau einer Marke auf dem Amazon Marketplace, in Angriff genommen werden.

16.3 Aufbau einer Marke auf Amazon

Im Anschluss an unseren erfolgreichen Test beschlossen wir für das Projekt eine Firma zu gründen. Parallel dazu ließen wir den Markennamen AARON von unserem Markenanwalt beim DPMA und EUIPO anmelden. Dies ist nicht nur aus Gründen des

Abb. 16.3   AARON Amazon Shop. (Eigene Darstellung)

Markenschutzes wichtig, sondern auch notwendig, um eine Marke auf dem Amazon Marketplace in der Brand Registry anmelden zu können. Ohne erfolgreiche Marken-anmeldung auf Amazon wird nicht der volle Funktionsumfang für Seller von Amazon bereitgestellt (siehe hierzu auch Kap. 14) (Abb. 16.3).

Von Beginn an arbeiteten wir mit einer Sourcing-Agentur in Asien zusammen, um einen engen Draht zu unseren Produzenten aufzubauen und so qualitätssichernde Maß-nahmen in Asien vor Ort abwickeln zu können. Die Sourcing-Agentur unterstützt uns

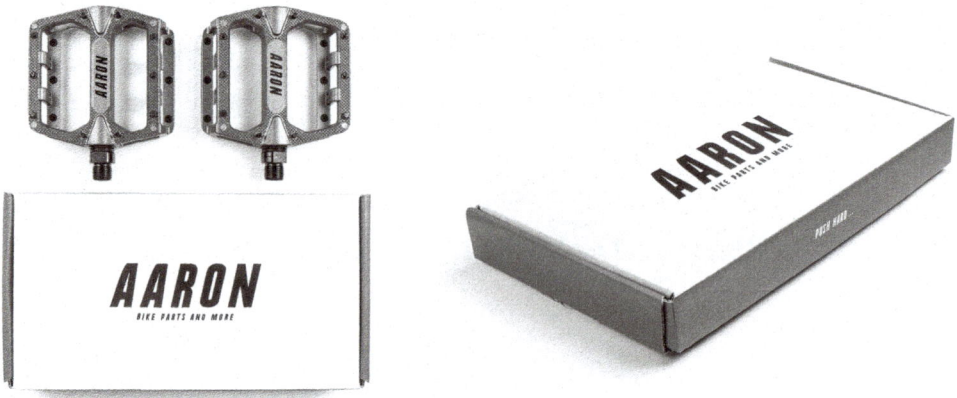

Abb. 16.4 Bild Verpackung. (Eigene Darstellung)

zudem auch bei der Produktion der Verpackungen, dem Druck der Montageanleitungen, dem Zwischenlagern der Ware und dem Versand nach Deutschland. Wir haben damit quasi einen Ansprechpartner vor Ort, der uns für so gut wie alle zu beachtenden Aspekte der Abwicklung in Asien mit Rat und Tat zur Seite steht.

Beim Design der Produktverpackungen orientierten wir uns an bereits bestehenden Marken, die durch ihr schlichtes Design in Erscheinung traten. Hierbei ließen wir uns sowohl von Marken aus der Fahrradbranche als auch von Marken, die auf Amazon präsent waren, inspirieren (Abb. 16.4).

Das Design der Verpackung ist für uns ein wichtiger Teil des Produktes, da der Kunde schon beim Auspacken eine gewisse Qualität suggeriert bekommt, die schließlich am Ende auch zu einer positiven Bewertung auf Amazon führen soll.

Das Grundgerüst stand, nun ging es darum, weitere Produkte ausfindig zu machen, diese zu beschaffen, zu testen und anschließend erfolgreich auf Amazon zu launchen. Für die Produktrecherche nutzen wir verschiedene Analysetools wie Jungle Scout oder Sellics (ehemals Marketplace Analytics), um die Abverkaufszahlen und die Konkurrenzdichte zu recherchieren und anschließend eine fundierte Entscheidung für oder gegen ein Produkt fällen zu können.

16.4   Sieben Erfolgsfaktoren bei der Skalierung des Geschäfts

Zum Jahresbeginn 2018 hatten wir das Setup abgeschlossen. Neben der Firmengründung, der Markenanmeldung, der Anbindung sämtlicher Tools für die Rechnungs- und Gutschriftenerstellung, des Monitorings der Sales sowie der Produkt- und Händlerbewertungen konnten wir erfolgreich weitere Produkte auf Amazon launchen.

Im Folgenden stellen wir die 7 Erfolgsfaktoren dar, mit denen es uns gelungen ist in weniger als 24 Monaten von 0 EUR auf einen 7-stelligen Umsatz zu wachsen und unser Geschäft zu skalieren.

16.4.1 Effektives Management der Lagerbestände

Am Anfang hatten wir noch keine großen Herausforderungen mit unserem Lagerbestand oder dem Cashflow. Das änderte sich ziemlich schnell im Frühjahr 2018. Die Verkäufe stiegen sehr stark an und so mussten wir mit unserem aktuellen Lagerbestand entsprechend haushalten, um zu verhindern, dass dieser leerläuft. Diese Maßnahme hatte für uns oberste Priorität, da wir wussten, dass ein Produkt, das auf Amazon in „out of stock" gerät, mit Einbußen im organischen Ranking von Amazon abgestraft wird. Zu Beginn konnten wir das gut mit manuellen Preisanpassungen koordinieren, später nutzten wir dazu Tools, die uns diese Arbeit erheblich erleichtern konnten.

16.4.2 Etablierung effizienter Prozesse

Spätestens zu diesem Zeitpunkt bemerkten wir, welch ungemeines Potenzial sich hinter Amazon verbirgt. Um dieses Potenzial optimal zu nutzen, war uns bewusst, dass wir sehr schnell interne Prozesse für Bereiche, wie den Wareneinkauf, den Warenimport, das Qualitätsmanagement, die Lagerhaltung und den Kundenservice einführen mussten. Dabei entpuppte sich der Umstand, dass wir beide das Projekt nebenher zu unserer eigentlichen Tätigkeit geführt haben, als echte Herausforderung für uns, die darin mündete, dass wir nach und nach Mitarbeiter mit ins Projekt eingebunden haben. Unser erster Mitarbeiter, der damals noch keine Kenntnisse vom Amazon Marketplace hatte, wurde im Bereich Kundenservice eingesetzt. Mittlerweile ist genau dieser erste Mitarbeiter einer der führenden Personen im Unternehmen. Zwischenzeitlich setzte er mit seiner Tätigkeit bei uns aus, um sein Masterstudium in einem verwandten Fachbereich zu absolvieren, heute ist er gemeinsam mit seinem Professor, Herausgeber dieses Werks.

16.4.3 Entwicklung der Organisation und der internen Zusammenarbeit

Weitere Mitarbeiter wurden im Bereich Produktentwicklung, Qualitätsmanagement, Lagerhaltung, Logistik, Marketing, Buchhaltung, Controlling sowie im Kundensupport integriert. Dies wiederum stellte die Thematik der internen Kommunikation auf den Prüfstand. Da wir bis dato noch keine Büroeinheit hatten, arbeitete jeder entweder von Zuhause oder der Hochschule aus. In Folge dessen mussten Tools wie Slack, Skype und Dropbox implementiert werden, um ein reibungsloses zeit- und ortsunabhängiges Arbeiten zu gewährleisten. Dadurch konnten wir auch für die Mitarbeiter die Möglichkeit schaffen, ihre Tätigkeit auch während eines Auslandssemesters auf Bali oder einem Auslandsjahr in Kanada weiter auszuüben zu können.

16.4.4 Sicherstellen der Finanzierung

Die erzielten Gewinne flossen alle wieder zurück in das Unternehmen, um zum einen der enormen Nachfrage durch die Beschaffung weiterer Waren gerecht werden zu können und zudem weitere Produkte auf dem Amazon Marktplatz zu platzieren. Jedoch waren wir uns dabei im Klaren, dass hierzu weitere Möglichkeiten der Finanzierung in Betracht gezogen werden mussten. Ob private eigene Mittel, Privatdarlehen (Family & Friends), Bankkredite oder spezielle Factoring Angebote für Amazon Seller, jegliche Optionen wurden im Rahmen ihrer Möglichkeiten ausgeschöpft.

Fortan ging es darum, das vorhandene Kapital auch optimal einzusetzen und so zu planen, dass ein optimales Gleichgewicht zwischen (Neu-)Investitionen und einer ausreichenden Liquidität gegeben ist.

16.4.5 Internationalisierung des Geschäftes

Neben dem Vertrieb auf dem deutschen Amazon Marketplace erfolgte im Rahmen der Internationalisierungsstrategie eine Ausweitung auf weitere europäische Marktplätze von Amazon. Dazu gehören die Marktplätze in UK, Italien, Spanien und Frankreich. Hier wiederum griffen wir auf externe Dienstleister zurück, die unsere Produktbeschreibungen in die jeweilige Sprache nach Amazon MPO-konformen Richtlinien übersetzten. Dieser Aspekt ist jedoch nur einer von vielen, um erfolgreich auf einem weiterem Marketplace verkaufen zu können.

Eine weitere Herausforderung kann die Lagerung der Ware in dem jeweiligen Verkaufsland darstellen. Im Rahmen des FBA Programms ermöglicht Amazon Verkäufern genau dies und garantiert dadurch einen schnellen Versand der Ware, was sich wiederum positiv auf das organische Amazon Ranking auswirkt.

Die Lagerung von Waren im Ausland oder die Überschreitung einer gewissen Lieferschwelle in einem Land führt außerdem zur umsatzsteuerlichen Abführungspflicht im jeweiligen Land. Aus diesem Grund beauftragten wir ein Steuerbüro, das Erfahrungen im Bereich Amazon FBA hat und uns hierbei optimal unterstützt.

16.4.6 Integration weiterer Plattformen in das Geschäftsmodell

Um erfolgreich eine Marke zu etablieren, war uns stets bewusst, dass wir neben Amazon auch weitere Plattformen in unser Geschäftsmodell integrieren müssen.

Ob eBay, der eigene Online-Shop oder soziale Netzwerke wie Facebook, Instagram und YouTube, den Zugang zu all diesen Kanälen strebten wir nach und nach an, um uns in gewisser Weise von Amazon zu emanzipieren.

Der Aufbau eigener Absatzkanäle wie zum Beispiel einem eigenen Online-Shop bietet den Vorteil, Kunden durch gezieltes Remarketing nochmals zu erreichen. Dies ist mit Kunden, die das Produkt auf Amazon gekauft haben so ohne weiteres nicht möglich. Der Kunde „gehört" Amazon und deshalb lässt Amazon es auch nicht zu, diesen Kunden im Nachgang mit eigenen Marketing-Aktionen zu erreichen. Folglich muss ein eigener selbstständiger Kundenzugang zu jeder Strategie eines Amazon Sellers gehören. Hierfür gibt es in der heutigen Zeit zahlreiche Möglichkeiten, eine davon ist ganz sicher der Aufbau einer Reichweite und einer eigenen Fanbase auf den Social-Media-Kanälen. Hiervon sollten insbesondere die Absatzzahlen im eigenen Online-Shop profitieren.

16.4.7 Kundenfokus und hervorragender Kundenservice

Zu guter Letzt kommen wir zu unserem Kundenservice – einer der Kernpunkte auf Amazon. Hier kann man sich vieles von Amazon abschauen und selbst aneignen. Für Amazon und Jeff Bezos gehört die Kundenzufriedenheit und der Kundenfokus zu ihren Kernaufgaben im Unternehmen.

> „Wir sehen unsere Kunden als geladene Gäste zu einer Party, und wir sind die Gastgeber. Es ist unsere Aufgabe, jeden wichtigen Aspekt des Kundenerlebnisses ein wenig zu verbessern." Jeff Bezos, Founder & CEO of Amazon

Auch bei uns steht die Kundenzufriedenheit mit an oberster Stelle im Unternehmen. Jede Kundenanfrage, jede Produktrezension und jede Händlerbewertung wird bei uns sehr ernst genommen, dabei versuchen wir stets für alle unserer Kunden immer eine passende Lösung zu finden. Das hat nicht nur zur Folge, dass wir am Ende einen zufriedenen Kunden vorfinden werden, sondern dies führt auch zu positiven Bewertungen als Teil unserer langfristen Strategie, die uns zum Erfolg auf Amazon verhelfen soll.

16.5   Fazit

Mit den aktuellen Ergebnissen unseres Amazon Projektes, sind wir sehr zufrieden.

Die Chancen, die Amazon ihren Sellern bietet ist enorm. Jedoch kann man sich von dem Irrglauben verabschieden, dass es ohne fundiertes Wissen möglich ist, sich erfolgreich auf Amazon zu platzieren. In der folgenden Checkliste will ich abschließend noch die wichtigsten Punkte zusammenfassen um ihnen beim Markenaufbau auf Amazon eine Unterstützung zu bieten.

Checkliste

- Wählen Sie eine Produktkategorie aus, in der Sie oder ihr Team ein fundiertes Wissen haben, um bei möglichen Produktproblemen oder Kundenanfragen optimal reagieren zu können

- Bieten Sie ihren Kunden einen exzellenten Kundenservice, da dies zu zufriedenen Kunden und zu guten Produkt -und Händlerbewertungen führt
- Sorgen Sie für eine Bildsprache die aus der Masse heraussticht, um dem Kunden bei der Produktsuche auf ihre Produkte aufmerksam zu machen
- Die Produktqualität muss hervorragend sein, ansonsten besteht die große Gefahr, schlechte Bewertungen zu erhalten, dies führt wiederum zu niedrigeren Verkäufen
- Berechnen Sie alle Kosten und die richtige Marge - dies kann bei den ganzen Gebühren, die anfallen, schnell zu einer Fehlkalkulation führen
- Nutzen Sie die Marketingangebote von Amazon, um Ihre Produkte besser darzustellen als die Konkurrenz
- Nutzen Sie für Prozesse wie die Analyse, das Ranking, den Preisanpassungen die richtigen Amazon Tools, um Prozesse zu automatisieren und Kosten zu sparen
- Besuchen Sie die Amazon-Seller-Veranstaltungen um einmal auf dem neuesten Stand zu bleiben und um sich mit anderen Sellern auszutauschen
- Beobachten Sie die A9-Algorithmus Änderungen, um bei Ranking-Verlusten sofort reagieren zu können

Hans Mina ist Mitgründer der MM Commerce GmbH, das Unternehmen baut unter mit der Marke AARON eine der führenden Fahrradzubehörmarken auf Amazon auf. Seit mehr als 5 Jahren entwickelt Mina digitale Geschäftsmodelle und verantwortet bei seinen Unternehmen die Bereiche Digitales Marketing und Strategie.

Der Unternehmer baute schon während seines Studiums zum Wirtschaftsingenieur seinen ersten Online-Nischenshop auf. Im Jahr 2015 gründete er das Unternehmen Boxbote, ein Logistik Startup für die letzte Meile. Auf der Plattform von Boxbote werden lokale Geschäfte digital zugänglich gemacht. Ab 2017 gründete er zudem die Digitalagentur INNOIT, um Kunden bei der Konzeption und Umsetzung ihrer Geschäftsmodelle zu unterstützen.

Seller-Fallstudie Bavariashop: Positionierung in der Nische

17

Andreas Greipl

Inhaltsverzeichnis

Zusammenfassung

„Der Einstieg ins E-Commerce war selten leichter. Richtig groß zu werden dagegen selten so schwer." Mit dieser Erkenntnis wird bedauerlicherweise früher oder später fast jeder, der sich aktiv im E-Commerce-Umfeld bewegt, leidvoll konfrontiert. Mit dem notwendigen Budget ausgestattet, war es aufgrund der Vielzahl an Shopsystemen, Shopagenturen, E-Commerce-Beratern und nicht zuletzt den externen Handelsplattformen wie Ebay und Amazon nie leichter, seine Produkte online anzubieten. Erfolgreiches E-Commerce beginnt jedoch erst, nachdem dieser erste Einstieg mit der reinen Produktpräsentation überwunden ist. Eine unter anderem auf seine Kundenschicht abgestimmte Mixtur aus Produkten, Preispolitik, Verwendung verschiedener Distributionskanäle und durchdachte Marketingmaßnahmen führen

A. Greipl (✉)
Bavariashop GmbH, Otterfing, Deutschland
E-Mail: andreas@bavariashop.de

© Springer Fachmedien Wiesbaden GmbH, ein Teil von Springer Nature 2020
C. Stummeyer und B. Köber (Hrsg.), *Amazon für Entscheider*,
https://doi.org/10.1007/978-3-658-27427-6_17

letztendlich zu nachhaltigem Erfolg. Doch: Wie sieht das in der Praxis aus? Wenn man sich außerdem in einer kleinen Nische befindet oder nur wenig Budget zur Verfügung hat? Dieser Beitrag gibt einen Einblick, wie das Unternehmen Bavariashop aus München vom absoluten Amazon Neuling innerhalb von anderthalb Jahren zum Amazon Unternehmer des Monats (Februar 2019; Quelle: Amazon Deutschland) geworden ist. Bitte erwarten Sie keinen goldenen Lösungsweg oder wissenschaftlich belegte Vorgehensweisen, die zu 100 % zum Erfolg führen. Nein! Ich kann Ihnen als Onlinehändler und Unternehmer lediglich an meiner Erfahrung, unserer Vorgehensweise, den Misserfolgen und Erfolgen teilhaben lassen.

17.1 Ausgangslage im Unternehmen

Die Entscheidung im Unternehmen, sich künftig dem E-Commerce Bereich zuzuwenden, wird oftmals erst nach Abschluss intensiver, interner Vorarbeiten getroffen. Tiefgreifende Recherchen hinsichtlich Technologie wie PIM, CRM, einer sinnvollen ERP bzw. Logistiklösung sowie valide Budgetplanungen, ausgearbeitete Lastenhefte, Marketingstrategien und die Auseinandersetzung mit den besonderen rechtlichen Gegebenheiten sind bereits erfolgt. Alle Mitarbeiter haben verstanden, warum wir tun, was wir tun und brennen für die Idee, künftig auch in der Onlinewelt die gemeinsame Mission fortzuführen.

Wenn Sie alle diese Aussagen mit einem eindeutigen „Ja" beantworten können, kann ich Sie nur beglückwünschen! In diesem Fall können Sie dieses Buch getrost bei Seite legen und mit der Umsetzung der Arbeiten beginnen. Sie sind ein Profi und haben Ihre Hausaufgaben gemacht.

Für all diejenigen, die gerade gezögert haben und vielleicht schon einmal Aussagen wie „Maier – mach jetzt mal online." oder „Der Mitbewerber verkauft jetzt über Amazon – das könnten wir doch auch machen." gehört haben, könnte es lohnenswert sein, aufmerksam weiterzulesen.

17.1.1 Grundlagen „im Kopf"

Haben Sie sich schon einmal ernsthaft die Frage gestellt, warum Sie das tun, was Sie tun? Warum verkaufen Sie eigentlich die Produkte, die sie verkaufen? Warum überlegen Sie, im Unternehmen überhaupt eine Online-Strategie aufzubauen oder künftig einen Marktplatz wie Amazon zu bespielen?

- Umsatzgenerierung?
- Gewinnmaximierung?
- Erreichung neuer Kundenschichten?
- Internationalisierung?

Die Nennung dieser Punkte ist sicherlich logisch und naheliegend, kann aber niemals der Beantwortung der Frage dienen! Die Punkte sind lediglich ein logisches Resultat von dem, was Sie tun – wenn Sie es richtig tun.

Vor Beginn sämtlicher Maßnahmen sollten Sie zuallererst diese Frage beantworten können. Die Beantwortung dieser einen, zentralen Frage hat weitreichende Auswirkungen auf künftige Schritte in Positionierung, Herausstellung Ihres USPs (Nutzerversprechen), und am Ende auch Ihres Erfolges. Nicht nur im E-Commerce!

Warum tun Sie das, was Sie tun? Praxisbeispiel Bavariashop

Unser Sortiment umfasst bayerische Geschenkartikel – vom Bierkrug bis zum Lebkuchenherz. Wir befinden uns in einer sehr spitzen Nische und bieten weder Produkte für den täglichen Bedarf, noch führen wir Produkte bekannter Hersteller. Ich würde unseren Kunden sogar unterstellen, dass sie unsere Bierkrüge nicht deshalb kaufen, weil in deren Haushalt zu wenig Trinkgefäße zur Verfügung stehen. Niemand kauft sich eine Salami-Kabeltrommel, weil er sonst nirgendwo etwas zu essen bekommen kann.

Die Beantwortung der Frage ist einfach: Heimatliebe! Wir lieben unsere bayerische Heimat und bieten darum zu 100 % bayerisches „LebensGfui", verpackt in einzigartige Geschenkideen.

„Ihre Kunden kaufen nicht das, WAS Sie tun, sie kaufen WARUM, Sie es tun! Was Sie tun ist nur der Beweis dafür, dass Sie an etwas GLAUBEN." Simon Sinek

▶ **Tipp** Definieren Sie die „Mission" die Sie antreibt. Ziel ist, diejenigen Personen anzusprechen, die daran glauben, woran Sie glauben.

▶ **Tipp** Injizieren Sie diese klar definierte Mission immer wieder in Ihre Mitarbeiter! Nur so können Sie sich im „anonymen" Onlinebereich später eindeutig positionieren und von der Konkurrenz abheben.

17.1.2 Ganzheitliche Sicht auf den Online-Kanal

In Gesprächen mit befreundeten Unternehmen und deren Onlineverantwortlichen höre ich leider viel zu oft, dass der E-Commerce Bereich nur „so nebenbei" bespielt wird. Hauptaugenmerk liegt historisch bedingt nach wie vor an der Bedienung „klassischer" Distributionskanäle.

Mitarbeiter im Onlinebereich werden oft nicht mit den notwendigen Kompetenzen ausgestattet, die zum erfolgreichen Auf- uns Ausbau dieses Sektors zwingend notwendig sind. Selbst nach Verbuchung erster Erfolge haben es die Onlineverantwortlichen in Unternehmen oft schwer, gegen bisherige Strukturen zu bestehen. Bedenken Sie bitte, dass der E-Commerce Bereich anderen Regeln folgt als „klassische" Vertriebskanäle.

Sehr schnelle Reaktionszeiten und unter Umständen auch kurzfristiger Zugriff auf zusätzliches Personal muss sichergestellt sein.

Bedingt durch die enorme Dynamik gerade im Bereich Shoptechnik und Marktplätze, aber auch im Bereich der Marketingmöglichkeiten, muss die ständige „Entwicklung" stets vor der reinen „Abwicklung" stehen.

▶ **Tipp** Im Sinne des ganzheitlichen Unternehmenserfolges sollten Sie dafür sorgen, dass alle Mitarbeiter (im Online- und Offlinebereich) für dieselbe Mission kämpfen und sich gegenseitig zur Erreichung der gesetzten Ziele unterstützen.

17.2 Das Zielpublikum durch die Erstellung eindeutiger Personas finden

Was ist eine Persona? Eine Persona ist ein Kundenprofil mit einer fiktiven Biographie Ihrer Zielkunden. Sie soll detailliert aufzeigen, wer Ihr Kunde ist und warum dieser bei Ihnen kauft.

Generell setzt sich das Konstrukt der Personas aus zwei wichtigen Datengruppen zusammen

- **Demographische Daten:** sind rein *sachliche* Kundendaten wie
  - Alter
  - Wohnort
  - Einkommen
  - Geschlecht
  - Ausbildung
  - Familienstand
- **Psychographische Daten:** können helfen zu verstehen, *warum* die Kunden kaufen. Zum Beispiel
  - Erwartungen
  - Träume und Sehnsüchte
  - Motivationen
  - Ängste

Viele Unternehmen, die sich der Marktplatzthematik bzw. generell dem E-Commerce zuwenden, machen häufig den Fehler, Ihre Online-Kunden vorab nicht eindeutig zu definieren. Nehmen Sie sich bewusst die Zeit, klare Personas zu definieren. Versuchen Sie, zumindest 3–4 unterschiedliche Kundenprofile zu erstellen. Unter Umständen kommen Sie zu dem Ergebnis, dass sich Ihre Onlinekunden erheblich von den Kunden Ihres bisherigen Geschäftsfeldes unterscheiden. Vollkommen unterschiedliche Produktstrategien, Preispolitik und Kundenansprache wären in diesem Fall notwendig, um die gewünschte Nutzerschicht erfolgreich erreichen zu können.

Die Erstellung von Personas hat zudem den eindeutigen Vorteil, dass Ihre Kunden für Sie und Ihr Team „greifbarer" und „echter" werden. Versehen Sie die Personas ruhig mit

Abb. 17.1   Beispielpersonas.
(Eigene Darstellung)

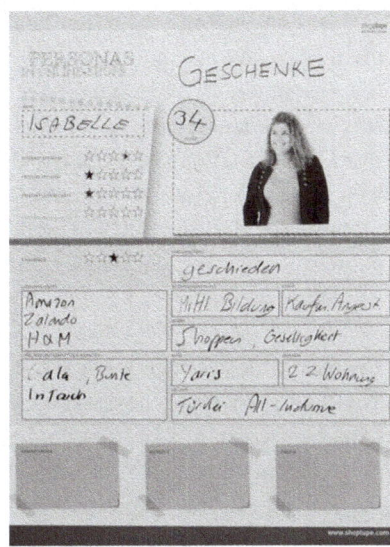

Namen und Fotos, es handelt sich bei Ihren Kunden ja auch um echte Menschen, die es zu erreichen gilt.

Von Anfang an gewissenhaft erstellte Personas helfen Ihnen in zweierlei Hinsicht:

a. Beim (strategischen) Neuaufbau Ihrer Aktivitäten auf Marktplätzen
b. Bei der „Optimierung" bzw. „Anreicherung" des Sortiments im laufenden Geschäftsbetrieb.

▶   **Tipp** Nehmen Sie sich Zeit! Es macht richtig Spaß, gemeinsam im Team eine Clusterung Ihrer Kundenschicht vorzunehmen, um im weiteren Schritt detaillierte Personas zu erstellen. Sie werden von den Ergebnissen überrascht sein. Lassen Sie sich darauf ein und Sie kommen mit großer Wahrscheinlichkeit auf neue Denkansätze, wie Sie bestimmte Kunden künftig auf Amazon erreichen können.

Abb. 17.1 zeigt eine unserer Beispielpersonas, die wir im Vorfeld definiert haben, um unsere Produkte zielgerichtet auf Amazon anbieten zu können. (Vorlage: Shoplupe GmbH).

17.3   Sortimentsbildung

17.3.1 Handelsware vs. Eigenmarke

Wie viele Produkte haben Sie im Sortiment? 1000? 10.000? Mehr als 1.000.000? Na dann, alle rauf auf Amazon! Viel hilft viel – wird schon wer kaufen.

Machen Sie bitte nicht den fatalen Fehler und versuchen, alle Ihre Produkte irgendwie mehr oder weniger automatisiert und noch dazu schlecht gepflegt auf die Amazon–Plattform zu spielen. Wozu haben Sie sich denn im Vorfeld über Ihre Kunden und über Ihre Mission Gedanken gemacht? Was ist Ihr **eindeutig zu verteidigendes Herausstellungsmerkmal?** Stellen Sie sich bei der Sortimentsbildung nochmal ganz genau die Frage, welche Kunden Sie mit welchen Produkten wie genau erreichen wollen!

Sinnvoller ist es, mit wenigen, ausgewählten Produkten den Verkauf auf Amazon zu starten. Konzentrieren Sie sich auf ein paar Ihrer Topseller, idealerweise sind dies zudem Produkte, die bisher nur Sie im Sortiment führen.

Problematik bei Handelsware

Wenn Sie gewöhnliche Handelsware im Sortiment führen, die Ihre Mitbewerber auch anbieten, werden Sie früher oder später wahrscheinlich merken, dass gegebenenfalls zwar mengenmäßig stattlicher Absatz erfolgt, der wirtschaftliche Erfolg sich aufgrund der niedrigen Verkaufspreise jedoch nur unzureichend einstellt.

Unter Umständen müssen Sie sich mit Ihrer Handelsware an bereits vorhandene Artikelangebote bestehender Händler „anhängen", die in Bild und Beschreibung sehr schlecht gepflegt sind. Eine Optimierung dieser Produkte ist in den meisten Fällen oft nur schwer möglich, da Sie mit hoher Wahrscheinlichkeit keine Berechtigung für Änderungen am bestehenden Artikel haben. Sie werden damit beginnen, über Amazon sogenannte Fälle zu eröffnen, um Änderungen vornehmen zu dürfen und Sie können vielleicht erahnen, dass sich das zu einem ausgewachsenen Ping-Pong Spiel entwickeln kann, denn der Händler auf der anderen Seite wird ebenso Änderungswünsche für sich beanspruchen.

Eine weitere Schwierigkeit ist, dass sich Dritthändler problemlos auf Ihr eigenes, selbst erstelltes, sauber gepflegtes und optimiertes Produkt „anhängen" können. Dies ist von Amazon durchaus gewünscht. Ziel soll schließlich sein, dem Kunden das beste Angebot bieten zu können.

Sobald die ersten Händler auf Ihrem Produkt „sitzen", beginnt ein enormer Preiskampf zwischen den Mitbewerbern um die Buy Box und somit um die Bestellungen. Man nennt dieses Phänomen „race to the bottom". Das Problem an diesem Rennen ist nur, dass Sie es gewinnen könnten. Denn: Wirtschaftlich sinnvolle Abverkäufe sind in diesen Fällen nur sehr schwer möglich. Der Kunde kauft selbstverständlich beim günstigsten Anbieter und differenziert die Unternehmen, die dieses Produkt anbieten, nicht mehr.

Berechtigterweise können Sie sich die Frage stellen, warum Ihre Mitbewerber bis zur Schmerzgrenze und darunter gehen, um so Produkte auf Amazon zu verkaufen?

Folgende Gründe können dafür ausschlaggebend sein:

- Bewusste Lagerabverkäufe unter Preis, um Platz für neue Ware zu schaffen
- Bewusste Abverkäufe unter Preis, um Jahresboni vom Hersteller zu erhalten
- Geschäftsauflösungen
- Fehlkalkulationen.

Natürlich haben auch wir in unserem Amazon-Sortiment gewöhnliche Handelsware aufgenommen. Diese Produkte erfordern im laufenden Betrieb aus oben genannten Gründen jedoch eine weitaus höhere Aufmerksamkeit, als Produkte, bei denen Sie alleiniger Anbieter sind, um einen halbwegs wirtschaftlichen Verkauf zu gewährleisten. Nutzen Sie zur Überwachung am besten (externe) Tools, die von Drittanbietern aber auch teilweise von Amazon selbst zur Verfügung gestellt werden.

Vorteile bei Produkten mit Eigenmarke
Zur Einführung in das Thema „Eigenmarke" will ich ein – wie ich finde – sehr passendes Statement von Seth Godin zitieren:

> „In a crowded marketplace fitting in is a FAILURE. In a busy marketplace not standing out is the same as being INVISIBLE."

Auf Plattformen wie Amazon scheint es auf den ersten Blick nur sehr schwer möglich, sich von der „Masse" abzuheben. Genau das sollten Sie jedoch anstreben, um Ihre Produkte erfolgreich vertreiben zu können.
Ausgerichtet auf Ihre **Mission** und Ihre **Zielkunden** sollten Sie im Ersten Schritt ganz konkret für selbst hergestellte Ware eine Markenregistrierung auf Amazon durchführen.

Produkte, die wir selbst herstellen, veredeln oder herstellen lassen führen wir unter eigenen Marken „meiLebensGfui" beziehungsweise „Bavariashop".

Diese Vorgehensweise bietet enorme Vorteile:

- Sie behalten die Hoheit über Ihre Produktseite – kein anderer Händler kann Änderungen an Ihren Produkten, weder in Beschreibung noch bei den Produktfotos vornehmen.
- Eine Markenregistrierung ist die Voraussetzung zur Nutzung von Launchpad/A+ Content (hierbei handelt es sich um eine erweiterte Produktdetailseite, die zusätzlichen Platz für Beschreibungstexte, Fotos oder Videos zur optimalen Produktdarstellung bietet).
- Die angebotene Ware ist nicht direkt mit anderen Produkten auf Amazon vergleichbar. Somit haben Sie bessere Möglichkeiten zur freien Preisgestaltung.

Wie erstelle ich eine Marke, die mich abhebt?
Denken Sie daran, dass alleine ein Name und ein Logo noch keine Marke ausmachen. Eine Vielzahl von Faktoren beeinflussen, wie eine Marke auf Amazon wahrgenommen wird. Hier ein paar Punkte, die meines Erachtens für unseren Erfolg auf Amazon eine zentrale Rolle spielen:

- Heben Sie heraus, was an Ihnen besonders ist.
- Schaffen Sie eine emotionale Verbundenheit zwischen Unternehmen und Kunden.
- Positionieren Sie sich klar und deutlich! (everyone is not your customer)
- Keine Angst vor vorhandenen Ecken und Kanten. Diese sind absolut in Ordnung!
- Seien Sie authentisch und transparent.
- Bewahren Sie Kontinuität und Beständigkeit.
- Machen Sie Ihre „Schwächen" zu Ihren „Stärken" und erzählen Sie dem Kunden davon.

Praxisbeispiel

Mit unserem Sortiment, bestehend aus bayerischen Geschenkideen, bewegen wir uns im stark umkämpften Feld klassischer Geschenkartikel und Lifestyleprodukte. Wir wussten von Anfang an, dass wir es wahrscheinlich nicht schaffen, günstiger zu sein als Mitbewerber mit ähnlichem, nicht bayerischem Sortiment. Genau diesen Punkt versuchen wir jedoch zu einer unserer Stärken zu machen! Wir arbeiten hauptsächlich mit Herstellern aus Bayern und Deutschland zusammen, um unser Sortiment zusammenzustellen. Es ist klar, dass asiatische Hersteller weitaus günstiger fertigen und Mitbewerber daher dem Kunden Produkte auch günstiger anbieten können. Wir stehen für Heimatliebe und das fängt für uns konsequenter Weise bereits bei der Herstellung der Ware an.

> **Tipp** Nutzen Sie ganz bewusst die Vorteile, die eine Markenregistrierung auf Amazon mit sich bringt. Investieren Sie in gutes Fotomaterial und in detailverliebte Beschreibung des Artikels. Versuchen Sie mithilfe der erweiterten Produktdetailseiten Geschichten über Ihr Unternehmen oder Ihr Produkt zu erzählen. Menschen können sich nun mal am besten Geschichten merken. Mit harten Fakten punkten Konkurrenzprodukte oft besser, Geschichten sind immer einzigartig. Geschichten differenzieren und helfen, sich von der Konkurrenz abzuheben (Abb. 17.2).

17.3.2 Kalkulieren Sie Ihre Amazon-Verkaufspreise

Wie bereits unter Punkt 17.3.1 erwähnt, stellen auch wir uns oft die Frage, warum ein Mitbewerber bei Handelsware den Preis derart nach unten „drückt", dass augenscheinlich kein Rohertrag mehr zu erwirtschaften ist. Ein häufiger Fehler ist eine oberflächliche Verkaufspreiskalkulation unter fehlerhafter Einbeziehung der Amazon Gebühren.

Derzeit sind in dem Bereich, in dem wir uns bewegen (Eigenversand der Artikel) 15 % Provision vom Verkaufspreis zuzüglich etwaiger Versandkosten an Amazon zu entrichten. Diese Provision behält Amazon automatisch im Falle eines Artikelverkaufes ein. Die Provision kann gegebenenfalls in Ihrem Bereich abweichen (abhängig von der Produktkategorie), die Systematik ist jedoch immer die Gleiche.

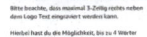

Abb. 17.2 A+ Content des Bavaria Shops. (Eigene Darstellung)

Ich gehe ganz bewusst auf diese offensichtlich so triviale Thematik ein, da ich in Gesprächen mit Unternehmen auffällig oft einen fatalen Fehler in der korrekten Berechnung der Verkaufsgebühren feststellen musste. Die von Amazon genannten 15 % Provision beziehen sich nämlich auf den Brutto-Verkaufspreis.

Der zu Grunde liegende Brutto-Verkaufspreis errechnet sich aus folgenden Positionen

- Artikelpreis inklusive Umsatzsteuer
- Vom Kunden zu zahlende Versandkosten inklusive Umsatzsteuer.

Praxisbeispiel

Ein Artikel kostet im Einkauf 9,95 EUR netto. Sie wollen errechnen, welchen Deckungsbeitrag Sie erwirtschaften, wenn Sie den Artikel für 16,95 EUR auf Amazon verkaufen.
Annahme (Ihre Kosten – netto):

Artikeleinkauf: 9,95 EUR
Verpackung: 0,50 EUR
Arbeitszeit Lager: 1,61 EUR
Versandkosten: 3,39 EUR

Annahme (Ihre Preise – brutto):

Verkaufspreis: 16,95 EUR
Versandkosten: 4,99 EUR

Seien Sie ehrlich zu sich selbst und ziehen entweder vom Bruttopreis Ihres Verkaufspreises 15 % Provision ab oder gehen Sie – wie kaufmännisch üblich – vom Nettoverkaufspreis aus, um eine ordentliche Kalkulation zu erstellen. Bezogen auf den Netto-Verkaufspreis beträgt die Amazon-Provision bei Artikeln mit 19 % Umsatzsteuer korrekterweise 17,85 % (Abb. 17.3).

Diese Aufstellung zeigt deutlich, dass, sollte der Artikel für 16,95 EUR inklusive Umsatzsteuer angeboten werden, Sie einen Verlust in Höhe von 0,30 EUR in Kauf nehmen müssen.

Hätten Sie fälschlicherweise vom Nettoverkaufspreis 15 % Amazon-Gebühren berechnet, würden Sie sich über fiktive 0,22 EUR Gewinn freuen. Sie sehen an diesem Beispiel, wie essentiell wichtig eine korrekte Kalkulation der Verkaufspreise ist! Ist diese

EK netto	Verpackung netto	Arbeitszeit inklusive Nebenkosten	Versandkosten netto	Provision Amazon 17,85 % vom netto VK inklusive Versandkosten	Kosten gesamt	Verkaufspreis netto	Versandpreis netto	VK gesamt netto
9,95	0,50	1,61	3,39	3,28	**18,73**	14,24	4,19	**18,43**

Abb. 17.3 Kalkulation der Verkaufsgebühren. (Eigene Darstellung)

Kalkulation einmal (falsch) aufgestellt, freut man sich über einen mengenmäßig enormen Absatz der Ware, merkt aber zu spät, dass in Wirklichkeit mit jedem Verkauf ein Verlust entsteht.

▶   **Tipp** Erstellen Sie sich anfangs eine einfache Excel-Tabelle, in der Sie diese Kalkulation für Ihre Produkte durchführen. Sollten Sie später über ein umfangreicheres Produktsortiment verfügen, empfiehlt sich zum Zwecke der schnelleren Bearbeitung diese Preiskalkulation in Ihrem artikelführendem System zu implementieren (zumeist ERP oder PIM Systeme).

17.4   Datenübermittlung

Jetzt endlich sind Sie so weit, gute Arbeit! Sie haben sich bis hierher Gedanken über Ihre Mission und Ihr Zielpublikum gemacht, vielleicht schon eine Amazon Markenregistrierung durchgeführt und die Preise Ihrer Artikel sauber kalkuliert. Der Vollständigkeit halber muss auch erwähnt werden, dass die Artikel nun auch auf die Amazon Plattform (beziehungsweise in Ihr Seller Central) eingepflegt werden müssen.

Mit diesem Punkt werden Sie im Detail noch Ihre wahre Freude haben!

Sie haben eine Vielzahl an Möglichkeiten, die Produktdaten in Ihr Seller Central zu spielen.

Ich werde nicht allzu detailliert auf die Thematik der Produktdatenübertragung eingehen. Die technische Übertragung der Produktdaten ist meines Erachtens für einen erfolgreichen Verkauf auf der Plattform nicht kriegsentscheidend. Sie sollten Sich vielmehr genaue Gedanken darüber machen, wie detailverliebt, zielgruppenorientiert und aktuell Sie Ihre Produkte präsentieren.

Es gibt unter anderem folgende Möglichkeiten, Artikel an Amazon zu übertragen:

- Nutzung der Amazon Flat-Files
- Manuelle Produkteingabe über das Seller Central
- Schnittstellen, die an bestehenden ERP oder Shopsystemen andocken
- PIM Systeme, die Artikeldaten direkt an Amazon übertragen

Bedenken Sie bitte, dass Ihr System zur Datenübermittlung in Ihre „Systemlandschaft" passen muss, um eine effiziente und ressourcensparende Möglichkeit zur korrekten Übermittlung bereitgestellter Daten zu gewährleisten. Dazu gehört auch die aktuelle Übermittlung des Lagerbestandes, sollte dieser in Drittsystemen gepflegt werden.

Praxisbeispiel
Da wir selbst kein reiner Amazon-Player sind und unsere Produkte auch über unsere eigenen Online-Shops anbieten, nutzen wir derzeit eine Schnittstelle, die unsere Produktdaten aus der Datenbank des Online-Shops rudimentär in das Seller Central

übermittelt. Eine manuelle Nacharbeit im Seller Central ist in manchen Fällen notwendig. Für uns ist diese Variante derzeit jedoch diejenige mit dem besten Kosten/
Nutzen Faktor.

17.5 Eigenversand vs. Fulfillment by Amazon (FBA)

Bei der Entscheidung, Amazon als Fulfillment-Dienstleister zu nutzen, spielt es natürlich
eine große Rolle, dass die Händler selbst über keine eigene Logistik-, Lagerfläche bzw.
Versandabteilung verfügen müssen, um erfolgreich Produkte vertreiben zu können.

Sie können für sich entscheiden, ob es im Einzelfall Sinn macht, Artikel über Amazon versenden zu lassen oder diese über die eigene Logistik abzuwickeln. Auch Mischformen sind möglich und durchaus sinnvoll.

17.5.1 Eigenversand

Der Eigenversand bietet folgende Vorteile, vorausgesetzt Sie verfügen über die dafür notwendige Lager- und Logistikfläche:

- Schnelles Publizieren von Angeboten
- Nutzung eigener Transportdienstleister
- Möglichkeit von Paketbeilagen durch Flyer oder ähnlichem
- Transparenz im eigenen Lager
- Eigene Rücknahmerichtlinien
- Direkter Kundenkontakt

Der Eigenversand ist sicherlich die erste Wahl für Unternehmen, die bereits über eine
Versandabteilung verfügen. Die Versandabteilung sowie bestehende Systeme werden
durch zusätzliche Bestellungen besser ausgelastet, Fixkosten können relativiert werden.

Der Eigenversand bringt aber auch Nachteile mit sich, die man nicht außer Acht lassen sollte:

- Meist höhere Fehlerquote im Versand
- Höherer Personalaufwand bei Versand sowie Retouren
- Standardmäßig kein Prime-Batch (Auswirkung auf Artikel Ranking)

Fulfillment by Merchant (FBM) – Prime durch Eigenversand
Seit Mitte 2017 bietet Amazon Händlern nach einer Bewerbungs- und Testphase auch die
Möglichkeit, Artikel mit einem Prime-Batch zu versehen, die selbst versendet werden. In
diesem Fall muss der Händler über einen gewissen Zeitraum nachweisen, dass er dazu
in der Lage ist, seine Produkte tagglecih an seine Kunden zu versenden. Dabei wird von

Abb. 17.4 Ablauf einer FBM Bestellung. (Eigene Darstellung)

Amazon der Versanddienstleister selbst vorgegeben. Der Händler war dazu verpflichtet, Prime-Bestellungen über den Lieferdienst DPD zu versenden. In der Praxis begannen genau dort die ersten Probleme. Laut Amazon sollten Händler ab Mitte 2019 jedoch auch die Möglichkeit erhalten, für FBM-Bestellungen den Transporteur selbst zu wählen (Abb. 17.4).

> **Praxisbeispiel**
>
> Wir verwenden für einige Produkte bewusst das FBM-Programm und versenden Ware via Amazon-Transporteur über unsere eigene Logistik direkt an die Kunden. Diese Vorgehensweise bietet uns bei „umkämpften" Produkten die Möglichkeit, in Suchergebnissen noch vor der Konkurrenz gelistet zu werden, da Produkte mit Prime-Batch höher gewertet werden. Seit Beginn der Nutzung des FBM-Programms erkennen wir unseren Prime Ansprechpartner bei Amazon schon an der Stimme am Telefon, letztens hätten wir Ihn beinahe zur Weihnachtsfeier eingeladen.
>
> Wir wurden schon mehrfach von Amazon aus dem Programm entfernt, weil wir angeblich nicht dazu in der Lage wären, unsere Pakete taggleich zu versenden. Letztendlich stellte sich jedes Mal heraus, dass der vorgegebene Transporteur für die Verzögerung der Pakete verantwortlich war. Teilweise wurden Pakete erst am nächsten Tag in der Zentrale gescannt und der Status daher verzögert an Amazon übermittelt. Dieser verzögerte Scan führte dazu, dass wir in unserer Amazon-Performance abgestuft wurden. Unsere Lösung: Einer unserer Logistikmitarbeiter steht so lange bei dem Abholer, bis dieser alle Pakete eingescannt hat, seitdem funktioniert das Programm wieder einwandfrei.

Damit will ich nur sagen, dass man – selbstverschuldet oder nicht – schneller wieder aus dem Programm rausfliegt ist als einem lieb ist. Schaffen Sie vor Ihrer Bewerbung für das FBM Programm auf alle Fälle alle notwendigen Voraussetzungen, um die von Amazon geforderte Performance einhalten zu können.

17.5.2 Fulfillment by Amazon (FBA)

Wenn Amazon künftig Ihre Ware an den Kunden versenden soll, müssen Sie zuerst Ihre Produkte direkt in ein vorgegebenes Amazon-Lager schicken. Amazon übernimmt alle weiteren Schritte von der Zustellung bis hin zur Retourenabwicklung. Ware, die via FBA angeboten wird, erhält automatisch den Prime-Batch.

Es kann durchaus auch mit eigener Logistik und Versandabteilung sinnvoll sein, Produkte über FBA anzubieten. Die wichtigsten Vorteile sind unseres Erachtens:

- Standardmäßige Ausstattung mit dem Prime-Batch
- Sehr hohe Produktplatzierungen in Suchergebnissen
- Geringerer Personalaufwand
- Hohe Wahrscheinlichkeit, die Buy Box zu erhalten
- Nutzung von Zusatzprogrammen wie PAN-EU
- Hoher „Trust" bei Kunden, da Versand durch Amazon

Es obliegt Ihrer Entscheidung, ob Sie den Versand über Amazon abwickeln lassen. Auch wir nutzen in Teilbereichen den Versand über das Amazon-Lager. Allerdings gibt es auch entscheidende Nachteile:

- Sehr lange Befüllungszeiten, sollte Ware bei Amazon nicht mehr auf Lager sein
- Teilweise nicht nachvollziehbare Lagerbewegungen (meist zu Ungunsten des Händlers)
- Hohe Kosten für Einlagerung
- Aufwändige Vorbereitung der Artikel (EAN/Etiketten usw.)
- Amazon entscheidet über Retouren – keine Handhabe, den Kunden zu kontaktieren

Praxisbeispiel

Bereits kurz nachdem wir einige unserer Produkte über „Versand durch Amazon" eingestellt hatten, führte dies zu einer messbaren Steigerung der Verkäufe. Die bei uns im System hinterlegten Lagerbestände stimmten jedoch mit den Lagerbeständen im Seller Central nicht mehr überein. Eine manuelle Ausbuchung der Bestände zu unseren Ungunsten musste mehrfach vorgenommen werden. Der Grund war für uns oft nicht nachvollziehbar. Mittlerweile versuchen Drittanbieter über externe Software dem Händler die Möglichkeit zu geben, diesen Fehlbestand zumindest teilweise nachvollziehbar zu machen.

▶ **Tipp** Bei der Wahl der Versandmöglichkeit gibt es kein „richtig" oder „falsch".
Sollten Sie über eine eigene Versandabteilung verfügen, so kommt es auf die richtige Mischung an. Wir versenden bewusst einzelne Produkte über FBA und nutzen auch das FBM-Programm, um Vorteile im Listing zu erhalten (Achtung: In diesen Fällen fallen höhere Kosten bzw. Gebühren für Einlagerung bzw. Transport an. Bitte beachten Sie diese unbedingt in Ihrer Kostenkalkulation). Die meisten unserer Produkte versenden wir jedoch mit der Standardversandart, da wir auch hier einen schnellen, zumeist tagglichen Versand gewährleisten können.

17.6 Nutzung der relevanten Amazon-Programme

Amazon ist kreativ. Seien Sie es auch! Es ist wichtig, stets am Ball zu bleiben und alle für Sie passenden Möglichkeiten auszutesten, die Amazon für eine erweiterte Produktpräsentation zur Verfügung stellt.

Ich möchte in diesem Kapitel einen Einblick darüber geben, welche zwei für uns wichtigen Programme bei Amazon wir unter anderem derzeit nutzen.

17.6.1 Amazon Store

Sie haben innerhalb von Amazon die Möglichkeit, einen eigenen Store zu eröffnen. Im Prinzip ist es eine Art „Shop im Shop" System. Dieser Store ermöglicht Ihnen, alle von Ihnen angebotenen Produkte gebündelt und kategorisiert darzustellen. Gerade für Händler ohne eigene Internetpräsenz oder ohne eigenen Online-Shop ist dies eine attraktive Möglichkeit zur Darstellung des Gesamtsortiments.

Der Pflegeaufwand für diese Art der Produktdarstellung ist jedoch nicht zu unterschätzen. Im Store werden unter Umständen auch Produkte angezeigt, bei denen Sie die Buy Box eventuell nicht zugewiesen haben. In diesem Fall würden Sie bei einer prominenten Einbindung des Produkts innerhalb Ihres Stores eventuellen Mitbewerbern in die Hände spielen. Nichtsdestotrotz haben Sie mit einem gut gepflegten (Marken-)Store eine sehr schöne Möglichkeit, Ihre (Produkt-)Welt darzustellen und Ihr Markenversprechen zu unterstreichen.

Unseren Store können Sie sich unter folgender Domain ansehen: https://amazon.de/bavariashop (Abb. 17.5).

▶ **Tipp** Bei der Auswertung der Verkaufszahlen spielt unser Store derzeit tatsächlich für uns noch keine große Rolle. Der Großteil unserer Umsätze wird über die klassische Produktsuche auf Amazon generiert. Wir pflegen unseren Store trotzdem und halten die dort eingepflegten Produkte stets aktuell. Der Store ist für uns innerhalb der Amazon-Welt eine wunderbare Möglichkeit, „LebensGfui" gebündelt darzustellen und zu vermitteln. Ich würde trotz der aktuell verhaltenen Performancezahlen wieder einen Store in Amazon aufbauen.

17.6.2 Amazon Handmade

Dieses Programm richtet sich ausschließlich an Kunsthandwerker und Manufakturen, die Ihre handgefertigten Produkte – eventuell auch mit der Möglichkeit einer Kundenindividualisierung – herstellen.

Abb. 17.5 Bavariashop Amazon Store. (Eigene Darstellung)

Falls Sie derartige Produkte in Ihrem Sortiment führen, sollten Sie sich dieses Programm genauer ansehen. Wir vertreiben zum Beispiel unsere handgefertigten Bierkrüge über diesen Kanal.

In der Abb. 17.6 sehen Sie, wie ein Produkt auf Amazon Handmade dargestellt wird. Auf der rechten Seite hat der Kunde die Möglichkeit, dem Hersteller seinen

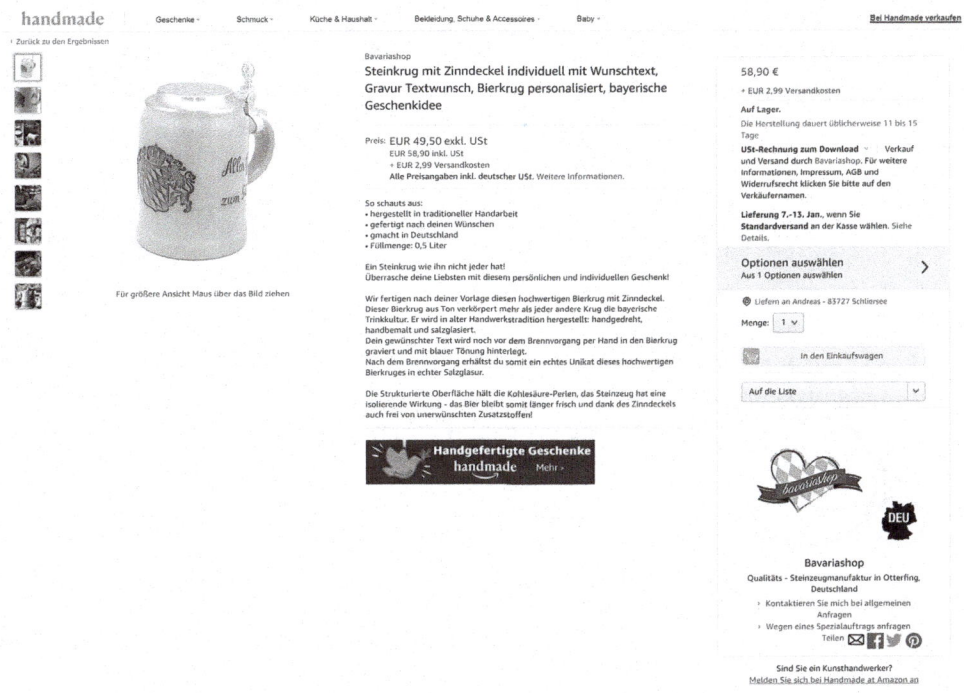

Abb. 17.6 Darstellung auf Amazon Handmade. (Eigene Darstellung)

Individualisierungswunsch mitzuteilen. Aufgrund der handwerklichen Herstellungsweise sind diese Produkte mit einer längeren Lieferzeit versehen. Diese kann durch den Hersteller individuell festgelegt werden.

Die vom Kunden eingegebenen Daten zur Individualisierung werden im Seller Central in der Bestellung hinterlegt. Somit ist eine korrekte Fertigung des Wunschartikels möglich (Abb. 17.6).

▶ **Tipp** Sollten Sie Kunsthandwerker sein, so ist eine Teilnahme an diesem Programm unter Umständen sinnvoll. Durch die zielgruppenorientierte, hochwertige Produktplatzierung werden Sie als Qualitätsunternehmen wahrgenommen und die Conversion Rate steigt. Für derartige Artikel sind Versandarten wie FBA und FBM selbstverständlich ausgeschlossen.

17.7 Erstellung eines Projektplans

Nachdem Sie sich einen Überblick darüber verschafft haben, welche Möglichkeiten Amazon für Ihr Unternehmen bietet und mit welchen Herausforderungen Sie unter Umständen zu rechnen haben, ist es empfehlenswert, einen detaillierten Projektplan aufzustellen.

Gerade dann, wenn Sie sich erstmalig der Marktplatzthematik bzw. dem E-Commerce Bereich zuwenden, müssen viele Punkte in den unterschiedlichsten Bereichen bedacht werden. Ein entsprechend aufgestellter Plan soll Sie dabei unterstützen, Ziele in Teilprojekten innerhalb eines von Ihnen zeitlich gesetzten Rahmens zu erreichen, um den Marktplatz konsequent, zielgerichtet und nachhaltig bespielen zu können.

Teilen Sie den Projektplan beispielsweise in folgende Teilbereiche:
a. Teilprojekt – Marktplatz
b. Teilprojekt – Technische Anbindung
c. Teilprojekt – Logistik I
d. Teilprojekt – Logistik II
e. Teilprojekt – Controlling
f. Teilprojekt – Produktportfolio
g. Teilprojekt – Eigenmarke
h. Teilprojekt – Benchmarking Basics
i. Teilprojekt – Kundenservice/Rezensionen

Beginnen Sie nun mit der Detailplanung. Folgende Details könnten in den jeweiligen Teilbereichen relevant sein (Liste nicht abschließend und von Unternehmen zu Unternehmen unterschiedlich):

a. Teilprojekt – Marktplatz:
- Neueinstellung Personal Sortimentsbetreuung
- Neueinstellung Personal Logistik
- Aufbau „Prime durch Verkäufer"
- Aufbau Programm „Handmade"
- Durchführung Markenregistrierung
- Platzierung von personalisierten Produkten
b. Teilprojekt – Technische Anbindung
- Aufbau Schnittstelle zur Datenübermittlung
- Aufbau Analysetool
- Einsatz eines Repricer-Tools
c. Teilprojekt – Logistik I (bei Eigenversand)
- Einführung EAN gestützter Logistikprozess
- Einführung chaotisches Lagersystem
- Laufweg-optimierte Picklisten
- Pickliste differenziert nach Single- oder Multiorder
d. Teilprojekt – Logistik II (Amazon-Versand)
- Nutzung FBA für ausgewählte Produkte
e. Teilprojekt – Controlling
- Kalkulationssheet zur VK-Ermittlung

f. Teilprojekt – Produktportfolio
   • Aufbau von Produkten für Firmenkunden (Amazon Business)
   • Aufbau zielgruppenorientiertes Sortiment
g. Teilprojekt – Eigenmarke
   • Versandkartons mit Logo
   • Ausbau der Eigenmarkenprodukte auf xy Stück
   • Veredelung von Standardware
h. Teilprojekt – Benchmarking Basics
   • Produktscreening zum Beispiel mit Hilfe von Drittanbietersoftware
   • Screening der Mitbewerber
i. Teilprojekt – Kundenservice/Rezensionen

   • Personal für Kundenservice beschaffen
   • Screening und Reaktion auf produktspezifische Rezensionen (externe Software)
   • Screening und Reaktion auf händlerspezifische Rezensionen

▶   **Tipp** Der Aufbau eines derartigen Projektplanes hat uns enorm dabei
    geholfen, innerhalb kürzester Zeit die notwendigen Voraussetzungen für
    einen erfolgreichen Verkaufsstart auf Amazon zu gewährleisten. In der Vor-
    bereitungszeit konnten Teilprojekte einzelnen Mitarbeitern zugewiesen wer-
    den. Die Erreichung der Ziele wurde wöchentlich im Team besprochen, um im
    weiteren Verlauf die gemeinsame Vorgehensweise zur Zielerreichung immer
    detaillierter abzustimmen.
    Folgenden Tipp möchte ich Ihnen noch mit auf Ihren (Amazon-) Weg
    geben: Bleiben Sie sich stets selbst treu und Ihre Kunden werden es auch
    auf einem so „anonymen" Marktplatz wie Amazon spüren, dass es etwas
    Besonderes ist, bei Ihnen einzukaufen. Wenn Sie mit Leidenschaft und
    Beständigkeit an das glauben, wofür Sie jeden Tag in der Früh aufstehen,
    dann stellt sich der Erfolg ein – Sie werden sehen.

17.8   Fazit und Zusammenfassung

Die Vertriebsplattform Amazon hilft uns dabei, unsere Produkte erfolgreich einem
erweiterten Zielpublikum zu präsentieren. Diese Kundenschicht könnten wir nur sehr
schwer bis gar nicht durch eigene Marketingmaßnahmen erreichen. Der Vertrieb über
diese Plattform erfordert jedoch ein nicht unwesentliches Maß an Aufwand für Aufbau,
Pflege und Überwachung im laufenden Betrieb. Zudem achten wir sehr auf eine aus-
gewogene Bespielung unserer bestehenden Online-Distributionskanäle. Dadurch sollen
eventuell entstehende Abhängigkeiten von einzelnen Plattformen vermieden werden,
denn Amazon ist und soll zumindest für uns nur ein Baustein für den gesamtheitlichen
Onlinevertrieb sein.

„I wünsch Ihnen vui Erfolg und hoff, dass i Ihnen mit diesem kleinen Einblick in unseren Bavariashop a bissal weiterhelfen hab können. – Ois Guade!"
  Ihr Andreas Greipl

Andreas Greipl ist geschäftsführender Gesellschafter der Bavariashop GmbH. Seit vielen Jahren betreibt der Unternehmer zusammen mit seinem Team erfolgreich mehrere Online-Shops unter Nutzung zusätzlicher E-Commerce-Distributionskanäle. Nach seiner kaufmännischen Ausbildung und dem Fachwirtabschluss legte er zuletzt erfolgreich die Ausbildung zum E-Commerce Manager ab. Seit 2006 beschäftigt er sich intensiv mit strategischen Möglichkeiten im Bereich E-Commerce und baute unter anderem die erste Cross-Channel-Strategie zwischen seinen auf dem Oktoberfest in 3 Festzelten vorhandenen Einzelhandelsflächen sowie den bestehenden Onlinekanälen auf. Seit 2017 betreibt er zusätzlich den Online-Shop der Bayern Tourismus Marketing GmbH. In 2019 erhielt er von der Landeshauptstadt München den Auftrag, den offiziellen Oktoberfest Online-Shop auf- und auszubauen. Das Hauptaugenmerk liegt hier bei der digitalen Einbindung bestehender Festplatzhändler vor Ort unter Anwendung entsprechender Cross-Channel Strategien.

Mehr Erfolg mit Amazon aus Sicht eines Hausgeräteherstellers

Holger Holzapfel

Inhaltsverzeichnis

Zusammenfassung

Die digitale Transition stellt Wirtschaftsunternehmen aller Größen vor immense Herausforderungen. So beeinflusst beispielsweise das sich verändernde Informations- und Kaufverhalten von Konsumenten Mediakanäle sowie Touchpoints und somit die Kommunikationsstrategie von Unternehmen. Zudem verändern Erscheinungen wie user-generated Content die Spielregeln, geben sie doch dem Individuum viel Raum, die Wahrnehmung einer Marke oder einem Produkt nachhaltig zu beeinflussen. Das Management der auch als Earned Media bekannten Inhalte erfordert Aufmerksamkeit, Reaktionsfähigkeit, Authentizität und viel Fingerspitzengefühl im Umgang mit der Community. Auch im Vermarktungskanal Amazon spielt Earned Media eine gewichtige Rolle und beeinflusst gemeinsam mit den anderen beiden tragenden Media-Säulen Owned und Paid den Erfolg. Im Folgenden Kapitel werden die drei Erfolgsfaktoren genauer beleuchtet und Beispiele für eine erfolgreiche Vermarktung

H. Holzapfel (✉)
BSH Hausgeräte GmbH, München, Deutschland
E-Mail: holger_holzapfel@gmx.de

© Springer Fachmedien Wiesbaden GmbH, ein Teil von Springer Nature 2020
C. Stummeyer und B. Köber (Hrsg.), *Amazon für Entscheider,*
https://doi.org/10.1007/978-3-658-27427-6_18

auf Amazon aus Sicht von BSH, einem global agierenden Industrieunternehmen beschrieben.

18.1 Einleitung – Paradigmenwechsel im Konsumverhalten

Die Entwicklung von Amazon von einem Buchhändler in Seattle hin zu einem der einflussreichsten Konzerne weltweit in knapp 25 Jahren ist beeindruckend und verändert die Spielregeln in der Absatzwirtschaft für Industrie und Handelsunternehmen. Doch was steckt hinter dem Erfolg von Amazon und welche Konsequenz hat die Verhaltensentwicklung der Konsumenten für Händler und Produzenten? Mittlerweile starten 54 Prozent aller Nutzer ihre Produktsuche auf Amazon. Zum Vergleich, auf alle weiteren Suchmaschinen entfallen gerade einmal 21 % (Forrester Research 2012). Amazon hat es also geschafft, sich ausdrucksvoll in den Kaufentscheidungsprozess der Konsumenten zu etablieren und ist gegenwärtig die relevanteste Produktsuchmaschine in der westlichen Welt. Dieser Tatsache bewusst, sollten Unternehmer genau hier ansetzen. Erfahrungsgemäß wird der Pure Player jedoch von Herstellern oft als reiner Key Account, Handelskunde oder Markplatz verstanden und gar behandelt. Bei ganzheitlicher Betrachtung sollte der Marktplatz allerdings vor allem als Produktinformationsplattform und Mediakanal erachtet werden. Auf Amazon erhält der Konsument in kürzester Zeit Information über Sortiment, Preis, Qualität und Service und sowie eine transparente Vergleichbarkeit unterschiedlichster Anbieter. Feedback von Kunde zu Käufer und Sicherheit sowie bequemes, zeitsparendes bestellen durch Prime-Service sind weitere Argumente für den Kunden. Wer investiert und Präsenz zeigt, ist sichtbar, alle anderen sind für mindestens 54 Prozent der Gesellschaft nicht Kaufentscheidungsrelevant. – Oder um es mit den Worten der alten Welt auszudrücken: Amazon bietet ein riesiges Schaufenster, an das die Hälfte der Bevölkerung vorbei schlendert. Je größer und auffälliger die individuelle Ausstellungsfläche, umso größer die Erfolgsaussichten!

Die BSH baut auf den genannten Erkenntnissen auf und investiert seit ca. 5 Jahren in Spezialisten und Media für die Marken Bosch, Siemens und NEFF für den Amazon-Kanal. Zudem wurde ein professionelles Partnernetzwerk mit spezialisierten Dienstleistern aufgebaut.

Zielsetzung ist eine stetige Steigerung der Sichtbarkeit von Fokusprodukten und der Wirksamkeit von Content im Kaufentscheidungsprozess der Kunden.

Um dieses Ziel zu erreichen positioniert sich die BSH mit allen Marken als „Vendor"-Partner, also als Lieferant von Amazon. Ware wird hierbei ausschließlich direkt an Amazon verkauft und anschließend vom Pureplayer an Endkunden weiterverkauft. Dieses Vorgehen gewährleistet Marktobjektivität und ermöglicht einen fairen Wettbewerb über alle Vermarktungskanäle.

18.2   Owned Content

Der erste Baustein, um erfolgreich auf Amazon zu verkaufen, ist die Erstellung und Optimierung des eigenen Contents, im folgenden Owned Content genannt. Owned Content zeichnet sich dadurch aus, dass der Owner den Content selbst erstellt und in frei gewählten, eigenen Mediakanälen aussteuert. Er hat hierbei jederzeit die Kontrolle über seine Inhalte. Auf Amazon erschließen sich in diesem Kontext nach erfolgreicher Produktanlage folgende Optionen. Editierung von Überschriften, Bildern, Videos, Keywords, Bullet Points, A+ Content, Markenshops und viele mehr. Im Folgenden wird auf ausgewählte Owned Content-Bausteine eingegangen, die den Amazon Such-Algorithmus beeinflussen und den BSH-Marken Bosch, NEFF und Siemens zum Erfolg verhelfen.

18.2.1 Bilder und Videos

Bilder und Videos spielen für Kunden eine gewichtige Rolle bei der Kaufentscheidung auf Amazon. Als Faustregel empfiehlt Amazon mindestens fünf Bilder, die dem Betrachter eine möglichst gute Übersicht über das angebotene Produkt bieten. Zudem untermalen Feature-Videos die Vorzüge des Produktes und können dem User entscheidende Informationen für eine Kaufentscheidung beisteuern. Bei allen Uploads sollte die Reihenfolge und Beschriftung beachtet werden. Idealerweise werden aussagekräftigere Inhalte oben in der Bilderübersicht platziert. Es sei erwähnt, dass auch Bilddaten vom Such-Algorithmus indexiert und berücksichtigt werden.

18.2.2 Die Artikel-Überschrift

Die Überschrift oder Headline eines Artikels ist der erste Indikator, der einen Rückschluss über die Eigenschaften eines Produktes auf Amazon zulässt. Die Headline liefert hierbei nicht nur dem User eine sichtbare Orientierung, vielmehr gewährleistet sie ein relevantes Suchergebnis für den Such-Algorithmus von Amazon. Eine sauber gepflegte Headline erhöht somit die Chance, möglich weit oben im organischen Suchergebnis zu erscheinen. Leitfäden für die optimale Ausgestaltung einer Überschrift erhält man direkt von Amazon. Alternativ kursieren verschiedenste Nomenklatur-Leitfäden im Internet. Zwei exemplarische Beispiel-Überschriften finden sich in Abb. 18.1 und 18.2.

18.2.3 Keywords/Suchbegriffe

Bei der Anlage von Produkten empfiehlt es sich, entsprechende Keywords in Vendor Central das Pflegesystem von Amazon zu hinterlegen. Die gespeicherten Begriffe wirken sich positiv auf das Suchergebnis aus und geben dem Anbieter die Möglichkeit, sein

Siemens TI9575X1DE EQ.9 s700 plus connect
Kaffeevollautomat (1500 Watt, vollautomatische
Dampfreinigung, Baristamodus, Home Connect, sehr
leise, iAroma) edelstahl

von Siemens

★★★★☆ ˅ 67 Kundenrezensionen | 100 beantwortete Fragen

Erhältlich bei diesen Anbietern.

13 neu ab 1.950,00 € 6 gebraucht ab 1.620,29 €

Stil: **mit DualBean System**

mit DualBean System	mit DualBean System + Milchadapter
von 19 Verkäufern	- -

Abb. 18.1 Beispiel einer optimal gestalteten Überschrift (www.amazon.de 2019)

Jura E60, Schwarz

von Jura

★★★☆☆ ˅ 13 Kundenrezensionen | 14 beantwortete Fragen

Erhältlich bei diesen Anbietern.

2 neu ab 999,50 €

• JURA

⌧ Falsche Produktinformationen melden

Neuerscheinungen
nur bei Amazon

Abb. 18.2 Beispiel einer Überschrift mit Optimierungsbedarf (www.amazon.de 2019)

Produkt in verschiedenen Sortimentskategorien auffindbar zu machen. Exemplarische Beispiele hierfür sind „Kaffeevollautomat" und „Espressomaschine". Keywords sollten möglichst zielgerichtet und in Maßen eingesetzt werden. Um die Recherche nach passenden Schlüsselwörtern zu erleichtern, eignen sich spezialisierte Tools, die Suchvolumen und Relevanz bewerten. Diese Analysewerkzeuge werden in der Regel als Online-Service mit unterschiedlichen Preismodellen angeboten.

18.2.4 A+ Content

Der sogenannte A+ Content beschreibt einen Bereich der Produktdetailseite, der vom Anbieter gestaltet werden kann. Dieser wird durch die Überschrift „Produktbeschreibung des Herstellers" gekennzeichnet und befindet sich in der Regel unterhalb des Viewports, also im nicht sichtbaren Bereich des Ausgabegerätes und muss aktiv durch scrollen oder swipen erreicht werden. Für die Gestaltung der Inhalte bietet Amazon verschiedene vorgefertigte Template-Formate an. Ein Beispiel für einen typischen A+ Baustein findet sich in Abb. 18.3.

Produktbeschreibung des Herstellers

 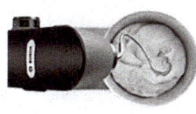  

Perfekte Back-Ergebnisse. Bester Teigmacher im Test

Die MUM9D33S11 wurde getestet und überzeugte als „bester Teigmacher im Test" (Stiftung Warentest Ausgabe 12/2018 in der Kategorie „Küchenmaschine mit Schwenkarm von oben"). Ob Teige für Kuchen oder Torten, Hefeteige oder Sahne, mit der leistungsstarken OptiMUM sind Ihnen perfekte Ergebnisse sicher.

1.300 Watt für große Mengen und schwere Teige

Im Nu perfekte Ergebnisse. Der intelligente Smart dough Sensor und der 1.300 Watt Motor sorgen für eine konstante Geschwindigkeit, sodass auch schwere Teige und große Mengen schnell verarbeitet werden können. Alle Zutaten werden optimal vermengt.

Lange Freude am Gerät dank hoher Qualität

Genießen Sie den Komfort der OptiMUM über viele Jahre hinweg. Das hochwertige und langlebige Vollmetallgehäuse mit seinen praktischen Details macht die OptiMUM zu einer Küchenmaschine, die Ihnen besonders lange das Kochen und Backen erleichtert.

Perfekte Ergebnisse dank planetarischem Rührgetriebe

Das dreidimensionale Rührsystem sorgt für eine gleichmäßige Rührbewegung in drei Richtungen gleichzeitig. Das Teigwerkzeug nimmt so alles in der Schüssel auf, nichts bleibt am Schüsselrand kleben und alle Zutaten landen im Teig.

Große Auswahl an Zubehör

Entdecken Sie die endlosen Möglichkeiten! Mit dem Durchlaufschnitzler mit 3 Scheiben zum Reiben und Schneiden macht die Speisezubereitung noch mehr Spaß. Ob Smoothies, Burger, Nudeln oder Babynahrung, es ist weiteres Zubehör separat erhältlich, mit dem Sie Ihre Ideen einfach umsetzen können.

Mehr Komfort: Rührwerkzeug-Wechsel leicht gemacht

Dank EasyArmLift ist das Wechseln der Rührwerkzeuge ein Kinderspiel. Einfach den Knopf drücken, und der Arm hebt sich von selbst. Dank der automatischen Parkpositionen der Rührwerkzeuge kann die Schüssel auch einfach befüllt werden.

Hochwertiges Patisserie-Set inklusive

Das hochwertige Patisserie-Set besteht aus einem Rührbesen mit Silikon, einem höhenverstellbaren Vollmetall-Schlagbesen und High Performance Knethaken und ist ideal für feine Rührteige, schwere Hefeteige oder luftige Sahne und Eischnee.

Farbcodierung für einfache Anbringung des Zubehörs

Die Küchenmaschine OptiMUM bietet ein Höchstmaß an Komfort. Die Farbcodierung am Gerät und dem Zubehör gewährleistet eine besonders einfache und schnelle Montage des Zubehörs.

Abb. 18.3 Beispiel eines A+ Content Baustein (www.amazon.de 2019)

Zudem bietet Amazon in den USA seit längerem die Möglichkeit „A+ Premium" Content einzubetten. Diese Option ist nun auch in Deutschland verfügbar und ermöglicht eine besonders hochwertige Präsentation der eigenen Produkte mit Erweiterten Darstellungsmöglichkeiten wie Vollbild Header, Videoeinbindung oder Slider mit Navigation.

Nach Erfahrung und Auswertung beeinflusst A+ Content die Warenkorb-Konversion und damit das Ergebnis nachhaltig. Die Möglichkeit, die USPs und Wertigkeit unserer Produkte über eine Premiumdarstellung zu inszenieren ist ein weiteres gutes Argument diese Form der Darstellung aktiv einzusetzen. A+ Content ist daher ein fester Baustein der Content-Strategie der BSH auf Amazon.

18.2.5 Amazon Stores

Amazon bietet Herstellern die Möglichkeit, einen Markenshop zu entwickeln und im Marktplatz zu integrieren. Der sogenannte Amazon Store kann mittlerweile relativ frei im AMS-Werbekonto gestaltet werden (s. Abschn. 18.3.1) und bietet dem Anbieter die Option, Navigation, Look & Feel und Content individuell zu gestaltet. Zudem erhält der Shop-Inhaber eine eigene URL zum Beispiel „www.amazon.de/siemens". Markenshops eignen sich insbesondere für Unternehmen mit einem großen und diversen Produktportfolio, da sich die Übersicht über die individuelle Gestaltung des Bereichs deutlich erhöht. Zudem lassen sich Stores wunderbar als Landingpage für Marketingaktionen nutzen. Die BSH nutzt den Service unter anderem für die Marken Bosch Siemens.

18.3 Paid Content

Der sogenannte Paid Content zeichnet sich dadurch aus, dass die Platzierungen der Inhalte käuflich erworben werden können. Klassische Beispiele für Paid Content sind Display-Banner und Search Ads. Der Vorteil gekaufter Platzierungen liegt vor allem in der Unabhängigkeit von Owned Media. So kann auch ohne organische Reichweite kurzfristig eine hohe Sichtbarkeit der eigenen Inhalte aufgebaut werden. Des Weiteren ermöglichen gekaufte Platzierungen ein Targeting, sprich zielgenaue Auswahl der Zielgruppe und verfügen über transparente und in der Regel leistungsbezogene Abrechnungsmodelle. Zusammengefasst lassen sich mit Paid Media Kampagnen äußerst effizient aussteuern. Auch Amazon hat Paid Media als Einnahmequelle erkannt und bietet über die Amazon Media Group (AMG) Anbietern aktuell eine Vielzahl an Möglichkeiten ihre Produkte auszuloben. Im Folgenden wird auf die Formate eingegangen, die in den Media Mix der BSH einfließen und zum Unternehmenserfolg beitragen.

18.3.1 Amazon Marketing Services

Amazon Marketing Services (AMS) umfassen drei Werbeformate. Unterschieden wird in Sponsored Brands (SBR), ehemals Headline Search Ads, Sponsored Product Ads (SPA), und Product Display Ads (PDA). Um AMS einzusetzen, benötigt man ein Amazon-Werbekonto, in dem Kampagnen aufgesetzt, gesteuert und überwacht werden können. Zudem werden im Konto die Tagesbudgets für jede Kampagne festgelegt. Außerdem besteht auch die Möglichkeit, das Werbekonto über eine API, eine standardisierte Schnittstelle mit anderen Systemen zu verknüpfen. So nutzt die BSH beispielsweise externe Tools, durch die mittels Agenturunterstützung Kampagnen überwacht und gesteuert werden.

Alle Formate greifen im Grunde die Mechanik von Search Ads auf, wie sie z. B. Google anbietet. Die Reichweite beschränkt sich jedoch ausschließlich auf den lokalen Amazon-Marktplatz. Bei Klick auf ein Werbemittel wird der Betrachter auf die Detailseite des Produktes oder Markenshop weitergeleitet und eine Gebühr für den Werbetreibenden erhoben. Die Kampagne wird über das entsprechende Werbekonto abgerechnet. Für jede Kampagne wird ein Tagesbudget hinterlegt und die erbrachten Klickkosten abgezogen. Dies kann man sich wie bei einem Prepaid-Handyvertrag vorstellen, bei dem das Guthaben verbraucht wird. Wichtig hierbei: sobald das hinterlegte Tagesbudget erschöpft ist, pausiert die Kampagne bis zum nächsten Tag. Hier empfiehlt es sich, ein professionelles Bidding-Tool einzusetzen, um beispielsweise den Kampagnenzeitraum auszudehnen. Für diesen Zweck eignet sich, die im letzten Absatz erwähnte, Nutzung der API ganz hervorragend. Ziel ist es, in hochfrequentierten Besuchszeiten präsent zu sein.

Die AMS Formate im Überblick
Sponsored Product Ads sind bewährte Werbemittel mit vielfältigem Einsatzgebiet. Das Format wird nach einer erfolgten Suchanfrage direkt in der Trefferliste ausgegeben und mit dem kleinen Texthinweis „Gesponsert" gekennzeichnet. So ist das Werbemittel nur sehr schwer von einem organischen Ergebniseintrag zu unterscheiden und manipuliert damit das Resultat der Suchanfrage zu Gunsten der Werbetreibenden. Diese Formatvariante funktioniert sehr gut, wird sie doch erfahrungsgemäß von vielen Betrachtern nicht als werblicher Content wahrgenommen. Ein Beispiel für ein SPA-Format findet sich in Abb. 18.4.

Das Format **Sponsored Brands** bildet einen weiteren Baustein in der Produktvermarktung auf Amazon. SBR funktioniert nach dem gleichen Prinzip wie Sponsored Product Ads, allerdings ist die Platzierung deutlich prominenter. Werden beispielsweise bestimmte Suchbegriff in das Textfeld der Amazon-Suche eingegeben und ist für dieses Keyword einer aktiven Kampagne zugeordnet, so wird über den Suchergebnissen ein vorher definiertes Banner ausgeliefert. Ein Beispiel für ein SBR-Format findet sich in Abb. 18.5.

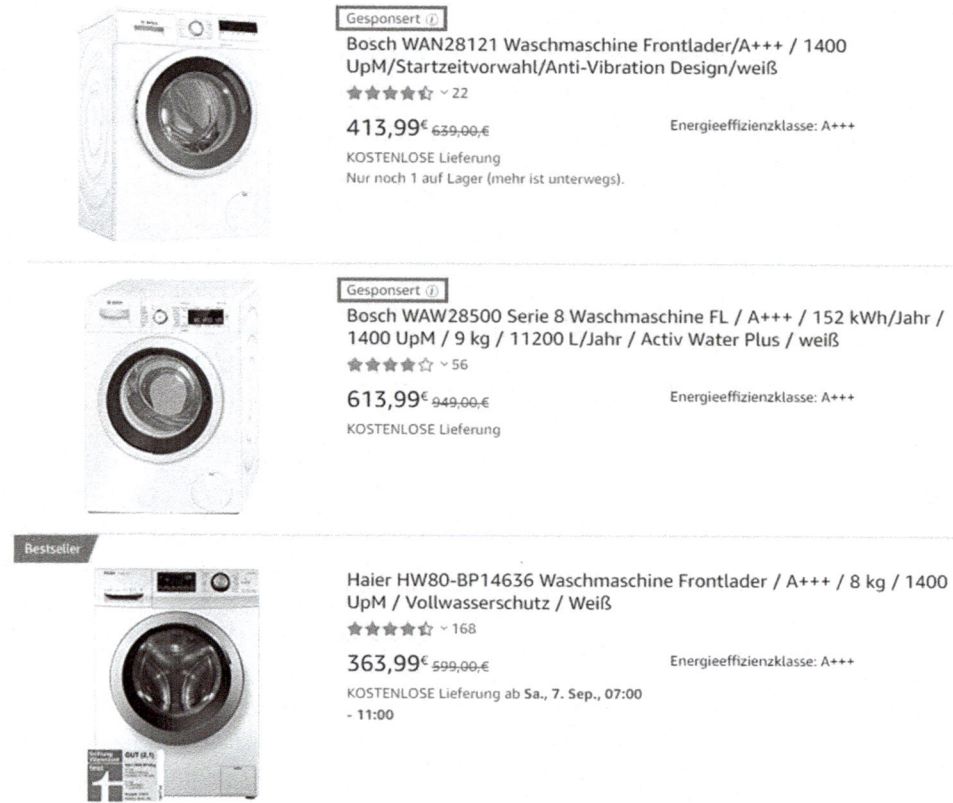

Abb. 18.4 Verschiedene Beispiele von Sponsored Product Ads (www.amazon.de 2019)

SBR können verschiedenen Keywords zugeordnet werden, sie sollten jedoch immer einen Bezug zueinander haben.

Abgerundet wird das AMS Portfolio von den sogenannten **Product Display Ads.** PDS funktionieren analog SBR mit einem im Werbekonto hinterlegten Banner. Diese werden allerdings nicht über Keywordanfragen abgerufen, sondern erscheinen zielgerichtet auf ausgewählten Produktdetailseiten. Die Ausrichtung der Kampagne erfolgt über Produkt- oder Interessenbezogenes Targeting. PDS eignen sich besonders gut für offensive Kampagnen gegen Wettbewerber und sollten deshalb wohl überlegt eingesetzt werden.

Insgesamt eignen sich alle drei Formate gut für Werbepräsenz in Entscheidungs- und Kaufphase. Die Betrachter sind in der Regel bereits in einem fortgeschrittenen Stadium der Kaufentscheidung, spezifische Suchbegriffe und Detailseitenaufrufe sind eindeutige Indizien hierfür. Auch Amazon empfiehlt die Werbeformate an selbiger Stelle. Für den optimalen Mix der drei Optionen lohnt vorab einen Blick auf Budget und Fokusprodukte zu werfen und daraus eine umsetzbare Strategie abzuleiten. Ein stufenweises, am Budgetrahmen orientiertes Vorgehen ist hierbei ratsam, siehe Abb. 18.6:

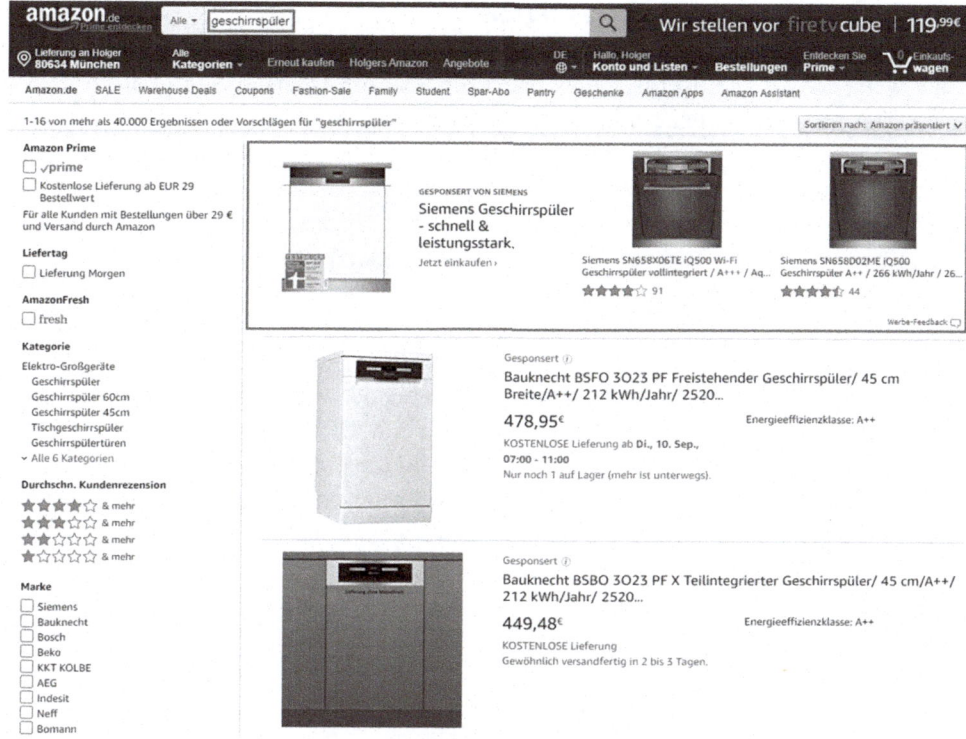

Abb. 18.5   Beispiel einer Sponsored Brand Ad (www.amazon.de 2019)

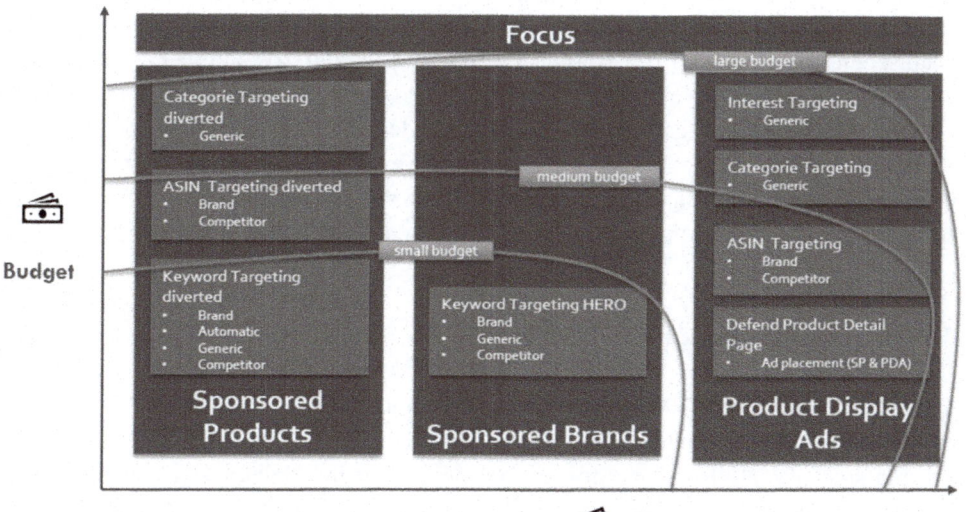

Abb. 18.6   Bewerbung von Fokusprodukten und strategischen ASINs (iProspect 2019)

18.3.2 Amazon Demand Site Platform

Eine weitere Art des Advertisements bietet die Amazon Demand Site Platform (DSP), ehemals Amazon Advertising Platform. DSP bietet dem Marktplatzteilnehmer zahlreiche Vermarktungsoptionen mit hoher Reichweite. So sind Werbeplätze über die eigentliche Amazon-Plattform hinaus buchbar. Im diesen Zusammenhang wird auch oft von Off-page-Platzierungen gesprochen. Amazon wartet hierbei mit eigenen Plattformen sowie einem gewaltigen Netzwerk an Partnern auf, auf denen Werbemittel in verschiedensten Formaten gebucht werden können. Zudem bietet der Konzern die Option, andere Kanäle wie Kindle, Fire TV oder Fire Tablet in die Kampagnenplanung mit einzubeziehen. Durch das Single-Sign-On der User mit dem selbigen Account auf den verschiedenen Geräten ergeben sich zudem viele Möglichkeiten bei der zielgruppengenauen Ansprache von potentiellen Kunden. Des Weiteren können mit DPS auch verschiedene Sonder-formate im Amazon-Marktplatz gebucht werden, so genannte Onpage-Platzierungen.

DSP eignet sich insbesondere für Brand- und Awareness-Kampagnen, bei denen eine hohe Reichweite erzielt werden soll, beispielsweise für einen wichtigen Produktlaunch. DSP ermöglicht hierbei durch erfolgreiche Kombination aus On- und Offpage-Werbe-mitteln und leitet den potentiellen Kunden konsistent durch den Kaufentscheidungs-prozess. Die BSH nutzt DSP vor allem für größere kombinierte Kampagnen – meist in Kombination mit AMS.

18.3.3 Concierge Service

Der Concierge Service ist ein weiteres interessantes Service-Produkt aus dem Hause Amazon. Hierbei wird ein telefonischer Rückrufservice auf ausgewählten Produkt-detailseiten installiert und der Besucher kann eine für ihn kostenlose Produktberatung absolvieren. Um hierbei eine hohe Qualität der Produktberatung zu gewährleisten, gibt es regelmäßige Schulungen in den Callcentern des Pure Player. Die BSH bietet den Service vor allem bei hochpreisigen und exklusiven Gütern an. In der Praxis wird der Concierge Service auch nach dem erfolgten Kauf von Kunden genutzt. So werden bei-spielsweise viele Fragen zur Nutzung und Wartung der Geräte gestellt.

18.4 Earned Content

Unter Earned Content versteht man im weitesten Sinne Inhalte, die über ein Unternehmen, eine Marke oder ein Produkt geschrieben, veröffentlicht und vervielfältigt werden. Ini-tiatoren sind oftmals Kunden, Blogger und professionelle Meinungsmacher, sogenannte Influencer. Earned Media wird oft als Resultat aus Owned- und Paid-Content und einer daraus entstehen Konvergenz beschrieben. Durch die virale Verbreitung sind beschriebene Inhalte nicht aktiv steuerbar. Typische Beispiele für Earned Content sind Rezensionen und

Blogbeiträge. Beliebte Beitragsorte sind die renommierten sozialen Kanäle wie YouTube und Instagram sowie im Produktkontext die Marktplätze der Pure Player.

18.4.1 Amazon Vine

Amazon Vine ist eine Mischform aus Paid und Earned Content. Hierbei werden künstlich Produktrezensionen auf Amazon erzeugt, für die Amazon eine Gebühr erhebt. Um möglichst neutrale Produktbewertungen zu erhalten, werden bis zu zwanzig Produkte an Amazon versendet und diese in einem geschlossenen Netzwerk Rezensenten angeboten. Bei der Auswahl der Rezensenten hat der Auftraggeber die Möglichkeit, Wünsche zu äußern. So wurden exemplarisch bei der Produkteinführung eines hochwertigen Kaffeevollautomaten, Besitzer eines solchen und Kaffeekenner angesprochen und hochwertige Beiträge erzeugt. Nach erfolgter Verteilung der Güter werden alle verfassten Rezensionen mit einem Vine-Schriftzug markiert, damit sie von weiteren Beiträgen abgrenzbar sind. Die Praxis zeigt jedoch, dass Vine-Bewertungen gleichwertig zur Kaufentscheidung beitragen.

Vine eignet sich vor allem bei Produktanläufen. Nach Neuanlage eines Produktes fehlen in der Regel Käufer und somit Rezensionen. Diese sind allerdings notwendig, um dem Betrachter eine Vertrauensbasis zum angebotenen Artikel aufbauen zu lassen. Dieses Dilemma lässt sich mit Vine eliminieren, denn durch den gezielten Einsatz lassen sich vorzeitig Rezensionen erzeugen. Somit wird das Vertrauen in das Produkt gesteigert und die Verkaufswahrscheinlichkeit des Artikels erhöht sich.

Übrigens, die Nutzung von Vine garantiert keine perfekte Beitragsquote. Der Rezensent verpflichtet sich nicht einen Beitrag zu veröffentlichen. Zudem steht es ihm frei, Produkte nach persönlichem Ermessen zu bewerten. Es empfiehlt sich daher nur Produkte einzureichen, die vorab eine einwandfreie Qualitätsprüfung durchlaufen haben.

18.4.2 Review- und Fragen-Management

Die am meiste ausgeprägte Form von Earned Content auf Amazon findet sich auf der Produktdetailseite. Dort verortet sind zwei Bereiche, die von Amazon-Kunden als auch von fremden Besuchern nachhaltig beeinflusst werden können: „Produktrezensionen" und „Fragen". Beide Bereiche sollten vom Anbieter stetig überwacht und idealerweise moderiert werden. Für Produkthersteller hat Amazon hierfür ein Label eingeführt, dass ihn als Markeninhaber kennzeichnet und ihm die Möglichkeit zur Interaktion bietet. Es empfiehlt sich, gerechtfertigte Kritik und Fragen ernst zu nehmen und an entsprechende Stakeholder im Unternehmen zurück zu spielen. So können beispielsweise Optimierungen an Design, Produktinfos, Gebrauchsanleitungen, Verpackungen vorgenommen und auf Kundenbedürfnisse eingegangen werden. Digitales Kundenfeedback sollte positiv angenommen werden, waren hierfür doch früher langwierige und kostenintensive Marktforschungsstudien notwendig.

Obgleich das Thema einen großen Einfluss auf die Kaufentscheidung nimmt und es zudem recht griffig und verständlich ist, tun sich viele Unternehmen schwer, ein professionelles Review- und Fragen Management zu etablieren. In diesem Fall empfiehlt es sich, die Kompetenz einzukaufen und das Management auszugliedern. Hierfür empfiehlt sich die Beauftragung spezialisierter Unternehmen. Durch den Einsatz professioneller Tools behält man stets den Überblick, kann mit dem Rezensenten interagieren und der Zeiteinsatz reduziert sich auf ein Minimum. Lesen sie zum Umgang mit Rezensionen auch das Kapitel „Produktbewertungen auf Amazon: Relevanz und Handlungsfelder für Unternehmen" in diesem Buch. Die Spezialisten von gominga schildern darin detailliert, Wirkung und professionelles Handling von Produktbewertungen.

18.5   Fazit

Aller Anfang ist schwer – doch Ausprobieren lohnt sich! Amazon bietet jedem Händler oder Hersteller vielfältige Möglichkeiten sein Geschäft zu entwickeln und Produkt- bzw. Marken-Reichweite aufzubauen. Das gute dabei, die Eintrittsbarriere ist äußerst klein. Die Kosten für eine erste Testphase beschränken sich auf ein Minimum und ein tiefes Expertenwissen ist im ersten Schritt nicht zwingend erforderlich. So kann man sich nach ersten Geschäftserfolgen, immer tiefer in den Absatzkanal einarbeiten und das mit überschaubarem Risiko!

Literatur

BSH Hausgeräte GmbH. (2019). Unternehmensprofil – BSH Hausgeräte GmbH. https://www.bsh-group.com/de/unternehmen/unternehmensprofil.
Forrester Research. (2012). Why Amazon matters now more than eveer. https://www.forrester.com/report/Why+Amazon+Matters+Now+More+Than+Ever/-/E-RES76262. Zugegriffen: 01. Okt. 2019.

Holger Holzapfel ist seit 15 Jahre in verschiedenen Positionen im Marketing für globale Industrie- und Handelskonzerne, Verlagshäuser, kleine Unternehmen und Werbeagenturen tätig. Die letzten acht Jahre widmete er sich ausschließlich digitalen Themen und arbeitete unter anderem an Vermarktungsstrategien für die Frankfurter Rundschau und den französischen Konzern Saint-Gobain. Zudem ist er Mitbegründer des Startups „Schlafecke", das Lösungen für Schlaflosigkeit anbietet. Seit 2015 ist er für die BSH Hausgeräte GmbH aktiv, zunächst als globaler E-Commerce Marketing Manager für die Marken Bosch und Siemens und seit 2017 als Head of Digital für die Marke NEFF.Neben seiner aktuellen Rolle hat sich der Wahlmünchner den Herausforderungen der digitalen Transition verschrieben und setzt sein Wissen für die BSH sowie für Fachvorträge ein.

Über die BSH

Die BSH Hausgeräte GmbH ist eines der weltweit führenden Unternehmen der Branche und der größte Hausgerätehersteller in Europa. Mit rund 61.000 Mitarbeitern weltweit verzeichnet die BSH im Jahr 2018 einen Umsatz von 13,4 Mrd. EUR. In 42 Fabriken weltweit produziert die BSH das gesamte Spektrum moderner Hausgeräte.

Neben den Globalmarken Bosch und Siemens sowie Gaggenau und Neff umfasst das BSH-Markenportfolio die lokalen Marken Thermador, Balay, Profilo, Constructa, Pitsos, Coldex und Zelmer. Das Produktportfolio reicht von Herden, Backöfen und Dunstabzugshauben über Geschirrspüler, Waschmaschinen, Trockner, Kühl- und Gefrierschränke bis hin zu kleinen Hausgeräten wie Staubsaugern, Kaffeevollautomaten oder Küchenmaschinen.

Glossar

A+ Content Kostenpflichtige Erweiterung für die Produktbeschreibung auf der Amazon-Produktdetailseite; insbesondere für Vendoren

A9-Algorithmus Suchalgorithmus von Amazon, der die organischen Suchergebnisse (MPO) auf Amazon ausspielt

Alexa Siehe Amazon Alexa

Alibaba Chinesischer Internet-Konzern, betreibt Online-Handelsplattformen und zahlreiche Service-Angebote, z. B. Payment und IT-Infrastruktur

Amazon Alexa Spracherkennungssystem und Sprachassistent von Amazon

Amazon Dash Bestellservice für Produkte, der Amazon-eigene Geräte und Programmierschnittstellen (APIs) für die Bestellung von Waren über das Internet verwendet

Amazon DSP Amazon Demand Side Platform; Plattform, die es Werbetreibenden ermöglicht, Display- und Video-Anzeigen programmgesteuert zu buchen

Amazon EBC Enhanced Brand Content; Erweiterung für die Produktbeschreibung auf der Amazon-Produktdetailseite (z. B. Vergleichstabellen, zusätzliche hochauflösende Bilder); insbesondere für Seller

Amazon Echo Lautsprecher (Smart Speaker) und sprachgesteuerter, internetbasierter intelligenter persönlicher Assistent von Amazon

Amazon Eigenhandel Amazon verkauft eigene Waren direkt an Kunden (im Gegensatz zum Amazon Marketplace)

Amazon Go Supermarktkette von Amazon; Geschäfte haben keine klassischen Kassen mehr, Warenentnahme wird durch Sensorik registriert

Amazon Kindle Produktserie von E-Book-Readern von Amazon; mit den Geräten können elektronische Bücher (E-Books), Zeitschriften und Zeitungen (E-Papers) von Amazon heruntergeladen und gelesen werden

Amazon Marketplace Online-Marktplatz von Amazon, auf dem Dritte ihre Waren verkaufen können (im Gegensatz zum Amazon Eigenhandel)

Amazon Prime Kostenpflichtiger Abonnementdienst von Amazon, der Nutzern Zugang zu Services wie kostenfreier Lieferung oder Amazon Video bietet

© Springer Fachmedien Wiesbaden GmbH, ein Teil von Springer Nature 2020
C. Stummeyer und B. Köber (Hrsg.), *Amazon für Entscheider,*
https://doi.org/10.1007/978-3-658-27427-6

Amazon Retail Eigenhandel von Amazon, d. h. Amazon verkauft eigene Waren direkt an Kunden (im Gegensatz zum Amazon Marketplace)

Amazon Web Services Cloud-Computing-Angebot von Amazon

AmazonBasics Eigenmarke von Amazon

AMG Amazon Media Group; Abteilung bei Amazon, die Werbekampagnen für Vendoren und große Marken betreut

AMS Amazon Marketing Services; kostenpflichtige Werbemöglichkeiten bei Amazon

API Application Programming Interface; Programmierschnittstelle

ASIN Amazon Standard Identification Number; zehnstellige alphanumerische Produktidentifikationsnummer, die Amazon-intern genutzt wird

AWS Siehe Amazon Web Services

B2B Business-to-Business; Handel zwischen Unternehmen

B2C Business-to-Consumer; Handel von Unternehmen mit Endkunden

Buy Box „In den Einkaufswagen"-Schaltfläche auf einer Amazon Produktseite, die für jede ASIN nur ein einziger Verkäufer besitzen kann

Customer Journey Kundenreise; Weg des Kunden bei der Nutzung von (digitalen) Angeboten über verschiedene Phasen

Digital Commerce Digitaler Handel im umfassenden Sinne (z. B. E-Commerce, Digitalisierung am Point-of-Sale im Handel)

DSP Siehe Amazon DSP

EBC Siehe Amazon EBC

Echo Siehe Amazon Echo

E-Commerce Electronic Commerce; Handel unter Verwendung digitaler Systeme

Eigenhandel Siehe Amazon Eigenhandel

E-Procurement Electronic Procurement; Beschaffung durch technische Systeme

FBA Fulfillment by Amazon; Service von Amazon für Seller, bei dem u. a. Lagerung, Kommissionierung und Versand durch Amazon übernommen werden

GMV Gross Merchandise Value/Volume; Außenumsatz einer Handelsplattform (im Gegensatz zum Umsatz, da bei einer Plattform oft nur Provision auf den Außenumsatz als Eigenumsatz der Plattform anfällt)

Kindle Siehe Amazon Kindle

MPA Marketplace Advertising; bezahlte Suchergebnisse auf Amazon, vergleichbar der bezahlten Suchmaschinen-Werbung bei Internet-Suchmaschinen

MPO Marketplace Optimization; organische Suchergebnisse auf Amazon, vergleichbar der organischen Suchmaschinen-Optimierung bei Internet-Suchmaschinen

PDA Product Display Ads; Werbeform bei Amazon, zumeist auf einer Produktdetailseite

Prime Siehe Amazon Prime

SBA Sold by Amazon; Programm, bei dem Amazon die Produkte von Sellern auf eigenen Namen und eigene Rechnung verkauft

SBR Sponsored Brands; Werbeform auf Amazon mit recht prominenter Platzierung

Seller Central Portal von Amazon, das Verkäufer für ihr Verkäuferkonto nutzen (Online-Stellen der Produkte, Abrechnung, etc.)

Seller Verkäufer, der auf dem Amazon Marketplace selbst Waren an Endkunden verkauft

SERP Search Engine Result Page; Seite mit den Suchergebnissen nach Suche in eine
   Suchmaschine oder bei Suche auf Amazon

SPA Sponsored Product Ads; gesponserte Produkte erscheinen auf der SERP

Touchpoint Berührpunkt des Kunden bei der Nutzung von (digitalen) Angeboten, z. B.
   Website, Online-Shop, Ladengeschäft, Telefonservice entlang der Customer Journey

Vendor Hersteller oder Lieferant, der Produkte an Amazon liefert, die Amazon dann im
   Eigenhandel verkauft

Printed by Printforce, the Netherlands